GUÍA PRÁCTICA DE PSICOLOGÍA

vivir mejor

GUÍA PRÁCTICA DE PSICOLOGÍA

Cómo afrontar los problemas de nuestro tiempo

Dirigida por el doctor
J. A. Vallejo-Nágera

temas de hoy.

COLABORADORES DE LA OBRA:

Fernando Claramunt - María Dueñas - Elena Fernández de Ochoa - Javier de las Heras - José Miguel López-Ibor - Juan José López-Ibor - Rubén Lledó - José Luis Pinillos - José María Poveda - Enrique Rojas - José María Uncal - Juan Antonio Vallejo-Nágera- María Vallejo-Nágera

Primera edición en esta presentación: abril de 1998
Undécima impresión: abril de 2007

Colección: VIVIR MEJOR

Paseo de Recoletos, 4. 28001 Madrid
www.temasdehoy.es
Director de la obra: Juan Antonio Vallejo-Nágera
Coordinadora de la obra: María Dueñas
Diseño de cubierta: Pep Carrió y Sonia Sánchez
ISBN: 978-84-7880-924-0
Depósito legal: M. 16.865-2007
Compuesto en Fernández Ciudad, S.L.
Impreso en Lável Industria Gráfica, S.A.
Printed in Spain-Impreso en España

Ediciones anteriores en otra presentación:
Primera edición: septiembre de 1988
Decimonovena impresión: septiembre de 1997

ÍNDICE

PRÓLOGO

Hasta hace unos decenios, la Psicología y la Psiquiatría eran ciencias casi marginales que interesaban a pocas personas. En la competitiva vida actual, se aplican en publicidad, educación, enseñanza, relaciones públicas, en la estrategia financiera, selección de empleados, orientación vocacional, propaganda, guerra fría, lavado de cerebro, entrenamiento, técnicas de supervivencia, preparación de astronautas, etc. También conviene recordar que la gimnasia como actividad colectiva, muchos deportes, los regímenes de alimentación, la mayoría de las normas de higiene, etc., son prácticamente de este siglo. Este último grupo de conocimientos ha prolongado la duración media de la vida y potenciado el vigor físico. De la misma forma, los conocimientos psicológicos y psiquiátricos proporcionaron, de modo casi automático, una mayor potencia intelectual colectiva y mil sutiles herramientas de trabajo y de superación en la lucha por la vida.

El hombre actual que esté totalmente de espaldas a los nuevos avances psicológicos y psiquiátricos se encontrará en clara desventaja. De la misma forma, no se debe caminar por la vida sin tener algunas nociones sobre lo que se puede esperar de la medicina contemporánea, cómo detectar a tiempo las enfermedades más comunes, los remedios provisionales hasta lograr asistencia médica, etc.

En la biblioteca de casi toda familia cultivada, encontramos uno de los manuales de «el médico en casa», «enciclopedia médica de la familia», etc. En estos libros se busca una ampliación a las explicaciones que dio el médico, nociones de lo que aún no se ha podido preguntar, remedios provisionales, advertencias sobre lo que no se debe hacer, etc. La mayoría guardamos un recuerdo agradecido de estos manuales.

La editorial TH cree prestar un servicio al brindar al lector un manual que agrupa los temas fundamentales en el campo de la psiquiatría y de la psicología que afectan a la salud, al bienestar y a un mejor rendimiento.

Para una tarea tan compleja como la selección de temas y la coordinación del equipo que los desarrolla, se ha contado con el profesor J. A. Vallejo-Nágera como director de la obra. El prestigio científico y la singular capacidad didáctica y de comunicación de todos los colaboradores se hace sentir en cada uno de los apartados, y consigue en el conjunto una obra de utilidad excepcional que la editorial TH presenta con orgullo.

I. ¿Qué es la psicología?

QUÉ ES LA PSICOLOGÍA

José M.ª Poveda Ariño

1. El conocimiento psicológico (o de *lo* psicológico) es, sin duda, anterior a las primeras formulaciones sistemáticas del mismo. Fue y sigue siendo una intuición inherente al hecho mismo de la vida humana, cuyo objeto abarca tanto al hombre concreto y los grandes fenómenos vitales —el nacimiento y la muerte, sobre todo—, como a sus creencias. Este conocimiento práctico, evidentemente variable de unos hombres a otros, es connatural y subyace como trasfondo del comportamiento y de las relaciones personales. La psicología nace, se desarrolla y se legitima como *ciencia* con la pretensión de explicarlo.

La gran cuestión, tal como aparecía planteada y resuelta desde las primeras reflexiones, versa sobre la entidad misma de lo psicológico. La etimología del término sigue siendo la respuesta: psicología es la ciencia del alma (de la *vida anímica* diría, ahora mismo, Carlota Bühler); comprendiendo, en cierto modo, el estudio de lo que es específico de los seres vivos, puesto que el alma (*psique*) es el primer principio de vida de esos seres cuyas características son la automoción, el autodesarrollo, la reproducción y la autolimitación.

Entendida el alma como principio inmaterial, la psicología se constituyó así, desde Aristóteles hasta los albores del Racionalismo—primera mitad del siglo XVII—, como una parte de la filosofía.

2. Las innovaciones filosóficas y la diversificación de las ciencias y sus métodos, propias del fenómeno histórico-cultural característico de la Edad Contemporánea, han restringido considerablemente el uso y la significación del vocablo *psicología.* Sin embargo, aun cuando el objeto y la metodología utilizada sean diferentes, el ámbito fundamental y más importante del psicólogo sigue comprendiendo esas realidades más elevadas que las simplemente biológicas. Y como quiera que dichas realidades se dan de manera eminente y peculiar en el hombre, la psicología continúa siendo, sobre todo, una disciplina dedicada al conocimiento de la naturaleza de las mismas.

El problema estriba hoy en el alcance y las metas del saber psicológico. Del *todo lo humano* —incluido lo filosófico— del primer tratado aristotélico (s. V a. C.) se llegaría (finales del siglo XIX) al mero estudio de los fenómenos psíquicos excluyendo al sujeto de los mismos.

El primer paso reductivo se deriva de la distinción cartesiana de «lo pensable» y «lo medible»: el objeto de la psicología será «lo supeditado a la conciencia». Christian Wolff inicia con la publicación separada de la *Psicología empírica (1732)* y la *Psicología racional* (1734) un desglose que, si bien introduce el esquema metafísico de las *facultades* del alma, subraya lo fenoménico como objeto: la psicología va a convertirse en ciencia descriptiva. Herbart (1776-1841) elabora una psicología *racional científica* en la que el soporte de los fenómenos psíquicos será una «mecánica de la conciencia». Luego vendría la proclamación de la psicología como *ciencia natural* (Beneke, Lotze).

3. La observación, el experimento y la medida suministrarán los datos de una psicología empírica y experimental que, de la mano de las primeras investigaciones neuro y psicofisiológicas, habría de resultar extraordinariamente fecunda. Fechner publica en 1860 sus *Elementos de psicofísica*; Wundt funda en Leipzig el primer laboratorio de psicología (1879). William James y Stanley Hall serán sus promotores en Norteamérica: la configuración del conocimiento psicológico muestra la textura asociativa de los hechos psíquicos en consonancia con la de los fisiológicos. Pero la exclusión de la naturaleza esencial del sujeto revela la insuficien-

cia de esta psicología. La reacción frente al asociacionismo se produce de inmediato y en varias direcciones.

En un extremo, las escuelas que, acentuando el mecanismo de las *ciencias positivas,* desarrollarán en torno al esquema del estímulo-respuesta: la reflexología de Paulov y el conductismo de Bechterev; no niegan la conciencia, pero la sitúan fuera de lo científico y determinada por lo fisiológico. Lo importante es la conducta, como expresión de la vida total del hombre. El despliegue de esta hipótesis está representado en el ámbito occidental por el behaviorismo anglosajón (Watson).

En el otro, el amplio abanico de la psicología comprensiva. Comprender la vida en su totalidad y en lo genérico de los fenómenos ha de incluir, evidentemente, puntos de vista de inevitable raigambre filosófica. Así surgen, tanto lo comprensivo fenomenológico que va desde Dilthey y Spranger a la analítica existencial de Biswanger, como el psicoanálisis en las innumerables versiones que partiendo de Freud desembocarán en el culturismo de Karen Horney y Erich Fromm.

Esta diversidad de psicologías es inevitable en un mundo en el que el pluralismo de las ideas y los gustos es su signo.

LA PSICOLOGÍA DE LA VIDA COTIDIANA

Elena F. L. Ochoa

Ya Freud en su obra *Psicopatología de la vida cotidiana* describe cómo, a través de nuestras pequeñas reacciones, detalles y formas de comportamiento simples y aparentemente sin significado, podemos llegar a conocer la psicología que subyace a nuestro modo habitual de ser y que afecta, en ocasiones sin nuestro conocimiento consciente, a la manera de estar en el mundo. Este principio de determinismo psíquico que establece que en la mente, al igual que en la naturaleza, nada sucede por azar, se opone a las *teorías de aprendizaje social* en las que se considera que:

1. Casi toda la conducta es aprendida.
2. Las leyes que gobiernan este aprendizaje pueden conocerse y medirse.

3. Tanto la conducta normal como anormal se adquieren mediante los mismos mecanismos fundamentales de aprendizaje.

De todas maneras, han aparecido en los últimos años teorías que amplían más y más el abanico de comprensión de la psicología de la vida cotidiana; un ejemplo es la *teoría cognoscitiva,* en donde se hace especial hincapié en la importancia de los factores cognoscitivos —los cuales incluyen pensamientos, sentimientos, imágenes y recuerdos— en el proceso de aprendizaje social y posteriormente en el comportamiento del ciudadano de a pie ante los acontecimientos de su vida cotidiana.

Para funcionar de forma adaptada y fructífera en las circunstancias que nos surgen día a día, tenemos que desarrollar —o aprender a hacerlo— las llamadas:

a) *Aptitudes de construcción,* por las que podemos confrontar situaciones nuevas y resolver problemas nuevos para los cuales no hemos sido preparados de forma específica ni tenemos un aprendizaje previo; es decir, modificar nuestra conducta con la de los otros, en parte por medio de un aprendizaje, ensayo y error, y por desarrollo de estrategias de resolución de problemas, y, en parte también, pensando, planeando y proyectando.

b) Otro segundo aspecto a considerar es el *tipo de codificación y categorización* de los hechos, es decir, el proceso mediante el cual todos nosotros atendemos selectivamente a los aspectos más importantes de nuestro medio ambiente. Si la gente no pudiera hacer esto, se vería abrumada por grandes cantidades de información que nunca podría procesar de manera suficientemente rápida y completa para poder decidir sobre la conducta apropiada.

c) También las *expectativas* que posee una persona acerca de los resultados de su propia conducta o de los resultados de otras variables importantes de su medio ambiente son, probablemente, el factor cognoscitivo más decisivo en la determinación de nuestra conducta y de nuestra psicología cotidiana.

d) Los *planes y sistemas de auto-regulación* que posee una persona incluyen las normas, en cuanto a metas y logros, que esta persona se impone a sí misma en situaciones específicas, así como también las consecuencias que ella misma se impone al tener éxito o fracasar en aquello a que aspira; está claro que todos nosotros tenemos normas de realización internas por medio de las cuales juzgamos nuestra propia conducta, y todos nosotros nos recompensamos o castigamos cuando tenemos éxito o fracasamos en el logro de nuestras metas.

Conclusión

Todos estos aspectos son importantes a la hora de intentar conocernos más a nosotros mismos y a los demás, ya que nos ofrecen unas pautas de ordenación para el contexto en que nos movemos, para la estructuración de metas y conductas de logro y una nivelación de nuestras expectativas que nos conduzcan a una mayor seguridad en nosotros mismos, mayor auto-afirmación y capacidad de decisión ante cada evento que se produzca en el devenir de nuestra vida cotidiana.

¿PARA QUÉ SIRVE LA PSICOLOGÍA?

José M.ª Poveda Ariño

1. Todo saber implica alguna utilidad. El más especulativo, el más «porque sí», muestra que la especie más eminente de actividad mental, el pensamiento, resulta ser, aun en sus formas más abstractas y divagatorias, algo instintivo, natural y, en consecuencia, exigido por la vida misma.

La psicología, ya se ha dicho, se constituye precisamente como ciencia particular, en tanto el hombre trata de explicar ordenadamente ese saber intuitivo, connatural, que utiliza de manera espontánea cuando intenta ser consciente de su comportamiento y de sus relaciones con los demás hombres. Más allá de su diversidad teórica, la psicología se hace práctica como un medio, no el único, pero sin duda posible, de comprensión de la vida humana. Es evidente, además, que más allá de su misterio, la vida es algo tangible en el individuo concreto. El ámbito de lo concreto, resultado natural de la «formalización» operativa del psiquismo sobre lo meramente físico es, a la vez, el objeto de estudio de la psicología contemporánea y el campo de sus aplicaciones. Y a la vista está que, aparte de lo que pueda tener de moda, la psicología se ha convertido simultáneamente en una de las ocupaciones más difundidas y en uno de los requerimientos habituales de la sociedad de nuestro tiempo.

2. Las aplicaciones de la psicología son tan variadas como las propiedades de la vida y las circunstancias personales.

Hay una *psicología del desarrollo* cuyo objeto se extiende de un cabo a otro de las edades. Desde la primera infancia hasta la etapa terminal de la ancianidad, pasando por los momentos críticos de la adolescencia y del acceso a la tercera edad, existen pautas que permiten observar y orientar adecuadamente los procesos de maduración.

Dentro de la psicología *evolutiva,* pero con entidad propia en relación con finalidades y métodos específicos, la psicología *pedagógica* es hoy instrumento indispensable en la educación y la orientación profesional. En conexión con esta última está la psicología de las actividades *laborales.*

La psicología *diferencial,* base de las tipologías individuales y de los grupos étnicos y culturales, y la psicología *comparada* del estudio del comportamiento animal y su relación con la conducta humana, se fundan en la realidad de la unión íntima, inseparable, de lo psíquico y lo material, dado, sin más, en los hechos biológicos.

La triple dimensión —individual, social y religiosa— constitutiva del ser personal, ofrece también campos particulares de estudio y aplicación. La psicología *social* revela la importancia del grupo como realidad generadora de las supremas realizaciones de que el hombre es capaz, así como los riesgos de una extremada socialización de los elementos característicos de lo social: publicidad, propaganda, información, etc., capaces de articular ecosistemas gravemente condicionantes de la libertad humana.

3. Por último, es evidente que si el saber psicológico y sus aplicaciones resultan inseparables del normal despliegue de la vida, su importancia se acrecienta frente al hecho universal de enfermar y morir. Independientemente de la patología específica del psiquismo, cuya clínica se había constituido, incluso antes del psicoanálisis, en banco de datos de considerable interés, el progreso de la psicología en general y la experiencia médica han puesto de relieve la importancia de la *personali-*

dad —como infraestructura psicológica—, tanto en el hecho como en la forma de manifestarse cualquier dolencia. La psicología *médica* y su proyección *clínica* no son solamente una introducción a los problemas de la salud mental o una propedéutica psiquiátrica, sino también una disciplina fundamental de los profesionales de la medicina y de la asistencia.

A pesar de la ambigüedad de sus límites y de la diversidad de sus ideas básicas, la psicología *clínica* se ha constituido en medio auxiliar indispensable del diagnóstico, la terapéutica, la prevención y la rehabilitación. El desarrollo de las técnicas —test, encuestas, entrevistas— psicométricas (medida de aptitudes y funciones) y proyectivas (evaluación de la personalidad y motivaciones), así como la amplitud de las terapéuticas psicológicas, requieren una especialización de rango universitario.

DIVULGACIÓN Y PSICOLOGÍA. LA PSICOLOGÍA AL ALCANCE DE TODOS

Elena F. L. Ochoa

La psicología es la ciencia que tiene por objeto el estudio de la conducta, el *porqué y* el *cómo* del comportamiento humano.

Hoy en día, los resultados hallados por los estudiosos de esta ciencia se aplican a multitud de campos profesionales, ofreciendo instrumentos que, con un cierto entrenamiento, resultan útiles tanto para el auto-control de uno mismo, como para el conocimiento de los demás. Los campos más importantes de aplicación de la psicología son:

1. *Área industrial*: la psicología industrial ofrece distintos tipos de ayudas al profesional de la empresa como, entre otras:

1-a: Selección del personal adecuado para una determinada área laboral.

1-b: Planificación de un contexto laboral para lograr una mayor productividad, al tiempo que un bienestar entre los empleados.

1-c: Estudios de mercado en función de las necesidades psicológicas y expectativas del público a quien va dirigido un producto concreto.

2. *Área escolar*: la psicología pedagógica, a partir de estudios de laboratorio y proyectos de investigación experimental, ha elaborado principios de aprendizaje y desarrollo aplicables a:

2-a: La metodología de enseñanza en función del tipo de alumno (nivel intelectual superior, medio o inferior).

2-b: Tipos de contextos ambientales que favorecen el aprendizaje y rendimiento del alumno.

2-c: Predicción de respuestas intelectuales y orientación escolar y profesional.

3. *Área clínica*: la psicología clínica, basándose en los modelos experimentales de laboratorio y en los resultados de estudios controlados, ha desarrollado campos de aplicación como:

3-a: Diagnósticos diferenciales y específicos del nivel intelectual, tipo de personalidad y, en su caso, síndrome psicopatológico. Dichos diagnósticos están basados en:

3-a.l: Escalas y cuestionarios.

3-a.2: Observaciones y registros de la conducta.

3-a.3: Test psicométricos y proyectivos.

3-a.4: Pruebas psicofisiológicas y cognitivas.

3-b: Tratamiento para aquellas enfermedades que tengan componentes psicológicos, tanto en su etiología como en su manifestación. De hecho, en la actualidad, la psicología cuenta con tratamientos de probada eficacia para enfermos con diagnóstico de cáncer, problemas psicosomáticos, depresión, etc. Los tratamientos más importantes los podemos clasificar en:

3-b.1: Psicoterapias.

3-b.2: Técnicas psicodinámicas y psicoanalíticas.

3-b.3: Técnicas cognitivas.

3-b.4: Técnicas de modificación de conducta.

3-b.5: Técnicas cognitivo-conductuales.

3-b.6: Técnicas de *bio-feedback*.

El lector interesado en cualquiera de los aspectos que hemos considerado puede acceder a ellos a través de lecturas más específicas. De todas maneras, es importante que tenga en cuenta que el tipo de información psicológica que procura ser comprensible para aquellos que no sean especialistas en la materia se clasifica en:

1. *La psicología personal,* que da información sobre todo el ser humano y las relaciones consigo mismo y con los otros: la auto-afirmación, la auto-estima, el bienestar físico y psíquico, las habilidades sociales, etc.

2. *La psicología interpersonal,* que estudia los aspectos más interesantes de la interacción entre las personas: cómo percibimos a los otros, las relaciones positivas (atracción, amor), las relaciones negativas (agresión), las relaciones de ayuda, etc.

3. *La psicología grupal,* que analiza los fenómenos más relevantes que ocurren en los grupos: cómo se tiende a imponer a sus miembros un conjunto de normas, cómo algunos miembros influyen en el resto del grupo, etc.

4. *La psicología intergrupal,* que trata de las relaciones entre los distintos grupos.

5. *La psicología de las multitudes,* en donde se integran temas como la génesis y transmisión de los rumores, etc.

II. ¿Qué es la psiquiatría?

QUÉ ES LA PSIQUIATRÍA

Juan José López-Ibor

La psiquiatría es la rama de la medicina en la que los fenómenos psíquicos son importantes como condicionantes, manifestaciones o agentes terapéuticos.

La psiquiatría es más que una especialidad, ya que su ámbito se extiende a la colaboración con otras especialidades para el estudio de determinadas actividades clínicas concretas (por ejemplo, problemas psicológicos que se presentan en unidades coronarias), enfermedades o síntomas. Éste es el camino de la *medicina psicológica y* de la *psiquiatría de enlace* que han venido a suceder a la llamada medicina psicosomática. Esta última aspiraba, en sus orígenes, a estudiar las causas psicológicas y los tratamientos psicoterapéuticos específicos de las enfermedades somáticas, aplicando el modelo causa-efecto, que es muy importante en la tradición científica y en la formación de los médicos. Sin embargo, poco a poco se va abriendo una nueva perspectiva, multifactorial o integrativa, en la cual los fenómenos psicológicos no son algo *añadido* a los procesos biológicos, sino que forman un conjunto unitario, integrado, de acuerdo con el llamado modelo bio-psico-social. En éste, los aspectos psicológicos, los biológicos y los sociales no son más que distintas caras del mismo fenómeno. Además, de acuerdo con esta nueva perspectiva, las enfermedades en general no pueden ser consideradas sólo como la expresión de los daños inducidos por agentes externos (traumáticos o infecciosos, por ejemplo), sino ante todo como la de mecanismos de adaptación a situaciones estresantes, que lo que pretenden es mantener un equilibrio del que depende la supervivencia individual. Las células del organismo necesitan de un medio interior regulado de un modo preciso (es lo que se llama homeostasis), siempre amenazado por las variaciones del medio externo. De un modo análogo, la personalidad se desenvuelve en un mundo propio que necesita mantenerse dentro de unos cauces. En general, cabe decir que la patología (somática y psíquica) es más la expresión de los mecanismos adaptativos que no la de las posibles causas que los ponen en marcha y, de hecho, los médicos recurren a menudo a tratamientos para mitigar esas respuestas que, en principio, tuvieron, o pudieron tener, importancia para la supervivencia del individuo (corticoides para inhibir los fenómenos inflamatorios, analgésicos para calmar el dolor o ansiolíticos, por ejemplo).

Como especialidad médica, la psiquiatría se ocupa de trastornos provocados por malformaciones, lesiones, daños y enfermedades cerebrales (trastornos mentales orgánicos), o de otros órganos que afectan secundariamente a las funciones cerebrales (trastornos mentales sintomáticos), de los patrones de comportamientos que llevan al consumo de sustancias tóxicas y de sus consecuencias (trastornos debidos al consumo de sustancias, incluido el alcoholismo), de la esquizofrenia y otros trastornos delirantes, de los trastornos afectivos, de las neurosis y trastornos de adaptación a situaciones estresantes, de trastornos de la personalidad y de otros que, siendo de origen psíquico, se presentan en primer lugar con síntomas somáticos (trastornos somatomorfos, por ejemplo, la histeria o la hipocondría).

La psiquiatría puede desarrollar funciones importantes en salud mental en colaboración con otros profesionales (educadores y pedagogos, asistentes sociales, ATS, psicólogos, etc.), con los responsables de decisiones públicas y con los individuos en general. Cada vez son más importantes para la medicina *estilos de vida* que implican un riesgo para la salud, ante todo para la prevención de enfermedades, pero también para la rehabilitación de los que ya enfermaron (por ejemplo, el consumo excesivo de alcohol, más o menos aceptado socialmente, o de tabaco, o el llamado patrón de comportamiento tipo A de Freedman y Rosenman que caracteriza al ejecutivo agresivo, esclavo de su trabajo hasta el punto de predisponerle a ataques coronarios, en colaboración con factores somáticos y nutritivos que pueden llegar a provocar un proceso de arteriosclerosis).

Es importante decir lo que la psiquiatría no es, ya que, desde principio de siglo hasta hace pocos decenios, la influencia del psicoanálisis llevó a la psiquiatría, en algunos países, a una inflación, según la cual la psiquiatría tenía explicación y respuesta para todo tipo de problema humano, para todas las miserias y preocupaciones, incluidas unas sociales (las guerras, por ejemplo), otras biológicas (las enfermedades) y otras más trascendentales, como la religión y el conocimiento.

Sin embargo, en los últimos años la psiquiatría ha pasado por un proceso de «remedicalización», constituyendo un apoyo importante en la investigación clínica y biológica, y caracterizándose por un mayor rigor en la aplicación de sus métodos terapéuticos, además de asumir una conciencia más precisa de sus límites y de sus posibles y más eficaces campos de actuación. En este sentido es en el que su colaboración con la medicina se perfila con mayor nitidez, y es de esperar que también en su apoyo a otros sectores de la investigación.

LAS ESCUELAS PSIQUIÁTRICAS Y PSICOLÓGICAS

Juan José López-Ibor

La psiquiatría científica nació con la medicina moderna a finales del siglo XVIII y desde entonces ha recibido de ella sus mayores influencias, es decir, la principal escuela de la psiquiatría es ciencia médica en general. Sin embargo, la psiquiatría, desde antiguo, ha buscado en otras ciencias, biológicas, psicológicas, filosóficas, sociológicas e incluso políticas, el modo de enriquecer sus conocimientos, desgraciadamente a veces de un modo demasiado unilateral. La pugna entre escuelas «psicológicas» y «somáticas» caracteriza al siglo XIX y en gran parte a éste. El *psicoanálisis* de Freud irrumpió desde los últimos años del siglo pasado y llegó a ser durante décadas la escuela de más influencia en los Estados

Unidos. En la actualidad, las escuelas más descriptivas y las biológicas han adquirido el protagonismo, en parte como una respuesta desde la investigación científica y médica a un movimiento dotado de un ingrediente ideológico tan importante como ingenuo que se denominó a sí mismo *anti-psiquiatría y* que tuvo su auge a finales de la década de 1960. Por aquellos años, la *psicofarmacología,* que había nacido diez años antes, había comenzado a dar sus frutos (reducción de la sintomatología más grave y disminución de las necesidades de internamiento psiquiátrico), lo que permitió una actitud contra el internamiento psiquiátrico y contra la psiquiatría en general, que se basaba en la inexistencia de la enfermedad mental, en que el llamado loco no es sino un individuo que de alguna manera inquieta o altera al grupo familiar o social y en la existencia de una actitud negativa, segregadora, de la familia o la sociedad hacia estos individuos, que así son designados como «enfermos mentales» (de acuerdo con esto, el diagnóstico es una forma de etiquetar a una persona) en colaboración con una psiquiatría que secunda a los poderes familiares y sociales constituidos. Esta ideología social llevó a muchos países al cierre de los establecimientos psiquiátricos, a la disminución de los recursos asignados para la psiquiatría y, lo que es peor, a convertir a antiguos enfermos acogidos y tratados, en vagabundos. En algunas ciudades occidentales más del 50 por ciento de los que carecen de hogar son enfermos mentales que han cambiado el techo de los establecimientos por el de las estaciones de tren o metro, en los mejores casos. Este movimiento, llamado «desinstitucionalización», se ha hecho, en muchos casos, sin poner en marcha una asistencia comunitaria, ambulatoria, que es la mejor alternativa al internamiento prolongado.

La psicología nació al segregarse, como ciencia, de la filosofía y sus primeras escuelas fueron ante todo médicas y psiquiátricas. No podía ser de otra manera por la larga tradición de la medicina como profesión de estudio y servicio de los individuos. Poco a poco la psicología ha ido desarrollando sus propias escuelas (las que, a su vez, tienen repercusión en el desarrollo de la psiquiatría y de la medicina en general), basadas en métodos diferentes, y a veces no es posible referirse a *una* psicología, sino a *las* psicologías.

Entre las principales escuelas psicológicas hay que destacar a las *conductistas,* que se basan en el estudio de la conducta manifiesta y que son las que más han servido para el desarrollo científico de la psicología, tanto que ésta ha sido definida como ciencia del comportamiento. Otras escuelas se mueven en un ámbito de relación con la neurofisiología (psicología fisiológica o *psicofisiología*), mientras que otras lo hacen en el campo fronterizo con la sociología (*psicosociología*). De todas maneras no hay rama de las ciencias antropológicas que no tenga relación con la psicología, ya que en cierta manera la psicología es un tronco principal de las mismas.

Los estudios de la conducta animal, en especial en su medio natural, tal y como hace la *etología,* tienen una gran repercusión en la psicología actual, y del *psicoanálisis* han derivado escuelas de *psicología profunda,* muy influidas por la filosofía (en especial por escuelas *fenomenológicas* o *existencialistas*).

La actividad clínica de la psicología ha permitido el desarrollo de técnicas de estudio de la personalidad y de la medida de sus rasgos mediante exploraciones objetivas (test), de gran trascendencia, incluso para la evaluación y tratamiento de enfermos con lesiones cerebrales (*neuropsicología*). Lo mismo cabe decir de la *psicología del desarrollo,* que ha permitido, con Piaget y su escuela, describir las etapas de la adquisición de las capacidades intelectuales y psicológicas desde el momento del nacimiento.

DIFERENCIAS ENTRE LA PSICOLOGÍA Y LA PSIQUIATRÍA

Juan José López-Ibor

La psiquiatría es una rama de la medicina y la psicología lo es de las ciencias antropológicas, lo que no significa que la psiquiatría se ocupe exclusivamente de los fenómenos patológicos y la psicología de los sanos. Desde el punto de vista científico, la psiquiatría en una disciplina cuya investigación es clínica, si bien incorpora y comparte aspectos importantes de la investigación básica, y el reverso puede decirse de la psicología. Esta última es una disciplina más experimental y tiene las mismas relaciones con la psiquiatría que la fisiología con la fisiopatología, por ejemplo.

En el terreno profesional, el psiquiatra es un médico y como tal se ocupa de los enfermos que a él acuden, lo cual no significa que se ocupe sólo de sus manifestaciones patológicas (al médico le interesa todo lo que afecta a los enfermos, no sólo combatir la enfermedad, sino también proteger y desarrollar la salud). La psicología tiene tres ramas principales: pedagógica, industrial y clínica, en las que colabora para identificar, evaluar o medir y modificar aspectos psicológicos de la enseñanza, de las actividades laborales de los individuos o de los enfermos (en especial de los psiquiátricos).

¿QUÉ ES UN PSICÓLOGO, UN PSIQUIATRA Y UN PSICOANALISTA?

Juan José López-Ibor

Psicólogo es el licenciado en psicología y su actividad abarca, además de la investigación y la enseñanza de los fenómenos psicológicos y de la conducta, un ejercicio profesional basado en la identificación, evaluación o medida y modificación de dichos fenómenos en tanto en cuanto repercuten en la educación, en la actividad profesional, en las enfermedades o en el desarrollo personal en general.

Psiquiatra es un médico especialista en psiquiatría que ha superado un período de formación específica (en la actualidad, cuatro años) en centros aceptados para tal formación, en los que ha ingresado tras haber obtenido un nivel suficiente en las pruebas de admisión (en la actualidad, el examen MIR). Hasta hace unos años los requisitos para ser un médico especialista eran menos estrictos, pero ahora tienden a ser uniformes con los del resto de los países de la UE y de otros desarrollados. Además de actividades de enseñanza e investigación, lleva a cabo su ejercicio profesional explorando, diagnosticando y tratando las enfermedades mentales y los aspectos psicológicos del resto de las enfer-

Sigmund Freud, creador del psicoanálisis y la psiquiatría moderna. (Foto: EFE.)

medades. También lleva a cabo tareas de salud mental, promoviendo la identificación y modificación de los factores psicológicos que influyen en la aparición, reconocimiento, evolución y respuesta en los tratamientos de las enfermedades (mentales o no), tanto en los hospitales (a través de la actividad de psiquiatría de enlace) como fuera de ellos.

Psicoanalista es la persona que ha recibido una formación psicoanalítica, es decir, que ha realizado su propio psicoanálisis («psicoanálisis didáctico») y que es reconocido como psicoanalista por la Asociación Psicoanalítica Internacional o que ha recibido su formación en un Instituto de psicoanálisis reconocido por dicha asociación. Aunque la mayoría de los psicoanalistas son médicos y desarrollan actividades clínicas, ser médico no es requisito indispensable para ser psicoanalista. No hay que confundir psicoanalista con psicoterapeuta, ya que hay muchas formas y escuelas de psicoterapia que no son tan exigentes con la formación y el reconocimiento de sus miembros y que, además, se basan en premisas diferentes.

III. Aspectos químico-biológicos del sistema nervioso

EL SISTEMA NERVIOSO CENTRAL: ESTRUCTURA Y BIOQUÍMICA

El sistema nervioso está constituido por un conjunto de órganos anatómicos estrechamente interrelacionados. Su misión es fundamental en la vida del organismo, impulsando, modulando y coordinando todas aquellas actitudes y funciones que caracterizan al ser vivo. Se puede decir que es el responsable de la vida, ya que cuando deja de funcionar constituye en sí la muerte. De hecho, médicamente no se confirma la muerte hasta que no tiene lugar un cese total de la actividad del sistema nervioso (muerte cerebral). Funciones tan vitales como la circulación o la respiración pueden llegar a detenerse momentáneamente, pueden suplirse mediante máquinas especializadas, pero cuando se detiene el sistema nervioso en su órgano capital, el cerebro, ya no hay solución. De él parte toda la energía vital, la vida misma.

Es un sistema muy complicado en el que varios órganos y estructuras se especializan para diversas funciones.

Por un lado, tiene la misión de que nuestro cuerpo funcione en todos sus niveles, controlando la marcha de los demás sistemas del organismo, y por otro, asume la recepción, almacenamiento y suministro de toda la información necesaria para relacionarnos con el mundo que nos rodea, al tiempo que conocemos nuestro propio interior.

Estructura microscópica del sistema nervioso. Como el resto del organismo, el sistema nervioso está constituido por un conjunto de células. Unas ejercen de sustento o de sujeción arquitectónica; la célula principal de la que depende la función nerviosa es, sin embargo, la neurona, que tiene la propiedad de producir y propagar los llamados impulsos nerviosos, que son señales eléctricas que viajan a lo largo del nervio.

A diferencia de otras células, las neuronas no se reproducen. Nacemos con un determinado número de ellas y en caso de que algunas se destruyan, ya no se reponen. De ahí que las lesiones del sistema nervioso sean prácticamente irreversibles.

La neurona tiene una forma característica, pues consta de un cuerpo y unas prolongaciones alargadas en forma de ramas, llamadas *dendritas*. Una de estas prolongaciones es mucho más larga que las demás y recibe el nombre de *axón*. Según la localización y función, la neurona varía de forma (triangular, esférica o estrellada) y sus dendritas pueden estar dispuestas de diversas maneras. Algunas poseen un axón de casi un metro de longitud.

El impulso nervioso es recogido por las dendritas y transportado por el axón hasta otra neurona, formando una cadena que finaliza en el órgano receptor. Varios axones juntos forman un cordón que constituye el nervio. A lo largo del nervio existen unos engrosamientos, los ganglios nerviosos, donde se agrupan los cuerpos de las siguientes neuronas en la cadena formada.

Funcionamiento del sistema nervioso. Como dijimos, el sistema nervioso funciona a través de la canalización y propagación de los impulsos nerviosos. Cuando tiene lugar un estímulo nervioso, la neurona se «excita». Es decir: ocurre una alteración química entre el interior y el exterior de la célula que varía su polaridad eléctrica. Se debe a un intercambio de iones (como sodio, potasio, cloro, etc.), unos con carga positiva y otros con carga negativa, lo que origina un impulso eléctrico que recorre toda la neurona conducido a través del axón.

Las neuronas entran en contacto unas con otras y transmiten así el impulso, igual que los cables eléctricos llevan la luz, mediante conexión entre ellos.

El axón de una neurona toma contacto con el cuerpo o las dendritas de la siguiente en la cadena, y a esta conexión se le llama *sinapsis.*

Como en la sinapsis tiene lugar un contacto y no una fusión, es decir, que no se mezclan las sustancias neuronales, sólo se junta una célula a otra, existe una barrera formada por las membranas que envuelven ambas células. El impulso nervioso salta esta barrera a través de unas sustancias químicas que se liberan por la neurona emisora y son captadas por la neurona receptora, que a su vez se excita y propaga el impulso sucesivamente. Estas sustancias mediadoras son los llamados *neurotransmisores* entre los que destacan la noradrenalina y la acetilcolina.

En resumen y para no complicar más la exposición, diremos que: en la conducción nerviosa intervienen fenómenos físicos (eléctricos) y químicos (sustancias neurotransmisoras) que, a lo largo de una precisa y compleja red de células, desencadenan una propagación y transmisión del estímulo nervioso en forma de impulsos. Estos impulsos constituyen una señal que tiene un significado y una intención concreta.

Unos impulsos son sensitivos, es decir, transmiten una sensación estimulada, la llevan al sistema nervioso central y ésta obra en consecuencia con otros impulsos, generalmente motores, que provocan una actitud respecto a la sensación. Por ejemplo: cuando nos pinchamos un dedo se estimulan unos receptores de la piel, que no son más que terminaciones de células nerviosas. Esta excitación nerviosa es transmitida por una cadena de neuronas hasta el sistema nervioso central. Éste reacciona mandando un impulso motor por otra cadena neuronal a los músculos correspondientes de la mano para que se contraigan retirando el dedo del estímulo punzante. Todo esto tiene lugar a una velocidad vertiginosa, en décimas de segundo.

ESTRUCTURA ANATÓMICA DEL SISTEMA NERVIOSO. El sistema nervioso se divide a su vez en tres sistemas o conjuntos nerviosos: el sistema nervioso central constituido por un conjunto de órganos alojados en la cabeza y columna vertebral (como veremos a continuación), el sistema nervioso periférico formado por los ganglios y nervios que recorren el cuerpo por fuera de estas estructuras y el sistema nervioso vegetativo.

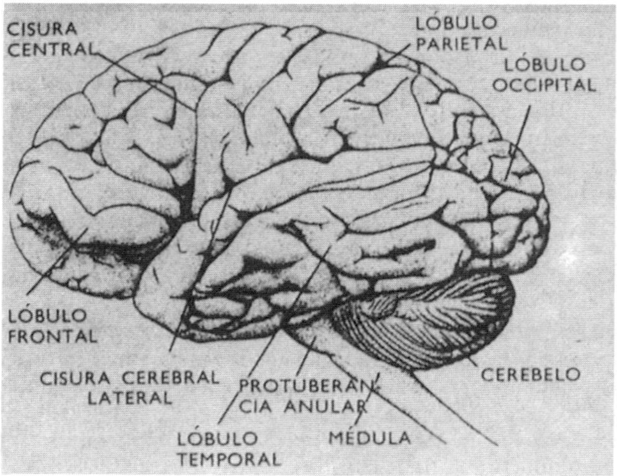
CISURA CENTRAL
LÓBULO PARIETAL
LÓBULO OCCIPITAL
LÓBULO FRONTAL
CISURA CEREBRAL LATERAL
PROTUBERAN-CIA ANULAR
CEREBELO
LÓBULO TEMPORAL
MÉDULA

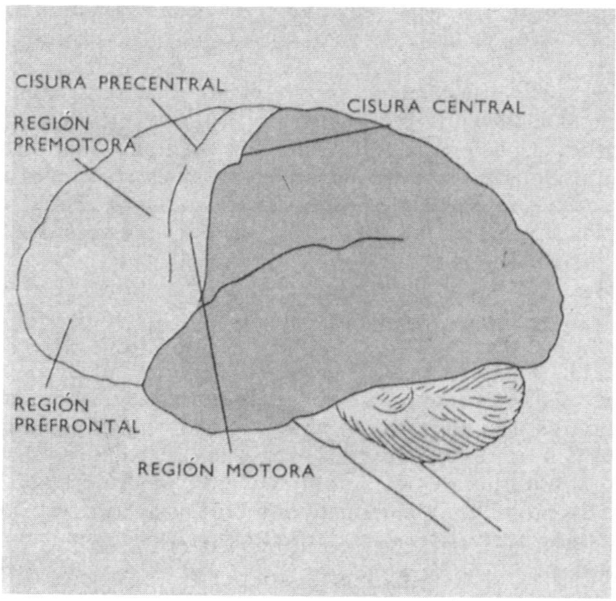
CISURA PRECENTRAL
REGIÓN PREMOTORA
CISURA CENTRAL
REGIÓN PREFRONTAL
REGIÓN MOTORA

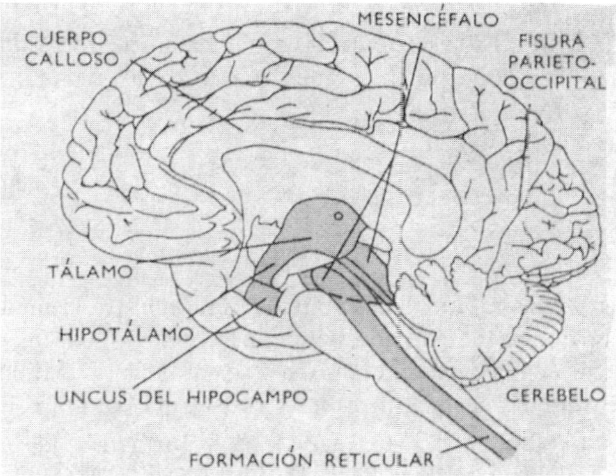
MESENCÉFALO
CUERPO
CALLOSO
FISURA
PARIETO-
OCCIPITAL
TÁLAMO
HIPOTÁLAMO
UNCUS DEL HIPOCAMPO
CEREBELO
FORMACIÓN RETICULAR

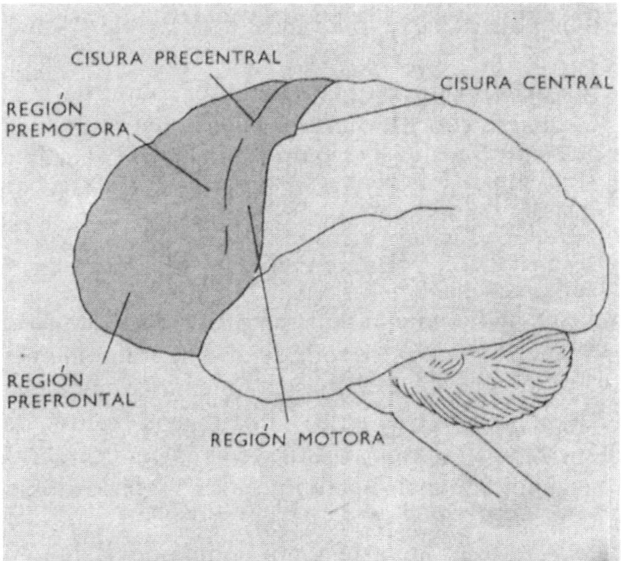
CISURA PRECENTRAL
CISURA CENTRAL
REGIÓN
PREMOTORA
REGIÓN
PREFRONTAL
REGIÓN MOTORA

SISTEMA NERVIOSO CENTRAL. En él distinguimos dos porciones anatómicas: el encéfalo y la médula espinal.

1. *Encéfalo*: Es la parte del sistema nervioso encerrada dentro del cráneo y en el que se distinguen cuatro zonas, de abajo arriba:

a) *Tronco cerebral.*
b) *Cerebelo.*
c) *Cerebro.*
d) *Diencéfalo.*

a) *Tronco cerebral*: Es el punto de unión entre la médula y el cerebro propiamente dicho, siendo prolongación de la primera cuando entra en la cavidad craneana y se ensancha. Dividido en dos zonas: el bulbo y la protuberancia, consta del conjunto de haces nerviosos que van y vienen entre el encéfalo y el resto del cuerpo.

b) *Cerebelo*: Ocupa la parte posterior e inferior de la cavidad craneal, a la altura de la nuca y por detrás del tronco cerebral. Está dividido en tres partes o lóbulos: dos laterales y uno central. En él residen un conjunto de centros nerviosos responsables de la modulación del movimiento muscular y el equilibrio postural.

c) *Cerebro*: Es el órgano mayor y más importante del sistema nervioso central. Junto con el cerebelo llena toda la cavidad craneal. Está dividido en dos partes separadas por una profunda cisura, son los hemisferios cerebrales. Toda la superficie está recubierta de pliegues y surcos y su aspecto recuerda al de una nuez sin cáscara.

El cerebro humano es el más desarrollado entre los de todos los mamíferos, alcanzando poco más de un kilogramo de peso, aunque el nivel de desarrollo está más en función de sus surcos y pliegues que de su tamaño o su peso. La parte más externa, de apenas unos milímetros de espesor, constituye la corteza cerebral, donde tienen ubicación la conciencia, la voluntad y todos los procesos psicológicos.

d) *Diencéfalo*: Es la parte comprendida por debajo del cerebro y entre sus dos hemisferios. En dicho lugar se encuentra un conjunto de centros nerviosos de vital importancia para la autorregulación de la vida instintiva.

2. *Médula espinal*: Es la porción del sistema nervioso central que saliendo de la cabeza recorre todo el interior de la columna vertebral, alojada en un canal formado por las cavidades de todas las vértebras alineadas.

Tiene la forma de un largo cilindro que por su extremo superior se continúa con el bulbo raquídeo y por el inferior, al final de la columna, se desfleca como una cola de caballo. A lo largo de toda la médula van saliendo por entre las vértebras los nervios que son dirigidos hacia el conjunto de órganos y partes del cuerpo.

El tejido que conforma todos los órganos del sistema nervioso central está constituido por dos tipos de sustancia: la sustancia gris, formada por los cuerpos de las neuronas y sus prolongaciones, y la sustancia blanca, formada sólo por las prolongaciones, los axones. En el cerebro, la sustancia gris está en la parte más externa (corteza); en la médula, en el centro y en las otras estructuras, dispersa en forma de núcleos o condensaciones.

FUNCIONES Y ORGANIZACIÓN DEL SISTEMA NERVIOSO. El papel más importante del sistema nervioso es controlar las actividades corporales mediante tres funciones primordiales: contracción o relajación de todos los músculos del cuerpo, estimulación o inhibición de todos los órganos internos y control de la secreción de las glándulas del sistema endocrino.

Para ello establece una dinámica de flujos nerviosos en dos direcciones: una lleva información desde el sistema periférico al central (vía sensitiva aferente) y otra lleva información ejecutoria en sentido inverso, del sistema central al periférico (vía motora eferente).

Parte de esta información pasa por el cerebro y por eso somos conscientes de ella, y podemos regularla por acción de la voluntad. En cambio otra sólo llega a las demás estructuras: diencéfalo, cerebelo, bulbo, etc., que responden de forma automática, sin necesidad de la voluntad y la conciencia. Así por ejemplo, funciones, como la respiración, digestión, etc., tienen lugar sin control voluntario. Ocurren aunque estemos dormidos. Y, de hecho, de la información que pasa por el cerebro, prácticamente el 90 por ciento es eliminada como de poca importancia, y sólo cuando prestamos atención somos conscientes de ella. Por ejemplo, de ordinario no nos damos cuenta de las partes del cuerpo que están en contacto con los vestidos o de la presión sobre el asiento cuando estamos sentados. No obstante, toda esta información más o menos consciente no se pierde. Es almacenada en la memoria para un futuro control de actividades motoras. La mayor parte se guarda en el cerebro, en el nivel de la corteza: es una parte más externa y de muy poco espesor comparada con el resto.

Podemos dividir la función del sistema nervioso central en tres niveles según la localización del órgano nervioso controlador:

1. *Nivel medular*: Controlado por la médula espinal. Fundamentalmente se refiere al funcionamiento muscular del cuerpo. Controla la tracción o estiramiento de los músculos y determina la postura. Algunos movimientos actúan de forma refleja y sin necesidad de controles superiores. Así se ha demostrado experimentando con animales a quienes se les separaba la médula del resto del sistema nervioso mediante sección. Estos animales, así mutilados, eran capaces de mantenerse en pie o rascarse, frente a estímulos adecuados, solamente por el control medular.

2. *Nivel encefálico bajo*: A cargo de las estructuras situadas en la zona inferior del encéfalo. Como antes vimos: bulbo, protuberancia, cerebelo, diencéfalo, e interior del cerebro.

Regulan todos los procesos corporales que no requieren el control voluntario, como respiración, digestión, presión arterial, equilibrio, etc. E incluso reacciones emocionales, como el miedo, la excitación, placer y dolor tienen aquí lugar sin necesidad de la conciencia.

3. *Nivel encefálico alto o cortical*: A cargo de la corteza cerebral, que constituye una amplia zona de almacenamiento de información. Aproximadamente las tres cuartas partes de los cuerpos celulares neuronales residen en la corteza. Allí se guardan la mayor parte de los recuerdos de experiencias pasadas de los que puede disponer la voluntad para el control de las funciones motoras del cuerpo.

Su estructuración es delicada y compleja, por lo que merece un capítulo aparte para su estudio.

En definitiva, podemos comparar el sistema nervioso a un moderno ordenador electrónico, donde existen unos circuitos de entrada, comparables a la porción sensitiva del sistema nervioso, y unos circuitos de salida, comparables a la porción motora. Entre ambos existen unas unidades de programación que rigen la sucesión de operaciones, análogas a las estructuras nerviosas encefálicas y medulares, valiéndose de la información almacenada.

El sistema nervioso humano, a través de la evolución, ha alcanzado unos niveles de precisión y desarrollo que marca un distanciamiento radical entre el hombre y el resto de los animales, dándole una situación privilegiada en la cima del escalafón de los seres vivos. J. M. U.

LA CORTEZA CEREBRAL Y SUS ÁREAS

La corteza cerebral está constituida por una delgada capa de neuronas (de 1,5 a 4 mm de espesor) que recubre toda la superficie del cerebro tapizando cisuras, pliegues y circunvoluciones. Contiene alrededor de diez mil millones de neuronas.

En la corteza cerebral reside toda la actividad consciente, voluntaria y propiamente psíquica. A ella llegan los estímulos procedentes del resto del sistema nervioso y de ella parten las órdenes enviadas hacia el cuerpo para ejecutar todos sus movimientos.

A grandes rasgos, se puede decir que la corteza cerebral ejerce por un lado una función receptora correspondiente a las sensaciones, por otro, una función efectora correspondiente al movimiento y, por último, unas funciones propias de la personalidad psíquica.

En general, la región motora corresponde a la zona frontal de la corteza y la sensitiva a la zona posterior, aunque en ésta también se localizan áreas motoras pero de carácter menos voluntario.

CENTROS RECEPTORES. Existe una profunda cisura cerebral llamada *surco central*, o *de Rolando*, que separa la región frontal, motora, de la inmediatamente posterior, sensitiva.

Esta área sensitiva recorre todo un pliegue que bordea el surco y es estrecha y transversal a modo de diadema. A lo largo de su extensión se proyectan ordenadamente las áreas correspondientes a la sensibilidad de todo el cuerpo, quedando en ella representadas las diferentes partes de éste como en un esquema.

Pero la extensión de estas áreas no es proporcional al tamaño de la zona corporal correspondiente, sino que está en relación a la importancia funcional de la misma. De este modo, el área perteneciente a la sensibilidad de la mano, especialmente los dedos, es mayor que la de otras zonas, como piernas o tronco.

En la parte central, interhemisférica, comienza el área de la sensibilidad del pie para continuar con la de la pierna y el tronco en la parte superior; a continuación y descendiendo lateralmente está el área de la mano y dedos y por último las de la cabeza, faringe y lengua.

Completando la sensación, existen otras dos pequeñas áreas. Una integra toda las sensaciones producidas y define el estímulo como algo concreto. La otra conecta esta integración con la memoria para identificar ese algo. Por ejemplo: cuando cogemos un lápiz entre los dedos, sin mirarlo, una serie de sensaciones táctiles correspondientes a cada parte de los dedos en contacto con el lápiz llegan al área sensitiva de la corteza. Todas las sensaciones juntas se interpretan como que sostenemos un objeto duro y alargado con unas determinadas formas y dimensiones. Y por último, esto se compara en la memoria con otros objetos anteriormente tocados hasta ser identificado como un lápiz.

Otras áreas más laterales recogen las sensaciones gustativas procedentes de la parte dorsal posterior de la lengua. El área de la audición está un poco por encima de la gustativa, con una zona para los sonidos graves y otra para los agudos. Y el área de la visión está en la parte más trasera del cerebro, en la región occipital. Todas estas áreas están en estrecha relación y conexión con las correspondientes psíquicas, que permiten identificar y reconocer la naturaleza de lo sentido.

CENTROS EFECTORES. Donde se originan los impulsos que dan lugar al movimiento corporal. Están primordialmente en el área situada por delante del surco de Rolando antes mencionado y, por tanto, del área sensitiva; es el área motora.

Al igual que para las sensaciones, existe una topografía similar con proyección de las zonas corporales en el área cortical. La proporción es casi igual a la sensitiva, aunque en la motora predomina, por ejemplo, el área correspondiente al dedo pulgar sobre la de los demás dedos, por ser éste más ágil y potente. También es un poco mayor que en la sensitiva la correspondiente a la cara, y sobre todo a la boca, desarrollada por el lenguaje que obliga a utilizarla con gran precisión y variedad de movimientos.

Del mismo modo que en la sensación, las vías nerviosas motoras conectan el área cortical con la región corporal correspondiente, produciendo su movimiento mediante un impulso nervioso específico.

TERRITORIOS CORTICALES RELACIONADOS CON LA ACTIVIDAD PSÍQUICA. Son áreas de la corteza en las cuales tiene lugar una integración de las sensaciones recibidas en otras áreas, lo que permite un reconocimiento en todo momento de la situación por la que está pasando la persona.

Así descubrimos las siguientes regiones:

Áreas del esquema corporal. Que recogen la información necesaria para hacernos conscientes de nuestra imagen corporal y su posición en el espacio, permitiendo diferenciarnos de lo que no forma parte de nosotros mediante el conocimiento de nuestra dimensión física.

Áreas de la precisión. Que regulan el movimiento voluntario antes de que ocurra, para que sea preciso en su acción.

Áreas de la emoción. Los sentimientos afectivos y emociones están provocados habitualmente por estímulos visuales, anditivos u olfativos relacionados con una persona, un objeto o un acontecimiento. Estas sensaciones son integradas en estas áreas produciendo reacciones motoras y neurovegetativas, como el miedo, la ira, la alegría, etc. Esta área integradora de tales funciones reside entre los dos hemisferios cerebrales, en la parte interna de la cisura intermedia que los separa.

Área de la memoria. Donde se almacenan todas las sensaciones y donde se recibe y emite información correspondiente a las funciones neurovegetativas o viscerales (véase capítulo: Sistema nervioso vegetativo).

Áreas del lenguaje. Estas áreas, muy desarrolladas en el cerebro humano, corresponden a la expresión. Unas son receptoras y captan lo advertido por los sentidos dándole un significado. Mediante ellas entendemos, por ejemplo, las palabras que oímos o vemos escritas. Otras son efectoras, dando un significado a lo que emitimos. Mediante ellas nos comunicamos a través de la escritura, el habla o la mímica. Cuando fallan, como ocurre en determinadas lesiones o alteraciones, se desconecta el área sensitiva de la interpretativa y falta el reconocimiento aunque la percepción sea correcta. Tienen lugar las que se llaman médicamente: *anartria* (incapacidad para articular palabras con sentido), *agrafia* (incapacidad para escribir palabras), *agnosis visual* (incapacidad para reconocer escritos por la vista) y *agnosis auditiva* (incapacidad para reconocer el lenguaje oído). En todas ellas no hay imposibilidad física, es como si intentásemos comunicarnos con un idioma totalmente extraño y distinto al habitual, donde no hubiera ninguna similitud de signos o sonidos. Por ejemplo, en la agnosis visual, el sujeto ve perfectamente las palabras escritas o impresas, sin embargo es incapaz de entender su significado, como si estuvieran escritas con letras desconocidas para él.

Por último, hay que destacar como hecho curioso la contraposición de las funciones cerebrales con su correspondiente región corporal. Es decir, el hemisferio izquierdo rige y controla la mitad derecha del cuerpo y el hemisferio derecho, la mitad izquierda del mismo. Normalmente predomina la acción de uno sobre la del otro, es el hemisferio dominante. Las personas diestras tienen mayor fuerza y precisión en el lado derecho de su cuerpo, su hemisferio dominante es el izquierdo. En cambio en las personas zurdas ocurre todo lo contrario, su hemisferio dominante es el derecho. Esta contraposición se debe a que las vías nerviosas sufren un entrecruzamiento al pasar de los centros nerviosos superiores a los inferiores. J. M. U.

LA PSICOLOGÍA Y EL ORGANISMO

Elena F. L. Ochoa

Dejen que me rodeen hombres gordos, / hombres calvos y hombres como el sueño de la noche; / más allá Casio tiene una apariencia enjuta y hambrienta; / piensa demasiado: tales hombres son peligrosos. /

Shakespeare cristaliza en este pasaje de *Julio César* la idea de que existe una relación entre la estructura corporal y el tipo de personalidad, entre un tipo de organismo y su psicología. A menudo nosotros hacemos suposiciones similares (de que los gordos son joviales y tienen buen carácter mientras que los delgados son más eruditos y estudiosos, y que los que tienen una conformación atlética están llenos de energía y vitalidad...) ¿Hay algo de verdad en estas ideas o son simplemente parte de la cultura popular?

Los teóricos constitucionales, como Kretschmer, Viola y, posteriormente, Sheldon han tratado de relacionar los componentes conductuales y corporales a partir de sus trabajos teóricos y, posteriormente, experimentales. Sin embargo, la psicología actual no acepta bien la idea de que los factores constitucionales ejerzan influencias importantes sobre la conducta. Los datos de las investigaciones del ambientalismo extremo de JolinWatson y el conductismo han demostrado que las predisposiciones innatas no tienen en realidad una influencia directriz sobre nuestra personalidad. Pero a pesar de todo esto, es obvio, para el hombre de la calle y algunas escuelas psicológicas, que hay asociaciones entre los factores constitucionales y la personalidad. Para éstos los gordos parecen alegres, y el flacucho con anteojos sigue siendo un retraído tragalibros.

El sistema de Sheldon es una versión moderna de formulaciones que se remontan por lo menos a Hipócrates, quien creía que había asociaciones entre los fluidos corporales y los temperamentos, y que había tipos básicos de cuerpo: bajos y gordos, altos y delgados. Ernst Kretschmer agregó un tercer tipo corporal —el muscular— entre los dos extremos, y los designó pícnico (bajo y grueso), atlético (ancho y muscular) y asténico (alto y delgado). Luego estudió la relación entre esos tres tipos y las variedades de psicosis.

Más tarde, Sheldon intentó establecer una interrelación constitucional entre la conducta y la estructura corporal, apoyándose en la creencia de que la apariencia física externa (el fenotipo) está determinada y guiada por un hipotético proceso biológico (el morfogenotipo). Sus datos caen en tres categorías de tipos corporales: endomorfia, mesomorfia, ectomorfia. El endomorfo tiende a ser suave, carnoso y redondo; el mesomorfo es cuadrado, sólido, muscular, denso y atlético; el ectomorfo es alto, delgado, frágil y de huesos frágiles.

De acuerdo también con Sheldon, estos tres componentes del cuerpo corresponden a tres componentes de temperamento y personalidad: la viscerotonía, la somatonía y la cerebrotonía. El individuo viscerotónico ama la comodidad, la comida y el afecto y tiene muy buen humor. La persona somatotónica es activa, vigorosa y agresiva. El individuo cerebrotónico es un individuo sensible, tímido, que huye de los contactos sociales.

Resumiendo, la aportación de estas teorías es haber divulgado el hecho de que existe algún tipo de relación entre el cuerpo y su psicología. Sin embargo, no podemos asegurar su dirección. ¿Es que el cuerpo dirige el temperamento, o el temperamento determina el cuerpo o, más claramente, hay un proceso bi-direccional cuyas interrelaciones exactas no han sido aún descubiertas?

Lo único que podemos contestar hasta el momento es que existe una *relación íntima y* estrecha entre el organismo y el psiquismo, y que éstos a su vez se encuentran *condicionados,* en gran medida, por el contexto social en el que se desenvuelven. La psicología del individuo y su organismo deben mantener una *homeostasis interna* al tiempo que un *equilibrio* adecuado con el exterior.

EL SISTEMA NERVIOSO PERIFÉRICO

Entre el sistema nervioso central (sistema ordenador) y el conjunto de órganos y estructuras del cuerpo humano (sistema receptor) se sitúa el sistema nervioso periférico, como responsable de la transmisión del impulso nervioso, tanto en un sentido como en otro, según la información sea motora (de dentro afuera) o sensitiva (de afuera adentro).

Está formado por un complejo entramado de fibras o cordones ramificados por todo el organismo y que alcanzan hasta las más recónditas porciones del cuerpo. Normalmente, siguen la misma trayectoria que los vasos sanguíneos, y en todo momento envían al sistema nervioso central información precisa del estado de la zona inervada. Si ocurre una perturbación, el mensaje sensitivo llega a los centros superiores correspondientes, quienes actúan en consecuencia con un nuevo mensaje, ahora efectivo, que provoca una reacción compensadora en dicha zona.

Ya se vio, en el capítulo correspondiente, cómo el impulso nervioso hace su recorrido a través de las prolongaciones de las neuronas llamadas axones. El conjunto de axones que lleva un mismo recorrido se apiña formando un cordón, es el nervio, que a modo de cable eléctrico transporta el impulso nervioso. Y del mismo modo, como aquél, posee una funda o vaina aislante que evita cortocircuitos y fugas eléctricas.

En el trayecto de los nervios se observan cada cierto tramo unos engrosamientos, son los ganglios nerviosos, donde se localizan los cuerpos de las neuronas que forman la cadena conductora.

Los nervios periféricos salen del sistema nervioso central de forma muy organizada y anatómicamente precisa. Así, los que nacen del encéfalo (sistema nervioso central alojado en el cráneo) se denominan nervios o pares craneales. Se llaman pares por salir de dos en dos y de forma simétrica. Inervan los órganos y estructuras anatómicas de la cabeza, controlando funciones tan importantes como la visión y movimiento de los ojos, oído y equilibrio, manejo de la boca, garganta y lengua, gusto, olfato y todos los gestos de la cara, entre otras funciones más.

Los nervios que nacen de la médula espinal (sistema nervioso central alojado en la columna vertebral) se denominan nervios raquídeos, de *raquis* = columna vertebral. Salen por los espacios comprendidos entre las vértebras y van a inervar principalmente a todos los músculos, articulaciones, huesos y demás estructuras que recubren y conforman el tronco y extremidades del cuerpo.

Cada nervio periférico lleva una información (motora o sensitiva) correspondiente a una zona concreta. En general, los nervios más periféricos llevan ambos mensajes, de movimiento activo o de sensación según el sentido de la corriente de impulsos. Forman así los llamados arcos reflejos, en las raíces de la médula espinal, como los que controlan la postura corporal y algunos instintos defensivos. En los arcos reflejos medulares la función nerviosa no necesita pasar por el cerebro, se rige desde la propia médula. Por ejemplo, es muy conocido el reflejo medido por el neurólogo cuando golpea la rodilla y provoca una extensión de la pierna. La respuesta ocurre de forma inconsciente y automática: el golpe dado sobre el tendón del cuádriceps (músculo extensor de la pierna) en la rodilla tensa ligeramente el músculo. Esto provoca un estímulo nervioso sensitivo que llega a la médula, la cual lo refleja con un impulso nervioso motor que provoca la contracción compensadora del músculo, y por consiguiente la extensión de la pierna.

Para que el sistema nervioso central tenga una precisa y constante información de lo que ocurre en el cuerpo los extremos finales de los nervios han desarrollado unos dispositivos, especializados según su función, encargados de recoger las sensaciones y transformarlas en impulsos nerviosos, son los receptores sensoriales. Básicamente existen cinco tipos diferentes: 1. *Mecanorreceptores,* que responden a toda deformación mecánica de la zona (presión, estiramiento, etc.). 2. *Termorreceptores,* que responden a variaciones de temperatura en el lugar inervado. Unos son sensibles al frío y otros al calor. 3. *Nocirreceptores,* que responden al daño o lesión física de la zona. 4. *Electromagnéticos,* excitados por la luz; como son los situados en la retina visual. 5. *Quimiorreceptores,* que responden a los cambios químicos, como ocurre en el sentido del gusto o el olfato.

Según la zona donde se localicen, serán más o menos precisos. Hecho que suele estar en función de la necesidad y el uso que se haga de ellos. Así por ejemplo, hay receptores táctiles (mecanorreceptores) en toda la superficie corporal, sin embargo no tenemos la misma precisión táctil en la yema de los dedos que en la espalda, porque en los dedos tal función es mucho más importante y se ha desarrollado con el uso.

Todas las señales nerviosas se combinan entre sí para dar una información clara al cerebro de la situación propia (sensación propioceptiva) y de la disposición respecto al exterior (sensación externoceptiva). Por ello el sistema nervioso periférico es esencial en nuestra vida de relación. Cuando tiene lugar una interrupción en el flujo de impulsos de un nervio (por ejemplo, en una lesión que lo seccione) la zona correspondiente a ese nervio queda inerte, provocando la parálisis y la anestesia de dicha región. J. M. U.

EL SISTEMA NERVIOSO VEGETATIVO

La parte del sistema nervioso que rige las funciones viscerales del cuerpo recibe el nombre de sistema neurovegetativo. Controla el movimiento y funcionamiento de los órganos internos, como el corazón, el aparato digestivo, los riñones, etc.; y algunas funciones, como la regulación de la temperatura corporal, la presión arterial y la sudoración, entre otras. Fenómenos todos ellos que tienen lugar sin la necesidad de un control cerebral, por lo que suceden de forma inconsciente e involuntaria. De ahí que al sistema neurovegetativo, por su independencia, se le llame también sistema nervioso autónomo.

Este sistema nervioso está dividido en dos porciones: los sistemas simpático y parasimpático.

Ambos sistemas funcionan excitando o inhibiendo el órgano que regulan y, en cierto modo, oponen su acción en muchas ocasiones. De este modo, el simpático excita una zona mientras que el parasimpático la inhibe y viceversa. Sin embargo, la mayor parte de los órganos están controlados principalmente por uno solo de ellos, por lo que no suelen oponerse activamente salvo en los siguientes casos principales:

El simpático aumenta la fuerza y frecuencia del latido cardíaco, dilata las pupilas, las coronarias y los bronquios, disminuye el movimiento intestinal y la función de la vesícula biliar. En cambio, el parasimpático tiene el efecto contrario sobre las mismas vísceras.

El control sobre el resto de las vísceras se reparte entre ambos y el mismo sistema actúa excitando o inhibiendo.

Anatómicamente, el simpático forma dos cadenas nerviosas a ambos lados de la columna vertebral. En el curso de su trayecto aparecen numerosos engrosamientos que constituyen los ganglios simpáticos. De estos ganglios salen las ramas nerviosas que se dirigen hacia las vísceras.

El parasimpático está formado por un conjunto de ramas nerviosas procedentes de la porción encefálica del sistema nervioso central.

Estos sistemas nerviosos, mediante la liberación de unas sustancias, actúan sobre los tejidos del órgano inervado, provocando su excitación o su inhibición. Tales sustancias se denominan mediadores y son la noradrenalina, mediador principal del sistema simpático, y acetilcolina, el del parasimpático.

El sistema nervioso neurovegetativo multiplica ostensiblemente su función en determinadas situaciones de alarma cerebral, como ocurre ante emociones más o menos intensas. Es responsable de la llamada «somatización» psicológica, que no es más que el descontrol de su función por efecto de una descompensación psíquica. J. M. U.

LA IMPORTANCIA DE LAS HORMONAS

Las relaciones entre la estabilidad y el equilibrio psicológico y el sistema endocrino son importantes y recíprocas. Hormonas y conducta se interfieren entre sí; algunos tipos de estrés psicológico grave tiene efectos sobre el sistema endocrino y las anomalías endocrinas pueden a su vez ejercer importantes efectos sobre la conducta. Hoy día, ya se conoce bastante de este tipo de trastornos de doble sentido, pero la psiquiatría sigue investigando y gran parte de los estudios de investigación se centran en estos temas.

De todas las alteraciones psicológicas que repercuten sobre el sistema endocrino, la que más lo altera es sin lugar a dudas el estrés que se acompaña de ansiedad y excitación emocional. Acarrea un aumento de la liberación de hormonas suprarrenales, de hormonas tiroideas (aunque con unos días de retraso) y una disminución de la testosterona (hormona sexual masculina). Parece ser que estos trastornos hormonales son consecuencia directa de la mayor o menor capacidad que tenga el sujeto para adaptarse al estrés. En cuanto a los otros trastornos psiquiátricos, se han visto repercusiones endocrinas, que se encuentran muy en relación con las técnicas empleadas para medir las hormonas, con la dieta del enfermo, su actividad y como es lógico, su situación emocional. En líneas generales se ve que en los episodios esquizofrénicos agudos aumenta la actividad de la corteza suprarrenal (parte superficial de la glándula suprarrenal) hasta dos o tres veces sobre sus valores normales. En la depresión, lo que se altera es el ritmo circadiano (ritmo diario de secreción) del cortisol.

Lo que sí está totalmente demostrado, porque los síntomas clínicos lo evidencian, es que una gran parte de las enfermedades endocrinas acarrea repercusiones psicológicas, que vamos a ver:

— *Trastornos tiroideos.* Cuando aumentan las hormonas tiroideas (*enfermedad de Basedow*) suele haber fatiga, ansiedad e insomnio y en los aumentos bruscos hay obnubilación y delirio. Cualquier trastorno psiquiátrico previo puede agravarse y en ocasiones aparecen cuadros maniacodepresivos. Cuando estas hormonas disminuyen *(Mixedema)* el pensamiento es más lento y, aunque sea raro, aparecen cuadros psiquiátricos graves.

— *Trastornos suprarrenales.* El aumento de la secreción de hormonas suprarrenales (*síndrome de Cushing*) es la alteración endocrina que con más frecuencia se acompaña de trastornos psíquicos como pueden serlo la depresión inhibida o delirante. La insuficiencia suprarrenal aguda puede acarrear confusión y delirio.

— *Trastornos pancreáticos.* La diabetes se acompaña con frecuencia de cuadros depresivos, mientras que la hipoglucemia (disminución de glucosa en sangre) conlleva en los casos graves obnubilación y crisis convulsivas, y en los casos crónicos, un deterioro progresivo.

— *Trastornos paratiroideos.* En el aumento de la secreción paratiroidea, habitualmente hay torpor, astenia, pensamiento lento (bradipsiquia) y depresión.

— *Trastornos hipofisarios.* La *enfermedad de Simmons-Sheehan,* que es un fallo en la secreción de hormonas por la adenohipófisis secundario a lesiones en el parto, se acompaña de apatía, cansancio y disminución de la libido, que es muy difícil de distinguir de una depresión. En el gigantismo, por aumento de la secreción de la hormona del crecimiento, hay retraso intelectual, apatía, irritabilidad y labilidad emocional, y ocasionalmente aumento de la actividad y descontrol emocional.

— *Síndrome premenstrual.* Remitimos al lector al capítulo que a este problema tenemos dedicado, pero, remarcamos la elevada incidencia de trastornos psicológicos en este período que va de los días 21 a 28 del ciclo en forma de irritabilidad, ansiedad, agresividad, labilidad de ánimo y síntomas depresivos. Se ha demostrado un aumento de suicidios femeninos en estos días, así como actos delictivos y violentos en las mujeres.

— *Trastornos sexuales.* Tanto en el postparto como en el climaterio hay un aumento de cuadros depresivos y existe la posibilidad de que reaparezcan trastornos previos. M. D.

LAS DESCARGAS DE ADRENALINA

La adrenalina es una sustancia hormonal del grupo de las aminas simpaticomiméticas (que estimulan el simpático), más específicamente, una catecolamina. Se sintetiza en la glándula suprarrenal y al ser liberada en la sangre ejerce su efecto prácticamente en todo el organismo. Su síntesis y liberación no están controladas por la voluntad, el organismo lo hace de forma fisiológica, pero hay situaciones y estímulos específicos que provocan una liberación brusca, una «descarga de adrenalina», entonces sus efectos normales aparecen con gran intensidad.

Normalmente la adrenalina:

— Aumenta la velocidad de contracción del corazón y provoca «taquicardia».

— Tiene un efecto doble sobre los vasos sanguíneos. En la piel y en el brazo provoca en un principio una contracción vascular, de ahí que inicialmente aparezca palidez. Luego provoca el efecto contrario y los vasos se dilatan, entonces aparece un enrojecimiento más o menos marcado. Un efecto secundario de la vasodilatación es el aumento de temperatura de la piel que provoca la sudoración para disminuirla.

— Inicialmente, hace más lenta la respiración, pero luego su efecto es estimulante, aumentando el ritmo respiratorio.

— Dilata la pupila.

— Provoca una alteración brusca del metabolismo de las grasas y los hidratos de carbono, aumentando la glucosa circulante en la sangre, con lo que se incrementa la energía disponible.

— Relaja la fibra muscular de las paredes del tubo digestivo, con lo que se disminuye la actividad digestiva.

— La descarga brusca de adrenalina en el organismo se acompaña de angustia, irritabilidad, tensión e intranquilidad. Pero este efecto sobre el sistema nervioso central parece ser secundario a los efectos cardiovasculares periféricos, ya que la adrenalina del organismo no atraviesa la barrera hematoencefálica, es decir, no llega al cerebro.

Por otro lado, la adrenalina está presente en el cerebro como un elemento de la cadena metabólica de los neurotransmisores (sustancias que, almacenadas en las neuronas, se eliminan de una a otra para transmitir estímulos) y podría actuar ella misma como un neurotransmisor. Lo que aún no se conoce muy bien son los mecanismos por los cuales se liberaría la adrenalina cerebral, ni tampoco si estarían en relación con la liberación periférica.

Las descargas de adrenalina se producen en las situaciones de tensión y miedo que o bien se producen bruscamente, o bien, como en el caso de estrés, tienen un carácter continuado. El fenómeno básico es la excitación del sistema simpático con una liberación excesiva de adrenalina, que pone al organismo en una situación de emergencia llamada «de lucha o de huida». Junto con la adrenalina, la glándula suprarrenal también libera corticoides y otras catecolaminas como la noradrenalina. Todo ello pone en marcha el sistema defensivo y de reserva del organismo, como para prepararlo para cualquier eventualidad: aumentan el ritmo cardíaco y respiratorio, se eleva la tensión arterial, disminuye la actividad digestiva y se incrementa la sudoración y el tono muscular que, en un principio, es útil para controlar los movimientos, pero si rebasa un límite determinado puede alterar la coordinación.

Estas descargas de adrenalina se producen en cualquier momento en que el sujeto se sienta amenazado de alguna forma, y tanto por una amenaza real como imaginaria: un susto, la aparición imprevista de alguien o simplemente la pregunta de un profesor a un alumno en clase —sin olvidarnos del estrés—, pueden producir descargas de adrenalina.

No es una situación grave ni anómala aunque puede asustar a quien la sufre. A la larga si se perpetúa, sí ejerce efectos nocivos, pero por la descarga hormonal en sí. M. D.

QUÉ ES LA NEUROLOGÍA

Dentro de las ramas de la medicina existe una especialidad que se encarga especialmente del estudio del sistema nervioso, y que recibe el nombre de neurología. El cuerpo humano forma un conjunto dentro del cual todas sus partes están estrechamente relacionadas entre sí. El trastorno de uno de sus órganos repercute en mayor o menor medida sobre todos los demás y sobre la psicología humana. La mayoría de las enfermedades suelen producir alteraciones psicológicas e incluso psicopatológicas, pero en el caso de las enfermedades neurológicas esta relación es aún más estrecha.

Las enfermedades neurológicas, es decir, que afectan principalmente al sistema nervioso, son muy variadas, e incluyen tumores, degeneraciones y atrofias cerebrales, parálisis de los nervios periféricos, neuralgias, infecciones e inflamaciones del sistema nervioso, lesiones por traumatismo, etc. Algunas de éstas están tan relacionadas con la psiquiatría que resulta difícil establecer a cuál de estos dos campos médicos debería pertenecer, tal como ocurre con la epilepsia o las demencias.

Por otro lado, hay que tener en cuenta que muchas enfermedades neurológicas cursan con una sintomatología psíquica abundante, que puede dar lugar a confusiones en el diagnóstico, ya que en muchos casos es muy similar a la de algunos trastornos psicopatológicos. Por ejemplo, una parálisis se puede deber tanto a una lesión del sistema nervioso como a una neurosis histérica o de conversión. Un tumor cerebral puede producir alucinaciones similares a las de un síndrome delirante. En las etapas iniciales de las demencias se producen descensos del estado de ánimo, pérdidas de memoria y de la capacidad de concentración junto con cambios del comportamiento que hacen difícil distinguir estos procesos de algunas formas de depresión. Los temblores son un síntoma típico de muchas enfermedades neurológicas, pero también se pueden deber a la ansiedad o al alcoholismo. Algunos cambios de personalidad no tienen una causa psíquica, sino que se pueden deber a tumores cerebrales, especialmente del área central, que provocan cambios de personalidad, constituyendo el denominado *síndrome de moria.* Las crisis súbitas que algunas personas padecen en forma de convulsiones se deben en la mayoría de los casos a epilepsia, pero también se observan con cierta frecuencia en los trastornos histéricos, especialmente durante la adolescencia. Muchos dolores de cabeza (cefaleas) se deben a trastornos neurológicos o vasculares, pero también son frecuentes las cefaleas como consecuencia de una gran tensión emocional (cefaleas tensionales) o de una depresión. Algo similar puede decirse de muchos otros síntomas, como vértigo, mareos, inestabilidad en la marcha, náuseas, desorientación en el tiempo y espacio, obnubilación, alteraciones del nivel de conciencia, etc.

La lista de síntomas comunes a enfermedades neurológicas y psicopatológicas, al igual que el número de enfermedades producidas por trastornos del sistema nervioso que tienen unos síntomas parecidos a los que se producen en algunos trastornos psicopatológicos, sería casi interminable. Es comprensible, entonces, que en muchos casos resulte necesario, antes de abordar un tratamiento psiquiátrico, comprobar mediante una cuidadosa exploración que no nos hallamos ante los síntomas psíquicos de una enfermedad del sistema nervioso. Para lograr este objetivo puede ser suficiente una buena historia clínica en la que se analicen en profundidad las características de los síntomas que presenta esa persona, además de algunas exploraciones como la observación del fondo de ojo y de los reflejos neurológicos. En casos más complicados, resulta necesario recurrir a pruebas complementarias más complejas, especialmente al electroencefalograma, scanner, radiografías y tomografías. J. H.

LOS SENTIDOS

Mediante los sentidos logramos percibir el mundo que nos rodea, y también a nosotros mismos. Son, por tanto, instrumentos indispensables de las percepciones y elementos necesarios para lograr comunicarnos con los demás. Además, a través de los sentidos se producen las sensaciones, que tanto influyen en la vida psicológica de cada persona. Clásicamente se ha considerado que el hombre posee cinco sentidos diferentes, dos superiores: la vista y el oído; y tres inferiores: el olfato, el gusto y el tacto.

El sentido de la vista radica fundamentalmente en el ojo, o globo ocular, y particularmente en la retina, transmitiéndose las imágenes visuales hasta el cerebro a través del nervio óptico. El sentido del oído se sitúa en el órgano de la audición, especialmente en el tímpano, que recoge las vibraciones acústicas captadas por el pabellón auricular y las transmite hasta una cadena de huesecillos y el denominado órgano de Corti, a partir del cual se transforman en una corriente nerviosa que llega al cerebro a través del nervio auditivo. El sentido del olfato está situado en la nariz, especialmente en la porción superior de las fosas nasales, llegando las percepciones olfativas al cerebro a través del nervio olfativo, para lo cual es necesario que las sustancias odoríferas se disuelvan previamente con el moco que recubre los órganos olfativos. El sentido del gusto se sitúa en la boca, localizándose más exactamente en pequeñas formaciones anatómicas (*papilas gustativas*) que se encuentran en la cara superior del dorso de la lengua. Hay cuatro sabores fundamentales: dulce, salado, ácido y amargo. Los tres primeros se perciben en los dos tercios anteriores de la lengua y se transmiten hasta el cerebro a través de un nervio denominado *cuerda del tímpano,* mientras que el sabor amargo se percibe en el tercio posterior de la lengua y se transmite por el nervio glosofaríngeo hasta el cerebro. Para que esto suceda, es necesario que los alimentos se disuelvan en las secreciones de la boca, especialmente en la saliva que es segregada por las glándulas submaxilares. El sentido del gusto está muy influido por el del tacto y olfato, ya que ambos modifican las percepciones captadas por las papilas linguales, de modo que pueden transformar notablemente la sensación percibida. El sentido del tacto se localiza a lo largo de toda la piel del cuerpo, si bien hay zonas más sensibles que otras. Las sensaciones táctiles son captadas fundamentalmente por receptores sensitivos específicos periféricos que están constituidos por terminaciones nerviosas libres y por los denominados *corpúsculos de Merkel.*

Tal como hemos visto, todas las percepciones las registran los diversos órganos de los sentidos para enviarlas a través de sus correspondientes vías nerviosas hasta la corteza cerebral. Es entonces cuando realmente se elaboran las verdaderas sensaciones, que se ven más o menos influidas por el conjunto de sentidos que están actuando en ese momento concreto, dando como resultado una sensación más compleja y diversa que la que en un primer momento podríamos suponer.

La pérdida de los sentidos, especialmente de los de la vista y audición, puede tener repercusiones psicológicas graves si se produce de un modo brusco y repentino, ya que al posible trauma psicológico se añade una minusvalía que se refleja inmediatamente en la esfera intelectual y en la comunicación, creando problemas en las relaciones interpersonales y en el ámbito laboral. Cuando la pérdida de un sentido es paulatina o se ha producido desde el mismo nacimiento o durante la primera infancia, se suele incrementar la capacidad sensorial a través de los sentidos conservados con lo que la deficiencia considerada globalmente es menos significativa. No obstante este tipo de situaciones pueden favorecer trastornos de personalidad, problemas de escolarización y de adaptación e integración social. J. H.

PSICOLOGÍA ANIMAL Y PSICOLOGÍA HUMANA

Al estudiar la psicología de los animales nos podemos dar cuenta de que tiene una serie de características parecidas a las de la psicología humana, especialmente en lo que se refiere al mundo de los instintos y a la conducta. Siguiendo conceptos evolucionistas desarrollados a partir de la teoría de la evolución elaborada inicialmente por Darwin, el hombre sería el ser más evolucionado y perfecto de la naturaleza, pero conservaría características psicológicas comunes a otros animales como recuerdo de etapas anteriores.

En la esfera de los instintos vemos cómo las similitudes entre el hombre y los animales son verdaderamente numerosas, salvando las modificaciones propias del ser humano como consecuencia de su mayor desarrollo intelectual y de su vida psíquica más compleja. En ambos casos podemos hablar de instinto de conservación, instintos sexuales, instinto maternal, etcétera, que se relacionan directamente con las necesidades más elementales, como el hambre, la sed, la conservación de la vida y de la especie, etc. También en lo que se refiere a la conducta podemos encontrar estrechos vínculos entre la psicología animal y la de las personas. Los animales, al igual que los hombres, desarrollan su conducta en relación con experiencias anteriores, es decir, a través de procesos de aprendizaje, ya que de un modo progresivo terminan sabiendo lo que tienen que hacer para solucionar problemas más o menos elementales, y se comportan ante determinadas situaciones en razón del beneficio que anteriormente obtuvieron mediante un comportamiento similar, e incluso reaccionan de un modo determinado frente a un estímulo concreto, estableciéndose lo que se ha denominado como «reflejos condicionados». Veamos unos ejemplos relacionados con estas tres cuestiones.

Si introducimos un animal en una jaula separada de un compartimento donde se encuentra la comida a la cual no puede acceder cuando éste tiene hambre, y la jaula está dotada con un mecanismo por el cual, por ejemplo, si el animal sube a un columpio se abre la puerta que comunica ambos compartimentos, el animal intentará de diversos modos llegar hasta la comida, pero no lo conseguirá hasta que accidentalmente suba al columpio. Tras la repetición de sucesivas experiencias de este tipo, terminará aprendiendo que subiendo al columpio logrará abrir la puerta que le conduce hasta la comida, y hará esto directamente cuando desee comer.

Si cada vez que, por ejemplo, un animal de circo, hace una serie de piruetas lo premiamos con algo que le gusta mucho, supongamos que un terrón de azúcar, conseguiremos al cabo de un cierto tiempo que el animal realice gustosamente estas piruetas, ya que sabe que a continuación obtendrá ese premio. Lo contrario se puede decir, si tras determinada actuación aplicamos un castigo. Por último, hay veces que se establecen reflejos condicionados, como el clásico de Paulov, que hacía sonar una campanilla cerca de un animal antes de darle la comida: al poco tiempo comprobó que nada más sonar ésta, el perro comenzaba a segregar jugos gástricos, ya que había asociado el sonido de la campanilla a la presencia de su comida.

La explicación de estos fenómenos instintivos y conductuales comunes al hombre y a los animales está orientada hacia varias vertientes fundamentales. Por un lado, se cree que éstos se deben a una transmisión hereditaria que hace que ya los recién nacidos sepan cómo actuar en algunas situaciones de un modo «innato».

El ambiente en el que éstos tienen que desenvolverse también influiría, haciendo que se aprendan nuevos hábitos que se transmiten a las posteriores generaciones; siguiendo las teorías de Darwin, se produciría incluso un auténtico cambio psicológico y biológico que permitiese la supervivencia de esa especie. Por último, habría que considerar factores puramente individuales que explicarían las variantes de un sujeto o de un pequeño grupo. J. H.

EXPERIMENTACIÓN PSICOLÓGICA EN ANIMALES

Las relaciones existentes entre psicología humana y psicología animal han llevado a numerosos investigadores a intentar estudiar la psicología animal, especialmente en el campo de la conducta individual, el aprendizaje y la conducta social de los mismos. También se han intentado reproducir en laboratorios trastornos psicopatológicos en animales con el fin de conseguir modelos experimentales para dichas enfermedades.

Se ha comprobado que aplicando diversos estímulos a animales recién nacidos se pueden conseguir modificaciones en sus instintos básicos (fenómeno *imprinting*), con lo que se demuestra que aunque existen estructuras hereditarias, se pueden modificar en función del aprendizaje promovido por estímulos ambientales. También se han demostrado fenómenos de imitación o «mimetismo» entre pequeñas comunidades de animales; un ejemplo evidente sería la estampida de un rebaño tras la huida, motivada o no, de alguno de sus miembros. También son frecuentes entre los animales las conductas de cooperación social; en este sentido son muy interesantes los comportamientos de algunos insectos, como las abejas, capaces de lograr una vida social extraordinariamente organizada. En muchos animales se pueden estudiar sociedades jerárquicas muy estructuradas, como es el caso de las colonias de algunos primates como los mandriles, en donde existe una jerarquía pormenorizada que va desde el jefe hasta el «último mono».

La mayor parte de la experimentación psicológica llevada a cabo en animales se ha realizado en primates, ya que son los que guardan una mayor similitud con el hombre, si bien, muchos trabajos se realizan con ratones, cobayas y otros roedores, ya que resultan mucho más fáciles de conseguir y mantener. Se han logrado establecer cambios de comportamiento en animales al producirles experimentalmente lesiones en el encéfalo. También se han podido reproducir en el laboratorio reacciones de sobresalto y de sobrecogimiento, así como reacciones de agresividad y reacciones inexplicables, que recuerdan al comportamiento de las personas que padecen una neurosis, mediante situaciones de conflicto que logran que el animal pierda la confianza en sí mismo. Estos comportamientos anormales o *neurosis experimentales* se han logrado producir en perros y chimpancés. En la actualidad se está intentando encontrar un modelo de depresión en animales de experimentación, habiéndose registrado durante los últimos años importantes avances en este campo.

También se utilizan los animales dentro del terreno experimental de la psiquiatría, como ensayo de nuevos psicofármacos destinados a combatir diversos trastornos psicopatológicos, valorándose en ellos, previamente a un ensayo en humanos, sus posibles interacciones con el metabolismo y los posibles efectos secundarios e interacciones medicamentosas que podrían ocasionar. También resulta útil la experimentación animal para conocer mejor el metabolismo y distribución biológica de algunas sustancias, en especial de neurotransmisores, directamente implicadas en algunas enfermedades psiquiátricas, como es el caso de la depresión o la esquizofrenia.

La etología, es decir, el estudio del comportamiento de los animales en su ambiente natural (que se puede reproducir casi con toda exactitud en el laboratorio), es una ciencia relativamente nueva, ya que se puede decir que comenzó con Lorenz alrededor de 1930, a pesar de lo cual ya ha contribuido en buena medida a un mayor conocimiento de la psicología humana. La experimentación animal es indispensable a la hora de aplicar clínicamente nuevos psicofármacos, y puede aportar resultados muy interesantes en las actuales investigaciones dentro de la neuropsicoendocrinología. J. H.

IV. La vida psíquica

INDIVIDUO, PERSONA Y PERSONALIDAD

El objeto de la psicología como ciencia es el ser humano y su comportamiento, las causas que determinan la conducta y la forma en que ésta se desarrolla, diferenciándose así de la biología, que se ciñe tan sólo al hombre como estructura viva, con unas funciones fisiológicas.

En cierto modo, ahí radica el «quid» de la eterna pugna entre las doctrinas psicológicas denominadas «mentalistas» y «conductistas». Las primeras consideran al ser humano básicamente como un ente pensante, cuyas experiencias influyen con escasa intensidad en su conducta más o menos prefijada. En cambio, las escuelas conductistas puras basan la conducta humana exclusivamente en un comportamiento adaptativo y condicionado por las experiencias vitales.

Los progresos de la psicología hicieron necesaria la aparición de nuevas corrientes con una ideología más flexible e intermedia. ¿Por qué no concebir al ser humano como un ente pensante, dotado de personalidad propia, pero susceptible de modificar su conducta frente a los condicionantes externos? Su comportamiento ya no sería un mero conjunto de interacciones estímulo-respuesta, sino una disposición individual frente a determinados estímulos que provocan unas peculiares respuestas según la persona. Ya no se estudiaría tan sólo un comportamiento, sino a un sujeto que se comporta de determinada manera.

Al llegar a este punto, es necesario definir conceptos tales como:

Individuo: Sujeto indivisible, elemento unitario dentro de su especie.

Persona: Ser inteligente, pensante.

Personalidad: Conjunto de cualidades psicofísicas que distinguen a un ser de otro.

El hombre como individuo. Considerado como tal, el ser humano es un complejo organismo vivo con unas funciones motoras, sensitivas y vegetativas.

El hombre como persona. Suma a lo anterior la *psique* —llamémosla conciencia, intelecto o capacidad de raciocinio—, que es lo que lo diferencia del resto de los seres vivos. Un perro es un individuo dentro de su especie (mamíferos cánidos), pero no es una persona.

Ya el dualismo cartesiano afirmaba que el hombre consta de una parte corporal, física, y otra cognitiva, psíquica. Y filosóficamente se dice que «el hombre es el único animal que tiene conciencia de ser un animal que tiene conciencia». Parece un galimatías o un juego de palabras, pero, si nos fijamos, efectivamente el animal irracional siente, pero no es *consciente* de ello.

Sin conciencia racional la conducta humana sería automática y no existiría posibilidad de progreso. Si observamos la conducta de algunos animales, como las abejas o las hormigas, nos llama la atención cómo unos seres, aparentemente tan simples, poseen una organización social casi tan compleja como la humana. Sí, es asombrosa. Pero esa conducta se viene repitiendo, generación a generación, desde hace miles de años sin progreso ni cambio alguno, precisamente porque no tienen conciencia de ella, y actúan así sólo por instinto. Sin conciencia no hay improvisación ni innovación alguna.

La conciencia supone una actividad reflexiva y esta reflexión está unida a un *Yo*, un sujeto que integra el conjunto de actividades de la propia conciencia.

El hombre es capaz de tomar conciencia de su pasado, su presente e incluso de hacer proyectos sobre su futuro, unificando todo ello en su propio Yo, que persiste a pesar de todo cambio en el tiempo o en la forma de vivir. Existe una adaptación a las modificaciones ambientales o circunstanciales pero ese Yo adaptado es el mismo en esencia.

El hombre como personalidad. Acabamos de definir al ser humano como individuo y como persona, pero debemos añadir un atributo identificativo más: su personalidad. Con ello ya no nos referimos a una persona cualquiera, sino a una determinada dentro del grupo.

La personalidad aúna el sustrato físico y mental con la disposición y modo de reaccionar ante el ambiente que cada sujeto adopta y lo diferencia de otro. Viene determinada por una serie de factores que la configuran: condicionamientos, sensaciones, emociones, experiencias, aprendizaje, carácter, etcétera.

Podemos resumir diciendo que el ser humano es el resultado de una tríada donde se unen: un sustrato biológico físico (individuo), una dotación de conciencia (persona) y unas cualidades o características propias e identificativas (personalidad). J. M. U.

EL CONSCIENTE, EL SUBCONSCIENTE Y EL INCONSCIENTE

A lo largo de su vida, Freud definió el *aparato psíquico* de diversas maneras. La primera de ellas fue el *modelo topográfico,* que lo dividía en consciente, subconsciente e inconsciente. Posteriormente, este modelo fue sustituido por el *modelo estructural,* que distinguió entre YO, ELLO y SUPERYÓ. En el modelo topográfico las operaciones y contenidos mentales se describían en relación a la conciencia.

Cualquier suceso mental que ocurría fuera de la conciencia y que no podía hacerse consciente mediante un esfuerzo de la atención, se consideraba perteneciente a otra región más profunda de la mente: el inconsciente. Los sucesos que podían hacerse conscientes mediante la atención se consideraban subconscientes. Todos aquellos que se producían en un nivel consciente estaban localizados en la superficie de la mente.

El consciente. El sistema consciente es aquella región psíquica en la que las percepciones que provienen del mundo exterior, del propio cuerpo o de la mente, se hacen conscientes. La consciencia es, en términos generales, un hecho subjetivo que puede comunicarse por el lenguaje y la conducta. Todo lo consciente es aceptado y reconocido como propio por el sujeto en el momento presente, dirige la atención y modula el comportamiento y la energía psíquica.

El subconsciente. El sistema subconsciente consiste en todos aquellos sucesos, procesos y contenidos mentales que son capaces de alcanzar o llegar a la consciencia si se realiza un esfuerzo para concentrar la atención. Freud aplicó el término *subconsciente o preconsciente* a los contenidos mentales capaces de hacerse conscientes de forma fácil y bajo condiciones que se produzcan con bastante frecuencia, lo que los diferencia de los contenidos inconscientes, que muy difícilmente llegan a hacerse conscientes. Una de las funciones del subconsciente es mantener una barrera represiva, que «censura» anhelos y deseos, para evitar el desagrado, retrasar la descarga instintiva y lograr que la energía mental concuerde con las demandas de la realidad exterior y los principios o valores morales y éticos con que cuenta toda persona.

El inconsciente. El inconsciente es la suma total de todos los contenidos mentales o procesos que quedan fuera de la consciencia y que son incapaces de llegar a ella a causa de una contrafuerza que es la censura o la represión. Estos contenidos mentales inconscientes suelen ser impulsos o deseos que resultan, en cierto modo, inaceptables, amenazadores o repugnantes para el sujeto desde el punto de vista ético o intelectual; pese a la censura, estos contenidos pugnan por hacerse conscientes, siendo permanentemente reprimidos; si llega un momento en que surge el conflicto, se pueden desencadenar síntomas neuróticos.

Lo inconsciente nunca puede llegar a hacerse consciente salvo en contadas excepciones: cuando la censura está dominada por la aparición de síntomas psiconeuróticos; cuando se relaja como en los estados de *sueño,* o cuando se la engaña. M. D.

¿QUÉ ES LA PERSONALIDAD?

El término «personalidad» se suele asociar con frecuencia a la idea de un cierto atractivo social. Cuando decimos de alguien que «tiene mucha personalidad» queremos dar a entender que cuenta con una serie de rasgos que resultan muy atractivos para los demás: simpatía, ingenio, don de gentes... No es extraño, por tanto, que, coloquialmente hablando, todo el mundo aspire a «tener personalidad», pero... ¿qué es exactamente la personalidad?

El término «personalidad», al igual que «persona», deriva del latín *personam,* palabra que designaba a la máscara con que cubrían su rostro los actores durante las representaciones dramáticas. Poco a poco, el término fue pasando de su significado concreto a otros de índole más abstracta; Cicerón en su obra *De officiis* considera ya que la «persona» está determinada por cuatro tipos de rasgos:

a) Los que nos vienen dados por la propia naturaleza —*natura*—, que son comunes a todos los hombres.

b) Los que son propios de cada individuo en concreto.

c) Los que son fruto de las circunstancias entre las que vivimos —*tempus.*

d) Los que adquirimos mediante una elección personal —*iudicio nostro.*

En el siglo III los padres de la Iglesia usaron el término para referirse a las tres «personas» de la Santísima Trinidad y los filósofos medievales lo orientaron hacia los aspectos éticos y peculiares del individuo. Aunque ha ido variando de significado, hay una idea que siempre prevalece: «Engloba el conjunto de cualidades del sujeto.» Para definirla podemos decir que la personalidad representa «la *estructura psicológica total* del individuo, tal y como se revela en su forma de pensar y expresarse, en sus actitudes e intereses, en sus acciones y en su visión de la vida». Kurt Schneider define el «núcleo de la personalidad como el conjunto de *sentimientos, estimaciones, tendencias y voliciones* de un individuo».

Otra definición, entre las muchas que existen, dice que es el conjunto de cualidades propias que condensan elementos biológicos, psicológicos y socioculturales que conforman un todo propio e individual que aparece ante los demás y modula el comportamiento. Hay tres puntos a destacar de la personalidad:

1. Es una unidad de elementos que constituye un sello peculiar y propio.
2. Es la forma de responder ante los estímulos y circunstancias de la vida, que es donde se ve cómo unas cualidades destacan sobre otras, siendo las que caracterizan al sujeto.
3. Integra el conjunto de las funciones psíquicas y da como resultado el comportamiento.

Si nos paramos a pensar, descubrimos que podemos definir muchos tipos de personalidad o cargar de atributos la personalidad de cada individuo. Allport y Odbert encontraron en la lengua inglesa cerca de 18.000 palabras que podían utilizarse para definir la personalidad, muchas de ellas coincidentes. La tarea de la psicología es determinar qué cualidades son verdaderamente definitorias y relevantes para poder caracterizar y denominar la personalidad. Hay dos criterios que son los más usados para definir la personalidad: el tipo y los rasgos.

La tipología permite clasificar a los individuos según *tipos,* de forma que siempre quedaría uno encuadrado dentro de uno de ellos. Estos tipos de personalidad se basan en características psicológicas, el *psicotipo, y* morfológicas, el *biotipo.*

El *rasgo* se refiere a cualquier aspecto de la personalidad lo bastante importante como para caracterizar o distinguir, como ser tímido, pesimista, trabajador o simpático. La definición de los rasgos es el método más empleado para describir la personalidad de un individuo y son éstos los que determinan y miden los *test de personalidad.* La diferencia de los rasgos entre unas personas y otras es cuantitativa más que cualitativa, es decir, la mayoría de las personas tienen los mismos rasgos, pero aquellos que presentan con más intensidad son los que definen su personalidad. Por ejemplo, se puede ser poco simpático o claramente antipático, un tanto retraído o francamente tímido. Las escalas de personalidad cuantifican estos rasgos y según las puntuaciones determinan la personalidad individual. Hay dos tipos de rasgos, los unipolares y los bipolares. El *rasgo unipolar* es el que, partiendo de cero, se extiende al límite máximo de la manifestación, es el caso de los rasgos somáticos como la talla y el peso, o la misma inteligencia. El *rasgo bipolar* es el representado por dos polos opuestos que en el centro tienen el punto cero, como simpatía-antipatía, masculinidad-feminidad, introversión-extraversión... La personalidad viene definida sobre todo por rasgos bipolares.

Estructura de la personalidad. La estructura de la personalidad se compone de cinco dimensiones que vamos a esquematizar:

1. *Dimensiones somáticas*:
— Morfológicas: talla, peso, conformación esquelética...
— Fisiológicas: pulso, respiración, sudoración, aspectos hormonales, equilibrio simpático-parasimpático.
2. *Inteligencia y aptitudes.*
3. *Temperamento*: determinado por factores bipolares como control-impulsividad, objetividad-subjetividad, dominio-sumisión...
4. *Estructuras motivacionales*:
— Necesidades: orgánicas, ambientales...
— Intereses: diversiones, cultura...
— Actitudes: políticas, religiosas, sociales...
5. *Dimensión psicopatalógica*: que viene expresada por los trastornos de personalidad. M. D.

CARÁCTER

Personalidad y *carácter* son términos que suelen usarse como sinónimos, pero cada uno de ellos tiene un significado particular.

El término *carácter* deriva del verbo griego *kharasso,* que significa grabar o acuñar. Uno de los primeros en emplear la palabra tal y como hoy la entendemos fue el filósofo Teofrasto, un discípulo de Aristóteles que en su obra *Caracteres* describía distintos tipos de individuos, haciendo retratos de sujetos de conducta peculiar y no siempre demasiado ejemplar. Para Teofrasto, cada carácter se define por unas disposiciones dominantes. Posterior-

Sin lugar a dudas, Winston Churchill es un ejemplo perfecto de lo que entendemos por un «carácter fuerte», capaz de hacer frente a cualquier acontecimiento, dejando marcados de su sello personal todos los actos de su vida. (Foto: EFE.)

mente, numerosos autores —desde el romano Ovidio a Proust y Durrell— han descrito diversos caracteres humanos, tanto femeninos como masculinos. El primero en usar el término *caracterología* fue, sin embargo, Bahnsen, quien, en 1867, la definió como una ciencia, en la que se funden la psicología, el sentido común y la literatura.

La cualidad que diferencia al carácter de la personalidad es *su connotación ética*. Cuando hablamos del «buen o el mal carácter» de una persona, estamos haciendo, de entrada, un juicio positivo o negativo de las cualidades generales de esa persona y de su personalidad, en la medida en que ésta se oriente en uno u otro sentido. Allport aporta una definición bastante sencilla y clara: «El carácter es, simplemente, la personalidad evaluada desde el punto de vista ético.» En esencia, personalidad y carácter son prácticamente lo mismo, pero en la valoración del carácter se introduce un juicio de valor subjetivo.

El carácter, por su implicación ética, ha sido objeto de estudio más por parte de filósofos y literatos que por la de los científicos. Desde el punto de vista médico-psicológico se ha incluido progresivamente en el concepto de personalidad. De hecho, en la mayoría de los tratados psicológicos y psiquiátricos europeos y americanos este término apenas aparece.

Independientemente de las consideraciones psicológicas, en el lenguaje coloquial personalidad y carácter no son tampoco lo mismo. Mientras que la primera reseña la forma de ser del individuo, lo que ese sujeto es, el segundo representa lo que éste manifiesta de su personalidad de cara a los demás, como si modulase selectivamente su forma de ser en un sentido positivo o negativo. Si la personalidad es muy difícil de cambiar, el carácter se sobrentiende que sí puede variar siempre y cuando el sujeto esté motivado para ello.

Otro dato importante, y que acerca el concepto de personalidad al de carácter, es la influencia que ejercen sobre ambos, aunque quizá más sobre este último, el medio ambiente y las vivencias. Cuando, por ejemplo, decimos de alguien que «se le agrió el carácter», estamos relacionando los hechos vividos con el carácter y su conformación, pero no con la personalidad. M. D.

TENER PERSONALIDAD

Enrique Rojas

Con bastante frecuencia se dice que este o aquel individuo «tiene mucha personalidad». ¿Qué se quiere decir con ello? En tales casos se hace referencia a que los ingredientes de su psicología muestran un sello muy firme, muy particular y preciso. Sus rasgos son acusados, específicos, es decir, dicho sujeto presenta un *perfil psicológico* bien delimitado. Cuando alguien tiene mucha personalidad, lo contraponemos al *hombre masa*: impersonal, anónimo y cargado de tópicos, ese que no destaca en nada, después de estudiar y analizar sus principales características. El individuo «con personalidad», en cambio, puede destacar por su *vitalidad,* por una especie de dinamismo arrollador, gracias al cual despliega una gran actividad, que va desde el terreno profesional a la vida familiar, pasando por sus horas de ocio, o sus aficiones. En otros casos, lo que emerge con fuerza es una persona *tranquila,* serena, sosegada, llena de calma, que transmite una especie de paz y que es remanso de armonía, de entereza, de imperturbabilidad. En otras, lo que se observa con más rotundidad es la *discreción,* la capacidad para escuchar atentamente, don que oscila entre el hablar poco y el saber medir las palabras, llegándose así a una rara ecuación psicológica, que da lugar a un estilo propio, peculiar, muy característico.

Cuando se tiene una personalidad muy marcada, uno se siente identificado con ella: esto quiere decir que se encuentra a gusto siendo de ese modo y, por tanto, seguro. Una de las principales notas de eso que llamamos *tener mucha personalidad* es la *seguridad.* El individuo con una gran personalidad se siente interiormente estable, fuerte, asentado, natural. La *naturalidad* es la otra gran nota que se destaca en él.

DESARROLLO DE LA PERSONALIDAD (ELLO, YO Y SUPERYÓ)

Ya hemos visto en el capítulo correspondiente la estructuración de la mente en sus sistemas: consciente, inconsciente y subconsciente.

Partiendo de esta configuración, Sigmund Freud concibió una nueva organización de los estratos psicológicos del hombre. Así apareció su tesis sobre el *Ello*, el *Yo* y el *Superyó*, también conocida como *teoría tripartita*, que constituye la base del tratamiento psicoanalítico.

Según dicha teoría, el psiquismo humano está dividido en tres regiones diferentes, pero estrechamente interrelacionadas: Ello, Yo y Superyó. Veámoslas por separado:

El *Ello*. Es la zona de la mente donde residen los procesos psicológicos más primarios, donde se sitúan los impulsos instintivos. Es, como si dijéramos, la parte más animal, más irracional del hombre.

El Ello es heredado y ya está constituido en el niño cuando nace, determinando todos sus instintos y deseos más rudimentarios.

Actúa según el llamado principio del placer; es decir, está motivado por todo lo que puede producir un estado de agrado. Funciona sin tener en cuenta la realidad y buscando la propia satisfacción.

El *Yo*. Está situado en un estrato superior al Ello y aporta una organización a sus instintos. Funciona según el principio del dolor o malestar.

Su comportamiento es más realista que el del Ello, pues ya toma conciencia de los estímulos negativos del exterior y condiciona la conducta para evitarlos. Incluye lógica y coherencia en el comportamiento.

En cierto modo controla al Ello y a sus impulsos instintivos, decidiendo si es o no el momento oportuno de satisfacerlos, dadas las condiciones del exterior. Sobre todo, tiene en cuenta los peligros y las posibilidades de evitarlos. Su tarea es la autoconservación, y utiliza todos los mecanismos psicológicos de defensa que sean precisos para lograr su objetivo.

El *Superyó*. Es el estrato superior. Enriquece la actividad organizativa del Yo mediante la racionalización crítica de la misma. Actúa siguiendo un principio ético, interiorizando en la persona el concepto de lo prohibido.

El exterior ya no es sólo placentero (como concibe el Ello) o doloroso (como añade el Yo), sino que también puede ser moralmente bueno o malo y, por tal motivo, censurable. Es responsable de los sentimientos de culpa y de los «remordimientos» de conciencia, ya que integra a la persona en el medio ambiente, comprobando la influencia que aquélla puede ejercer en éste, en sentido negativo y reprobable.

Estas tres zonas de la mente coexisten, como ya dijimos al principio, en estrecha relación y con fuertes influjos entre ellas. Esto genera un sinfín de conflictos, causantes muchas veces de trastornos psicológicos, más o menos graves, según el caso. En la persona totalmente equilibrada, Ello, Yo y Superyó funcionan como un todo en perfecta armonía. Naturalmente, esto es muy difícil de lograr y, sobre todo, de mantener, cuando se consigue, puesto que continuamente nos vemos enfrentados a problemas, riesgos, decisiones, que hacen que este equilibrio se tambalee.

Haciendo un símil, tal vez un tanto burdo, podríamos comparar la relación Ello-Yo-Superyó a la existente entre el caballo, el jinete y el entrenador en una competición hípica: el jinete —el Yo— controla que el caballo —el Ello— no se desboque y, al tiempo, sigue los consejos de su entrenador —el Superyó— para hacerlo bien. El acuerdo de los tres culmina con el éxito.

El *desarrollo de la personalidad* está directamente conectado con el proceso de estructuración de estos tres elementos. Cuando el niño nace sólo posee un Ello, se mueve por impulsos instintivos y únicamente le atrae el placer: el calor, el alimento que le proporciona su madre... En lo sucesivo, va tomando conciencia de su cuerpo y se empieza a forjar el Yo (Yo corporal). Se va dando cuenta de los peligros y daños que puede recibir del exterior y comienza a elaborar la idea de «sufrimiento». Empieza a tomar contacto con la realidad, instaurando sus primeros mecanismos de defensa.

Por último, ya en el paso de adolescente a adulto, con las experiencias de la vida, va puliendo su personalidad integrando en ésta los principios de ética y moralidad, principios impuestos, en un primer momento, por sus padres y educadores, pero que, con la madurez, surgen del interior, siguiendo un criterio propio de lo que es la justicia. Se establece así el Superyó en su lugar correspondiente, culminando el proceso de madurez de la personalidad. J. M. U.

MECANISMOS DE DEFENSA DE LA PERSONALIDAD

A medida que progresa el *desarrollo de la personalidad,* el individuo aprende métodos que le permitan descargar sus impulsos y adaptarse a la realidad, reduciendo la ansiedad que las frustraciones y los conflictos pueden generar. El término *defensa* fue descrito por Freud en 1894 como la lucha del YO contra las ideas y los afectos que el *conflicto* objeto de la lucha puede proceder tanto del exterior como del interior del sujeto, y que el mecanismo de defensa, aunque no lo resuelva, sí atenúa o llega a hacer desaparecer el sufrimiento.

Estos mecanismos los emplean tanto las personas normales como aquellas que presentan rasgos neuróticos, y su finalidad es siempre favorecer la *adaptación del sujeto a la realidad* externa e interna. En el individuo enfermo psicológicamente esta finalidad se pierde, y las defensas se vuelven ineficaces, rígidas, restrictivas y desacordes con la situación.

Vamos a ver estos mecanismos, que fueron descritos en su mayoría por Freud y por su hija Anna Freud.

Represión. Consiste en rechazar fuera de la conciencia todo aquello (ideas, impulsos o acontecimientos) que resulta penoso, doloroso o inaceptable para el sujeto, olvidándolo inconscientemente, aunque nunca del todo, ya que queda sumergido en el inconsciente. Todo aquello que reprimimos queda como relegado o custodiado en el inconsciente, pero puede volver a la superficie o manifestarse en forma consciente.

Desplazamiento. Consiste en desviar la energía que produce un afecto o una emoción de un objeto a otro; este último se convierte en un sustitutivo. Una gran mayoría usa de este mecanismo, eligiendo el sustitutivo según los objetos disponibles, las fijaciones anteriores, o las normas sociales.

Sublimación. Es una forma de desplazamiento en la que la energía se desvía hacia un objeto que tiene unos valores ideales. De entrada, no tiene consecuencias patológicas, a no ser que sea excesiva o afecte a áreas fundamentales de la personalidad.

Fijación. En el desarrollo normal de la personalidad, el sujeto puede descubrir que la nueva etapa a la que ha llegado le genera ansiedad, tendiendo por ello a quedarse «anclado», «fijado» en la fase precedente, que le resulta mucho más gratificante y menos conflictiva, lo que bloquea la maduración normal de la personalidad.

Regresión. Es la vuelta a períodos anteriores del desarrollo, a comportamientos antiguos que eran más satisfactorios. Generalmente, se produce como consecuencia de experiencias traumáticas.

Proyección. El individuo proyecta cualidades, deseos o sentimientos que le producen ansiedad, fuera de sí mismo, a quien se los atribuye totalmente. Éste es el mecanismo que ponen en marcha las personalidades paranoides.

Formación reactiva. En la formación reactiva los impulsos que generan ansiedad se expresan en la conciencia mediante otros totalmente opuestos.
En consecuencia, se producen conductas opuestas a las que el sujeto tendría instintivamente.

Identificación. Consiste en asimilar un aspecto o cualidad de otra persona, transformándose total o parcialmente según el modelo; en cierto sentido es una forma de imitación que se realiza a veces conscientemente. Cuando es inconsciente, se trata del auténtico mecanismo de defensa.

Introyección. Deriva de la identificación; podría considerarse como su grado máximo. Consiste en introducir totalmente dentro de uno mismo al sujeto exterior.

Racionalización. La mayor parte de los actos tienen más de una motivación. La racionalización es el mecanismo por el cual el

YO escoge aquellos motivos que justifiquen los actos, sin crear conflictos ético-morales, reduciendo así la ansiedad provocada por una determinada conducta. Este mecanismo de defensa está muy extendido.

Fantasía o negación de la realidad. Es un mecanismo típico de los adolescentes, aunque casi todo el mundo recurre a él de vez en cuando. Consiste en realizar y lograr de forma imaginaria aquello que difícilmente se podría alcanzar en la realidad.

Compensación. Su fin es compensar un área deficiente o frustrada destacando otra. Hay tres grados: en uno, los esfuerzos se centran en equilibrar el fallo o la insuficiencia; en otro, se desarrollan otras capacidades, y el último consiste en una compensación ficticia, por la que se tiende a aparentar más de lo que se es.

Conversión. A través de este mecanismo, se transforma toda la carga emocional reprimida en un síntoma somático; su más claro ejemplo es la histeria de conversión.

Anulación. Consiste en hacer exactamente lo contrario al pensamiento o acciones anteriores con el fin de borrar todo aquello que pueda haber resultado molesto.

Denegación. Aquí, el sujeto reconoce el impulso desagradable, pero rechaza que éste sea propio o le concierna directamente.

Negación. Consiste en evitar una representación desagradable, pero no anulándola ni rechazándola, sino negando la realidad de la representación en sí misma. Este mecanismo es totalmente patológico. M. D.

¿PUEDE CAMBIAR LA PERSONALIDAD?

La personalidad no tiene una estructura inmóvil, sino que está sometida a ciertos cambios en función de los estímulos externos y, sobre todo, de las experiencias que vamos acumulando a lo largo de la vida. Entendemos entonces la personalidad como algo dinámico, capaz de sufrir diversas modificaciones. Durante la infancia y la adolescencia resulta mucho más fácil introducir transformaciones en la personalidad, ya que ésta no se ha configurado plenamente, con lo que todo tipo de influencias ejercen un mayor poder sobre ésta. Es evidente que es más fácil cambiar cuanto más joven se es, lo que no impide que se puedan realizar cambios a edades más avanzadas, aunque muchas personas crean que a su edad ya es imposible cambiar.

Las modificaciones de la personalidad son una necesidad terapéutica para aquellos que tienen un *trastorno de la personalidad*. Estas personas han ido estructurando una serie de patrones de conducta y mecanismos psicológicos que les dificultan la adecuada elaboración de algunas vivencias, que se traducen generalmente en angustia, ansiedad, agresividad, pérdida del autocontrol, insatisfacción, etc. Las relaciones interpersonales también se ven afectadas por este tipo de trastornos que, además, se suelen acompañar de dificultades de adaptación e integración social, y del subsiguiente aislamiento. Esta labor no es fácil, ya que desmontar y sustituir estos patrones de conducta por otros más adecuados requiere siempre bastante tiempo y la colaboración de estas personas, para las que dichos cambios suponen un esfuerzo importante que no da demasiados resultados a corto plazo, por lo que es necesaria una relativa constancia.

Un patrón de conducta se establece mediante la repetición de un cierto tipo de comportamiento como forma de resolver situaciones similares. Por ejemplo, hay personas cuyos patrones de conducta se han estructurado utilizando exageradamente los mecanismos psicológicos de huida o evitación. Si saben que tienen que enfrentarse a una situación en la que no se saben desenvolver adecuadamente, o que les va a generar ansiedad (una situación social, ambiental, etc.), reaccionan evitándola, aun a sabiendas de que, a medio o largo plazo, les ocasionará un perjuicio personal. Si, de forma inesperada, se ven envueltos en una de estas situaciones pueden reaccionar mediante mecanismos de huida, escapando de esa situación con lo que a corto plazo se sienten aliviados. El resultado es que, evitando estas situaciones o huyendo de ellas, dichas personas consiguen evitar el sufrimiento que les producen, pero a medio o largo plazo sufren, si cabe, más, ya que se sienten incapacitadas para llevar una vida normal, encontrándose condenadas, muchas veces, a un mayor o menor aislamiento. Son personas que no están acostumbradas a superar dificultades, sino a evitarlas o, en apariencia, ignorarlas, ya que la puesta en marcha de estos mecanismos psicológicos de huida y evitación forma parte de la estructura de su personalidad, puesto que, a fuerza de repetir este tipo de comportamientos, se sienten incapaces de utilizar otros; es decir, se han establecido como un patrón de su conducta, por lo que ante situaciones similares reaccionan así casi de forma automática.

Un cambio de personalidad supone el abandono de estos mecanismos patológicos para ser sustituidos progresivamente por otros más adecuados. En el ejemplo anterior estas personas deben intentar enfrentarse a estas situaciones de forma decidida y comprobar cómo, en muchos casos, son capaces de superarlas, lo que además incrementará su seguridad en sí mismos. La persona aprende entonces a enfrentarse y asumir las dificultades propias de su existencia, que pueden constituir una fuente de maduración y superación personal. Los cambios de personalidad son más fáciles de lograr cuando al sujeto se le plantean de una forma concreta los objetivos psicológicos que necesita alcanzar, a la vez que se facilitan técnicas o instrumentos psicológicos que le ayuden a conquistar los objetivos propuestos. J. H.

¿SE HEREDA LA PERSONALIDAD?

Ante esta pregunta, hay que contestar como ante la famosa cuestión «¿El hombre nace o se hace?»: Sí, la personalidad se hereda, pero también «se hace».

Al nacer, e incluso antes, ya desde la misma concepción, todo ser vivo cuenta con una *carga genética* que va a determinar cómo será; esta carga genética se hereda de los padres. Así, el color de los ojos o el pelo, la estatura, la nariz o la estructura músculo-esquelética son heredadas. Todas estas características conforman el *biotipo*, que, a su vez, se corresponde a un *psicotipo* o conjunto de características psico-orgánicas. Este aspecto exterior va a modular a corto o largo plazo la forma de ser de un individuo; no es lo mismo ser alto, rubio, de ojos llamativos y francamente apuesto, que ser bajito, gordinflón y con las piernas cortas.

Genéticamente, también se transmiten ciertas características que conforman la estructura de la personalidad; un ejemplo claro es la inteligencia, ciertas aptitudes y algunas cualidades del temperamento. Es frecuente escuchar frases como «la afición al deporte le viene de familia», «pinta tan bien como su padre» o «todos los hermanos son tímidos».

Algunas características no son tanto una herencia genética como un producto del *entrenamiento* o del *contagio*. Existe un complicado y sutil proceso de *interacción biológico-ambiental* que va configurando diferentes personalidades y determinando en ellas la aparición de rasgos peculiares. Ciertas características son consecuencia de un entrenamiento planeado por los padres o los mismos educadores: el niño empieza a responsabilizarse del control de sus esfínteres, de su vestimenta, de sus juguetes y recibe gratificaciones o frustraciones del exterior según sus éxitos o sus fracasos.

Esto va modulando su personalidad. El contagio de los rasgos de la personalidad es algo innegable. El hogar, las relaciones y el ambiente familiares dirigen a esa personalidad infantil en proceso de maduración hacia uno u otro sentido; unos padres que no demuestren afecto pueden provocar el desarrollo de rasgos de introversión; un niño que se sienta valorado dentro de su propia familia, en cambio, se convertirá seguramente en un adulto seguro de sí mismo. Si el *ambiente familiar* se caracteriza por el equilibrio, la confianza mutua, el respeto entre todos los miembros del grupo y la suficiente seguridad económica y emocional, la personalidad del niño se moldeará de forma más armónica que si crece en un ambiente de celos, desavenencias, inseguridad económica o con los padres separados.

La *posición del niño* entre los hermanos, el colegio y la escolarización en general, la influencia de la comunidad y las normas culturales influyen de forma determinante en la personalidad. No es lo mismo ser el mayor que el último de los hijos, ir mal en el colegio y ser «el burro de la clase» que ocupar siempre los primeros puestos. De igual forma influyen la raza, el sexo, el lugar de nacimiento, el nivel social o las influencias culturales que va a tener el niño.

En resumen, la personalidad tiene una elevada proporción de elementos heredados genéticamente y otros que, si no heredados, sí son transmitidos por los padres, ya sea por contagio o por educación. Así pues, los padres y el ambiente que ellos crean en el hogar y los estímulos que provoquen en sus hijos van a ser los determinantes de su personalidad. M. D.

PERSONALIDADES FUERTES Y DÉBILES

La personalidad del hombre está constituida por un complicado conjunto de funciones psíquicas, como percepción, entendimiento, imaginación, voluntad, sentimientos, instintos, etcétera, todas ellas estrechamente interrelacionadas y en combinación tan precisa que determinan la individualidad. Es decir: son tantos los factores que influyen en la configuración de la personalidad que es prácticamente imposible encontrar dos individuos psicológicamente iguales.

No obstante, en términos muy generales, tendemos a dividir a las personas en dos bandos según se comporten en la sociedad: las personalidades *fuertes* frente a las *débiles*.

Cuando se habla de fortaleza o debilidad en la personalidad del individuo, se está haciendo referencia a un comportamiento del hombre dentro de la sociedad y en comparación con sus congéneres. Y en todo grupo social, animal o humano, siempre hay elementos fuertes y débiles.

Para hacernos idea de aquellas características que definen a uno y otro, veamos unos prototipos que definirían ambas personalidades. Son una especie de caricatura que, exagerando cualidades habituales, inclinan la personalidad hacia uno u otro lado. Lo normal es que nos movamos entre tipos intermedios y no tan definidos.

Personalidad fuerte. En general, es una persona independiente, aunque necesita de los demás para ejercer y mantener su posición; una de las características del individuo «fuerte» es, de hecho, su capacidad para conseguir que los demás hagan las cosas por él. Es la capacidad de mando. Cuando toma una decisión logra que los demás lo sigan y acepten su criterio, un poco por costumbre, ya que habitualmente así lo hacen, y el resto por convicción, ya que otra característica del «fuerte» es el aplomo con que afirma cuanto dice o hace. Tal vez no tenga razón, pero lo dice con tal seguridad que, en cierto modo, impregna el ambiente con su firmeza, contagiando a los demás con sus ideas.

Cuando topa con otra personalidad fuerte entablará una polémica; pero, si se avecina una derrota, antes que perder, castigará al adversario con su indiferencia.

Puede llegar a aceptar sus errores, pero jamás se sentirá culpable por ellos, pues es positivo siempre en sus conclusiones y el optimismo desproporcionado que siente ante sus logros eclipsa los posibles contratiempos.

Es fácil de distinguir en un grupo o tertulia: ocupa el lugar central y ensancha su campo de expresión con ademanes amplios. Suele llevar «la voz cantante» y hablar lo suficientemente alto como para acallar a los timoratos e imponer sus ideas. Los demás escuchan, asienten o preguntan, rara vez contradicen.

Su porte es, asimismo, fuerte. Camina con aplomo, rapidez y la cabeza erguida. Mira de frente cuando habla, «clava» sus ojos en el interlocutor y consigue que éste desvíe la mirada. Cuando saluda, estrecha la mano con fuerza.

En el trabajo, la persona fuerte no se conformará con puestos subalternos; es ambiciosa y, por su capacidad de mando, escalará hacia la dirección.

Sea hombre o mujer, en la familia será quien, como vulgarmente se dice, «lleve los pantalones».

En su aspecto positivo, el fuerte es emprendedor, práctico y aportará beneficios a la sociedad.

En su aspecto negativo puede ser peligroso, pues, con facilidad, cae en la tiranía, el autoritarismo y la agresividad.

Personalidad débil. Es la cara opuesta de la anterior y de quien más se vale ésta para ejercer su dominio.

Es una persona dependiente y necesitada de protección. Generalmente duda de su propio criterio, por lo que precisa siempre de alguien que la respalde y apoye en sus convicciones.

Es vulnerable y voluble, y, como las veletas, sigue la dirección que los demás le marcan. Fácil de manejar, suele formar parte de la «masa», adoptando la cómoda postura de quien se limita a «dejarse llevar».

Apenas discute porque, consciente de su debilidad, se sabe derrotado. Puede tener acertadas y convincentes razones, pero no sabe manejarlas y prefiere caer en el anonimato antes que arriesgarse.

Adopta habitualmente una postura pesimista ante la vida y resalta todos los posibles inconvenientes sobre las ventajas. Esto le hace ser un sujeto pasivo, que tiende a quedarse estancado. No tolera sus errores, que le producen gran angustia, pues los interpreta como distintivos claros de su torpeza y su debilidad.

En las reuniones ocupa siempre un segundo lugar, tratando de pasar inadvertido. Dialoga poco, dando la razón a todos. Cuando expone algo, lo hace con titubeos y escasa potencia de voz, por lo que se ve ignorado con frecuencia y sus opiniones caen en el olvido general.

Su aspecto es retraído, cabizbajo; su mirada huidiza. Cuando estrecha la mano, al saludar, lo hace sin fuerzas, como un niño.

En el trabajo no destaca jamás; se deja mandar dócilmente y cae en la monotonía, incapaz de tomar decisiones que varíen su ritmo laboral.

En la familia, el débil se deja dominar siempre por su pareja y carece de respeto por parte de sus hijos.

En su faceta positiva destacan la meticulosidad y el cuidado. Trata de moverse sobre seguro para evitar contratiempos.

En su lado negativo, es poco creativo, lento y puede convertirse en un parásito social, por puro miedo a realizar cualquier labor.

Pero, en conclusión, las personalidades fuerte y débil son complementarias. Cada una necesita de la otra: para manejar o para ser protegida. De hecho, la sociedad es una simbiosis de ambas formas. J. M. U.

LA PERSONALIDAD IDEAL

Enrique Rojas

La *personalidad* es como la tarjeta de visita de cada sujeto, lo más característico de él. Se la puede definir diciendo que *está constituida por aquel conjunto de elementos físicos, psicológicos, sociales, cuturales y espirituales, que muestran un sello particular, un estilo propio, una manera de ser*; ese conjunto forma lo que se ha venido en llamar un *perfil de personalidad,* que es como un dibujo de los principales componentes que constituyen la identidad de una persona. ¿Se puede hablar de una personalidad ideal? Parece un atrevimiento y de algún modo lo es, ya que encerrar la riqueza y variedad de posibles personalidades en un esquema, es un intento quizá excesivamente comprometido. Vamos a proponer un *decálogo* de la personalidad ideal, madura, equilibrada, aquella que se ha encontrado a sí misma, lo que le convierte a uno en individuo. Éstos son sus rasgos:

1. Es esencial seguir aquel principio que se leía en el templo de Apolo en Grecia: *conócete a ti mismo, lo que supone conocer nuestras aptitudes,* aquello para lo que se está dotado y también nuestras *limitaciones,* aquello que, de algún modo, no nos va o para lo que no tenemos facilidad. Esto conduce a *ser realista* con uno mismo.
2. Es importante *tener un modelo de identidad.* Lo que quiere decir que uno se fija o se apoya o aprende de otras personas cercanas, que para él son interesantes, que tienen una marcada personalidad, atractiva, fuerte, con garra, que invita a trazar la propia personalidad de una forma parecida, aproximada.
3. Una nota clave es la *naturalidad*: sencillez, mostrarse uno como es, pero procurando corregir los aspectos de nuestra personalidad que no sean positivos, ni adecuados para la convivencia.
4. Hay que tener un *proyecto de vida,* que es como un esquema previo de lo que queremos hacer con nuestra vida, llevándola hacia adelante.
5. *Ese proyecto debe tener coherencia interna,* sentido, que todo concuerde con una cierta armonía. Que existan el menor número posible de contradicciones dentro de él.

6. Es de desear conseguir una correcta *ecuación entre corazón y cabeza,* de manera que se equilibren lo mejor posible la vida afectiva y la intelectual, para alcanzar una progresiva *estabilidad psicológica.*

7. Tener una *organización temporal sana*: Esto va a consistir en vivir en el presente, teniendo asumido el pasado y estando, sobre todo, lleno de ilusiones de cara al porvenir. La vida es siempre futuro, permanece atenta ante lo que está por venir: esto define al hombre psicológicamente sano.

8. *Ser dueño de sí mismo.* Ésta es una de las grandes pretensiones a las que debe aspirar el hombre. Que por muy fuertes que sean las presiones de fuera, externas, del ambiente, uno sea capaz de llevar las riendas de su propia vida. No hay que olvidar que *el gobierno más difícil es el gobierno de uno mismo.* Este camino es largo y costoso, pero todo lo grande del hombre es hijo del esfuerzo y del sacrificio.

9. En una personalidad madura *la sexualidad debe estar situada en tercer o cuarto plano* de sus intereses. Hay que exceptuar al adolescente y al joven, en los cuales está despertando la sexualidad con fuerza, siendo entonces un impulso que se sitúa a la cabeza de todos. La sexualidad es algo natural. Pero la sexualidad humana es algo más que un deseo puramente físico. De ahí la importancia de recibir una adecuada *educación sexual,* basada en una educación de la afectividad: comunicar conocimientos y promover actitudes para el amor y la madurez de los sentimientos.

10. Y, por último, para cerrar este inventario, tener una *sana constitución corporal y fisiológica*; no padecer ninguna enfermedad grave, seria.

LA MADURACIÓN DE LA PERSONALIDAD

Entre la juventud, situada hacia los veinticinco años, y la vejez, iniciada hacia los cincuenta y cinco o sesenta, se sitúa la segunda etapa de la vida del ser humano, la madurez. Por supuesto, que tales limitaciones marcadas por la edad son sumamente imprecisas y tan sólo tienen carácter de orientativo. La diversidad biológica y sociocultural del hombre hace imposible tipificar con acierto y en el tiempo exacto la duración y localización de sus fases de desarrollo.

Se considera que aparece la madurez cuando la conducta del individuo experimenta un cambio sustancial. Ya no se necesita ser impuesta por un aprendizaje o un educador. En la madurez predomina la intuición y las normas de actuación surgen espontáneamente de forma natural.

Es preciso distinguir *aprendizaje* de *maduración.* En el aprendizaje, la conducta también sufre un cambio, pero este cambio es fruto de la experiencia adquirida. Sin embargo, en la maduración no es precisa la experiencia; digamos que es un proceso que se mantiene larvado hasta que llega el momento adecuado para que haga su aparición.

No obstante, en el hombre aprendizaje y maduración son complementarios y ambos se alimentan entre sí en su preciso momento.

Parece demostrado, mediante serios estudios y experimentos psicológicos y biológicos, que el aprendizaje consolida la madurez cuando ya está instaurada, pero no la acelera ni la adelanta. Así, se observó cómo, en animales de experimentación, conductas natatorias y de vuelo, aparecían correctamente instauradas cuando el animal alcanzaba su madurez a pesar de habérsele privado de toda posibilidad de aprendizaje y experiencia.

De igual modo se ha estudiado la conducta humana. Así, por ejemplo, niños adiestrados en una determinada labor prematura para su edad no adquirían mejor rendimiento futuro que otros que la aprendían a su debido tiempo.

Por todo esto, la pedagogía actual desaconseja forzar el aprendizaje del niño antes de la edad oportuna. Se considera una tarea poco útil y estresante para el niño, por lo que tal vez sería más perjudicial que beneficiosa. Por ejemplo, qué sentido tendría «torturar» al niño con el aprendizaje de la lectura cuando cuenta tres años de edad, si observamos que a los seis va a leer igual que otro niño que haya iniciado esa tarea unos meses antes.

Eso sí, una vez instaurada la maduración, el aprendizaje posterior puede modularla y, sobre todo, enriquecerla, dotándola de gran solidez.

Tras establecer las diferencias descritas entre ambos términos, pasemos a analizar lo que al principio llamábamos etapa de madurez en la personalidad.

Durante ella, los modelos y líderes erigidos en la adolescencia pierden sentido al instaurarse la propia identidad.

La forma de pensar se hace más personal y particular, elaborándose una ideología y unos criterios originales y propios que ya no tienen por qué coincidir necesariamente con los de la mayoría. De esta forma se consolida la conciencia social, definiéndose el sentimiento de integración o de marginación con respecto al grupo.

En el plano afectivo, sentimientos como el amor, la amistad, la generosidad, la solidaridad, etc., así como sus opuestos, se ciñen a un patrón común, definido por la propia personalidad. Se pierde la veleidad del adolescente, en pro de una estabilización afectiva.

Tal vez la faceta más destacable sea la instauración de la responsabilidad, encauzada básicamente hacia el trabajo y la familia, donde el cuidado de los hijos adquiere especial relevancia. J. M. U.

MADURACIÓN Y EXPERIENCIA

Las experiencias previas influyen notablemente en la maduración de la personalidad, ya que contribuyen a poner a la persona en contacto con la realidad a la vez que exigen que se decida por formas de comportamiento. La experiencia es una fuente de aprendizaje psicológico que se guarda en la memoria («memoria experiencial»), siendo de gran utilidad cuando se plantean nuevas dificultades. En este sentido hay que destacar que una sobreprotección de los padres hacia el niño puede retrasar la maduración de su personalidad. Los niños excesivamente protegidos carecen de criterios propios en relación a su edad, ya que adoptan directamente los de sus padres, que toman las decisiones por ellos a fin de evitarles el mayor número posible de peligros, problemas o fracasos. Estas actitudes de sobreprotección favorecen la inmadurez, ya que al llegar a la edad adulta esos niños carecen de suficiente capacidad de decisión al no haberse ido acostumbrando poco a poco a enfrentarse a las dificultades decidiendo por sí mismos, con lo que se encuentran inseguros, sin saber qué hacer, frente a las situaciones nuevas que se les plantean, reclamando continuamente el asesoramiento de los demás.

Por otro lado, la falta de experiencias anteriores hace que no se hayan acostumbrado suficientemente a sufrir ciertos fracasos, lo que les hace muy vulnerables a las frustraciones, al tiempo que carecen de un aprendizaje previo que les facilitaría la orientación necesaria para resolver el problema, o de pautas de actuación relativas a los resultados que, comportándose de uno u otro modo, obtuvieron en situaciones anteriores más o menos similares. Por tanto, el niño debe acercarse paulatinamente al papel que tendrá que asumir tras la adolescencia, aprendiendo a decidir por sí mismo de un modo progresivo y a elaborar las consecuencias de sus equivocaciones, a la vez que adquiere poco a poco mayor independencia y autonomía, con lo que se favorece el adecuado desarrollo de su personalidad. J. H.

PERSONALIDADES MADURAS E INMADURAS

La personalidad no tiene una estructura prefijada e inmóvil, sino que está sometida a constantes cambios, especialmente durante la infancia y la adolescencia, ya que durante estas épocas de la vida se va configurando paulatinamente, hasta que en el adulto adquiere cierta solidez. No se puede decir que alguien tiene realmente una personalidad definida hasta que ha concluido este proceso, que equivale a la maduración de la personalidad. El término «maduración» se aplica a la personalidad por similitud con los frutos, que nacen y crecen progresivamente hasta que llega un momento en que el proceso se detiene, se ultiman los cambios finales y decimos que se ha alcanzado la madurez. Algo similar ocurre con la personalidad, pero con la particularidad de que no todas las personas maduran a la misma edad, sino que algunas ven retrasarse este proceso, produciéndose una falta de sincronía entre su edad cronológica y su edad psicológica. Entonces decimos que nos hallamos ante una *personalidad inmadura.*

Cuando nos referimos a un niño, podemos decir que tiene una personalidad inmadura para su edad si ésta está retrasada con respecto a la de los demás en el proceso madurativo. Si nos referimos a un adulto, decimos, sin más, que tiene una personalidad inmadura. Actualmente se viene observando un cierto retraso en la maduración de la personalidad entre los jóvenes, como si se fuese alargando el período propio de la adolescencia a la vez que se asumen con mayor precocidad las actividades propias de esta edad. Es cada vez más frecuente encontrar niños de poco más de diez años que se comportan ya como adolescentes, mientras que muchos adultos de más de veinte, veinticinco o incluso treinta años, siguen sin dejar atrás la adolescencia. Estos últimos, evidentemente, tienen una inmadurez de personalidad, problema que ha aumentado notablemente durante los últimos años.

¿Cuáles son los rasgos que definen la inmadurez de la personalidad? En primer lugar, estas personas tienen un conocimiento equívoco o superficial de sí mismas, a lo que se añade una falta de coherencia en sus planteamientos, que procede, en buena medida, de la ausencia de una identidad personal y de un objetivo de vida suficientemente perfilado. Son personas poco estables emocionalmente, con tendencia a los altibajos de ánimo, que surgen incluso por motivos insignificantes (un pequeño fracaso, un comentario de otras personas, etc.). En general, tienen un bajo umbral de tolerancia a las frustraciones que hace que se derrumben cuando cualquier cosa no sale tal como habían previsto. Si alguien se niega a que se cumplan sus deseos o caprichos reaccionan de forma impulsiva, a veces con agresividad, lo que deteriora aún más sus relaciones interpersonales, que suelen ser un tanto conflictivas, dada su dificultad para dar y recibir auténtico amor, para comunicarse abiertamente con los demás, para dejarse conocer y establecer lazos afectivos francos y sinceros. También influye en este sentido la falta de control emocional y los comportamientos consecuentes a fuertes contradicciones internas.

La falta de constancia, típica de las personalidades inmaduras, responde a la falta de planteamientos serios en su vida, la versatilidad propia de la falta de equilibrio emocional y de criterios firmes de conducta, dentro de un marco carente de una escala de valores suficientemente sólida y realista, donde son frecuentes las idealizaciones previas, a las que siguen un «sentirse defraudado» que determina actitudes rígidas y rebeldes. La intolerancia e inflexibilidad que demuestran frecuentemente los inmaduros en sus planteamientos con otras personas contrasta, a veces, con la transigencia que sostienen hacia sí mismos, lo que no es más que una manifestación de su falta de coherencia interior. En otras ocasiones se puede advertir una exagerada influencia de las opiniones ajenas, quedando al arbitrio de la moda o de la influencia pasajera de alguna persona que adoptan como líder. Es lo que comúnmente se entiende por «falta de personalidad».

También se produce un imperio del presente, ya que tan sólo se pretende sacarle el máximo partido a lo que tenemos entre manos, sin valorar las consecuencias que este tipo de comportamiento pueda acarrear en el futuro. Sentir intensamente las vivencias del momento, ya que la sensualidad se sitúa, en primer plano, como principal fuente de autoafirmación de esa personalidad poco configurada. Se establece el hábito de comportarse siguiendo directamente los propios impulsos o tendencias («hacer algo porque me apetece»), sin tener prácticamente en cuenta planteamientos de mayor envergadura, a la vez que denuncia con exagerada vehemencia el más mínimo error o debilidad advertido en personas (generalmente adultos que mantienen un cierto nivel de autoridad sobre ellos) con criterios y personalidades más estructurados.

Otros rasgos propios de las personalidades inmaduras serían la falta de responsabilidad y de fuerza de voluntad, y una dificultad para aceptar la realidad de la vida, que incluye generalmente la no aceptación de los demás ni de sí mismos, que favorece la tendencia a escaparse del mundo real con la imaginación, huyendo hacia un mundo de fantasías, en donde se cumplen esos deseos insatisfechos, lo que a medio y largo plazo contribuye a distanciar más a estas personas de objetivos vitales realistas, con lo que en última instancia quedan desorientados, sin rumbo, lo que constituye otra característica de inmadurez. Como resultado final de todas estas características, se produce una falta de independencia, de auténtica autonomía, que dificulta el que estas personas se puedan desenvolver por sí mismas de una forma adecuada; son, por tanto, como niños con la edad de adultos, personas incapaces de asumir con responsabilidad tareas propias de estos últimos, como el matrimonio, la paternidad, etc. J. H.

EL BIOTIPO

El biotipo es el aspecto general de un sujeto de acuerdo a sus *características somáticas o morfológicas* y se basa en los datos que refleja su estructura corporal, en todo lo que se ve y se puede medir de su cuerpo. El *psicotipo* se refiere al conjunto de características psicológicas de un individuo.

Desde muy antiguo, se han hecho clasificaciones para encuadrar a todos los individuos por sus características morfológicas y psicológicas que reflejamos en el esquema final. De todas ellas las más eficaces, y en las que nos vamos a detener, han sido las que relacionan biotipo y psicotipo; son clasificaciones «mixtas» como la de Kretschmer y la de Sheldon, que han sido las más difundidas en medicina, psicología y psiquiatría.

La *tipología de Kretschmer* es la más empleada. Su creador se fijó que en los hospitales psiquiátricos los enfermos con esquizofrenia ocupaban una sala distinta a los que padecían psicosis maniaco-depresiva, y que el aspecto de unos y otros era totalmente diferente. Al profundizar en esta observación creó su tipología, que relaciona el tipo somático y psicológico presentando cada uno de ellos predilección por una determinada enfermedad. Distingue cuatro tipos:

— El *tipo pícnico* encaja con el aspecto de Sancho Panza, de talla baja y acentuado desarrollo de las cavidades corporales (cráneo, tórax y abdomen), tendencia a la acumulación de grasas, cuello grueso y corto, cara ancha, blanda y redondeada con frente amplia y tendencia a la calvicie precoz con caída del cabello en la parte superior del cráneo y conservación de una franja de pelo en las zonas temporales (laterales), lo que combinado a la obesidad, da un aspecto redondeado. Se corresponde al *temperamento ciclotímico* que suele ser gente de buen humor, extravertida, con facilidad para las relaciones interpersonales, con cambios acusados del estado de ánimo que pasa rápidamente de la alegría a la tristeza.

— El *tipo leptosómico* presenta un aspecto «quijotesco», flaco, larguirucho, de silueta alargada, esqueleto grácil con marcado predominio del eje vertical, cabeza pequeña y nariz larga. Piel pálida y seca, hombros estrechos, cuello largo y delgado, miembros largos con poco desarrollo de la masa muscular y manos grandes y huesudas. El tórax es alargado, de esqueleto plano y las costillas bien visibles. El pelo es abundante y fino, pero la barba y el vello son escasos. Encaja con el *temperamento esquizotímico, y* suelen ser personas introvertidas, reservadas, de escasa sintonización afectiva, por lo que les cuesta mucho entablar relaciones interpersonales, estableciéndose con los otros una especie de barrera. No suelen tener cambios del estado de ánimo, pero tienden a la frialdad afectiva. Son tímidos, realistas, lógicos, teóricos y de una gran sensibilidad.

— El *tipo atlético* tiene un aspecto hercúleo con gran desarrollo del esqueleto y la musculatura. De estatura media alta, hombros caídos, cráneo alto y estrecho y contorno de la cara en forma de óvalo, cuello alto y manos largas. Se corresponde al *temperamento enequético,* que corresponde a sujetos que hablan y piensan despacio, con tendencia a repetir las cosas una y otra vez sin abandonar el mismo tema de conversación; se les define como «pegajosos». Son fieles, constantes, tenaces y con una gran capacidad de trabajo, pero fácilmente irritables, aunque sus crisis de irritabilidad desaparecen rápidamente.

La *tipología de Sheldon,* al igual que la de Kretschmer, empareja rasgos morfológicos y psíquicos. Distingue tres tipos somáticos que empareja a tres temperamentos, pero que luego subclasifica hasta conformar 76 somatotipos diferentes. Los tres básicos son:

— El *tipo endomorfo* (por predominar el tejido endodérmico embrionario) presenta un dominio de los órganos de la digestión y se corresponde al *temperamento viscerotónico,* que sitúa la comida en la parte más alta de su escala de valores. Es un sujeto ceremonioso, que sigue las fórmulas sociales y que tiene facilidad para relacionarse con los otros.

— El *tipo mesamorfo* (con predominio del tejido mesodérmico embrionario) tiene una poderosa musculatura y se corresponde al *temperamento somatotónico,* que se caracteriza por su afán de poderío. Son agresivos, bruscos y resistentes, buscan el triunfo y están en permanente actividad.

— El *tipo ectomorfo* (con predominio del ectodermo embrionario) presenta el sistema nervioso más desarrollado en relación a la masa corporal. Se relaciona con el *temperamento cerebrotónico*; es un sujeto crónicamente fatigado, dominado por la inhibición y la ansiedad, con gran dificultad para entablar relaciones sociales; suele tender al aislamiento y la soledad. M. D.

TIPOS DE PERSONALIDAD

Las teorías sobre los tipos de temperamento tienen unos veinte siglos de antigüedad. Empédocles divide todos los elementos en: aire, tierra, fuego y agua. A estos elementos corresponderían, según Hipócrates, cuatro humores corporales: la sangre, la bilis negra, la bilis amarilla y la pituita. Aristóteles atribuye estas características a la sangre, que divide en ligera, pesada, caliente y fría. De estos tres conceptos surge fundamentalmente la doctrina de los temperamentos divididos en cuatro tipos que corresponderían a estas características, y que todavía no ha perdido su vigencia en nuestros días.

El temperamento *sanguíneo* se caracteriza por un tono vital alegre, con una gran capacidad para superar los problemas y ver el lado bueno de las cosas. Son personas tolerantes y que se adaptan con facilidad a situaciones nuevas. Se entusiasman con facilidad, pero son relativamente superficiales, y pasan rápidamente a interesarse por otra cuestión. A veces son frívolos e irreflexivos, inconstantes y volubles. Son personas con una gran facilidad para las relaciones sociales, activos y generalmente con dotes para la comunicación en todas sus vertientes. Suelen derrochar seguridad y optimismo, por lo que, a menudo, se comportan de forma poco prudente e incluso con temeridad.

Los *flemáticos* son personas ecuánimes y equilibradas, aunque pueden caer con cierta facilidad en la indiferencia o el escepticis-

Tipología constitucional según las distintas escuelas

		Nombre de los tipos constitucionales			
Nacionalidad de la escuela	*Nombre del investigador*	*Tipo I*	*Tipo II*	*Tipo III*	*Tipo IV*
Griega	Hipócrates	Apoplético	Tísico		
Romana	Galeno	Sanguíneo	Melancólico	Flemático	Colérico
Francesa	Rostan	Digestivo	Cerebral	Muscular	
Italiana	De Giovanni	Megalosplácnico	Microsplácnico	Normosplácnico	
	Viola	Braquimórfico	Dolicomórfico	Endomórfico	
Alemana	Kretschmer	Pícnico	Asténico	Atlético	Displásico
Angloamericana	Sheldon	Endomórfico (Viscerotónico)	Ectomórfico (Cerebrotónico)	Mesomórfico (Somatotónico)	Displásico

mo. Suelen ser comprensivos, pacientes, tolerantes, constantes y prudentes. No se precipitan a la hora de tomar una decisión, por lo que tradicionalmente se les consideraba «de sangre fría». A veces son excesivamente lentos en sus reacciones e incluso son incapaces de tomar una determinación. Pueden dar la sensación de que no tienen interés por nada, y a veces dependen demasiado de los demás. Tienen cierta dificultad para adaptarse a situaciones nuevas.

Los *coléricos* son apasionados y se entusiasman con facilidad. Viven sus experiencias con profundidad y suelen ser muy constantes. Son personas que destacan por su gran tenacidad y por estar muy seguros de sí mismos. Se irritan con mucha facilidad, produciéndose explosiones de cólera por estímulos de poca relevancia, ya que, a menudo, pierden el autocontrol. Son intolerantes e incluso despóticos.

Empédocles Elementos de la naturaleza	*Hipócrates Humores del cuerpo*	*Aristóteles Tipos de sangre*	*Tipos de temperamento*
aire	sangre	sangre ligera	sanguíneo
agua	pituita	sangre fría	flemático
fuego	bilis amarilla	sangre caliente	colérico
tierra	bilis negra	sangre pesada	melancólico

Los *melancólicos* se caracterizan por ser personas serias y responsables, con un gran sentido del deber. Viven sus experiencias con profundidad y suelen tener intensa vida interior. Generalmente son personas bastante sensibles y afectuosas, aunque a veces no se les note. Tienen un alto sentido de la fidelidad, se preocupan con facilidad y tienden a ser escrupulosos. Suelen ser poco seguros, con tendencia a la angustia, la tristeza, el pesimismo, a los sentimientos de culpa y de inferioridad. Se enfadan con facilidad, ya que son muy susceptibles y desconfiados. Se adaptan con cierta dificultad y suelen evitar las relaciones sociales, prefiriendo, muchas veces, la soledad.

La clasificación de los tipos de personalidad en cuatro temperamentos fundamentales tiene una larga tradición en Occidente, como demuestra este antiguo grabado medieval.

Existen muchas más clasificaciones para los diversos tipos de personalidad. Jung aportó una muy interesante, que divide las personalidades en introvertidas y extravertidas. Los *introvertidos* estarían muy volcados hacia sí mismos, muy atentos a lo que ocurre en su interior. Son personas muy individualistas, muy críticos con las costumbres y normas sociales, con poca capacidad de adaptación y desconfiados. Son propensos a las neurosis y a los trastornos por ansiedad. Los *extravertidos* están más volcados hacia el mundo exterior. Se adaptan mejor a los cambios y son más sociales; a veces dependen excesivamente de las tradiciones y convencionalismos. Actúan en razón de las circunstancias del momento y sus leyes morales coinciden con las que tiene la mayoría de la sociedad en ese momento. Suelen ser más prácticos que idealistas. Tienen una mayor propensión a padecer trastornos de tipo histérico y a las toxicomanías.

Dentro de estas dos tipologías: introvertidos y extravertidos, se pueden establecer cuatro subtipos en cada una de ellas, según los rasgos de personalidad predominantes. Así se puede hablar de hombres de tipo intelectual, afectivo, sensorial o intuitivo. Los *intelectuales* se caracterizan porque en ellos prima la razón, y actúan fundamentalmente en relación con la misma. Los *afectivos,* por el contrario, dan una importancia prioritaria a los sentimientos y a la afectividad en términos generales. Los *sensoriales* son aquellos en los que prima sobre los demás la esfera de las sensaciones, e incluso la sensualidad grosera. Los *intuitivos* se guían a menudo por su intuición y por criterios subjetivos. Suelen tender a la fantasía, son poco realistas, con afición por las aventuras y a veces creativos y con muchas iniciativas. Los subtipos intelectual y sensorial abundan más entre los hombres, mientras que los afectivos e intuitivos se dan más entre las mujeres.

Existen tantos tipos de personalidad como rasgos se pueden describir en la misma. Podemos hablar de dominantes y dependientes, seguros e inseguros, equilibrados y desequilibrados, autoritarios y tolerantes, activos y asténicos, teóricos y prácticos, sensibles e indiferentes, impulsivos y reflexivos, optimistas y pesimistas, interesados y desprendidos, altruistas y egoístas, coléricos o templados y un largo etcétera. En términos generales, es muy difícil encontrar personas que pertenezcan claramente a un tipo de personalidad de entre las clasificaciones descritas; generalmente no existen tipos «puros» de personalidad, sino tipos «mixtos», es decir, que tienen características propias de uno o más tipos o subtipos, ya que, al fin y al cabo, la personalidad es una característica puramente individual, en la que pueden existir rasgos comunes en unas personas respecto a otras, pero sin que se produzcan dos exactamente idénticas. Cada personalidad es todo un mundo distinto e inabarcable. J. H.

FORMAS DE VIDA Y PERSONALIDAD

Spranger realizó una clasificación de diversos tipos de personalidad en relación con su forma de vida. No se trata de una clasificación de los diversos tipos de profesión, sino de *tipos de aptitud espiritual básica,* que darían lugar a diferentes tipos de hombres que Spranger denomina: teóricos, económicos, estéticos, religiosos, sociales, políticos, técnicos, jurídicos y educadores.

El hombre teórico se caracteriza porque la esfera de sus intereses está dirigida fundamentalmente hacia el conocimiento científico. Le interesa todo lo objetivo y elimina lo subjetivo. Son personas alejadas de otras esferas como la económica (no se interesan por lo útil) y la estética (se interesan por lo abstracto y no por lo individual). No suelen tener demasiada capacidad para la actividad política, ya que son poco prácticos, no tienen suficientes dotes de organización sobre lo concreto. Para el hombre teórico, la sabiduría, el conocimiento, es equivalente al mismo poder. Suelen ser muy individualistas.

El hombre económico está fundamentalmente orientado en su actitud hacia lo útil y práctico. Prefiere lo confortable a lo bello, con lo que suele estar alejado de la esfera estética, excepto en lo que se refiere a la confluencia de ambas en el lujo o cuando el arte se utiliza como demostración social de riqueza. Para él, la riqueza es un equivalente del poder. No suelen estar próximos a intereses idealistas, y en la esfera de lo religioso se produce también un distanciamiento, ya que el valor económico es lo que les resulta más elevado. Pueden ser codiciosos, ya que la obtención de la riqueza puede ser más un fin que un medio. Suelen ser sagaces, prácticos y previsores.

El hombre estético busca la belleza, la armonía y estética en todas partes para contemplarla. Se centra en lo concreto. Es individualista, intuitivo, y evita lo puramente práctico. Desprecia lo grosero y lo vulgar, erotiza las relaciones sociales y suele tener una exagerada necesidad de autoafirmación.

El hombre religioso busca fundamentalmente la espiritualidad trascendente, y se esfuerza en ponerse a sí mismo en resonancia con su visión del mundo y de la vida. En la forma *mística* desdeña lo terrenal, orientándose hacia Dios, que descubre al negar al

Formas de vida según Spranger

Esferas de la cultura	*Actos psicológicos*	*Finalidad*	*Formas de vida*
Ciencia	Actos de conocimiento	Lo general	Hombres teóricos
Economía	Actos económicos	Lo útil	Hombres económicos
Arte	Actos estéticos	Lo estético	Hombres estéticos
Religión	Actos religiosos	El valor total	Hombres religiosos
Sociedad	Actos de simpatía	La comunidad	Hombres sociales
Estado	Actos de poder	El dominio	Hombres políticos
Técnica	Actos teóricos y económicos	Lo general y lo útil	Hombres técnicos
Derecho	Actos teóricos, sociales y de poder	Regulación, comunidad y dominio	Hombres jurídicos
Educación	Actos sociales y religiosos	Desarrollo de capacidades de otros y orientación hacia el valor total	Hombres educadores

mundo. El tipo *dualista,* sin embargo, acepta algunas cosas del mundo, mientras que rechaza otras, según tengan o no relación con lo divino.

El hombre social está fundamentalmente orientado hacia el amor por los hombres, a la entrega a los demás, aunque su objeto no tiene por qué ser toda la humanidad, sino tan sólo un grupo más o menos amplio de personas. Frecuentemente es altruista. El poder es el poder del amor, y se aproxima mucho a la esfera religiosa.

El hombre político busca el poder, no necesariamente el poder del Estado, sino el poder en todas sus vertientes. Son personas persuasivas, que tienden a dominar a los demás para imponerles sus propios criterios. Identifican la grandeza política con la grandeza moral. La riqueza es aquí utilizada para influir sobre los demás. Si el hombre social encuentra su mayor satisfacción en darse a los demás, en el desprendimiento, el hombre político sólo utiliza las relaciones sociales como un medio de autoafirmación y autorrealización. Puede subyacer una actitud de profundo desprecio hacia los demás.

El hombre técnico sería un tipo mixto entre el hombre teórico y el económico; su principal actitud ante la vida está enfocada a lograr medios científicos y operativos para lograr el progreso económico, al margen de consideraciones o metas de índole estética. Son prácticos y con buenas dotes para la organización.

El hombre jurídico es un tipo mixto entre el hombre social, el político y el teórico. El derecho está emparentado con una actitud del conocimiento, ya que pretende una regulación social que va más allá de lo meramente individual, que, por otra parte, depende de circunstancias de poder. El poder sirve de fundamento para el derecho. Por último, también guarda una relación estrecha con lo social, ya que, al fin y al cabo, el derecho debe recoger y encauzar las exigencias justificadas de los demás. El hombre jurídico observa las exigencias y necesidades de los demás, les da forma y las aplica a través del poder, buscando el medio ideal para lograr este objetivo.

El hombre educador sería un tipo mixto entre el hombre social y el hombre religioso. La educación está íntimamente vinculada a lo social, ya que implica amor y dedicación a las personas que se está educando. La educación no es un medio de proporcionar conocimientos o mera información, sino que es más bien una forma válida del mundo y un sentido a la vida, lo que se acerca un tanto a la esfera de lo religioso y lo moral. El hombre educador, como ya dijimos, no es necesariamente el que se dedica a esta profesión, sino aquel que se encuentra repleto de amor pedagógico, que expresa a través de todas sus relaciones interpersonales o sociales. J. H.

¿SE SIENTE UNA PERSONA REALIZADA?

Cuando un individuo alcanza un suficiente grado de madurez, al tiempo que logra una estabilidad en todas las facetas de su personalidad, consiguiendo —o, al menos, estableciendo unas bases firmes para ello— satisfacer sus anhelos y realizar la mayoría de sus proyectos, decimos de él que es una persona realizada. La realización personal trae consigo ventajas como la libertad, la autonomía y el dominio de la situación, obteniéndose un equilibrio consigo mismo y con el exterior.

No existen baremos que marquen el nivel de realización idóneo, puesto que ésta es una cualidad relativa y, sobre todo, muy subjetiva. Generalmente calificamos como «realizada» a una persona cuando la observamos en la cima de un estatus social, económico y profesional. No obstante, las perspectivas del supuestamente realizado pueden ser muy diferentes desde su fuero interno: «Sí, muy bien, pero yo no me siento satisfecho.»

La conciencia es algo privativo y característico del ser humano. Mediante ella, los acontecimientos que influyen en el individuo no actúan como simples estímulos provocadores de una respuesta más o menos tipificada. Expresiones de la conciencia como los sentimientos y emociones despertados ante un hecho no están en función directa con el hecho en sí, sino con la interpretación psicológica interior que damos al mismo. Y aquí ya no existen normas: «Sobre gustos no hay nada escrito.» Lo que para unos es maravilloso, puede ser nefasto para otros. De ahí la diversidad de vocaciones y preferencias que pueden tornar en realizadas a las personalidades más dispares.

Cada uno tiene su propia vida y el deber de hacerse cargo de ella lo mejor que pueda. Satisfacer nuestros deseos dependerá de las metas que nos marquemos y del empeño que pongamos en la empresa.

El sujeto práctico y, sobre todo, realista, que sabe dónde pisa, manteniéndose alejado de la temeridad, que tiene claros sus objetivos y es consciente de las limitaciones propias y ambientales, es un candidato muy probable a persona realizada.

Tal vez la norma a seguir sea considerar la vida como una sucesión de momentos presentes que no debemos dejar escapar. Si nos vamos sintiendo satisfechos de los pequeños o grandes logros cotidianos es posible que con el tiempo la suma de éxitos conduzca a la realización personal.

Una persona realizada no es aquella que posee un estatus social, laboral y económico envidiables, sino aquella que se siente complacida con lo que hace, que tiene ambiciones positivas que le incitan a seguir superándose, pero sin angustias comparativas entre lo que ha conseguido y lo que le queda por lograr. J. M. U.

EL ESQUEMA CORPORAL

Nuestro cuerpo es algo objetivo, concreto, que se puede medir con límites precisos; pero lo que llamamos *esquema corporal* es la idea que tenemos del mismo, lo que, por el contrario, es algo subjetivo, sujeto a posibles modificaciones, a pesar de que el cuerpo no varíe en sí.

El esquema corporal se va elaborando paulatinamente desde la primera infancia, a partir de las sensaciones y estímulos externos que el recién nacido tiene, lo que le ayuda a ir distinguiendo lo que es su propio cuerpo. Al ir realizando cambios de postura, movimientos por imitación de lo que observa que hacen los demás, llega a conocer y anticipar ciertas posiciones de su cuerpo, modelando progresivamente un esquema de su corporalidad, que sería, además, el responsable de que sintamos el cuerpo como una unidad propia. En este proceso intervendrían especialmente los circuitos nerviosos relacionados con la sensibilidad postural, táctil, visual y motora, además de ciertas zonas de la corteza cerebral. Por otro lado, hay que tener en cuenta que, al igual que la corporalidad se constituye en un instrumento de expresión de nuestra personalidad, también nos sirve para tomar contacto con el exterior, comparándonos con otros cuerpos y objetos; por lo que se puede hablar, dentro del esquema corporal, de *cuerpo-objeto,* es decir, de la representación aislada que nos hacemos de nuestro cuerpo en sí mismo, y de *cuerpo-vivido,* que se referiría a la forma en que nuestra corporalidad se manifiesta en nuestras relaciones humanas.

El concepto que tenemos de nuestro cuerpo, el esquema corporal, se elabora dependiendo de numerosos factores, que influyen modificándolo, pudiendo, en algunos casos, originar un trastorno psicopatológico del esquema corporal. Dentro de estos factores se encuentra la observación visual de nuestro cuerpo, bien directamente o a través del espejo, junto con la información que nos llega a través del propio sistema nervioso. También influyen los sentimientos y nuestro estado de ánimo a la hora de configurar el esquema corporal, siendo la norma que nos encontremos con peor aspecto físico cuando estamos decaídos. También los recuerdos influyen notablemente, tanto en lo que se refiere a nosotros como a otras personas. Por ejemplo, es frecuente que no advirtamos suficientemente el deterioro que los años producen en nosotros físicamente, ya que, en cierto modo, al observarnos guardamos de forma parcial una imagen más joven de nosotros mismos. Las ideas o pensamientos de un momento dado («cogniciones») ejercen tanta influencia sobre nuestro esquema corporal como los sentimientos y la vida afectiva; también el ambiente y factores de tipo sociocultural, como la moda, influyen en la idea que guardamos de nuestra corporalidad: si la moda, tal como ocurre en la actualidad, exige estar más bien delgado, podemos llegar a pensar que estamos demasiado obesos, mientras que si la moda fuese opuesta, creeríamos que estábamos delgados. Algo similar puede decirse de la información que recibimos mediante las opiniones de las personas que nos rodean. Si alguien nos dice que tenemos un supuesto defecto, especialmente si es en forma de burla, como es frecuente durante la infancia y adolescencia, podemos establecer una gran modificación en nuestro esquema corporal que, además, puede constituir un gran trauma psíquico que origine sentimientos de inferioridad e incluso un auténtico complejo.

Las alteraciones psicopatológicas que se acompañan de trastornos del esquema corporal son muy frecuentes y variadas, destacando principalmente las dismorfofobias, neurosis, la anorexia nerviosa, las demencias, la esquizofrenia y otras psicosis, el autismo infantil, etc. También se producen tras el consumo de drogas de diversa índole, en los deficientes mentales y en personas con deficiencias sensoriales padecidas desde el nacimiento o desde la primera infancia, del tipo de la sordera o la ceguera. J. H.

LA PERSONALIDAD Y SU IMAGEN EXTERNA

La imagen externa de una persona es una gran fuente de información sobre su personalidad. Los gestos, la forma de andar, de vestirse, de peinarse, de maquillarse, la expresión de la mirada, los adornos, el aseo personal y el aspecto global que nos ofrece, revelan rasgos más o menos relevantes de su forma de ser. Esto hace que a veces nos hagamos inconscientemente una impresión de una persona nada más verla, impresión que, en muchos casos, se corresponde a la realidad, como comprobaremos con el paso del tiempo, cuando ya conocemos a esa persona más profundamente.

La expresión del rostro suele ser muy significativa. Una expresión de tensión, de rigidez, tanto en la cara como en los movimientos, sobre todo si se acompaña de inestabilidad al andar, es típica de las personas inseguras de sí mismas. También la torpeza de movimientos y los bloqueos súbitos al iniciar una actividad. La ansiedad se manifiesta por una especie de necesidad de ir constantemente de acá para allá, sin motivo ni finalidad, con una expresión de preocupación, excitación o falta de autocontrol, que se suele manifestar también por una frente fruncida, cejas arqueadas hacia abajo, mandíbula tensa (por contracción de los músculos maseteros) y por continuos cambios de postura, incluso estando sentados. En otras ocasiones la angustia se traduce en una cara inexpresiva, como congelada, con expresión de sorpresa o perplejidad. Muchas veces se asocia con temblor, localizado, sobre todo, en las partes distales de los dedos, aunque también se puede

Uno de los grandes alicientes del Carnaval es el de poder cambiar completamente, sin freno alguno, nuestra imagen exterior, lo que, en cierto modo, implica el disfrutar, aunque sólo sea durante unas horas, de «otra personalidad», más libre, más lúdica y misteriosa. (Foto: EFE.)

generalizar a cualquier otra parte del cuerpo. La voz suele ser temblorosa y con altibajos en sus tonos.

En otras ocasiones, lo que observamos en una persona es una expresión de dolor, de sufrimiento y tristeza con la comisura de los labios inclinada hacia abajo, al igual que los párpados; los movimientos son lentos y mantiene la cabeza gacha, rasgos típicos de las personas deprimidas, pesimistas o continuamente insatisfechas. Una mirada recelosa, observadora y distante, que nos da la impresión de que esa persona está continuamente en posición de alerta, es típica de los sujetos desconfiados o paranoides. La euforia («manía o hipomanía») se caracteriza por una gran agitación psicomotriz, con gesticulación y riqueza de movimientos. Las mujeres suelen ir exageradamente maquilladas, al igual que cuando padecen ciertos trastornos de tipo histérico. La cara totalmente inexpresiva es propia de personas frías y reservadas, muy racionales. En los casos exagerados, la pérdida total de la expresividad facial se puede deber a la enfermedad de Parkinson (*facies cerúlea*). Una sonrisa tensa se puede producir en algunas situaciones de tensión emocional, otras veces responde a un fondo cínico, y puede deberse a procesos biológicos como la risa sardónica del tétanos.

En general, una persona correctamente vestida y aseada denota equilibrio y respeto hacia las normas sociales. Si esta corrección es meticulosa, exagerada, puede responder a una personalidad anacástica, es decir, demasiado meticulosa, perfeccionista, hiperresponsable y obsesiva. Un aspecto decididamente desaliñado se puede deber a un deseo de protesta contra los convencionalismos sociales, o a la integración dentro de grupos marginados o contraculturales. Algunas indumentarias extravagantes responden al mero hecho de intentar llamar de este modo la atención de los demás y a un intento de diferenciarse notablemente, lo que es frecuente en las personalidades teatrales («histriónicas») o histéricas. También entre los ciclotímicos son frecuentes los adornos exagerados y extravagantes durante las épocas en las que sufren una exaltación patológica del estado de ánimo; sin embargo, durante las fases depresivas es característico un gran descuido del aseo personal, con un gran empobrecimiento del aspecto externo. Algo similar ocurre a veces en la senilidad, especialmente cuando existen problemas vasculares a nivel cerebral y, sobre todo, si se han iniciado procesos demenciales. J. H.

LA PERSONALIDAD Y EL TRABAJO

Múltiples estudios psicológicos y sociológicos se han realizado alrededor del hombre en relación con el trabajo. Entre sentencias bíblicas como: «Ganarás el pan con el sudor de tu frente», y filosóficas como: «El trabajo dignifica al hombre», existen infinidad de posturas intermedias que analizan el binomio hombre-trabajo desde todas las perspectivas posibles.

Las llamadas teorías *X* e *Y* de McGregor nos muestran dos puntos de vista opuestos sobre la significación del trabajo para el hombre. Según la teoría *X*, al ser humano le repugna intrínsecamente el trabajo y lo evitará siempre que pueda; por ello debe ser obligado por la fuerza a que lo desempeñe, mediante amenazas y castigos, y prefiere ser dirigido en el mismo para evitar responsabilidades. Según la teoría *Y*, el desarrollo del trabajo en el hombre es tan natural como el juego o el descanso; se compromete al mismo sin necesidad de amenazas, buscando las compensaciones asociadas a su logro y se ve fuertemente motivado si durante su realización desarrolla iniciativa, imaginación y capacidad creadora.

Tal vez ambas teorías sean demasiado extremas como para inclinarse a favor de una o de la otra. Si tuviéramos que elegir probablemente diríamos que según los casos. Y es que precisamente ahí radica la cuestión: en el gran número de casos, de tipos de personalidad existentes.

Para unos, el trabajo supone un medio de subsistencia a través del cual consiguen cubrir sus necesidades materiales, o bien situarse en una escala social deseada.

Para otros, el trabajo es un fin en sí. Ya no es a través de él sino en él mismo donde logra su satisfacción personal; la labor que realiza da sentido a su vida.

Desgraciadamente, las actuales dificultades económicas y laborales que atraviesa la sociedad no permiten al ser humano tener libertad de elección a la hora de trabajar. En demasiadas ocasiones el individuo se conformaría con tener un trabajo, el que fuera. Obviamente, el «parado» que busca empleo lo hace porque precisa de un medio de subsistencia. Realizarse en su trabajo sería ya un sueño.

Pero en el supuesto utópico de que toda persona pudiera elegir su trabajo, ¿qué factores de su personalidad influirían en su elección?

En primer lugar, sus aptitudes y aficiones. Para algunos el trabajo manual resulta monótono y fatigoso mientras que para otros, el trabajo intelectual requiere demasiado esfuerzo mental y psicológico. Y según las aptitudes, todos conocemos gente «manitas» y gente «lumbreras», cualidades que lógicamente condicionarán su elección ante este dilema laboral.

En segundo lugar, su carácter. El sujeto dinámico, emprendedor, seguro de sí mismo y con dotes de mando se inclinará por las labores directivas y empresariales con más facilidad. Por el contrario, el tímido, introvertido e inseguro preferirá un trabajo cómodo, poco arriesgado y bajo las órdenes de un jefe que decida por él. El individuo expansivo, sociable y con don de gentes se sentirá mejor en puestos de relaciones públicas. El creativo, ingenioso e imaginativo desarrollará fácilmente tareas artísticas. Y así sucesivamente encontraríamos siempre un trabajo adecuado para cada tipo psicológico.

Un factor a tener en cuenta a la hora de definirse laboralmente es la elección entre un trabajo liberal o subordinado. El primero aporta independencia y libertad de acción con la posibilidad de desarrollar las propias iniciativas. A cambio, exige mayor riesgo, pues el mantenimiento y futuro del trabajo depende exclusivamente de uno mismo.

El trabajo subordinado requiere un proceso de adaptación del empleado a su puesto laboral y debe acatar unas normas establecidas, perdiendo libertad e iniciativa, pero a cambio tiene, en general, menos responsabilidades, más comodidad, dados los escasos cambios que se producen en su trabajo y una mayor seguridad, que sólo depende del futuro de la empresa para la que trabaje.

Habrá otros muchos factores más, pero recordemos que estamos dejando a un lado toda consideración del trabajo como necesidad remunerativa.

Resumiendo, podemos afirmar que el éxito en el trabajo tiene lugar cuando los intereses y fines del trabajo realizado coinciden con los del trabajador como persona. J. M. U.

CÓMO SER MÁS PERSUASIVO

Persuadir significa ser capaces de inducir a otra persona para que, mediante el razonamiento, crea en una idea o adopte una actitud determinada que convenga. El que tiene habilidad y eficacia para conseguirlo se llama persuasivo, un sinónimo de convincente.

Muchas personas se lamentan, hasta el punto de acomplejarse, porque carecen de capacidad de persuasión. Sienten que cuando exponen sus criterios no convencen al prójimo; les faltan argumentos o no saben defenderlos. Esto mina la seguridad en sí mismos y, conscientes de ello, mantienen una actitud timorata ante la sociedad, sobre todo cuando se ven implicados en una dialéctica más o menos controvertida.

Históricamente, existe un interés manifiesto del hombre por cambiar la ideología y actitud de los demás, a veces con un sano fin social que trata de aunar criterios para lograr una cordial convivencia en comunidad. En otras ocasiones, los objetivos son menos altruistas, tienen un trasfondo de interés y proselitismo, tal y como se advierte entre algunos políticos, predicadores, «forofos» y hombres de la calle, en quienes el fanatismo ha desplazado al razonamiento lógico.

Y no digamos más, si analizamos el mundo de la publicidad y el mercado. En este campo la persuasión alcanza cotas de arte y aun de filosofía de la vida.

Pero si tan sólo nos paramos a observar al hombre corriente, que simplemente vela por sus propios intereses sin erigirse en representante de nada ni de nadie, veremos que habitualmente, y en su vida cotidiana, utiliza sus armas persuasivas. Llega a ser habitual comprobar cómo en una simple reunión de amigos, alguno trata de convencer a los demás para que lo sigan, ensalzando una determinada comida, una marca de coche, su deporte favorito o la lectura de un libro. Tal vez consiguiendo «aliados de consumo» sienta que se refuerza su propio ego, a través de la confirmación de sus gustos personales.

Detrás de unos objetivos u otros, el fin que se pretende mediante la persuasión es cambiar la actitud ajena. Según la perspectiva de las escuelas psicológicas conductistas, la actitud cambia cuando los incentivos que mantienen la antigua actitud son menos intensos que los que incitan al cambio, es decir, cuando se obtiene mayor placer en la nueva conducta que en la primera. Dentro de la publicidad, por ejemplo, se utiliza con mucha frecuencia este fenómeno: cuando nos presentan un producto cualquiera, rodeado de lujo, confort y sexo, nos están enviando un mensaje psicológico preciso para que asociemos el nombre de la marca anunciada a una idea de placer.

Existen algunas características que se pueden considerar como cualidades básicas del individuo persuasivo.

— *Fiabilidad.* El persuasor ha de mostrar a los demás que es un experto en la materia. De este modo, cuanto diga parecerá convincente. (Fenómeno igualmente utilizado en publicidad cuando un famoso deportista nos recomienda una camiseta deportiva o una bebida que proporciona energía.)

— *Acuerdo en los principios.* No deben observarse en el persuasor signos de partidismo o repulsa manifiestos. Por ejemplo, una opinión emitida por un periódico de clara ideología política tendrá poco carácter convincente si hace referencia al partido opositor.

— *Legalidad.* El persuasor no ha de dar muestras de «mala fe» o mentir en sus argumentos. Si por un casual es descubierto, perderá todo poder de convicción de cara al futuro. Y difícilmente podrá convencer de algo que ni él mismo se cree.

— *Atractivo personal.* El don de gentes y presencia física agradable son esenciales en el sujeto persuasivo. Si se recrea la vista y el oído con un aspecto grato y palabras amables, la disposición del interlocutor es lógicamente más positiva.

— *Autoridad.* La firmeza y seguridad en la expresión de los argumentos enfatizan el poder de persuasión. Son cualidades comunes al liderazgo y a la dirección laboral.

— *Diplomacia.* Es más fácil convencer si se plantea un asunto de forma que sus puntos básicos coincidan con los intereses del sujeto a persuadir. Esto lo dominan muy bien los vendedores de coches, cuando resaltan las características del vehículo en función de la psicología y gustos del consumidor según busque éste seguridad o velocidad o belleza de línea, etc.

Y, por último, es fundamental *saber escuchar* al interlocutor. Difícilmente se puede convencer a alguien si éste se siente abrumado por un acoso dialéctico, sin oportunidad de intervención. Probablemente opte por la distracción o el aburrimiento. J. M. U.

¿LE GUSTA SU PERSONALIDAD? ¿QUÉ LE CAMBIARÍA?

Enrique Rojas

Una cuestión muy importante es la de analizar si a uno le gusta la personalidad que tiene. Es relativamente frecuente encontrar gente a la que no le agrada su modo de ser, que quisieran cambiar y no saben cómo hacerlo. Los síntomas más destacados en ese *no gustarse a sí mismo* son los siguientes: inseguridad, excesiva dependencia del criterio de los demás, grandes cambios de humor en períodos muy breves de tiempo (dentro de un mismo día pueden vivir estados de ánimo muy distintos o incluso oscilaciones de un día para otro, bruscas e inmotivadas), bloqueo de la conducta ante ciertas circunstancias más o menos difíciles, reacciones agresivas e incontroladas desencadenadas por estímulos muy pequeños, incapacidad para pensar en los demás y hacer algo por ellos (con realismo y sin buscar el aplauso, el agradecimiento, el que reconozcan lo que uno ha hecho), querer aparentar más de lo que uno es de un modo casi constante, etc.

En tales casos lo que se necesita es *una reforma personal* concreta, realista y práctica. El mejor modo de hacerla es recurrir a un psiquiatra o a un psicólogo, pues hace falta una ayuda técnica. Lo primero es hacer un inventario sencillo y claro de *qué cosas quitaría de mi personalidad* que no son buenas para ella, que no le benefician y, por otra parte, *qué ingredientes le añadiría*: qué no tiene y qué le vendría muy bien para alcanzar una cierta madurez. Se trata de una *tarea de alquimia.* Esta lista debe estar hecha en «lenguaje operativo», es decir, ser superconcreta, no irse por las ramas, ni divagar, sino moverse en un plano práctico, que aterriza en lo concreto, en la vida diaria, familiar, profesional, en los proyectos y que sabe hacer esa *labor de rastreo* por la propia personalidad, empeñándose en modificarla, en hacerla mejor, más positiva, con más armonía entre sus diversos componentes.

De ahí puede salir un pequeño *programa de conducta,* de forma que el propio sujeto vaya siguiendo diariamente —mediante una puntuación que él mismo se da, siendo juez y parte a la vez— cómo avanza y lucha por mejorar.

Es la hora de empezar a cambiar, sin perderse en la niebla de lo inconcreto, ni seguir ilusiones quiméricas, sueños seguramente hermosos pero sin base real alguna. *Andando despacio se recorre el camino y se alcanza la meta prevista.*

CONOCERSE A UNO MISMO

A veces resulta muy difícil llegar a conocernos a nosotros mismos; sin embargo, este conocimiento es fundamental para lograr una cierta estabilidad emocional y el *equilibrio psicológico.* El conocimiento de uno mismo presupone el de las propias *aptitudes y limitaciones,* el del *temperamento y* las principales pautas de *conducta* personales, las *tendencias* fundamentales, *intereses y motivaciones,* el saber leer e interpretar nuestros *sentimientos,* etc.

En realidad, el conocimiento de uno mismo es más una aspiración que una realidad. A lo largo de toda nuestra vida intentamos conocernos mejor, pero nunca llegamos a un conocimiento absoluto. El hombre puede llegar a conocerse a sí mismo, casi por completo, pero siempre surgen en su interior nuevas facetas, aún desconocidas, ya que, en cierto modo, nuestra propia realidad es extraordinariamente compleja e inabarcable, y, por otro lado, la persona humana está expuesta a las modificaciones propias de un desarrollo psicológico evolutivo. Por tanto, si consideramos que el hombre es, desde una perspectiva psicológica, una realidad individual un tanto complicada, repleta de recovecos en su interior, que además está sometida a ciertos cambios acordes con su edad y las experiencias que se van produciendo a lo largo de su vida, se comprende que no resulta fácil *conocerse a sí mismo*. No obstante, podemos aproximarnos progresivamente a nosotros mismos, conocernos cada día un poco más, un poco mejor.

Para conocerse a sí mismo caben dos opciones fundamentales: volcarnos sobre nuestro interior, observarnos, analizarnos, o bien considerar la realidad externa, nuestro comportamiento, nuestros logros, lo que los demás opinan de nosotros, etc. El conocimiento de uno mismo mediante la auto-observación, clásicamente denominado «introspección», tiene grandes dificultades, ya que al autoanalizarnos psicológicamente, se ponen automáticamente en marcha mecanismos de defensa y autojustificación que nos hacen perder objetividad al juzgarnos. Por otro lado, esta falta de imparcialidad puede generarnos continuas dudas, que se pueden traducir en angustia e inseguridad. Otras personas tienen una gran dificultad para analizar e interpretar sus sentimientos (*alexitimia*), por lo que les resulta muy difícil, no solamente conocerse, sino interpretar lo que ocurre en su interior durante momentos o épocas de su vida en que ven modificarse su afectividad. Por el contrario, el análisis de nuestras obras, de nuestro comportamiento, nos aporta datos más objetivos. De hecho, el método introspectivo, muy utilizado por los psicólogos clásicos, ha sido progresivamente sustituido por los investigadores por la moderna psicología de la conducta y el comportamiento, y por la psicología experimental. Muchas veces es necesario acudir a un experto, un psiquiatra o psicólogo, o a otras personas, para que nos ayuden a interpretar lo que nos sucede, o a conocernos mejor. Las opiniones de estas personas son más objetivas y pueden constituir una valiosa fuente de información sobre nuestra propia realidad; pero tampoco hay que intentar conocerse exclusivamente a través de opiniones ajenas, sino que éstas deben ser solamente una información complementaria que sirva de contraste a los datos obtenidos por medio de la introspección y de la valoración de nuestro modo de comportarnos.

Decíamos al principio que conocerse a uno mismo es un punto esencial para lograr el equilibrio psicológico y una correcta maduración de la personalidad. Si conocemos nuestras aptitudes, podemos desarrollarlas; si conocemos nuestras limitaciones y defectos, ya hemos dado un primer paso para superarlos, para comprendernos mejor y evitar objetivos que no seremos capaces de lograr, evitando así posibles frustraciones. En definitiva, el mejor conocimiento de uno mismo es fundamental para perfilar un proyecto personal de vida realista, para aceptarnos tal y como somos, dentro de un espíritu de superación y de coherencia interna, que favorece la constancia y la continuidad biográfica, traduciéndose en un sentirnos a gusto con nosotros mismos, punto clave para lograr una buena adaptación dentro de nuestro entorno y unas relaciones interpersonales sólidas, creativas y satisfactorias en todos los sentidos. J. H.

¿QUÉ ES LA FELICIDAD?

Enrique Rojas

La felicidad es una llamada universal de todo ser humano. Todo hombre quiere por encima de todo alcanzar la felicidad, pero realmente pocos la consiguen. Da la impresión de que la felicidad no es de este mundo, como si fuera algo fugaz que circula a nuestro alrededor, pero que nunca llegará a invadirnos interiormente.

¿Cómo podemos definirla? Podríamos decir que es *todo aquel conjunto de cosas buenas que cualquier hombre es incapaz de no querer.* Pero hay que decir, antes que nada, que la felicidad es un *estado de ánimo*; es una experiencia subjetiva, interior, que analiza la propia vida y extrae de ella una impresión positiva (felicidad) o negativa (infelicidad).

Se siente feliz aquella persona ocupada en desarrollar esa inclinación natural, esforzándose por llenar su vida de contenido, superando todas las dificultades que irán surgiendo con el tiempo en el intento de conseguir esa empresa. ¿Qué cosas son las que pueden hacer feliz al hombre? ¿El dinero, la riqueza, el poder, la fama, la gloria, la salud, el bienestar, los distintos placeres, el verse libre de preocupaciones? *La felicidad es siempre una ilusión, un proyecto incompleto, inacabado, que está siempre haciéndose.* Pero, de una forma concreta, la felicidad descansa sobre dos pilares: *encontrarse a sí mismo,* por un lado, y *tener un proyecto de vida,* por otro. Ahí se esconde la felicidad.

Ser feliz consiste, por tanto, en aquella operación que hace el hombre, gracias a la cual *tiene una personalidad hecha, sólida, firme, con sello propio,* con la cual se siente identificado, a gusto, satisfecho, tranquilo, en paz interior. Ésta es la puerta inicial de entrada para la felicidad. Una persona desequilibrada, desajustada, neurótica, inmadura, sin hacer, será muy difícil que se sienta feliz, porque no se ha encontrado consigo misma, no ha hallado la clave para armonizarse *por dentro y* tener una conducta adecuada y positiva *por fuera.*

El *proyecto de vida* no es otra cosa que anticipar el futuro programándolo aproximadamente. *El proyecto personal debe tener tres ingredientes esenciales: amor, trabajo y cultura.* Éstas van a ser las notas fundamentales que lo definen. Si la felicidad es proyecto, futuro, anticipación, quiere decir que *la felicidad consiste en vivir con ilusiones,* en vivir hacia delante, con esperanza.

El *amor* es la pieza clave de la felicidad. *No hay felicidad sin amor.* Por amor tiene sentido la vida. Nada hay tan grande como el amor. El amor es la fuerza que nos impulsa a seguir buscando nuevos caminos a recorrer. Pero existe una gran variedad de estilos y de formas de amar. Desde el amor a la patria, pasando por el amor a la justicia, al orden, a las antigüedades, hasta llegar al amor entre un hombre y una mujer o el amor a Dios. Aquí nos vamos a referir especialmente al amor humano, al que se establece entre dos personas de distinto sexo.

Según eso, podemos afirmar que *el amor es un sentimiento grato, positivo, gozoso, alegre, mediante el cual quedamos prendidos de otra persona con la que queremos compartir la vida.* El amor es así un regalo de la naturaleza, gracias al cual la vida se ilumina y todo cobra un relieve especial.

El *trabajo* es algo decisivo en la vida de un hombre. Nos pasamos la vida trabajando. *No hay felicidad sin amor y sin trabajo, ambos conjugan el verbo «ser feliz».* La satisfacción por el trabajo bien hecho, terminado en su momento, retrata a la persona que lo hace.

La *cultura* es libertad, porque es criterio y saber a qué atenerse.

Indudablemente, vivir con plenitud y lograr la satisfacción de nuestros anhelos en vías de una supuesta felicidad es una tarea sumamente dificultosa. Por un lado, pueden existir unos conocimientos ambientales adversos: dificultades económicas, laborales, del hábitat, etc., o condicionantes internos, como la enfermedad o la desgracia. Y por otro, existe una competencia más o menos manifiesta con las demás personas que también pugnan posiblemente por conseguir iguales fines.

Pero a veces algunas personas afortunadas que disponen de un ambiente favorable y, aparentemente, escasas dificultades para conseguir lo que quieren, se sienten infelices. En principio, no hay trabas ni enemigos. Entonces, ¿cuál es el problema? El obstáculo bien puede estar en la misma persona cuando ella es su propia enemiga.

Lo cierto es que ya existen suficientes barreras que se oponen a la consecución de una vida digna como para que, además, uno mismo se autocastigue privándose de un gran número de oportunidades. Cuando esto ocurre es porque falta el «amor propio», el cariño a uno mismo, la autoestima, que no tiene, por supuesto, nada que ver con el egoísmo. No se trata de pensar: «Yo estoy por encima de todo y de todos», sino «Yo debo disfrutar de los mismos derechos que concedo a los demás».

Quererse a sí mismo significa reconocer la propia valía y considerarse en la vida tan importante como el que más. Para muchos esto no es fácil; no saben juzgarse con objetividad. Ensalzan las virtudes ajenas y son capaces de perdonar los mayores errores y defectos del prójimo, pero, en cambio, son tremendamente injustos consigo mismos, exigentes y hasta crueles. Este comportamiento puede llegar a producir una profunda amargura que conduce indefectiblemente hacia la depresión y el comportamiento neurótico.

Por lo general esta forma de ser y sentir es fruto de un aprendizaje y una maduración defectuosos. El niño, desde casi su nacimiento, es, por naturaleza, ególatra. Aún no tiene conciencia social y piensa que todo cuanto le rodea le pertenece, idea que se ve corroborada por el hecho de que habitualmente suele ser el centro de atención de su familia. Es más tarde cuando, a través de la educación y el contacto con otros niños, descubre que hay más gente a su alrededor, otros sujetos que, como él, merecen un respeto y una consideración. Una correcta educación canaliza el egocentrismo hacia los demás en su medida justa. Sin embargo, desafortunadamente, muchas normas sociales y educativas se inculcan en la personalidad de forma desmedida e inadecuada, sobre todo cuando se infunden ideas basadas en la culpabilidad y el arrepentimiento si se anteponen los derechos propios a los ajenos. Es normal que una persona que crezca y forje su carácter con esta filosofía por bandera llegue a ser un adulto con una confusión, más o menos subconsciente, entre lo que en justicia le corresponde y lo que sería egoísmo censurable. Por ello, para evitar los «terribles» sentimientos de culpa opta por negarse todo autorreconocimiento meritorio. Se comporta consigo mismo como si fuera un enemigo al que no hay que dar la mínima oportunidad.

Algunas educaciones morales y religiosas resaltan la humildad como una de las más preciosas virtudes, amenazando con el castigo y el pecado su carencia. Naturalmente, cuando en la adolescencia surgen inseguridades y miedos, normales como en todo proceso de formación, el temor a errar, con su consecuente castigo, determina una conducta de evitación de todo aquel comportamiento que tienda a alejarse de la humildad, hasta el punto de confundir el justo reconocimiento a la labor bien hecha con la jactancia o la vanidad.

Una personalidad que madure en esta línea de conducta suele sufrir constantes obstáculos cuando tiene que demostrar sus aptitudes. Todas sus energías no actúan de forma aliada, una parte de su conciencia funciona como un enemigo interior que bloquea la espontaneidad.

Esto constituye un rasgo de comportamiento negativo que debe corregirse. Tal vez se piense que, como se es así, y desde hace muchos años, ya no se puede cambiar. No es cierto. Tomemos primero conciencia de que este problema existe, observemos nuestra conducta diaria viendo cuántas veces nos privamos de pequeños placeres pensando que eso no va con nosotros o, inconscientemente, que no los merecemos. Empecemos por ahí, por incentivar con pequeños premios y halagos nuestros mínimos logros y esfuerzos positivos. Tal vez, sin darnos cuenta, un día nos veamos luchando por conseguir aquello más importante que queremos y que, en justicia, nos merecemos. J. M. U.

LAS PERSONALIDADES MÚLTIPLES

Muchas personas se comportan en ocasiones de forma distinta a la habitual, dando la impresión de que se han «transformado» en una persona distinta. Por ejemplo, es frecuente el caso de personas tranquilas, sosegadas y tolerantes que, en un momento dado, por algún motivo especial, se vuelven bruscas, violentas y coléricas. Se puede pensar entonces que estas personas tienen una doble personalidad, ya que no se comprenden, si no, unos cambios tan radicales en su forma de comportarse, pero esto se debe simplemente a su temperamento, a una falta de control emocional o a oscilaciones de ánimo. Lo que se entiende por *personalidad múltiple* es un fenómeno más grave y mucho menos frecuente.

Decimos que alguien tiene una *personalidad múltiple* cuando tiene dos o más personalidades, entendidas como unidades distintas totalmente integradas, con pautas de conducta y relaciones sociales propias, de tal modo que determinan un comportamiento diferenciado. Aunque se poseen varias personalidades, éstas no se manifiestan simultáneamente, sino que se alternan entre sí, de tal modo que se pasa bruscamente de una a otra; esta última puede caracterizarse incluso por rasgos totalmente opuestos. Por ejemplo, en la famosa novela de R. L. Stevenson, titulada *El extraordinario caso del Dr. Jekyll y del Sr. Hyde,* se describe un caso muy ilustrativo de doble personalidad, en la que un hombre normal, el doctor Jekyll, se transforma esporádicamente en un monstruoso asesino, el señor Hyde.

El comienzo de la personalidad múltiple puede tener lugar durante la primera infancia o más tarde, siendo más frecuente al final de la adolescencia y durante la juventud; aparece más entre las mujeres que entre los hombres. Los malos tratos sufridos durante la infancia parecen favorecer este trastorno de la personalidad, al igual que los traumas psicológicos graves padecidos durante esta edad. Su evolución es generalmente poco favorable, por lo que el trastorno suele tomar un curso crónico. Generalmente, existe una personalidad principal que convive con otras personalidades secundarias o subpersonales, que se caracterizan por tener rasgos opuestos, incluso pueden discrepar en edad, sexo, raza, etc. A veces, a cada personalidad le corresponden nombres y apellidos definidos y distintos a los de la personalidad principal, y puede darse el caso de que ambas personalidades dialoguen entre sí, lo que hace difícil distinguir este trastorno de los de tipo esquizofrénico.

El cambio de una a otra personalidad, lo que, como vemos, equivale a transformarse verdaderamente en otra persona, se suele producir en condiciones de *estrés psico-social,* es decir, cuando esa persona sufre una gran tensión emocional secundaria a situaciones de gran relevancia psicológica o social. Es frecuente que estas personas tengan ciertas dificultades para recordar lo que hicieron bajo el dominio de alguna de las personalidades secundarias; es como si cada personalidad viviese una vida independiente de las otras. Es más, frecuentemente la personalidad principal puede no tener noción de que existen las otras subpersonalidades; estas últimas pueden no conocerse entre sí o bien ser constantes compañeras. J. H.

LA MEDITACIÓN

Enrique Rojas

La meditación es un trabajo intelectual por el que el hombre es capaz de meterse dentro de sí mismo y bucear en su intimidad. El *ensimismamiento* tiene su cara opuesta en la *alteración*: vivir traído y llevado y ajetreado por lo que está fuera de uno, pendiente sólo de lo que sucede en el exterior.

Toda meditación aterriza en el análisis de uno mismo y de la realidad personal. Esto quiere decir, sobre todo, que a través de ella se efectúan dos operaciones sucesivas: 1) responder a la pregunta *¿quién soy yo?*, que remite en último término a las características de la personalidad: rasgos principales, modo de ser, preferencias en el modo de comportarse, así como participación en la misma de esos dos grandes componentes psicológicos: la inteligencia y la afectividad; 2) la otra tarea se ocupa de indagar *¿qué hago yo en la vida?* Su respuesta no es otra que la del *proyecto personal*; es decir, ¿cómo vivo la vida anticipadamente? La vida humana discurre siempre hacia adelante, es futuro, programa, ilusiones, que se hacen realidad con el paso de los años y con el esfuerzo que pone cada uno por sacar adelante los propósitos trazados.

En toda meditación hay dos hechos esenciales. Por una parte, *una tarea de análisis* a la que hemos hecho referencia. Por otra, una *labor de síntesis,* que resume y concreta el estado en el que uno se encuentra.

AUTODECEPCIÓN

Cuando ponemos toda nuestra confianza en una persona y ésta no responde como esperábamos, decimos que nos ha decepcionado. Dependiendo del lazo afectivo que nos una a ella seremos más o menos benévolos en el juicio emitido, pero lo cierto es que nuestra opinión respecto a ella ha sufrido un cambio negativo.

Del mismo modo, esto puede ocurrir de forma reflexiva con nosotros mismos. Cuando ponemos todo nuestro empeño en conseguir una labor aparentemente alcanzable y fracasamos en el intento, nos sentimos defraudados, autodecepcionados. Y en cierto modo cambia la opinión que tenemos sobre nuestra propia persona.

Si este sentimiento de autodecepción se repite varias veces, la estima hacia nosotros mismos se tambalea y con ella nuestra seguridad psíquica, lo que constituye un freno para las futuras acciones a emprender.

Una autodecepción moderada puede tener un carácter positivo si se lleva por el camino práctico, es decir, si concebimos los fracasos como experiencias que nos enseñen a no caer en similares errores, aprovechando incluso la «rabia» por la autodecepción como un revulsivo que proyecte el ánimo hacia la superación personal.

El problema surge cuando la autodecepción se integra psicológicamente de forma negativa y se constituye en un bloqueo o un freno en la vida. Muchas personas, efectivamente, tras unos cuantos fracasos (a veces, tan sólo uno) se autoconvencen de tener un escaso valor personal y optan por abandonar toda lucha, porque se interpreta el fracaso como definitivo negándose la posibilidad de cambio o mejora en un futuro.

Uno de los pilares en los que se apoya la autodecepción es una forma de pensar extremista, fundamentada en la regla del «todo o nada»; es decir, que las acciones se califican con arreglo a dos únicos criterios: o están muy bien o muy mal. De este modo, si el resultado de lo que pretendíamos no es óptimo, decidimos que es pésimo. Lógicamente, como lograr la perfección absoluta en una labor es prácticamente imposible, sentiremos que hemos fracasado en la gran mayoría de los casos. Seamos justos estableciendo un baremo más adecuado, que cuente con valoraciones intermedias no tan absolutas. ¿Sería realmente equitativo para los estudiantes que en sus exámenes sólo existieran dos posibles calificaciones: matrícula de honor o suspenso? Evidentemente no; el notable y el sobresaliente también son buenas notas.

Otra particularidad que suele darse en el individuo autodecepcionado es su falta de objetividad. Generalmente interpreta sus fracasos con gran afán de protagonismo. Si algo sale mal, él es el único responsable. ¿Y qué hay de las circunstancias? Porque un ambiente desfavorable también cuenta. En gran número de ocasiones, el lugar, los medios de que se dispone, las posibilidades de éxito e incluso otras personas influyen notablemente en el logro de una empresa y pueden hacer fracasar al más apto. Y cuando realmente la responsabilidad es de uno solo, ¿no es posible que factores internos como la tensión nerviosa, estado de salud, disposición de ánimo, etc., influyan igualmente en el rendimiento? Entonces, ¿por qué empeñarse en el autorreproche arbitrario y sin atenuantes?

Lo peor del caso es que el autodecepcionado puede llegar a resignarse a llevar el papel de fracasado por la vida, hasta el punto de no ser capaz de darse cuenta de sus éxitos (porque alguno logrará) atribuyéndolos a un «golpe de suerte», pero no a sus propios méritos, con lo cual sigue alimentando su autodecepción, en un círculo vicioso neurotizante. Y con un inminente peligro: la paralización; es mejor dejar de actuar para no seguir coleccionando decepciones.

La solución estaría en juzgarse a sí mismo con la misma objetividad y justicia que empleamos para un ser querido, y sin desdeñar tampoco una cierta benevolencia, pues partimos de la base de que nos debemos cariño y autoestima. Y ante el fracaso inevitable, aceptación, que no es sinónimo de resignación. Aceptar un fracaso significa perder una batalla, pero no la guerra. Resignarse es darse por vencido abandonando la lucha. J. M. U.

V. Funciones psíquicas

NUESTRA MENTE, UNA MÁQUINA

La mente es una complicada estructura, situada físicamente en el cerebro, que recibe influencias de todo el organismo. Se encuentra en continua actividad y sólo durante el sueño entra en una fase de reposo relativo, ya que continúa funcionando a niveles mínimos.

Nuestro cerebro sigue siendo aún hoy prácticamente un misterio, pero la ciencia no deja de avanzar en su estudio y las técnicas para descubrir su funcionamiento (como la tomografía axial computadorizada o la tomografía con emisión de positrones) son cada vez más especializadas y precisas. Sus funciones afectan a todo lo que somos y hacemos; cualquier actividad realizada por el cuerpo, como mirar, tocar, digerir, moverse, sonreír o hablar, está provocada por una orden cerebral. Todo lo que llega desde el exterior tiene como punto final el cerebro; las imágenes que vemos, las captamos a través de los ojos, pero las reconocemos y sabemos qué son, gracias a la corteza cerebral. Lo mismo ocurre con el resto de las sensaciones.

Su funcionamiento psíquico es aún más complicado. La actividad mental, la vida psíquica, radica en el cerebro y el resto de las estructuras del sistema nervioso central. Nuestra mente es una máquina que piensa, está atenta, se orienta, tiene memoria, es inteligente, nos comunica con el exterior, se mantiene consciente...

La personalidad deriva también de la actividad mental. Una parte de la misma se hereda de los padres a través de la carga genética, está marcada orgánicamente; otros aspectos de la personalidad son, en cambio, fruto del aprendizaje, que se inicia desde el momento mismo del nacimiento y continúa luego a lo largo de toda la infancia; otros rasgos son fruto del ambiente, o los adquiere y desarrolla el propio individuo. Los aspectos psicológicos se almacenan en la memoria y van actuando con el tiempo.

Conocemos la conformación exterior del cerebro e incluso su composición microscópica, sabemos de sus conexiones con otras estructuras y de los mecanismos de transmisión de los estímulos, pero conocemos poco de sus enfermedades; en este sentido, la mente humana es todavía una gran desconocida. Los investigadores modernos se afanan en encontrar las causas últimas de la depresión, la esquizofrenia, las neurosis y todos los trastornos psiquiátricos, pero el cambio es largo y queda mucho por recorrer. M. D.

PENSAMIENTO

La capacidad de pensar es el rasgo distintivo, genérico y peculiar del ser humano. Consiste en relacionar dos o más ideas de forma que de esta combinación se obtenga una nueva. Actúa como un proceso mediador entre todo lo que percibimos del exterior y la respuesta que damos. Su manifestación básica es «razonar», que consiste en integrar estímulos, percepciones, información y recuerdos y crear nuevos conceptos. El desarrollo de un concepto requiere dos procesos: abstracción y generalización. Abstraer es separar mentalmente una cualidad de otras, y considerarla aisladamente. Cuando las abstracciones se relacionan entre sí, se produce el mecanismo contrario, la generalización.

En la actividad de pensar se integran otras funciones mentales. Los signos, señales y símbolos del exterior actúan como un estímulo, que pone en marcha la actividad mental. La percepción actúa como una fuente que provoca el pensamiento. La memoria es imprescindible para el razonamiento lógico y los conceptos almacenados en ella se relacionan con ideas y estímulos nuevos. El lenguaje constituye la forma más natural de expresión del pensamiento, aunque no todo el pensamiento se expresa mediante el lenguaje, ni lo hace siempre a través de él.

TIPOS DE PENSAMIENTO

A) *Pensamiento no racional.* Se basa en la aparición de «imágenes» que, procedentes del exterior, han quedado registradas en la memoria y pueden reactivarse por un esfuerzo mental al pensar. Los juegos imaginativos (los que hace el niño al enlazar unos cubos de colores con otros), las fantasías diurnas («el soñar despierto» que permite al adulto escapar de las realidades desagradables o las frustraciones para satisfacer sus anhelos) y los sueños, son formas de pensamiento no racional en las que la fantasia aparece como una realidad.

B) *Pensamiento racional.* Es el que sigue un razonamiento lógico que se obtiene por deducción, inducción o analogía. El del hombre adulto es un pensamiento racional que tiende a buscar soluciones concretas.

C) *Pensamiento creador.* Es la combinación del razonamiento y la imaginación, que da como resultado una obra concreta.

Para enjuiciar el pensamiento hay dos factores a valorar: el curso y el contenido.

El curso del pensamiento es la forma en que los procesos mentales se enlazan unos con otros. Según las «leyes de asociación de ideas», formuladas por Aristóteles, las ideas semejantes entre sí, o las que tienen una relación temporal o espacial se asocian más fácilmente entre ellas; asimismo, una idea puede, por asociación, suscitar la contraria. Cuando el curso del pensamiento se hace más lento o se retarda, se produce la bradipsiquia («cuesta trabajo pensar»); si el retraso se acentúa, se llega a la inhibición del pensamiento; el grado máximo, «cuando es imposible pensar», es el bloqueo del pensamiento: el sujeto está hablando, de pronto se interrumpe y queda inmóvil unos segundos antes de continuar con lo que estaba diciendo. La perseveración es la tendencia a reiterar sobre una idea o grupo de ideas, el mismo tema una y otra vez. La prolijidad es una forma de perseveración en la que no se distingue lo fundamental de lo accesorio, la persona habla y habla sin parar de detalles insignificantes. Cuando el pensamiento es muy rápido, hablamos de taquipsiquia, y si las ideas son muchas y el sujeto no las controla saltando de una a otra, se produce la fuga de ideas.

El contenido del pensamiento es el pensamiento en sí, que deriva de la combinación de ideas y símbolos. El contenido tiene que ser lógico, pero siempre está modulado por hechos, creencias, prejuicios, opiniones y situaciones emocionales. La alteración máxima del contenido del pensamiento es el delirio, que consiste en un juicio erróneo firmemente arraigado en el sujeto e irreductible a los argumentos lógicos que las otras personas puedan hacer. M. D.

ORIENTACIÓN

La orientación se define como la capacidad para precisar los datos sobre nuestra situación real en el ambiente y sobre nosotros mismos; es una función de la conciencia, y la separación entre ambas es artificial: para estar consciente hay que estar orientado.

La orientación sobre el mundo exterior se llama orientación alopsíquica, y la que se tiene sobre uno mismo, orientación autopsíquica.

Cuando esta capacidad de orientarse se pierde, se produce la desorientación.

ORIENTACIÓN SOBRE EL MUNDO EXTERIOR. Se refiere a la orientación en el tiempo y en el espacio; para que sea correcta tienen que funcionar adecuadamente la memoria, la atención, el pensamiento y la comprensión. A través de la orientación en el tiempo (orientación temporal) se sabe la hora, el día, el mes, el año, en que se vive, y el orden en que transcurren los acontecimientos, de forma que luego puedan recordarse cronológicamente. En ciertos trastornos psiquiátricos el enfermo se desorienta, no sabe en qué día vive, ni en qué año, si es por la mañana o por la tarde, si ha comido o no. Hay un tipo de desorientación, típica de las personas de edad avanzada, que está muy relacionada con la pérdida de memoria: se acuerdan muy bien de hechos que ocurrieron hace muchos años, pero son incapaces de recordar los del día anterior.

Hay que distinguir entre el tiempo cronológico, que es el que mide el reloj, y la vivencia del tiempo, es decir, cómo se siente que pasa el tiempo. Para las personas deprimidas el tiempo pasa muy lento, «como si estuviese congelado», «los minutos se hacen horas», «parece que el día nunca va a acabar»...; en otros casos, en cambio, se siente que el tiempo «se escapa de las manos», «vuela tan rápido que no da para hacer nada».

La orientación en el espacio consiste en saber en qué lugar se está (orientación de lugar), y en reconocer el espacio y los objetos que a uno le rodean (orientación espacial). La primera tiene una gran importancia clínica: cuando falla, un enfermo que esté, por ejemplo, ingresado en un hospital de Lérida puede creer que se encuentra en el cine de su pueblo. La ingestión de tóxicos, o ciertas enfermedades psíquicas, como la esquizofrenia, pueden alterar la percepción del espacio que rodea al sujeto, que nota como si cambiasen las formas y la situación de las cosas. Esta orientación espacial es típica tras ingerir alucinógenos.

ORIENTACIÓN SOBRE UNO MISMO. Consiste en reconocerse a uno mismo física y psíquicamente; cuando esto falta, se produce la desorientación autopsíquica: un enfermo esquizofrénico, por ejemplo, puede creerse Hitler o Napoleón debido a un trastorno en la identificación de su yo. En la personalidad alternante, el enfermo reconoce distintas etapas de su vida o aspectos de su personalidad, pero no es capaz de relacionarlos. El «encontrarse raro», «sentirse distinto», «estar cambiado», «no reconocerse al mirarse al espejo»... recibe el nombre de despersonalización. Cuando el sujeto se siente extraño y también encuentra extraño el mundo que lo rodea, llegando incluso un momento en el que no reconoce algunos aspectos de su personalidad, «como si dentro de él viviese una persona distinta», estamos ante un caso de desdoblamiento de personalidad.

La enajenación aparece cuando el sujeto no se reconoce en absoluto, tiene la sensación de que no es él mismo; en este caso, es posible que surja la necesidad de identificarse con algo o con alguien y el enfermo puede llegar a creerse el rey de España.

Dentro de la orientación de uno mismo está, también, el reconocimiento del propio cuerpo. Aquí pueden presentarse también un sinfín de alteraciones, desde la percepción de un miembro que no existe (el «miembro fantasma») hasta ver el cuerpo distinto a como es en realidad, notar que algunas de sus partes se desplazan, no determinar bien sus fronteras, etc. M. D.

CONCIENCIA

La conciencia es el conocimiento que tenemos de nosotros mismos y del mundo exterior, es el rasgo distintivo de la vida mental, lo que nos permite darnos cuenta de lo que ocurre y permanecer alerta ante la realidad. Es el resultado de la acción simultánea de una amplia serie de fenómenos psíquicos. Se basa en una facultad de percepción que extrae directamente información del mundo exterior a través de los sentidos, e indirectamente a través de los recuerdos almacenados en la memoria. Cuando los elementos que componen la conciencia funcionan de modo adecuado, el individuo tiene una percepción y una valoración nítidas de sí mismo, de los demás y de las cosas que le rodean: dicho de otra forma, su conciencia está lúcida. Lucidez y claridad son sinónimos que se utilizan en psiquiatría para definir la situación normal de la conciencia.

La conciencia se mantiene alerta mientras el individuo está despierto. Con el sueño se va relajando progresivamente hasta quedar adormecida. Durante el sueño normal, los elementos psíquicos de la conciencia se mantienen en reposo o se encuentran modificados; así, al dormir el subconsciente se expresa a través de los sueños. En el estado consciente, los estímulos del exterior se integran en el sistema nervioso central. Las estructuras anatómicas que regulan este proceso son la corteza cerebral, el hipotálamo y el sistema reticular, que determinan conjuntamente el fenómeno de despertar, el mantenimiento del estado de vigilia y el sueño.

La conciencia puede afectarse e irse deteriorando progresivamente, hasta llegar a la inconsciencia. Un primer estado es la somnolencia, situación similar a la necesidad de dormir con fatigabilidad de las funciones psíquicas, sobre todo de la atención. Cuando se acentúa, aparece el sopor, en el que el sujeto sólo responde a estímulos intensos. El coma es el grado máximo, en el que no hay respuesta consciente a ningún estímulo psíquico.

Existen entorpecimientos parciales de la conciencia, como la obnubilación. El sujeto obnubilado tiene una percepción confusa y borrosa del mundo exterior y de sí mismo, comprende lentamente, de forma incompleta, y suele tener dificultades para recordar lo ocurrido durante ese periodo. Cuando a esto se añade patología psíquica en forma de ilusiones y alucinaciones, aparece la confusión mental, en la que el sujeto no es capaz de diferenciar lo real de lo que deriva de su estado patológico. Los estados crepusculares son una forma particular de alteración de la conciencia, en ellos se estrecha el campo de la conciencia, toda la actividad consciente se centra exclusivamente en un objeto o grupo de objetos, fuera de los cuales el sujeto actúa como un autómata.

Las alteraciones de la conciencia derivan de problemas biológicos y psicológicos. El alcohol, ciertos fármacos, sustancias tóxicas cerebrales, enfermedades cerebrales agudas (encefalitis, hemorragias subaracnoideas...) y los tumores pueden alterar la conciencia en mayor o menor grado. Los trastornos psicológicos y determinadas enfermedades psiquiátricas, como la ansiedad, la angustia, la depresión, la esquizofrenia, ciertas neurosis y la histeria pueden provocar también alteraciones de la conciencia.

CONCIENCIA Y ALCOHOL. El alcohol es un alterador de la conciencia de primer orden. De 30 a 60 g de whisky reducen lo suficiente la percepción consciente como para transformar a un individuo tenso, ansioso y ligeramente deprimido en un «alegre despreocupado». El alcohol bloquea las inhibiciones y hace desaparecer la autocrítica, una persona «algo bebida de más» puede tener incluso una mayor fluidez en la conversación, ser más rápida de ingenio, más sociable. Una mayor cantidad de alcohol reduce el funcionamiento cerebral al estado de embriaguez manifiesta. Aparece el habla poco clara, paso inseguro, se reduce el control sobre las emociones y la conducta. En esta situación de consciencia disminuida ocurren muchos accidentes mortales, suicidios y asesinatos. Cuando las dosis de alcohol aumentan, se entra en un estado de estupor, caracterizado por la relativa incapacidad del individuo para responder a los estímulos del ambiente. Si los niveles de alcohol en la sangre siguen aumentando, se puede llegar al estado de coma —el coma etílico—, en el que el sujeto corre incluso peligro de muerte, haciéndose necesaria la respiración asistida. M. D.

ATENCIÓN

La atención es la capacidad para concentrar la actividad psíquica, es decir, el pensamiento, sobre un determinado objeto. Es un aspecto de la percepción mediante el cual el sujeto se coloca en la situación más adecuada para percibir mejor un determinado estímulo. Se distinguen tres tipos de atención:

A) *Atención involuntaria.* Aquí la atención depende de los estímulos del medio, a los que se les presta atención sin estar predispuesto a ello: el ruido de una bomba, un dolor de muelas o el frío intenso, por ejemplo, acaparan nuestra atención sin quererlo, simplemente por su propia intensidad.

B) *Atención voluntaria.* Las causas por las que se presta atención a algo no provienen del medio sino del propio sujeto. Es la motivación, y no un estímulo, lo que hace que nuestra atención se centre en algo determinado: una señora que quiera comprarse una nevera se fijará, por ejemplo, en todas las tiendas de electrodomésticos; y alguien que esté pensando en cambiar de coche mirará atentamente todos los que vea por la calle. Con frecuencia, cuando surge algún determinado tipo de conflicto, hay que realizar un esfuerzo para mantener la atención. Pongamos un ejemplo muy representativo: un estudiante se encuentra fatigado y desea descansar, pero se acerca la fecha del examen y tiene que recurrir a su «fuerza de voluntad» para mantener la atención sobre los libros. Es decir, la atención depende muchas veces del esfuerzo voluntario que se hace para fijarla, obligándose a estar atento, a pesar de las interferencias que puedan surgir del exterior o del propio sujeto.

C) Atención habitual. El origen de esta atención deriva de los hábitos del sujeto, que lo inducen a fijarla según ciertos estímulos: un arquitecto reparará siempre en la urbanización de las ciudades y en la estructura de los edificios, mientras que un médico se fijará en las condiciones sanitarias de un lugar o en el aspecto físico de las personas. Es una atención prácticamente automática e inconsciente. La persona con una amplia gama de intereses presta, habitualmente, atención a muchas más cosas que alguien que tiene pocos, enriqueciendo sin grandes esfuerzos su experiencia y su grado de conocimientos.

Los determinantes de la atención proceden del individuo y del exterior. La motivación es el determinante personal básico; los intereses, preocupaciones, ocupaciones, deseos, aspiraciones y hábitos hacen que cada persona se fije en ciertas cosas y situaciones. Lógicamente, la madre de un niño paralítico prestará una gran atención a los problemas sanitarios y educativos y a las asociaciones de ayuda a minusválidos, mientras que el dueño de una empresa estará siempre atento a las cuestiones laborales y económicas. Los determinantes externos son los que derivan de los estímulos ambientales y de sus tres cualidades básicas: novedad, intensidad y repetición del estímulo. Lo que es nuevo, muy intenso o se repite con cierta frecuencia, atrae de forma inmediata la atención de las personas. Los determinantes externos atraen lo que antes hemos llamado atención involuntaria. En esto se basan muchas campañas publicitarias que lanzan mensajes novedosos, intensos o llamativos, repitiéndolos en los medios de comunicación, para atraer la atención del sujeto. En el fondo, esto es más complicado de lo que parece a simple vista, ya que lo novedoso, si se hace repetitivo, deja de serlo y pierde en parte su capacidad de atraer la atención.

La atención es selectiva, el individuo se fija en aquello que le interesa. Por ejemplo, al leer un periódico se miran antes los titulares, decidiendo por éstos si leer o no el artículo completo; al médico le atraerán más los temas sanitarios, al ejecutivo los relacionados con su empresa y al escritor las páginas de cultura. Es tan selectiva que si el sujeto, entre un grupo de cosas, encuentra una que realmente le interesa, las otras prácticamente dejan de tener importancia en ese momento. De la misma forma, la atención puede fijarse en un objeto o situación, pero no en varias al mismo tiempo, ya que entonces se dispersa y distrae. Lo que sí puede es cambiar de una cuestión a otra, según se van alternando los estímulos, variando según la intensidad con que el objeto atrae y el esfuerzo de voluntad que se realiza en cada momento.

Las alteraciones de la atención son: la distracción, que consiste en la concentración del sujeto en su vida interior, con lo que no atiende a estímulos externos; la distraibilidad o labilidad de la atención, que consiste en la fluctuación constante de la atención, que pasa de un objeto a otro sin quedar fija en ninguno; y la fatigabilidad, que se manifiesta por un rápido cansancio de la atención: aunque el sujeto esté muy atento al principio, al poco rato no puede seguir concentrándose. Estas alteraciones están motivadas tanto por trastornos orgánicos como psicológicos. Cualquier enfermedad, desde una gripe a un cólico nefrítico o un cáncer, merman la capacidad de atención, al igual que ocurre con los trastornos psicológicos. Es típico del enfermo depresivo decir «no tengo memoria», cuando lo que realmente ocurre es que no fija la atención, por estar ésta acaparada por su malestar y su sufrimiento interior. M. D.

CONCENTRACIÓN

La concentración es la capacidad para fijar la atención sobre una idea o una actividad de forma selectiva, sin permitir que en el pensamiento entren elementos ajenos a ella. En ocasiones es un poder mental natural e instantáneo, uno no se plantea concentrarse, lo logra directamente. A otras personas les exige un esfuerzo de la voluntad el centrarse en un determinado tema. La distracción es la pérdida de la concentración, cuando el pensamiento escapa a otras cuestiones, sin que el sujeto sea capaz de mantenerse en la que le interesa.

La pérdida de la capacidad para concentrarse es frecuente en muchos trastornos psicológicos, como la depresión, que se acompaña de una disminución de la atención, con lo que el deprimido, que se queja de no tener memoria, es incapaz de concentrarse. Los estados cargados de ansiedad o angustia generan un malestar interno que bloquea al sujeto, impidiéndole centrarse. El aburrimiento, el cansancio físico, la falta de sueño, el exceso de ocupaciones y el estrés alteran también la atención y, secundariamente, la concentración. Los enfermos alucinados, delirantes y psicóticos en general, los que han sufrido una intoxicación o los que padecen lesiones orgánico-cerebrales tienen alterada la capacidad de concentración.

Todo trabajo exige un grado de concentración, desde el más simple que sólo requiere una concentración mecánica, hasta los que precisan de una concentración creativa. Uno puede ensayar técnicas para concentrarse: relajarse; crear un ambiente óptimo, que se distinga por la temperatura agradable, silencio y comodidad; evitar las interrupciones; crear las condiciones físicas y psicológicas idóneas, como dormir lo suficiente y no abusar del alcohol, el café o el tabaco, tan nefastos, como ya hemos visto, también para nuestra vida psíquica. M. D.

LA MEMORIA

«Me falta la memoria», «estoy perdiendo memoria», «tengo muy mala memoria»..., expresiones como éstas las oímos a diario. ¿Realmente son tan frecuentes los trastornos de la memoria? La memoria consiste, fundamentalmente, en la capacidad de conservar lo vivido o aprendido en el pasado, de modo que, posteriormente, pueda ser recordado. A la capacidad para «fijar» o «archivar» lo vivido o aprendido recientemente se la denomina memoria de fijación, y a la encargada de traer al presente lo fijado hace mucho tiempo, memoria de evocación. En ocasiones puede estar disminuido un tipo de memoria sin que lo esté la otra.

Por otro lado, hay que tener en cuenta que todos albergamos en nuestra memoria más de lo que podemos recordar. No se trata ya de que, a veces, no nos venga a la cabeza algo de lo que, sin embargo, nos acordamos perfectamente al rato o unos días después. Durante toda nuestra vida vamos asimilando experiencias y conocimientos que, posteriormente, no conseguiremos evocar, pero que permanecen en nosotros constituyendo lo que se denomina la *memoria experiencial,* la cual influye de forma importante a la hora, por ejemplo, de actuar en un determinado sentido. Toda esa serie de experiencias que vamos acumulando constituyen una fuente de conocimientos que se aloja en los estratos profundos de la personalidad. Por ejemplo, una persona que lea mucho no recordará más que una pequeña porción de lo leído, pero asimilará conocimientos más abstractos, que irán configurando su propia formación cultural, lo que es muy distinto de la información precisa y puntual propia de los ordenadores.

Muchas personas que dicen tener problemas de memoria tienen en realidad disminuida su capacidad de concentración. Al no poder concentrarse en lo que están haciendo o estudiando les resulta imposible recordarlo después. La disminución de la capacidad de concentración es un síntoma frecuente de numerosos cuadros psicopatológicos, como la depresión, la esquizofrenia, el estrés y, en general, de todos los síndromes que se caracterizan por una cierta ansiedad. En otros casos se trata de personas que están más o menos acostumbradas a pensar en otra cosa distinta de lo que están haciendo y que suelen tener fama de «despistadas»...

Cuando se trata, verdaderamente de una pérdida o disminución de la memoria, hablamos de amnesia. Cuando la pérdida de memoria afecta solamente a uno o más períodos cortos de tiempo, recordando en cambio, perfectamente, todo lo que ocurrió antes y después—como si tuviésemos «lagunas» en la memoria—, hablamos de amnesia lacunar.

Si la dificultad radica en recordar hechos recientes, hablamos de amnesia de fijación; y si, por el contrario, se recuerda lo que ha sucedido hace poco tiempo, pero resulta imposible acordarse de lo que ocurrió hace mucho, lo denominamos amnesia de evocación. Ambos tipos se pueden padecer de forma simultánea, pero no siempre sucede así. Entre los ancianos y en las personas que padecen una demencia orgánica es frecuente que exista una amnesia de fijación, mientras que se conserva la memoria de evocación; es decir, no recuerdan los sucesos más recientes, pero pueden acordarse de acontecimientos vividos hace mucho tiempo, como los infantiles, constituyendo el síndrome de Ribot.

No todos los trastornos de la memoria consisten en una pérdida de la misma; a veces se pueden producir fenómenos de signo opuesto, como la hiperamnesia, o exagerada facilidad para recordar, fenómeno infrecuente, pero que puede ocurrir durante las fases hipertímicas de las depresiones maniaco-depresivas. Otras veces se trata de paramnesias, es decir, trastornos cualitativos de la memoria. En estos casos, la memoria falla porque tenemos la sensación de recordar algo que nunca hemos visto (fenómeno del ya visto) o, por el contrario, tenemos la sensación de no haber visto nunca algo perfectamente conocido por nosotros (fenómeno del nunca visto). J. H.

INTELIGENCIA

El término inteligencia se maneja a diario para determinar la capacidad mental de una persona. Para Stern es «la capacidad de adaptar el pensamiento a las necesidades del momento presente». Köhler y Koffka la definen como «la capacidad especial para adquirir conocimientos nuevos». Wechsler, cuya escala de valoración es la más utilizada en la actualidad, dice que inteligencia es «la capacidad conjunta o global del individuo para actuar con una finalidad, para pensar racionalmente y para relacionarse de forma efectiva con el ambiente».

La teoría hereditaria afirma que la inteligencia se transmite de padres a hijos, mientras que la ambientalista apunta que la carga genética tiene poco valor si se compara con todas las circunstancias ambientales que acompañan al desarrollo intelectual, como son la salud, las relaciones familiares, los estímulos recibidos durante la infancia, las circunstancias sociales y la situación general. A través de los estudios realizados con gemelos homocigóticos (que proceden del mismo huevo embrionario) y dicigóticos (que proceden de distinto huevo embrionario), se ha visto que los primeros tienen niveles de inteligencia mucho más parecidos que los segundos, hecho que apoya la teoría hereditaria; sin embargo, si estos gemelos se separan y crecen en diferentes familias, o sea en distintos ambientes, sus niveles de inteligencia son diferentes, lo que confirma la teoría ambientalista. Lo más coherente es conjugar ambas visiones y aceptar en la inteligencia dos aspectos: el innato y el adquirido. Lo innato es lo que el individuo lleva consigo, que hereda, como las aptitudes. Luego actúa la adquisición de conocimientos y el entrenamiento, que refuerzan la inteligencia innata. En conclusión, «el inteligente nace y se hace».

La inteligencia no es algo estático, desde el nacimiento se va desarrollando de forma rápida hasta la adolescencia, luego se estabiliza aunque sigue mejorando en algunos aspectos, y a partir del paso adulto-anciano se inicia un deterioro o declive intelectual. Piaget estudió en profundidad el desarrollo intelectual, afirmando que los primeros años de vida son fundamentales para la maduración posterior, tanto de la inteligencia como de la personalidad, y que todos los niños se desarrollan igual, según el medio y los estimulos que cada uno recibe. Describe varias etapas en el desarrollo intelectual: la sensomotora y representativa, la de las operaciones concretas y la de las operaciones abstractas para pasar finalmente al pensamiento racional del adulto.

Los tests de inteligencia. Son la forma más objetiva de medir la inteligencia, pero, en realidad, lo que valoran son aptitudes, conocimientos y capacidades del individuo. En un principio, la inteligencia se expresaba en función de la edad mental, unidad introducida por Binet que se obtenía al comparar la edad real del sujeto con lo que sabía hacer. Si la edad cronológica y la edad mental coincidían, el sujeto (o más bien el niño) era normal, si había alguna discordancia surgía la anomalía. Este concepto de edad mental sólo era aplicable a niños y adolescentes. Ahora se emplea el CI o coeficiente de inteligencia que es lo que miden los tests de inteligencia:

$$\text{Coeficiente de inteligencia: } \frac{\text{Edad Mental}}{\text{Edad Cronológica}} \times 100$$

Hay muchos tests disponibles que se aplican según la edad del sujeto, lo más común es emplear un conjunto de ellos: una batería de tests. El test de Goodenough o test de la figura humana es muy fácil de aplicar, ya que basta un papel, un lápiz y una escala de valoración. El Raven o test de las matrices progresivas es un cuaderno con series de bloques de dibujos; en cada hoja el sujeto tiene que elegir de un bloque la figura que falta en el otro. El test de Wechsler se compone de 11 pruebas, seis verbales y cinco manipulativas, que exploran áreas y aptitudes diferentes con pruebas sobre: información, comprensión, aritmética, semejanzas, memoria de dígitos, vocabulario, claves, figuras incompletas, cubos, historietas y rompecabezas. Del resultado conjunto de todas las pruebas se obtiene el coeficiente de inteligencia con unos valores que oscilan:

Deficientes:	Idiocia	0- 24
	Imbecilidad	25- 49
	Debilidad mental	50- 69
Casos límite o «Borderlines»		70- 79
Normal-Mediocre		80- 89
Normal Medio		90-109
Normal Superior		110-119
Superior		120-129
Muy Superior		130-140
Superdotado		Superior a 140

M. D.

EL LISTO Y EL INTELIGENTE

¿Es lo mismo ser listo que ser inteligente? Con frecuencia usamos indistintamente expresiones como «qué listo es», o «es muy inteligente», pero hay matizaciones entre uno y otro término. En realidad, desde el punto de vista teórico, o científico, se maneja el término inteligencia, la palabra «listo» se usa más que nada coloquialmente. El inteligente es el que llama la atención por su capacidad mental global o parcial, generalmente con un CI o coeficiente de inteligencia alto. El listo es el que utiliza al máximo su capacidad intelectual, aprovecha sus aptitudes y les saca todo el partido que puede, y es capaz de afrontar y emprender múltiples empresas de las que sale airoso, adaptándose a situaciones nuevas y resolviendo los problemas de forma eficaz. A diferencia del inteligente que tiene un CI importante, el listo puede tenerlo dentro de la normalidad, pero sabe desarrollar y aprovechar al máximo su capacidad intelectual.

El «listo» puede ser resultado de un buen número de estímulos. Las situaciones ambientales obligan a poner en marcha soluciones concretas para resolver conflictos o simplemente contratiempos de forma eficaz. Hay quienes se plantean objetivos claros y concretos, que consiguen alcanzar a base de tenacidad, esfuerzo y trabajo, logrando el éxito aunque no destaquen precisamente por una inteligencia deslumbrante. Esto mismo se puede conseguir a fuerza de estudio, entrenamiento en ciertas tareas y desarrollo cultural.

Hay claramente un condicionamiento cultural a la hora de valorar este tipo de capacidad intelectual. Se dice «el listo es el que se las sabe todas», cuando una persona sale siempre bien de cualquier situación comprometida: se sobrentiende casi que utiliza métodos no del todo aceptables. Al contrario, se oye «es tan bueno que parece bobo», comparándose casi la bondad con la falta de inteligencia.

Otro factor que influye en la inteligencia es la situación afectiva y el equilibrio psicológico. Una persona afectivamente equilibrada y estable puede poner en marcha todos sus recursos intelectuales siempre que resulten necesarios. Pero si existe cualquier tipo de descompensación, en forma de ansiedad, angustia, depresión, el sujeto tiene una merma subjetiva y objetiva de su capacidad intelectual, de forma que es menos eficaz ante cualquier tarea que se proponga. No es que pierda su inteligencia, que permanece exactamente igual, sino que se alteran otras funciones psíquicas directamente relacionadas con ella, como puede ser la atención.

Hay que tener claro que la inteligencia no es únicamente la puntuación que da el coeficiente de inteligencia, sino la capacidad global del sujeto para adaptarse a la vida, lograr sus objetivos con éxito, acoplarse al ambiente y a los que lo rodean y obtener de sí mismo aquello que quiere obtener. M. D.

LA INTELIGENCIA QUE NO MIDEN LOS TESTS (LA CAPACIDAD DE GANAR DINERO, ETC.)

J. A. Vallejo-Nágera

Es una observación común que muchas de las personas que han levantado una gran fortuna desde la nada no eran precisamente los primeros de la clase, en el colegio. Algunos jefes de bandas, guerrilleros, actores, músicos, modistas, líderes sindicales, etc., tampoco brillaron en su escolaridad.

Si se les realizan tests de cociente intelectual (IQ), el resultado en ocasiones es alto; pero en otras, mediocre o bajo. Sin embargo, han destacado sobre otras personas por su capacidad excepcional en ciertos terrenos. No es la suya una inteligencia «académica» que permite gran rendimiento en los estudios, pero no cabe duda de que forman parte de una selección de superdotados y disfrutan de «otro tipo de inteligencia», que hasta hoy no medían los tests.

Los tests se han utilizado masivamente para seleccionar candidatos a puestos de empresa, y también por los ejércitos en las dos guerras mundiales. Las empresas emplean todavía los tests para elegir candidatos, y los ejércitos para decidir rápidamente entre la enorme masa de reclutas cuáles están más capacitados para aprovechar el adiestramiento y convertirse en suboficiales u oficiales, y así no perder el tiempo entrenando a soldados menos capacitados intelectualmente que otros. Pero si en un grupo de jóvenes no buscamos un empleado o un sargento, sino un socio para hacer una fortuna, no nos valen los tests convencionales, no miden tal capacidad.

Hasta hace poco no se ha intentado una valoración técnica de estas y otras variantes de aptitudes superiores.

R. Sternberg desarrolló hace poco en la Universidad de Yale un nuevo concepto de la medida de la inteligencia por tests que tenga en cuenta tales aptitudes para el triunfo no académico, como, por ejemplo (si queremos mencionar alguno extravagante), la capacidad de comunicación de los mimos profesionales, y la de sobrevivir de los timadores hábiles. En otra universidad, la de Harvard, Howard Gardner ha trabajado en la detección de los doce tipos de «inteligencia práctica» que no suelen valorarse en colegios y universidades, entre ellos los de manipulación de personas, esencial para los líderes, y la aptitud creativa, clave en los escritores y artistas.

La importancia de estos conceptos, que no son nuevos, pero que al fin reciben una vía de aplicación real, no sólo está en el diagnóstico precoz de talentos escondidos, sino también en la reorientación de los pedagogos para que estimulen en las aulas estas aptitudes tan útiles.

LA PERCEPCIÓN

La percepción es un proceso mental mediante el cual obtenemos datos del exterior y los organizamos de un modo significativo en nuestro interior, para tomar conciencia del mundo que nos rodea.

La forma de conectarnos con nuestro entorno es a través de los órganos de los sentidos. La luz, las imágenes, los sonidos, los olores, los sabores y los contactos corporales, no son más que estímulos aislados, que se recogen por los órganos correspondientes, especializados para este fin. Estos estímulos, en forma de impulsos nerviosos, llegan al cerebro, transmitiendo una información; una vez recopiladas, estas sensaciones se integran en nuestra mente, adquiriendo un significado determinado.

De este modo conseguimos una identificación de nuestro exterior, de nuestro cuerpo y de la relación entre ambos. Pero para lograr esto, no basta con la percepción sensorial. Es necesario además que participen en el proceso: la atención, la memoria y la imaginación. Inicialmente, la actividad psíquica, para percibir algo, tiene que concentrarse sobre un determinado estímulo (atención); para reconocerlo e identificarlo, compara después con otros percibidos en el pasado (memoria). Luego, si es un estímulo nuevo, tratará de deducir su posible significado (imaginación).

Hemos visto cómo, a través de la percepción, y mediante una integración psicológica, obtenemos una información espacial de nuestro mundo, integración que, en definitiva, no constituye sino el fenómeno de la comprensión.

Pero ahí no queda todo; una vez asimilada dicha información, ésta repercute psicológica y emotivamente sobre nosotros: la disposición física y anímica con que respondamos a esta información dependerá de la forma en que ésta repercuta.

Hasta aquí hemos visto un proceso general de percepción en condiciones normales. Pero, a veces, la percepción puede sufrir alteraciones más o menos serias, como las citadas a continuación:

Alteraciones cuantitativas. Consisten en variaciones en la intensidad de la percepción y se manifiestan por una exageración o disminución de los sentidos. Así, por ejemplo, en el sentido táctil puede haber falta de sensibilidad (anestesia), sólo disminución (hipoestesia) o exageración de la misma (hiperestesia). El mismo caso puede presentarse en los otros cuatro sentidos: audición, gusto, olfato y vista.

Estas alteraciones cuantitativas pueden estar motivadas por una causa neurológica, es decir, por una alteración orgánica del sistema nervioso, o bien por un motivo psicológico.

Alteraciones cualitativas. Son aquellas en las que tiene lugar una variación en la calidad de la percepción; es decir, la percepción de un objeto o un estímulo está perturbada y transmite a la mente una imagen distinta de la real.

Las alteraciones cualitativas más importantes son las ilusiones y las alucinaciones.

Las ilusiones se producen cuando, por efecto de la fantasía y la imaginación, tiene lugar una deformación de un objeto real percibido. Pueden ser provocadas voluntariamente por el propio individuo, cuando se deja llevar por la imaginación, como es el caso de una persona que, oyendo sonar unas campanas, cree identificar una melodía, o contemplando unas rocas en la montaña descubre parecidos con imágenes reales (un rostro, un animal, etc.).

Las ilusiones se producen a veces involuntariamente, ante situaciones de tensión nerviosa; por ejemplo, visitando un lugar tenebroso, pueden percibirse a causa del miedo imágenes fantasmales o sonidos inquietantes.

Lo característico de las ilusiones es, pues, que siempre tienen un objeto real como punto de referencia, y que éste se percibe de un modo deformado.

Las alucinaciones, a diferencia de la ilusión, se presenta cuando el sujeto percibe algo que no existe en la realidad, una imagen, un sonido o cualquier otra sensación, que no cuenta con ningún tipo de base real ni de estímulo sensorial del exterior.

Pueden corresponder a cualquiera de los sentidos (auditivas, visuales, olfativas, etc.). A veces son muy simples, como un zumbido de oídos o un fogonazo de luz. Otras, muy complejas, como oír voces manteniendo una conversación o percibir un olor determinado.

Las alucinaciones son un síntoma patológico cuando se presentan espontáneamente (ya que también se pueden provocar ingiriendo determinadas drogas) y, sobre todo, cuando se producen de una forma continuada.

En ocasiones, ya en el terreno de la enfermedad, la alucinación es tan compleja, le parece tan real al que la padece, que le es imposible distinguirla de la realidad. Por este motivo vive en un mundo extraño, a veces absurdo e imposible de entender para las personas sanas, que no perciben lo mismo que él. La alucinación es uno de los síntomas más importantes de la locura. J. M. U.

PSICOMOTRICIDAD

Es la combinación de los movimientos del cuerpo con la expresividad, que da como resultado los gestos y los movimientos expresivos. Se llama mímica cuando se refiere a la cara, y motórica, a la del resto del cuerpo, incluyendo las posturas.

La actitud psicomotriz de una persona expresa mucho acerca de cómo es y cómo se encuentra, es una forma de expresión no verbal que contradice o corrobora lo que la persona expresa verbalmente. La inquietud, la sumisión, el temor, la alegría, se expresan con los movimientos del cuerpo y de la cara. Una persona temerosa e insegura se sienta en el borde de la silla y el tímido tiende a bajar la cabeza, ocultar la cara y esquivar la mirada directa de las otras personas. La psicomotricidad revela actitudes acerca de uno mismo y de la propia imagen corporal: quien se siente demasiado alto tiende, por ejemplo, casi sin darse cuenta, a encogerse y agachar los hombros. Otras veces es como un espejo de lo que el otro está pensando o siente sin que él se dé cuenta de ello; así, por mucho que uno intente demostrar interés, si está aburrido se le nota en la cara, en los cambios constantes de postura y en los ojos. Frente a la expresión verbal, que puede estar perfectamente controlada por la voluntad, la actitud psicomotriz se escapa con frecuencia a la censura voluntaria y se expresa libremente.

En la expresión psicomotriz influyen factores psicológicos, socioculturales y neurofisiológicos (las bases neurológicas del movimiento son el sistema piramidal, el sistema extrapiramidal y el cerebelo, de ellos parten las órdenes que mueven el cuerpo). Las influencias socioculturales ejercen un papel fundamental en la forma de andar y sentarse, en los gestos (la V de victoria, el puño en alto o los insultos que se hacen con los dedos) y en las posturas. Los factores neurofisiológicos son el punto de partida, y el mecanismo clave de la psicomotricidad; si éstos presentan lesiones, como un tumor en el cerebelo o una parálisis neuromuscular, la psicomotricidad se ve alterada.

Vamos a centrarnos en los condicionamientos psicológicos y las alteraciones de la psicomotricidad secundarias a ellos. El estado de ánimo, las emociones, la atención, lo que se piensa o lo que se siente se refleja en la cara y en el cuerpo. El deprimido tiene una expresión facial típica, con cara triste, ojos hundidos y sin brillo y un rictus especial e inexpresivo, todo lo contrario le ocurre a la persona alegre. La expresión facial y los movimientos del resto del cuerpo son como un espejo de la situación psicológica.

La psicomotricidad exaltada se manifiesta por un aumento de movimientos que puede ser inquietud o, en grados mayores, agitación, que se considera ya un cuadro psiquiátrico de urgencia. El polo opuesto es la psicomotricidad inhibida, que es un síntoma de ciertas enfermedades psiquiátricas, como la depresión y algunos tipos de esquizofrenia. El enfermo presenta una mímica y una motórica pobre, y tanto su cara como sus gestos o sus posturas permanecen inmutables. El grado máximo de inhibición psicomotriz es la catatonia, en la que la inmovilidad del enfermo puede llegar a ser total. Hay que distinguir esta variación patológica de la psicomotricidad de las personas que son poco expresivas, que, dentro de la normalidad, tienen un cierto grado de inhibición psicomotriz.

Las estereotipias psicomotoras son una repetición reiterada e innecesaria de un acto que se manifiesta en la expresión facial o en los movimientos del cuerpo y que da a los gestos un carácter anómalo y antinatural. Es típica la sonrisa estereotipada de los esquizofrénicos, que «no viene a cuento», no dice nada, ni es posible contagiarse con ella. Hay que diferenciar estos trastornos psicomotores de los tics que son movimientos faciales constantes y absurdos pero no estereotipados y que tienen un origen neurológico o psicológico. M. D.

APRENDIZAJE Y CONDUCTA

Llamamos aprendizaje al conjunto de procesos mediante los cuales hacemos propios una serie de conceptos o conocimientos. El aprendizaje no abarca solamente a los procesos intelectuales que implica, por ejemplo, el estudio de una materia, sino que también aprendemos de nuestras propias experiencias, a veces incluso sin darnos cuenta, de forma inconsciente. La conducta consistiría en una serie de patrones individuales que hacen que una persona se comporte generalmente de un modo determinado. Las relaciones entre conducta y aprendizaje son muy estrechas, y su análisis ha sido realizado fundamentalmente a partir de los trabajos desarrollados en los Estados Unidos de América por la escuela psicológica «conductista».

Se puede decir que, en cierto modo, la conducta es fruto de un largo aprendizaje o, cuando menos, que el aprendizaje influye notablemente en nuestra conducta. Cuando nos comportamos de una forma determinada y obtenemos una gratificación de cualquier tipo, tendemos a repetir ese comportamiento. Por ejemplo, si cuando un caballo salta un obstáculo es recompensado con un terrón de azúcar, es probable que en una próxima ocasión vuelva a intentar el salto, ya que después de varias situaciones similares aprende que recibirá su terrón de azúcar. Decimos que el azúcar es un refuerzo positivo para que se establezca un patrón de comportamiento en él (el salto), ya que le refuerza este tipo de conducta. Por el contrario, si al comportarse de un modo concreto se obtiene repetidamente algo no placentero, lo que aprende es a evitar esa forma de comportarse. En el mismo ejemplo, si pegamos al caballo cuando no quiere saltar, el dolor sería un refuerzo negativo, ya que dificulta el que se perpetúe ese patrón de comportamiento.

Estos planteamientos han influido notablemente en el campo de la pedagogía, ya que se han aplicado a la educación infantil con cierto éxito. Por ejemplo, si prestamos atención a un niño cuando se comporta de forma inadecuada (cuando grita, rompe algo, etc.), mientras que casi no le hacemos caso cuando se porta bien, estamos reforzando en él un patrón inadecuado de conducta, ya que aprenderá que, para llamar nuestra atención, debe comportarse de un modo incorrecto.

Pero las relaciones entre conducta y aprendizaje van más allá de lo educativo, afectando también a otros niveles. Muchas conductas quedan establecidas por los refuerzos positivos que se obtienen a corto plazo mediante ciertos comportamientos a pesar de que éstos sean perjudiciales a medio o largo plazo. Tal es el caso de muchas toxicomanías: producen una sensación placentera de forma casi inmediata, con lo que se crea un hábito de conducta que hace que su consumo sea habitual, a pesar de que se sepa que producirán a la larga unos efectos indeseables. Cuando el refuerzo se aplica poco después de un comportamiento concreto tiene mayor poder en la creación de un hábito de conducta, ya que se asocia más fácilmente con éste. Estos conceptos se pueden aplicar para comprender un buen número de trastornos psicopatológicos. Por ejemplo, cuando se establece una fobia, es decir, un temor desproporcionado a algo, puede intervenir el aprendizaje de dos modos: si alguien vive una situación muy angustiosa en un avión, puede aprender que «los aviones crean una angustia», que, además, desaparece al no estar montado en un avión, lo que lleva a establecer un patrón de conducta que evite esa situación.

También se establecen relaciones conducta-aprendizaje dentro de otros campos de la psicología, como el de las relaciones personales. Por ejemplo, si el marido llega a casa e, inmediatamente, su mujer le relata todos los problemas que han surgido durante el día y esto le crea ansiedad, puede aprender que «llegar a casa significa ponerse ansioso», con lo que se establece un refuerzo mediante el cual el marido retrasa su llegada hasta que queda establecido este patrón de conducta. En cierto modo, estamos aprendiendo continuamente, a través de refuerzos negativos y positivos durante toda nuestra vida; cuando éstos se repiten frecuentemente, pueden hacer variar nuestra conducta, lo que constituye parte del fundamento de los sistemas de psicoterapia de tipo conductista. J. H.

LA VOLUNTAD

Es la capacidad que tiene el individuo para elegir entre realizar o no un determinado acto. Esta capacidad de elección depende directamente del deseo y la intención de realizar un acto en concreto.

En general, las acciones humanas pueden clasificarse en dos grandes grupos: involuntarias y voluntarias.

Acciones involuntarias serían todas aquellas que tienen lugar de forma instintiva o refleja. Por ejemplo: todos los procesos fisiológicos y corporales, como respirar, digerir, dormir, etc., que escapan a la acción de la voluntad por su carácter automático. Asimismo, ciertos actos reflejos, como huir ante el dolor, protegerse ante un golpe, etc., son movimientos involuntarios, que apenas alcanzan el nivel consciente. Acciones voluntarias, en cambio, serían aquellas que tienen lugar tras un proceso mental consciente, que deben atravesar el filtro de la razón.

En toda acción voluntaria tienen lugar las siguientes etapas:

1. *Motivación.* Es el factor que incita al individuo a actuar. Sería el estímulo impulsor de la acción volitiva, el motivo justificante del acto. Cuando tiene lugar la motivación se despierta en el individuo una cierta sensación de inquietud que lo induce a ponerse en movimiento, con el fin de lograr su objetivo. Es la sensación apetitiva o de deseo, cuando el estímulo es agradable, o de rechazo y alejamiento cuando es desagradable.

2. *Racionalización.* Tras la motivación tiene lugar un proceso de razonamiento: se reúnen los datos obtenidos y se valora la necesidad de la acción. Se comparan los factores favorables con los desfavorables para estimar si es oportuno o no actuar. Aquí entran en juego el juicio y el raciocinio que determinan lo que debe hacerse desde el punto de vista moral.

3. *Decisión.* Una vez valorados los pros y los contras de la posible acción, tiene lugar la decisión. Entre todas las posibilidades de actuar, el individuo toma una resolución: decide realizar aquello que quiere y cómo hacerlo, o renuncia a ello. Este proceso, tal vez, es el más lento porque determinará, en definitiva, las consecuencias y puede paralizar en cierto modo a la persona. El individuo decidido apenas duda y actúa con rapidez. El indeciso necesita recapacitar antes y a veces cae presa de la angustia, sin saber qué determinación tomar.

4. *Acción.* Es la última fase de la voluntad. Mediante la acción tiene lugar la consumación del deseo, la resolución de esa cierta inquietud que anunciábamos en la primera fase. Si la decisión ha sido acorde con los deseos de la persona, su realización infunde una sensación de satisfacción placentera. Por el contrario, si la decisión fue errónea o no se consiguió el fin deseado, tiene lugar la frustración.

La voluntad puede verse influida por otras facetas de la personalidad, como son: la tenacidad, la constancia y la perseverancia, que son factores determinantes de lo que llamamos fuerza de voluntad.

Las personas de voluntad fuerte suelen tener motivaciones potentes, buena capacidad de raciocinio, poder de decisión y firmeza en la acción. No se retraen ante las adversidades y son constantes en su intención, hasta lograr lo que buscan.

Por el contrario, las personas de voluntad débil sufren algún tipo de freno en las etapas antes vistas. Pueden tener una escasez de impulsos motivacionales y una consecuente limitación de objetivos. Puede que tengan una racionalización confusa, dispersa y poco clara, que haga desviar la dirección y el sentido de la voluntad hacia derroteros no deseados. También es posible que la indecisión bloquee la fuerza de voluntad. Y, por último, la acción puede ser más lenta por inhibición o pereza.

La voluntad, ya sea débil o fuerte, dirige la intencionalidad del individuo, marcando un sentido a su existencia y fomentando su vitalidad. J. M. U.

LA INTUICIÓN

Llamamos intuición a la facultad de conocer cosas mediante un procedimiento distinto al del conocimiento científico; es decir, a la facultad de conocer una cuestión concreta sin que aparentemente existan razones sujetas a la explicación lógica que lo justifiquen. Por tanto, la intuición tiene un cierto carácter mágico, más o menos inexplicable, pero es una realidad. La intuición existe.

El conocimiento científico nace como producto de un aprendizaje sujeto a las razones de la lógica y a la comprobación experimental. Estas circunstancias avalan formas de intervención, de actuación e incluso de predicción de futuro. Esta forma de conocimiento nos da una gran seguridad y para algunos es la única forma de conocimiento válida. Sin embargo, a veces se pueden saber cosas, sin saber por qué, estando más o menos convencidos de que andamos en lo cierto. El aspecto mágico, inexplicable, de la cuestión puede ser lo que más nos hace dudar de que podamos tener razón, ya que, aparentemente, no tiene fundamento. Ésta es la intuición, a través de la cual presentimos conceptos o futuros acontecimientos que se cumplen afirmándonos en la realidad de ser más o menos intuitivos. Algunas veces, la intuición puede ser más valiosa que el conocimiento científico y racional. No había motivos para pensar que algo saliese mal, pero lo intuíamos. Al final salió mal porque había una serie de factores con los que no habíamos contado racionalmente, ¿cómo es posible que, sin darnos cuenta, sepamos más de lo que podemos incluir dentro de lo razonable?

La intuición está íntimamente relacionada con los procesos inconscientes y con la denominada memoria experiencial. No solamente aprendemos de una forma consciente, sino que las diversas experiencias que van surgiendo a lo largo de nuestra vida e incluso las ajenas, de las que sin darnos cuenta tomamos buena nota, configuran una serie de datos que poseemos inconscientemente sin que lo sepamos. Ante un problema concreto, puede surgir una opinión que procede de estos conocimientos aprendidos sin darnos cuenta y que albergamos en nuestro inconsciente. Esta opinión puede ser correcta, aunque también podría ser equivocada, pero no deja de tener cierto valor. Cualquier niño sabe que si tira una piedra hacia lo alto, ésta caerá. Es una ley que ha aprendido inconscientemente y está seguro de ello. El conocimiento científico consiste en explicar el fenómeno y extraer leyes generales, como la ley de la gravedad. Ambas formas de conocimiento son legítimas y pueden resultar muy útiles.

Posiblemente, aprendamos en cada momento, en cada situación, mucho más de lo que conscientemente pensamos. Si una persona no nos gusta cuando la vemos por primera vez, sin que sepamos, en principio, por qué motivo, puede ser que tenga gestos, actitudes, etc., que ya vimos en otras personas anteriormente y que identificamos con formas de ser que no nos agradan. No lo podemos explicar racionalmente, pero muchas veces comprobamos, tiempo más tarde, que nuestra primera impresión fue acertada. A veces es preferible fiarse más de la primera impresión que tenemos que de una larga serie de juicios críticos posteriores, sometidos a un análisis racional. Otras veces, no.

Decimos que hay personas más intuitivas que otras, y es cierto. Las mujeres y las personas muy observadoras tienen fama de tener más intuición que las personas más cerebrales. En realidad, puede ser también que haya personas que actúan más en consecuencia de lo que les dicta su intuición y otras que actúan más a través de convicciones racionales. J. H.

LAS APTITUDES. CÓMO UTILIZARLAS ADECUADAMENTE

Llamamos aptitudes a las distintas capacidades que una determinada persona tiene para realizar algo adecuadamente. Las aptitudes se refieren tanto al ámbito psicológico como al físico o corporal. Se puede hablar de aptitudes innatas, es decir, que se poseen desde el mismo momento del nacimiento, que dependen de factores constitucionales. Hay personas que nacen especialmente dotadas para ejercer una labor en determinados campos y, ya desde niños, vemos que tienen una constitución física ideal para algunos deportes, o habilidades manuales, artísticas, sociales, intelectuales, etc.; pero si estas aptitudes no se desarrollan lo suficiente, el resultado final puede ser que estas personas lleguen a cierta edad sin destacar en los ámbitos para los cuales habían nacido especialmente dotadas. Por tanto, hay que considerar también la importancia de los factores adquiridos. Otras veces, las aptitudes iniciales no sólo no se ven progresivamente desarrolladas, sino que se pueden ver disminuidas por diversos factores a lo largo de la vida, como, por ejemplo, por traumatismos, deficiencias físicas o psíquicas o simplemente por la edad; es decir, las aptitudes pueden sufrir un deterioro.

En la práctica, el desarrollo de las diversas aptitudes individuales se ve influido por circunstancias que actúan dentro de tres líneas fundamentales: proporcionalidad con las tendencias, constancia y polarización. Las aptitudes vienen a ser instrumentos de las tendencias, ya que, en definitiva, suponen la mayor o menor capacidad para lograr un objetivo concreto. Cuando el objetivo de las tendencias («lo que queremos conseguir») está en proporción con nuestras aptitudes («lo que podemos hacer para conseguirlo») es muy probable que lo logremos. En este caso actuamos con «realismo, trazándonos objetivos que podemos llegar a superar; durante el camino que necesitamos recorrer para alcanzar el éxito habremos desarrollado nuestras propias aptitudes, ganaremos seguridad en nosotros mismos y nos sentiremos gratificados. Todo esto hace que nos dispongamos a intentar lograr objetivos progresivamente superiores, ya que, paulatinamente, podemos estar realmente capacitados para conseguirlos. De este modo, resulta importante fijarse objetivos concretos a corto plazo que estén en proporción con nuestras aptitudes, si queremos irlas desarrollando a la vez que logramos una serie de metas. Por el contrario, si los objetivos son desmesurados en proporción a nuestras aptitudes, se produce inevitablemente el fracaso, con lo que nos sentimos frustrados y con deseos de abandonar ese campo de actuación. Si los objetivos son demasiado sencillos desarrollamos menos nuestras aptitudes y alcanzaremos un nivel inferior al que hipotéticamente nos correspondería. Es importante, entonces, conocer nuestras aptitudes y sacarles el máximo partido posible.

La constancia es también importante. A pesar de que los objetivos que nos hayamos trazado estén en consonancia con nuestras aptitudes, podemos tener fracasos de mayor o menor envergadura si abandonamos, quedándonos sin lograr unos objetivos que realmente estaban a nuestro alcance, y que hubiéramos conseguido de mantenernos perseverantes. Además, se puede producir un trauma psicológico que afectaría negativamente a nuestra vida psíquica o incluso un complejo. Por último, hay que considerar la necesidad que se establece en un momento dado de polarizar nuestros esfuerzos en un sentido determinado. El conjunto de aptitudes debe estar lo más orientado posible hacia objetivos que se sitúen dentro de campos concretos, que, generalmente, corresponden al ámbito profesional o laboral. La dispersión de objetivos dificulta extraordinariamente la posibilidad de alcanzar un nivel de cierta altura en algunos de ellos, por lo que, cuando una persona tiene tendencias muy diferentes, debe renunciar a algunas de ellas en provecho de la que considere más importante, que debe coincidir con la tendencia para la que esté más dotado. Esto no significa una especialización exagerada, sin más, sino una polarización de esfuerzos hacia un determinado campo para profundizar en él, ya que profundizar en varios, en la actualidad, es casi imposible. Esta actitud es perfectamente compatible con el desarrollo de aptitudes relacionadas con el objetivo principal, ya que tienen una labor complementaria fundamental, y, por supuesto, con un progresivo enriquecimiento cultural que sirve de soporte imprescindible, ya que favorece la maduración de la personalidad, ejerce un gran poder formativo y aporta una amplitud de miras necesaria para encauzar adecuadamente nuestras tendencias. J. H.

LA CREATIVIDAD

La creatividad es una de las funciones psíquicas de orden superior, es una de las que más diferencian al hombre del resto de los seres vivos. Crear significa elaborar algo nuevo, distinto y de cierto valor. Hay personas más creativas que otras, de algunas decimos incluso que son geniales, debido al gran valor de lo que crean dentro del campo artístico, científico, etc. A veces, da la impresión de que algunos procesos creativos tuviesen algo de incomprensible, de mágico, de sobrenatural. Resulta difícil comprender cómo es posible que algunos hombres sean capaces de crear cosas tan extraordinarias.

Los griegos atribuían la capacidad de crear grandes obras a la inspiración de las musas o de los mismos dioses. Durante mucho tiempo se relacionó la creación con la inspiración divina o con un don de Dios. Durante el Romanticismo se desarrolló plenamente el concepto de «genio»; los grandes artistas eran seres superiores, «geniales», dotados de un don especial. Más tarde, y a la luz de los conocimientos de la moderna psicología, se fueron desarrollando diversas teorías que intentaron explicar desde otros puntos de vista los fenómenos creativos, alejándose de ese ambiente mítico que rodeaba a la creatividad.

Con la introducción del concepto del inconsciente, es decir, de la convivencia dentro de la vida psíquica individual de procesos que escapan a la conciencia de quien los posee, se desarrollaron teorías que entendían que en el proceso creativo intervenían mecanismos inconscientes mediante los cuales una persona acumulaba dentro de sí una serie de experiencias y conocimientos que, en un momento dado, se asociaban de forma adecuada, dando lugar a lo creativo. Es como si durante mucho tiempo se hubiesen ido incubando una serie de ideas que se asocian de repente para dar lugar a la creación, de forma más o menos súbita, como en los llamados «fenómenos eureka» en que una especie de iluminación surge como solución a un problema sin descifrar. Muchas veces estas soluciones surgen tras un período de descanso, o tras un tiempo en que esa persona ha dejado de pensar en el problema; en otras ocasiones se tiene la impresión de que se ha resuelto tras el sueño o incluso durante el sueño. Por ejemplo, F. A. von Kekulé dijo haber descubierto mientras soñaba la estructura anular del benceno. Los ejemplos referidos a la creatividad en el mundo del arte son muy numerosos. Esta actividad creativa durante el sueño reforzaría el papel de los procesos inconscientes dentro de los creativos.

La psicología conductista, desarrollada fundamentalmente por J. Watson, se ha interesado poco por la creatividad. Desde su punto de vista, las respuestas presuntamente creativas que se ofrecen ante situaciones nuevas vienen a ser una réplica de otras similares que se vivieron con anterioridad; y, cuando son realmente nuevas en todos sus componentes, se solucionan por combinaciones aleatorias, es decir, combinando de diversas formas todas las posibles respuestas.

La psicología cognitiva, por último, está intentando explicar los fenómenos creativos desde una nueva perspectiva. Weisberg, por ejemplo, defiende que el concepto del «genio creativo» es algo puramente mítico. Según su teoría, la creatividad no pasa de ser una actividad resultante de procesos de pensamiento ordinarios de individuos absolutamente normales, que surgirían de forma progresiva («incremental») a partir de los intentos iniciales de resolver el problema. Por tanto, la creatividad surgiría en relación con una serie de conocimientos que esa persona tiene del problema que trata de resolver, de modo que progresivamente se acercaría a la solución.

¿Cuál de todas estas teorías es la más acertada? Posiblemente todas tengan parte de razón. Tal vez no existan «genios», entendidos como tales, pero no cabe duda de que existen personas más dotadas que otras desde el punto de vista de la creatividad. A veces, intervienen procesos inconscientes a la hora de crear, aunque también resulta necesaria una cierta preparación previa en la que cuentan experiencias similares vividas o resueltas con anterioridad, y el mismo azar. Con todo, la creatividad sigue contando con un cierto carácter sobrenatural y son muchos los que continúan creyendo en la fuerza de la inspiración. J. H.

LA IMAGINACIÓN

Imaginación es la capacidad que tiene la mente humana para representar en el pensamiento las imágenes de cosas o hechos reales o ideales. A través de la percepción tomamos conciencia del mundo que nos rodea, pero además de esto, tenemos también la capacidad de volver nuevamente a representar en nuestro pensamiento estas vivencias, aunque ya no tengamos ante nosotros el objeto o escena percibidos. Para ello, lógicamente juega un papel esencial la memoria o facultad de recordar. Mediante la imaginación podemos «ver sin ver», es decir, somos capaces de reproducir en imágenes todo cuanto queramos, ya sea real o falso. Lo mismo podemos repasar en nuestra mente la configuración de nuestra casa, aunque no estemos en ella, como si contemplásemos una fotografía, que inventarnos algo fantástico, como un elefante sin orejas y de color azul.

En la imaginación existen varios grados de claridad, desde imágenes borrosas hasta reproducciones nítidas y exactas a la realidad. Naturalmente esta función variará mucho de unas personas a otras y depende de su potencia intelectual.

Tal vez lo más importante de esta facultad mental sea el aspecto creativo de la misma. Podemos imaginar e inventar sin límite alguno, sabiendo que no tiene por qué ser algo real. Aquí radica uno de los más grandes legados del género humano: el arte. Sin imaginación no existiría la expresión artística en cualquiera de sus modalidades (pintura, música, literatura, etc.). Tampoco existiría el progreso, pues no habría inventores ni investigadores, que fundamentan su trabajo en la imaginación. La imagen inventada se crea en la mente y luego, si es factible, se elabora en la realidad.

Hay dos tipos de imágenes del pensamiento que, por su peculiaridad, merecen ser destacadas:

La imaginación eidética. Es una facultad bastante desarrollada en los niños, pero que se tiende a perder con el crecimiento, aunque algunas personas son capaces de conservarla. Consiste en la capacidad de percibir en la mente una imagen con toda nitidez y exactitud aunque ya no esté presente en la realidad. No sólo se recuerda, sino que se puede ver como si estuviera proyectada en una diapositiva sobre una pared, con gran realismo e incluso corporalidad. Estas personas, así dotadas, son capaces de relatarnos y enumerarnos un sinfín de objetos distintos que previamente les hemos enseñado en una fotografía o un dibujo, todos ellos en posición exacta y con todo detalle. Debe distinguirse la imagen eidética de la alucinación. Mientras que la primera es totalmente voluntaria y el sujeto la distingue de la realidad, la segunda aparece involuntariamente y confunde al que la padece, pues no sabe con seguridad si es real o imaginaria.

La imaginación onírica. Es la que tiene lugar cuando soñamos dormidos. El mundo de los sueños tiene un capítulo aparte y ahora los mencionamos solamente como producto de la imaginación. Durante el sueño no hay un control voluntario de la capacidad creadora de la mente, aunque algunas personas digan que pueden soñar lo que quieren o dirigir sus sueños hacia los derroteros deseados. También deben diferenciarse de las alucinaciones porque éstas ocurren cuando el individuo está despierto.

En el plano afectivo y sentimental de la persona, la imaginación ejerce una función importante. Primero como causante de variaciones en el estado de ánimo: mediante la imaginación podemos provocarnos sentimientos de tristeza o alegría a través de la creación de situaciones o imágenes conflictivas o placenteras. Y en segundo lugar podemos utilizarla en sentido inverso: para atenuar o reforzar una sensación. Cuando nos sentimos deprimidos o «bajos» de ánimo podemos compensar nuestro estado con la fantasía y la ilusión del ensueño («soñar despierto»).

Percepciones, vivencias, conceptos y pensamientos pueden ser combinados, en definitiva, constituyendo uno de los fenómenos psíquicos más enriquecedores de la esencia humana. J. M. U.

EL ALTRUISMO

El término altruismo procede del francés y fue acuñado por Augusto Comte durante la primera mitad del siglo XIX para designar el sentimiento de preocupación por los demás y los comportamientos de dedicación y entrega a los otros. Se trata de prestar una serie de servicios constructivos a los demás, lo que suele resultar gratificante para la persona que lo realiza, a pesar de que este tipo de comportamiento suponga una renuncia o un esfuerzo que, de primeras, actúa en detrimento de la persona que lo lleva a cabo.

En psiquiatría, el término altruismo está muy ligado a los conceptos de ética y moral, constituyendo, tal como afirmaba Freud, la base principal para lograr el desarrollo de los intereses de la comunidad. El altruismo y las conductas altruistas también han sido abordados desde otras perspectivas, como la filosófica y la sociológica, ya que, aunque se trata de conceptos individuales, tienen una finalidad social, encaminada a lograr un mayor bienestar o a evitar un perjuicio de una comunidad de personas más o menos amplia; es decir, están motivadas por las llamadas tendencias altruistas.

El que una persona realice o no un esfuerzo o sacrificio en bien de una comunidad depende fundamentalmente de su personalidad, aunque influyen otros factores: por ejemplo, suele ser necesario que esa persona se sienta integrada dentro de la misma; en otras ocasiones, el comportamiento altruista se desencadena de forma más o menos accidental en situaciones límite. Se han descrito conductas altruistas en animales de experimentación, observándose que su aparición no estaba influida por factores, como sexo, edad, etc., sino que se debía a características puramente individuales, que se equipararían en el hombre con la personalidad, y especialmente con sus rasgos más relacionados con aspectos éticos o morales.

El altruismo pertenecería al tipo de personalidad descrito por Spranger, como hombre social, ya que su principal finalidad sería la entrega y el amor a los demás. Otras veces, el móvil altruista no está tan vinculado a un grupo de personas concretas, sino que puede ser más abstracto, estar motivado por un ideal político o patriótico, por ejemplo. En algunos casos, la entrega a las tendencias altruistas puede llevar incluso a renunciar a la vida en bien de una comunidad, de un ideal o de la patria, como era el caso de los *kamikazes* japoneses durante la segunda guerra mundial. Entonces hablamos de suicidios altruistas. Si el suicidio altruista no procede directamente de tendencias individuales, sino que es concebido como un deber, hablamos de suicidio altruista obligatorio.

El altruismo se opone al egoísmo. El altruismo significa volcarse al exterior, a los problemas e intereses de los demás, para olvidarse de los propios en beneficio de éstos; por el contrario, en el egoísmo no sólo priman los intereses personales, sino que la persona se halla tan volcada sobre sí misma que llega a ignorar, olvidar o minimizar los intereses de los otros, actuando en consecuencia. El altruismo constituye un rasgo de la personalidad que se debe ir adquiriendo y modelando paulatinamente, con el proceso de madurez de la personalidad, y constituye un importante factor de equilibrio psicológico, siempre que no proceda de conflictos psicológicos, ya que a veces se producen falsos comportamientos altruistas con los que se pretende no el bien de los demás, sino estimación, reconocimiento o prestigio social; es decir, los comportamientos altruistas se utilizan como un mero instrumento para conseguir intereses personales o para obtener un beneficio afectivo. En este último caso la falta de correspondencia por parte de las personas a las que se ha favorecido constituye, más que una mera decepción, un fraude insoportable, ya que lo que en el fondo se pretendió no era ayudarlas, sino obligarlas a comportarse en el futuro de un modo preconcebido. J. H.

En las situaciones límite, como las provocadas por la guerra o las catástrofes naturales, no siempre impera ese principio terrible: «Sálvese quien pueda.» Con frecuencia es, precisamente en estas situaciones, cuando surgen de un modo natural, las tendencias altruistas del hombre. (Foto: EFE.)

ASERTIVIDAD

El adjetivo asertivo aplicado a la persona indica a aquella que tiene el poder o la capacidad de asegurar con firmeza y decisión cuanto dice y hace. Por ello, podemos equiparar asertividad a seguridad en sí mismo, a autoafirmación.

Para ser una persona realmente asertiva, en primer lugar se debe tener una conciencia clara de lo que son los propios derechos. Y esto no es tan sencillo, puesto que es fácil pecar por defecto o por exceso.

Por defecto, muchas personas viven apocadas y restringidas en un mundo casi sin derechos. Temen reclamar aquello que en justicia les corresponde por miedo a pasarse, por temor a invadir el terreno del prójimo o por miedo a ser rechazado afectivamente.

Por exceso, otras muchas personas opinan lo contrario: piensan que tienen derecho a todo y «pisan» el terreno ajeno sin el menor escrúpulo.

Ni lo uno, ni lo otro. Cada persona tiene sus propios derechos, pero tienen que medirse con justicia y objetividad. Uno es libre de querer alcanzar unos determinados objetivos pero siempre que se mantenga un respeto al prójimo y no se atente contra la libertad de los demás.

Para lograr la autoafirmación conviene tener claros unos cuantos conceptos antes:

A) *Conciencia social.* Si vivimos en sociedad tenemos que admitir que no estamos solos en el lugar que habitamos, que también otras personas pueden tener deseos y aficiones comunes a los nuestros y, por tal motivo, interferir en nuestro camino de una forma competitiva. Y que, en definitiva, vivir en comunidad tiene sus ventajas porque nos aporta una mayor posibilidad de cubrir nuestras necesidades al multiplicarse las ofertas disponibles, pero que, a cambio, tiene sus inconvenientes, ocasionados por la masificación y la competencia a la hora de satisfacer estas necesidades.

B) *Autoestima.* Es el amor propio; es decir, el respeto y cariño hacia uno mismo. Difícilmente podremos defender nuestros derechos si no nos apreciamos en lo que valemos. Es el llamado narcisismo natural, fundamentado en la autogratificación en una medida razonable y que nada tiene que ver con el egoísmo.

C) *Limitaciones.* Debemos conocer, asimismo, nuestras auténticas posibilidades, saber hasta dónde podemos llegar y ser realistas a la hora de marcar nuestros objetivos en la vida. Si no nos engañamos con fantasías y aceptamos nuestras limitaciones, sabremos asumir nuestros fracasos como algo probable y sin sentirnos excesivamente frustrados por ello.

La asertividad o autoafirmación es un proceso de aprendizaje que ya comienza en la infancia: el niño, en principio, recibe la seguridad a través de sus padres o protectores. Son ellos quienes deciden lo que debe o no debe hacer, delimitan sus derechos y obligaciones, al tiempo que lo protegen de las adversidades del exterior. Cuando recibe una educación adecuada, aprende, por un lado, a renunciar a algunas de sus apetencias, percatándose de que no todo lo que hay en el mundo le pertenece y de que debe respetar lo ajeno; y, por otro, a estimar y defender lo propio como algo merecido. El niño, bien encauzado por sus educadores, se entrena en tomar decisiones propias y ser consecuente con sus actos.

Una educación represiva, que no le proporcione oportunidades, le hace crecer en un clima de miedos e indecisiones, pudiendo convertirse en un adulto anclado en la infancia, que precisa constantemente de un protector que solucione sus problemas. Anula sus propios derechos a fuerza de no ejercerlos.

Tampoco es eficaz una sobreprotección del niño. Éste debe aprender de sus propios errores para corregir su conducta y tiene que percibir los peligros que le rodean por propia experiencia. Eso si, con un adecuado control de sus educadores para que tal experiencia no sea excesivamente peligrosa.

La rivalidad con otras personas comienza con las que convive en el seno familiar y se prolonga en la escolaridad. Allí debe competir y defender sus derechos frente a compañeros y amigos. Si llega firme a la adolescencia, sabrá imponer su personalidad cuando sea preciso, haciéndose valer ante los demás y desarrollando su capacidad asertiva. Si no es así adoptará alguna postura negativa, como el aislamiento social, convirtiéndose en un ser solitario e incapaz de relacionarse con los demás por puro miedo al prójimo, o buscará refugio dentro del grupo, perdiendo su identidad y criterios propios dentro de la «masa» (lo que vulgarmente se conoce por «borreguismo»).

El individuo asertivo tiene una conciencia clara de lo que son sus derechos, los hace valer y no permite que éstos sean violados.

Pero tal vez sea más gráfico conocer lo que es autoafirmación a través del modelo opuesto. Veamos cómo sería el prototipo del individuo poco o nada asertivo.

No tiene muy claro dónde finalizan sus derechos y comienzan los del prójimo, por lo que habitualmente «cede terreno» y se deja manipular por los demás.

No confía en sus propias fuerzas, por lo que generalmente no presenta batalla. Se siente derrotado antes de luchar y elude las discusiones, pues, en su fuero interno, está convencido de su fracaso, ya que, al no competir nunca, jamás adquiere experiencia combativa y seguirá sintiéndose débil ante los otros.

Tiende a estancarse en su vida por temor al riesgo que implica un cambio y llega a acomodarse a las situaciones más incómodas con tal de no exponerse.

En el plano laboral suele ser explotado por jefes y compañeros, asumiendo tareas y obligaciones que no le conciernen. Todo ello por miedo a enfrentarse a los mismos o plantear la más mínima queja.

En el terreno afectivo es víctima de continuos chantajes. Su mayor temor es no ser querido y con tal de mantener el supuesto aprecio se deja manipular con gran facilidad. Cuando forma pareja, es manejado por el otro a su libre antojo, por lo que puede llegar a ser tremendamente infeliz, viviendo un falso amor carente de espontaneidad. A pesar de ello, es capaz de mantener toda su vida una relación así, con tal de no plantearse un cambio en su ambiente.

En su relación social puede ofrecer un aspecto de falta de sinceridad, pues da mil rodeos antes de pedir lo que quiere y resulta falso porque pretende quedar siempre bien y que no se le censure.

Será muy raro que se queje ante las pequeñas injusticias cotidianas. Que, por ejemplo, proteste en un lugar público cuando es mal atendido, devuelva un objeto defectuoso en la tienda que lo compró, o llame la atención a alguien que se ha saltado su puesto por delante de él en un turno de espera, etc.

En definitiva, todas las facetas de su vida pueden verse afectadas por la falta de asertividad, llegando al súmmum de la duda cuando se plantea, ante sí mismo, si realmente «tiene derecho a tener derecho».

El individuo consciente de su falta de asertividad siente habitualmente por ello un alto nivel de angustia. Y, lo peor, puede caer en un círculo vicioso neurotizante: autodesprecio por no saber imponerse y no imponerse por autodesprecio.

Por todo ello, no es raro que se arme de autoengaños para poder sobrevivir sin angustias y justificar su falta de afirmación, como la zorra que renuncia a las uvas inalcanzables, autoconvencida de que están verdes. J. M. U.

EL INSTINTO Y LA VIDA INSTINTIVA

El instinto es una disposición psicofísica innata, heredada, que incita al sujeto a actuar de una determinada forma frente a un estímulo o un objeto.

Toda conducta instintiva, en el reino animal, debe reunir, al menos, las siguientes características:

1. Ser innata: Es decir, no precisar de un aprendizaje previo.
2. Ser fijada: Esto es, tener lugar siguiendo unas pautas de comportamiento invariables y fijas.
3. Ser específica: Que ocurre siempre ante determinados estímulos internos o externos.
4. Tener un sentido de supervivencia para el sujeto o sus allegados.

La conducta animal se desarrolla básicamente en función de los instintos, de forma automática y sin que el sujeto tenga conciencia de ello.

En la conducta humana persisten un gran número de patrones instintivos, aunque, por su capacidad de racionalización, gran parte de la vida instintiva del hombre ha sufrido un proceso de complejidad, mezclándose auténticos instintos con conductas voluntarias. Generalmente, en el ser humano el impulso instintivo pasa por el «filtro» de la razón, por lo que, voluntariamente, es capaz de modificar, anular o reprimir la conducta instintiva. Esto es fácil de observar si comparamos la actitud de un niño pequeño con la de un adulto: el primero se moverá siguiendo únicamente sus apetencias, sin control, mientras que el segundo valorará si es o no el momento adecuado para satisfacerlas. Pero este control es fruto de un aprendizaje y una educación que, en cierto modo, regulan los instintos. Es decir, se aprende a controlar los instintos, pero no la conducta instintiva en sí, que es innata.

Según la complejidad y desarrollo intelectual del hombre, podemos clasificar los instintos de la siguiente manera:

A) *Instintos vitales.* Son los más primarios y comunes entre seres humanos y animales. Tienen por finalidad la conservación de la existencia del sujeto, de su familia o de su especie. Son los llamados instintos de supervivencia, que velan por el sustento y mantenimiento de la vida, al igual que evitan la destrucción o la muerte.

Entre ellos destacan:

1. Instinto de nutrición, que determina una serie de pautas de comportamiento dirigidas a la obtención de alimento y agua. Se pone en marcha por el estímulo interno del hambre o la sed, y en función de las necesidades corporales. Según el desarrollo en la escala evolutiva del animal, la conducta nutritiva será proporcionalmente más compleja: desde un simple acercamiento a la comida (como ocurre con el gusano) a la más compleja técnica de caza de una manada de lobos.
2. Instinto sexual, que está encaminado a la conservación de la especie. Impulsa, por la atracción erótica, el acoplamiento entre ambos géneros, con fines procreativos.
3. Instinto de lucha y huida, dirigidos a la protección de la integridad física frente a la agresión externa.
4. Instinto de guarida y búsqueda de calor, cuyo fin es protegerse de las inclemencias climáticas. Clara manifestación de este instinto son las migraciones de las aves.

B) *Instintos de placer.* Son un poco más complejos y selectivos que los anteriores. Son ya más típicos del ser humano, aunque algunos animales, los más evolucionados pueden poseerlos también en sus patrones de conducta. Tienen como finalidad el proporcionar placer y aumentar el bienestar individual.

Generalmente, consisten en una selección y refinamiento de los instintos vitales. Así, en la nutrición, el hombre elige determinados alimentos buscando más el placer que satisfacer su apetito. Igualmente, al beber, incluye los néctares como complemento del agua para aliviar la sed. No se conforma con un refugio, sino que busca comodidades en su hogar. La sexualidad llega a desligarse de los fines procreativos para encaminarse hacia la relación placentera. E incluso añade consumos superfluos e innecesarios, como el tabaco, el alcohol y las drogas, con el único fin de estimular sus sentidos.

C) *Instintos sociales.* Incitan al individuo a la formación de colectividades y a situarse dentro de las mismas con un cierto rango. Entre los instintos sociales destacan: la necesidad de compañía, de prestigio, de poder y de propiedad.

D) *Instintos culturales.* Más propios del hombre culto y civilizado. Entre ellos destacamos la «ambición» de saber, las inclinaciones artísticas, la investigación, las tendencias filosóficas y religiosas, etc.

Así, si en los animales los instintos constituyen el motor de su vida, en el ser humano éstos pasan a un segundo plano, situándose tras los actos voluntarios y conscientes. J. M. U.

LA COMUNICACIÓN Y EL LENGUAJE

La comunicación humana consiste, fundamentalmente, en transmitir cierta información de una persona a otras. Esto se lleva a cabo principalmente a través del lenguaje verbal en todas sus formas: oral, es decir, de palabra, escrito o a través de otros símbolos (jeroglíficos), etc. Además, el lenguaje entendido en un concepto amplio, abarca un campo más extenso, como los gestos y otras formas de expresión, que también constituyen un lenguaje y que sirven para lograr una mayor comunicación.

La conducta verbal es una de las principales características que diferencian al hombre del resto de los seres vivos, tanto más si tenemos en cuenta la estrecha relación de dependencia que mantiene con el pensamiento. Desde el punto de vista evolutivo, se ha discutido mucho sobre si el lenguaje es anterior al pensamiento, o viceversa. La adquisición del lenguaje parece permitirnos una mayor profundidad en nuestros pensamientos, y a su vez, sirve para que podamos expresarlos. Se crea por tanto, una gran interdependencia mutua que dificulta muchas veces distinguir qué parcela pertenece estrictamente a cada cual; lo mismo ocurre cuando hablamos de alteraciones del pensamiento o del lenguaje, ya que surgen en la persona, casi siempre, de forma simultánea.

La meta del lenguaje es la comunicación, con lo que secundariamente contribuye al enriquecimiento de las relaciones humanas, favoreciendo la integración social de la persona y la vida en comunidad. Cada sociedad necesita un lenguaje para poder mantenerse como tal. También es necesario el lenguaje para conseguir el progreso intelectual, por lo que muchas ramas de la ciencia tienen un cierto lenguaje privado que permite una comunicación más rápida y precisa.

Hay dos aspectos fundamentales que se unen en el lenguaje desde el punto de vista de la comunicación: lo que decimos y cómo lo decimos. A un determinado relato parece corresponderle una forma especial de hablar y, sobre todo, determinados gestos. Si no es así, no quedamos asombrados. A veces, esta contradicción entre el lenguaje verbal y los gestos (paramimias) se debe a un trastorno psicopatológico, siendo bastante frecuente en los estados de perplejidad y en la esquizofrenia catatónica. Otras veces lo que sucede es que nos llama la atención la escasez de gestos de la persona que nos habla (hipomimia), lo que puede deberse, simplemente, a la personalidad de esa persona, aunque muchas veces es un síntoma más de una depresión inhibida, de esquizofrenia, de demencias, sobre todo si se asocian a enfermedad de Parkinson, en las que la pobreza de gestos puede ser tan exagerada que éstos están completamente ausentes (amimia). En otras ocasiones sucede lo contrario, nos sorprende la gran riqueza de gestos (hipermimia), lo que también puede corresponder a un modo peculiar de expresión de esa persona, aunque es típico de la fase maníaca de las psicosis maníaco-depresivas, o de cualquier cuadro que curse con ansiedad. La ansiedad se manifiesta también en otros niveles de la comunicación gestual, por ejemplo, jugando con los dedos, con el bolígrafo u otros objetos, etc.

También la forma de hablar nos puede revelar muchos datos sobre la psicología de la persona que tenemos ante nosotros, a veces por el mero estilo, que puede resultar amanerado, pedante o afectado. En otras ocasiones, lo que nos llama la atención es la pobreza del vocabulario, ya que se utilizan las mismas palabras para conceptos distintos, o un número exagerado de «muletillas» (estereotipias verbales) a lo largo de la conversación que, a veces, tienen carácter sucio o grosero (coprolalia). Si este empobrecimiento lingüístico se debe a patrones culturales y se asocia con repetición de una misma temática en la conversación (lenguaje reiterativo) hay que pensar que se debe a un empobrecimiento del pensamiento propio de enfermedades orgánicas, como la demencia, o bien, de enfermos seniles. Otras veces podemos observar ceceos o tartamudez que suelen aumentar en las situaciones de ansiedad, o, en casos graves, un lenguaje incoherente o disgregado que traduce importantes alteraciones del pensamiento que se deben a trastornos psicóticos, en los que resulta imposible la comunicación.

En otras ocasiones, la comunicación se ve dificultada por el uso exagerado de metáforas, por alteraciones en la estructura sintáctica de las frases (asintaxia) e incluso por la creación de palabras nuevas, cuyo significado permanece oculto para todas las personas a excepción de la que las ha creado (neologismos), o por la utilización de palabras en un sentido diferente al admitido comúnmente (paralogismos). Todas estas alteraciones son frecuentes en las psicosis, particularmente en la esquizofrenia, en la que se puede observar ecolalia, es decir, repetición de las mismas frases que acabamos de decir nosotros, como si de nuestro eco se tratase, por parte de estos enfermos.

Otra de las características importantes del lenguaje verbal sería el del ritmo de emisión de las palabras. Hablar rápidamente (taquilalia) puede ser un síntoma de ansiedad o bien de la fase maníaca de las psicosis maníaco-depresivas, en las que se suele hablar sin cesar (verborrea). Otras veces, sucede lo contrario, la persona con la que hablamos lo hace exageradamente despacio (bradilalia), lo que suele deberse a temperamentos muy pausados, o bien a que el pensamiento es más lento (bradipsiquia), fenómeno típico de las depresiones inhibidas, estados confusionales o incluso de lesiones orgánicas del sistema nervioso.

Estas alteraciones del lenguaje oral se pueden ver también reflejadas en el lenguaje escrito. Otras veces, el trastorno se limita exclusivamente a esta última forma de comunicación, como en el caso de las agrafias, en que resulta imposible escribir, muchas veces debido a una alteración orgánica. En otras ocasiones, el contenido de la escritura es totalmente incomprensible porque se ha elaborado de forma totalmente privada, como si fuera una clave personal (criptografías). J. H.

LA CAPACIDAD PARA DECIDIR (MIEDO A DECIR NO)

Todo individuo, a lo largo de su existencia, se encuentra con frecuencia frente a situaciones que le suponen un dilema, momentos en los que ha de ejercer una de sus funciones psíquicas: la decisión. Pero ¿realmente somos siempre capaces de decidirnos y hacer lo que deseamos, con entera libertad? Pocas personas responderán con un rotundo «sí, siempre», cuando se sinceran de verdad.

Tomar una decisión a la hora de elegir un objeto material puede ser una tarea más o menos sencilla, pero hacer lo propio con elementos abstractos o con personas, tal vez no sea tan simple, si nos compromete afectivamente, si afecta a nuestros sentimientos.

En las situaciones comprometidas, la decisión se ve notablemente influida por la capacidad de autoafirmación o asertividad. A veces, cuando alguien nos pide un favor, nos vemos obligados a concedérselo; tal vez de «mala gana», pero nos sentimos incapaces de negárselo. Es cuando aparece el miedo a decir no.

Otras veces, el compromiso afectivo puede ser mayor cuando se tambalea la seguridad en uno mismo. Entonces, ya no sólo somos incapaces de negar un favor, sino hasta de rebelarnos contra una injusticia más o menos grande, como pueda ser la explotación laboral, impidiéndonos incluso solicitar un salario más justo.

En unos u otros casos juega un papel de vital importancia el miedo a ser rechazado, el miedo a dejar de ser querido, hasta el punto de inducirnos a vivir una vía «neurotizada», llena de angustia e infelicidad y sin defensa de los propios derechos.

Todos estos mecanismos psicológicos son fruto de un aprendizaje mal encaminado. Y ya en la infancia tiene lugar la siembra de esta conducta temerosa.

Cuando la madre dice a su hijo pequeño: «Si no haces esto, mamá no te querrá», está haciendo, sin darse cuenta, un chantaje afectivo. El niño aprende que si no hace lo que los demás le piden dejará de ser querido y caerá en el más profundo abandono afectivo.

Cuando el adolescente oye de su padre: «Con tu conducta me vas a matar a disgustos», no sólo sufre la amenaza de no ser querido, sino que además pesará sobre él la posible culpabilidad de su muerte.

Al mismo tiempo, en el estudio se puede topar con maestros que castigan al alumno que discute sus criterios educativos. La Iglesia, por su parte, impone unas normas morales con abundantes cargas de culpabilidad ante la falta de humildad. Los jefes amenazan con el despido laboral la demanda de derechos. Y el divorcio o abandono familiar conminan las conductas matrimoniales.

Tal vez parezcan un poco exageradas estas afirmaciones, pero cuando tales situaciones se repiten cotidianamente y a lo largo de la maduración del individuo, de forma subconsciente, van dejando su huella como una rodada donde fácilmente se puede caer siguiendo una ruta viciada.

Es un aprendizaje condicionado; es decir: una conducta aprendida ligada a un factor condicionante. En este caso, la negativa a una solicitud lleva implícita una carga de culpabilidad, temor y remordimiento que afloran en su momento, bloqueando las decisiones.

Muchas personas, en su vida cotidiana, se mueven dentro de esta trampa. Cuando deben decidir entre ellos o los demás se angustian. Confunden la humildad con el sacrificio, el favor con la obligación y sus derechos con las exigencias ajenas. Con frecuencia van de mártires por la vida y son presa fácil de otros sujetos de personalidad opuesta: los «aprovechados» que no dudan en utilizarlos.

También es posible encontrar individuos que limitan esa conducta temerosa a ciertas áreas de su vida. Tal vez sean obedientes y solícitas en su trabajo, transformándose en tiranos al llegar a casa. En este caso su «trampa afectiva» reside en el enfrentamiento con una autoridad, sus jefes, pero no en el plano familiar, donde él ejerce la autoridad.

De esta manera pueden darse infinidad de combinaciones que constituyen la diversidad psicológica del género humano. J. M. U.

LA PREDISPOSICIÓN

Con frecuencia se oye: «A esa persona le ocurrió tal cosa porque estaba predispuesta a ello.» O el médico nos dice: «Hay una predisposición a que usted padezca esta o aquella enfermedad.»

Pero, realmente, ¿qué quiere decir eso de la predisposición?, ¿es que tiene algo que ver con el destino de cada uno? No, cuando hablamos de predisposición no nos referimos a la predicción del futuro o a la adivinación. Predisposición es la disposición anticipada del ánimo del individuo para un fin concreto.

Cuando una persona se propone realizar una tarea presenta un determinado estado afectivo, una disposición anímica, frente al objeto de la acción. Indudablemente, ello condiciona al sujeto en su empeño, e influirá, por tanto, en el logro de sus fines. Un ejemplo de este hecho lo observamos en el deporte; ante una competición, el deportista se concentra, aúna sus potenciales físicos y mentales para que, en los instantes siguientes su rendimiento corporal sea máximo. Está predisponiendo su persona para una acción que requiere plena capacidad. Un competidor que se sienta derrotado antes de la contienda difícilmente podrá ganar: está predispuesto al fracaso.

Igualmente, esto que ocurre en el terreno deportivo, puede hacerse extensivo a la vida cotidiana: un trabajador ante su tarea, un estudiante ante el examen, un aspirante ante una entrevista, etc.

Todos hemos pasado alguna vez por lo que llamamos un «día negro», cuando, coloquialmente, decimos: «hoy parece que me he levantado con el pie izquierdo». Ese día tenemos la sensación, a veces cargada de realidad, de que casi todo nos sale mal. Haciendo posteriormente balance de los acontecimientos del día vemos que los negativos superan ampliamente en número a los positivos. ¿Es esto sólo producto de la casualidad? ¿O será consecuencia de una «mala» predisposición de nuestro ánimo que, indefectiblemente, nos ha conducido al continuo fracaso durante el día?

Ya se vio, en el capítulo correspondiente, una clasificación de los diferentes tipos de personalidad, división que se realiza atendiendo al conjunto de rasgos de personalidad que son predominantes en un individuo.

De este modo, según las cualidades psicológicas de una persona, podemos predecir una serie de acontecimientos o circunstancias que tendrán mayor probabilidad de suceder, dada su forma de vivir.

Una personalidad habitualmente triste y melancólica estará predispuesta, médicamente, a la depresión. Bastará con que en un momento determinado se exacerben sus rasgos naturales de pesimismo, desgana, abatimiento y tristeza, para que rebase la línea hacia lo patológico, hacia la enfermedad depresiva. Su «reserva anímica», por así decirlo, es muy escasa; y un simple contratiempo cotidiano puede desbaratar su endeble estructura afectiva.

Otra persona, de voluntad débil, con tendencia a las compulsiones o apetitos descontrolados, puede caer, si lo potencia o facilita habitualmente, en el desorden de la bebida y el alcoholismo; y asimismo en cualquier otro tipo de toxicomanía.

De igual manera, en el individuo imaginativo y soñador, que vive lejos de la realidad, alimentando su existencia con fantasías extraordinarias, es posible que peligre alguna vez su control si tiene que elaborar un delirio e incluso una alucinación, constituyendo rasgos patológicos.

En unos u otros tipos de personalidad, diferentes todos ellos entre sí, vemos que existe una predisposición. No quiere decir que inevitablemente ocurra la transformación patológica, sino que habrá una mayor probabilidad de que suceda si se fuerzan las resistencias personales.

Pero no todo es negativo; también existe la predisposición hacia lo positivo. La persona segura, práctica, templada y bien formada está predispuesta al éxito en lo que emprenda. Es probable que gane la partida porque juega con buenas cartas. No hay que achacar el triunfo o el fracaso exclusivamente a la suerte de cada uno.

Una predisposición anímica puede inclinar con facilidad la balanza en uno u otro sentido. J. M. U.

EL SUEÑO

La palabra sueño tiene dos significados fundamentales en español: el sueño «de dormir», de «tener sueño», y el sueño de «soñar», de «haber tenido un sueño». En el primer caso nos referimos a la actividad de dormir y en el segundo a la actividad onírica (los «sueños» o «ensueños») que la acompaña. No se puede vivir mucho tiempo sin dormir ni soñar nada. Hay personas que afirman que «no sueñan nunca» o que llevan meses sin hacerlo, pero lo que ocurre es, simplemente, que no lo recuerdan.

No todos necesitamos dormir el mismo número de horas. Los jóvenes, las personas que realizan esfuerzos físicos o psíquicos de cierta intensidad, determinados tipos constitucionales y otros, como, por ejemplo, los fumadores, suelen necesitar dormir más. Si un niño precisa unas diez horas diarias de sueño, a una persona de edad avanzada le pueden bastar cinco o seis; aunque también influye la calidad del sueño y si el tiempo se fragmenta o no. Cinco horas de sueño profundo y reparador pueden descansar más que ocho horas sufriendo pesadillas e incomodidades. La siesta suele tener la ventaja de que disminuye en cifras absolutas el número de horas de sueño necesarias en un día. Pero el sueño no supone solamente un mero descanso, sino que sirve también para descargar un buen número de tensiones originadas durante la vigilia; aquí es donde juega un importante papel la actividad onírica, «el soñar».

Dormir y soñar son dos procesos íntimamente unidos, pero que no siempre van acompañados. No estamos soñando durante todo el tiempo en que estamos dormidos, sino solamente durante algunos períodos, especialmente durante las denominadas fases REM (*Rapid Eyes Movements*), llamadas así porque durante las mismas se produce un rápido y característico movimiento ocular. La invención del electroencefalograma (EEG) ha sido de gran ayuda para investigar las diversas fases del sueño. En primer lugar se produce un estado de adormecimiento o de presueño, cuya duración suele oscilar entre medio y treinta minutos, durante el cual se va pasando desde el estado de vigilia al de sueño con una disminución progresiva de la conciencia. A lo largo de esta fase es normal que se produzcan ilusiones visuales o auditivas, es decir, que se tenga una sensación de oír o ver cosas que no existen realmente (imágenes hipnagógicas), así como que se sientan calambres y choques sensoriales del tipo de vértigos, sensación de tropezar, etcétera, que se suelen acompañar de movimientos de algún músculo. Durante este período algunos niños sienten miedo y se niegan a dormirse si no es en compañía de algún ser querido.

Una vez que la persona se ha dormido, se sucede una serie de fases perfectamente identificables en virtud de un registro mediante el EEG, y que se dividen en sueño REM y sueño no-REM. Este último se compone del denominado sueño superficial, que abarca las fases I y II; y del sueño profundo, que abarca las fases III y IV.

% del total de sueño que suelen ocupar

A) SUEÑO REM o SUEÑO PARADÓJICO 20 %

B) SUEÑO NO-REM
- B.1. Sueño superficial
  - B.1.a. Fase I. 6 %
  - B.1.b. Fase II. 50 %
- B.2. Sueño profundo
  - B.2.a. Fase III. 12 %
  - B.2.b. Fase IV. 12 %

En general se comienza en la fase I, pasando sucesivamente hasta la IV, durante la cual suelen aparecer con más frecuencia fenómenos como el sonambulismo, los terrores nocturnos, el hablar «en sueños», la enuresis (incontinencia del esfínter urinario). Pero estos períodos de sueño no-REM se ven interrumpidos por períodos REM, que se suelen presentar por primera vez entre la primera y la segunda hora de sueño, siendo más frecuente su aparición durante la segunda mitad de la noche, surgiendo durante unas cuatro o cinco veces durante un período de sueño normal de unas ocho horas. Es característico que estos períodos REM tengan una duración más prolongada a medida que avanza la noche.

El sueño REM tal vez sea la fase de sueño más interesante. Algunos autores prefieren denominarlo sueño paradójico, ya que presenta un trazado en el EEG muy parecido al de una persona que está despierta; es la fase del sueño en que resulta más difícil despertar al durmiente. Si lo conseguimos, éste se despierta muy desorientado y generalmente nos dice que estaba soñando, ya que durante estos períodos es cuando se produce la mayor parte de la actividad onírica. Durante el período REM ocurren una serie de cambios corporales característicos que no suceden durante el resto de las fases; disminuye el tono muscular, aumenta la resistencia eléctrica de la piel, se altera el ritmo respiratorio y el pulso se vuelve más irregular, aumenta ligeramente la motilidad del aparato digestivo, se producen erecciones en el hombre y aumento del flujo sanguíneo vaginal en la mujer. Parte de estas modificaciones se deben a la activación del hipotálamo y de la hipófisis, que se traduce en un aumento de la secreción de ciertas hormonas, como la prolactina, cortisol, testosterona, hormona del crecimiento, etc. Es también durante el sueño REM cuando se producen la mayor parte de los infartos, crisis asmáticas, accidentes cerebro-vasculares y otras enfermedades de aparición nocturna. J. H.

LA INTERPRETACIÓN DE LOS SUEÑOS

Desde la más remota antigüedad, el hombre ha intentado interpretar sus sueños, a los que atribuía un cierto carácter mágico. Se pensaba que podían tener un cierto significado oculto e incluso premonitorio; es decir, que mediante los sueños se podía estar anunciando un acontecimiento futuro. Freud, y los continuadores del psicoanálisis en general, volvieron a estudiar los sueños pensando que podrían ayudar a conocer mejor la problemática de los pacientes que acudían a su consulta e incluso que podían constituir una vía para descifrar conflictos psicológicos que permanecían albergados en el inconsciente de estas personas.

La primera doctrina propuesta por Freud en la interpretación de los sueños se basaba fundamentalmente en la hipótesis de que todo sueño suponía la realización de deseos que no se podían llevar a cabo mientras permanecíamos despiertos. Según esto, el sueño sería la expresión, más o menos inconsciente, de un deseo insatisfecho. Posteriormente, el mismo Freud reconoció que no siempre era así, y que también podían ser la manifestación de un problema o una preocupación, e incluso la expresión, no de los deseos, sino de los temores del inconsciente, tal como ocurre con muchos sueños angustiosos. Hay sueños que se repiten con cierta frecuencia y que generalmente están cargados de angustia; suelen ser la expresión de un trauma psicológico padecido con anterioridad y que todavía no ha sido debidamente asumido por esa persona. También se ha comprobado que el contenido de los sueños está relacionado muchas veces con la actividad llevada a cabo durante el día, y muy especialmente, con las imágenes percibidas durante los momentos inmediatamente anteriores a haberse quedado dormido.

No hay una opinión uniforme sobre la significación y simbología de los sueños. Freud les atribuía fundamentalmente un carácter sexual, mientras que Adler defendió que estaban más relacionados con la ambición de poder, con el propio prestigio y con particularidades propias de la dinámica social. Jung atribuye a cada objeto un significado concreto que se podría más o menos generalizar a todas las personas, concibiendo los sueños como un puro lenguaje simbólico. En realidad, a la hora de intentar interpretar los sueños es necesario realizar un análisis pormenorizado e individualizado en el que colabore directamente la persona sometida a análisis, ya que muchas veces es ella quien nos va a facilitar las claves para descifrar las posibles asociaciones simbólicas. De hecho, para una persona determinado objeto puede tener diversos significados que generalmente no coinciden con los que, en cambio, les puede atribuir otro sujeto.

Desde el punto de vista científico no se ha podido demostrar que existan sueños premonitorios; es decir, que anuncien lo que va a suceder en un futuro. Sin embargo, hay personas que dicen haber soñado algunos acontecimientos que posteriormente se han cumplido. Esto se puede explicar en buena medida, por el hecho de que muchos sueños expresen deseos y temores de la vida real, tal y como ya hemos referido, y por tanto, no es sorprendente que al final alguno de éstos se llegue a cumplir en la realidad. Por otro lado, puede ocurrir con los sueños un fenómeno similar al de la intuición, en la que se combinan una serie de conocimientos más o menos inconscientes, surgiendo como resultado una idea que puede coincidir con la realidad, o en el caso de los sueños, un acontecimiento que no era previsible a la luz de la conciencia, pero que sí lo era si se combinaban también los datos archivados en el inconsciente. J. H.

LOS OTROS RITMOS BIOLÓGICOS

Además del ritmo sueño-vigilia, existen muchas otras funciones biológicas que se desarrollan normalmente en el cuerpo humano con un cierto carácter rítmico. Los ritmos biológicos son muchos y muy variados. Algunos se conocen con exactitud en la actualidad, mientras que otros, especialmente los que se refieren a la secreción de ciertas hormonas y substancias neurotransmisoras, están todavía estudiándose.

Estos ritmos se han venido clasificando en función de su periodicidad, es decir, de la duración que tiene cada uno de sus ciclos completos. Aquellos que se repiten con una periodicidad menor a las veinticuatro horas se denominan ultradianos; por ejemplo, son ritmos ultradianos el ritmo con que late el corazón, que dura aproximadamente un segundo; los ritmos de actividad cerebral registrados por medio del electroencefalograma, de duración comprendida entre uno y sesenta segundos, los ritmos de motilidad intestinal o gástrica, el ritmo de la respiración, etc.

Se denominan circadianos los ritmos con periodicidad de unas veinticuatro horas de duración, como es el ciclo sueño-vigilia. Si su periodicidad es superior a un día de duración, se trata de los ritmos infradianos, como es el caso del ciclo menstrual de la mujer, que tiene una duración aproximada de veintiocho días. Algunos ritmos infradianos se denominan también en razón de una duración más específica, por lo que se habla de ritmos estacionales cuando tienen la duración de una estación del año (cuatro meses) o circanuales si su periodicidad es de un año completo aproximadamente. Los ritmos biológicos no son algo exclusivo del hombre, sino que son muy comunes entre los animales, por lo que éstos han sido utilizados en numerosos trabajos de investigación para estudiar los ritmos biológicos en relación con la psicopatología experimental.

Las observaciones sobre la periodicidad de ciertas conductas es algo observado desde la antigüedad. Ya Hipócrates, en el siglo V antes de Cristo, prestaba una gran atención al carácter rítmico con que se presentaban ciertos trastornos, recomendando hábitos corporales regulares. También en la actualidad se ha comprobado el efecto nocivo de los horarios y una forma de vida irregulares sobre la salud.

Fliess propugnó una teoría a principios del presente siglo que describía ritmos de sensibilidad física de veintitrés días para los hombres y de sensibilidad emocional cada veintiocho días en la mujer. Esta teoría que entusiasmó a Freud se considera sin fundamento en la actualidad. Sin embargo, se continúan estudiando un gran número de ritmos biológicos que pueden estar relacionados con la conducta humana y los trastornos psicopatológicos, especialmente en lo que se refiere a algunas substancias, como la serotonina, noradrenalina, adrenalina, melatonina, cortisol, aldosterona, testosterona, etc.

Hay muchos trastornos que tienen una presentación o agravamiento periódicos. Por ejemplo, la alopecia (pérdida del cabello) se presenta o agrava durante la primavera, al igual que la úlcera gastroduodenal. Dentro del ámbito de la psicopatología destacan la catatonia periódica y especialmente la depresión endógena, tanto de tipo monopolar (se presenta en forma de fases depresivas o de euforia o manía con cierta periodicidad) o bien de tipo bipolar (alternan periódicamente fases de manía o euforia con fases de depresión). En la depresión suelen confluir dos tipos de ritmos biológicos: uno circadiano, por el cual las personas que padecen una depresión se encuentran más abatidas por la mañana que durante la noche, como si fuesen mejorando de estado de ánimo según avanza el día; y otro de tipo estacional que hace que en muchas ocasiones la enfermedad aparezca o se agrave durante determinadas estaciones del año, sobre todo durante la primavera y en menor medida durante el otoño. El mayor número de suicidios registrados durante el período primaveral se relaciona con la mayor incidencia de la depresión durante esta época. J. H.

EL HUMOR Y EL ESTADO DE ÁNIMO

Humor es el tono sentimental, agradable o desagradable, que acompaña a una idea o situación. Cuando este tono se mantiene habitualmente o es el que predomina a lo largo del tiempo, hablamos de humor dominante o estado fundamental de ánimo.

El estado de ánimo puede variar entre dos extremos opuestos: desde la exaltación, la alegría y el entusiasmo, con una importante carga positiva de placer, a sus polos contrarios; la tristeza, la insatisfacción e inhibición, esta vez con carga negativa de sufrimiento. Entre ambos límites puede albergarse toda una gama de posibles estados de ánimo intermedios.

Las variaciones anímicas pueden originarse de dos formas:

1. Por estímulos ambientales; es decir, externos a la persona, en la que provocan una reacción en sus sentimientos que dependerá del carácter de la descarga emotiva provocada. Si dicho estímulo es placentero producirá sensaciones positivas, proyectando el estado de ánimo hacia la alegría y el júbilo. Por el contrario, si el influjo ambiental es desagradable, provocará sensaciones negativas, empujando el ánimo hacia la tristeza, la angustia y la depresión.

En condiciones normales, existe una relación proporcional entre estímulo y respuesta en ambos polos.

2. Otras veces, el estado de ánimo varía su tono hacia uno u otro signo con independencia de las circunstancias del exterior. Es como si surgiera del interior de la persona, condicionando su disposición anímica y sin motivos ambientales aparentes. Entonces hablamos de sentimiento vital, porque impregnan la vida del sujeto formando parte de él mismo.

De una u otra manera, tanto el cuerpo como la mente sintonizan con el estado de ánimo y presentan una apariencia determinada objetiva y subjetiva:

La persona con «buen» estado de ánimo se siente más vital, más activa y mejor dispuesta para las relaciones sociales. Conecta bien con el medio ambiente y le atraen los acontecimientos divertidos, con gran disposición hacia lo alegre y jovial. Las circunstancias negativas son filtradas por una capacidad mayor para la tolerancia y tienden a ser minimizadas. Las funciones corporales suelen estar aceleradas y ello se manifiesta a través de impulsos instintivos, como el apetito alimenticio y la sexualidad, entre otros.

Objetivamente resalta su mayor actividad, rapidez de movimientos y facilidad de diálogo. Su cuerpo se mueve con soltura y tiene una apariencia expansiva y extravertida: brazos abiertos, semblante alegre y risueño y facilidad para contagiar su estado de hilaridad.

En cambio, la persona con ánimo bajo presenta la cara opuesta: tiende al aislamiento social y a la desconexión con el ambiente. Los acontecimientos positivos resbalan sobre una capa impermeable de pesimismo. Tiene facilidad, en cambio, para percibir las desgracias que la rodean y con frecuencia tiende a exagerarlas. Piensa con más lentitud y suele ser unidireccional, tendiendo siempre hacia lo negativo. Sus reacciones instintivas también se encuentran mermadas: disminuye el apetito y frena la libido.

Corporalmente resalta su falta de actividad. No es raro que permanezca inmóvil en un sillón e incluso metida en la cama sin ganas de hacer nada. Su gesto se muestra serio o triste y es difícil arrancarle una sonrisa. Los brazos suelen caer abatidos o apretados contra el cuerpo, dotando a su figura de un aspecto retraído o introvertido. La acentuación de este estado puede acompañarse de la angustia y el llanto, con gran sensación de sufrimiento. Pero aquí ya entramos en el terreno de la depresión que merece un capítulo aparte.

El estado de equilibrio entre ambos polos, alegría y tristeza, recibe el nombre de eutimia; y las desviaciones hacia uno u otro sentido se llaman distimias. Cuando se rebasan unos determinados límites por ambos extremos caemos en el campo de la patología o enfermedad del ánimo: por un lado, la manía, en el plano de lo positivo; y por otro la depresión, en el de lo negativo. J. M. U.

AFECTIVIDAD

Definir la afectividad no es fácil. Así como las otras funciones psíquicas se pueden expresar de forma clara, ésta es mucho más complicada. Vamos a intentar esclarecer el concepto y apuntar sus alteraciones más frecuentes. Afectividad es el modo en que nos afectan interiormente las circunstancias que se producen a nuestro alrededor; está constituida por un conjunto de fenómenos de naturaleza subjetiva, diferentes de lo que es puro conocimiento, que suelen ser difíciles de verbalizar y provocan un cambio interior que se mueve entre dos polos opuestos: agrado-desagrado, alegría-tristeza, atracción-repulsa.

Hay cuatro características básicas que nos permiten delimitar la afectividad:

1. Es un estado subjetivo, interior, personal, en el que el protagonista es el propio individuo.
2. Es algo experimentado personalmente por el sujeto que lo vive, es la situación afectiva de uno mismo en cada momento.
3. Tiene tres expresiones: emociones, sentimientos y pasiones. Se manifiesta por el estado de ánimo, que es el afecto fundamental o humor dominante.
4. Toda experiencia tiene una manifestación afectiva y deja un impacto o huella que persiste en la historia vital del individuo.

Al estado de ánimo normal se le llama eutímico. Las distimias son las alteraciones de este humor normal que pueden desviarse en dos polos opuestos: en uno de ellos está la tristeza, la angustia, el tedio y la inhibición, y en el polo opuesto lo contrario: la alegría, el éxtasis, el entusiasmo y la exaltación. La euforia es la exaltación del estado de ánimo por encima de la normalidad, el sujeto se encuentra alegre, optimista, satisfecho de sí mismo y con una profunda sensación de bienestar que, en ocasiones, no tiene una justificación real. Cuando esta euforia «suena a falsa» y carece de contenido se llama euforia insípida. El polo opuesto es la depresión o melancolía que se caracteriza por tristeza, pena, abatimiento, desánimo y pesimismo. La angustia y la ansiedad son dos estados afectivos similares que se manifiestan por un miedo a algo, sin saber muy bien a qué y que conlleva componentes psíquicos y somáticos.

El estado de ánimo no es inmutable, sino que se modifica incluso dentro de la normalidad y siguiendo los estímulos que proceden del exterior. La sintonización afectiva es la capacidad de conectar afectivamente con el entorno y acusar la alegría o tristeza existentes en lo que a uno le rodea. Lo contrario es la capacidad de irradiación afectiva; es decir, la capacidad para que los otros se hagan eco del estado de ánimo propio. Esta capacidad de reacción afectiva puede verse bloqueada, el sujeto no cambia su estado de ánimo a pesar de las influencias del exterior, a esto se le llama rigidez o congelación afectiva. Cuando el estado de ánimo cambia bruscamente y de forma injustificada, por ejemplo, cuando alguien se pone a llorar o a reír de pronto por el más mínimo incidente, hablamos de labilidad afectiva. La incontinencia afectiva es la imposibilidad para controlar las emociones, que se manifiestan de forma aparatosa, sin que el sujeto pueda evitarlo. Parecido a la congelación afectiva es la indiferencia o embotamiento afectivo en la que el sujeto «deja de sentir» lo que normalmente sentía, ya no es capaz de querer como antes, ni odia, ni rechaza, ni se siente atraído, etc. Finalmente, la inversión de los afectos es quizá el trastorno afectivo más alarmante para quien lo sufre y quienes le rodean, típico de ciertas enfermedades psiquiátricas, como la esquizofrenia o la demencia, el sujeto deja de querer a quienes antes quería y puede empezar a odiarlos. M. D.

LAS EMOCIONES

Las emociones se caracterizan porque a su vertiente psicológica se suman síntomas corporales debidos a la excitación del sistema nervioso simpático e incluso, a veces, también del sistema nervioso parasimpático. Su propia etimología define perfectamente qué es lo que entendemos por emoción, ya que el término proviene del latin *emóvere* que significa agitar. Las emociones se caracterizan por una cierta agitación psicológica, que, como decíamos, se acompaña de una conmoción física o corporal.

Generalmente se producen por un estímulo exterior, con lo que su aparición es brusca, súbita, acompañándose de cambios significativos en la expresión corporal, especialmente en la cara. Se diferencian de los sentimientos en que éstos no se acompañan de cambios en la esfera corporal (o de producirse, éstos son mínimos), y en que la persistencia o duración de las emociones es mucho más grave. Hay que distinguirlas también de las llamadas vivencias emocionales, éstas son experiencias en las que surgen una o más emociones, lo que no es igual a la emoción en sí, que sería más bien producto de esa vivencia, aunque van estrechamente unidas. (A la hora de considerar una posible clasificación de las emociones, es perfectamente válida la clasificación expuesta con motivo de las vivencias emocionales.) También se han clasificado las emociones en razón de la mayor o menor participación en su vertiente corporal del sistema nervioso simpático o del parasimpático, ya que se han podido comprobar diferencias en este sentido: por ejemplo, la ansiedad y agresividad están más relacionadas con el simpático, mientras que el terror lo está más con el parasimpático. Esta vertiente de las emociones ha sido el tema nuclear de abundantes trabajos de investigación. En 1937, Papez describió un circuito nervioso de la emoción en el que participaban el sistema límbico, el hipotálamo, el sistema reticular y las estructuras neocorticales. Unos quince años más tarde, Mc Lean llega a la conclusión de que los aspectos psicológicos de las emociones están a cargo de la corteza cerebral, mientras que los síntomas más corporales y los cambios que las emociones producen en la conducta humana dependerían del hipotálamo. Grossman, en 1967, demostró que se podían producir respuestas agresivas al estimular, no sólo la corteza cerebral, sino también estimulando el cerebelo. Las investigaciones continúan hoy día, ayudadas por modernos aparatos de registro bioeléctrico capaces de determinar la intensidad de la vertiente corporal de cada emoción que se provoca artificialmente en el laboratorio psicológico.

Otro aspecto no menos importante de las emociones es el de sus manifestaciones a través de la conducta. ¿Cómo nos comportamos cuando sentimos una emoción? Cuando, por ejemplo, tenemos miedo, podemos actuar de tres modos fundamentales: quedándonos paralizados, como si no pudiéramos movernos, ni hacer nada; huyendo; o en tercer lugar, luchando, enfrentándonos con la causa del miedo. Hay personas que siempre, o casi siempre se comportan del mismo modo cuando sienten una determinada emoción; otras, las menos, se comportan de modo diferente e imprevisible. Aquí parecen influir dos patrones de comportamiento que se superponen: uno innato, es decir, que se posee desde el mismo momento del nacimiento, y otro adquirido, que estaría en relación con las propias experiencias que hemos tenido a lo largo de nuestra vida, las cuales nos condicionarían hacia determinadas pautas de conducta, como si hubiésemos aprendido «por experiencia» a reaccionar de un modo determinado sin darnos cuenta, inconsciente o conscientemente, que, de este modo, éramos capaces de salvar esta situación. Se trataría, en cierto modo, de los resultados del procesamiento cerebral de un largo caudal de información. Enlazamos, entonces, con los conceptos desarrollados por la denominada psicología cognitiva, según la cual, ante una determinada situación realizamos un análisis extraordinariamente rápido de todos sus componentes, tras el cual se genera, de forma casi automática, un modo de actuar, como, por ejemplo, se ha comprobado en situaciones límites como las provocadas por accidentes de circulación, en que se actúa convenientemente tras valorar un gran número de factores en juego en el plazo de escasos segundos. J. H.

LOS CELOS

Los celos son una emoción que surge como consecuencia de un exagerado afán de poseer algo de forma exclusiva. Generalmente se refieren a la posesión exclusiva de la persona amada, entendiendo como tal no sólo a la pareja o el cónyuge; la conducta celosa se puede dar en otras formas de amor, como la de los padres con los hijos o en la amistad. A veces, se puede llegar a sentir celos con objetos (un coche, un caballo, etc.), no prestándoselos a los demás sólo porque se quieren para el disfrute exclusivo de uno mismo y porque se consideran como algo íntimo y personal (al margen de que se pueda pensar que los demás puedan deteriorarlos).

Los niños pueden tener una actitud celosa hacia sus hermanos u otros niños, en un intento de conservar todo el afecto de uno o ambos padres dirigido hacia ellos de forma exclusiva. No se desea compartir el cariño de los padres porque se piensa que entonces los querrán menos a ellos, ya que a menudo creen que el amor tiene unos límites cuantitativos, y que si se divide obtendrán una porción menor. A esto puede añadirse la idea de que el cariño y atención de los padres se va desplazando hacia los demás, a los que pueden terminar queriendo más que a ellos. Es posible que algo similar le suceda a uno de los padres, que puede temer perder el cariño de su hijo si éste se dirige hacia el otro padre, otras veces simplemente desean, de forma más o menos inconsciente, todo el cariño del hijo para sí, sintiéndose celosos de que su hijo quiera a su otro progenitor. También se pueden producir celos entre los padres y el esposo/a del hijo. Los celos entre la madre y la esposa del hijo, sobre todo del hijo único, son relativamente frecuentes, como si ninguna de las dos quisiese compartir formas distintas de amor. Durante la adolescencia son especialmente frecuentes los celos entre amigos. Es la época de los amigos íntimos, con los que se comparte casi todo. La llegada de una nueva amistad se puede vivir como algo que pone en peligro las cualidades específicas de esa relación que no se desea ampliar ni compartir.

Con todo, los celos más comunes son los que se dan en la relación amorosa de pareja. En estos casos al exagerado afán de posesión y de exigencia egocéntrica propio de todas las formas de celos, se suma la exigencia de una fidelidad más o menos pactada y el desprestigio social que puede surgir de la infidelidad. Además, especialmente en el caso de los hombres el objeto de amor, la mujer, puede verse resquebrajado por la infidelidad, perdiendo características de la idealización del objeto amado. Los más inseguros pueden pensar que tras una relación amorosa con otra persona se puede perder el objeto amado porque ésta resulta más atractiva en su conjunto a su pareja, o bien que, por simple comparación, su pareja descubra lo poco que él vale en realidad. En el amor conyugal es donde se dan las actitudes verdaderamente celosas, ya que se suele unir a la emoción de los celos una conducta de espionaje o vigilancia de su pareja; al fin y al cabo, «celar» no significa otra cosa que «vigilar», «estar alerta». Esta situación de continua desconfianza genera una gran tensión emocional en el celoso y en su pareja que se siente continuamente acosada, vigilada, interrogada, generalmente sin motivos. La vida de la pareja tiene uno de sus grandes pilares en la comunicación franca y sincera y en la mutua confianza. Los celos, lógicamente, producen un gran deterioro en la relación y pueden acabar con ella.

Hay algunos tipos de personalidad que suelen ser más celosos, como los egocéntricos, desconfiados, inseguros, narcisistas, necesitados de estimación o histéricos. A través de los celos se puede llegar a producir el trastorno denominado desarrollo paranoide o celotipia, en el que a partir de una situación más o menos real de infidelidad se elabora toda una estructura psicológica sin base real en relación con la infidelidad de una persona, que puede durar toda la vida. Algunos trastornos psicopatológicos suelen presentar conductas celosas; sobre todo destacan el alcoholismo y en menor medida las esquizofrenias de tipo paranoide. I. H.

EL SIGNIFICADO DE CADA EMOCIÓN

A lo largo de la historia, numerosos científicos han intentado establecer una cierta relación entre las manifestaciones físicas de cada emoción y su componente psicológico. ¿Es posible que en algunas emociones la agitación se traduzca, por decirlo así, en una serie de fenómenos corporales que tengan un significado equivalente? ¿Por qué a la vergüenza corresponde generalmente el rubor, la inseguridad, la timidez, etcétera?

Muchas de las interpretaciones propuestas no parecen carecer de cierto fundamento. Es como si el cuerpo expresase de forma simbólica el contenido psicológico de cada emoción. Al sentir vergüenza de algo, solemos tender a escondernos, en un intento simbólico de ocultarnos o de ocultar aquello que es la causa de nuestra vergüenza. Por tanto, preferimos evitar las miradas de los demás. El correlato vegetativo de la vergüenza es el rubor, nos ponemos colorados. Para algunos esto equivale al mismo afán por ocultar el rostro, como si el rubor constituyese un modo de borrar nuestras facciones, de introducirnos en la oscuridad, de escondernos.

El temblor de todas las situaciones que implican inseguridad significaría la duda, el no saber qué hacer, que se traduce en movimientos oscilatorios, que equivalen a ese ir de un lado a otro sin tomar definitivamente una dirección. El ceño fruncido de la desconfianza podría interpretarse como la expresión de no ver claro. Andar encorvado, como consecuencia de una emoción desagradable significaría falta de energías, abatimiento, en definitiva. Los golpes de pecho del arrepentimiento, significarían el reconocimiento, incluso la necesidad de un castigo para expiar el sentimiento de culpa. La tendencia a retroceder tras un susto se puede interpretar como la intención de escapar al peligro. El exceso de movimientos propios de la agitación equivaldría a la intención de solucionar o poner remedio al problema lo antes posible, mientras que el quedarnos paralizados significa que consideramos inútil toda lucha o esfuerzo. Las interpretaciones son interminables y, al fin y al cabo, pueden ser fruto de la especulación. ¿Tiene un significado cada emoción o somos nosotros los que se lo damos? J. H.

ESTABILIDAD AFECTIVA

El afecto determina la actitud general, ya sea de rechazo, de aceptación, de huida, de lucha o de indiferencia ante una persona, un acontecimiento o una idea.

Cuando el estado afectivo se mantiene habitualmente, se puede hablar de estado de ánimo fundamental.

Debemos distinguir dos formas de afectividad según su cualidad:

Actitud afectiva. Se refiere al estado afectivo con que respondemos a las situaciones ambientales, en nuestra relación con el exterior.

Disposición afectiva. Se refiere al estado afectivo con que nos enfrentamos generalmente con nosotros mismos. Esta disposición sería básicamente la que determinaría lo que antes llamamos estado de ánimo fundamental.

Asimismo, el afecto puede clasificarse según su intensidad y con relación al desencadenante emocional en:

Afecto superficial. Cuando la persona conecta escasamente con los estímulos emotivos. Su respuesta es muy débil o incluso inexistente, como ocurre en la indiferencia emocional.

Afecto inapropiado. Cuando existe una desproporción manifiesta entre estímulo y emoción. En este caso se pueden dar todas las combinaciones posibles entre ambos (desencadenante y reacción emotiva) pero sin relación proporcional directa. Por ejemplo, descargas emotivas intensas ante hechos insignificantes o, por el contrario, leves expresiones de emoción ante hechos transcendentales.

Una forma de afecto inapropiado sería el llamado afecto paradójico, que se produce cuando la respuesta es totalmente contraria al estímulo. No es raro observar este fenómeno en condiciones, digamos forzadas, en las que hay un cierto desbarajuste de sentimientos ante un hecho impactante: dos ejemplos claros son una crisis de risa «nerviosa» en el entierro de un familiar, o el llanto de alegría con que se recibe un premio importante.

Afecto lábil. Es el que caracteriza a una persona de carácter mudable, que varía, saltando de uno a otro polo, en un corto período de tiempo.

El equilibrio afectivo no radica en la estabilidad constante, sino en una sintonización justa y apropiada con el exterior (actitud) y con el propio interior (disposición). Tal vez la forma de medirlo sea el estado habitual de ánimo.

Un factor esencial en el equilibrio afectivo es el desarrollo de la personalidad en las etapas de la infancia. El niño aprende primero a dar y recibir afecto en el marco familiar, a través de sus padres y hermanos, posteriormente lo extiende al colegio ampliándolo al terreno de la amistad, y por último, en el trabajo, lo integra en el plano de la colaboración y compañerismo laboral.

Pero, como dijimos, es en el terreno familiar donde se elaboran los cimientos afectivos. Cuando la familia presenta un ambiente conflictivo y cargado de tensiones, el niño crece con una actitud de desconfianza básica. Su temperamento adopta un comportamiento receloso y hostil, poniéndose a la defensiva ante todo compromiso afectivo. Con el tiempo, si el ambiente sigue siendo desfavorable, esa actitud defensiva tiende, por repetición, a convertirse en una disposición afectiva habitual.

Al ser el afecto un rasgo esencial de las relaciones sociales, su configuración distorsionada condicionará la vida de quien la padece. De este modo, la inestabilidad afectiva puede manifestarse de una forma inhibida o explosiva.

Un ejemplo de forma inhibida es el de las personas frías y sin sentimientos, que no saben querer al prójimo y permanecen indiferentes ante los sentimientos ajenos. Raramente se emocionan por las circunstancias ambientales y ciñen su carga afectiva al amor propio.

Por otro lado, en la forma explosiva, aparece la persona que proyecta su recelo y suspicacia hacia la defensa agresiva.

Sólo sabe relacionarse sentimentalmente mediante la agresión y el desprecio por los demás. No es raro que su manifestación amorosa y sexual sea autoritaria y cercana al sadismo.

En cambio, la estabilidad afectiva marca un clima de autoconfianza y confianza en el prójimo. La persona estable es abierta a la relación social, disfruta de la amistad y el amor con naturalidad. Se alegra y sufre en las situaciones adecuadas y está dotada de los sentimientos precisos que dan humanidad a su vida. J. M. U.

QUÉ COSAS INFLUYEN EN NUESTRO HUMOR

Humor es el tono sentimental, agradable o desagradable, que experimenta internamente una persona. Generalmente está vinculado a un objeto exterior (acontecimiento, lugar, otra persona, etc.) o a un pensamiento propio.

El humor se refiere exclusivamente a los sentimientos internos, subjetivos, y no abarca la manifestación exterior de los mismos. Cuando tenemos en cuenta los sentimientos internos y su expresión externa, hablamos de afecto y no de humor.

Es una expresión coloquial y habitual el decir: «estoy de buen humor» o «estoy de mal humor» cuando queremos reflejar nuestra disposición anímica ante las circunstancias ambientales.

Cuando nos encontramos «de buen humor» nuestro tono vital y sentimental se encuentra fortalecido. Nos sentimos alegres y sintonizamos bien con todos los acontecimientos positivos que nos rodean. Nos encontramos optimistas y tenemos ganas de hacer cosas, conectar con otras personas, divertirnos y sacar provecho de nuestras experiencias cotidianas. Asimismo disponemos de una mayor capacidad de resistencia para afrontar los posibles contratiempos; que, por otro lado y debido al optimismo, tendemos a minimizar, quitándoles importancia.

Por el contrario, cuando nos encontramos «de mal humor» nos colocamos en el polo opuesto. Nuestra disposición anímica se tiñe de pesimismo, nos sentimos apáticos, desganados y faltos de interés por todo aquello que requiera un mínimo esfuerzo. Los contratiempos nos parecen complicaciones fastidiosas e insalvables, empeorando aún más nuestro estado. Preferimos que nos dejen en paz y no nos moleste la gente, por lo que tendemos a eludir la relación social.

Si tratamos de analizar qué factores influyen en el humor, observaremos que son innumerables. Unos son externos, procedentes del medio ambiente que rodea la vida del individuo. Otros son internos, procedentes de la propia persona y aparecen en forma de sensaciones físicas, psíquicas o combinadas.

Una clasificación de los factores determinantes de los cambios de humor nunca sería acertada, ya que una característica básica de los mismos es que son específicos de cada persona. Es decir, cada individuo es sensible a unos determinados factores que son particulares. Un mismo acontecimiento actúa en el humor de varias personas de distinta manera, según su temperamento y carácter.

Un experimento sencillo consistiría en acudir a una reunión social, y detenernos a observar a cada uno de los asistentes, tratando de percibir su estado de ánimo, su humor predominante. Probablemente veríamos a alguno alegre, radiante de felicidad, charlatán y lleno de entusiasmo. No lejos de él, advertiríamos la presencia de otro, callado, taciturno, ausente, actuando como si la fiesta no fuera con él. Un poco más allá se dejaría ver un tercero, burlón, arrogante y presuntuoso que no cesa de llamar la atención. Sentado en un rincón, tal vez otro esté deleitándose con la música. Y otro más, quizá, se queje de aburrimiento y fastidio, lamentando haber asistido. Como vemos, el acontecimiento y los estímulos ambientales son comunes a todos, pero, sin embargo, la reacción de cada uno es muy distinta.

Así ocurre en la mayoría de los casos. Lo que para uno es maravilloso, puede ser horripilante para otro. Cada persona es un conjunto de vivencias, experiencias y recuerdos archivados a lo largo de toda su existencia. Cada uno de ellos va acompañado de un sentimiento, una determinada emoción, que a modo de resorte se activa cuando nos encontramos ante una circunstancia que los excita. No es, pues, el hecho determinante en sí, el que modula nuestro humor, sino la integración mental que hacemos del mismo en nuestro interior, con toda la carga emotiva que ello supone.

Cuando nos preguntamos, entonces, qué cosas influyen en nuestro humor, podemos afirmar que todas aquellas que provoquen en nosotros una reacción emotiva; tanto positiva como negativa. Hacer un listado de las mismas sería una tarea interminable, porque prácticamente todo acontecimiento de algún modo, consciente o inconscientemente, nos afecta. J. M. U.

MOTIVACIONES, INTERESES Y RESONANCIA AFECTIVA

La motivación es aquel factor o grupo de factores que mueven a la persona hacia la acción.

El comportamiento humano puede verse, pues, condicionado, motivado para actuar con arreglo a sus necesidades. Éstas pueden dividirse básicamente en dos categorías principales: las que provocan movimientos de atracción o acercamiento, estando asociadas con el placer; y las que inducen al alejamiento o repulsión, estando asociadas con el dolor.

Las motivaciones que mueven al individuo pueden ser innumerables, aunque, generalizando, podemos clasificarlas en:

— Motivaciones primarias. Son las más fundamentales, y las que tienen que ver con un fondo biológico. También son las más primitivas, pues, al fin y al cabo, siguen un patrón instintivo de supervivencia. Entre ellas destacan: el hambre, la sed, la atracción sexual, el sueño (necesidad de dormir), la agresividad, el rechazo del dolor. Naturalmente, hay varias más, en definitiva basta con aplicar al hombre el patrón de conducta de los animales para enumerarlas.

— Motivaciones secundarias. Son aquellas más racionales, y las que atañen al hombre en cuanto a ser emocional y social. Digamos que no tratan de cubrir necesidades biológicamente tan vitales como las primarias, pero que para el ser humano, a diferencia de los animales, pueden tener suma importancia. Entre otras muchas destacan: la necesidad de seguridad, de afecto, de autoestima, de sabiduría y de gozo. Su importancia radica en que de ellas depende el ejercicio de la vida civilizada, al tiempo que modulan en cierto modo la consecución de las primarias.

Algunas teorías afirman que las motivaciones secundarias no actúan mientras no estén cubiertas las primarias. En cierto modo es así: una persona hambrienta buscará antes alimento que un libro donde satisfacer su ansia de saber. Aunque, naturalmente, en el comportamiento humano siempre hay excepciones. Y lo real es que tanto unas motivaciones como otras pueden ir entrelazadas, necesitando satisfacerse al mismo tiempo.

En muchas ocasiones es difícil, por no decir imposible, marcar una separación entre motivaciones secundarias e intereses.

Cuando hablamos de interés nos referimos a un grado de motivación secundaria a la que añadimos un matiz gratificador que supera la simple necesidad de satisfacerla.

Normalmente, cuando se satisface una necesidad, se percibe con ello un cierto grado de placer que determina la satisfacción. En cambio, en el interés, tal vez no exista esa sensación de saciedad plena y el individuo sigue motivado para conseguir más de aquello que le interesa.

Un interés bien encauzado puede ser productivo y enriquecedor de la persona, sobre todo si tiene lugar en el ámbito de lo abstracto y creativo, como el arte, el estudio y las sanas aficiones. Cuando llevan otros derroteros materiales, o no tan sanos, desembocan en la ambición, entendida aquí como interés exagerado.

Sobre el mecanismo de acción de las motivaciones se han hecho múltiples estudios. En general, se piensa que cuando el individuo tiene una carencia o una necesidad se produce un desequilibrio dentro de su organismo. Según las leyes de la biología, toda perturbación interior tiende a autoequilibrarse; de ahí que surja la motivación en forma de inquietud motora que incita a la búsqueda de lo que se carece. Esto explicaría con claridad las motivaciones primarias; por ejemplo: la disminución o desgaste del líquido corporal despierta el instinto de la sed, que nos incita a buscar agua.

Pero este mecanismo no es tan sencillo cuando analizamos las motivaciones secundarias o los intereses. El principio es el mismo: tiene lugar un desequilibrio que hay que corregir; pero ahora es psíquico y se manifiesta en forma de ansiedad. Cuando, mediante la búsqueda o la casualidad, nos topamos con la solución o posible satisfacción del ansia, tiene lugar lo que llamamos resonancia afectiva, que no es más que la puesta en marcha de nuestros mecanismos volitivos, es decir, del deseo. Naturalmente, este proceso es muy personal, por lo que a veces no comprendemos ciertos deseos ajenos.

Cuando la resonancia afectiva consigue sus fines se calma la ansiedad y sobreviene un cierto placer. Pero cuando no lo logra aparece la frustración. J. M. U.

LOS SENTIMIENTOS

Resulta muy difícil encontrar una definición exacta de lo que es un sentimiento, a pesar de las numerosas definiciones que un gran número de autores han ido proponiendo a lo largo de la historia. Descartes definió los sentimientos como «acciones y efectos del sentir». Más tarde, a finales del siglo XIX, Wund concibe los sentimientos como pares de fuerzas extremas que constarían de dos polos opuestos, englobando todos los sentimientos en los tres pares siguientes:

Placer-displacer.
Excitación-reposo.
Tensión-relajación.

Desde entonces, se han ido proponiendo diversas definiciones que se basan en nuevos intentos de clasificación. Krueger lo intenta considerando los sentimientos en razón de su profundidad, dividiéndolos en profundos y superficiales. Los profundos serían los auténticos sentimientos, ya que éstos proceden de nuestra intimidad y se mantienen presentes durante mucho tiempo. Los superficiales serían aquellos que proceden del exterior, como reacción a estímulos externos, y que, aunque pueden tener cierta intensidad, duran menos que los anteriores. Max Scheller elaboró otra clasificación, que para muchos continúa siendo la más acertada, que divide los sentimientos en cuatro modalidades: sensoriales, vitales, psíquicos y espirituales. Los sensoriales serían aquellos que siempre se localizan en un sector del organismo, tal como ocurre, por ejemplo, con los sentimientos dolorosos. Los vitales son los que se experimentan difusamente dentro del yo, de forma bastante independiente respecto a los sentimientos sensoriales o a los acontecimientos externos. Los sentimientos psíquicos son los que aparecen como reacción a algún suceso exterior, tal como ocurre, por ejemplo, con la alegría que surge tras una noticia satisfactoria. Por último, estarían los sentimientos espirituales, que son estados absolutos que no aparecen motivados por ninguna causa concreta, tal como ocurre con los sentimientos religiosos.

Junto con la clasificación de Max Scheller hay otra gran clasificación, la diseñada por Kurt Schneider. Para Schneider, los sentimientos serían estados del yo, pasivos, y vividos directamente como agradables o como desagradables. Para clasificarlos habría que distinguir entre los sentimientos corporales, como los sentimientos dolorosos, escalofríos, sed, etc., y los sentimientos anímicos, que estarían más relacionados con la vertiente psicológica de la persona. Seguidamente incluimos la clasificación de los sentimientos anímicos creada por Schneider. J. H.

- SENTIMIENTOS DEL ESTADO
  - Agradables
    - Alegría
    - Deleite
    - Vivacidad
    - Beatitud
    - Júbilo
    - Serenidad
    - Satisfacción
    - Confianza
  - Desagradables
    - Tristeza
    - Preocupación
    - Angustia
    - Temor
    - Incomodidad
    - Sentimiento de lo inquietante y siniestro
    - Desaliento
    - Desamparo
    - Nostalgia
    - Desconcierto
    - Desesperación
    - Espanto
    - Susto
    - Enojo
    - Ira
    - Envidia
    - Celos
    - Aburrimiento
    - Vacío

- SENTIMIENTOS VALORATIVOS
  - Alovalorativos (o de estimación ajena
    - Afirmativos
      - Amor
      - Aprecio
      - Confianza
      - Compasión
      - Consideración
      - Interés
      - Aprobación
      - Agradecimiento
      - Respeto
      - Admiración
      - Veneración
    - Negativos
      - Odio
      - Aversión
      - Desconfianza
      - Desprecio
      - Hostilidad
      - Burla
      - Desaprobación
      - Indignación
  - Autovalorativos (o de estimación propia)
    - Afirmativos
      - Energía
      - Orgullo
      - Vanidad
      - Amor propio
      - Superioridad
      - Sentimiento de triunfo
      - Sentimiento de desafío
    - Negativos
      - Vergüenza
      - Sentimiento de culpa
      - Remordimiento

DEPENDENCIA E INDEPENDENCIA AFECTIVAS

En las relaciones humanas, el afecto es un factor esencial, ya que constituye el tono vital o la actitud general, bien de atracción o de repulsa, que mostramos hacia el prójimo.

Cuando el afecto que sentimos hacia otra persona está asociado con el agrado y el placer, hablamos de cariño, sentimiento que, en su grado superior, constituiría el amor.

El vínculo del cariño incita a adoptar una determinada conducta de acercamiento hacia la persona querida. Aparece una cierta necesidad de aproximación a través del seguimiento, llamada, búsqueda y apego. Tal necesidad se ve satisfecha cuando se está en compañía del ser querido y se disfruta de una comunicación recíproca.

Paralelamente aparece una conducta de mantenimiento, constituida sobre todo por actos de ternura y consideración que hacen perdurar el lazo afectivo.

En condiciones normales aprendemos a ser afectuosos desde la infancia, a través del cariño que recibimos de los padres, complementado con el de hermanos y demás familiares, así como del ejemplo que observamos entre los adultos. Cuando el ambiente familiar es favorable, la personalidad se desarrolla con una positiva actitud de cariño, afecto y confianza.

Para que una persona pueda establecer un vínculo afectivo auténtico con alguien, es necesario que posea una capacidad para la autoestima, para el cariño hacia sí mismo. Cuando tiene su medida justa se dice que posee el narcisismo normal. Los niños fomentan su autoestima cuando reciben cariño de sus protectores y hacen de ello una necesidad esencial. Las recompensas afectuosas y las amenazas con retirárselo ejercen una gran influencia en la educación infantil.

Con la madurez, la persona deriva gradualmente sus afectos y autoestima hacia otras posibilidades sustitutivas. Llega, así, a la independencia afectiva, pues sabe dosificar sus necesidades de ser querido y sus ansias de querer en la cantidad adecuada y precisa, acorde a las circunstancias. Sabe tolerar las frustraciones y renunciar a la gratificación cuando es necesario sin desestabilizar su ánimo por ello.

Por el contrario, la persona afectivamente inmadura precisa en todo momento querer y ser querida. Es más frecuente lo segundo, ya que el inmaduro es débil, inseguro y deseoso de protección. Lo que es una necesidad natural puede transformarse en necesidad imperiosa y vital.

Aparece, entonces, la dependencia afectiva. Cuando una persona desarrolla su afectividad en el terreno de la dependencia, pierde su libertad. Es incapaz de disfrutar de su vida afectiva pues mantiene una angustia latente, y a veces manifiesta, por el miedo a perder el afecto de los demás. Puede llegar a ser ambiciosa y egoísta en el terreno del amor y el cariño, entorpeciendo de esta manera las relaciones interpersonales normales.

No es raro encontrar matrimonios y parejas de novios cuya relación amorosa se halla profundamente deteriorada por una dependencia afectiva poco sana. Lo que sería un intercambio libre de afecto, se transforma en ellos en una necesidad obsesiva, en una constante exigencia de cariño y atención que llega a «asfixiar» al compañero. Con frecuencia, en este tipo de relación, aparecen los celos como fruto de una inseguridad en sí mismo y falta de confianza en el otro.

El auténtico cariño debe estar libre de exigencias impositivas y fundamentado en el respeto al ser amado. Un afecto conseguido de manera forzada y carente de espontaneidad, ineludiblemente, tenderá a agotarse y correrá el peligro de transformarse en rechazo, al ser obligatorio. J. M. U.

LAS PASIONES

Las pasiones son inclinaciones o tendencias de gran intensidad, que no proceden de la voluntad, que se experimentan desde la pasividad, como «viéndose arrastrado por ellas», excepto cuando se intenta luchar activamente contra las mismas. Las pasiones se distinguen de las emociones y sentimientos por tener mayor o, al menos, la misma intensidad que éstos, y porque tienen una mayor duración, y dan a la persona que las experimenta la sensación de ser dirigido y dominado por ellas. Tienen un carácter más indiferenciado que los sentimientos y están orientadas fundamentalmente a conseguir el objeto que desencadena su aparición, por lo que mantienen una cierta proyección de futuro. Las emociones, por el contrario, están cerradas en el presente.

El odio, el amor, la venganza, etc., pueden tener carácter pasional cuando tienen tal intensidad que incluso escapan al control de la voluntad, si ésta no se aplica con una disciplina férrea. Con la pasión el hombre se abandona a las inclinaciones de su vida afectiva, mientras que deja un poco de lado los contenidos racionales de su comportamiento: «Impera el corazón sobre la razón.» Bajo el influjo de las pasiones el hombre tiene una vida afectiva más intensa, por lo que muchos románticos del siglo XIX proponían abandonarse a las propias pasiones, sin autocontrol, para sentir con toda fuerza la vida anímica, la cual sería la principal fuente para tener una auténtica conciencia de la existencia. Sin embargo, bajo el influjo de las pasiones se produce una cierta pérdida de libertad, ya que puede llegar un momento en que el sujeto se sienta casi obligado a desarrollar conductas y comportamientos que van en contra de la trayectoria vital que se había trazado.

De todos modos, no resulta fácil luchar contra determinadas pasiones, a pesar de que sepamos que seguir sus tendencias puede ser muy perjudicial para nosotros. Las pasiones, al igual que otros procesos afectivos, producen cambios psicológicos de cierta importancia en la persona que las experimenta. Ésta sufre una cierta deformación en sus ideas, de modo que sobrevalora todos aquellos contenidos que están de acuerdo con la pasión, mientras que los que están en desacuerdo quedan automáticamente eliminados, o cuando menos, permanecen indiferentes. Por tanto, la pasión produce una deformación como consecuencia de la cual, sólo se consideran los aspectos que están de acuerdo con la pasión, mientras que se infravaloran o no se tienen en cuenta los que van en contra de la misma. De este modo se pueden justificar, ante uno mismo, los comportamientos pasionales.

También se suelen asociar a las pasiones algunos mecanismos psicológicos, como la catatimia o deformación de las percepciones, causada por el estado de ánimo (por ejemplo, cuando se quiere a una persona se la puede ver más guapa de lo que es en realidad). También son frecuentes los mecanismos psicológicos de proyección, mediante los cuales se atribuye a otras personas sentimientos o tendencias propias, que esas personas no poseen. Por ejemplo, un enamorado puede considerar como gestos o pruebas de amor en la persona querida lo que solamente son comportamientos comunes, sin que tengan ese significado concreto.

Algunas personas son más apasionadas que otras; es decir, están más sometidas que la mayoría al influjo de las pasiones. Serían aquellas en las que la vida afectiva mantiene una cierta supremacía sobre los contenidos de corte más racional, y que actúan más en relación a sus sentimientos y tendencias que a su forma de pensar. Estas personas suelen ser impulsivas y sensibles y muchas veces se ven inmersas en conflictos psicológicos, debidos a esta discrepancia entre su forma de pensar y su modo de actuar o de comportarse. J. H.

LA REPUGNANCIA

La repugnancia es una emoción con carácter desagradable que surge como respuesta a algo percibido por los sentidos de forma súbita y brusca, perturbando la situación psicológica previa. Junto con esta manifestación psicológica tiene un correlativo corporal, neurovegetativo, muy llamativo en forma de náuseas y hasta vómitos, sensación de mareo y desvanecimiento.

Hay cosas que a todo el mundo repugnan (como pisar un excremento de perro por las calles) y otras que sólo repugnan a determinadas personas. Esto depende del origen de la repugnancia, que puede ser diverso. Las vivencias anteriores desagradables dejan una huella, y al entrar de nuevo en contacto con el objeto que las originó, es fácil que vuelvan a producirse. Por ejemplo, si se tuvo una fuerte indigestión al comer anchoas, es bastante lógico que luego, nada más verlas, entren náuseas. Aquí entra en juego la memoria experiencial, y tanto las experiencias anteriores como las nuevas, que de alguna manera puedan relacionarse con ellas, generan repugnancia.

Existen situaciones fisiológicas especiales en las que el organismo manifiesta repugnancias nuevas que antes no tenía, por ejemplo, frente a los alimentos. Las embarazadas suelen cambiar sus gustos alimenticios y de pronto empiezan a aborrecer comidas que antes les agradaban; tras el parto esta repugnancia desaparece. Algo semejante ocurre en los estados febriles en los que la comida en general provoca una sensación de rechazo. Ciertos enfermos cancerosos presentan, entre sus primeros síntomas, la repugnancia por la carne.

Las motivaciones estéticas son innegables, tanto las que se captan por los sentidos, como las que están determinadas por los patrones estéticos establecidos; así, repugna la suciedad, el mal olor corporal, las formas descuidadas y desaseadas de vestir, ciertas deformidades físicas... Las normas sociales establecidas dentro de cada cultura determinan que haya cosas que a casi todos repugnan, como puede ser el oír sorber la sopa, o escupir en la calle.

La repugnancia se puede superar en un momento dado y controlarse a largo plazo. El autodominio, con un enorme esfuerzo, hace vencer los primeros instantes y superar los correlatos vegetativos, como las náuseas; pasado el primer momento se ha superado lo más difícil. A largo plazo y a base de entrenamiento, se llega a vencer la sensación de repugnancia. Es típico de los estudiantes de medicina sentir un rechazo inicial al ver la sangre, pero como desean ser médicos, se acostumbran con el tiempo. M. D.

EL AUTODOMINIO Y CONTROL DE LAS EMOCIONES

Una emoción es una alteración del ánimo que va acompañada de una reacción o manifestación corporal.

En general el ánimo oscila entre dos extremos opuestos: por un lado está ligado a la sensación de agrado, que provoca un estado de excitación eufórica y placentera; y por otro va unido a la sensación de desagrado que induce a la depresión y el sufrimiento.

Tales sentimientos provocan una reacción del organismo en su esfera puramente corporal (somática). Así, por ejemplo, con el agrado se hace más lento el pulso y la respiración más profunda, mientras que el desagrado lleva consigo una aceleración de los latidos cardíacos y una respiración rápida y superficial. Del mismo modo, todo el resto del organismo se adapta al estado emocional. En realidad no son más que vestigios de las reacciones primitivas de huida o acercamiento ante un estímulo, conductas fácilmente observables en el reino animal, pero que en el hombre están moduladas por un desarrollo social e intelectual.

Es normal encontrar a nuestro alrededor comportamientos tan habituales como retraer los labios y mostrar los dientes cuando se está furioso. Aunque lo parezca, no quiere decir que tengamos intención de morder a nadie; tan sólo es una secuela de un gesto que primitivamente tenía un sentido de lucha, tal y como se observa aún en los animales. Cuando sentimos miedo, notamos cómo se eriza el vello de nuestro cuerpo, en una reacción relacionable con el mecanismo de defensa de algunos animales, como, por ejemplo, el gato, y que en ellos tiene la intención de aumentar el tamaño corporal con fines intimidatorios.

Son todas ellas respuestas emotivas que tienen lugar de forma refleja y sin que tengamos, en principio, control consciente y racional sobre ellas, porque no son aprendidas, forman parte del comportamiento instintivo heredado y se repiten en todos los seres humanos.

Prueba de ello son algunas experiencias realizadas con niños sordos y ciegos de nacimiento. A pesar de no tener capacidad para imitar gestos o sonidos por carecer de visión y oído, cuando demostraban una emoción, repetían los mismos ademanes que otros sanos. Y los estudios antropológicos revelan cómo los gestos emocionales (de risa, llanto, ira, etc.) se reproducen por igual de uno a otro continente y entre las más diversas culturas, desde las más primitivas a las más desarrolladas.

El ser humano no ha aprendido a emocionarse, lo que sí ha adquirido es un mayor enriquecimiento en la expresión de sus emociones, hecho que va en proporción a su capacidad de comunicación como animal social.

Sin embargo, con la evolución cultural y el aprendizaje de normas de convivencia a través de la educación, el hombre también ha adquirido la capacidad de controlar sus emociones; o, al menos, la exteriorización de las mismas. Las normas de educación nos dicen que gritar cuando estamos furiosos, reírse a carcajadas, hacer aspavientos cuando lloramos, etc., no «está bien visto» y debemos reprimirlo. Hasta tal punto hemos asumido estas normas que, cuando las observamos, nos llaman la atención e incluso nos parecen ridículas, caricaturescas y exageradas. En cambio, son manifestaciones usuales entre las personas de bajo nivel cultural y sociedades primitivas.

Otras veces, la manifestación espontánea de las emociones, se integra psicológicamente como una muestra de debilidad y, por tanto, tiende a reprimirse, sobre todo aquellas emociones fruto del sufrimiento, como el llanto. Todos hemos oído la frase: «los hombres no lloran» o «llorar como una mujer», con la intención puramente machista de restar virilidad al hombre emotivo que se comporta como una «débil mujer», cuando, muchas veces, demostrar una emoción es una cualidad humana positiva, que nada tiene que ver con la debilidad. El error tiene lugar cuando se confunde sensibilidad con «sensiblería».

¿Se deben, entonces, controlar las emociones? ¿Es positivo el autodominio? No necesariamente. Muchas veces produce mayor angustia reprimir una emoción que dejarla manifestarse hasta su extinción. No hay más que analizar el dolor, incluso físico, que se siente al intentar contener el llanto cuando irremisiblemente sobreviene.

Tal vez sea necesario perder el miedo a demostrar las emociones. Cuando se tiene un cierto equilibrio psicológico y una mínima formación cívica, no habrá peligro de ridículo en la expresión emotiva. Las personas que saben emocionarse, sin por ello perder el control sobre sí mismas, poseen sensibilidad. Y ésa es una de las cualidades humanas más apreciables.

En el ser humano tiene lugar un fenómeno peculiar: por su capacidad de raciocinio, el hombre, con sus experiencias emocionales llega a asociar íntimamente las manifestaciones físicas (fisiológicas) de la emoción con las situaciones emotivas desencadenantes. Esta relación queda integrada en su mente y puede darse el caso de que causa y efecto cambien de lugar entre sí. Es decir, lo que en un principio es una reacción fisiológica (efecto) ante un estímulo emotivo (causa), puede llegar a ser causa en sí de la emoción. Esto lo afirman escuelas materialistas y pragmáticas de la psicología, como la del doctor William James cuando dijo:

«No lloramos porque estamos tristes, sino que estamos tristes porque lloramos.»

De hecho, esto ocurre a menudo con las emociones; por ejemplo, el fenómeno de la «risa contagiosa»: una persona riendo a carcajadas a nuestro lado puede llegar a contagiarnos su hilaridad hasta el punto de que inevitablemente rompamos a reír. Y con la risa desencadenada comenzamos a sentir la emoción de la alegría.

Vemos, pues, que razón y emoción están estrechamente conectadas. Puede, por ello, ejercerse un autodominio sobre la expresión emotiva, pero que no debe ir más allá de la simple modulación que evite la exageración y el ridículo. Un autocontrol estricto y total ya entra en el terreno de la represión, lo cual puede traer consecuencias negativas. J. M. U.

LA PERSONA SIN AFECTOS

En principio, esto no existe, todo el mundo quiere a alguien, teme, está triste o alegre... siente algo afectivamente. Sin embargo, hay veces en que una persona parece ser de hielo, no se inmuta ni se emociona por nada, no manifiesta ni emociones, ni sentimientos ni pasiones. Parece «una persona sin afectos».

El psicópata o caracterópata es el prototipo de personalidad sin afectos y entra dentro del campo de la patología psiquiátrica. Kurt Schneider los define como «personas que sufren y hacen sufrir» aunque hoy se admite más que hacen sufrir sin inmutarse por las consecuencias de su conducta. Presentan una pobreza general de reacciones afectivas, los actos que cometen no les producen nerviosismo, ansiedad, pena, vergüenza o culpabilidad ni ningún otro tipo de sentimiento que la persona normal experimentaría en las mismas circunstancias. Presentan una carencia de emociones, no están ansiosos ni tristes, no lloran ni demuestran alegría ni tampoco sufren los correlatos somáticos de esas emociones, como la palidez, el rubor, el temblor, el sudor...

El descenso del estado de ánimo que puede llegar a la tristeza y la depresión es un cambio de la afectividad. El sujeto se encuentra tan agobiado por su propio malestar que presenta, según la definición de Rojas Ballesteros, una falta de resonancia afectiva, o, siguiendo a López Ibor, una anestesia afectiva. El deprimido no entra en contacto afectivo con los otros, no puede, está bloqueado dentro de sí mismo, parece que «ni siente ni padece», pero lo que ocurre es que su propio malestar acapara toda su afectividad.

Junto a estos dos tipos de alteración de la afectividad que entran dentro del campo de la patología psiquiátrica, hay una tercera forma, que se presenta tras sufrir vivencias traumatizantes que dejan huellas afectivas dolorosas, en la que el sujeto puede, consciente o inconscientemente, ir inhibiendo su afectividad, creando como una barrera protectora que le evite sufrimientos posteriores. Esto, que en principio se plantea como beneficioso, es perjudicial y puede llegar a descompensar psicológicamente. M. D.

CONTRÓLATE, PERO NO TE REPRIMAS

No pocas veces se oye: «Habría hecho esto pero algo dentro de mí me lo impidió.» Y otras todo lo contrario: «Sabía que no debía hacerlo, pero no me pude controlar.» Son dos comportamientos opuestos, el primero motivado por una represión excesiva y el segundo debido a una pérdida del autocontrol.

Cada cual, dependiendo del momento, la situación y las circunstancias, adopta una postura, que debería ser la que cree más adecuada y conveniente de acuerdo con sus propios deseos y convicciones. Lo ideal, como dice el enunciado de este tema, es el control sin represión. El sujeto, libre de cortapisas exteriores y autoimposiciones, tiene que actuar. Pero muchas veces es el «qué dirán» o los propios prejuicios y las conductas que se han aprendido como correctas las que inhiben. Entonces uno no hace lo que desea, quiere o debiera hacer. Los ejemplos son claros y van desde no manifestar una opinión porque por «educación» no se debe contradecir lo que otras personas (más respetables) han dicho, hasta vestir de una forma distinta a lo que a uno le agrada, o impedir la expresión espontánea de muchos afectos. Haciendo un ligero repaso con la memoria se pueden descubrir múltiples situaciones en las que uno se ha reprimido y no debiera haberlo hecho.

El extremo contrario es igualmente nocivo. La pérdida de control es como una pérdida de libertad, uno deja de ser su propio dueño y los acontecimientos llegan a discurrir de forma autónoma, por sí solos, con resultados que uno en realidad no deseaba y que luego le van a pesar.

¿El punto medio? Controlarse, sin reprimirse, éste debe ser el objetivo a conseguir. El punto de partida es el conocimiento de uno mismo y la aceptación de la propia realidad, de lo que uno es, el ambiente en el que vive y las circunstancias que le rodean. A partir de ahí se debe establecer una conducta coherente en cada momento. M. D.

LA EMOTIVIDAD. LAS PERSONAS QUE SE EMOCIONAN FÁCILMENTE

Hay personas que se emocionan con más facilidad que otras, por eso decimos que son más emotivas. ¿Cuáles son los factores que hacen que estas personas se emocionen tan fácilmente? En primer lugar, intervienen factores de tipo hereditario, habiéndose comprobado que hay familias en las que sus miembros se emocionan con especial facilidad. También influyen factores de tipo cultural, ya que hay países y culturas en que todo el mundo actúa con cierta «frialdad» emocional, mientras que otros están acostumbrados, por tradición, a manifestar sus emociones de un modo más llamativo o exagerado. Esto no se refiere exclusivamente a la manifestación de diversas emociones, sino que también existen ciertos patrones culturales que influyen, favoreciendo que las emociones se vivan en forma más profunda o duradera.

Otros factores están en relación con los rasgos individuales de la personalidad, especialmente con experiencias anteriores que cada persona ha ido elaborando a lo largo de su vida, de modo que se puede decir que ésta ha ido aprendiendo poco a poco una pauta emocional de comportamiento ante los diversos estímulos. También es frecuente que en cada momento una persona tenga una disposición a emocionarse más o menos variable, hay ratos en que cualquier cosa nos puede emocionar, mientras que en otras ocasiones resultaría mucho más difícil.

Por último, hay trastornos psicopatológicos que presentan un incremento de la emotividad, como es el caso de algunos trastornos de tipo neurótico que cursan con labilidad afectiva, es decir, en los que se producen con mucha facilidad cambios bruscos del estado de ánimo, pasándose en pocos minutos de la risa al llanto. También en el curso de algunas depresiones se puede observar un incremento de la emotividad. Tanto en la intoxicación aguda por alcohol como en el alcoholismo son frecuentes este tipo de manifestaciones, que también se pueden producir en personas que padecen trastornos orgánicos del tipo de las demencias, en síndromes propios de la senilidad, etcétera. J. H.

EL PESIMISMO

El pesimismo consiste en creer que en el futuro nos espera lo peor (la palabra *latina pessimum* significa lo pésimo, lo peor). Como el hombre no puede predecir en líneas generales su futuro, y lo que le ocurrirá en el porvenir, el pesimismo no es más que un juicio de presunción, pero que se vive con una cierta dosis de certeza en las connotaciones peyorativas que lo caracterizan y está cargado de desesperanza. Hay que distinguir entre el «estar pesimista» y el «ser pesimista».

Cuando decimos de alguna persona que es pesimista nos referimos a alguien en quien el pesimismo forma parte de su forma de ser; es decir, que tiene una «personalidad pesimista». Su falta de esperanza en el futuro y la larga cadena de pensamientos negativos que surgen a cada poco en su cabeza hacen que mantenga un cierto descenso de su estado de ánimo de forma más o menos permanente. Tiene una concepción de la vida, cuando menos, escéptica y una dificultad para alegrarse ingenuamente. En todo ve lo malo, nada es atractivo totalmente, todo tiene una desventaja añadida. Las experiencias placenteras, los acontecimientos alegres duran poco para este tipo de personas, las raras veces en que los experimentan, mientras que las experiencias penosas son vividas con gran intensidad y persistencia, pudiendo caer incluso en crisis psicológicas. Cuando no ocurre ninguna de estas desgracias, sienten como si en el ambiente pesase una carga grave que estropea todo, impidiéndoles disfrutar de las cosas cotidianas de la vida, si bien siempre tienen algún problema o preocupación, que si se resuelve, es rápidamente sustituido por otro nuevo. Este perfil de personalidad parece favorecer la aparición de depresiones, por lo que algunos han hablado de personalidades predepresivas, si bien muchas de estas personas terminan su vida sin haber padecido ninguna depresión.

Otra cuestión son aquellos momentos en que nos sentimos pesimistas de forma esporádica, es decir, durante unas horas o días. La sensación de que las cosas van a ir mal en el futuro puede estar provocada por un fracaso anterior. Cuando algo sale mal podemos tender a pensar que ya siempre sucederá así y entonces nos volvemos pesimistas. En general, este tipo de pesimismo está muy relacionado con los descensos del estado de ánimo. Nuestra situación afectiva influye mucho en nuestras opiniones respecto del pasado, presente y futuro. Cuando estamos decaídos tendemos a recordar los peores acontecimientos del pasado dentro de una visión parcializada en que lo bueno ya no cuenta, a la vez que enjuiciamos el momento presente y el futuro con desesperanza. Es como si nuestra afectividad impregnase los juicios de valor que realizamos llenándoles de pesimismo y desesperanza. Cuando mejora el estado de ánimo, generalmente con el transcurso de un pequeño lapso de tiempo, recuperamos la dosis de optimismo habitual de nuestra forma de ser.

Si esto no sucede así, se puede sospechar que se está padeciendo una depresión. Personas que no son habitualmente pesimistas y que entran en una fase de pensamientos pesimistas durante meses, especialmente si esto no está justificado por algún acontecimiento externo de gravedad, pueden estar padeciendo una depresión. También se pueden producir depresiones cuando un fuerte pesimismo se apodera de una persona a pesar de que esté más o menos justificado por alguna situación fuertemente conflictiva, si con el tiempo no mejora el estado de ánimo. J. H.

VI. El hombre y la sociedad

LA COMUNICACIÓN

El hombre, como animal social, se encuentra vinculado a los otros seres humanos a través de la comunicación. Si bien es cierto que en el seno de muchas especies animales existen formas de comunicación entre sus congéneres, y algunas considerablemente complejas, es en el hombre donde la capacidad de comunicación ha alcanzado las más altas cimas de perfeccionamiento.

Se estima que la comunicación humana es tan antigua como el hombre. En los yacimientos arqueológicos prehistóricos se han encontrado utensilios y objetos usados en rituales funerarios y mágicos que demuestran que el hombre primitivo vivía ya en una comunidad organizada, lo que implica, necesariamente, la existencia de alguna forma de comunicación entre los individuos. El hombre de Neanderthal seguramente podía hablar, aunque su lenguaje fuese muy rudimentario. Pero es natural pensar que antes ya existía una forma de comunicación mediante gestos y sonidos guturales que, posteriormente, evolucionó hasta configurar el lenguaje.

Desde el punto de vista de la conducta humana, la comunicación es fruto de la interacción entre un *estímulo* y una *respuesta*. El estímulo es una señal, el *mensaje,* que es emitida por un sujeto (*remitente*) hacia otro u otros individuos (*receptores*), en los que provoca una respuesta. Pero para que la comunicación sea efectiva, la señal ha de tener un determinado significado, ha de ser *inteligible*. Ello se consigue mediante un orden establecido llamado *código,* que debe ser conocido por remitente y receptor.

En todo proceso de comunicación tienen lugar una serie de fenómenos que recorren un circuito: primero la señal emitida es captada por el receptor gracias a la percepción (entrada de datos). Seguidamente, esta señal se «procesa» en su pensamiento mediante la memoria y el reconocimiento, lo que determina una toma de decisiones (proceso de datos). Inmediatamente después, esta decisión se emite en forma de expresión (salida de datos), que actúa a su vez como señal en el primer comunicante, iniciando un nuevo circuito similar.

Esta visión esquemática y un tanto cibernética de la comunicación no es tan simple como parece cuando se aplica al ser humano. Se deben tener en cuenta los condicionamientos subjetivos de la personalidad que determinan la existencia de innumerables formas y modos de comunicación.

La perspectiva subjetiva de los comunicantes diversifica en cierto modo los circuitos de comunicación antes mencionados.

Origen de la comunicación. Reside en el sujeto emisor del mensaje, y según la concepción que de éste tenga el destinatario así será interpretado. Por ejemplo, un mensaje emitido por una autoridad puede ser interpretado como una orden; si lo emite un amigo, como un consejo, y si lo hace un niño, como una broma.

Método de la comunicación. Es la forma en que se emite el mensaje que, como se dijo antes, debe seguir unas reglas convencionales establecidas previamente para que al receptor le resulte inteligible. Puede producirse a través del gesto, la palabra, la escritura, la imagen, etc. Cualquier método es válido, siempre que haya un acuerdo entre los comunicantes y que la simbología utilizada sea de conocimiento común. Determinados gestos son de uso universal, en cambio el lenguaje admite mayor diversidad de expresión, como demuestran la infinidad existente de idiomas, dialectos y jergas. Incluso el código puede ser privado o secreto entre los comunicantes.

Contenido de la comunicación. Es el mensaje en sí, ya no la simple señal, sino el contenido de la misma. De su importancia y sobre todo de la significación que tenga para los comunicantes dependerá el éxito de la comunicación.

Destino de la comunicación. Localizado en el sujeto receptor del mensaje. La comunicación se confirma cuando el receptor capta el mensaje emitido. La personalidad del destinatario influye igualmente en el éxito de la comunicación. Es preciso que, a través de la simbología de la señal, el receptor integre en su mente el mismo objeto del mensaje que reside en la mente del emisor. Para ello es condición esencial que las facultades psíquicas del destinatario, como la atención y la comprensión, así como físicas, percepción y sentidos, estén en condiciones idóneas.

Retroacción de la comunicación. Es la respuesta o efecto que el mensaje provoca en el receptor y que a su vez actúa como nueva señal que cierra el circuito de la comunicación.

La relación social depende básicamente de la comunicación; si ésta es gratificante, la relación es más estrecha —es lo que se llama *empatía*—. Si es dañina, rompe la relación —*antipatía*—. Y si está alterada, produce una relación frustrada, fruto de la confusión y de la falta de entendimiento; es la falsa interpretación.

Un simple observador capta la conducta del prójimo (apreciación objetiva), pero no el auténtico sentido de su conducta (apreciación subjetiva). Es imprescindible la comunicación entre ambos para que la apreciación sea global y exacta. J. M. U.

LA COMUNICACIÓN NO VERBAL

Llamamos *comunicación no verbal* a todos aquellos movimientos, gestos, posturas, etc., que transmiten un mensaje a la persona que nos acompaña en ese momento. Constituye un tipo de lenguaje no hablado y se lleva a cabo (generalmente) de manera inconsciente.

El cuerpo es un gran transmisor de mensajes, y adopta una posición de una manera u otra, según el humor del sujeto, de su carácter y de lo que sienta por la persona que le acompaña.

Una persona mantiene su cuerpo a una distancia de 45 o 60 centímetros del sujeto con el que habla, distancia que es denominada *la burbuja personal y* que parece que todos consideramos como «territorio sagrado», siendo incómodo el que alguien intente «invadirlo». No nos importa que ese alguien sea una persona en la que confiamos, pero si se nos acerca demasiado un extraño, indicaremos a través del lenguaje no verbal, que tal conducta nos desagrada (mediante una mirada fría, echándonos hacia atrás, hundiéndonos en el sillón, cruzando las piernas y brazos como formando una barrera, o estirando mucho el cuello). Tales movimientos indicarán a nuestro acompañante que nos agradaría que se alejase al menos un poco de nosotros.

El rostro también indica sentimientos y pensamientos (expresiones, gestos, miradas...). Los ojos son un elemento crucial de comunicación, pues el sólo mirar a alguien indica que existe un interés hacia tal persona y la mirada puede ser vital para las etapas iniciales de una amistad.

El sabernos observados hace que nos sintamos vulnerables, expuestos a la opinión ajena. Si dos personas no se conocen mucho, tienden a no cruzar la mirada. También esto ocurre cuando un sujeto de *status* social más alto habla con uno de *status* más bajo.

Los ojos pueden expresar la forma de ser de una persona: un sujeto que mire hacia el suelo todo el tiempo, es probablemente tímido, inseguro..., y el mirar directamente a los ojos indica la necesidad de afecto o gran seguridad en sí mismo. La mirada también revela muchos sentimientos sexuales: se ha demostrado que a los hombres se les dilatan las pupilas cuando ven a una mujer hermosa, y a las mujeres cuando ven a un hombre atractivo o a un bebé. El tamaño de la pupila también expresa nuestros gustos en cuanto a lo que oímos u olemos (habrá dilatación al oír una melodía hermosa o cuando comamos algo rico).

También el tacto y el olfato transmiten mensajes: parece ser que percibimos más olores de los que nos damos cuenta; dependiendo del estado de excitación en el que nos encontremos, expulsamos una sustancia u otra (que no siempre es el sudor), que puede ser percibida e interpretada inconscientemente por nuestro acompañante.

El *mimo* es una de las formas más antiguas y sugerentes de la expresión teatral: allí donde no llegan las palabras, la magia del *gesto* logra comunicar lo más imprevisible y enigmático de nosotros mismos. (Foto: EFE.)

Se ha descubierto que las manos y el ritmo corporal constituyen elementos esenciales en la comunicación. Expertos en *cinesis* (ciencia que estudia el movimiento corporal) dicen que cuando mostramos las palmas de las manos hacia arriba, indicamos entrega amistosa, mientras que si hablamos ocultándolas, o enseñando el dorso, no tenemos especial interés en nuestro interlocutor. En cuanto al ritmo corporal, parece ser que siempre nos estamos moviendo al hablar, y que nuestros movimientos envían señales indirectas a los demás: la forma de sentarnos, la posición de nuestros miembros, el que movamos un pie o las manos mientras el otro habla, puede indicar que estamos de acuerdo o no con nuestro acompañante. Por ejemplo, se ha comprobado que cuando dos personas discuten sobre algo y no están de acuerdo, cambian continuamente de postura y no coinciden en la forma de sentarse o colocarse, pero, curiosamente, si están de acuerdo, acabarán adoptando la misma postura corporal, de las manos, etc.

La comunicación no verbal se aprende igual que el lenguaje hablado, y los factores ambientales, como la cultura, influyen enormemente en sus formas. M. V.-N.

EL LENGUAJE DEL CUERPO: POSTURAS, GESTOS Y POSES

La definición de *lenguaje corporal* es, obviamente, muy parecida a la de comunicación no verbal: por lenguaje corporal entendemos, de hecho, toda aquella gama de movimientos, posturas, poses y gestos que expresan un mensaje a la persona que se encuentra en ese momento a nuestro lado.

Este lenguaje no es hablado y es (generalmente) inconsciente.

Si pensamos, por ejemplo, en una situación de galanteo, las dos personas protagonistas se situarán una enfrente de la otra, y formarán una barricada de brazos y piernas (extendiendo el brazo en el sillón, juntando las cuatro rodillas, etc.), de modo que resulte difícil para alguien ajeno introducirse en la conversación, por la propia postura que mantienen.

Si al cabo de un rato no se agradan y se han aburrido de la conversación, uno, o los dos miembros, separará las rodillas de su compañero/a, cruzará los brazos sobre el pecho o extenderá el brazo alejado de su interlocutor hacia afuera, como invitando así en el espacio a que entre otro amigo en la conversación.

Existen gestos muy curiosos de galanteo. Por ejemplo, una mujer que se sienta atraída por un hombre en una fiesta, se sentará cruzando las piernas y dejando ver un poco el muslo, sacará el busto hacia afuera, apoyará la mano en la cadera y se acariciará mano y muñeca. Tal vez ría con fuerza para atraer la atención y echará la cabeza hacia atrás moviendo la melena.

Cuando nos encontramos en «territorio ajeno» (casa de amigos, por ejemplo), la manera gestual con que nos reciban nos demostrará qué sienten hacia nosotros. Si les agradamos, nos mostrarán los brazos abiertos (como invitándonos a compartir su territorio familiar), si nos reciben con los brazos sobre el pecho o extendidos hacia los lados, cabe interpretar que, por los motivos que sean, la visita no les agrada demasiado.

Se ha descubierto que existen movimientos mínimos que son inseparables de una palabra (por ejemplo, en USA, al efectuar una pregunta, abren los ojos y levantan el mentón y mano), pero también posturas que contradicen lo que se dice en lugar de subrayarlo (por ejemplo, un hombre tratará de demostrar que es fuerte y masculino con gestos bruscos y rápidos, mientras que una voz suave y una mirada sumisa nos indicarán que es una persona pasiva y débil).

Las posturas que adopte un grupo de personas al charlar nos dan también mucha información sobre ellos mismos. Por ejemplo, si el grupo se coloca en círculo, es casi seguro que todo el grupo es parejo. Pero cuando hay un líder, tenderá a situarse en la cabeza del grupo (pensemos en los patos al volar que van en forma de «V», pues bien, la postura del grupo será ahora algo así). Generalmente, la persona que hable y gesticule más, será la de *status* social más alto, y el que interrumpe, el que desea dominar.

Hablando de *status* social, parece ser que dos personas del mismo *status* suelen adoptar, al hablar, las mismas posturas, pero no ocurre así con la secretaria y el director o el profesor y el alumno.

Está comprobado que al hablar con alguien estamos moviéndonos continuamente. Aunque no miremos a nuestro interlocutor, la forma de sentarnos frente a él o la manera de colocar los brazos pueden mostrarle que sentimos interés por lo que nos dice (si cruzamos los brazos sobre el pecho, nos hace pensar que nos están escuchando mejor que con los brazos colgando a los lados del tronco).

También se ha observado que cuando dos personas discuten, y coinciden en opinión, acabarán adoptando la misma postura, pero no ocurre así si no se ponen de acuerdo con el tema.

Diremos, por último, que el lenguaje del cuerpo no es universal, pues depende estrechamente de las culturas. M. V.-N.

EL LENGUAJE

El lenguaje verbal es un medio de comunicación específicamente humano que se basa en un sistema de palabras y estructuras gramaticales. Las palabras son símbolos, con un significado concreto, pero que adquieren su auténtico valor al estructurarse dentro de una frase. Al hablar, la mente actúa con rapidez, poniendo en marcha una serie de operaciones automáticas: el que habla está pensando, organizando su pensamiento y estructurando las frases que luego articula, pero todo esto se realiza de una forma automática y con gran rapidez.

El que escucha reconoce los sonidos, plantea una hipótesis acerca de su significado y luego lo interpreta; este proceso es también automático.

Constituye un elemento indispensable para la adaptación del individuo al grupo, no sólo es el medio fundamental de comunicarse con los otros, permitiendo el trasvase de información, sino que revela cómo es la persona, sus pensamientos y su afectividad. La forma de hablar, las palabras que se usan y el cómo se usan delatan la forma de ser y de sentir del sujeto en un momento dado. Si una joven nombra repetidamente a un chico, está claro, ese chico tiene un significado especial para ella. Cuando alguien no para de hablar de su trabajo, de lo mucho que trabaja y de la cantidad de cosas que tiene que hacer es evidente que se siente demasiado absorbido o que no cuenta con otros temas de conversación. Cuando a alguien se le pregunta algo, por ejemplo, acerca de sus relaciones familiares, y éste tiene que pensar la contestación, es posible que exista algún problema en las mismas que no tiene aún solución.

El *estado de ánimo* se refleja claramente al hablar. La persona entristecida habla poco, su tono es débil y tiende a no tratar tema alguno fuera de su propio malestar. Cuando uno está ansioso o agitado habla muy rápido y atropelladamente, cortando las palabras y, a veces, no llega a acabar las frases, enlazando unos conceptos con otros.

La forma de utilizar el lenguaje revela cómo es social y culturalmente una persona. A cada grupo social, cada edad, cada profesión corresponden términos, usos lingüísticos y hasta entonaciones particulares que se adoptan por contagio, por necesidad o simplemente por voluntad propia, para integrarse dentro de un grupo determinado. Finalmente, el lenguaje está sujeto a la moda y palabras que no se encuentran dentro del diccionario, a fuerza de usarse, acaban siendo reconocidas por la Real Academia Española.

El lenguaje tiene tres intenciones: suscitar respuestas verbales en forma de saludos, llamadas o preguntas; producir acciones y lograr que la atención de los otros se prolongue. A través del lenguaje imponemos a los otros la propia existencia, los forzamos a escucharnos y a centrar su atención sobre nosotros, los hacemos partícipes de nuestros pensamientos y nuestras emociones y les involucramos en las cuestiones que nos preocupan. J. M. U.

«TUS GESTOS TE DELATAN»

Existen *gestos* que delatan nuestros pensamientos y sentimientos (entre los que están las expresiones faciales, fieles indicadoras de las emociones básicas), que son inconscientes.

Está comprobado que sentimientos como el amor o la atracción sexual, pueden hacer hermosa a una mujer (se le dilatan las pupilas, le brillan los ojos, sonríe dulcemente...), y atractivo a un hombre (profundiza la voz, se estira, hincha el pecho, tensa músculos que le disminuyen unos minutos el vientre...).

Existen incluso personas a las que se les hincha un poco el labio inferior y se les colorea la piel.

En la conducta de galanteo se han descubierto gestos delatores de sentimientos. El juguetear con el pelo, rozar el borde de una copa con un dedo, pasar la mano por la cabeza, toser, arreglarse la corbata continuamente, sonarse o tocarse la nariz, son todos ellos gestos que indican un nerviosismo producido por la atracción que sentimos hacia una persona que está cerca de nosotros, y que evidencian que deseamos atraerla también a ella.

Los gestos de las manos son también delatores. El enseñar las palmas de las manos al charlar es un gesto de apertura hacia el interlocutor. El toser tapándonos la boca con la mano y enseñando la palma es un gesto que expresa coqueteo, apertura, deseo de entablar contacto, de atracción... Lo mismo expresan los brazos extendidos o abiertos hacia la persona que nos acompaña. Sin embargo, el ocultar las palmas de las manos cerrando los puños, o cruzar los brazos sobre el pecho, indican que deseamos mantener nuestra «intimidad», nuestro «terreno».

Los ojos también transmiten sentimientos. Unos párpados que caen lánguidos implican timidez, galanteo, pudor... Mirar fijamente indica que existe mucha confianza, cariño, y el hacerlo hacia una persona que se desconoce provoca desafío, pues le inquieta y puede mostrar agresividad hacia el que mira («¡qué mira usted!»...).

A veces es difícil mentir porque los gestos nos delatan. Sabemos fingir una expresión alegre o triste, pero no sabemos mantenerla bien. Si mentimos, no acompañaremos con gestos lo que decimos, y si lo hacemos, serán gestos bruscos, rápidos y desorganizados. Además, nos brillarán los ojos y nos sonrojaremos levemente. También podemos utilizar una sonrisa apaciguadora, nerviosa, no común en nosotros, para quitar tensión a la situación.

Existen gestos que delatan desagrado, como echar la cabeza hacia atrás, estirar el cuello, cruzar los brazos y piernas proporcionando una barrera protectora a nuestro cuerpo, etc.

No existen gestos universales, pues cada cultura tiene su propio repertorio. Los judíos, por ejemplo, mantienen las manos muy próximas al pecho y al rostro, y no las mueven demasiado. Los italianos, por el contrario, tienen gestos ampulosos y tienden a tocarse mucho el cuerpo al hablar. Los franceses, por su parte, utilizan pocos gestos en su comunicación no verbal, pero los que tienen son elegantes y precisos.

Los gestos forman parte de una comunicación no verbal casi siempre inconsciente; existen infinitos, y ni los expertos los conocen todos. M. V.-N.

EL HOMBRE Y LA SOCIEDAD

LA VIDA DE RELACIÓN

El hombre, al igual que muchos animales, tiende a vivir en sociedad. Las relaciones sociales e interpersonales constituyen una auténtica necesidad para lograr un desarrollo adecuado y expansivo de la personalidad, aunque también pueden ser una fuente de conflictos.

El recién nacido comienza su vida de relación de un modo también activo, ya que no sólo conecta con los demás a través de la satisfacción de sus necesidades elementales que ve cubiertas por la madre, sino que grita o llora reclamando lo que desea. La primera infancia está marcada por una intensa dependencia de los demás, ya que el niño moriría si no fuese por las relaciones que mantiene con los demás. Esta dependencia se mantiene en menor grado durante las posteriores épocas de la vida, prácticamente en todos los ámbitos: la educación, el trabajo, la familia, etc., de tal modo que las relaciones sociales resultan imprescindibles para lograr el desarrollo de las propias aptitudes y de la personalidad. Además hay que considerar la influencia sociocultural que recibimos a través de la transmisión directa por parte de personas próximas o mediante los medios de comunicación social. Se puede decir que el hombre actual vive bajo la influencia de un continuo bombardeo de estímulos entre los que destacan los que se refieren a la conducta social y a los hábitos de otras personas. Se produce entonces un aprendizaje sociocultural paulatino por el que cada persona va reteniendo parte de la información que recibe y modelando unas formas de respuesta más o menos estructuradas, a la vez que se adapta en mayor o menor medida a una serie de patrones de conducta de su medio sociocultural.

En este aprendizaje influyen también factores de imitación, que actúan de un modo más ostensible cuanto mayor sea la admiración y proximidad que se mantiene con una persona determinada. Por ejemplo, es frecuente que los hijos imiten los gestos y expresiones de sus padres. También suelen adquirir durante la infancia gran parte de sus creencias, formas de comportamiento, costumbres y tradiciones, que más tarde, con la llegada de la adolescencia, pondrán en tela de juicio.

La vida de relación puede constituir, por diversos motivos, una fuente de problemas para el niño. Muchas veces se produce una cierta discordancia entre los modelos socioculturales que se le ofrecen, con lo que el niño se siente incapaz de elaborar un patrón educacional a este nivel que tenga suficiente coherencia. Tal es el caso de los niños que tienen padres que se contradicen mutuamente en planteamientos fundamentales sobre las relaciones interpersonales o sociales, que no actúan de acuerdo con las teorías que predican; o de niños que encuentran en los profesores del colegio o en sus amigos patrones socioculturales distintos, incluso opuestos, a los ofrecidos por su ambiente familiar. En todos estos casos se puede producir una falta de orientación más o menos grave causada por estas contradicciones que da lugar a que el niño no pueda aspirar a conseguir unas pautas de comportamiento coherentes en sus relaciones sociales, ya que no sabe bien lo que los demás esperan de él. La consecuencia puede ser una personalidad mal estructurada, con un fondo importante de inseguridad en sí mismo, que se manifiesta especialmente dentro del campo de las relaciones sociales.

En otras ocasiones los problemas derivan de la dificultad que surge ante la necesidad de adaptarse a determinados ambientes o transformaciones sociales. Por ejemplo, el cambio de domicilio a un nuevo país con costumbres y patrones de comportamiento en las relaciones sociales muy distintos a los que anteriormente se venían desarrollando, exige un esfuerzo de adaptación más o menos intenso que, de no lograrse, puede ocasionar problemas de incomunicación, aislamiento, falta de integración social e incluso trastornos del tipo de la depresión. La incomunicación prolongada por disminución o ausencia de relaciones interpersonales es un factor que favorece extraordinariamente la aparición de numerosos trastornos psicopatológicos que varían desde los trastornos por ansiedad a la depresión o a síndromes paranoides; pero también se puede producir el fenómeno en sentido inverso, ya que una de las principales manifestaciones de la casi totalidad de los trastornos psicopatológicos es el deterioro de la vida de relación. J. H.

LA IMAGEN EXTERIOR (EN RELACIÓN CON EL VESTIDO)

Enrique Rojas

En el mundo moderno ha cobrado una enorme importancia el tema de la imagen. Muchos estudios y trabajos de técnicos de la imagen tratan de esta cuestión, mediante un cuidadoso trabajo a través del cual se realiza una mejora de la misma, sobre todo de los hombres públicos o de aquellos que tienen una gran resonancia social.

Un factor importante es el del vestido. ¿Qué significa el vestido? Podemos decir que «el vestido es como una prolongación de la personalidad».

Dice mucho la forma de presentarse una persona. Refleja el buen gusto, si su actitud es clásica o moderna, su grado de exquisitez, la influencia que opera en él la moda y lo que se lleva o lo que está más en boga.

El modo de vestir es una especie de tarjeta de visita. Una forma de entrar en contacto con los demás, un modo de aparecer ante ellos. El hombre se retrata psicológicamente a través de la manera en que va vestido. El lenguaje del vestido encierra un verdadero simbolismo y tiene una gran amplitud de posibilidades. Por una parte, *signos de rango* (vestido militar, de noche, de gala, traje académico). Por otra, una *indicación de oficio* (cargo político, sociedades más o menos secretas, como la masónica, Ku-Kux-Klan), *signos locales o nacionales* (trajes folclóricos, tradicionales) y por supuesto, aluden también a un cierto *nivel económico* (esto está quizá más marcado en las mujeres, aunque en los últimos años se ha producido una verdadera explosión en la moda masculina, que en algunos países, como Italia y Francia, ha hipertrofiado la industria de la moda masculina).

Un cierto tipo de estilo de vestir incita o retrae hacia el conocimiento de otro. Y aunque sólo sea una actitud, la del porte exterior, nos va a decir bastante en una primera aproximación hacia ese individuo.

Moda y vestido están íntimamente unidos. Por eso la moda tiene un carácter esencialmente social. Pero las modas cambian, oscilan, se truecan... vuelven. Y así como la cara es el espejo del alma —decimos en el lenguaje coloquial—, el vestido manifiesta buena parte de nuestra psicología. Además, el vestido ofrece una más amplia superficie de inspección, que las de las partes descubiertas del cuerpo —la cara y las manos.

El vestido define la imagen estética de la persona.

EL AMOR

Enrique Rojas

Ésta es una de las palabras más cargadas de matices de cualquier diccionario de la lengua. Tiene muchos usos y significados. Vamos a sistematizarlos en cuatro vertientes:

1. *El amor en el lenguaje popular*: aquí hacemos alusión a un inventario de significados que circulan en la calle y que ahora tratamos de ordenar: *a)* la relación de amistad y simpatía que se produce hacia otra persona, que culmina en un cierto grado de compenetración y entendimiento; *b)* la amplísima gama de relaciones interpersonales: amor a los padres, a los hijos, a los familiares, a los vecinos, a los amigos, a los compañeros de trabajo, etc.; *c)* puede referirse también a cosas u objetos: amor a la literatura, al arte antiguo, al romanticismo, etcétera; *d)* también a temas ideales: amor a la justicia, al bien, al orden, a la verdad; *e)* puede hacer mención de ciertas formas de vida: amor al trabajo, a la tradición, a la vida en contacto con la naturaleza, a la riqueza, etc.; *f)* el amor al prójimo, entendido éste en el sentido más literal de la palabra, a los que están más cerca de uno en la vida ordinaria; *g)* el amor entre un hombre y una mujer: éste cobra un relieve muy especial y a él nos vamos a referir más adelante; *h)* finalmente, el amor a Dios, que para el creyente puede ser un punto fundamental que articula y da sentido a su vida.

2. En el *lenguaje filosófico* existe una larga tradición de autores que se han ocupado de él. Bien podríamos decir que no hay pensador, filósofo u hombre dedicado a la vida intelectual que no haya pretendido esclarecer su significado y sus componentes.

3. En el *lenguaje psicológico,* el amor es una pauta de conducta de aproximación, de tendencia a estar con otra persona, gracias a un intercambio recíproco de gratificaciones.

4. En el *lenguaje social* se puede decir que es donde ha sido peor tratada esta palabra. Se ha abusado tanto de ella que se la ha cosificado. Y con frecuencia se equiparan amor y sexo, de forma que no se concibe una sin la otra.

El punto, quizá de más interés en este campo, es el del *amor humano* que descansa en el *enamoramiento*. ¿Qué es enamorarse? Ortega decía que el enamoramiento es «una enfermedad de la atención», mediante la cual una persona se centra en otra, se dirige a ella una y otra vez, con el corazón y con la cabeza; la atención que habitualmente está dispersa, vertida en muchos temas, en el enamorado se fija en una dirección muy precisa: la figura de la persona de la que queda prendido. Por otra parte, Stendhal, hablaba de la *cristalización*: cuando uno se enamora tiende a ver en el amado todo lo bueno, noble y positivo que puede haber en un sujeto, de manera que no se enamora de él, sino de una figura ideal, sirviendo la otra de base; a esto deberíamos llamarlo «enamorarse del amor».

Pero lo definitivo del enamoramiento, lo que lo califica de una forma tajante es «el no entender la vida sin la otra persona a su lado». En una palabra: proyectarse juntos hacia el futuro. Encontrarse con alguien que va a ser parte fundamental de su vida. Del enamoramiento se pasa al amor conyugal o de la pareja, que debe estar presidido por la donación, la entrega, la necesidad de compartir y mirar juntos hacia delante y en la misma dirección. A la larga, ese amor humano va a necesitar de la voluntad (para mejorar) y del compromiso (para guardar la fidelidad y perseverar).

EL CARIÑO. TODOS NECESITAMOS QUE NOS QUIERAN

Dar y recibir amor es una capacidad de índole superior para la que el hombre está ampliamente dotado, y a la vez constituye para él una necesidad, ya que una existencia sin amor supone un vacío en una parcela importante de nuestra vida psíquica.

A lo largo de la vida vamos estableciendo numerosas relaciones interpersonales en las que vamos volcando más o menos afecto en razón de la afinidad que sentimos por esas personas, de la intensidad y frecuencia de la relación y de la reciprocidad afectiva que advertimos en ellos. De forma más o menos inconsciente, damos cariño esperando que éste obtenga una cierta resonancia en la persona querida, de tal modo que esta persona también nos dé cariño a nosotros, lo que supone un reconocimiento, una reciprocidad y el establecimiento de un vínculo afectivo, como la amistad, más o menos tácito. Muchas veces se da afecto sin esperar nada a cambio, sin esperar una respuesta, pero difícilmente perduran demasiado estas relaciones, ya que la falta de resonancia afectiva hace que al no existir un estímulo psicológico que refuerce nuestra conducta, ésta vaya perdiendo paulatinamente fuerza hasta desaparecer, volcándose en otras personas de las que obtenemos una cierta compensación afectiva.

También influye la frecuencia con que nos relacionamos con las personas queridas. Un amplio distanciamiento hace que la falta de trato enfríe progresivamente la relación, si bien ésta puede sobrevivir mucho tiempo en los casos en los que quedó establecida sólidamente con anterioridad, sin elementos que la deteriorasen, por eso se dice que se tienen amigos para toda la vida a pesar de que hace mucho tiempo que no se habla con ellos, precisamente porque, al igual que sucede con muchos miembros de la familia, se ha establecido antiguamente un fuerte vínculo por el cual estamos seguros de su capacidad de respuesta afectiva en cualquier momento de nuestra vida.

El hecho de querer a los demás, si las relaciones que hemos establecido con ellos son francas, sanas y sinceras, nos hace sentirnos útiles, necesarios y satisfechos de nosotros mismos al desarrollar una importante capacidad de nuestra personalidad. Además, el cariño llena de sentido nuestra vida y contribuye, a veces de forma decisiva, a nuestro equilibrio psicológico. Por otro lado, el sentirnos queridos por los demás, especialmente durante la infancia, nos proporciona seguridad en nosotros mismos, nos sirve para reforzar algunos aspectos de nuestra personalidad, aumenta indirectamente la autoestimación y nos ayuda a afrontar las dificultades que van surgiendo a lo largo de la vida, dentro de un clima de comunicación y adaptación social imprescindible para el desarrollo y maduración de la personalidad. Por tanto, el cariño tiene un papel decisivo en la vida y en la salud psíquica de cada persona; pero tanto la exagerada necesidad de estimación como el desprecio por los sentimientos que hacia nosotros expresan los demás, así como la propia falta de sentimiento o de resonancia afectiva, pueden ser la causa o la expresión de un trastorno psicopatológico.

Una exagerada necesidad de estimación es el principal síntoma de algunos trastornos neuróticos y es el rasgo definitorio de las personalidades histéricas. Las personalidades psicopáticas se caracterizan a menudo por un desprecio de las normas sociales junto con un franco desinterés por los sentimientos de los demás que se demuestra en una frialdad cruel ante el sufrimiento que se puede estar ocasionando a estas personas. Los psicópatas responden a veces con crueldad a la demostración afectiva de que son objeto. En la depresión se produce generalmente un empobrecimiento afectivo por lo que estas personas se sienten como incapaces de querer a los seres que siempre habían querido sin que encuentren causas que lo justifiquen, lo que les hace sufrir profundamente. También en algunas psicosis, como la esquizofrenia, se produce una falta de resonancia afectiva. J. H.

LA AMISTAD

La amistad es un tipo de unión afectiva que se basa en la comunicación, el apoyo mutuo, la comprensión, el cariño y la absoluta armonía entre dos personas. El psicólogo Carl Rogers considera que una amistad sana tiene que tener cuatro características:

1. La *autenticidad*, es decir, tiene que expresar claramente el modo de sentir sin máscaras ni reservas.
2. La *cordialidad*, que consiste en una aceptación y consideración incondicionales, sin pretender que los demás hagan lo que uno quiere.
3. La *empatía*, que es la capacidad para comprender lo que la otra persona siente. A veces es preciso escuchar intensamente lo que dice, y otras se percibe sin necesidad de palabras.
4. La *disposición de apertura* hacia el otro, de compartir de puertas para afuera. Las personas que más se abren suelen tener más amigos.

Con el amigo se puede ser totalmente sincero, abrirse por completo sin temor y sin reservas, en él se deposita la confianza y se espera, por otra parte, comprensión. Debemos estar dispuestos a dar sin reservas todo aquello que se espera de nosotros mismos. En la amistad hay dos sentimientos fundamentales que son la confianza y el cariño.

El significado de la amistad y el tener amigos es algo que se instaura en la infancia y estas primeras adquisiciones influyen en su desarrollo posterior. Hasta el jardín de infancia el niño no cuenta con los otros a excepción de su familia; a partir de aquí se inicia su *socialización* entablando lazos afectivos fuera del hogar. Descubre a los otros y sus valores, aprende a compartir, a confiar y a querer a personas nuevas y de su misma edad. Hay un doble vínculo de forma que la personalidad del niño influye en el desarrollo de sus amistades y éstas lo hacen sobre su personalidad. Es fundamental el aprendizaje que se hace a partir de los padres, de sus amigos y la relación que tengan con ellos, incluso los conceptos que a sus hijos les transmitan. Es más fácil que un niño tenga amigos en su familia donde se valoran y potencian estos lazos de amistad.

La amistad, como la relación de pareja, es una relación íntima de dar y recibir. Responde a unas necesidades inmediatas, como son la necesidad de seguridad, de aprobación de los otros y el rechazo de la soledad, aportando gratificaciones como la compañía y el sentirse comprendido y querido. Al «tener un amigo» debemos sentir certeza completa de que podemos contar con él, y a su vez de que él puede contar con nosotros. Aparte de la relación afectiva en sí, la amistad es siempre una forma de enriquecimiento personal, del cariño del amigo se aprende, pero también de sus experiencias, de sus conocimientos y de sus vivencias. M. D.

EL YO FRENTE AL AMBIENTE. CÓMO SER TÚ MISMO ENTRE TODO LO QUE TE RODEA

El hombre siempre ha estado sometido a numerosos influjos por parte del ambiente en que normalmente se desenvuelve, de modo que éstos han influido en mayor o menor grado en la configuración y posterior desarrollo de su personalidad. En la actualidad, las influencias sociales han cobrado una mayor importancia debido a la extraordinaria expansión de los medios de comunicación social, que bombardean continuamente a cada persona con estímulos e informaciones que pueden influir notablemente en sus patrones de comportamiento.

A la vista de esta situación podemos pensar que no siempre es fácil continuar siendo nosotros mismos, mantenernos libres de las influencias sociales que podemos considerar nocivas o perjudiciales, juzgar libremente cada problema, actuar al margen de lo que haga la mayoría; es decir, mantener nuestro propio criterio, al margen de modas o grandes cambios sociales que no se ajustan a nuestro modo de ser y de pensar.

I.as personas más vulnerables a este tipo de información o de mutaciones sociales son aquellas que todavía no han estructurado firmemente su personalidad, como ocurre con los niños y adolescentes y, en general, con las personas inmaduras. Éstos suelen carecer de una escala sólida de valores, de objetivos vitales a largo plazo y de patrones de conducta suficientemente firmes, con lo que quedan al arbitrio de circunstancias externas como la opinión de los demás o la moda. Para ellos es bueno lo que hace la mayoría de la gente, ya que es «lo normal», y utilizan este argumento para guiar y justificar su comportamiento, lo que demuestra la ausencia de criterios propios. También algunos psicópatas abúlicos, según la concepción de Kurt Schneider, se entregan sin resistencia alguna a todos los influjos externos, son personas sugestionables e inestables que se dejan conducir por cualquier persona o que actúan en cada época de su vida según los modelos más significativos del ambiente que los rodea. Para otros, el principal problema reside en poder actuar de modo distinto dentro de un grupo social. Son personas que no saben decir «no» en un momento dado, discrepar de una opinión, mostrar su disconformidad ante un hecho cuando se creen con toda la razón, etc., porque dan demasiada importancia a lo que los demás esperan de ellos, como si tuviesen un exagerado temor a defraudarlos, a la vez que dependen excesivamente de la opinión de los demás. Son personas con trastornos «asertivos», es decir con alteraciones de la «asertividad» o habilidad social, lo que es especialmente frecuente entre las personas con una personalidad neurótica o inmadura. Por ejemplo, durante la adolescencia, es muy probable que un joven consuma drogas si se encuentra dentro de un grupo de amigos en que todos las van a consumir, a pesar de que crea que es algo que no debe hacer, que no le conviene, ya que sabe que si no lo hace será ridiculizado por los demás y marginado del grupo. El problema se acrecienta generalmente por la dificultad que tienen estas personas para expresarse sin herir los sentimientos de los demás, mediante un inteligente cuidado de la forma y una actitud diplomática, y por una falta de seguridad en sí mismos que se añade a la falta de criterios propios.

¿Es posible, entonces, ser uno mismo frente a todo lo que nos rodea? En principio, hay que pensar que sí es posible, a pesar de que el influjo de las circunstancias y el ambiente particular, y social en general, en el que nos desenvolvemos pueden ser muy poderosos. Para ello es necesario tener unos patrones firmes de comportamiento, conocernos a nosotros mismos, saber qué objetivos deseamos alcanzar a lo largo de nuestra vida, lo que conviene a nuestro particular modo de ser, un sentido de la responsabilidad y capacidad de juicio crítico para concebir el beneficio o perjuicio que determinados comportamientos nos pueden proporcionar en el futuro. Todo esto no supone, sino todo lo contrario, la necesidad de adoptar actitudes rígidas, inflexibles e intolerantes hacia el ambiente en el que nos desenvolvemos: simplemente conduce a una capacidad para actuar libremente, fuera de presiones externas, con la tolerancia que procede de un cierto nivel de independencia y de satisfacción con uno mismo. J. H.

LA IDENTIDAD DEL YO

El hombre se considera a sí mismo como un conjunto homogéneo dotado de una serie de características corporales y psicológicas; estas características configuran nuestra propia identidad, nos diferencian claramente de todo el resto de personas, animales u objetos que tenemos a nuestro alrededor. Nos consideramos seres únicos dotados de una clara identidad diferenciadora; sin embargo, hay ocasiones en que disminuye esta conciencia de nuestra propia identidad, que puede, incluso, llegar a desaparecer si se padecen ciertos trastornos psicopatológicos.

Hay personas que debido a un importante trastorno de memoria llegan a perder la noción de su propia identidad, no saben ni quiénes son ni quiénes han sido, no recuerdan siquiera su nombre ni cuándo han nacido, lo que les deja un tanto perplejos y angustiados. A veces recuerdan tan sólo algunas etapas de su vida, pero se sienten incapaces de conectarlas entre sí, con lo que no consiguen establecer una identidad propia. Vemos entonces cómo la memoria, y por tanto toda la experiencia acumulada en el pasado, contribuye de forma decisiva a la configuración de nuestra propia identidad.

En otras ocasiones se produce una pérdida de la propia identidad por otras causas entre las que destacan los trastornos de ansiedad y neurosis, la esquizofrenia y la epilepsia. Las personas sometidas al padecimiento de este tipo de trastornos psicopatológicos sienten en ocasiones un profundo cambio en su psicología personal, se sienten distintos, cambiados, como si no se reconociesen a sí mismos, es lo que se denomina *despersonalización,* es decir, pérdida de la propia personalidad, lo que en realidad constituye una pérdida de la propia identidad. En este tipo de situaciones se mantiene una cierta capacidad para identificarse, pero dentro de una sensación de extrañeza que se acompaña generalmente de una gran angustia. Si el proceso continúa desfavorablemente pueden llegar a pensar que hay facetas de su personalidad que no son suyas, que no les pertenecen, mientras que otras continúan considerándolas como propias, con lo que se produce una *escisión de la personalidad.* A partir de este momento se pueden ir desarrollando en estas personas una *doble personalidad* o una *personalidad múltiple,* por lo cual se establecen en ellas varias personalidades completas, como si hubiese varias personas, por lo general totalmente distintas, en su interior, que actúan bajo nombres distintos y de forma alternativa. En estos casos se pierde por completo el concepto de identidad por subdivisión del mismo. En otras ocasiones, el proceso evoluciona hacia la *enajenación,* es decir, la persona cree que es otra persona totalmente distinta, e incluso hay casos extraordinariamente graves en los que se produce una total pérdida de identidad del yo, con lo que el sujeto se *personifica* de nuevo en otra persona, animal o cosa.

Otras veces se pierde la identidad como consecuencia de algunos trastornos típicos de las psicosis, por lo que las personas se sienten incapaces de gobernar sus propios actos, ya que creen que no son dueñas de los mismos ni de sus pensamientos, que sus comportamientos están influidos o dirigidos totalmente por los demás (*vivencias de influencia*) o tienen alucinaciones auditivas a las que se ven obligados a obedecer (*vivencias impuestas*), etc. En estos casos se duda lógicamente de la propia identidad, ya que existe una discordancia en relación a los comportamientos que se realizan, tanto más si tenemos en cuenta que en estos procesos se produce una ruptura biográfica total y repentina. También en las depresiones se pueden producir alteraciones en la identidad del yo, ya que estas personas se sienten cambiadas, incapaces de llevar a cabo tareas rutinarias, y empobrecidas afectivamente, como si sus sentimientos se hubiesen modificado o hubiesen desaparecido. En trastornos que cursan con disminución de la conciencia es frecuente observar trastornos de la identidad del yo, pues estas personas realizan actos que no corresponden con su forma normal de actuar, asombrándose de que ellos hayan podido comportarse de ese modo, lo que es muy frecuente en los estados de intoxicación por alcohol u otras drogas. J. H.

LO PROPIO Y LO AJENO (TODOS NECESITAMOS UN TERRITORIO Y UNA IDENTIDAD)

Nos dicen los etólogos (los científicos que estudian el comportamiento animal) que cuando dos animales de la misma especie luchan entre sí, siempre lo hacen por una de estas dos causas: o bien para establecer su dominio sobre los otros y alcanzar —o mantener— la jefatura dentro de un grupo, con los privilegios que esto supone a la hora de elegir hembra y comida; o bien para ejercer sus derechos territoriales sobre una determinada porción de suelo. Esto es algo instintivo, un rasgo inherente a la condición de todos los animales.

Todo ser vivo precisa de un territorio para poder crecer y desarrollarse, una porción de espacio de donde obtener los medios necesarios para su subsistencia. Es el *espacio vital.* Naturalmente, las dimensiones de este territorio irán en función de sus necesidades y serán proporcionales a su grado de desarrollo.

Cuando un ser vivo defiende su integridad física ante un peligro inminente, lo hace movido por un instinto de conservación *a corto plazo*: defiende su vida en ese preciso momento. Cuando defiende su territorio, lo hace bajo el mismo instinto, pero *a largo plazo*: defiende unos medios de subsistencia sin los cuales moriría tarde o temprano.

Todos los animales, de un modo u otro, delimitan y marcan su territorio; generalmente lo hacen mediante sus excrementos (orina y heces). No hace falta formar parte de un safari para observarlo; basta con pasear por la ciudad con un perro y ver cómo va depositando sus «marcas» por doquier.

La historia del hombre —sus avances en el campo de la técnica, sus migraciones, sus asentamientos en nuevas tierras, sus conquistas y sus guerras— depende directamente de su necesidad de encontrar nuevos espacios vitales y de adaptarse a ellos. El invento y perfeccionamiento de las armas perseguía un claro fin de defensa y conquista territorial. Y el actual y vertiginoso avance aeroespacial no sólo está determinado por el afán de adquirir nuevos acontecimientos, sino que, concomitantemente, está alentado por la posibilidad de ampliar un espacio vital en presunto peligro por la explosión demográfica.

Pero, yendo a lo que nos interesa: ¿Cómo influye el concepto de territorio en la psicología del individuo? El hombre primitivo pocas preocupaciones de espacio tenía. Había terreno para todos. Pero, a medida que crecía en número y desarrollo intelectual, fue extendiendo sus fronteras vitales. Cada tribu expandió sus linderos sin problemas. Sin problemas hasta que topó con las fronteras de la tribu vecina. Las libertades de uno terminan donde empiezan las del prójimo. Y comienzan los conflictos. Es la Historia; y no hay más que repasar cualquier tratado de la misma para ver que es un continuo y desaforado trasiego de linderos y fronteras.

Y llegamos al hombre civilizado que vive en sociedad y en teórica armonía con sus vecinos. Teórica, porque la aparente comodidad que supone el vivir en comunidad tiene a veces un alto precio: el desequilibrio psicológico por el estrés competitivo en defensa de un mínimo territorio digno.

Es curioso observar cómo trastornos tan comunes en el hombre, como la ansiedad, la depresión, la agresividad desmedida, las disfunciones sexuales, las úlceras digestivas y demás manifestaciones neuróticas y psicosomáticas, sólo aparecen en los animales cuando están sometidos a limitación territorial, como ocurre en los zoológicos. Prácticamente, tales alteraciones no aparecen en el animal libre y en estado salvaje.

Realmente, ¿la pérdida territorial influye tanto en el hombre como para ser responsable de una gran parte de entidades nosológicas, objeto de una ciencia como la psicopatología? Rotundamente, sí.

El individuo no puede ser separado en esencia de su medio vital. Un ser vivo es él y su territorio, con el cual se identifica como una prolongación de su propio cuerpo.

Un refrán dice: «Tanto tienes, tanto vales.» Y, aunque nos pese, ése es el juicio frío con el que, desgraciada y habitualmente, nos juzgamos en sociedad. «Cuanto más tengo, cuanto mayor es lo propio, más grande soy.» Esta concepción un tanto desmedida de la territorialidad (como lo propio) es el origen de la ambición. Ya que territorio ya no es sólo terreno, sino todo cuanto en él se pueda incluir: pertenencias, posesiones inmuebles y por supuesto el dinero, que asegura adquirir más territorio.

Así hemos desarrollado el afán de marcar nuestra identidad en el ambiente, señalando: esto es mío y aquello es ajeno. Múltiples ejemplos adornan este fenómeno: las casas de campo están valladas, tienen nombres, etc. Las casas de ciudad cuentan con un inconveniente: están construidas por grupos, a veces numerosos, y siguen una idéntica estructura arquitectónica. No obstante, nos ocupamos en que tengan una identidad con la decoración: una pintura de pared, un empapelado, unos adornos, buscando un «toque de distinción». Algo similar ocurre con todo objeto de consumo: vestuarios, coches, bebidas, etc. Siempre anhelando la identidad, la originalidad, el ser destacado de entre la mayoría: yo y mi territorio.

Todo esto se observa claramente en su carácter expansivo. Pero hay otro aspecto más restringido y defensivo: existe un límite mínimo territorial del que muchas veces no somos conscientes. Todos tenemos un espacio aéreo a nuestro alrededor que asumimos como propio. Puede variar de una persona a otra, según su carácter y sus costumbres; pero lo cierto es que nos sentimos incómodos cuando nos lo invaden.

Generalmente es un perímetro de unos 50 cm del espacio que nos rodea. Es aproximadamente la distancia que guardamos con nuestro interlocutor cuando mantenemos una conversación cordial. Si alguien nos habla desde más cerca, nos incomodamos, nos sentimos agredidos y retrocedemos guardando distancias. Socialmente se acepta que no es de buena educación rebasar ese espacio, que sólo es violado en dos ocasiones opuestas: la lucha y el amor.

El hombre, como ser privilegiado en la Naturaleza y en continua evolución, precisa de una identidad que la potencie y de un territorio donde desarrollarla. Es un derecho natural, ancestral e instintivo, que, cuando se ve atentado, puede acarrear serias consecuencias en su equilibrio psicológico. J. M. U.

AMBICIÓN

La ambición es el deseo de conseguir unas metas concretas que el sujeto se propone; una vez logradas son sustituidas por otras cada vez más importantes. Se dice que las personas ambiciosas llegan a más en la vida, logran sus objetivos con éxito, mientras que los que carecen de ambición se conforman con pocos logros y no suelen plantearse nuevas metas. Esto tiene una gran parte de verdad.

El ser o no ambicioso es algo que afecta a la totalidad del sujeto, a los aspectos sociales, laborales y económicos; cualquiera puede querer ascender en su trabajo, tener más dinero o mantener un determinado *status* social. La ambición afecta también a otros aspectos de la vida y muy particularmente a la afectividad. Un proyecto vital de lo más ambicioso es conseguir una afectividad estable, hay que planteárselo y esforzarse por lograrlo. El tener amigos, encontrar una pareja y formar una unión sólida, afrontar las frustraciones y asumir correctamente las alegrías, mantener un estado de ánimo equilibrado, en fin, la vida afectiva, depende de uno mismo, del empeño, de la ambición que se tenga por lograr esa estabilidad.

Se distinguen tres tipos de ambición: ambición sana o normal, ambición desmedida o patológica y ausencia de ambición. La ambición normal o sana se encuadra dentro de un proyecto vital coherente y estructurado, con metas lógicas, aceptables y realizables. Esta ambición actúa como estímulo para lograr el fin propuesto, es de mayor o menor intensidad, pero siempre comprensible. La ambición patológica sobrepasa los límites de la normalidad, hay un afán desmedido por lograr más y más, generalmente poder, riqueza, dignidades o fama. Este deseo puede convertirse en una idea obsesiva que domina la vida del individuo condicionando su conducta general y su relación con los demás que se deteriora a mayor o menor plazo de tiempo. El que sufre esta ambición patológica plantea su vida en exclusiva según sus objetivos y el resto de las actividades y las personas quedan relegadas a un segundo plano.

La ausencia de ambición no es un estado patológico en sí, pero al faltar unos objetivos a alcanzar, el sujeto no se plantea metas, se conforma con lo que es y lo que tiene sin cuestionarse nada más. Hay quien podría justificar esta actitud afirmando que la felicidad se basa en estar contento con lo que uno es, pero el ambicioso puede estarlo y desear y aspirar a otras metas.

Hay que distinguir entre ambición y envidia. La primera es el deseo de lograr unos objetivos atractivos para el sujeto en función de sí mismo. La segunda es desear lo que otros tienen y son, es una especie de ambición en función de los demás que condiciona conductas pero suele acarrear una enorme insatisfacción personal. Se podría considerar la envidia como una ambición patológica en su punto de partida.

A la hora de valorar la conducta de una persona ambiciosa hay que tener en cuenta su comportamiento con los que la rodean, sobre todo, las posibles repercusiones negativas que la ambición puede tener en sus relaciones interpersonales. Hay que canalizar estas aspiraciones siempre dentro del respeto a los otros. J. M. U.

Rodada en 1940, es fácil deducir a qué político «del momento» estaba parodiando Charles Chaplin en esta escena de *El gran dictador*, una de las sátiras más lúcidas y brillantes —también más esperanzadoras— acerca del ilimitado afán de poder político y sus consecuencias de toda la historia del arte. (Foto: Filmoteca Nacional.)

AFÁN DE PODER

El poder es un hecho unido a la concepción de grupo social. Tanto animales como hombres, cuando viven o simplemente actúan en grupo, desarrollan el fenómeno del poder, que recae en manos de uno o unos pocos que dominan el grupo.

Podríamos definir el poder como «la capacidad para controlar las acciones de los demás». Cuando este poder está legitimado, hablamos de autoridad.

El poder es algo que está presente en todas las áreas de la vida social: en la familia, cuando un padre aconseja a su hijo. En la escuela, cuando un maestro disciplina a un alumno. En el trabajo, cuando un jefe ordena al subordinado. En la economía cuando un sujeto mantiene a otro. En el ejército, en el deporte, en la pandilla de amigos y, en definitiva, en cualquier agrupación social donde de forma natural o establecida se instaura una jerarquía de poder. Por supuesto, donde más se detecta la existencia y función del poder es en el gobierno estatal y la política.

En teoría, el poder mantiene implícitamente la capacidad para mandar y tomar decisiones que afecten de forma más o menos directa a la vida de los demás, lo cual no quiere decir que quien ejerza el poder sea el más hábil, justo y razonable en el mando; es una concepción meramente teórica que por desgracia no siempre se da en la práctica.

El afán de poder es un rasgo innato del ser humano en cuanto se considera ser social en interdependencia con otros individuos. Algunos persiguen, logran o mantienen el poder con gran empeño empleando para ello toda su energía vital. Otros apagan este anhelo mediante el razonamiento, la renuncia o el conformismo, derivando su afán hacia otras formas de poder más asequibles. Y por último, otros lo subliman transformando en virtud su opuesto: la humildad.

Debido a la inevitable competencia grupal, tanto la edificación del poder como, sobre todo, su mantenimiento requieren de unas bases firmes que apuntalen su existencia. Así, el poder se apoya con frecuencia en la fuerza. La historia del hombre está llena de conquistadores, revolucionarios y dictadores que ostentan el poder mediante la fuerza y la violencia. Hasta el punto de hacer afirmar a algunos historiadores que «el derecho y la justicia residen en el interés del más fuerte». Ahora bien, un poder mantenido por la fuerza carece de estabilidad; con frecuencia se verá acosado por la reacción rebelde de sus súbditos que intentará derrocarlo; y la contrarreacción, empleando más fuerza, termina por devastar toda la arquitectura social.

Mayor firmeza adquiere el poder apoyado en la legitimidad; es decir, cuando está justificado socialmente y apoyado en el consenso de quienes lo reciben, que al advertir unas ventajas sociales aseguran su lealtad.

Entre una y otra existen formas alternativas de poder más o menos interesadas que, sin utilizar la fuerza, emplean métodos un tanto soterrados que disfrazan su legitimidad.

Así, por ejemplo, el poder puede apoyarse en la producción y el consumo, dominando al individuo de forma indirecta a través de sus necesidades. En otras ocasiones se apoya en ideologías, de las que quien ostenta el poder se erige como único representante y defensor ante sus súbditos.

En definitiva, el poder puede ser utilizado para beneficio personal o colectivo. El primero conduce al autoritarismo dictatorial en defensa del egoísmo. El segundo, ejercido con el más puro altruismo, puede agotarse por falta de incentivos estimulantes. Tal vez una combinación que aúne los propios objetivos con los del colectivo sea la que proporcione mayor solidez al poder. J. M. U.

LA LIBERTAD

La libertad, como concepto abstracto, supone una capacidad infinita de elección, sin que ésta se lleve a cabo bajo la presión de necesidades personales o de otros factores y circunstancias que puedan determinar la decisión final en un sentido o en otro. Cuando nos referimos a la libertad humana, lo hacemos en un sentido relativo, ya que el hombre se encuentra limitado por su propia naturaleza. Cuando toma una decisión, lo hace dentro de un campo restringido de posibilidades, ya que muchas otras le resultan inaccesibles, y además, lo hace más o menos influido por factores internos y externos. La libertad es entonces para el hombre un bien a alcanzar. Se puede conseguir ser más libre cada día, aumentar los niveles individuales de libertad.

Desde el punto de vista de la psicología y psicopatología el problema de la libertad está íntimamente vinculado al del autodominio y a la salud psicológica. El autodominio implica ser señores de nosotros mismos, como decía Séneca, ser capaces de gobernarnos, de hacer lo que verdaderamente deseamos a medio y largo plazo, a pesar de que para lograrlo tengamos que renunciar a cosas más atractivas en ese momento o hacer un gran esfuerzo. Esto no resulta siempre fácil, sino todo lo contrario. Implica el control de los impulsos, tendencias, necesidades instintivas, etc., además de una alta capacidad de juicio crítico que nos facilite ver con claridad la situación en que nos encontramos al margen de todas las influencias a las que inevitablemente nos vemos sometidos por el medio ambiente en que nos desenvolvemos. La voluntad, por último, sería una herramienta imprescindible del hombre libre, ya que sin ella, éste no es capaz de llevar a cabo las acciones que se propone, siendo vencido en su empresa por la incapacidad de realizar un esfuerzo o por la dependencia que mantiene con necesidades a las que no es capaz de renunciar.

La enfermedad mental ha sido definida por muchos autores como una pérdida de la libertad. Realmente, en todos los trastornos psicopatológicos podemos observar una merma de la libertad personal, que varía desde la incapacidad para llevar a cabo los objetivos propuestos hasta una pérdida de libertad de tal calibre que exime a estas personas de sus responsabilidades civiles o penales.

La dependencia establecida con cualquier tipo de droga (tabaco, alcohol, cocaína, anfetaminas, etc.) supone una reducción de la libertad, generalmente muy grave, que se expresa dentro del mismo término *drogadicción,* ya que *addiction* significa sumisión a un dueño. También las fobias suponen una importante merma de libertad, ya que el exagerado temor que a estas personas les inspiran algunos objetos, animales, personas o situaciones, impide que puedan llevar una vida normal, quedando incapacitados para desarrollar ciertas actividades por su propio trastorno. La depresión quita libertad por la disminución de la capacidad para iniciar y desarrollar actividades, por la confusión del juicio crítico, las dificultades de concentración, empobrecimiento del pensamiento, de la creatividad, etc.

En las psicosis la pérdida de libertad es aún más severa. Muchos enfermos maniacodepresivos tienen que ser incapacitados legalmente por los desproporcionados gastos que hacen durante las fases maníacas en las que pueden perder absurdamente todos sus bienes. En la esquizofrenia y en todas las psicosis que cursan con síndromes alucinatoriodelirantes, se produce una desconexión con la realidad externa de gran profundidad. A veces, los enfermos se guían exclusivamente por las órdenes que reciben de sus alucinaciones auditivas en forma de voces. Otras veces expresan que sus pensamientos no son suyos, sino que alguien los introduce en su cabeza, o bien que se ven obligados a realizar actos contra su voluntad, como si fueran marionetas dirigidas a través de complicados aparatos. Estos trastornos del gobierno del yo suponen la casi total reducción de la libertad individual. J. H.

LIDERAZGO

El líder es esa persona que se define como «jefe nato» o «gran hombre», cabeza de grupo, sea cual sea la naturaleza de éste, que se encuentra por encima del resto con una mayor capacidad de mando e influencia, respetado y querido por los otros y situado en ese papel por un conjunto de cualidades entre las que destaca un indefinible carisma. Su figura recibe una especial consideración social, alcanza posiciones de prestigio y tiende a ser tomada como punto de referencia por los otros.

Hay una serie de cualidades y características que hacen sobresalir al líder dentro del grupo, suele ser algo más inteligente, pero sólo un poco más que el resto y nunca excesivamente, ya que esto lo situaría en desventaja y sería rechazado.

Posee una importante seguridad en sí mismo y en sus propias convicciones, hecho que es rápidamente percibido y transmitido a los otros. Toma decisiones y corre riesgos mayores y destaca en tres dimensiones: su actividad, su capacidad para desempeñar las tareas y objetivos que se propone y el afecto que obtiene de los otros. Acepta los valores fundamentales del grupo y los lleva a cabo mejor que ningún otro, pero generalmente estos valores han sido sutilmente impuestos por él mismo con unas innegables dotes de persuasión.

El líder adquiere dentro del grupo los más diversos papeles y funciones, es ante todo el modelo y el individuo representativo y dirige, controla, planifica, asume, decide, actúa como mediador y experto en casi todo tipo de tareas, aporta gratificaciones y sanciones e, indudablemente, cuando las cosas funcionan mal se convierte en el objetivo de las culpas, en el «chivo expiatorio».

Según la personalidad y las características particulares del individuo, se distinguen varios tipos de líder:

El *doctrinario* traza un sistema coherente de pensamiento y trata, siempre que es posible, de armonizar con él sus decisiones en la mayor parte de las cosas.

El *oportunista* va acomodando su conducta a las circunstancias de las que saca el máximo partido sin vincularse a ningún sistema concreto.

El *luchador* es aquel que una vez fijados unos objetivos, que no tienen por qué seguir una doctrina en especial, lucha y se esfuerza por lograrlos hasta que los consigue.

El *conciliador* actúa como mediador de posturas, limando asperezas y disminuyendo divergencias y se convierte en el apoyo de cuantos le rodean.

El *idealista* justifica siempre su actitud, que atrae a los otros, en nombre de valores universales y eternos.

El *cínico* suele apelar a cuestiones secundarias para poner en marcha sus auténticos intereses que luego afirma abiertamente.

El *rígido* marca objetivos de conjunto aferrándose a determinados métodos, no es un hombre creador ni doctrinario sino que sigue fielmente el «procedimiento».

El *imaginativo* sabe salir airoso de cualquier situación, las nuevas circunstancias no lo desconciertan y sabe inventar soluciones.

El *jugador* afronta el riesgo de manera más o menos consciente, arrostra el peligro y decide con rapidez.

El prudente carece totalmente de amor al riesgo, no lo afronta nunca, tiene sangre fría, domina las situaciones y decide con lentitud.

Cualquiera de estos tipos de líder puede llegar a convertirse por sus cualidades en un jefe nato y arrastrar tras de sí a un conjunto de personas, y como hemos visto, las diferencias entre unos y otros son totales. M. D.

EGOÍSMO

El egoísmo es una forma de actitud adoptada por la persona que se fundamenta en la relación exclusiva hacia sí mismo, con preocupación por las propias necesidades y deseos y sin interés por los demás.

Podríamos decir que en el individuo egoísta predomina el razonamiento subjetivo sobre el objetivo. Es decir, su perspectiva psicológica y por consecuencia su forma de vivir se orienta siempre de acuerdo con su valoración personal menospreciando la del colectivo. Realmente hace un culto a su propio «ego» (de ahí su nombre) al que idealiza, y juzga todos los acontecimientos desde el punto de vista de un acercamiento feliz o un desgraciado alejamiento de ese ideal.

El egoísmo es una forma de ser y vivir consecuente a un crecimiento y una maduración de la personalidad inapropiados. Es frecuente que su siembra tenga lugar en una infancia educada con escaso acierto. Tanto una educación excesivamente dura y crítica, como una ausencia de cuidados y atención necesarios pueden forjar una personalidad egoísta. Si un niño ve censuradas constantemente sus naturales muestras de vivacidad y no se siente apoyado en sus sentimientos llega a la lógica conclusión de que no se puede confiar en los adultos, de que todo cuanto desee ha de conseguirlo por sí mismo y sin esperar nada de nadie. Progresivamente va integrando en su conciencia la idea de que las personas que lo rodean son sólo medios para conseguir sus fines. Prefiere utilizar a los demás antes de que ellos tengan oportunidad de utilizarlo y concibe que en la vida sólo hay dos opciones: o eres «lobo» o eres «cordero» y si no devoras, eres devorado.

Al egoísta, en ocasiones, se le ve como un luchador, pero nunca a favor, sino en contra de algo, en contra de todo lo que se oponga en su camino.

Su felicidad radica en el propio orgullo, pudiendo llegar a la hostilidad y el fanatismo. Los sentimientos son equivalentes a la debilidad y por tanto al posible fracaso. Por ello no es raro que se proteja con una armadura de frialdad y sea proclive a la crueldad cuando posee alguna forma de poder o autoridad.

Acostumbra a adoptar una postura pretenciosa tratando de destacar sobre los demás y ocupar el primer plano. Y cuando algo sale mal achaca la culpa a otros, reforzando de paso su propio *ego* al advertir la torpeza del prójimo.

Ocasionalmente puede parecer generoso al deparar favores y ayudas a sus allegados, cuando realmente su intención no va en función de las necesidades ajenas, sino en la de alimentar su persona a través de la magnanimidad.

Evidentemente, todo ese aire de poder no es más que una mascarada que encubre su propia debilidad y un sentimiento de inferioridad. Continuamente debe reforzar un *ego* que en su interior se tambalea. Por ello cuando no tiene el poder suficiente, es fácil que caiga en la explotación del polo opuesto, representando el ser desvalido que precisa constantemente atención y dedicación de sus protectores, pudiendo llegar a ejercer una auténtica «tiranía sentimental» en su seno familiar. Es el egoísta pasivo que tiende a acomodarse, pero cuya finalidad, como la del egoísta luchador, es la explotación del prójimo en su propio beneficio. Porque, en resumen, la filosofía de vida del egoísta radica en pensar que el prójimo está dentro de uno mismo. J. M. U.

AGRESIVIDAD

José Luis Pinillos

Esta palabra, que procede del latín *aggredi* —ir contra alguien , se emplea normalmente en castellano para expresar la propensión a atacar, destruir o hacer daño, aunque también puede usarse en un sentido más constructivo, como sinónimo de acometividad creadora, iniciativa o espíritu emprendedor. En la caracterología de principios de siglo, al estilo de Kretschmer, era corriente interpretar la agresividad en términos de una disposición temperamental innata, asociada a un determinado biotipo, por lo general atlético o displásico. Esta asociación es real, pero la influencia del temperamento en la conducta agresiva del ser humano es moderada: la agresividad es más un problema social que biológico. Una versión renovada del innatismo surgió en los años sesenta con la teoría del cromosoma masculino de más, responsable genético de la agresividad típica de los psicópatas homicidas. Pronto se comprobó que esta teoría —que venía a ser una versión renovada de la teoría lombrosiana del criminal nato— tenía escaso fundamento, en el sentido de que no eran todos los que estaban, ni estaban todos los que eran. Realmente, sólo en una mínima proporción de los criminales se da el famoso par YY, a la vez que son muchas las personas pacíficas que sí lo poseen. De otra parte, el psicoanálisis entiende la agresividad como una energía psíquica destructiva, y antitética de la *libido,* que en el último Freud pasa a ser un instinto de muerte: el Thanatos. No está claro si esta agresividad de que habla el primer Freud es una pulsión de odio y hostilidad, orientada a la destrucción sádica, a veces también masoquista, del objeto, o es una forma de energía psíquica que suministra al *ego* la fuerza precisa para abrirse camino, superar las dificultades, tener iniciativa y ser asertivo. En todo caso, frente a las teorías anteriores, la interpretación psicoanalítica de la agresividad supone un concepto más activo y dinámico del ser humano. Al agredir, lo que hace el hombre es reaccionar frente a la frustración y a los conflictos. Estas ideas de Freud dieron origen a la teoría de la frustración-agresión de la escuela de Yale, que estipula que allí donde hay una frustración se genera una agresión y, viceversa, allí donde se observa una agresión es menester pensar en alguna frustración previa. Las versiones recientes de esta teoría, por ejemplo, de Berkowitz, son más moderadas, en el sentido de que la limitan según ciertas condiciones, como, por ejemplo: *a)* que hay estados emotivos que predisponen a la agresión; *b)* que no hay agresión en la que no concurran factores externos o claves desencadenantes, y *c)* que la agresividad se aprende y puede convertirse en un hábito reformable, por ejemplo, a través de los medios de comunicación social, o de una permisividad mal entendida. De otra parte, la valoración social de la agresividad, entendida bien como acometividad creadora, bien como etnocentrismo y prejuicio totalitario, se acrecienta en el psicoanálisis cultural y del *ego*. El pesimismo antropológico llevó a Freud a pensar que lo reprimido siempre vuelve, o sea, que lo inconsciente es reprimible pero no redimible. Más tarde, sin embargo, los freudo-marxistas de la escuela de Frankfurt entendieron que la educación es capaz de elevar el instinto al plano de la historia, hasta lograr que el sentido termine por asumir a la pulsión. En el plano contrafactual, las investigaciones de Adorno sobre la personalidad autoritaria representan precisamente la obturación de esa posibilidad redentora de la historia y la fijación de formas agresivas politizadas. Por último, desde el conductismo social, y muy especialmente desde las teorías de Bandura, se ha subrayado la importancia de la imitación y del aprendizaje vicario, en la adquisición de pautas agresivas de comportamiento. De hecho la importancia de los medios y de las subculturas de referencia resulta difícil de exagerar por lo que respecta a la inducción de conductas agresivas. Conductas que, por lo demás, no se manifiestan necesariamente como desviadas y antisociales. Junto a la agresividad hacia fuera —extrapunitiva— se da también una agresividad hacia dentro —intropunitiva—, que adopta formas clínicas muy varias, entre las cuales se cuentan las depresiones reactivas y lo que Seligman ha llamado indefensión aprendida. A la postre, sin embargo, la clarificación conceptual del mundo de la agresividad humana es muy difícil, pues dada la diversidad de puntos de vista de quienes ponen los rótulos a los actos del hombre, lo que para unos constituye una flagrante agresión para otros puede ser un caso evidente de legítima defensa.

LA RIQUEZA MATERIAL. EL DINERO

Desde siempre, la riqueza material y su símbolo, el dinero, han sido necesarios para vivir. No en vano decimos «ganarse la vida» para designar las actividades del hombre capaces de proporcionarle una remuneración económica que permita su sustento.

La posesión de dinero aporta al hombre un poder adquisitivo que le da seguridad, comodidad, fuerza y, en cierta medida, mejor salud al disponer de mejores cuidados y buena alimentación. No es raro, entonces, que el dinero y la riqueza material sean bienes de los más codiciados, hecho que transforma su lado positivo, beneficioso para el ser humano, en el más negativo enemigo social cuando es capaz de suscitar en él la envidia, la codicia, la traición y aun el crimen.

El dinero puede considerarse una de las instituciones más antiguas del ser humano, siendo su equivalente, la moneda, un sustituto manejable de los primitivos productos (cabezas de ganado, cereales, sal, etc.) con los que se comerciaba y se saldaban las deudas.

La riqueza material parte del principio de la propiedad, concibiéndose ésta como «el control más o menos permanente y exclusivo que tiene el hombre sobre las cosas». Dicha propiedad puede ser privada o común. En la mayoría de las sociedades primitivas los principales recursos económicos eran de propiedad común, como los terrenos de cultivo, de caza y pastoreo. A medida que la sociedad fue evolucionando y desarrollándose comenzó a prevalecer la propiedad privada sobre la común. Cada individuo, o cada familia, poseía sus propios utensilios de trabajo, sus cabezas de ganado e incluso su propio terreno de cultivo.

En general, con el desarrollo de la agricultura, manufactura, industria y comercio se extendió la propiedad individual; si bien, en la mayoría de las sociedades siguió subsistiendo una cierta propiedad común. En la actualidad y según la forma de gobierno establecida existen sociedades que dan prioridad a una u otra forma de propiedad en función de su ideología político-social.

La complejidad en la organización social del ser humano hace imposible que cada persona tenga una propiedad material exclusiva capaz de autoabastecerla con independencia de sus vecinos. Eso ha transformado la posesión real del hombre en posesión potencial. Es decir, no puede poseer en el presente todo aquello que precisa o desea, pero puede disponer de los medios necesarios para adquirirlo. Y ese medio, universalmente aceptado, sería el dinero.

En principio, el acopio de dinero debería ir encaminado a cubrir estrictamente las necesidades de supervivencia, como una especie de despensa alimenticia. Pero las necesidades del ser humano han dejado de ser meras exigencias biológicas para rodearse de innumerables complementos más o menos sofisticados y determinantes de un voraz deseo aparentemente insaciable.

El afán de lucro personal se ve asimismo espoleado por el espíritu de competitividad con el prójimo. El poder adquisitivo para muchas personas tiene el carácter de poder universal; hecho que se ve corroborado en una sociedad de consumo donde generalmente se mide la valía personal a través de sus posesiones y el *status* social o clase en que el individuo se mueve. Y para alcanzar este nivel social ya no es imprescindible la nobleza y el señorío feudal de antaño, basta una simple ostentación lujosa que dé muestras de un sólido respaldo económico para doblegar el espíritu de los competidores. No es raro, entonces, que algunos hombres de escasos valores personales y humanos traten de compensar tal déficit con un ornamento de atributos materiales que les den la fuerza y el poderío que su personalidad pobre no les brinda.

El dinero, a pesar de su naturaleza abstracta, sigue siendo para muchos la más importante medida para probar el éxito de un hombre, sobre todo el hombre de negocios. Y aunque a otros pese, constituye uno de los más potentes motores del progreso. J. M. U.

LAS NORMAS SOCIALES

Dentro de cada sociedad existen una serie de normas de convivencia que responden a un deseo generalizado de orden y estabilidad social. Son convencionalismos que se han ido estableciendo y transformando a lo largo de la historia en concordancia con una serie de costumbres y tradiciones. Cuando las normas sociales dejan de ser útiles para la convivencia dentro de una sociedad determinada, e incluso se convierten en una traba para la misma, suelen ser sustituidas por otras nuevas que sean más apropiadas a los cambios sociales experimentados; no obstante, algunas permanecen como parte integrante de la cultura de un pueblo o grupo social.

Algunas personas se muestran muy reacias a seguir las pautas exigidas por este tipo de normas o, incluso, demuestran su hostilidad a la sociedad infringiéndolas deliberadamente, dentro de una actitud global de rebeldía. Otros, por el contrario, están excesivamente pendientes de no incurrir en ningún tipo de falta respecto de las mismas, exagerando su importancia y trascendencia. Por último, podría ser considerado un tercer grupo que se caracterizaría por adaptarse a la gran mayoría de las normas sociales, sobre todo en algunos momentos, por simple respeto a los demás, pero sin que esto tuviese mayor importancia o trascendencia.

Estos modelos de comportamiento en relación con las normas establecidas dentro de cada modelo social suelen estar directamente relacionados con la presencia o ausencia de ciertos rasgos de personalidad. Las personas que desprecian las normas sociales son, a veces, progresistas en sus planteamientos, firmes partidarios de los cambios sociales rápidos, despreocupados por la imagen que ofrecen a los demás, o a veces despreocupados de las personas que los rodean. En otras ocasiones se trata de un modo de rebelarse contra la sociedad, entendida ésta como algo global, o contra personas partidarias de guardar este tipo de convencionalismos. Este tipo de situaciones son especialmente frecuentes durante la adolescencia, época durante la cual muchos jóvenes intentan expresar su deseo de cambio social luchando y dejando de adoptar convencionalismos y normas sociales, situación que se repite continuamente a lo largo de la historia, y que constituye un símbolo del idealismo progresista de jóvenes y adolescentes.

En otros casos sucede lo contrario. Algunas personas están demasiado influidas por estas normas y tienen un exagerado temor a no saber actuar de acuerdo con ellas. Muchas personas se sienten inseguras en ciertas reuniones sociales por no conocer algunas normas de cortesía comúnmente aceptadas que los demás aprendieron como un componente más de la educación recibida (forma de comer, de saludar, etc.) y temen hacer el ridículo. En otras ocasiones, la inseguridad es un rasgo de personalidad y entonces se teme continuamente la posibilidad de llamar la atención de los demás, en una actitud de perpetua timidez y vergüenza, con lo que se teme incumplir estos convencionalismos sociales porque de este modo se podrían ver expuestos a juicios y comentarios de los que, creen, saldrían mal librados. Algunas de estas personas inseguras bajo las que subyace un complejo de inferioridad pueden mostrarse aparentemente indiferentes a los comentarios de los otros y hacer alarde de su desprecio por las normas sociales establecidas, incumpliéndolas deliberadamente en un desmesurado afán por demostrar su independencia de las opiniones de los demás y con rasgos externos de superioridad; pero siempre se puede descubrir la inferioridad que se esconde bajo estos comportamientos, ya que están realmente pendientes de los efectos que producirá su forma de comportarse en los demás, porque en el fondo esta opinión les resulta de gran importancia dados los sentimientos de inferioridad que ocultan.

En un tercer grupo entrarían las personas más equilibradas, que adoptan sin rigideces normas sociales por simple respeto a los demás, a pesar de que consideren que sería preferible modificarlas, o porque les parecen convenientes y adecuadas a esa situación. De hecho, algunos convencionalismos responden a un afán puramente estético o a un deseo de mantener tradiciones heredadas y perpetuadas durante siglos. Muchos hombres que demuestran un profundo respeto por estas tradiciones son amantes de la historia, de los autores clásicos, del progreso constructivo y moderado, es decir, de avanzar realmente aprovechando, por ejemplo, los avances de la técnica, pero sin destruir una serie de cuestiones verdaderamente valiosas que se han ido transmitiendo culturalmente a lo largo de la historia. El progreso no tiene por qué suponer una destrucción global de la cultura, sino que deben ser mutuamente compatibles, ya que no tiene sentido pensar que, hasta el momento actual, el hombre no ha sido capaz de elaborar y construir valores relevantes en cualquier ámbito de la cultura. La verdadera independencia de las normas sociales se demuestra, además, generalmente, por una cierta flexibilidad y tolerancia que presupone no juzgar con rigidez a los que no las cumplen en un momento determinado; paralelamente, hay que comprender la necesidad de cumplirlas en determinados momentos, ya que de no hacerlo podríamos ofender a ciertas personas, por lo que, siguiéndolas, no se somete a nadie a las normas en sí mismas, sino que se demuestra una cierta amabilidad hacia el deseo, más o menos explícito, de los otros.

Por último habría que considerar el caso de aquellos que se resisten a admitir que las normas y convencionalismos sociales estén sujetos a diversas modificaciones, lo que es un hecho sobradamente demostrado a lo largo de la historia. Esta exagerada tendencia a aferrarse al pasado suele traducir posturas excesivamente rígidas a nivel de personalidad, y una cierta dificultad o temor hacia lo que pueden deparar los cambios sociales. Se teme el progreso y todo cambio en general porque se tiene la idea preconcebida de que será perjudicial o peligroso. Esto sucede con especial frecuencia en personas con poca confianza en sí mismas, pesimistas y demasiado adaptadas a su medio ambiente, ya que mantienen con él una relación de excesiva dependencia. J. H.

AUTORIDAD

José Luis Pinillos

La autoridad —poder de hacerse obedecer que una persona tiene sobre otra— es una forma importante de la relación humana: no es sólo una cualidad individual. Su relevancia en la vida familiar, educativa y social es grande y no fácil de establecer, pues varía con el tiempo y la situación. De alguna manera, la autoridad posee una consistencia psicohistórica, lo cual explica que las trasposiciones que sobre este asunto acostumbran a hacerse a partir del comportamiento animal —orden de picoteo, dominio sexual, etc.— hay que tomarlas con ciertas reservas. La autoridad no es simple poderío, ni mero derecho a mandar, sino una clase de influencia fundada en la respetabilidad y competencia del que manda. La palabra autoridad tiene que ver con el verbo latino *augere*, aumentar, y con el sustantivo *auctor*, creador, autor. La noción psicológica de autoridad se compagina mejor con la vieja *auctoritas* romana, que con la pura relación vertical de mando-obediencia que recoge el lenguaje coloquial, o el asimétrico ordeno y mando de los sistemas totalitarios. *Auctoritas* significa en el fondo *augmentum*, un plus de ejemplaridad, un acrecentamiento de cualidades humanas propio de quien ha prestado servicios a la comunidad con esfuerzo y sacrificio personal, y al que en justa reciprocidad la sociedad le considera aumentado en su calidad humana y con títulos morales para dirigir la acción de otros. Humanamente, pues, las relaciones de autoridad exceden de la formalidad legal. El ejercicio de la autoridad requiere de suyo una legitimidad, una calidad humana que no siempre acompaña al que manda. Este requisito forma parte de la sensibilidad moderna, que no acepta ya la autoridad sin más y ha dejado de creer en el derecho divino de los Reyes o en el definitivo e irrefutable *magister dixit* que respaldaba la autoridad de los grandes maestros de la antigüedad y que fue sustituido en el Renacimiento por un nuevo concepto de razón. Hay quien identifica la autoridad con la causalidad psíquica, en cuanto acción de una persona que tiene como efecto la obediencia de otra. No obstante, la asimilación de la autoridad a una acción imperativa del superior sobre el inferior conlleva no pocos errores. Desde el punto de vista psicológico, la autoridad es una forma de comportamiento reglado, no causado, susceptible por tanto de ser cumplido o violado. Ejercer la autoridad guarda una mayor relación con el sentido de las acciones que con la fuerza bruta, con la ejemplaridad que incita y atrae que con el mandato que simplemente obliga y fuerza. La autoridad aparece revestida en su concepto moderno de una cualidad persuasiva que legitima su ejercicio y la distancia del abuso. Tras la última guerra mundial, se politizó esta dimensión legitimadora de la autoridad, hasta el punto de que su ejercicio era automáticamente tachado de autoritario y fascista, a menos que se procediera en nombre de la izquierda, fuese ésta verdaderamente liberal o tan totalitaria o más que la derecha reaccionaria. El paso del tiempo ha ido equilibrando las posturas, pero de todos modos la filosofía social imperante en el mundo de nuestros días es contraria a todo orden arbitrario y entiende las relaciones de autoridad en un sentido menos carismático y más funcional que en tiempos pasados. De alguna forma, la autoridad ha seguido el camino de la secularización propio de la modernidad y está sometida a una constante erosión desacralizadora. Los hijos aceptan la autoridad de los padres con muchas más reservas que antes. Se acepta la autoridad porque a última hora alguien tiene que mandar y poner orden en las cosas, pero siempre en el entendimiento de que cualquier otro podría hacerlo igual y que la autoridad no consiste en un carisma especial que desciende sobre la persona del que manda, o emerge de ella. Cada vez más se desconfía de las prerrogativas que confiere el mando y que permiten, entre otras cosas, dar salida a las pulsiones de dominio, a la voluntad de poderío y a los abusos a que el mando absoluto puede dar lugar. Respecto a las formas de ejercer la autoridad, ya no se piensa que hay un modo ideal, igualmente válido para todos los seres humanos, sino que las formas de autoridad dependen de factores muy complejos, cuales son la situación del que manda, las expectativas y condición de los que han de obedecer, y no en último lugar de la naturaleza de la actividad que ha de ser dirigida por el que manda. En líneas generales, a medida que el trabajo se hace más complejo y requiere una mayor labor en equipo, la autoridad tiende a ejercerse con mayores miramientos y delicadeza. Este sesgo humanitario dificulta, sin embargo, las relaciones de la autoridad con los grupos extremistas, que, por lo general, no están dispuestos a atender a razones.

EL SENTIDO DEL RIDÍCULO

Decimos que hay personas con un alto sentido del ridículo, es decir, que están muy pendientes y preocupadas por no hacer algo inconveniente en presencia de los demás. Si ellos o alguna persona que les acompaña realizan alguna inconveniencia social o alguna extravagancia, piensan que se han expuesto al ridículo público y que, por tanto, resultan molestos, fuera de lugar, y pueden ser sometidos a la burla o al desprecio de las personas presentes mientras «hacían el ridículo». Este tipo de situaciones les generan una gran ansiedad, temor y vergüenza

Un exagerado sentido del ridículo se suele asociar con una personalidad insegura, con la timidez, con una sobrevaloración de los convencionalismos sociales y una gran sensibilidad frente a los juicios u opiniones de los demás. También es más frecuente entre los que han desarrollado una actividad social escasa o que por otros motivos carecen de la suficiente habilidad social. El temor a hacer el ridículo es algo que se mantiene de forma más o menos presente y que se acentúa durante los momentos previos a una reunión social o un acto en el que estas personas piensen que van a estar sometidas a la observación de otras con las que no tienen suficiente confianza: una conferencia, un examen oral, una recepción, una boda, etc., pueden ser situaciones en las que se teme hacer el ridículo, especialmente si tienen algo de novedad, ya que entonces estas personas se encuentran incapaces de prever lo que puede suceder y no se pueden tranquilizar pensando que anteriormente ya salieron airosos de situaciones similares.

Una vez inmersos en uno de estos ambientes, la sensación de ridículo puede surgir por cualquier nimiedad, por pequeños detalles que pasan generalmente desapercibidos para los demás, pero que en estos momentos pueden llegar a constituir una verdadera fuente de sufrimiento para estas personas. Crece entonces la inseguridad, a veces, los sentimientos de inferioridad, la ansiedad y la vergüenza que se caracteriza, al fin y al cabo, por un intento de que los demás no descubran algo en nosotros, por lo que la expresión principal de la vergüenza es la intención de esconderse de las miradas de los demás.

La ansiedad previa al contacto con la situación en que se teme hacer el ridículo puede conducir a evitarla a toda costa ya que se movilizan los mecanismos psicológicos de defensa inadecuados, como el de evitación, por el cual se establecen falsos razonamientos encaminados a eludir este tipo de circunstancias y librarse así de la posibilidad de enfrentarse con una situación angustiosa. De este modo se puede llegar a establecer una auténtica fobia que conduce a la larga a una progresiva inhibición, pasividad y falta de destreza en este terreno.

Si la persona se halla en esos momentos en un ámbito en el que se cree que está haciendo el ridículo, se puede generar tal tensión emocional que se vea incapaz de soportarlo por más tiempo. El mecanismo de defensa que se suele movilizar en estos casos es el de huida, por el cual estas personas están «dispuestas a todo» con tal de abandonar el lugar donde están, produciéndose un ataque de pánico (*Panic attack*) por el que se marchan, terriblemente angustiados y sin atender los posibles razonamientos que alguien les pueda proponer. Cuando transcurre un poco de tiempo, las personas vuelven a la absoluta normalidad y reconocen la desproporción de su comportamiento.

Un exagerado miedo a hacer el ridículo dificulta la progresiva expansión de la persona y puede ocasionar diversos trastornos por ansiedad, especialmente fobias sociales. En otros casos, un exagerado sentido del ridículo no es más que un síntoma de un trastorno de la personalidad. Por el contrario, la falta absoluta del sentido del ridículo es propia de una personalidad psicopática, asocial, en la que existe un exagerado desprecio por las normas sociales y una falta de respeto por los demás. J. H.

LA ENVIDIA

La envidia es un sentimiento (o pasión si es muy intensa) de carácter displacentero que surge al considerar lo que se posee o ha conseguido otra persona. Etimológicamente procede de *invidere*, que significa «ver con malos ojos». El envidioso «mira con malos ojos» las cualidades, éxitos o posesiones de los demás; que constituyen para él una fuente de sentimientos displacenteros y de profunda insatisfacción.

La envidia es algo íntimo que no se suele confesar. Resulta un tanto vergonzoso admitir que el bien ajeno puede inspirar un profundo malestar interior, cargado, a veces, de hostilidad hacia esa persona. En otras ocasiones se intenta justificar ese sentimiento mediante una larga serie de juicios de valor que a pesar de que tienen cierto fundamento, están tan matizados por el estado afectivo del envidioso, que dejan de ser realmente objetivos. A veces, la envidia da lugar por este mecanismo a la calumnia o difamación. Es difícil encontrar una persona que nunca haya sentido envidia a lo largo de su vida, ya que aunque casi nadie reconoce ser envidioso, no hay más que observar que cuando alguien recoge muchos éxitos en poco tiempo, las críticas más duras le acosan continuamente. Por otro lado, la envidia se puede observar en los niños desde edades muy precoces.

La soberbia y el egoísmo son dos rasgos de personalidad vinculados íntimamente con la envidia. Por la soberbia una persona no está dispuesta a aceptar que otros, a los que considera iguales o inferiores, sean más valorados por los demás, posean más cosas o tengan más éxito en el campo profesional o social. Tanto más, cuanto que en la envidia son muy frecuentes las comparaciones con otras personas como fuente de autovaloración y autoafirmación del yo. El egoísmo supone un exagerado afán de poseer todo para sí, dentro de una actitud en la que predomina el estar volcado sobre uno mismo y donde los sentimientos y las preocupaciones de los demás permanecen un tanto al margen, como si no existiesen o no tuviesen importancia. Se vive, entonces, lo conseguido por los otros, como si se tratase de algo propio hurtado por ellos. Los demás han obtenido algo que «en justicia» nos pertenecía a nosotros y que desde luego «ellos no merecen». Soberbia y egoísmo, movilizados por deseos de autoafirmación y mecanismos de defensa de la propia autovaloración por comparación con los demás, se impregnan de juicios de valor sobre los otros que carecen de objetividad, ya que están deformados por cualidades afectivas. Éste es el marco en el que la envidia suele hacer acto de presencia.

Hay situaciones que guardan ciertos puntos de conexión con la envidia, pero que pertenecen a órdenes distintos. Hay veces que decimos sentir envidia de alguien porque admiramos sus cualidades o lo bien que sabe hacer las cosas. Nos gustaría ser en esto como él. No se trata de envidia, sino de un deseo de superación que se concreta en una persona. Otras veces pueden surgir sentimientos de indignación por el triunfo de una persona que nos parece inmerecido, o porque creemos que no está suficientemente preparada para desarrollar la función que se le ha encomendado. No siempre se puede deber esto a una envidia más o menos encubierta, sino que a veces hay razones objetivas para hacer esta apreciación, sobre todo si no se trata de personas próximas a nosotros y si su éxito o cargo está encuadrado en un ámbito de actuación distinto al nuestro. En otras ocasiones se trata, más que de envidia, del temor a la prosperidad de alguien del que tememos que, una vez situado en una posición superior, pueda perjudicarnos en algún sentido. Otras veces se trata, más que de envidia, de celos. Se sufre cuando otros consiguen el cariño o admiración que nos gustaría que ciertas personas mantuviesen con nosotros de forma exclusiva. Por último, no hay que confundir la envidia con el disgusto que puede surgir tras conocer el éxito o un golpe de fortuna de una persona hacia la que se mantienen sentimientos de odio o deseos de venganza. Si se desea para ella el mal, su fortuna no produce envidia, sino una frustración de esos deseos hostiles. J. H.

EL OTRO ESTÁ AHÍ. ¿CÓMO INFLUYES SOBRE ÉL?

Las formas de relacionarse de las personas entre sí son tan diversas como las múltiples combinaciones posibles entre los diferentes tipos de personalidad existentes.

Si partimos de la base de que todos no somos iguales y que inevitablemente debemos vivir en sociedad, es lógico pensar que aparezcan interferencias entre unos y otros que determinan una influencia en el modo de ser y vivir de la gente.

La fuerza que pueda tener nuestra influencia sobre los demás estará en función de una serie de factores, como:

Relación afectiva: El vínculo familiar directo, la proximidad de parentesco o la simple amistad actúan como refuerzo de la influencia interpersonal. Una opinión emitida por un familiar o un amigo causa más impacto que la procedente de un extraño. Cuando se forma un juicio sobre una idea escuchada, no tiene tanta fuerza la idea en sí como la fuente de donde proviene. Si procede de alguien conocido y además conectado por un lazo afectivo se añade a la idea un carácter de confianza paralelo al que se tiene con dicha persona.

En la práctica se viene utilizando a diario como táctica. Por ejemplo, es bastante habitual que quien sea candidato a un puesto de trabajo o simplemente pretenda lograr algo de un estamento, busque sus «influencias». Es decir, busque a alguien relacionado con el selector de personal o la directiva del estamento para que responda por él, a sabiendas de que la opinión de aquél va a tener más influencia que la suya propia, por tratarse de un allegado.

Relación de simpatía: personas que por su carácter amable y gracia en la forma de expresarse y comportarse resultan simpáticas. Es decir, despiertan a su alrededor un ambiente cordial y de confianza que facilita la relación interpersonal. Esto hace que cuanto opinan o predican llegue a los demás con un aire de veracidad y convicción. Es una forma de carisma personal que refuerza notablemente la influencia. Lógicamente, el caso contrario, la antipatía, es capaz de echar por tierra el juicio más veraz. Cuando una persona «cae mal», todo cuanto diga o haga pasará por este filtro negativo que oscurecerá la fiabilidad y, por tanto, la influencia.

Relación de fuerza: Sabemos que existen personalidades fuertes y personalidades débiles. Las primeras poseen una seguridad en sí mismas que da gran firmeza a sus criterios y costumbres. Generalmente dominan las situaciones y consiguen doblegar las opiniones de la oposición. La influencia que ejercen en los demás, en este caso, viene reforzada por la seguridad que emanan sus afirmaciones. Por el contrario, los débiles de carácter albergan en su interior un sentimiento de inferioridad que les hace subordinarse al más fuerte. Dudan de sí mismos hasta el punto de estar convencidos de antemano de que todo lo que diga éste ha de ser profundo, sincero e ingenioso. Son personas de criterio maleable, influenciables por excelencia y que cambian de opinión con gran frecuencia.

Relación de autoridad: Cuando existe una jerarquía de autoridad más o menos aceptada, el superior ejerce una influencia manifiesta sobre el inferior. Esto es notorio entre padres e hijos, maestros y alumnos, jefes y subordinados y todas aquellas personas que por su *status* social poseen una diferencia de mando. A veces tal autoridad no precisa estar legitimada; simplemente una notable diferencia de edad determina la influencia: el mayor sobre el más joven. Y en otras ocasiones la autoridad viene dada por la sabiduría o especialización. Por ejemplo, la opinión de un mecánico de automóviles puede influir decisivamente sobre quien se va a comprar un coche, independientemente de que éste tuviera una mayor autoridad legítima sobre aquél para otros menesteres.

Evidentemente, la suma de dos o varios de estos factores multiplicará el poder de influencia. Si además de autoridad, el carácter posee fuerza y simpatía, el éxito en la persuasión está prácticamente asegurado. De hecho son maniobras muy utilizadas en la publicidad y la política.

La influencia ajena actúa sobre el individuo reflejándose en su forma de ser, su forma de vivir, sus necesidades, sus temores y sus preocupaciones. De la adaptación del hombre a las distintas influencias del mundo que lo rodea surge la opinión que dará la pauta para su conducta. J. M. U.

CÓMO INCENTIVARSE A SÍ MISMO Y A LOS DEMÁS

Está sobradamente demostrado por los estudios realizados sobre la conducta animal y humana que las recompensas refuerzan notablemente el aprendizaje, y por consiguiente el rendimiento será mayor cuanto más intenso sea el refuerzo. Se observó, en experimentos realizados con ratas que tenían que recorrer un laberinto para llegar a obtener un alimento, que cuando se acrecentaba la recompensa con la calidad o cantidad del premio-alimento, recorrían el laberinto con mayor rapidez y precisión.

Estas experiencias tienen su réplica dentro del comportamiento humano. Así se ha observado el estímulo en el estudio a través de los premios fin de curso y el efecto en el rendimiento laboral que provoca el incentivo económico.

Tal vez donde más se ha aplicado la teoría del incentivo haya sido en el terreno de la psicología del trabajo, donde se advierte cómo el premio a la labor bien hecha actúa más positivamente en el rendimiento que el castigo a la mal realizada. En principio se pensó que el mejor incentivo era el dinero; posteriormente se descubrió que otras motivaciones, al margen de las económicas, podían incentivar con igual o mayor fuerza al ser humano.

Pero estos principios claramente objetivables en la esfera laboral pueden igualmente ser aplicados en la vida cotidiana, en nosotros mismos y la gente que nos rodea. Y no necesariamente en el ejercicio del trabajo sino en la simple conducta habitual y forma de ser.

En uno mismo, el incentivo bien manejado puede constituir un arma poderosa que ayuda a corregir esos posibles defectos que con frecuencia nos autorreprochamos sin conseguir desembarazarnos de ellos. Generalmente son formas de conducta aprendidas que no nos parecen apropiadas y sin embargo repetimos habitualmente de forma rutinaria, casi sin darnos cuenta. O lo que es peor, dándonos cuenta después, cuando ya la hemos realizado y no tiene remedio, con lo que inmediatamente comienzan los autorreproches que conducen a la frustración y la amargura. De este modo el autorreproche actúa como castigo a la labor mal hecha. Pero como dijimos anteriormente: el castigo en un proceso de aprendizaje es menos efectivo que el premio a la buena conducta. Entonces, cuando nos proponemos cambiar una forma de actuar no es suficiente el estímulo «evitación del castigo»: actuar de mejor manera para no autorreprocharnos posteriormente. Tal vez nos sea más fácil asociar la nueva conducta positiva con un premio que refuerce la simple satisfacción personal del logro conseguido. Porque en personas exigentes consigo mismas, la labor bien hecha no es una satisfacción, la consideran un deber carente por tanto de incentivos.

De igual forma podemos influir en nuestra angustia y en el estrés. Multitud de personas viven agobiadas con su trabajo y sus obligaciones cotidianas, acumulando día a día tensión nerviosa, frustraciones, cansancio, rutina y demás síntomas que progresivamente hacen tambalear el ánimo conduciendo en no pocos casos hacia la depresión. Esas personas precisan un incentivo, un premio que les haga soportar o compensar el ingrato esfuerzo que realizan.

La pregunta surge espontáneamente: ¿cuáles son esos premios o incentivos? Y ahí tiene que jugar un papel importante la propia imaginación, autoconocimiento y capacidad de inventiva. Cada individuo tiene sus peculiares incentivos que irán en función de sus gustos y aficiones personales. Comencemos por confeccionar una lista que reúna todas aquellas pequeñas cosas y caprichos que podamos ansiar y que normalmente no adquirimos por parecernos ya inoportunas o incluso infantiles. Anotemos aquellas aficiones que antes nos gustaban y ahora hemos abandonado por falta de tiempo o por no considerarlas importantes. Apuntemos también una serie de alimentos preferidos, incluyendo golosinas y bocados favoritos. Y ya tenemos registrada una sucesión de pequeños premios que incluso podemos clasificar y valorar según la satisfacción que nos produzcan.

Propongámonos ahora realizar unos determinados cambios en las conductas que estimamos inapropiadas; empezando siempre por las que requieren menos esfuerzo. Cada vez que se consiga un pequeño cambio es necesario adjudicarse su premio proporcional. A mayor importancia de logro conseguido, mayor premio. Por ejemplo, si una mañana hemos obtenido un éxito notable en nuestra labor habitual gracias a un cambio ejercido voluntariamente en nuestra conducta presumiblemente inapropiada, por qué no comer ese día en el restaurante aquel que nos parecía tan acogedor y pedir ese postre que tanto nos gusta; o por qué no asistir esa tarde al cine a ver esa película que han estrenado de nuestro director favorito. Y si un día llegamos a casa agotados por el estrés y el agobio acumulado, por qué no dedicar aunque sólo sea media hora a sentarnos tranquilos a leer una novela mientras oímos esa música tan agradable, o a ver ese programa de televisión que nos gusta mientras paladeamos unas golosinas.

Tal vez parezca un absurdo juego de niños, pero, realizado con método y habitualmente, puede sorprendernos cómo al cabo de un tiempo nos sentimos más reconfortados y acordes con nosotros mismos. Nos sentimos incentivados.

De igual manera podemos incentivar a aquellas personas que nos rodean y en las que deseamos influir positivamente (hijos, cónyuge, subordinados, amigos, colaboradores, etc.). No hay más que descubrir, aplicando toda la «psicología» posible, esa lista de premios particulares de cada persona y poner en marcha el principio programado de incentivación, donando premios a los logros conseguidos. Eso sí, teniendo especial cuidado en que logro e incentivo estén siempre muy asociados en la conciencia de quien lo recibe. J. M. U.

LA POLÍTICA

EL HOMBRE ES UN ANIMAL POLÍTICO

El término *política* —literalmente: ciencia del Estado— se acuñó en Grecia, unos seis siglos antes de nuestra era; el hecho de que sigamos empleándolo no obedece, como en el caso de otros nombres, a una simple convención: fue en Grecia donde, por vez primera en la historia de Occidente, el ciudadano libre se cuestionó el hecho político en sí, adoptó una postura activamente crítica frente al Estado y logró intervenir de forma protagónica en el proceso de formación de las instituciones estatales. No es casual que la frase que titula este artículo, que todos habremos oído alguna vez repetida como una mera «frase hecha», pertenezca al filósofo Aristóteles: «Es evidente», se lee en su *Política,* «que el Estado es una creación de la naturaleza y que *el hombre es un animal político por naturaleza.* Y quien naturalmente y no de un modo accidental esté fuera del Estado, se halla por encima o por debajo de lo humano». Con esta afirmación, Aristóteles «salía al paso», por así decirlo, del pensamiento de los sofistas, quienes consideraban que el Estado era una mera creación convencional, que podía darse o no, todo dependía de las circunstancias.

A pesar del tiempo transcurrido, el siglo IV a. C. no está tan alejado de nosotros: cuando Aristóteles rebate a los sofistas, en la sociedad griega latía un escepticismo —otro término griego acuñado hacia la misma época que *política*— frente al gobierno en general que cualquier ciudadano del XX suscribiría, quizá, sin pensárselo dos veces. En la generación anterior a Aristóteles, Platón había trazado ya, en la *República,* este símil del Estado y sus gobernantes (o mejor: la transición de la tiranía a un gobierno «democrático»): imaginemos que el Estado es un barco «cuyo capitán es más alto y más fuerte que el resto de la tripulación, pero que es también ligeramente sordo y corto de vista y cuyo conocimiento del arte de navegar no es mucho mayor que su vista y su oído». Llegado un momento, los tripulantes, hartos de ser mal conducidos, se rebelan y toman el mando del navío, para: «bebiendo y dándose a la juerga continuar el viaje, con el resultado que podría esperarse de ellos». Dicho de otra forma: el Estado —seguimos refiriéndonos, por supuesto, al Estado ateniense del siglo V a. C.— está en manos de unos perfectos incompetentes que, eso sí, «se lo pasan en grande» mientras el país va a la deriva.

Tanto Aristóteles como Platón partían de una idea ética básica: el fin último del Estado es *servir* al hombre para que éste logre la máxima felicidad. El ser humano no puede subsistir, ni económica ni afectivamente, por sí mismo, de ahí que precise integrarse en una estructura estatal que cubra sus necesidades en uno y otro sentido; dicha estructura debe ser, al igual que el individuo, lo más justa posible, es decir, individuo y Estado tienen que regirse por un mismo *código ético*.

La idea de un Estado rendido a la causa de la felicidad humana puede parecer no ya una utopía sino en determinados casos una broma que roza el humor negro (imaginemos, un momento, qué nos diría en 1939 un ciudadano alemán llamado David Jerusalén acerca de su Estado), y lo cierto es que la mayoría de los autores que se han cuestionado el hecho político han partido de una constatación idéntica a la que movió a Platón y Aristóteles: el Estado no sólo no favorece la felicidad del hombre, sino que, con frecuencia, es el motivo último de su felicidad, idea que prosperaría hasta el punto de cristalizar en una corriente ideológica que —dándole la vuelta al pensamiento griego— consideraba que la premisa principal para que el hombre alcance la felicidad es, precisamente, la abolición del Estado.

Al margen ahora del contenido revolucionario de las ideas anarquistas, ¿es posible que el hombre viva por sí solo? La respuesta, obviamente, es que no: el ser humano precisa, tanto desde el punto de vista económico como del psíquico, relacionarse con los demás. Ahora bien, ¿es necesario que esta relación termine configurando una estructura estatal? Aquí, a pesar de la «mala prensa» que han tenido tradicionalmente los sofistas, no hay más remedio que alinearse junto a ellos: depende. En el caso hipotético, por ejemplo, de que una comunidad encontrase de forma espontánea en su hábitat suficientes recursos como para subsistir, lo más probable es que jamás desarrollase estructuras pro-estatales, manteniendo una *economía de subsistencia* sencillamente porque no necesita para nada desarrollar otra. El problema radica en que es prácticamente imposible que la naturaleza genere por sí misma suficientes recursos como para mantener el equilibrio adecuado entre la producción y número de población. Tarde o temprano el hombre tiene que plantearse cómo incrementar artificialmente la producción e, inmediatamente, cómo distribuirla, lo que obliga a una primerísima estratificación social: alguien de entre la comunidad —el *líder carismático*— debe encargarse de *regular los* sistemas de producción y, al mismo tiempo, de cumplir el papel de distribuidor oficial de los bienes. El problema vuelve a surgir cuando se quiebra el equilibrio demanda-oferta, es decir, en cuanto existe un *excedente de producción.* El «problema del excedente» se puede solucionar de formas muy curiosas: los *siuai* de las islas Salomón, por ejemplo, no se rompen mucho la cabeza: reúnen todos los productos sobrantes y se los comen todos, celebrando un *gran festín* en el que participa toda la tribu. Lo más frecuente, sin embargo, es que ese excedente se *reconvierta,* generalmente a través de una *economía de mercado,* en nuevos productos de riqueza, cuya explotación dependerá del *líder carismático* o del círculo de sus familiares y amigos. En el momento en que el líder o líderes pasan de ser meros distribuidores a explotar el excedente, la aparición de una sociedad estratificada en *clases* es inevitable, con lo cual estaríamos ya ante una estructura estatal. Desde el punto de vista histórico, para hablar de Estado, es necesario de hecho que una comunidad integre los siguientes elementos:

A) Una fuerza legitimada que regule la producción y redistribución de bienes.
B) Una sociedad estratificada en clases.
C) La existencia de mercados como un sistema de redistribución.
D) Otros factores de diferenciación social.

Las causas primordiales que determinan la aparición o no del Estado y la forma en que éste se desarrolla con posterioridad son, pues, esencialmente de índole económica. Ahora bien, una vez instituida, toda sociedad necesita elaborar una *ideología* que dé un sentido a sus instituciones; y aquí es donde entran en juego la afectividad y la psicología humanas. Los analistas institucionales seguidores de Freud establecieron que en toda comunidad instituida se dan tres componentes básicos:

A) Una *estructura libidinal,* equivalente al afecto existente entre los miembros del grupo.
B) Una *organización coercitiva,* o sea, unas *leyes* que regulen ese afecto.

C) Una *ideología,* o sublimación de los instintos, que contribuye a dar cohesión al conjunto.

La figura del líder es tan necesaria desde el punto de vista afectivo como desde el económico: para que los miembros de la comunidad sientan afecto mutuo deben *identificarse* como tales y esta identificación se realiza a través de la figura del líder que sería así no sólo un *redistribuidor* de riquezas, sino también de afectividad. Todo análisis del *hombre como animal político* debe conducirse, pues, atendiendo tanto a sus motivos económicos como a sus necesidades afectivas, generadoras a su vez de la ideología que da coherencia a sus instituciones. R. LL.

ADQUISICIÓN DE UNA IDENTIDAD POLÍTICA

La explicación más frecuente que, desde la psicología social, se ha dado sobre la adquisición de una identidad política ha estado centrada en el campo de la formación de las actitudes sociopolíticas. Este tipo de actitudes tiene tres factores generadores, según Krech y colaboradores (1965): a) la satisfacción de las necesidades del individuo; b) la pertenencia del individuo a un grupo, y c) las dimensiones de la propia personalidad del sujeto.

La necesidad del individuo de cubrir sus necesidades primarias lo lleva a la toma o adquisición de determinadas actitudes sociopolíticas como forma de subsistir: la situación de carencia de recursos económicos conduce con frecuencia a ideologías de tipo radical en los objetivos a conseguir y en los medios de consecución, mientras que el miedo a la pérdida de lo poseído lleva a ideologías de tipo conservador. La pertenencia del individuo a grupos genera o modifica sus actitudes sociopolíticas. Existen dos tipos de grupos en los que el individuo se siente presionado a tomar una determinada actitud. El *grupo primario* o familia, y el grupo de amigos o *pares*. La influencia del grupo primario sobre la determinación de la ideología política de una persona surge a raíz de la necesidad que el grupo familiar tiene de homogeneizar sus creencias, necesidad por la que intenta suprimir toda contradicción interna para evitar conflictos. Con frecuencia ocurre que, si se da una excesiva importancia a las creencias políticas en el grupo familiar, éstas se pueden convertir en el área central de conflictos entre generaciones, debido al proceso de revisión que los hijos hacen de las normas familiares. Este proceso es entendido por los autores psicoanalíticos como una rebelión de los hijos contra las normas impuestas por los padres. Los grupos de amigos o *grupos de pares* tienen una importante influencia sobre la opinión política del sujeto, en el sentido de que pueden modificarla y adaptarla a la opinión grupal; sin embargo, el sujeto, en este caso, tiende a *elegir* su pertenencia a grupos acordes con sus opiniones en dos sentidos: a) como forma de reducir sus conflictos, y b) como forma de ver respaldada su opinión. R. LL.

LA MANIPULACIÓN

En la sociedad de consumo el poder tiene la necesidad de conocer los gustos y necesidades del público. La política se ha llegado a convertir en nuestro tiempo en un mercado más. En 1979 el doctor Ibáñez publicó sus conclusiones acerca de la necesidad que tiene el poder de rodearse de técnicos que le proporcionen información sobre la sociedad para facilitar su control. *Saber* es sinónimo de *poder.* Para alcanzar este último se utilizan dos métodos principales de investigación psicosocial: a) El cuantitativo (la encuesta), que proporciona información sobre *cuántas* cosas suceden en la sociedad, y b) el cualitativo (entrevistas, grupos humanos, etc.), que proporciona información sobre el tipo de cosas que ocurren en la sociedad y el por qué ocurren.

¿EN QUÉ CONSISTE LA MANIPULACIÓN? La sociedad es una interacción de tres subsistemas de intercambio de cosas: dinero, información y afectividad. Lévi-Strauss las llamó *bienes, mensajes, mujeres.* La regulación del cómo se lleva a cabo este intercambio es realizada por las instituciones sociales *o normas,* ya sean éstas explícitas o implícitas (el adulterio, por ejemplo, no está ya penado por el código, pero implícitamente, desde el momento en que en determinados círculos se sigue condenando, se convierte en una «ley», no explícita pero que sí *regula*). Las instituciones se encargan de manipular los tres subsistemas de intercambio y, por tanto, a los colectivos que participan de ellos. En el nivel del dinero podemos encontrar instituciones que determinan el flujo del dinero (los bancos, las inversoras bursátiles); en el nivel de la información existen instituciones productoras de mensajes (medios de comunicación de masas, agencias de publicidad); y en el nivel de la afectividad, las instituciones familiares *regulan* el comportamiento sexual y la afectividad. Estos tres niveles se relacionan constantemente y mantienen el equilibrio de una sociedad determinada. La manipulación psicológica se lleva a cabo mezclando los niveles de la información y la afectividad en una unidad: el *mito*.

¿QUÉ ES EL MITO? Desde el punto de vista psicolingüístico (R. Barthes) se podría decir que es algo creído como cierto por un colectivo de personas, que produce efectos en sus conductas, pero cuya conexión con la realidad puede ser, sin embargo, cuestionable. El *mito* supone un ahorro de palabras y contradicciones en la comunicación de algo. Desde el punto de vista psicoanalítico (O. Rank, B. Betterheim) se entiende por *mito*, el mito antiguo que como producto de la mente humana ofrece una reproducción macroscópica de ésta y se conecta con los mitos actuales, pues ambos tienen el mismo fondo: la psique humana. En cualquiera de los dos casos la manipulación de los mitos se convierte en un potente mecanismo para el manejo de una colectividad. Para H. Schiller (1974) la manipulación se produce fundamentalmente a través de los medios de comunicación de masas, especialmente televisión y prensa; dicho autor analizó cinco mitos de la sociedad norteamericana: el individualismo, la neutralidad, la inmutabilidad de la naturaleza humana, la ausencia de conflictos sociales y el pluralismo de medios, encontrando que la mayoría de las comunicaciones mantiene una imagen derivada de estos cinco mitos, que asegura los poderes fácticos de dicho país: no sólo la publicidad, sino aparentemente revistas neutrales, como la *National geographic* intensifican y suavizan el contenido y la forma de la información según la conflictividad del tema que traten.

LA RELIGIÓN

PSICOLOGÍA DE LAS CREENCIAS RELIGIOSAS

José M.ª Poveda Ariño

Lo mismo el natural y espontáneo saber psicológico como la más antigua psicología se ocuparon tanto de los fenómenos biológicos como de los afectivos e intelectuales. En el fondo de las diferentes corrientes y aplicaciones psicológicas late de manera más o menos explícita la realidad de que el psiquismo humano no se contrae a lo material concreto, sino también a lo universal y espiritual. El ser psíquico rebasa todo esquema meramente biológico. La estructura de la naturaleza humana se corresponde con la del mundo de que forma parte. A diferencia del entorno cerrado de los demás seres vivos, el del hombre, ya en su inmediatez sensible, se caracteriza por la apertura. Esta condición trascendental es dada en la conciencia de lo real lo mismo a través del sentimiento que de la razón.

Junto al *cómo* de las realidades —*ciencia* en sentido estricto—, surge espontáneamente el *por qué* y el *para qué* de las mismas. La psicología evolutiva y la psicología tipológica revelan la coherencia de las sucesivas motivaciones configuradoras de cualquier proyecto personal. El momento culminante del desarrollo de la inteligencia es la pregunta sobre el fin del hombre. Su respuesta a lo largo de la historia define el hecho universal de la religiosidad. Cuestión aparte, y sin duda no exclusiva de la psicología, es la del grado con que la viven los individuos. Lo cierto es que no se conoce ningún pueblo sin religión. De un modo u otro, más o menos operativa, la creencia de un Ser Supremo es una constante histórico-social de primer rango.

PSICOLOGÍA DE LA RELIGIÓN. El análisis del fenómeno religioso, no obstante la diversidad de sus formulaciones doctrinales y sus manifestaciones individuales y colectivas, permite destacar una serie de elementos comunes:

La creencia en realidades suprasensibles cuya naturaleza escapa a las leyes y limitaciones del espacio y tiempo vividos o experimentables.

La creencia de que esas realidades se hallan articuladas en un orden personal o modo de existencia propio en exclusiva de Dios. Las excepciones politeístas y las atribuciones antropomórficas, psicológicamente explicables, no alteran lo sustantivo del hecho de creer.

La conciencia de que la vida humana se encuentra referida en términos de dependencia, así mismo personal, a ese orden divino del que el mundo visible es como su expresión o imagen.

La posibilidad, asumida de ordinario como exigencia, de comunicación, ya ahora antes de la muerte —considerada como tránsito—, con ese mundo trascendente, posibilidad que se acentúa en las diversas formas y especies del culto y el uso ritual de ciertos objetos de la naturaleza sensible.

La creencia en la necesidad del oficio sacerdotal.

La convicción de que la religión como formalización de las creencias, con independencia de los dinamismos intelectuales, afectivos e históricos del sujeto creyente, no es un producto de la mente humana, sino algo transmitido de alguna manera por Dios mismo. Justamente, lo tradicional de cualquier religión se funda en este hecho.

Lo humano y lo divino son psicológicamente inseparables. El sujeto de la creencia es el hombre; su fin último —del que toda creencia se nutre— es Dios. La misma apropiación (semántica) del término *divino* como predicado de algo, se funda en su eminente autoridad o grandeza y remite en última instancia a algún modo de identificación o participación en la naturaleza divina.

Es necesario subrayar que la psicología, aun superando el reduccionismo sufrido en sus fundamentos, objeto y métodos, sería insuficiente para explicar la raíz última de las disposicioоes humanas respecto a la religión. La libertad, a pesar de ser psicológicamente constatable (no existe, en rigor, un «determinismo psicológico»), sigue siendo, entre la negación determinista y su espasmódica afirmación por el liberalismo absoluto del *no-ser* del existencialismo ateo, realidad tan misteriosa como la del bien y el mal. Pero siendo cierto que, como psicólogos, el análisis filosófico de la religión no nos concierne (lo que no legitima la exclusión de consideraciones filosóficas reflejas), tampoco es menos cierto que, en concordancia con los elementos comunes del fenómeno religioso anotados más arriba, el registro del vivenciar religioso individual muestra, de manera directa e inmediata, la unión entre la advertencia de la propia espiritualidad y el reconocimiento de Dios.

Rudolf Otto habla de ese «*mysterium tremendum et fascinans* que convoca el entero espíritu humano a anonadarse y volcarse ante él»; no porque la motivación sea irracional a la manera psicoanalítica, sino porque en función de la racionalidad misma del psiquismo humano, se reconoce la limitación del entendimiento; perfectamente compatible, por un lado, con la *intuición profunda* de las raíces inmanentes-trascendentes de todo lo real (Bergson), de la experiencia de la *propia finitud como revelación de lo infinito* (Jaspers), *del agonizar* para vivir más, y más intensa y eternamente (Unamuno), etc., y, de otro, de la razón implicada en el mero «sentimiento de la presencia de Dios» (Teresa de Jesús).

La conclusión es clara: el vivir —ver, sentir, hacer— del creyente no se deriva, aun cuando en ocasiones sea condicionado por sentimientos anómalos, de la conciencia de tales o cuales carencias humanas, sino de realidades positivamente dadas. El «cómo» se reciben y el modo de actuarlas existencialmente es cuestión que atañe a la investigación histórica de las religiones y al estudio comparado de su dinamismo individual y colectivo. La diversidad del cómo y las maneras es prácticamente innumerable: desde el raciocinio de las vías de la escolástica hasta el cataclismo físico de las conversiones a lo Saulo, pasando por el impacto de las visiones intelectuales de la mística y los sentimientos de cognición de un García Morente o un Frossand en *el ver que compromete.* El hecho cierto es que la única doctrina que se reconoce a sí misma articulada sobre una «fe» gratuitamente recibida y una revelación tan fuerte del alcance del entendimiento humano como compatible con él es la cristiana. Tales son las notas que pueden explicar psicológicamente la actitud contradictoria de las gentes frente a Jesucristo y su mensaje, actitud prevista proféticamente en la misma revelación: en las palabras que el anciano hebreo Simeón dirige a la Madre del Niño en el momento de su presentación en el templo de Jerusalén (Ev. Lucas, II, 34-35).

Del discurso psicológico precedente se desprende como consecuencia la necesidad de creer en Dios. No es, ya se ha indicado, una necesidad de suplir carencias más o menos transitorias o circunstanciales. La necesidad de creer viene dada en el registro de esa constitutiva deficiencia global que reclama constantemente una plenitud capaz de dar sentido a la vida misma. Realizarse es tanto como alcanzar la plena participación de *lo real* que, *por ser en sí mismo,* comprende *la verdad* y *el bien* absolutos: tarea sin duda lenta y arriesgada, cuyas desviaciones son el mejor testimonio de la exigencia que implica.

Tanto la búsqueda como la negativa de Dios son reflejo de su existencia. De una existencia personal más patente en la concreta intimidad del hombre que en el reflejo, a menudo lejano, del fascinante cosmos del que la criatura humana, desde su pequeñez física, forma parte principal.

Buscar a Dios —vivir desde la verdad y hacer el bien— es necesidad que sólo satisface la plenitud posible de la existencia histórica cuando se realiza de manera diligente, frecuente y habitual.

EL ATEÍSMO

José M.ª Poveda Ariño

Ateísmo y *ateo* son palabras procedentes del término griego *Theos* (Dios), con una *a* (alfa) privativa. Ateo es el hombre sin Dios, y ateísmo la postura moral correspondiente: *teórico,* si se profesa, como verdad, que Dios no existe; *práctico,* cuando se vive, de hecho, como si Dios no existiese; *técnico,* al negar la existencia de Dios partiendo de una referencia científica.

Ni histórica ni psicológicamente, hay un ateísmo innato. En la historia el ateísmo aparece junto al hecho religioso y en relación con él. Al principio se presenta como una actitud personal y apenas colectiva. Antes del siglo XVIII el ateísmo no pasa de ser un fenómeno singular en medio de un mundo cuya característica es el profundo sentido divino del cosmos. La revolución filosófica y cultural de la llamada «modernidad» racionaliza esta actitud dando lugar, partiendo del *materialismo* de la Ilustración, a una serie de sistemas filosóficos

—sensualismo, positivismo, pragmatismo, evolucionismo y marxismo, entre otros—, cuya estructura ideológica excluye la existencia de Dios, bien porque lo niegue o, simplemente, porque declare su incognoscibilidad. Aun cuando el agnosticismo no sea siempre ateo, y aunque puedan distinguirse ateos tolerantes (no propagandistas) de otros militantes, en su raíz, semejantes actitudes al anclar en el subjetivismo psicológico han convertido el ateísmo en un rasgo histórico de notables proporciones. «El tiempo actual diría Zubiri es tiempo de ateísmo, es una época soberbia de su propio éxito. El ateísmo afecta hoy, *primo et per se,* a nuestro tiempo y a nuestro mundo.»

Naturalismo, subjetivismo y ateísmo son facetas del resultado de una operación reductiva de la antropología que, al prescindir del conocimiento metafísico, ha originado las tres formas modernas del humanismo ateo:

1. El *humanismo científico,* apoyándose en el método propio de las ciencias de la naturaleza, ciencias del todo incompletas a pesar de sus llamativos progresos, suprime el hecho religioso y, por consiguiente, cualquier tipo de fe. No existe la trascendencia, como realidad que escapa a la observación y experimento sensibles, ni tiene sentido la creación. El «hombre máquina» de La Mettrie y el «sistema de la Naturaleza» de Holbach muestran ese ateísmo utilizado como arma contra Dios y la iglesia por los enciclopedistas franceses de finales del siglo XVIII. De esta línea arrancan el positivismo de Comte, el evolucionismo de Haeckel y Darwin, y la filosofía de Nietzsche, Hartmann, Husserl o Bertrand Russell, entre otros. De ahí surge también la llamada «psicología profunda» típica del psicoanálisis de la ortodoxia freudiana con su «aparato» y su «energía» propios de una *psique sine psique* (de un hombre sin alma).

2. El *humanismo político* que culmina en el ateísmo marxista. La dialéctica —método de las contradicciones— con la que el idealismo de Hegel trata de explicar el devenir, es aplicada por Marx a las concretas realidades socioeconómicas de su tiempo. Entre Feuerbach y Lenin, el método va a convertirse en un análisis de la historia donde sólo tiene valor teórico lo práctico en su entidad física. La dialéctica del idealismo se convierte así en materialismo dialéctico. La crítica marxista de lo esencial de la persona humana se concreta en un proceso de *alienación*

consistente en proyectar fuera de sí, considerándolos como estructuras ajenas (alienantes), eso mismo que de manera radical constituye al hombre. La misión de la historia no es otra que «una vez desvanecida la vida futura de la verdad, establecer la verdad en la vida presente». «La crítica del cielo se transforma así en crítica de la tierra: crítica de la religión, crítica del derecho, crítica de la teología, crítica de la política...» (Marx).

3. El *humanismo moral* de cierta filosofía existencialista, justamente la que se niega a admitir cualquier tipo de trascendencia. La vida humana es el resultado de la elección del propio destino sin ninguna referencia fuera del ámbito de lo íntimamente experimental. Sartre, Simone de Beauvoir, Merleau-Ponty, Camus (citando a los más conocidos) afirmaron que el hombre «ser-ahí-sin-más» está condenado a una libertad inútil incapaz de librarse de la muerte. La historia es el resultado de algo inmanente al hombre, y la moral la norma de su respuesta frente a la presión de las circunstancias sociales y su misma e irreductible conciencia. No hay otra norma y, en consecuencia, no hay Dios ni orden objetivo.

El común denominador psicológico de cualquier forma de ateísmo y en cualquier época es el sentimiento racionalizado de repugnancia, siempre latente en el hombre, a aceptar su deficiencia y la consecuente necesidad de apoyo en algo cuya realidad no sólo es inteligible metafísicamente, sino incluso desde la experiencia íntima (vivencia) del alcance de las tendencias constitutivas de la propia naturaleza humana. Un sentimiento, cualquiera que sea (angustia, plenitud, tristeza, alegría, etc.), es siempre una modalidad referencial: surge del hecho de la relación sujeto-objeto y muestra, aunque a veces resulta de modo oscuro, la presencia de *lo que es* fuera de uno mismo.

LA MORAL Y EL SENTIMIENTO DE CULPA

José M.ª Poveda Ariño

El sentimiento de culpa tiene que ver, evidentemente, con la moralidad; la moral es, a su vez, inseparable de la conciencia. La cuestión que estas relaciones plantea remite a la manera de concebir la conciencia.

Los términos «conciencia», «consciente», han sufrido cierta impregnación psicológica, para reincorporarse al lenguaje ordinario como si se tratase de tecnicismos de imprescindible uso (como «teléfono», «autopista», etc.). Ambos términos y sus voces derivadas se prestan a interpretaciones muy diversas.

Las psicologías basadas en el esquema del estímulo-respuesta fomentan la idea según la cual la conciencia sería un mero receptor de información; algo pasivo semejante a un ojo interior que se limitase a registrar cierta parte, esa que llamamos consciente, de lo que acontece en la vida psíquica. Pero ser consciente no es sólo *ver lo que pasa.*

Por de pronto, la conciencia es el lugar común de la específica función formalizadora del alma. No en vano la primera psicología científica es percibir la realidad —las realidades— de una forma adecuada a la naturaleza de las mismas. La naturaleza de una cosa es lo que hace que esa cosa alcance su ser. La conciencia ni crea ni inventa nada. Las realidades son lo que son, y la conciencia el testimonio indeclinable del ser psíquico personal. Pero semejante operación no concluye ahí. Ser consciente implica, sobre todo, un juicio acerca de la realidad advertida y su relación con el propio sujeto: nunca es indiferente lo que se ve, piensa o imagina; tendrá mayor o menor interés o importancia en cuanto a su entidad concreta; puede alguien adoptar incluso una posición neutral, pero esto mismo evidencia que el ser consciente supone la capacidad de asumir las realidades en función de ese juicio. El acto estimativo es, precisamente, específico de la naturaleza humana.

La conciencia resulta ser, más allá del mero conocimiento sensible, registro moral. La perfección de la vida intelectual, como ingrediente del ser consciente, demanda que las cosas no queden reducidas al orden de lo apetecible (o no), sino que se conozcan en su verdad y en su moralidad. Toda referencia argumental a la conciencia (opino o hago esto *en conciencia,* o la *conciencia me dice,* por ejemplo) supone el desarrollo perfectivo o formación de la propia conciencia.

La conciencia opera, pues, en última instancia como juez del sujeto agente. El juicio de culpabilidad se forma en un ser normal cuando la voluntad produce un acto que la conciencia registra como contrario al *orden,* en tanto *disposición racional* de los elementos de un proceso revelador de la *verdad* como fin último del entendimiento y del *bien* como objeto de la voluntad.

Pero la naturaleza humana en su radical condición psicológica *entiende* y *siente* a la vez. Ser persona dice relación, y la conciencia de lo real contiene, junto al juicio de la realidad o de uno mismo, cierta cualidad que convierte la relación en experiencia íntima o vivencia. Dicha cualidad se formaliza en los sentimientos. Normalmente la conciencia de lo real implica un sentimiento correlativo; es decir, un modo de sentirla o sentirnos afectados, proporcionado a su estimación: la verdad y lo bueno nos alegran, la mentira y el mal nos entristecen.

La culpabilidad es, a la vez, conocimiento y sentimiento. Y tan anormal sería saberse y no sentirse culpable como sentirse y, sin embargo, no serlo.

Paradójicamente la patología de la conciencia plantea menos problemas que la de los sentimientos. Un trastorno de conciencia supone, por definición, una anomalía del juicio de lo real. Independientemente de la causa, cualquier observador advierte, sin más, el fallo instrumental del supuesto físico.

La afectividad es más compleja. Ni los estados de ánimo ni los sentimientos son verificables de modo experimental, ni pueden ser aislados de manera objetiva en condiciones de salud a la manera de las sensaciones, la memoria o la inteligencia. Su primera característica es la subjetividad. Los sentimientos pueden definirse como *estados del yo.* El sujeto se identifica pasivamente con lo sentido: se está alegre, triste, deprimido, o simplemente bien o mal, por esto o aquello, o sin más. Semejante pasividad resulta evidente de ordinario. La dificultad no sólo comienza con la patología, sino que es inherente a ella. Cualquier sentimiento de incomodidad sensibiliza la conciencia moral: se difuminan las lindes del sentir y del querer. El juicio peyorativo y del remordimiento aparecen tras hechos irrelevantes, en forma desproporcionada, o, incluso sin referencia alguna.

EL HOMBRE Y SU AMBIENTE

EL MEDIO RURAL Y EL MEDIO URBANO

El ambiente social en todas sus vertientes es un factor que ejerce una gran influencia sobre la vida psíquica de una persona. Su papel en el desarrollo de la personalidad es a veces decisivo. También puede influir a la hora de favorecer la aparición de algunos trastornos psicopatológicos o de ayudar o dificultar la remisión de los mismos. Una de las principales características definitorias del ambiente social en que nos desenvolvemos es su pertenencia al denominado «medio rural» o al «medio urbano». Durante las últimas décadas, ambos ambientes se han ido acercando paulatinamente, tal vez debido al avance experimentado por los diversos medios de comunicación. La generalización del uso del automóvil, el teléfono, la televisión, etc., no sólo han aproximado al hombre de campo a la vida propia de las ciudades, sino que también el hombre de la ciudad ha podido acercarse más a ciertas facetas rurales que añora desde la ciudad en la que vive. Muchos hombres se desplazan desde el medio rural al urbano durante su tiempo libre y muchos de la ciudad huyen hacia el campo durante los fines de semana o en tiempo de vacaciones. Se ha producido una mayor conexión entre ambos medios. Pero no por esto han desaparecido todas las peculiaridades propias del campo o la ciudad.

Las sociedades rurales se caracterizan porque en ellas resulta más fácil mantener una buena comunicación interpersonal. Es más fácil tener amigos y casi se «conoce a todo el mundo». Tienen, por tanto, la ventaja de que en ellas resulta más sencillo querer vencer los sentimientos de soledad e incomunicación. Como contrapartida, resulta más difícil mantener escondida nuestra intimidad. En algunas situaciones límite, el medio rural puede dificultar más que el urbano la vida y proyección social de una persona concreta, ya que puede faltar credibilidad social para un cambio de actitud y dificultar, por ejemplo, la reinserción social de una persona. En términos generales, las sociedades rurales se adaptan de forma más lenta y dificultosa a los cambios sociales que las urbanas.

La vida en el campo facilita un mayor contacto con la naturaleza, se suele disponer de más tiempo libre y son menos frecuentes las prisas derivadas de actividades burocráticas, de los grandes desplazamientos y de las aglomeraciones. Un menor nivel de contaminación atmosférica, de ruido, de masificación y de otras características indeseables propias del medio urbano, hacen que en algunos aspectos se pueda hablar de una mayor calidad de vida dentro del medio rural. No obstante, existe otra cara en la moneda. En la vida rural existen ciertas limitaciones, especialmente en diversos campos culturales, profesionales y sociales. El mundo de la universidad, el arte en todas sus facetas, los negocios a partir de cierto nivel o en determinados campos de actuación, etc., quedan fuera del entorno propio de los pequeños núcleos de población. Para desarrollar algunas actividades o formarse en ellas resulta necesario trasladarse a una ciudad mayor de forma más o menos permanente. El medio urbano ofrece, de primeras, más posibilidades en estos campos que el rural, pero no siempre se aprovechan, especialmente en lo referente al tiempo de ocio. Las distancias, la pérdida de tiempo que implican por un mal estado del tráfico, las aglomeraciones, etc., hacen que muchas personas que viven en las grandes ciudades renuncien a muchas de las diversas actividades que la ciudad les brinda para ocupar su ocio, reduciendo éste a los medios que les ofrece su propio barrio, dentro de la ciudad. Es decir, se limitan a lo que les ofrece un pueblo dentro de la gran urbe.

Desde el punto de vista de la psicología social hay dos factores de especial relevancia que distinguen el medio urbano del rural, en relación con la comunicación y el estrés. Los problemas de comunicación interpersonal son mucho más frecuentes en las grandes ciudades, donde algunas personas pueden llegar a vivir en un marco de auténtico aislamiento, con dificultades serias para conectar con otras personas por causas totalmente circunstanciales y relacionadas con las características propias del medio urbano. Como conscuencia, pueden padecer trastornos psicológicos o psicopatológicos derivados de la soledad e incomunicación a que se ven involuntariamente sometidas. Por otro lado, el estrés es una enfermedad mucho más frecuente en las grandes ciudades que en los pueblos. El estrés se ve muy favorecido por el tipo de vida urbano siendo casi una patología exclusiva del mismo. También es más difícil conseguir una adaptación social dentro del medio urbano en relación al rural, ya que en los núcleos reducidos de población, la sociedad facilita los procesos de adaptación del individuo, si bien se muestra más intolerante con los que no quieren o no logran adaptarse, que muchas veces se ven obligados a abandonar la sociedad rural en que nacieron.

La emigración desde el campo a la ciudad ha sido un hecho muy frecuente en España durante muchos años. En la actualidad, el fenómeno tiene una menor relevancia, a pesar de que todavía son muchas las personas que abandonan el medio rural para integrarse en el urbano por cuestión de estudios o de trabajo. Curiosamente ha aumentado el proceso inverso, es decir, el de vuelta al campo desde la ciudad. La emigración puede tener repercusiones psicológicas importantes. Supone, en primer lugar, una situación de desarraigo, ya que el emigrante se ve obligado a cambiar de residencia en solitario, dejando a sus amigos y muchas veces a su familia, para instalarse en un nuevo lugar totalmente desconocido y distinto al que se tiene que adaptar rápidamente, donde no tiene más que pocos o ningún amigo o conocido y en el que debe emprender una tarea de estudios o trabajo, diferente e incluso totalmente nueva. El alejamiento de su ambiente y distanciamiento afectivo, unido a esas nuevas exigencias de adaptación en el terreno social y laboral, pueden configurar un esfuerzo psicológico difícil de superar que puede producir reacciones de desajuste o trastornos por ansiedad. J. H.

EL PROBLEMA DEL TRANSPORTE

Nuestra época se destaca por el desarrollo y perfeccionamiento de los medios de transporte y al mismo tiempo por el caos circulatorio que se sufre en gran parte de las grandes ciudades. El tren, el avión y el automóvil permiten realizar desplazamientos con rapidez, comodidad y seguridad, son indispensables para los habitantes de lugares aislados o para recorrer grandes distancias, pero en las ciudades su utilidad empieza a cuestionarse.

Las ciudades han ido creciendo de forma progresiva pero no equilibrada y grandes masas de población se acumulan en la periferia, en las llamadas «ciudades dormitorio», mientras que en el centro se sitúan las oficinas, las tiendas, los lugares de diversión. Diariamente hay que desplazarse al centro para ir al trabajo, resolver cuestiones burocráticas, ir de tiendas o simplemente divertirse. Así, hay «horas punta» en las que la circulación se convierte en un caos. Por otro lado el parque automovilístico ha crecido sin que la red viaria se haya acoplado y ajustado a este crecimiento. Las consecuencias son claras y desagradables. Por un lado hay una importante pérdida de tiempo, la mayoría de las personas que viven en una gran ciudad pierden una o dos horas diarias en desplazamientos, algo que resulta sorprendente para quienes viven en núcleos de población más pequeños. Por otro lado está el estrés que surge cuando uno tiene que llegar a un lugar y se encuentra bloqueado en medio de un embotellamiento; a medida que pasa el tiempo uno se carga de tensión, ansiedad y hasta agresividad. Cuando al final llega, se encuentra tan afectado que no rinde ni se comporta como es de esperar. Finalmente, el transporte individual es muy caro si se suman el precio del coche, los seguros, el mantenimiento y el consumo de gasolina. Teniendo todo esto en cuenta está claro que el uso del automóvil individual pierde gran parte de sus atractivos como la comodidad, la rapidez y la eficacia.

Frente a esto y como solución, se impone el uso de los transportes colectivos, como el autobús y el metro, que aunque son ciertamente más incómodos, son en cambio más baratos (el metro tres veces más) y más rápidos (no hay que buscar aparcamiento y se evitan los embotellamientos). Hay que esperar y ajustarse a unas rutas fijas, pero incluso el tener que andar un poco hasta el destino final tiene sus ventajas como disfrutar viendo los escaparates, dar un paseo y poder saludar a algún conocido.

Cada uno tiene que comparar las ventajas y desventajas, valorar la eficacia de usar su coche propio o un transporte colectivo y del resultado de este análisis optar por uno u otro. M. D.

CALIDAD DE VIDA

Un problema que se plantea frecuentemente en la sociedad actual es el de la calidad de vida. Anteriormente los intereses se habían dirigido más a intentar alcanzar el confort y el progreso material, pero en esta lucha el hombre comenzó a darse cuenta que muchos sacrificios no tenían sentido, ya que precisamente veía deteriorarse su calidad de vida.

La calidad de vida incluye muchos factores interrelacionados entre sí, el confort, las disponibilidades materiales, el tiempo de trabajo, el de ocio, el tiempo para dedicar a nuestros familiares, hijos y amigos, el disfrute de la naturaleza, de la cultura, de asistencia sanitaria, etc.

Hay personas que generan recursos económicos importantes, pero que carecen de tiempo para disfrutar de los beneficios que les podría producir la buena utilización de dichos recursos, y no tienen tiempo para dedicar a otras personas o para realizar actividades o *hobbies* verdaderamente satisfactorios.

Decimos entonces que estas personas tienen una escasa calidad de vida, a pesar de que puedan tener unos ingresos altos y vivir en pleno confort material.

Por tanto, la calidad de vida surge como un punto de equilibrio en una ecuación que mide el tiempo y esfuerzo que dedicamos a una actividad en proporción con los beneficios que vamos a poder obtener mediante el ejercicio de la misma. Cualquier exceso en lo que se refiere a alguno de los factores enunciados anteriormente lleva a un desequilibrio que deteriorará antes o después nuestra calidad de vida por falta de medios económicos, exceso de trabajo, estrés, falta o exceso de tiempo libre, difícil acceso a la naturaleza, pérdida excesiva de tiempo causada por el transporte, etc. Conseguir una calidad adecuada de vida implica una cierta capacidad para organizarse y valorar fríamente lo que realmente deseamos; lo que nos resulta imprescindible y las cosas que realmente no necesitamos para nada; y, calculando nuestras posibilidades actuales y las previsibles para el futuro, sacarles el máximo partido con realismo, hasta encontrar el punto de equilibrio ideal. J. H.

Ya vimos en el capítulo correspondiente cómo el hombre tiene la necesidad ancestral de desarrollar su identidad dentro de un territorio. Del mismo modo posee otra necesidad relacionada con la anterior e igualmente instintiva: la búsqueda de guarida. Decimos instintiva porque es una tendencia innata que desarrollan incluso los animales menos evolucionados para protegerse de las inclemencias climatológicas y defenderse ante el ataque de sus posibles depredadores.

El hombre, a lo largo de su evolución, abandona su primitivo temperamento nómada y cazador para hacerse sedentario y practicar el pastoreo y la agricultura. A tal fin se instalaba en los terrenos adecuados, más o menos ricos en vegetación y con el suficiente suministro de agua para abastecer sus necesidades. Al igual que los animales, se guareció, en principio, en refugios naturales como las cuevas situadas a la salida de los ríos y manantiales. Sus cacerías se fueron restringiendo en extensión y tiempo con el fin de poder volver siempre a su lugar de vivienda. Obviamente, con la superpoblación de la especie humana, no era tarea sencilla encontrar suficientes cuevas como para albergar tan creciente número de familias. De este modo surgió el hombre-constructor que se vio en la necesidad de edificar «cuevas artificiales» en forma de chozas y posteriores viviendas más o menos elaboradas.

En una vertiginosa progresión geométrica llegamos al hombre actual que vive agolpado en las grandes urbes o, un poco más desahogado, en el medio rural.

Bajo unas u otras circunstancias, lo cierto es que la necesidad de vivienda perdura en el hombre a pesar de los siglos transcurridos. Aunque tal vez las necesidades y motivaciones ya no sean tan simples como la mera necesidad de encontrar una guarida, pues otras perspectivas emergen cuando el individuo evoluciona en todas sus facetas humanas.

Podemos clasificar las necesidades de vivienda en primarias y secundarias.

Las necesidades primarias corresponden a las que cubren sus requerimientos básicos que, como vimos antes, serían la protección ante las inclemencias climáticas y el almacenamiento de bienes y alimentos.

Las necesidades secundarias provienen de una selección, mejoramiento e incluso sofisticación de las primarias: El hombre evolucionado y con una cultura a su alcance ya no se conforma con una simple guarida. Si su poder adquisitivo se lo permite aspira a una calidad y comodidad dentro de la misma. Y más aún: puede caer en la más descarada ostentación.

Lógicamente las necesidades secundarias no aparecen mientras no se cubran las primarias. Y dentro de aquellas, igualmente, se establece una escala de prioridades: primero se trata de conseguir el espacio y comodidad deseados y luego se hace más énfasis en la ornamentación y el lujo.

Otra motivación que, paralelamente a las anteriores, incita al hombre a conseguir casa propia es su ansia de independencia, libertad e intimidad. Es típica del joven que trata de emanciparse del hogar paterno en busca de su propia identidad. A veces dicha motivación es tan fuerte que el individuo está dispuesto a renunciar a una serie de comodidades y lujos en su vivienda habitual (considerada como ajena) con tal de residir en una propia aunque más modesta.

En cierto modo esto ocurre porque aflora el instinto de territorialidad dentro de la propia vivienda. A medida que los elementos de una familia crecen y maduran en su personalidad, se desarrollan sus reivindicaciones de identidad, pudiendo aparecer conflictos entre ellos por competencia de espacio (territorio). Fenómeno que puede complicarse aún más cuando en una vivienda habitan dos o más familias, como padres e hijos «políticos», donde la convivencia entre yernos, nueras, suegros y respectivos hijos puede alcanzar tintes dramáticos.

Cada individuo o, al menos, cada familia tiene la necesidad de un hogar propio donde asentar su vida. La adquisición de una vivienda digna se ha convertido en un derecho imprescindible en toda sociedad que se precie de desarrollada. J. M. U.

EL CONSUMO. COMPRAR Y VENDER

El hombre dentro de la economía, ejerce un doble papel: por un lado crea, administra y reparte bienes y por otro, los consume y se sirve de ellos.

Mediante la economía satisface sus necesidades, necesidades que según la naturaleza de las mismas clasificamos en primarias y secundarias. Primarias serían aquellas necesidades básicas encaminadas a cubrir las apetencias instintivas, como por ejemplo: comida, ropa, vivienda, etc. Secundarias serían las dirigidas a saciar los deseos complementarios de las anteriores; algunas son necesarias pero no imprescindibles, como, por ejemplo, un aparato electrodoméstico; otras más superfluas o de lujo, que generalmente giran alrededor de una sofisticación de la anteriores o de la ornamentación, como por ejemplo: coches de lujo, vestidos de gala, joyas, obras de arte, etc.

Cuando el individuo compra se deja llevar por dos tipos de influjos.

Influjos racionales: Aquellos que determinan la adquisición de sus necesidades primarias. Cuando compra racionalmente lo hace estableciendo una escala de prioridades. Evita lo superfluo mientras no ha cubierto previamente lo básico. Compra aquello que realmente precisa y de acuerdo con su economía, calculando presupuestos y relación calidad-precio.

Influjos emocionales: Inducen al individuo a comprar no ya lo que le resulte imprescindible sino lo que considere importante para su satisfacción personal. Cuando compra emocionalmente por lo regular busca alguno de los objetivos siguientes: calor y bienestar social a través de una mejora de sus condiciones de vida. Otras veces persigue la satisfacción de caprichos personales por simple placer, saciando sus gustos y deseos autogratificantes o compartiéndolos con sus seres queridos mediante el regalo. Y en otras ocasiones busca autoafirmación, seguridad y refuerzo de su personalidad, generalmente rodeándose de lujo y ostentación que le dan espíritu de poder dentro de la sociedad. Esta última intención puede llegar a ser muy negativa para la persona cuando rebasa ciertos límites para caer en la codicia y ambición desmedida.

Salvo este último punto, el consumo emocional no es censurable, aunque sí sería aconsejable introducir una cierta recapacitación en el mismo para no caer en la trampa bastante frecuente de vivir para él. Porque muchas personas agotan su vida en un desaforado empeño por lograr, mediante el trabajo exagerado, cubrir económicamente un exceso de consumo que en definitiva no le reporta la compensación necesaria del esfuerzo empleado.

Complementariamente con el hombre consumidor existe el hombre productor y vendedor, ambos en estrecha simbiosis. El primero consume para vivir, el segundo vive de lo que consume el otro. J. M. U.

EL SIGNIFICADO DEL REGALO

En su libro *The Gift* (El regalo), Lewis Hyde manifiesta que el trato que le damos a una cosa puede cambiar su naturaleza. El objeto por sí mismo no significa nada, o casi nada; cobra sentido cuando actúa como *mediador* de las relaciones humanas.

El objeto utilizado como *regalo* tiene *una función expresiva* y una *función fáctica* que persigue un mantenimiento y/o un incremento de las relaciones. Sin embargo, el objeto también puede tener el carácter de simple *mercancía* y el intercambio de la misma es un acto despegado, opuesto al poder de unión que tiene el regalo.

Las sociedades a lo largo de la historia han presentado diversas maneras, rituales y objetos de intercambio. Llamamos «mundo libre» a las naciones caracterizadas por sus mercancías. Este término no alude a libertades políticas; únicamente indica que la forma de intercambio predominante en dichas tierras no une al individuo a su familia, a su comunidad, o al estado. La comunidad sólo se crea si damos una parte de nosotros mismos. Los sistemas de mercado tienen su propio tipo de desarrollo, que no aportan ni la evolución personal, ni la cohesión social y espiritual que conlleva al intercambio de regalos. Así pues, mientras que las sociedades marcadas por un tipo de intercambio de objetos que crean expectativas de *reciprocidad* y de *unión* generan un mayor bienestar entre los individuos (si bien, en ocasiones, estos objetos mediadores están extremadamente forzados por la publicidad y fomentan un consumismo compulsivo y patológico), las sociedades marcadas por una ideología mercantilista están asociadas a la *muerte* y al *estancamiento*.

De todas maneras se podría establecer un enlace entre la mercancía y el regalo. Las mercancías son signos de un deseo indiferenciado, pero son también términos objetivos de un deseo individualizado y preciso (véase Umberto Eco, *La estrategia de la ilusión*). Y es cuando el individuo las acoge y las utiliza como *expresión* de sus intereses, afectos y expectativas cuando dichas mercancías se transforman en regalo. Y el significado de dicho regalo depende de nuestras intenciones, trato y expectativas.

EL PODER DE LA TELEVISIÓN

La televisión es el medio de comunicación de masas que alcanza una mayor difusión, y llega a un mayor número de personas; su poder es difícil de valorar pero, sin lugar a dudas, es enorme. Prácticamente todos los hogares tienen uno o dos aparatos de televisión, y son muy pocas las personas que no le dedican un tiempo diario, que en algunos casos llega a ser de varias horas; los programas emitidos, además, no sólo los ve una gran audiencia, sino que luego se comentan entre los telespectadores. Nuestra cultura está ampliamente influida por este aparato.

La televisión acarrea ventajas y desventajas, como casi todo, pero que pueden ser controladas y elegidas por el individuo y que dependen de la forma de ver la «tele», del tiempo que se le dedica y de la selección que se hace de los programas. Es y debe ser ante todo un medio de esparcimiento, diversión y entretenimiento, uno se sienta delante de ella para pasar un rato agradable y distendido. Cumple una labor informativa a través de los programas estrictamente informativos y noticiarios, y con los programas culturales aporta distintos conocimientos tanto formativos como informativos.

Pero se trata de un medio unidireccional que envía constantemente mensajes al sujeto sin que exista la posibilidad de replicar o de contestar a las preguntas que éste se pueda hacer. Tiene una enorme capacidad para transmitir ideas e inducir hacia ciertas formas de comportamiento que, a mayor o menor plazo, acaban siendo captadas por el público. Cualquier cosa, a base de repetirse y según el enfoque que se le dé, acaba considerándose como normal. La televisión, pues, condiciona la forma de pensar, transmite ideas que poco a poco acaban siendo apropiadas por los telespectadores. Esto es una de las bases de la publicidad, y qué duda cabe, la mejor publicidad que hay, la más efectiva es la que se transmite por la televisión.

Los «teleadictos» son aquellas personas que tienen una fuerte dependencia de la televisión, le dedican mucho tiempo en perjuicio de sus otras ocupaciones, abandonan otras aficiones y entretenimientos, evitan salidas con amigos y cuando llegan a casa se sientan delante de la pantalla. La televisión se convierte en una obsesión que deteriora sus relaciones interpersonales y su rendimiento en general. En algunas familias hasta se pierde la comunicación intrafamiliar y todos sus miembros pasan horas delante de la «tele», pero sin hablarse «porque si no no se oye la película».

CÓMO HAY QUE VER LA TELEVISIÓN:

— Seleccionando la programación.

— Ajustando el tiempo que se le dedica, de manera que no sustituya otras ocupaciones y distracciones.

— Con objetividad, sin tomar como norma todo lo que en ella se dice o aparece.

— Discutiendo o valorando los mensajes que envía con otras personas.

— Evitando que afecte la vida de relación.

— Procurar que los niños no vean la tele solos, hay que ayudarles a seleccionar los programas y estar con ellos para contestar a las muchas preguntas que se hacen. M. D.

PROPAGANDA Y PUBLICIDAD

En capítulos anteriores hemos visto cómo el ser humano posee unas necesidades primarias o básicas para su existencia y otras secundarias, más o menos superfluas y generalmente complementarias de las anteriores.

Existen individuos que muchas veces en su vida personal no encuentran el verdadero sentido de su existencia. Empujados por la diversidad de estímulos adquisitivos del exterior, se ven impelidos a dar un significado a su vida mediante la posesión de gran cantidad de bienes de consumo.

Una vez cubiertas las necesidades primarias del hombre, las secundarias pueden llegar a ser ilimitadas. Debido a ello, el mercado a través de la propaganda y la publicidad se encarga de crear cada vez más necesidades de este tipo. La demanda que en un principio determinaba la oferta cambia su papel con ésta y es la propia oferta quien ahora crea la demanda. Y lo hace de forma que el deseo humano nunca se satisfaga plenamente, o al menos que la satisfacción producida no perdure demasiado para que el hombre desee consumir de nuevo. Es una habilidad que mezcla satisfacción y frustración atendiendo a un anhelo más o menos mantenido y con vistas a la presentación de algo siempre mejor, algo nuevo que vendrá posteriormente.

La publicidad y propaganda se apoyan en los deseos y motivaciones del ser humano, pero no para saciarlos, sino para utilizarlos desviándolos hacia el interés del comerciante.

La publicidad antigua consistía en alabar las cualidades de un producto y repetir machaconamente este mensaje en todos los medios de comunicación hasta que la marca grabada quedaba en la mente del cliente. Actualmente apenas se utiliza ya este método, los publicistas han descubierto que es mucho más eficaz introducir el mensaje publicitario de una forma sutil, utilizando la psicología y haciendo que penetre en la mente del cliente hasta su mismo subconsciente. Para ello apela a algunos de los deseos ocultos o manifiestos del hombre que son decisivos en su equilibrio interior, como: deseo de seguridad, de comodidad, de saberse merecedor de algo, de sentirse satisfecho consigo mismo, de afecto, de poder, de salud y sexual. El cliente ha de quedar convencido de que a través del consumo de un determinado producto va a ser saciado alguno de estos deseos naturales. El publicista ha pasado de ser un simple técnico a convertirse en psicólogo y estratega.

La maniobra publicitaria pasa por cuatro fases:

1. *Captar la atención*: Utilización de técnicas encaminadas a estimular la percepción del cliente, para lo que utiliza la estética, grafismo, colorido y contraste de imágenes. Situación del mensaje en un lugar estratégico (entre las noticias importantes de un

diario, a un lado de la carretera en los paisajes monótonos, en medio de la proyección de una película o programa de TV, etc.). Con frecuencia se recurre a la figura de un famoso o al atractivo sexual de una imagen erótica.

2. *Desarrollar un interés*: Temática y contenido del mensaje publicitario relacionado con la actividad social o laboral del cliente. Otras veces se establece una cierta intriga solapada, emitiendo un mensaje «a medias» que incita a la curiosidad del espectador interesado en su resolución. Y con frecuencia se recurre a juego de palabras o al humor para crear un clima afable de simpatía con la marca anunciada.

3. *Despertar un deseo*: Apelación a los instintos humanos. Generalmente uniendo la marca del producto a la satisfacción de alguno de los deseos anteriormente mencionados y relacionados con las pulsiones del individuo (poder, sexo, salud, etcétera). En el inconsciente del observador se integra que la adquisición del producto trae consigo todo cuanto le rodea en el anuncio.

4. *Incitar a la acción de adquirir*: Oferta de todo tipo de facilidades para obtener el producto. Distribución abundante en todos los puntos de venta asequibles y cercanos al cliente. Facilidades de pago mediante plazos, créditos y ofertas especiales. Todo aquello que una vez sembrada la semilla del deseo requiera el mínimo esfuerzo a la hora de comprarlo.

El enriquecimiento de la vida humana mediante las existencias del mercado no es un fenómeno negativo en sí. El peligro estribaría en el desmesurado crecimiento del nivel de oferta y demanda, hasta el punto de transformar al hombre en un «individuo manipulado». Es decir, un ser influido por la moda, la propaganda y la publicidad que se deja formar sin esforzarse en realizar una existencia propia y personal. J. M. U.

EL «LAVADO DE CEREBRO»

Podría darse la denominación de «lavado de cerebro» a toda técnica utilizada para manipular el pensamiento o la acción humana en contra de los deseos del sujeto o al margen de su conocimiento.

Cuando describíamos la vida psíquica del hombre la considerábamos dividida en dos áreas: la primera comprende todo lo relacionado con la vida consciente y racional, mientras que la segunda abarca los procesos inconscientes e inaccesibles a la razón. El inconsciente influye constantemente en el consciente y con mucha frecuencia sin que este último se percate de ello. Debido a esto, a veces nos vemos experimentando fenómenos psíquicos y aun conductas de los que no sabemos dar razón. Un ejemplo de ello son los llamados «actos fallidos» en los que predomina la atención del inconsciente, cogiendo por sorpresa al consciente, como cuando cometemos un *lapsus linguae* al decir algo que no tiene que ver o es contrario a lo que pretendemos expresar. Generalmente estas «jugadas» del inconsciente pasan inmediatamente por un proceso de racionalización mediante el cual el consciente trata de buscar lógica y justificación de lo ocurrido, no siempre de forma acertada, con una autoexplicación que tranquiliza la conciencia.

El supuesto «lavado de cerebro» iría dirigido precisamente hacia el inconsciente, de modo que la conducta que se pretende manipular pareciera surgir de la propia personalidad del sujeto. Es decir, para modificar un comportamiento externo en una persona de tal modo que parezca propio, primeramente habría que averiguar qué proceso inconsciente (*contenido latente*) determina realmente tal comportamiento (*contenido manifiesto*), y, seguidamente, efectuar la modificación pretendida sobre el mismo para que, de forma indirecta, tuviera lugar asimismo un cambio en la conducta.

Evidentemente esto no es tan fácil de conseguir y sobre todo sin el expreso consentimiento de la supuesta «víctima» del lavado. Hecho que por otro lado iría en contra de la ética y nunca sería utilizado con fines terapéuticos. El lavado de cerebro forma más parte de la ficción de novela y cine de espionaje que de la realidad.

Sí se han experimentado formas benignas y por supuesto pasajeras de parciales «lavados de cerebro», como, por ejemplo, mediante el hipnotismo. Dada una sencilla orden a una persona sometida a trance hipnótico para que la ejecute cuando vuelva al estado de conciencia, por lo regular es obedecida y sin comprender dicha persona por qué lo hace. El mensaje quedó grabado en su inconsciente sin percibirlo de forma consciente. Por supuesto que esto no se puede lograr si la persona no se presta a ello. Asimismo nunca obedecería a una orden que fuera en contra de sus principios, como, por ejemplo, cometer un crimen o realizar algo que no haría voluntariamente al margen del hipnotismo.

Un fenómeno similar ocurre con la llamada percepción subliminal, ilustrada con el siguiente experimento: a un grupo de personas se les mostraba repetidamente en una pantalla de proyección la palabra «zumbido», pero cada proyección duraba escasas décimas de segundo, tan breve instante que al espectador no le daba tiempo a leerla; sin embargo, aunque no llegaban a reconocerla todos acababan por afirmar que se refería a algo vibrante o referente a los insectos. Esto quiere decir que el concepto había llegado al inconsciente antes de que el consciente se percatara de ello.

Más en el nivel coloquial que en el científico se habla de ciertos «lavados de cerebro» realizados con fines proselitistas, como los que tienen lugar de forma peligrosa en el seno de ciertas organizaciones sectarias que actúan en función de una supuesta ideología filosófico-religiosa. En realidad, más que «lavados de cerebro» utilizan engaños psicológicos que hacen creer a la «víctima» que actúa según sus propios principios cuando lo cierto es que sigue los intereses de la organización. El mayor perjuicio tiene lugar cuando esta estrategia se emplea con adolescentes cuya personalidad se encuentra aún en vías de formación y por tanto proclive a desviarse hacia terrenos patológicos. J. M. U.

EL PROBLEMA DE LA PORNOGRAFÍA

Se considera pornografía toda obra artística (literatura, pintura, fotografía, espectáculo, etc.) que encierra un carácter obsceno. Es decir, que promueve al escándalo atentando contra el pudor y la vergüenza a través de la excitación sexual. En realidad es un término impreciso, pues en muchas ocasiones no puede establecerse una normativa estricta que califique ciertos fenómenos como pornográficos frente a otros que no lo son.

La moralidad del individuo es tan polifacética como la personalidad en sí. Lo que para unos es obsceno para otros puede no serlo. Es una apreciación subjetiva que, por lo regular, está vinculada a la educación, costumbre y ética propias. Del mismo modo es una concepción adaptativa al cambio de mentalidad que tiene lugar a lo largo de los tiempos. Sin duda hace cien años tacharían de pornografía descarada la postura de una mujer sentada con las piernas cruzadas y mostrando sus rodillas bajo la falda.

La polémica frente a la pornografía ha girado siempre en torno a su posible inducción al crimen, al delito sexual o a la conducta antisocial. En diversos países se ha constituido a lo largo de los últimos años diversas comisiones multidisciplinarias implicando a legisladores, sociólogos, teólogos, artistas, psicólogos y psiquiatras, que han tratado seriamente el tema, estimando la conveniencia o no de establecer una normativa gubernamental para el control o restricción de la pornografía sin llegar a una conclusión clara. Unas catalogaban la pornografía como indeseable, otras como peligrosa e incluso otras como beneficiosa al ser una válvula de escape a las pulsiones reprimidas. Por otro lado se enfrentaban con los derechos constitucionales que amparan la libre expresión.

Respecto a su relación con las posibles conductas criminales y antisociales, sobre todo en el área de la juventud, no se han obtenido resultados concluyentes. Estos estadísticos comparativos en diferentes países y épocas tratando de relacionar los índices de criminalidad y delitos sexuales con el grado de permisividad en la difusión de la pornografía no han aportado paralelismo alguno. El que no haya tal correlación sugiere, pero no prueba, la no influencia de la pornografía en la conducta antisocial. Las conclusiones parecen ser que el material pornográfico para adultos no constituye un peligro claro. La mejor prueba estriba en que, lejos de provocar una excitación creciente, la exposición repetida de material pornográfico conduce a la saciedad y el aburrimiento.

Una polémica aparte se plantea con respecto a los menores, en las que las comisiones citadas estimaron que no era ético conducir a los menores hacia un contacto directo con la pornografía aunque fuera organizada. La opinión pública está de acuerdo en que los padres no deseen que sus hijos manejen pornografía. Es un derecho a respetar por lo que se recomienda un control del acceso de tal material a los menores. Sobre todo albergando la posibilidad de que muchos de ellos recibirían su primera información sexual exclusivamente a través de la pornografía sin una educación previa en este terreno.

Del mismo modo se piensa en el derecho que tienen muchas personas a ser protegidas de la exhibición pornográfica cuando la consideran ofensiva e inmoral. Debido a ello es admisible un control en los anuncios y exhibiciones cuando tienen una repercusión pública, máxime si puede verse afectado un público infantil. Esto no supone un prohibición, sino limitar su acceso exclusivamente a quien lo desee. La mayoría de las comisiones encargadas de la valoración ética de la pornografía coincidieron en afirmar que una buena educación sexual en la edad apropiada (presentada en un marco competente, estético y moral) disminuye el interés por la pornografía en mayor medida que una legislación restrictiva. J. M. U.

EL RACISMO

En el mundo que habitamos existen diversos grupos sociales diferenciados entre sí por su ubicación geográfica, raza, progreso tecnológico y desarrollo económico. Algunos grupos son parecidos mientras que otros son muy distintos, ya no sólo en su esfera cultural y humana, sino incluso en sus caracteres físicos y lenguajes. Son las múltiples razas en que se divide la especie humana.

El hombre como ser social tiende a agruparse, y lo hará en principio con aquellos otros individuos más afines a él. Adoptará, bien por educación recibida desde la infancia (temperamento autóctono) o por autoconvencimiento adaptativo (temperamento inmigrante), la ideología y costumbres del grupo en el que vive.

En general el grupo trata de dejar clara su identidad con respecto a los otros, estableciendo modas, uniformes, banderas, colores y demás distintivos que atribuyen al individuo su pertenencia a un grupo y no a otro.

La diferencia de razas en el género humano con sus características físicas (color de piel, rasgos faciales, estatura, etcétera) configurará de una forma natural una serie de distintivos grupales indelebles.

Las grandes emigraciones, así como la expansión sociocultural y avance tecnológico de algunas sociedades con respecto a otras, han hecho borrar y reconstruir sus diferentes linderos geográficos a lo largo de la historia. De este modo quedaron subgrupos incluidos dentro de grupos mayoritarios. Subgrupos que adoptan toda la ideología y costumbres del grupo superior, pero que mantienen imborrables sus distintivos raciales como signo indicativo de su origen.

Cuando una sociedad así constituida mantiene un equilibrio y la suficiente riqueza para abastecer a todos sus individuos, los subgrupos pueden coexistir en paz y armonía. Pero cuando hay escasez, competencia y tensiones internas, habitualmente grupo y subgrupos se enfrentan entre sí. Generalmente la minoría es rechazada como intrusa o parásita por la mayoría. Se recrudece el instinto de defensa: «primero yo y los míos» y a todo el que es diferente se lo cataloga de extraño y enemigo. No es raro que, entonces, se tambaleen los derechos del subgrupo con el peligro del exterminio o la expulsión.

Pero no es preciso llegar al estado de guerra civil para que aparezcan los choques raciales. Las altas concentraciones de población y, sobre todo, el tumultuoso agrupamiento en las grandes urbes hacen surgir de igual forma los problemas de competencia por el espacio y los recursos, con el consecuente conflicto entre subgrupos. Es el racismo como secuela instintiva, que se puede definir como aquella doctrina ideológica que exalta los derechos y méritos de una determinada raza con menosprecio de los correspondientes a otras.

Cuando la mecha del racismo está prendida es difícil de apagar en una sociedad, pudiendo llegar a provocar temibles tumultos, revoluciones y persecuciones. Sobre todo porque suelen aparecer razonamientos fundamentados en un falso silogismo: por ejemplo, alguien ve cómo un individuo de otra raza comete un delito dentro de su sociedad. Inmediatamente piensa: «Ese sujeto de esa raza es un delincuente, luego hay que protegerse de los que son como él de dicha raza.» Acto seguido tiene lugar una discriminación y es muy probable que se achaquen al subgrupo todos los posibles delitos ulteriores. La minoría, injustamente acusada, reaccionará defensivamente, incluso con violencia si es agredida. Ello refuerza el primer razonamiento: «No sólo son delincuentes, sino además violentos y peligrosos, luego deben ser expulsados o exterminados.» Parece absurdo y ridículo, pero desgraciadamente este razonamiento refleja una manera real de pensar dentro de la sociedad. Si el primer delincuente sorprendido, en lugar de pertenecer a la minoría (subgrupo), hubiera sido un delincuente de la mayoría, el hecho hubiera sido catalogado como un delito más de los que habitualmente ocurren en toda sociedad y sin ninguna consecuencia discriminatoria.

El racismo lleva a un círculo vicioso de autoalimentación sin posible fin: un individuo no es igual que los demás. Por ello se le margina. Con la marginación carece de las mismas oportunidades que los demás. Entonces difícilmente llega a ser igual a ellos. Y como no es igual, se le margina.

El pasado y presente históricos dejan ver los efectos del racismo sin visos de solución, pues en casi todos los países existen minorías étnicas más o menos discriminadas y en continua lucha por la igualdad. J. M. U.

LA GUERRA

«Ya comenzó ella la danza por los montes,
gritando: arriba y adelante, guerreros.
Al moverse su cabeza oscura
suena sonora la cadena de mil cráneos colgados.

Como una torre aplasta las postreras llamas,
donde huye el día, rojos están los ríos de sangre.
Muertos innumerables flotan ya entre los juncos...
Blanquecinas los cubren las recias aves de la muerte.

Ahuyenta el fuego hacia la noche, a través de los campos,
un perro rojo, con un aullido de feroces fauces.
El mundo negro de las noches surge de las nieblas
en tanto los volcanes sus bordes iluminan.

Y los oscuros llanos salpicados están
con millares de gorros de dormir
y todo cuanto cruza corriendo por las calles
a las brasas lo arroja para atizar la llama.»

Georg Heym (1887-1912)

La guerra implica cambios sociales de gran relevancia que ejercen su influencia sobre la psicología individual de forma más bien brusca, originando problemas graves, tanto en los militares como en los civiles; generalmente, traumas psíquicos graves o trastornos psicopatológicos consecuentes a la pérdida de seres queridos, al padecimiento de situaciones cargadas de violencia, etc.

Entre los soldados se acumulan los problemas consecuentes a la situación de desarraigo en que viven, al continuo riesgo de muerte, la necesidad de desarrollar su agresividad contra el enemigo, situaciones de intenso pánico, muerte de sus compañeros, adaptación a situaciones carentes del mínimo confort, privación de alimentación y de pautas higiénicas elementales, etc. Las consecuencias más frecuentes se orientan hacia la producción de traumas psíquicos, a veces muy graves, en relación con alguno de estos acontecimientos. Estas heridas psicológicas tardan en cicatrizar y pueden permanecer durante toda la vida influyendo notablemente en el carácter de estas personas. Otras veces se producen las llamadas «neurosis de guerra» que surgen como reacciones ante el estrés; a corto plazo se producen tres tipos de comportamiento patológico: depresión, ingesta de alcohol y el presentimiento continuo de que será abatido durante el combate. En segundo lugar, se generan síntomas de anticipación a la calamidad unidos a sentimientos de culpa por sentirse incapaz de combatir; y por último, ansiedad unida al temor de ser excluido del servicio cuando termine el combate. Éstas serían formas de reacción que se presentan minutos antes de verse envueltos en la batalla; pero a más largo plazo aparece un cuadro clínico de intensa angustia, pesadillas, reacciones de sobresalto frente a pequeños estímulos externos, depresión, sentimientos de culpa, comportamientos explosivos, inseguridad, dificultades de reinserción social dentro de la vida civil, etc. También se han descrito trastornos neuróticos de conversión entre los soldados, que consisten fundamentalmente en parálisis o deficiencias sensoriales (cegueras, sorderas, etc.) que sin causa orgánica que las justifique aparecen en estas personas, especialmente entre las más primitivas o las que tienen rasgos histéricos en su personalidad. Se han descrito trastornos psicopatológicos peculiares entre los prisioneros de los campos de concentración durante las dos guerras mundiales, configurando la llamada «neurosis de campo de concentración».

Entre la población civil, la guerra también favorece la aparición de numerosos trastornos psicopatológicos, ya que los civiles sufren la amenaza de bombardeos, desarraigo y violencia si la ciudad en que viven se ve invadida por el enemigo, vivencias de pérdida por fallecimiento de seres queridos, penalidades económicas, higiénicas, etc. De este modo se favorece la aparición de síndromes depresivos, trastornos por ansiedad, malnutrición o pánico, trastornos consecuentes a vivencias de alto contenido traumático. J. H.

LA VIOLENCIA

La violencia se puede analizar desde diversos puntos de vista. Se puede decir que una persona, en un momento dado, ha tenido un comportamiento violento, porque frecuentemente se comporta de este modo, con lo que la violencia constituye un patrón de su conducta. Por último se puede decir que dentro de una sociedad predomina la violencia, si las relaciones entre los miembros que la componen son violentas con cierta frecuencia.

Individualmente, la violencia constituye la forma de expresión de algunos tipos de personalidad que se caracterizarían fundamentalmente por un mal manejo de la agresividad, dificultades en el control de las propias emociones o impulsividad, exagerada reactividad a los estímulos externos, bajo umbral a las frustraciones, carácter explosivo, irritabilidad, conducta antisocial, etc. Los niños que durante la infancia han padecido malos tratos por parte de sus padres o educadores, abandono o privación afectiva, al igual que los que han sido hiperprotegidos y se han acostumbrado a que siempre se satisfagan sus deseos, son los que más posibilidades tienen de ser violentos. En términos generales, van a ser más violentos aquellos que se han criado en ambientes cargados de violencia, con lo que bien se puede decir aquí que «la violencia engendra violencia».

Dentro de este tipo de personalidades destacan algunos tipos de psicopatías. Siguiendo la clasificación de Kurt Schneider, serían particularmente violentos los psicópatas hipertímicos agitados que se caracterizarían por un temperamento muy vivo, activo, inestable, impulsivo y pendenciero. También los psicópatas fanáticos suelen ser violentos, caracterizándose también por ser muy activos y expansivos, pudiendo recurrir a la violencia cuando es necesario para lograr que se cumplan los objetivos de su fanatismo. Los psicópatas lábiles de ánimo se comportan violentamente debido a bruscos cambios de humor, a veces inmotivados, donde destaca la irritabilidad e impulsividad. Los psicópatas explosivos serían aquellos que estallan al menor pretexto, reaccionando de forma casi automática, con cólera o violencia. También algunos tipos de epilepsia cursan con labilidad de ánimo en la que pueden surgir accesos de violencia. En algunos trastornos psicopatológicos son más frecuentes las conductas violentas, especialmente en los trastornos de tipo paranoide, caracterizados por desconfianza, susceptibilidad frente a las actitudes de los demás, ideas de autorreferencia, etc. Cuando se trata de un delirio paranoide, es posible que estas personas se comporten violentamente con otras a las que atribuyen, de un modo totalmente injustificado, el deseo de hacerles daño, dentro del contenido de su delirio.

El alcohol actúa desinhibiendo al que lo consume, incrementando la impulsividad y liberando los impulsos agresivos, con lo que muchos comportamientos violentos están precedidos por el consumo de alcohol. Las drogas también favorecen las conductas delictivas y violentas por un proceso de destrucción ética y social de la personalidad y por la necesidad imperiosa de procurarse la droga de forma más o menos inmediata. El aumento del consumo de este tipo de tóxicos es, tal vez, el principal responsable del incremento de la violencia en la sociedad actual. J. M. U.

LA DELINCUENCIA

La delincuencia constituye un grave problema social de difícil prevención. Hay muchos tipos distintos de delincuentes al igual que factores de índole individual o social que favorecen el que una persona se convierta en un delincuente. La psiquiatría y la psicología se han interesado en profundidad por este problema, aportando datos de gran interés a la hora de comprender este fenómeno.

Uno de los estudios más clásicos, dentro de los recientes, es el de Bromberg, que estudió diez mil delincuentes de Nueva York buscando la presencia de trastornos mentales con los siguientes resultados: un 41 por 100 eran personas absolutamente normales, otro 41 por 100 no podían ser diagnosticadas de padecer un trastorno psicopatológico, aunque presentaban ligeras alteraciones de personalidad; el 18 por 100 restante padecían una alteración psicopatológica que correspondía en un 7 por 100 a las personalidades psicopáticas, otro 7 por 100 a las neurosis, un 2,5 por 100 a los deficientes mentales y un 1,5 por 100 a las psicosis. De este estudio se desprende que son relativamente poco frecuentes los actos delictivos cometidos por enfermos mentales, ya que incluso dentro del 18 por 100 considerados por el autor como tales, se incluyen trastornos, como las personalidades psicopáticas que son más bien personalidades anómalas y no enfermedades, ya que se pueden encuadrar dentro de ese campo intermedio que se sitúa entre la normalidad y la enfermedad propiamente dicha.

También se ha estudiado la posible carga genética de la delincuencia sin que se hayan obtenido resultados significativos. El descubrimiento de la existencia en algunas personas, de un cromosoma «Y» supernumerario que configuraría la alteración cromosómica denominada *trisomía XYY,* hizo sospechar que estas personas en las que se había advertido un mayor nivel de agresividad serían más propensas a las conductas delictivas, pero no se hallaron diferencias verdaderamente significativas, tanto más si tenemos en cuenta que se trata de un trastorno muy poco frecuente. Sin embargo, sí se ha podido comprobar que existen ciertas familias dentro de las cuales la delincuencia es mucho más frecuente entre sus miembros en relación a otras características similares, lo que se explica por la influencia de factores ambientales referidos al propio medio familiar; es decir, intervendría la educación que los padres, de forma explícita o a través de su propio ejemplo, transmiten a sus hijos.

Desde el punto de vista sociocultural existen una serie de factores que favorecerían, especialmente durante la infancia, el que un niño se llegue a convertir en un delincuente cuando alcance una edad que se lo permita. La falta de cariño experimentada durante la infancia por ausencia o abandono de uno o ambos padres o, simplemente, por despreocupación de los mismos en lo que respecta a la educación de sus hijos, así como un ambiente familiar en el que predomina la violencia entre sus miembros, el hacinamiento, etc., que facilitan que el niño tienda a salir de casa el mayor tiempo posible, y por tanto, a reunirse en la calle con otros niños formando pandillas de marginados, serían factores que facilitarían mucho el que se desarrollase en éstos una cierta tendencia a cometer actos delictivos. Hay que tener también en cuenta que todas estas circunstancias dificultan la escolaridad del niño, que en ocasiones ni tan siquiera acude a la escuela, lo que va a dificultar sus perspectivas de futuro y su adaptación social, configurándose dos factores más que lo pueden predisponer hacia la delincuencia. Paradójicamente, también se puede favorecer las tendencias delictivas cuando los padres adoptan con sus hijos una actitud de sobreprotección, especialmente si se trata de hijos únicos, ya que éstos se sienten inseguros y carecen de un patrón de conducta personal y están acostumbrados a obtener rápidamente todo lo que desean casi sin esfuerzo, siendo muy intolerantes ante las frustraciones. Estas circunstancias cobran aún mayor importancia cuando actúan sobre niños con un temperamento en el que destaca la impulsividad y un manejo inadecuado de la agresividad.

Por último, cabe señalar que algunas conductas delictivas son llevadas a cabo de forma totalmente esporádica, siendo relativamente frecuentes los casos en los que no se repiten a lo largo de toda la vida. El consumo de drogas es un factor de una importancia decisiva a la hora de valorar las características del delincuente dentro de la sociedad actual, ya que se trata tal vez del factor que induce con más frecuencia a la realización de actos delictivos. Hay que tener en cuenta dos aspectos cardinales en este sentido: muchas personas predispuestas a la delincuencia coinciden en sus rasgos de personalidad con las que consumen drogas, por lo que confluyen simultáneamente en las mismas personas ambas tendencias, a la delincuencia y a la drogadicción. Por si esto fuera poco, se añade la circunstancia de que el consumo de drogas supone un desembolso periódico de cantidades importantes de dinero, que no tienen a su disposición la mayoría de los drogadictos, con lo que éstos se ven obligados a obtenerlo de forma ilícita (generalmente traficando también ellos con la droga) para mantener la dependencia que han contraído con este tipo de sustancias.

Si junto con los factores anteriores tenemos en cuenta que uno de los principales efectos de la drogadicción consiste en un deterioro progresivo de la personalidad del sujeto dependiente con pérdida grave de los valores éticos y de proyección social, seguida de una degradación que se amplía al vínculo familiar y finalmente a un nivel puramente individual, se comprende fácilmente que las drogodependencias constituyan en el momento actual el principal factor determinante de las conductas delictivas, cobrando una progresiva importancia en el análisis de las causas que influyen directamente en el incremento experimentado por el problema de la delincuencia durante los últimos años. J. H.

REACCIÓN FRENTE A UN ATRACO

El ser atracado en plena calle y a cualquier hora del día es una situación que desgraciadamente se repite cada vez con más frecuencia en algunas zonas de nuestro país. De por sí, un atraco supone sufrir un susto más o menos grave, al que se añaden las pérdidas materiales, daños físicos y finalmente las repercusiones psicológicas que pueden aparecer.

Lo más inmediato es un cuadro de pánico con excitación psicomotriz, temor y abatimiento, que se supera al cabo de unas horas. Algún paciente puede referir el origen de un cuadro depresivo al hecho de haber sido atracado en la calle; generalmente esto no es del todo real y el atraco se convierte en el justificante de una depresión que ya existía; en ocasiones es el desencadenante en una persona predispuesta a padecer esta enfermedad.

El miedo a ser asaltado de nuevo suele estar presente en todos los que han sufrido un atraco, puede ser un temor normal y justificado o excesivo que llega a ser patológico. Hay quienes tienen un miedo permanente al salir a la calle, en donde permanecen en constante alerta, evitan salir solos o cuando ya ha anochecido, dan mil rodeos para seguir rutas «no peligrosas», no se cruzan con «gente con mala pinta»... Su conducta queda condicionada por ese temor y muchas veces se afecta hasta tal punto que les impide hacer una vida normal quedando condicionados por la compañía, las horas o las calles. Cuando la persona que ha sufrido el atraco no supera este trauma, éste puede enraizarse y convertirse en fuente de fobias y obsesiones. El por qué unas personas superan eficazmente el atraco y otras sufren repercusiones psicológicas depende de la situación general y consecuencias inmediatas del hecho, de la personalidad y el ambiente que haga posible o no un nuevo atraco.

El miedo que el afectado siente por sí mismo puede trasladarse a los demás y vivir en un sobresalto permanente cuando cualquiera no llega a casa a la hora que se le espera. Madre, padre o hermanos sufren una angustia casi permanente por los otros que se llegan a sentir oprimidos por ese requerimiento constante de decir dónde están y a dónde van. M. D.

PSICOSIS DE MASAS

Se dice que se ha producido una psicosis de masas cuando todo un grupo de personas padece un síndrome de tipo alucinatorio-delirante; aunque también se incluyen a veces bajo esta denominación otras situaciones, como el pánico generalizado.

Estos delirios colectivos se establecen dentro de grupos de personas fácilmente sugestionables, por lo que son más frecuentes entre los enfermos mentales, personalidades primitivas, con un nivel educativo escaso, con pensamiento mágico, y entre las personas que padecen un trastorno de tipo histérico. El síndrome delirante presente en una persona se transmite a los que la rodean (delirio por inducción) que se persuaden de la presunta realidad del contenido del delirio y comienzan a experimentarlo a su vez. De este modo, un número progresivo de personas van incorporando progresivamente el delirio, ya que al comprobar cómo cada vez son más los que reafirman el contenido del mismo, se crea un ambiente en el que se desarrollan cada vez con mayor facilidad los fenómenos de sugestión.

Los delirios colectivos se presentan muchas veces en forma de percepciones extrasensoriales, en que estas personas afirman ver objetos o personas inexistentes (*alucinaciones visuales*), o voces (*alucinaciones auditivas*), generalmente de contenido religioso (falsos milagros, falsas apariciones, etc.), de contenido supranormal en relación con fenómenos parapsicológicos (hablar con espíritus, con personas muertas, etc.), o bien con la aparición de extraterrestres. Entre los enfermos mentales los contenidos pueden ser más extravagantes, sobre todo entre los esquizofrénicos, especialmente si mantenían previamente una actividad delirante, produciéndose entonces una nueva ordenación del contenido de su delirio hacia la temática inducida por otros.

Las situaciones de pánico colectivo se suelen desencadenar por alguna información capaz de producir auténtico terror entre sectores más o menos amplios de población, originándose reacciones psicológicas exageradas con pérdida del autocontrol que contribuyen a incrementar el temor en las personas que las observan, creándose una situación de círculo vicioso por el cual cada vez es mayor el número de personas afectadas. A veces estas conductas, que corresponden a genuinos ataques de pánico, son objeto de imitación por parte de otras personas, especialmente si éstas se encuentran desorientadas, sin saber muy bien qué es lo que está ocurriendo, con lo que es frecuente, por ejemplo, que salga corriendo en una determinada dirección por el mero hecho de que lo vean hacer a otros. En estas situaciones, la información que se transmite de unas personas a otras es imprecisa y tergiversada, con lo que aumenta la confusión sin que realmente se sepa cómo actuar contra ese presunto peligro, limitándose algunos a imitar a aquéllos, que presos de una gran ansiedad, prefieren actuar en uno u otro sentido, a pesar de que desconozcan la finalidad de su comportamiento. Estas conductas gregarias típicas del pánico colectivo anulan frecuentemente la conciencia individual, dando lugar a comportamientos, a veces violentos, que sorprenden a la propia persona que los ejecutó cuando se halla libre del influjo del pánico. J. H.

LOS FANÁTICOS

El fanatismo consiste en una apasionada preocupación por ideas, opiniones o creencias que se defienden con tenacidad e inflexibilidad exageradas. Existen fanáticos personales, fanáticos idealistas y fanáticos pacíficos, caracterizados todos ellos por tener una idea sobrevalorada en lo que respecta a alguna cuestión particular, y una personalidad activa y expansiva, que en casos pronunciados se adscribe a los trastornos psicopáticos de la personalidad (*psicópatas fanáticos*).

Los *fanáticos personales* son los que luchan incansablemente por algo que se considera como un derecho propio, que puede tener fundamento real o no, a partir de una situación que juzgan como injusta. Son personas cuyo objetivo vital se centra de forma casi exclusiva en lograr que se les haga justicia por esta causa, desatendiendo el resto de sus intereses y obligaciones a pesar de que lo que desean obtener tenga poca importancia objetiva. Son los denominados *querulantes,* propensos a embarcarse sin cesar en pleitos sin fin, a pesar de que se les advierta de que no tienen posibilidades de ganarlos.

Los *fanáticos idealistas* luchan decididamente a favor de un ideal que profesan, sin comprender que pueda haber personas que no compartan sus puntos de vista. A menudo tienden a imponer su ideología a los demás, ya que creen que posteriormente se lo agradecerán, puesto que están firmemente convencidos de que su ideal es el único que merece la pena. El ideal se puede referir al terreno político, económico, social, religioso, etcétera. Por último, los *fanáticos pacíficos* serían aquellos que no demuestran aparentemente su fanatismo, mostrándose silenciosos, o bien excéntricos, pero en general muy poco combativos. Son personas inmersas en su fantasía, alejadas de la realidad de la vida, viviendo una ficción en franca ruptura con el ambiente que les rodea, pero sin aceptar cualquier tipo de argumento que se les ofrece si no va de acuerdo con sus planteamientos. Éste sería, por ejemplo, el caso de algunas personas que integran determinadas sectas religiosas de matiz un tanto extravagante, en el sentido de que casi no guardan relación con los planteamientos que tenían anteriormente. J. H.

SUICIDIOS COLECTIVOS

Los suicidios colectivos, es decir, el que un grupo de personas se quiten voluntariamente la vida de forma simultánea, han ocurrido desde la más remota antigüedad hasta nuestros días. En España es muy conocido el caso de los numantinos que en el año 133 a. C., estando cercados y agotados de hambre por Escipión Emiliano, prefirieron quitarse la vida antes que entregarse a los romanos. También los habitantes de la antigua Sagunto tomaron la misma determinación el año 219 a. C. para evitar caer en las manos de Aníbal.

En otras ocasiones, el suicidio colectivo parece haber tenido más bien una finalidad de protesta social, como en el caso de los discípulos de Confucio, quinientos de los cuales se precipitaron en el mar para protestar contra la destrucción de los libros del maestro llevada a cabo tras su muerte. Plutarco nos ha dejado un relato sobre una «epidemia suicida» ocurrida entre los jóvenes de Mileto que sólo dejaron de ahorcarse cuando las autoridades tomaron la determinación de exponer desnudo el cadáver de los suicidas. Otra forma de suicidio colectivo, de connotaciones altruistas, sería el de los más de dos mil quinientos *kamikazes* japoneses que durante la segunda guerra mundial estuvieron dispuestos a perder la vida por su patria. Un caso más reciente es el suicidio colectivo llevado a cabo en la Guyana por todos los miembros de una extraña secta religiosa, al parecer, bajo la influencia de drogas.

Son diversas las circunstancias que favorecen la aparición de este tipo de suicidios. Muchas veces se deben a situaciones de presión social de cierta envergadura dirigidas hacia grupos de personas concretos. En otras ocasiones se producen por creencias de tipo mágico o religioso, o por mero altruismo. Algunas drogas y tóxicos en general pueden conducir al delirio por sus efectos alucinatorios. También se pueden producir suicidios colectivos en alguna psicosis de masas. El fundamento explicativo de estos suicidios, desde el punto de vista psicopatológico, se encuentra en los fenómenos de inducción y sugestión, mediante los cuales algunas personas del grupo terminan persuadiendo a toda la colectividad para que acaben con su vida. J. H.

EL HOMBRE Y EL TRABAJO

LA NECESIDAD DE TRABAJAR. EL SIGNIFICADO DEL TRABAJO

El trabajo es algo que puede ayudarnos a completar el sentido de nuestra vida, siempre que sea coherente y se acople a nuestros deseos, tendencias y aptitudes. El tiempo que dedicamos al trabajo ocupa una buena parte de nuestra existencia. Es una fuente importantísima de satisfacciones y problemas que influye notablemente en nuestro modo de ser. Se puede decir que algunas personas tienden a elegir determinados trabajos en función de su personalidad, y al mismo tiempo, que un trabajo u otro va a contribuir a modelar la personalidad de aquellos que lo ejercen.

El trabajo llena de sentido la vida porque sirve para encauzar en una dirección el desarrollo de la personalidad. Mediante el trabajo sentimos que podemos ser útiles a los demás, lo que aumenta nuestra autoestima al comprobar cómo la sociedad valora, no sólo económicamente, nuestra labor. De este modo se facilita la adaptación social, a la vez que se encuentra un medio para expresar nuestras aptitudes creativas, la capacidad de esfuerzo, constancia, renuncia, etc. Por otro lado, el trabajo focaliza el ámbito de nuestros intereses y, generalmente, enriquece nuestra vida de relación. Trabajar bien, hacer bien las cosas, suele conllevar una cierta satisfacción, que en algunos casos se aproxima a la del triunfo, al tiempo que surgen estímulos que invitan a la propia superación, sobre todo, en trabajos creativos o poco rutinarios. Trabajar sirve además para lograr una independencia económica, que puede tener grandes repercusiones en terrenos como el familiar, y que, en cualquier caso, facilita el que se tomen con más seguridad algunas decisiones.

La falta de trabajo, porque no se desea, suele provocar a medio o largo plazo una profunda sensación de vacío existencial. Si el problema estriba en que no se encuentra trabajo a pesar de desearlo, se generan sentimientos de frustración, inutilidad u hostilidad hacia la sociedad en general, favoreciéndose la desadaptación, la delincuencia o un retraso en la maduración de la personalidad, ya que éste favorece su desarrollo. Por el contrario, una exagerada dedicación al trabajo también puede ser expresión de un trastorno psicopatológico. A veces, algunas personas dedican excesivo tiempo a su trabajo, desatendiendo otras obligaciones, ocupaciones o intereses. Todo parece estar justificado si no hacen esta cosa o aquélla por cuestión del trabajo, parece que estuvieran absorbidos por su actividad profesional hasta el punto de desatender parcelas tan importantes de la vida como el amor, la familia, la cultura, etc. Si esta situación se prolonga bastante hay que pensar que el trabajo se ha convertido en un refugio para escapar de problemas importantes que necesariamente hay que abordar; o bien, que tiene una función próxima a las actitudes narcisistas; el trabajo deja de tener una cierta proyección sobre los demás para convertirse en un mero instrumento de autoafirmación, e incluso de autocontemplación, desvirtuándose su finalidad primitiva. M. D.

INSATISFACCIÓN LABORAL. INADAPTACIÓN PROFESIONAL

Hay un buen número de circunstancias que pueden ocasionar problemas de adaptación al ambiente familiar. El horario, los compañeros de trabajo, la forma de trabajar, las expectativas y exigencias referidas a cada persona en concreto, el tipo de actividad que se desarrolla, etc.; pueden crear una insatisfacción más o menos profunda en una persona que comienza a trabajar, o bien, al cabo de un cierto período de estar trabajando de este modo.

Toda esta serie de factores hace que una persona piense que debe cambiar de trabajo, o bien, que se sienta incapaz de poder desarrollarlo adecuadamente; pero en otras ocasiones lo que sucede es que se trata de personas muy inseguras, con poca confianza en sí mismas, con una personalidad neurótica que les dificulta su adaptación a cualquier tipo de actividad laboral. En otras ocasiones, el problema deriva de una incapacidad para afrontar responsabilidades (a veces por un exagerado sentido de la responsabilidad) o para tomar una decisión, lo que también se encuentra en relación con patrones individuales de personalidad, especialmente con los rasgos neuróticos. La depresión, cursa con una disminución de la creatividad, y de la capacidad de iniciativa; el rendimiento intelectual decrece por dificultad de concentración, lentitud en la asociación de ideas, etc., haciendo que el deprimido se sienta incapaz de trabajar. A estos síntomas se añaden otros, como el pesimismo, sentimientos de inutilidad, de no ser capaz de hacer nada correctamente, de cansancio físico y desinterés por pérdida de estímulos y motivaciones, con lo que la insatisfacción y desadaptación laboral surgen paralelamente con el síndrome depresivo.

Otras veces, las dificultades en el trabajo son la mera expresión de una personalidad psicopática asténica o abúlica por la cual aparece ya un cansancio previo al esfuerzo, falta de incentivos y proyecciones sociales que desvirtúan parte del sentido del trabajo. También las personas muy desconfiadas o que padecen síndromes paranoides tienen muchas dificultades para adaptarse al ambiente laboral. Continuamente desconfían de sus compañeros de trabajo, pueden pensar, sin fundamento objetivo, que los observan para perjudicarlos, o que se están burlando de ellos. En casos en los que se establece una actividad delirante de tipo paranoide, suele surgir un delirio cuya temática se refiere a complots entre grupos más o menos organizados de compañeros de trabajo que intentan perjudicar, con lo que estas personas se encuentran en situación de continua alerta y pueden tener comportamientos agresivos, aparentemente incomprensibles.

Cuando un sujeto posee una personalidad inmadura o no se conoce suficientemente bien a sí mismo, especialmente en lo que refiere a sus aptitudes y limitaciones, puede vivir en una perpetua sensación de insatisfacción originada por una desproporción entre lo que ambiciona y las posibilidades reales de conseguirlo; o, en otros casos, por la paradójica situación de que al obtener un logro determinado, éste pierde automáticamente todo su valor. Frecuentemente, son personas poco pacientes y constantes, que necesitan gratificaciones inmediatas; es decir, lograr sus objetivos profesionales en espacios muy recortados de tiempo, lo que es prácticamente imposible. De este modo se sienten continuamente insatisfechos y tienden a cambiar de ocupación en un intento de lograrlo; pero sólo excepcionalmente lo consiguen.

La inestabilidad en el trabajo es un dato más frecuente en la historia biográfica de las personas que padecen cualquier tipo de trastorno psicopatológico. A su vez, los cambios de trabajo demasiado frecuentes suponen una sobreexigencia de adaptación psicológica, con lo que pueden ocasionar trastornos psíquicos, especialmente estrés, trastornos por ansiedad y depresión. En otras ocasiones la inestabilidad laboral no es más que un reflejo de una personalidad poco equilibrada, con fuertes oscilaciones de ánimo, si bien este tipo de situaciones puede deberse al progreso profesional o a la peculiaridad de determinados tipos de trabajo. J. H.

CÓMO HACERSE UN *MANAGER* Y LOGRAR OBJETIVOS

El término *manager* es un anglicismo que puede traducirse como gerente o director y suele ir enfocado hacia la gerencia empresarial o grupos de trabajo.

Frank A. Heller define la dirección como un proceso o método de coordinar propósitos y personas para lograr unos objetivos determinados.

Dirección lleva consigo funciones, como la planificación, la toma de decisiones, la elaboración de procedimientos, lograr que otras personas realicen las tareas encomendadas y la supervisión de las mismas.

En definitiva, dirigir es lograr que se hagan las cosas por medio de otras personas. Es decir, organizar de forma dinámica una serie de recursos humanos, económicos y materiales con el fin de obtener unos objetivos. Y la dirección será óptima si además consigue que aquellos que prestan el servicio alcancen un alto grado de moral y sentido de la autorrealización.

Antiguamente, se nombraban directores de departamentos, servicios y empresas a los mejores técnicos en la materia de trabajo. Actualmente esto se considera un error, pues se establece que a medida que un individuo va ganando capacidad directiva debe ir perdiendo capacidad técnica. Porque su función, entonces, ha de ser de director y no de técnico. Por ejemplo, un vendedor que llega a ser nombrado jefe de ventas debe abandonar su tarea de vender para ocuparse en la de gerenciar o dirigir a otros vendedores. La labor de gerente es una profesión en sí. Por ello, la norma actual en las grandes empresas es contratar un gerente, formado a tal fin, y no un técnico para dirigir. Es decir, para dirigir, por ejemplo, una central nuclear no se precisa un buen físico, sino un buen gerente. Se podría argumentar que cómo va a dirigir algo técnico alguien que no tiene ni idea de dicha técnica. Y se puede rebatir diciendo que para eso están los técnicos, los físicos y los ingenieros a quienes dirige; el gerente dirige personas, no funciones. El buen director no es el que hace bien las tareas, sino el que consigue que sus colaboradores hagan dichas tareas.

Un gerente no tiene por qué saber de tecnología, pero sí tiene que saber, y mucho, de organización y manejo de gentes. Debe saber seleccionar a los aptos, facilitar su formación profesional y motivar su trabajo para que el rendimiento sea óptimo; logrando que sus subalternos sean sus colaboradores y trabajen con agrado. Esto se consigue estableciendo unos objetivos comunes a la empresa, al director y al trabajo de tal manera que todos vean cumplidos sus intereses con el trabajo bien realizado. Por ello, un director debe estar siempre informado de los problemas e inquietudes que afectan al trabajador para actuar con justicia en su beneficio, sabiendo que con ello, consecuentemente, repercute en el beneficio de su empresa.

El éxito de la jefatura es más factible consiguiendo la colaboración que la sumisión; por lo que toda forma de gerencia autoritaria y tiránica está encauzada hacia el fracaso al generar tensiones y rencores en el subalterno que se siente desmotivado en su labor.

Resumimos a continuación una serie de cualidades que estimamos básicas en un buen *manager,* director o gerente:

— Tener sentido de la observación.
— Saber seleccionar datos importantes.
— Saber hacer análisis y diagnósticos de los problemas racionales y emocionales.
— Concebir posibilidades de solución.
— Saber tomar decisiones.
— Saber comunicarlas a los demás.
— Saber motivar a los colaboradores.
— Saber trabajar en equipo. J. M. U.

LA SOBRECARGA DE TRABAJO

La sobrecarga de trabajo surge cuando una persona se ve obligada a realizar una serie de actividades o resolver más problemas de los que está acostumbrada. En un sentido estricto sería el caso de aquel que se ve incapaz de satisfacer todas sus exigencias laborales. Por ejemplo, en los trabajos en cadena, hay que trabajar a un ritmo concreto; si una persona no es capaz de seguir dicho ritmo se puede decir que ese trabajo es una sobrecarga para ella; pero generalmente, la sobrecarga proviene de un aumento transitorio de trabajo, que, en algunas ocasiones, se prolonga durante espacios de tiempo dilatados.

Las repercusiones psicológicas más frecuentes en este tipo de situaciones son, en primer lugar el estrés, y los trastornos por ansiedad, que se manifiestan en forma de sensación de tensión psíquica, irritabilidad, tendencia a sobresaltarse por cualquier estímulo externo (ruidos, etc.), susceptibilidad frente a los demás, pesimismo, presentimientos de que en cualquier momento ocurrirá alguna desgracia inesperada, dificultad para relajarse, inseguridad, etc. Se ha comprobado que una cierta ansiedad consecutiva a sobrecarga de trabajo aumenta los rendimientos de las personas que se ven sometidas a ella, hasta que llega un momento en que ocurre todo lo contrario, como si estas personas se desplomasen por completo. La sobrecarga, pues, conduciría a una situación, si se prolonga suficientemente, de fracaso en los rendimientos laborales, creando una impresión interior de zozobra intensa y profunda. Estas personas suelen tomar entonces la decisión de interrumpir su trabajo tomándose unas vacaciones o causando baja que intentan justificar como si se tratase de una enfermedad corporal común (gripe, trastornos digestivos, etc.). El reposo y la desconexión con el trabajo puede lograr un rápido restablecimiento, pero si el problema de sobrecarga continúa en el trabajo, lo más probable es que al cabo de muy poco tiempo se reproduzca una situación similar. Después de varias de estas crisis, con el estado de tensión emocional que suponen, se puede llegar a producir una depresión (depresión por estrés o por agotamiento) que obliga a estas personas a dejar de trabajar durante períodos de tiempo más prolongados que en ocasiones anteriores. Es frecuente en estos casos que exista una cierta dificultad en la reincorporación a la actividad laboral, ya que se teme una recaída como consecuencia de la vuelta al trabajo, pudiéndose, incluso, establecer una auténtica fobia al mismo. J. M. U.

TRABAJAR SOLO O EN EQUIPO

Durante las últimas décadas venimos asistiendo a un progresivo proceso de especialización y subespecialización en la mayoría de las profesiones que favorece la creación de equipos de trabajo configurados por expertos en facetas de una misma materia, para de este modo, lograr mejores resultados. Por otro lado, cuando se realiza el trabajo en equipo se reparte la responsabilidad entre sus miembros, que intervienen a la hora de tomar decisiones comprometidas aportando diversos puntos de vista y evitando, en muchas ocasiones, la equivocación que puede provenir de un punto de vista sesgado del problema.

Trabajar en equipo supone una limitación de los sentimientos individualistas y la necesidad de que entre los miembros que lo componen se desarrollen unas relaciones interpersonales y profesionales de mutua confianza, ya que si no es así, si no están plenamente compenetrados, se van a crear disputas y tensiones que van a obstaculizar la realización del trabajo. Trabajar solo implica una responsabilidad muy superior y asumir ciertas limitaciones consecuentes a la menor especialización en la resolución de los problemas que se abordan, si bien, se actúa de un modo más independiente, salvando algunas de las trabas y obstáculos que siempre surgen en el trabajo en equipo, especialmente con personas que mantienen criterios diferentes o más innovadores que la mayoría, de modo que se sienten limitados en su actividad profesional por las actitudes de los otros, que juzgan demasiado conservadoras, o por el contrario, demasiado audaces con lo que se ven obligados a asumir riesgos que no desean.

El trabajo en equipo requiere una actitud colaboradora y una gran capacidad de integración dentro del grupo de trabajo para lo que en muchas ocasiones se necesita la labor de un buen director capaz de coordinar las funciones encomendadas a cada uno de sus miembros, de este modo, se logran niveles de eficacia muy superiores a los que resultarían del trabajo individualizado. J. H.

COMPETITIVIDAD Y COLABORACIÓN

La sociedad actual se va haciendo cada vez más competitiva. La competitividad se puede observar desde la infancia en el colegio hasta las edades más maduras. De este modo, muchas personas terminan adoptando la idea de que lo importante no es hacer las cosas bien, sino hacerlas mejor que las personas que tienen a su lado.

Aunque es cierto que la competencia puede ser un estímulo importante a la hora de lograr un nivel de progreso individual o social más elevado, si se exagera la dosis, se pueden incrementar los niveles de frustración, envidia y agresividad. La frustración surgiría cuando una persona comprueba que es superada por otras a pesar de haberse esforzado al máximo, lo que se puede traducir en reacciones depresivas o agresivas dirigidas hacia personas en particular o hacia la sociedad en general, favoreciéndose de este modo la violencia y la desadaptación social. La envidia mantiene un vínculo directo con los niveles de competitividad en que se desarrolla una persona, ya que el éxito de los demás, dentro de un clima altamente competitivo, puede ocasionar sufrimiento; o bien, el fracaso de los demás puede constituir una fuente de satisfacción, ya que en ambos casos queda el competidor relegado a un segundo puesto. La alegría ante el mal ajeno y el sufrimiento por el bien de los demás constituyen los radicales básicos de la envidia.

La competitividad atenúa, en muchos casos, la tendencia a colaborar con los demás. En la sociedad actual cada vez es más frecuente el trabajo en equipo dentro de algunas profesiones, en estos casos, los miembros de esos equipos colaboran entre sí, compitiendo con la labor que realizan otros grupos de trabajo dentro del mismo ámbito. Parece como si se hubiese incrementado este modo de trabajar en un intento de lograr una mayor eficacia, una mayor competitividad. No obstante, el espíritu de colaboración queda totalmente limitado dentro del grupo, que mantiene altos niveles de hostilidad con el resto de los equipos.

A nivel individual, el espíritu competitivo actual ha disminuido notablemente la tendencia a colaborar con los demás, lo que se puede observar especialmente dentro del mundo laboral, donde cada vez se ayuda menos al «otro» por temor a que pueda destacar más que nosotros. Este tipo de situaciones promovidas por la competitividad se acentúan en las personas inseguras de sí mismas, y se han ido extendiendo durante los últimos años hacia terrenos que tradicionalmente se habían caracterizado por los altos niveles de colaboración que se mantenían entre compañeros, como, por ejemplo, en el caso de los estudiantes.

La competitividad puede originar una mayor eficacia en la labor de algunas personas, pero si toma una importancia desmesurada, puede deteriorar las relaciones interpersonales, dificultar el progreso individual, dar lugar a frecuentes frustraciones y fomentar las conductas agresivas y violentas dentro de un marco social caracterizado por el egoísmo. J. H.

EL ESTRÉS DEL AMA DE CASA

El estrés en sí es abordado en un capítulo especial. No obstante, analizaremos a continuación este fenómeno en un sector muy importante de la población: las amas de casa.

¿Por qué un apartado especial para estas mujeres ante una ocupación tan habitual? Tal vez por ser una ocupación tan común que, en general, se piensa que no ha de provocar problemas psicológicos de interés.

Si consideramos como causas de estrés el trabajo intensivo, el agobio, el exceso de responsabilidades, la fatiga psíquica, el apresuramiento, etc., con buena lógica colocaríamos al ama de casa en un destacado lugar entre las profesiones de alto riesgo de padecerlo.

Vamos a considerar al ama de casa como aquella mujer cuya actividad cotidiana primordial sea la atención de su familia y el cuidado de la vivienda que ocupan: el ama de casa modelo.

Realmente, en ella, hay unas obligaciones que le acarrean un esfuerzo físico y otro psíquico.

Esfuerzo físico. Más en función de la continuidad que de la intensidad. Su ejercicio físico como obligación (trabajo) no tiene un horario que lo limite. Desde que se despierta hasta que vuelve a dormir tiene el deber de estar activa para cubrir las necesidades de su familia (esposo, hijos y tal vez algún pariente más); desde el cuidado personal a la alimentación. A mayor familia, mayor demanda de actividad.

Al mismo tiempo ha de mantener el orden y limpieza en su vivienda; actividad ésta que no finaliza nunca, pues hay que realizarla a diario. Con un agravante: el sentimiento de trabajo inútil por lo efímero de los resultados. Ordenar para desordenar después y volver a ordenar mañana.

Dijimos que el esfuerzo iba más en función de la continuidad. Naturalmente, sin contar la intensidad de esfuerzo que supone: mover muebles, transportar bolsas con la compra, llevar un niño en brazos, etc.

Tiene ratos de descanso y está la noche para dormir. Pero ¿de verdad puede descansar plácidamente? Porque el ama de casa ha de estar, además, alerta a cualquier imprevisto diurno o nocturno. Máxime si hay niños pequeños que lloran, demandan o enferman.

El esfuerzo físico lleva a la fatiga corporal, con su cansancio muscular y disminución de la actividad por agotamiento.

Esfuerzo psíquico. Tal vez se piense que las actividades del ama de casa no reviertan gran trabajo para la mente. En principio no; si no fuera porque a diario debe pensar en un menú, debe calcular gastos, debe resolver problemas de sus hijos, debe «comprender» a su marido, debe... en definitiva, hacer un poco de la conciencia de la familia. Y lo peor: debe hacerlo. Un ingeniero tal vez hace cálculos y resuelve problemas teóricamente más importantes. Pero con una diferencia: se ha preparado para ello, lo hace por vocación o, en el peor de los casos, al menos es remunerado económicamente por su esfuerzo. Al ama de casa se le supone obligada a su trabajo por su condición; se da por obvio que debe estar preparada para esos menesteres, le guste o no y cuando sea preciso.

El esfuerzo psíquico lleva a la fatiga mental con su disminución de la capacidad de concentración, ánimo deprimido, falta de ilusión, angustia, etc.

Pero ahí no queda todo. Un ama de casa es ante todo una mujer, una persona; con sus conflictos, sus emociones y demás ornamentos psicológicos de la esencia humana. ¿Qué ocurriría, entonces, si a esa base de estrés inherente a ser ama de casa sumásemos otros tipos de estrés ajenos a su condición? Y si ha de renunciar a otras actividades personales por falta de tiempo ¿no aparecería la frustración? (véase capítulo: Frustraciones).

Porque hay amas de casa que además tienen que trabajar fuera de casa, tienen problemas económicos, tienen problemas conyugales, sufren enfermedades, etc.

En definitiva, se entiende que el ama de casa, por el mero hecho de serlo, parte de un estado básico de estrés, más o menos intenso o manifiesto según su equilibrio psíquico y reserva de energía. Por ello hay una cierta susceptibilidad a sufrir trastornos de ansiedad (y sus posibles consecuencias) por efecto de suma, cuando simultáneamente se presenta algún conflicto. Un recipiente que ya contiene algo se colma antes que otro igual previamente vacío.

MUJER Y TRABAJO.
MUJERES EN EL TRABAJO DE HOMBRES

Según las teorías freudianas referentes al «conflicto edípico» y el «sentimiento de castración», las diferencias anatómicas entre ambos sexos determinan los papeles psicosociales masculinos y femeninos. Así, Freud postuló que «la naturaleza masculina se define como objetiva, analítica, intelectual, racional, agresiva, independiente y activa. Mientras que la naturaleza femenina, como subjetiva, emocional, irracional, ilógica, intuitiva, pasiva y dependiente». Asimismo, afirmó que «el hombre, una vez superado su miedo a la castración, obtiene su grado de ser humano completo, estado que la mujer nunca puede alcanzar y ha de acabar aceptando». Pero no queda ahí todo; de acuerdo con esas directrices, psicoanalistas de gran prestigio reafirman esta delimitación de papeles. Así, Bettelheim (1965) establece que «las mujeres quieren ser, ante todo, compañeras del varón y madres, en lugar de ingenieros o científicos». Erikson (1964) mantiene que «las mujeres están destinadas a cuidar a los niños». Deusch (1944) señaló que «cualquier forma de aspiración cultural humana que requiera una aproximación objetiva es del dominio del intelecto masculino, contra el que la mujer rara vez puede competir». Y así un sinfín de teorías más. Afortunadamente varios grupos más actuales de estudiosos del tema (psicoanalistas neofreudianos, psicólogos, antropólogos, etc.) han concluido en que estos rasgos definidos por Freud y sus seguidores reflejaban más una actitud cultural de la sociedad que un principio científico.

Cualesquiera que sean los instintos de los seres humanos, su influencia es mínima si se compara con el tremendo poder de la cultura social. Desde el momento del nacimiento, niños y niñas reciben un trato físico y verbal diferente. El reparto de papeles sociosexuales se imprime desde la infancia reforzándose en cuentos, juegos, películas y vida cotidiana. Los niños son orientados hacia profesiones llamadas «masculinas» (médicos, policías, pilotos...), mientras que las niñas son educadas en la docilidad y dependencia, dirigiéndolas hacia las profesiones «femeninas» (enfermeras, secretarias, maestras...).

La tradición aún causa mella sobre la distribución del trabajo a un sexo o a otro. En los restaurantes existen cocineros y el hombre puede manejar la aguja en cirugía y sastrería, pero cocinar y coser en casa sigue confinado a la responsabilidad de la mujer. Porque la diferencia no radica en la cualidad intrínseca de lo que se hace, sino en el hecho de que el trabajo sea importante, de prestigio o bien remunerado.

El valioso movimiento de liberación de la mujer pugna por romper de esta forma justa estas barreras entre sexos, encauzando su lucha hacia la consecución de una igualdad de derechos, y oportunidades, sobre todo en el campo laboral. Se fundamenta en una equiparación de talento, capacidad mental y fuerza de carácter entre ambos sexos, declarando que las vidas, emociones y aspiraciones de las mujeres son tan importantes y significativas como las de los hombres. Igualdad que, por otro lado, no implica identidad; una mujer puede desarrollar un trabajo hasta ahora considerado como masculino sin que por ello pierda su identidad femenina.

Tal vez la incorporación total de la mujer al trabajo traiga consigo una ruptura con los clásicos moldes de la familia y el matrimonio con sus roles internos de «ama de casa» y «esposa», pero si las circunstancias y los tiempos cambian con el progreso del ser humano, por qué no admitir que cambien también sus instituciones. J. M. U.

BÚSQUEDA DE TRABAJO. LA ENTREVISTA DE TRABAJO

En la actualidad la búsqueda de trabajo constituye una de las más acuciantes dificultades con las que ha de enfrentarse el hombre en su vida. La elevada tasa de desempleo es un índice claro de un gran problema social: todas las personas no tienen oportunidad de acceder a un puesto de trabajo.

Esta dificultad lleva consigo el que gran cantidad de individuos estén desempeñando trabajos inadecuados a su personalidad, lo que repercute seriamente en el rendimiento laboral y en el equilibrio personal.

A la hora de buscar el trabajo idóneo es fundamental seleccionar aquella tarea que despierte un interés en el individuo y si además es de su gusto y produce un cierto placer, su desempeño, rendimiento y equilibrio están asegurados.

Otro factor a tener muy en cuenta es la proporcionalidad entre la capacidad de desarrollo y actuación del individuo y las exigencias del empleo. Un error muy frecuente cometido en algunas empresas es situar al trabajador en un puesto superior o inferior a su capacidad. Cuando la tarea a desarrollar es excesivamente complicada para el trabajador habrá una mayor cantidad de errores en su ejecución. Y si el trabajador es una persona responsable, se sentirá muy frustrado en ese puesto donde no consigue más que fracasos y reprimendas de sus superiores. Por ambos motivos el rendimiento será muy escaso. Si por el contrario el trabajador está cualificado para desarrollar una labor más compleja que la que realiza, a la larga se sentirá descontento y poco motivado; y si no se le ofrece la oportunidad de ascender, renunciará al trabajo o lo realizará de un modo completamente indiferente. La conclusión, igualmente, es un bajo rendimiento. Lo ideal consistiría en situar al empleado en un puesto ligeramente superior a su capacidad pero en un nivel alcanzable. Esto sirve de estímulo luchador y de autoexigencia constituyendo un continuo motor del desempeño.

Una de las pruebas más importantes que tiene que superar el aspirante a un puesto laboral es la llamada «entrevista de trabajo», donde generalmente, tras haber entregado previamente toda su documentación y «currículum», debe efectuar un encuentro cara a cara con el seleccionador de personal de la empresa donde aspira ser contratado.

Básicamente existen tres tipos de entrevistas de trabajo:

Individuales: con un entrevistador y un entrevistado.

De grupo: con un entrevistador y varios entrevistados.

Colectiva o de «panel»: con varios entrevistadores y un entrevistado. Esta última se viene utilizando frecuentemente en la Administración Pública.

Una buena entrevista de trabajo debe consistir en un intercambio de información, de actitudes, de opiniones, de experiencias y aspiraciones. Todo ello dentro de un clima de confianza y distensión. Lo malo es que muchos entrevistadores convierten la entrevista en un interrogatorio donde se buscan más los defectos que las aptitudes. A veces se crean serias tensiones para analizar la reacción del aspirante, que lógicamente siempre se halla en inferioridad de condiciones.

Generalmente es una experiencia desagradable donde resaltan algunos factores como los más censurables: el tiempo que hacen esperar al entrevistado antes de pasar al despacho del entrevistador; pueden ser momentos insufribles para algunos candidatos. El marco físico de la entrevista, que a veces parece un tribunal de justicia. La violación de la intimidad cuando se utilizan preguntas personales que no vienen a colación. Y la posible tendencia a ridiculizar los valores presentados por el candidato.

Existe una relación que debe tenerse en cuenta tanto por el empresario como por el aspirante a un puesto de trabajo: un trabajo eficaz está en función de una buena selección del empleado según su aptitud, formación profesional y experiencias, así como una acertada motivación que le haga estimar su labor. J. M. U.

PSICOLOGÍA DE LA EMIGRACIÓN

La emigración, es decir, el cambio de domicilio y de trabajo a un lugar diferente del que estábamos viviendo, conlleva una serie de cambios psicológicos en el emigrante y su familia que en algunos casos pueden ser tan intensos que den lugar a ciertos trastornos psicopatológicos.

La emigración se produce generalmente por la dificultad de encontrar trabajo en el lugar de origen, con lo que algunas personas intentan conseguir este puesto de trabajo en otros países o en otras regiones de su misma nación. Esto implica siempre un esfuerzo de adaptación importante, ya que de un modo más o menos brusco, estas personas tienen que aclimatarse a cambios importantes en varias esferas. Un trabajo nuevo, cambio de domicilio, cambio de clima, costumbres distintas, un idioma diferente en muchos casos, desconocimiento geográfico de la ciudad en la que ahora se vive, cambio del medio rural al urbano, etc.; lo que constituyen factores importantes de estrés que dificultan notablemente la adaptación al nuevo medio ambiente. Son acontecimientos vitales (*life events*) que predisponen a la depresión y otros trastornos psicopatológicos; tanto más si tenemos en cuenta que la nueva situación en la que se ve inmerso el emigrante es un tanto depresora. Se halla separado, durante períodos de tiempo bastante prolongados, de su familia y amigos (algunos emigrantes dejan a su mujer e hijos en su lugar de origen), con la dificultad para relacionarse (a veces por el mismo problema del idioma) con otras personas, con lo que se crea un cierto problema de incomunicación y soledad. Además el trabajo suele ser especialmente duro, los recursos económicos que genera solamente son altos en relación al país de origen, debido a la diferencia de nivel de vida, por lo que el emigrante se ve obligado a ahorrar si quiere sacarle rendimiento económico a su esfuerzo.

A esta penuria económica y relacional se añade frecuentemente el hacinamiento de estos trabajadores en viviendas de escasa superficie que tienen que compartir con otros compañeros de trabajo o donde vive toda la familia en escasos metros cuadrados. Muchas veces se crean situaciones de explotación de estos trabajadores (que desconocen las normas legales vigentes del país al que emigraron), hallándose por otra parte desvalidos y desorientados en su nueva situación. Si emigran con sus hijos, éstos también sufren estas dificultades de adaptación, especialmente en lo que se refiere a su escolarización, produciéndose retrasos y fracasos escolares con mucha frecuencia, a pesar de que algunos países pongan a disposición de algunos emigrantes escuelas en las que los niños pueden estudiar en su idioma de nacimiento. Las dificultades de adaptación social se ven incrementadas también por el rechazo que algunos sectores de la población del nuevo país muestran hacia los emigrantes, creándoles sentimientos de inferioridad mediante actitudes que llegan a tener connotaciones racistas. La suma de acontecimientos vitales traumáticos y el sobreesfuerzo físico y psíquico que supone adaptarse a todos estos cambios, junto a los sentimientos de soledad y desarraigo, configuran factores predisponentes al desarrollo de trastornos psicopatológicos muy variados que van desde los síndromes depresivos a los trastornos por ansiedad, fracasos escolares o a las psicosis, en el emigrante y en su familia. J. H.

LA SEXUALIDAD

LA RESPUESTA SEXUAL NORMAL

El concepto de sexualidad normal se ha ampliado extraordinariamente desde las primeras teorías freudianas y psicoanalistas. Actualmente se tienen en cuenta los límites de libertad y flexibilidad moral de cada individuo, y lo que ayer se calificaba de perversión para algunos, hoy es sólo una desviación y mañana puede ser simplemente una variante.

La normalidad sexual es en definitiva un proceso dinámico adaptativo a las innovaciones, descubrimientos y conducta humana en permanente cambio.

No obstante, es preciso establecer unas bases primordiales que definen la sexualidad:

Sexo biológico. Determinado por un código genético heredado de los padres. La combinación cromosómica XX o XY programan la diferenciación sexual en función de una producción hormonal. La secreción de hormonas masculinas determinará la masculinidad del feto, ya que éste es primitivamente femenino y si no hubiera dotación hormonal, el organismo formado continuaría siempre su diferenciación anatómica femenina.

Identidad sexual. Es el sentimiento subjetivo de masculinidad o femineidad que acompaña a la persona a lo largo de su vida. Aunque en principio parte de ciertos patrones de conducta ligados al sexo, está profundamente reforzado por la influencia ambiental, esencialmente la educación y el medio sociocultural. Normalmente llega a estar totalmente definida a los tres años de edad.

Tal vez los estudios más profundos sobre sexualidad han corrido a cargo de Masters y Johnson, quienes han conseguido desglosar la fisiología sexual hasta extremos insospechados. La respuesta sexual normal puede dividirse en cuatro fases:

Fase de excitación. Originada por una estimulación erógena psicológica o fisiológica o de ambas en combinación. Ello acarrea una respuesta corporal, como es la erección del pene en el hombre y la lubricación vaginal en la mujer, acompañados de otras reacciones secundarias (erección de pezones, ingurgitación sanguínea genital, etc.) así como aceleración neurovegetativa (respiración, latidos cardíacos, etc.) y cierto comportamiento de ansiedad compulsiva.

Fase de meseta. Si la estimulación continúa, todo el organismo entra en un estado de tensión muscular característico, con algunas contracciones o espasmos musculares involuntarios, aumenta la tensión arterial y se incrementa la respiración. Esta fase puede durar de treinta segundos a varios minutos según la persona.

Fase de orgasmo. En ella tiene lugar una descarga del sistema nervioso. En el hombre coincide con la eyaculación. En la mujer se manifiesta por unas contracciones rítmicas e involuntarias de la plataforma vaginal y uterina. De igual forma toda la musculatura corporal presenta una serie de espasmos más o menos fuertes según la intensidad del orgasmo. Suele ir acompañado de un discreto oscurecimiento de la conciencia. Su duración es de tres a quince segundos.

Fase de resolución. Sigue el camino inverso a la excitación, con vaciamiento de la congestión sanguínea y retorno del organismo al estado de reposo. Si el orgasmo se ha producido, la resolución es rápida. Si no se ha producido, puede durar de dos a seis horas y suele acompañarse de irritabilidad, dolor genital y congestión pelviana. Tras esa fase existe en el hombre un período de «resistencia», variable en tiempo según el individuo y durante el cual no es posible obtener otro orgasmo a pesar de la estimulación. Este período no existe en la mujer, que es capaz de múltiples orgasmos sucesivos.

Una respuesta sexual se estima como normal cuando se ajusta al patrón mayoritario, pero existen unos márgenes por exceso o por defecto muy difusos e imprecisos que en ningún momento pueden considerarse como patológicos.

Alrededor de la respuesta sexual existe una gran fantasía inclinada hacia la presunción y prepotencia, sobre todo en el hombre que ve volcada en ella su virilidad. Por ello no es de extrañar la aparición de múltiples complejos en individuos crédulos que comparan su sexualidad normal con un atletismo sexual exagerado y no menos fantástico. J. M. U.

FACTORES QUE INFLUYEN EN LA CONDUCTA SEXUAL

La identidad genérica y sexual es el resultado de la interacción entre condicionamientos biológicos, psicológicos y ambientales, en especial la educación familiar y la influencia cultural de la sociedad.

El condicionamiento biológico viene definido por la dotación hormonal que determina una configuración física y ciertos patrones de conducta (masculina o femenina).

Esto es patente en los animales, pero a medida que ascendemos en la escala zoológica, y sobre todo cuando llegamos al ser humano, observamos una mayor influencia ambiental y psicológica que biológica.

Los rasgos anatómicos y genitales del recién nacido actúan como señales que disponen a sus padres en la asignación de un sexo y una educación determinados, según la masculinidad o femineidad de su hijo o hija. Las restantes actitudes sociales condicionan y refuerzan psíquicamente la identidad genérica hasta una total reafirmación.

Cualquier variación substancial en estos factores condicionantes influirá en la conducta sexual. Así por ejemplo, las disfunciones hormonales o genéticas importantes provocan síndromes patológicos severos, como los hermafroditismos y estados de intersexualidad que se reflejan en una constitución física determinada.

Pero al margen de estas alteraciones biológicas claramente comprensibles y por otro lado poco frecuentes, tienen mayor significación los factores psicológicos y culturales que también afectan sensiblemente a la conducta sexual.

Factores educacionales. Estudios realizados sobre niños que presentaban ciertos rasgos femeninos, como la preferencia por los juguetes, ropas y compañía de niñas, revelaron que con frecuencia se daban hechos como: incomprensión, rechazo y desprecio por parte del padre, excesivo apego a la madre con superprotección por parte de la misma en cuanto a excesivos cuidados e inhibiciones en los juegos rudos que suponían cierto riesgo físico y en la interacción con otros niños varones, difícil acceso al desempeño del papel masculino por la convivencia exclusiva entre niñas o mujeres que lo privaba de un hombre adulto que le sirviera de modelo y la posible belleza o delicadeza física que condicionaba a los adultos a ejercer sobre él un trato similar al dispensado a las niñas. Y algo similar ocurre con las niñas cuya educación es encauzada hacia la conducta masculina.

Factores culturales. Principalmente los relacionados con la moral y la religión, encaminados hacia un puritanismo excesivo; generadores de serios conflictos intrapsíquicos por el constante miedo a la condenación y el castigo que lleva a profundos sentimientos de culpa inhibitorios de una respuesta sexual normal. En este campo adquiere especial significación el estrago causado sobre la sexualidad femenina, ignorada hasta hace muy poco y que finalmente va emergiendo a la luz con todo su potencial y relevancia para asombro, y en cierto modo pavor, del hombre que siente tambalear sus puntales de machismo dominante.

Factores psicológicos. Aquí se incluyen todos los miedos, preocupaciones y tabúes relacionados con la sexualidad. Desde las fobias provocadas por experiencias sexuales traumáticas previas a los conflictos emocionales que determinan miedos al rechazo afectivo; pasando por las inseguridades en la personalidad, complejos de inferioridad, temor al embarazo, timidez, etcétera. En definitiva, cualquier alteración psicológica puede verse reflejada en el área sexual.

Factores circunstanciales. Como pueden ser enfermedades físicas, situaciones de fatiga psicofísica, estrés, depresiones o determinados tratamientos farmacológicos que inciden sobre el rendimiento sexual por repercusión en el sistema nervioso.

Tratar de resumir en pocas líneas todos los factores que influyen sobre la conducta sexual sería prácticamente imposible, cuando existe toda una ciencia encargada de su estudio: la sexología. J. M. U.

LA SEXUALIDAD COMO FORMA DE RELACIÓN SOCIAL

Las observaciones y estudios llevados a cabo por la antropología, sociología, psicología, sexología y la propia historia, en lo relativo a los cambios socioculturales, indican que los antiguos roles masculino y femenino postulados por Freud estaban más cerca de la influencia cultural que de la biológica y sexual. Se ha concluido diciendo que prácticamente no hay patrones de conducta propios de un sexo que no puedan ser adoptados por el otro.

Del mismo modo, las llamadas «normas morales y de buena conducta» han experimentado un notable cambio en el ámbito de la sexualidad. Lo que la sociedad juzgaba como funcionamiento sexual normal ha pasado de tener una finalidad exclusivamente reproductora, a ser una forma de relación en la pareja y, en la actualidad, se intenta incluir un fin meramente recreativo a través del placer físico acompañado o no de afecto o amor.

La idea de inferioridad sexual de la mujer ha ido perdiendo argumentos del mismo modo que la de su inferioridad en el plano social. A medida que la mujer alcanza un *status* socio-sexual equiparable al del hombre, se instaura consecuentemente una cierta forma de unisexualidad; que no sólo se manifiesta a través de la moda y el vestuario, sino en una creciente igualdad de derechos sexuales. Las barreras comienzan a romperse en favor de una mayor oportunidad sexual de la mujer, que deja de ser un objeto del deseo conquistable por el dominio del hombre.

En los niveles culturales más avanzados y progresistas, donde dicha igualdad adquiere firmeza, la sexualidad llega a ser una forma más de relación social. Tan natural entre ciertos grupos sociales como cualquier otro placer sensual, digno de ser compartido entre amigos, compañeros o simplemente conocidos, sin la necesidad imprescindible de amor. Para algunos no tiene mayor relevancia compartir la cama que la mesa de un restaurante.

Evidentemente los tiempos cambian ante el pesar de religiosos y moralistas más o menos reaccionarios; y con ello los conceptos de relación sexual normal. Actualmente la tendencia es a fundir sexualidad y libertad, admitiéndose como lícita toda forma de actividad erógena o sexual elegida libremente por sus practicantes y que no encierre un carácter lesivo para ellos. Obviamente incluyendo en la libertad de elección la claridad de juicio, que evite el abuso sexual sobre menores o deficientes mentales. J. M. U.

VIOLENCIA Y EROTISMO

La sociedad actual es una sociedad erotizada, es decir, se desarrolla entre estímulos constantes que conducen a una exaltación de la sexualidad física. El sexo se establece como un producto de consumo más, e incluso, sexo y erotismo se ponen al servicio de la propaganda o publicidad de productos de consumo con los que no guardan una relación directa. El amor va quedando progresivamente deshumanizado y la mujer cosificada, es decir, reducida a la mera condición de objeto sexual. En este contexto no resulta extraño que la ternura del amor se transforme en violencia. De hecho, la agresividad erótica o sexual ha experimentado un gran incremento social durante los últimos años, en lo que también ha jugado un papel importante la progresiva difusión y desarrollo de la pornografía en todas sus modalidades.

Estudios llevados a cabo sobre el contenido del material pornográfico han comprobado que en éste cada vez tienen mayor representatividad las conductas sexuales anómalas o aberraciones sexuales. Cada vez se vende más material pornográfico relacionado con la pedofilia (sexo con niños), bestialismo (sexo con animales), relaciones sexuales de corte sádico o masoquista, etc. De este modo se favorece el desarrollo de este tipo de comportamientos sexuales entre la población, a la vez que se estimulan la asociación y relación entre violencia y erotismo.

Las relaciones sexuales pueden, entonces, irse cargando de violencia y agresividad, como oposición al concepto clásico de sexualidad según el cual, ésta sería una forma de expresión del cariño que se ha establecido profundamente entre dos personas, dentro de una relación amorosa de pareja. Las conductas sado-masoquistas son una buena expresión de este problema. Los sádicos serían aquellos que obtienen placer sexual al provocar un daño corporal a su pareja. Dentro de una acepción más amplia, también se incluiría entre las formas de sadismo el hecho de obtener placer humillando de cualquier modo al ser querido durante la relación sexual. Este fenómeno puede constituir un trastorno aislado de la psicosexualidad, pero es más frecuente entre personalidades con rasgos como inseguridad, de inferioridad, y, en general, entre aquellos que padecen un desarrollo neurótico o psicopático de la personalidad. El masoquismo consiste en obtener placer sexual mediante el dolor físico o la humillación aplicados por la pareja. Desde un punto de vista psicodinámico estaría relacionado con sentimientos de culpa, pero en la práctica es frecuente observar que muchas personas con alteraciones de la psicosexualidad alternan casi simultáneamente las conductas sádicas y masoquistas.

Otra cuestión a abordar sería la de los violadores. Éstos buscan tener una relación sexual con una mujer, sin considerar la voluntad de la misma. Aquí la mujer aparece como un mero objeto de disfrute sexual, sin que medie la más mínima relación de ternura. En casos en que estos hombres son auténticos pervertidos, la violencia a la que tienen que someter a estas mujeres constituye un ingrediente que aumenta extraordinariamente la satisfacción sexual. Se trata de los denominados *psicópatas sexuales.* Otras veces estas violaciones tienen más bien un matiz circunstancial, como en las guerras, en las que algunas violaciones de mujeres están, entre otros factores, promovidas por un deseo de vengarse del pueblo con el que se combate. En otros casos se puede tratar de un trastorno psicopatológico. Algunos estados paranoides se caracterizan precisamente porque su alteración principal se manifiesta en el terreno de la sexualidad por *erotomanía,* que consistiría en la creencia de que determinada persona está enamorada o desea tener relaciones sexuales con ellos, sin que exista fundamento real. En este marco es posible que se produzca una violación, ya que la persona está firmemente persuadida de este error y no cree en la realidad de los argumentos que le ofrece la mujer violada. Entre los alcohólicos también son frecuentes las violaciones y las conductas sexuales impregnadas de agresividad, especialmente en lo que se refiere a relaciones sexuales de tipo incestuoso con sus propios hijos, hermanos, etc. J. H.

INSEGURIDAD EN LAS RELACIONES SEXUALES. COMPLEJO DE INFERIORIDAD SEXUAL

Hay personas que no se atreven a mantener relaciones sexuales con otras por un exagerado temor a defraudarlas en ese terreno, bien porque creen no van a saber comportarse durante la relación tal como los demás esperan de ellos, o bien porque mantienen sentimientos de inferioridad respecto de alguna parte anatómica de su cuerpo, generalmente respecto de los órganos sexuales.

Entre los hombres es frecuente que se establezcan sentimientos de inferioridad por la creencia, que muchas veces carece de fundamento objetivo, de que se poseen unos genitales exageradamente pequeños o mal configurados. Se cree que la pareja advertirá este defecto, con lo que será objeto de burla. En otras ocasiones se asocia esta idea a la de que unos genitales pequeños disminuyen la potencia sexual o la capacidad de producir satisfacción sexual en la mujer, lo que tampoco tiene justificación real, no obstante lo cual, estas personas prefieren evitar las relaciones sexuales y librarse de este modo de una situación angustiosa. En otros casos el problema se refiere a trastornos como la eyaculación precoz o una cierta dificultad para conseguir, obtener, o mantener la erección, lo que ha dado lugar a problemas en relaciones sexuales previas que, en mayor o menor medida han traumatizado a estas personas creándoles un sentimiento de inferioridad en este terreno. También la presencia de defectos físicos en otras zonas del cuerpo que se viven con una cierta dosis de vergüenza, o temores relacionados con el olor corporal, etc., pueden crear sentimientos de inferioridad que generan una gran inseguridad dentro del marco de la sexualidad.

Entre las mujeres, las causas más frecuentes de sentimientos de inferioridad directamente relacionados con la sexualidad suelen guardar relación con defectos físicos que consideran antiestéticos (la presencia de vello, cicatrices, verrugas, etc.), o bien con la inexperiencia sexual que les hace pensar que no sabrán comportarse adecuadamente durante la relación. Otras veces, es la frigidez la que a largo plazo favorece la aparición de este tipo de sentimientos.

La inseguridad manifiesta durante las relaciones sexuales está en la mayoría de los casos relacionada con sentimientos de inferioridad referidos al ámbito de la sexualidad, que en muchas ocasiones se ven ampliados a otros terrenos de la vida afectiva. Son situaciones relativamente frecuentes en personas con trastornos de tipo neurótico y pueden deberse a un trauma psíquico directamente vinculado con la esfera de la sexualidad. El hecho de tener ideas morales o religiosas contrarias a la práctica de relaciones sexuales con ciertas personas o en ciertas circunstancias también puede fomentar las situaciones de inseguridad durante las mismas, al igual que el temor a ser descubiertos, el miedo al embarazo, al contagio sexual, al infarto de miocardio por sobreesfuerzo físico, etc. J. H.

EL TEMPERAMENTO Y EL AMOR

No todo el mundo tiene el mismo modo de amar, esto está muchas veces en relación con el temperamento de cada persona, si bien influyen muchos otros factores de tipo educacional, social, etc.

El temperamento es una predisposición constitucional, es decir, que se posee desde el nacimiento, por la que cada persona tiende a reaccionar de un modo específico frente a los diferentes estímulos. Esto condiciona, tan sólo en cierta medida, el comportamiento de cada persona en lo que se refiere al amor. Siguiendo la tradicional clasificación de Kretschmer, los ciclotímicos harían gala de buen humor y establecerían generalmente una relación amorosa natural, abierta, espontánea y tierna con gran facilidad, que a veces se puede ver enturbiada por su predisposición a sufrir oscilaciones de ánimo, pasando de la alegría a la tristeza. No obstante, son personas con una gran capacidad para compartir los sentimientos de su pareja, de los que se contagian con gran facilidad, dentro de una gran predisposición a sintonizar afectivamente con ella, para dar y recibir cariño, y establecer una relación muy comunicativa. Pueden ser auténticos compañeros ideales, ya que se adaptan con facilidad a los deseos e intereses de su pareja, sin perder por eso su propia personalidad; disfrutan con los demás y tienen una gran facilidad para conservar y ampliar el círculo de sus relaciones sociales. Suelen tener gran sentido del humor, que también demuestran frente a las dificultades de la vida con lo que tienden a desdramatizar los problemas que siempre provoca la convivencia estrecha y diaria con otra persona.

Los esquizotímicos de Kretschmer son más serios en sus relaciones afectivas; pero bajo esta apariencia suelen ser personas muy apasionadas. Oscilan desde una absoluta frialdad a una hipersensibilidad extrema que no siempre demuestran exteriormente. Al ser tan introvertidos y reservados pueden confundir a su pareja, que muchas veces no comprende lo que les ocurre, a qué se debe su cambio de actitud. Les cuesta establecer con los otros una relación profunda, ya que tienden a mantener durante bastante tiempo una barrera de frialdad o reserva; si bien, cuando ésta se traspasa, pueden establecer una relación plena y profunda.

Por último estarían los denominados por Kretschmer atléticos o enequéticos, caracterizados por su lentitud y perseveración, como si se adheriesen a cada afición o a cada tema de conversación. Son tal vez los más constantes en sus relaciones, los más fieles, aunque aportan generalmente poca originalidad, pocos incentivos e innovaciones en el terreno amoroso. Su concepción del amor y de la relación con su pareja puede alcanzar, en función de su temperamento, una gran estabilidad, no obstante lo cual, a veces resultan sorprendentes debido a su tendencia a irritarse de forma esporádica por motivos verdaderamente insignificantes; son capaces de tener una explosión de cólera por cualquier nimiedad, pero estas situaciones ocurren con escasa frecuencia. J. H.

EL DONJUANISMO

El *donjuanismo* es un patrón de comportamiento similar al del mítico Don Juan. En España es el Don Juan de Zorrilla el más conocido, pero en la literatura podemos encontrar otros famosos «donjuanes» como los creados por Molière, Tirso de Molina, Lord Byron o el de la ópera de Mozart. La principal característica del *donjuanismo* consiste en un exagerado afán de conquistar el mayor número posible de mujeres, pero sin que la relación establecida se mantenga, ya que una vez se ha logrado la conquista el interés desaparece. En un sentido amplio se puede decir que también se pueden producir este tipo de conductas entre las mujeres (aunque son menos frecuentes) y, desde luego, entre los homosexuales. Entre los homosexuales masculinos, el donjuanismo es un fenómeno corriente.

Hipersexualidad y promiscuidad sexual pueden verse asociadas a menudo con el *donjuanismo,* pero este último es una anomalía mucho más compleja sobre la que se han dado varias interpretaciones. Rank interpretaba el donjuanismo como un constante intento de encontrar la mujer ideal. Guiora lo relacionaba con el *complejo de Edipo*: el «donjuán» buscaría continuamente relaciones maternales con otras mujeres. Marañón entendía que Don Juan tenía una gran dificultad para establecer relaciones amorosas francas, profundas y duraderas con las mujeres que conquistaba, por un cierto fondo de *homosexualidad,* en contraposición con Amiel, que evita consumar sexualmente sus conquistas por miedo a que se rompa la imagen idealizada que tiene de la mujer. Luisada y Poltard estudiaron un buen número de casos de donjuanismo y vieron que muchos obedecían a una *personalidad histérica.* No encontró en sus casos de donjuanismo *hipersexualidad, impotencia sexual* sin causa orgánica y falta de emociones en las relaciones sexuales con las personas del sexo opuesto, con lo que vio que en muchos de sus casos, el donjuanismo se debía más bien a un esfuerzo para probarse a sí mismos en este terreno.

Se puede pensar, entonces, que el donjuanismo puede tener varios orígenes, y que por tanto, puede haber diversos tipos de donjuanes. Pero en términos globales, se puede decir que generalmente el clásico Don Juan es una persona *inmadura,* de hecho, el donjuanismo es muy frecuente durante la adolescencia, y obedece a un afán por conocer al sexo opuesto e incluso por conocer la sexualidad en sí misma. Las sucesivas conquistas pueden cons-

Para cualquier don Juan que se precie, lo importante no es la calidad sino la cantidad y, sobre todo, la variedad: altas, bajas, feas, guapas, gordas, delgadas... Un buen don Juan debe «probarlo todo», aunque sólo sea por «el placer de ampliar la lista», como afirma su criado Leporello en la ópera *Don Giovanni.* (Foto: Filmoteca Nacional.)

tituir una fuente de *autoafirmación,* ya que servirían para mantener o incrementar el juicio del propio valor. El mero hecho de ser querido o aceptado en el terreno afectivo o meramente sexual por otras personas se interpreta como que uno es portador de una serie de valores. Incluso a veces se recurre a conductas de este tipo para confirmar que todavía se es joven o atractivo. Detrás de este tipo de comportamientos se esconde siempre un fondo de *inseguridad* en sí mismo, y patrones de personalidad de tipo *neurótico* o *narcisista.* Se trata de una anomalía en cuanto que no se pretende entablar una relación afectiva franca y duradera, no se quiere, pues, a esa persona, sino que ésta se convierte en un mero objeto capaz de proporcionar un incremento de la *autoestima.* En las personalidades muy *inmaduras,* es frecuente que al lograr la conquista amorosa, ésta pierde automáticamente su valor, precisamente porque se viven como una posesión y no como una relación entre dos en la que no se posee a nadie, sino que se basa fundamentalmente en dar y compartir. Los donjuanes tienen generalmente una gran dificultad para entregarse realmente en sus relaciones afectivas. Muchas veces se comportan durante las mismas de forma teatral, como si representasen un papel de una obra de teatro (*histrionismo*), lo que es extraordinariamente frecuente entre las *personalidades histéricas* y *narcisistas.* Estos mismos patrones se pueden aplicar al campo del donjuanismo entre personas *homosexuales* o *bisexuales.* J. H.

LA AMISTAD ENTRE EL HOMBRE Y LA MUJER

La amistad entre hombre y mujer se ha visto siempre muy influenciada por la diferenciación sexual y en gran medida por la diferencia socio-cultural entre los papeles masculino y femenino que el individuo se siente obligado a desempeñar.

El apelativo de «sexo débil» es una carga que la mujer ha tenido que soportar desde tiempos inmemorables. En el siglo pasado, por ejemplo, era una respuesta típica y habitual el que la mujer se desmayase con frecuencia ante una situación vergonzosa o un acontecimiento un poco «fuerte». La histeria era considerada como un trastorno ligado a la condición femenina.

Había, en suma, un conjunto de patrones de comportamientos que definían claramente lo masculino y lo femenino: el hombre era fuerte, el luchador y el protector de la mujer delicada, débil y vulnerable. Pocas diferencias de fortaleza se establecían entre las mujeres y los niños, considerados ambos como grupos humanos a proteger por el varón y con escasos derechos en la sociedad. Esta concepción se ha ido manteniendo de generación en generación a través de la cultura y educación de los niños, que ya desde muy pequeños aprendían a discernir claramente cuál era su papel.

El continuo entrenamiento que induce a las niñas a dirigirse en un sentido y a los niños en otro y, sobre todo, el grado de superioridad conferido al muchacho, hacen difícil que el trato entre ambos sea amistoso y equilibrado. Los chicos, siguiendo los valores culturales, tratan a las niñas como seres inferiores y en la adolescencia como objetos sexuales. La chica, por su parte, está también implicada en este juego, asumiendo su condición que se ve mantenida por una notable desigualdad en su oportunidad de adquirir la experiencia social y sexual del muchacho. En realidad, es raro que un chico y una chica desarrollen el tipo de amistad e intimidad que serían capaces de mantener con amigos o compañeros del mismo sexo.

Cuando son adultos, la concepción clásica que se tenía era que los hombres tienen su trabajo, sus noches para irse «de copas» con los amigos y sus fines de semana para dedicarlos al deporte. Mientras que la mujer era relegada a cuidar de la casa y la familia, a hablar por teléfono y a ir de tiendas con las amigas. El problema no era sólo que el trabajo y las responsabilidades estuvieran desigualmente repartidos, sino que hubiera tan pocas posibilidades de que hombres y mujeres se vieran como amigos e iguales, compartiendo sus aficiones e inquietudes.

En la actualidad la mujer va alcanzando su merecido puesto en el plano sociolaboral, lo que facilita una mayor comunicación con el hombre en un nivel de igualdad. Superadas las lógicas barreras que pueden surgir con motivo de la competencia, es factible una relación amistosa al disponer de un amplio arsenal de motivaciones e intereses comunes que ponen al hombre y a la mujer en el mismo bando en estrecha colaboración.

Tal vez existe un riesgo que indudablemente va a modular la amistad entre hombre y mujer: el inevitable impulso sexual. Entre una amistad profunda y sincera con un alto nivel de compenetración y el amor existe una frontera muy imprecisa; probablemente la existencia o no de atracción sexual sea el factor que incline la balanza hacia uno u otro lado. Y la sexualidad es algo que unas veces con claridad y otras de forma insinuada, consciente o inconscientemente, impregna toda relación y comunicación estrecha entre hombre y mujer. J. M. U.

CONSECUENCIAS DEL ABORTO

El aborto conlleva siempre unas repercusiones psicológicas de cierta gravedad para la mujer. En primer lugar se produce un sentimiento de frustración como consecuencia de la pérdida del hijo esperado en que se habían depositado, tal vez, una serie de expectativas previas. Al igual que en otras situaciones de pérdida del ser querido, se favorece la aparición de una depresión. En estos casos se añade, además, un cierto temor a no poder tener más hijos, lo que no siempre está justificado. La presunción de esterilidad puede tener repercusiones en el terreno afectivo si se piensa que se trata de un motivo de minusvalía o rechazo a los ojos del marido, etc.

Las consecuencias del aborto espontáneo se pueden enmarcar dentro de los cuadros de tipo depresivo y de los trastornos afectivos. Pueden plantearse las consecuencias comunes a los traumas psicológicos, con una especial proyección en el terreno de la pareja y la maternidad. Si se descubre a partir de este momento una incapacidad para tener hijos, es necesaria una cierta capacidad de adaptación de ambos miembros de la pareja, lo que no siempre es fácil. A veces se instaura en la madre frustrada un deseo de tener otro hijo rápidamente, como si se tratase de una necesidad de suplir al anterior; mientras que en otros casos se genera un temor importante a tener un nuevo aborto, y a padecer las mismas repercusiones psicológicas, o bien a exponerse al riesgo para la vida de la madre que implican determinados casos, cada día más excepcionales debido al progreso de la ginecología.

En los casos en los que el aborto ha sido provocado deliberadamente por la madre se añade al cuadro anterior un sentimiento de culpa que hace acto de presencia poco después de forma más o menos consciente, que se agrava por las circunstancias en las que se realizó la práctica abortiva y por el posible abandono posterior de la pareja. J. H.

ROLES SEXUALES SEGÚN LAS DISTINTAS CULTURAS

A lo largo de la historia y de las diversas civilizaciones y culturas, la sexualidad cambia o ha cambiado en lo que se refiere a costumbres y forma de manifestarse. La poligamia fue casi ilimitada en los tiempos del persa Ciro, por igual que posteriormente se mantuvo entre los pueblos islámicos. También en la antigua India existía la poligamia, según un relato de Estrabón: «Los indios se casan con muchas mujeres que compran a sus padres al precio de una yunta de bueyes por cada una, y las toman como simples criadas, reservándose el derecho a ultrajarlas de mil modos.» En Japón la mujer ha tenido siempre una especial dedicación a procurar placer al hombre. Las *geishas* se encargaban de procurar entretenimiento y alegría a sus clientes, pero no placeres sexuales. En la antigua Corea no se consideraba a la mujer como ser humano, pues carecía de personalidad jurídica y de nombre propio, siendo comprada y vendida por el marido, que podía hacer con ella lo primero que se le antojase. También se han descrito casos históricos en los que la mujer tenía varios maridos (*poliandria*), especialmente en algunos países orientales.

En el antiguo Egipto se permitía el matrimonio entre hermanos de sangre real y también los matrimonios múltiples. Sexto Empírico cuenta que en algunas zonas del antiguo Egipto las mujeres podían prostituirse sin deshonrarse, pues la prostitución era considerada como algo noble y digno. Según Herodoto, los antiguos habitantes de Babilonia obligaban a prostituirse una vez en la vida a sus mujeres con un extranjero dentro del templo del amor. Son famosos los rituales obscenos y macabros de los antiguos fenicios representados por el culto a Moloch entre otros. En la antigua Grecia eran frecuentes las prácticas homosexuales, concretamente la *pederastia* (homosexualidad activa) y la *pedofilia* (relaciones sexuales con niños y adolescentes). El lesbianismo u homosexualidad femenina está especialmente representado por la célebre poetisa Safo.

Realmente encontramos en la historia multitud de concepciones y legislaciones diferentes en torno a la sexualidad. No obstante, la monogamia es y ha sido siempre el comportamiento sexual más frecuente, ya que es el sistema que más asegura la supervivencia del núcleo familiar. La mujer ha dependido generalmente del hombre, que en muchas ocasiones se consideraba como dueño de la misma; galos y germanos se consideraban con derecho sobre la vida y muerte de su mujer, al igual que de sus hijos. También es cierto que en la Edad Media, la mujer era considerada como partícipe de los bienes del marido, si bien, siempre estaba un tanto subyugada a sus deseos. La poligamia ha sido mucho más consentida que la poliandria (mujer que tiene varios esposos simultáneamente), posiblemente porque de este modo resultaba más fácil aumentar la descendencia, y por tanto, aumentar la población de un pueblo, lo que resultaba especialmente importante durante épocas en que la guerra acababa con gran número de varones. Las desviaciones sexuales no son cosa de nuestros días, se pueden observar, en mayor o menor medida, en la mayoría de las culturas; lo que realmente se modifica es la tolerancia social hacia las mismas, lo que dificulta o favorece su difusión.

Un factor que a veces cambia en relación con la cultura es el de las zonas anatómicas que resultan especialmente eróticas. Generalmente estas zonas están en relación con los genitales o el pecho en la mujer; pero se dan anécdotas muy interesantes. Por ejemplo, en algunas tribus de África, son los hombros de la mujer la zona que implica una mayor fuerza erótica. Maquillajes y adornos, a veces verdaderamente extravagantes, pueden tener una significación similar, siendo muy variable la forma de lograr estímulos sexuales en cada una de las culturas. J. H.

TEMOR AL EMBARAZO

El miedo a poder quedarse embarazada es algo que puede influir notablemente en las relaciones sexuales, e incluso puede ser una causa de frigidez. Muchas veces surgen problemas en las relaciones de pareja que provienen del distanciamiento y deterioro de sus relaciones íntimas que se produce por el temor a que la mujer se pueda quedar embarazada.

El miedo al embarazo suele afectar más a la mujer que al hombre, y se manifiesta fundamentalmente por una tensión emocional durante la relación sexual que se traduce en ansiedad, irritabilidad, susceptibilidad e incluso agresividad dirigida hacia su pareja. Todo esto hace que le resulte imposible estar relajada, receptiva y comunicativa durante la relación con lo que se produce frigidez, ya que la sexualidad deja de ser un placer que se comparte, una expresión de amor, para convertirse en una peligrosa amenaza. En este contexto resulta muy difícil que se establezcan los necesarios vínculos entre la pareja, con lo que la relación se puede deteriorar profundamente. El temor substituye al amor, y en vez del ambiente de relajación y franca comunicación interpersonal, surge un miedo que, además de frigidez, puede dar lugar, en la mujer, a trastornos, como el vaginismo (incapacidad para que se produzca la dilatación de la vagina durante las relaciones sexuales), por el cual se imposibilita el coito. Más rara vez, el temor al embarazo se traduce en dispareunia o coito doloroso. Se han descrito algunos casos de impotencia en el hombre por temor al embarazo, pero parecen deberse más que al miedo a dejar embarazada a la mujer, a la misma ansiedad con que se vive la relación, por la tensión psíquica de la mujer.

Tras la relación sexual se puede unir al temor al embarazo sentimientos de frustración ocasionados por la insatisfacción propia de una relación tan angustiosa y sentimientos de culpa. Como resultado, la pareja se desune y solamente contempla la amenaza futura de que se haya podido producir el embarazo. Surge entonces una gran ansiedad de expectación que sólo se resuelve con la llegada de la regla. En algunos casos, la misma ansiedad da lugar a una amenorrea, es decir, a una ausencia de la menstruación, con lo que el problema cobra una dimensión más amplia. La mujer cree positivamente que se ha quedado embarazada y se angustia más, creándose un círculo vicioso que sólo se rompe a los quince días de la primera falta, cuando resulta negativo el correspondiente análisis de orina. Estos períodos de tiempo pueden suponer una auténtica prueba para la pareja, que en no pocos casos se termina disolviendo.

El miedo al embarazo es más frecuente entre personas que no están casadas o que no tienen una relación estable. Se puede mantener vivo este temor a pesar de estar adoptando algún método anticonceptivo, ya que se duda de la eficacia del mismo, con gran fundamento en muchos casos.

El temor al embarazo referido a alguna experiencia concreta traumatizante puede tomar una cierta autonomía psicológica hasta el punto de interferir en el desarrollo cotidiano y normal de esa persona durante períodos muy prolongados de tiempo. M. D.

REPERCUSIONES PSICOLÓGICAS DE LA PÍLDORA

«Me han dicho que produce cáncer», «cuando la tomo me pongo muy nerviosa», «hace engordar», «tuve que dejarla porque me provocó una fuerte depresión», «estaba tan intranquila que tardaba mucho en dormirme»... Éstos son sólo algunos de los muchos comentarios que se repiten entre las mujeres sometidas a este tipo de tratamiento anticonceptivo. ¿Qué hay de cierto en todo ello? Es obvio que existen repercusiones psicológicas, que veremos a continuación, pero no tienen por qué aparecer siempre. Lo que es imprescindible es consultar con el ginecólogo a la hora de seguir este tipo de anticoncepción.

La «píldora» es el método más comúnmente elegido a la hora de seguir un tratamiento anticonceptivo. Aunque las estadísticas no son del todo exactas, cerca de 60 millones de parejas lo usan anualmente en el mundo, con una alta eficacia ya que el porcentaje de fallos se sitúa entre los más bajos de todos los métodos anticonceptivos, entre el 0 y el 2,5 por ciento.

Está formada por una combinación hormonal: estrógenos más progesterona, que se va administrando a lo largo del ciclo en distintas proporciones según el tipo de «píldora» del que se trate. Evita el embarazo al inhibir la ovulación pero también ejerce acciones en otros puntos del organismo. A las hormonas sexuales normales que la mujer tiene se le añaden las del tratamiento en sí, esto es una alteración, aunque casi inaparente, de la normalidad. Como toda alteración tiene consecuencias, algunas de ellas psicológicas.

Nerviosismo, intranquilidad, inquietud e irritabilidad pueden hacer su aparición al iniciar el tratamiento. A veces son reales, pero otras veces la mujer los potencia, está segura de que tienen que aparecer y al final acaban haciéndolo. Hay quienes se llenan de angustia ante el temor de los efectos secundarios como «produce cáncer», «salen varices», «engorda»... Son complicaciones reales el tromboembolismo, los trastornos neuro-oculares y la hipertensión que, de aparecer, obligan a una inmediata supresión del tratamiento. Con referencia a las repercusiones físicas hay que tener bien claro que ante cualquier síntoma extraño hay que consultar con el ginecólogo y seguir sus indicaciones.

Las convicciones morales y religiosas son origen de ciertos conflictos. Hay mujeres que desean espaciar sus embarazos, pero su conciencia no acaba por aclarar si esto es lícito o no. Surgen entonces sentimientos contradictorios dominados por una inespecífica sensación de culpabilidad. La última forma de evitarlo es aclarando y coordinando deseos y creencias y, lógicamente, interaccionándolos con los de la pareja. Hay mujeres que afirman no desear hijos, por motivos económicos, laborales, por decisión de su pareja o por cualquier otra causa, pero que, sin embargo, inconscientemente anhelan ser madres y se sienten irrealizadas. Otras temen que el efecto de la «píldora» se haga permanente y se vean privadas para siempre de esta posibilidad. Estas dos situaciones generan sentimientos de pérdida que alteran la estabilidad psicológica.

En cuanto a la sexualidad, la «píldora», que en teoría no la afecta, sí lo hace. Lo más normal es que desaparezca el temor al embarazo, con lo que generalmente las relaciones sexuales se hacen más espontáneas y satisfactorias. Pero en ocasiones y de forma secundaria a sus repercusiones psicológicas aparece disminución de la libido y hasta frigidez.

Finalmente, pueden aparecer cuadros depresivos o subdepresivos por un efecto directo de las hormonas en el sistema nervioso.

Si la mujer al seguir el tratamiento comienza a sentirse triste, pierde el apetito o el sueño, tiene desgana.... debe consultar con el especialista. M. D.

LA FAMILIA

LAS RELACIONES FAMILIARES

La familia es la unidad social primaria y universal. El primer ambiente social que conoce el ser humano es su familia.

El modelo clásico de estructura familiar venía definido por la idea actualmente anticuada de que el padre es quien trabaja fuera de casa y la madre queda en la misma al cuidado de los niños. De este modo se establece un reparto de funciones: el padre, cabeza de familia, es responsable de la productividad y posición de la familia en la comunidad. La madre, por su parte, asume la vida afectiva de la familia así como la atención de sus necesidades biológicas, incluida la salud y la enfermedad. Aunque la educación de los hijos se comparte, la madre tiende a desempeñar, la formación autoexpresiva y conciencia del niño (*qué* debe hacer) mientras que el padre lo hace hacia la modulación práctica de su actitud (*cómo* debe hacerlo). En cierto modo, el padre aportaría al hijo su experiencia en el funcionamiento con el entorno abierto y la madre, su conciencia interior en el mundo de los sentimientos; ambos factores son complementarios en la formación de la futura personalidad del hijo.

Podemos resumir las funciones familiares de los padres como sigue:

Funciones maritales. El matrimonio debe servir a las necesidades y satisfacciones respectivas de los esposos, la relación ha de estar fundamentada en el apoyo mutuo para la solución de posibles problemas, tanto conyugales como paternofiliales.

Funciones de manutención. Abarcan tanto el suministro de alimentos como los restantes cuidados físicos que los hijos precisan.

Las posibles diferencias que puedan darse entre los componentes de una misma familia no deben ser obstáculo a la hora de establecer una buena comunicación inter-familiar. (Foto: Antonio Bueno.)

Funciones de relación. Consisten en ayudar a los hijos a encontrar su lugar en la familia, facilitando que se sientan cómodos y seguros en las relaciones interfamiliares así como en su progresiva incorporación a la sociedad a través de sus grupos de amigos.

Funciones comunicativas. Se logran mediante el diálogo, fomentando el entendimiento y el intercambio de inquietudes culturales y preocupaciones personales, con el fin de reforzar y dar significación a la convivencia familiar.

Funciones emancipativas. Facilitan el último objetivo familiar de los hijos: la consecución de su lugar como miembros de pleno derecho en la sociedad. Obviamente, la emancipación de los hijos trae consigo el dolor de la separación familiar, pero ello ha de asumirse como un fin que no supone la ruptura de los lazos afectivos.

Funciones recuperadoras. Se realizan a través del compromiso en actividades recreativas o de otro tipo que supongan un alivio y relajación para sus miembros en contraste con el trabajo y deberes cotidianos. J. M. U.

CONTROL Y DESCENSO DE LA NATALIDAD

En los países del área occidental se viene experimentando durante los últimos años un brusco descenso de la natalidad. Las parejas tienen cada vez un menor número de hijos, siendo cada vez más frecuentes los hijos únicos y más raras las familias que tienen más de dos hijos. Este descenso de la natalidad resulta preocupante y los gobiernos de algunos países, España aún no, han decidido tomar medidas para estimular la natalidad en forma de ayudas a las familias numerosas, etc., ya que se teme una drástica disminución de la población de los países más industrializados.

Son muchos los factores que parecen influir en el descenso de la natalidad en los países de nuestro entorno. Uno de los más importantes sería la difusión de los métodos anticonceptivos, que permiten mantener relaciones sexuales habituales con un escaso margen de riesgo. También la práctica del aborto voluntario influye en la disminución de la natalidad; pero tal vez haya que buscar la explicación de este fenómeno en problemas más profundos que facilitan que las parejas recurran a estos métodos. En una sociedad tan influida por el confort, el culto al cuerpo y al materialismo, los padres parecen tener menos deseos de sacrificar algunas cosas por el mero hecho de tener más hijos. Los hijos suponen más responsabilidad en general, pero especialmente en lo que se refiere al terreno económico y al tiempo de que disponemos para dedicarles. Tiempo y dinero que no se pueden dedicar a otras actividades que se consideran, hipotéticamente y no siempre realmente, como más satisfactorias. Tener un hijo supone, al fin y al cabo, apostar por algo, creer en algo desconocido, y esto no encuadra dentro de la mentalidad tecnificada, eminentemente práctica y materialista que impregna la sociedad actual.

Para la mujer, los hijos suponen una sobrecarga en el día a día, ya que suele ser ella la que se encarga especialmente de cuidarlos a pesar de que tenga también su actividad laboral fuera de casa; además, cada hijo implica para ella un cierto desgaste psicofísico; se piensa que adelantan el proceso de envejecimiento, lo que casi nunca es cierto, y que favorecen el deterioro de su corporalidad desde un punto de vista estético.

Esta curiosa mentalidad favorece situaciones paradójicas: cada vez se tienen menos hijos, pero éstos se cuidan con un exagerado afán de sobreprotección. El exceso de sobreprotección, propio de padres inseguros (la inseguridad se demuestra en muchos casos en forma de temor a no poder mantener a más hijos de los que tienen), no favorece, sino todo lo contrario, un adecuado desarrollo de la personalidad de los niños. Lo mismo puede decirse de los hijos únicos, los cuales suelen tener problemas en las relaciones sociales y dificultades en la adaptación socioambiental. Por último, los matrimonios que no tienen hijos por simple decisión de uno o ambos miembros de la pareja, ya que podrían haberlos tenido, se exponen a crisis de cierta intensidad como pareja y como individuos, generalmente al sobrevenir la madurez, alrededor de los cuarenta o cincuenta años, en que se comprende que los hijos constituyen algo absolutamente natural y que llena de sentido la vida del hombre. M. D.

MEJORANDO LA COMUNICACIÓN INTRA-FAMILIAR

Se dice que el hombre es un haz de nervios que, de una y otra forma, vibran al unísono con su ambiente. Por dicho *ambiente* se entiende el conjunto de condiciones exteriores en las cuales se desarrolla la vida de los organismos. Tales condiciones comprenden, en primer lugar, los *factores de orden físico,* como temperatura, presión atmosférica, vientos, lluvias y estado y características físicas y químicas del subsuelo. En segundo lugar, los *factores de orden biológico,* es decir, aquellos implicados en relaciones de naturaleza muy distinta que correlacionan animales con animales, plantas con plantas y animales con plantas. Y en último lugar nos encontramos con los *factores de orden psíquico-social* relativos al hombre. Y es de la dinámica de éstos sobre lo que vamos a reflexionar.

La salud resulta del equilibrio inestable entre las posibilidades del individuo y las exigencias del ambiente íntimo en el que se mueve. Éste comprende:

a) La familia.
b) El trabajo.
c) Las redes sociales.

Pero se ha comprobado que es la familia, la variable afectiva, el centro y base de la homeostasis psíquica necesaria para el buen desarrollo y prosperidad del ser humano. La urdimbre afectiva, el tipo de comunicación que aquélla presente marcará tal equilibrio.

Ian Falloon es uno de los investigadores más reconocidos mundialmente de la comunicación familiar en la última década. Este científico en colaboración con el National Mental Health de Estados Unidos y equipos de investigación de varios países, después de estudiar a miles y miles de familias, han establecido las siguientes pautas para una buena comunicación intrafamiliar:

1. *Escucha activa* entre los miembros:

a) Mirar siempre a los ojos de la persona que me está hablando o comunicando algo.

b) De vez en cuando producir algún sonido o señal que comunique a la persona que nos habla que estamos atentos y nos interesa lo que nos comunica.

c) Resumir y/o sintetizar el mensaje que nos ha transmitido la persona cuando éste ha durado un largo período de tiempo y/o es complicado.

d) Mantener una coherencia entre nuestra expresión facial y el contenido del mensaje que nos están transmitiendo.

e) Tono de voz estable.

2. *Cómo expresar sentimientos positivos:*

a) Mirar a la persona.

b) Decirle *exactamente* qué es lo que ha hecho que te ha complacido.

c) Decirle a la persona *cómo* te ha hecho sentir.

3. *Cómo expresar sentimientos negativos:*

a) Mirar a la persona.

b) Decirle *exactamente* qué es lo que ha hecho que te ha molestado.

c) Decirle a la persona *cómo* y *qué* es lo que tiene que modificar en su conducta para evitar molestias y/o malos entendidos con los demás.

d) No alterar el tono de voz.

4. *Cómo pedir un favor:*

a) Mirar a la persona.

b) Decirle *exactamente qué es* lo que te gustaría que la persona hiciese.

c) Decirle *cómo* te haría sentir.

Aunque al lector le puedan resultar estructuradas y/o artificiales estas *normas básicas* para mejorar la comunicación, lo alentamos a que las ponga en práctica y comprobará que la comunicación con su familia mejorará considerablemente. M. D.

AMISTAD TRAS EL DIVORCIO

El divorcio sucede a prolongadas e intensas tormentas emocionales. La ruptura añade nuevas tensiones a la pareja, centradas en dos temas: el dinero y los hijos (visitas del padre y la educación).

El proceso legal es largo y deficiente, complica siempre la relación, incluso la de los esposos que se separaron en relativa buena armonía, que no contaban con las argucias de los abogados de la parte contraria en los tres pleitos habituales («medidas provisionales», «oposición a estas medidas» y «pleito principal»). Si añadimos que durante estas pruebas, como dice Zarraluqui, «interesados y testigos mienten como bellacos en la mayoría de los casos, sin que se proceda contra los segundos penalmente por falso testimonio», cada uno de los ex cónyuges interpreta la conducta en las «pruebas» como una nueva traición del otro y de los antiguos parientes políticos y de los amigos. Se provoca una división en dos bandos, y se consideran enemigos a personas con las que se hubiese podido contar para la ayuda de la pareja separada y a los hijos.

Tras esta tempestad de resentimientos y desengaños, el vínculo sentimental con la antigua pareja, de modo especial si es «padre o madre de sus hijos», no desaparece como por ensalmo, y queda un subfondo de odio-engaño-vestigios del antiguo amor-deseos de revancha, que complica aún más la situación.

Los hijos ya sufrieron muy importantes traumas durante el período de falta de amor y de hostilidad que provocó el divorcio, traumas que ahora pueden agravarse, por lo que es indispensable restablecer cuanto antes un tono de relación cortés, «civilizado». Para lograrlo es imprescindible dar por zanjado el cúmulo de pleitos previos; aceptar la situación (pensión y reparto del cuidado de los hijos) y tratar de mantener una relación distante pero amistosa, dominada por el respeto mutuo y la conciencia de lo difícil que es también la situación del otro.

El dinero es una carga de dinamita que explota al menor choque. Por ello el hombre debe enviar puntualmente la pensión, y la mujer no exigir su aumento sin motivo muy justificado. El ideal es no tener «ni que hablar» de ese tema en el futuro; considerarlo asunto ya zanjado.

El otro tema peligroso es el de las visitas y estancias de los hijos con el padre. Ambos ex cónyuges tienden a dramatizar el menor incidente y, quizá sin darse cuenta, a usar los hijos como arma arrojadiza para herir al otro, olvidando que el más dañado es «el arma arrojadiza».

La recogida y entrega de los hijos debe ser puntual («me has hecho perder la tarde esperando que vengas a por ellos», «llevo horas angustiada, creí que al niño le había pasado algo, además tiene que hacer los deberes y aún no se ha bañado», etcétera). Las escenas de recepción y despedida son espinosas, si los hijos demuestran mucha alegría al ver al padre la madre se siente defraudada y celosa («con el daño que éste nos ha hecho a ellos y a mí, resulta que ahora es el simpático, claro como soy yo la que les tiene que reñir», etc.).

La información que padre y madre se transmiten sobre los hijos en estas situaciones debe ser aséptica, libre reproches al otro. Informar sobre el estado y problemas de los hijos sin añadir: «claro, como tú le consientes todo», «¿cómo quieres que salga contento contigo, si le llevas donde te divierte a ti, no donde le gustaría a él?», «los estás maleducando, los vas a hacer unos desgraciados», etc.

Es distinto el tono de advertencia del de reproche. Conviene extremar todas estas precauciones, para lograr un vínculo de comprensión y apoyo mutuo en la ruptura, al menos en cuanto a la protección sentimental de los hijos, sin la que éstos sufrirán nuevos traumas y amarguras que pueden evitarse.

HIJOS DE LOS DIVORCIADOS. PROBLEMAS PSICOLÓGICOS

J. A. Vallejo-Nágera

Antes del «trauma del divorcio», en la época en que la pareja desavenida permanece en el mismo hogar junto a los hijos, éstos ya sufren por los altercados (aunque los padres los disimulen), por carencias afectivas, y por faltarles el espectáculo de armonía y muestras de cariño y respeto entre sus progenitores, necesario para una buena identificación y el normal desarrollo emocional.

No todos los niños salen perdiendo con el divorcio. Si uno de los progenitores es muy perturbador, por anormal o por malvado, se vive la desaparición del hogar como una esperanza de paz.

Los hijos más sensibles a los problemas psicoafectivos son los menores de ocho años. Muchos matrimonios se disuelven cuando llevan poco tiempo casados, o hacen un último intento de reconciliación teniendo otro hijo.

Según la edad varía la reacción de los hijos. Los niños en edad preescolar no comprenden lo que ocurre en la familia, tienden a echarse la culpa («es que he sido malo») y se tornan más irritables (rabietas) y dependientes de sus padres («enmadrados»).

Los de edad escolar se sienten solos y faltos de ayuda. La separación provoca cuadros depresivos, y deterioro del rendimiento escolar y de la relación con amigos. Tienden a pedir o a fantasear sobre ir a vivir con el otro, creen que allí sería mejor su vida y tienen la secreta esperanza de volver a unir la pareja.

Entre los adolescentes las dos reacciones más frecuentes son: o una maduración prematura, aceptando responsabilidades de adulto, con un super-ego hipertrófico; o por el contrario, conducta antisocial y refugio en las drogas.

Entre los menores de diez años los síndromes (grupos de síntomas) más frecuentes son: retirada, apatía, depresión, regresión, angustia de separación-fobia a la escuela, fugas para buscar al otro.

Retirada. El niño rehúye el contacto y conversación. Puede hacerlo sólo en el hogar o también en la escuela (no habla con los amigos, juega solo, no hace preguntas).

Apatía. Desgana, pereza, ausencia de iniciativa. Es más acusada en las tareas que no le gustan como los deberes escolares (baja de rendimiento), lavarse, ordenar sus cosas.

Depresión. La depresión se caracteriza por tristeza, llantos, inhibición, desgana y angustia. En la infancia existen también depresiones que pueden coincidir con el divorcio y no estar relacionadas. Cuando el trauma desencadenante es el divorcio pero se establece una auténtica depresión, se nota al poco tiempo un cambio en el tema de sus pesares, deja de ser la falta del padre o de la madre y se orienta a otros motivos; el niño no se entristece «cuando se acuerda de...», sino que «está triste»; ya no sirve como en la primera fase el consuelo, cariño, comprensión, seguridad; la depresión ya no cede ante estímulos psíquicos, precisa tratamiento.

Regresión. El niño «regresa» (retrocede) a una etapa previa al desarrollo. Vuelve a no comer ni vestirse solo, habla más infantilmente. Demuestra con su conducta el rechazo de la situación actual y el deseo inconsciente de «regresar» a una etapa en que era feliz.

Angustia de separación-fobia a la escuela. Se llama «angustia de separación» a la ansiedad de la primera ruptura prolongada del contacto con la madre; la manifiestan también los cachorros en las primeras horas de pérdida de la madre. En situaciones de conflicto (como el divorcio y separación de uno de los padres) el niño revive esa angustia, y la actualiza cada vez que se aparta de la madre. La manifestación más típica está en que el niño que ya iba a la escuela sin problemas, vuelve cada mañana a convertir el momento de la partida en un drama con llantos y lamentos.

Fugas de la casa para buscar al otro, con esperanza ilusoria de que al ver su desolación regresará al hogar.

Si estos síntomas no son muy intensos y desaparecen en unos tres meses, se considera «normal».

Resultan más alarmantes las reacciones de: negación, indiferencia, conducta antisocial.

Negación. Consiste en que el niño «niegue» de forma irrazonable que existe el problema, dice que el ausente no se ha marchado, que vendrá a cenar, etc., pese a las veces que se le ha explicado la situación. Es un mecanismo neurótico de defensa.

Indiferencia, calma. Aparenta que no le importa, «no se ha quejado ni una sola vez». Tiene el mismo significado que la negación.

Conducta antisocial, acting-out. La delincuencia infantil tiene en ocasiones el simbolismo de ganar poder compensador. El haber contemplado a sus padres en lo que a él le parece cruel hostilidad, mutila el super-ego y le permite actuar sin sentimientos de culpa.

Existe un grupo de reacciones normales, que hay que vigilar pues son patógenas si no se ayuda al niño.

Sentimientos de culpa injustificados. Ha escuchado tantas veces «si eres tan malo papá nos va a dejar», o «das tantos disgustos a mamá que se va a marchar», que cuando ocurre piensa que él es el culpable. Puede provocar reacciones de masoquismo, en busca inconsciente de autocastigo y también por dirigir contra sí mismo la hostilidad que siente contra sus padres y no reconoce conscientemente. Es el origen de la propensión a accidentes (*accident-prone*) de algunos niños psicotraumatizados.

Acusaciones falsas al padre o la madre contra el otro. Así consigue que se relacionen, aunque sepa que es para recriminarse.

Explotación de los padres. «No voy a ser yo la que siempre le riña», «para unas horas que paso con él, no pienso pedirle cuentas por los suspensos como quiere la madre; que lo haga ella que es la encargada de su educación». El niño se percata y utiliza la situación. En ocasiones añade proyección de culpa («no puedo estudiar porque os habéis divorciado», etc.).

Errores frecuentes de las madres (o padres) bienintencionadas cuando hablan al niño del ausente, con la intención de mantener una buena imagen de la figura paterna o materna:

a) Que el ausente le quiere pese a no demostrarlo. El nido se pregunta: si me quiere ¿por qué no viene a por mí?

b) El ausente tiene muy buenas cualidades. El niño se pregunta: si es tan bueno ¿por qué lo dejaste?

Conviene explicar con claridad al niño su situación, dentro de lo que pueda soportar según su edad; dejarle expresar su frustración, irritación y angustia. Debe tener una imagen realista (aunque atenuada) de lo que puede esperar, y darle apoyo compensatorio.

Contestar: «Eso no es asunto tuyo», cuando pregunta sobre la separación. Sí, es asunto del niño, tiene necesidad de explicación. Se recomienda establecer una hora fija para hablar con el niño a diario unos minutos sobre este tema.

EL HOMBRE Y LA CULTURA

EL INTERÉS POR LA CULTURA

El término *cultura* procede del verbo latino *colo* que significa *cultivar.* El interés por la cultura equivale en cierto modo al deseo de cultivarnos, de conocernos mejor a nosotros mismos y al ambiente que nos rodea desde todos los puntos de vista que nos ofrecen las opiniones de los demás y su forma de actuar, solo o en grupo, a lo largo de la historia. Es por tanto equivalente a profundizar en las raíces del hombre y del sentido de la vida; descubrir facetas inexploradas hasta ahora para nosotros, reconocernos en los demás, aprender por otros, conocer mejor nuestras dimensiones y las del mundo exterior.

Es muy distinto el concepto de cultura y el de información. La información se refiere exclusivamente a la posesión de una serie de datos. La cultura implica la capacidad para interpretar y elaborar adecuadamente la información que llega hasta nosotros; es decir, implica una cierta información previa que nos capacita para sacarle partido a la información que llega hasta nosotros, evitando equívocos o las manipulaciones de masas que se pueden ocasionar mediante una información dirigida a ciertos fines a través de los medios informativos. La cultura es, por tanto, algo que hace al hombre más libre e independiente, a la vez que lo enriquece verdaderamente, en profundidad, y le facilita el desarrollo expansivo de su personalidad, su progresivo perfeccionamiento evolutivo. La cultura es un bien a alcanzar; así concebida, es algo a lo que nos podemos ir aproximando sin que nunca lo lleguemos a alcanzar, ya que no tiene límites. La información tiene, a su lado, un escaso valor; solamente se puede considerar un mero instrumento de la cultura, siempre que ésta proceda de fuentes distintas que nosotros debemos saber escoger cuidadosamente, para poder contrastar las diversas opiniones, haciendo que nuestros puntos de vista sean más amplios y completos. Si, por ejemplo, leemos un libro, no importa que al cabo de cierto tiempo recordemos los datos que se exponían en el mismo, ni tan siquiera su trama fundamental, ya que lo más importante es el poso que su lectura va a dejar en nosotros. Por otro lado, la cultura no se establece exclusivamente a través de fuentes de este tipo. Cultura es la música, una conversación interesante, la observación de la naturaleza, la contemplación de un cuadro, de una escultura, una obra de teatro, la arquitectura y un largo etcétera.

La cultura dirige a menudo al hombre a descubrir las raíces de la sociedad en la que vive, lo lanza a adentrarse en su historia para así comprender mejor el proceso evolutivo de su mundo y situarse así con mayor capacidad crítica en el presente, o mejor, en el presente-futuro que se presenta ante él. También la cultura ayuda a comprender la auténtica realidad de las cosas, ya que facilita la profundización al margen de las apariencias y contenidos superficiales. Se puede afirmar que mediante una formación cultural el hombre se halla en mejor disposición para encontrar la auténtica verdad, y sobre todo, su verdad individual, ingrediente clave de la libertad, ya que entonces es cuando el hombre puede verdaderamente elegir sin equívocos a corto o largo plazo, consciente de lo que sucede a su alrededor y de su realidad personal, individual, con auténtica independencia.

La cultura facilita además nuestra vida de relación con los demás y nuestra adaptación dentro del marco social en que nos desenvolvemos, ya que nos hace menos rígidos, más tolerantes con los puntos de vista de los otros, que respetamos al entender que pueden estar repletos de sentido para ellos, a pesar de que nosotros no lo compartamos. La cultura hace que comprendamos mejor lo que sucede a nuestro alrededor y nos facilita también un contacto más comprensivo con los demás. Simultáneamente nos aproxima más a nosotros mismos, a conocernos mejor, nuestra ubicación, colaborando a que encontremos el verdadero sentido de nuestra vida, todo lo cual se traduce a largo plazo en un mayor equilibrio psicológico. J. H.

CREATIVIDAD Y MENTES TORTURADAS. PSICOPATOLOGÍA Y EXPRESIVIDAD

Se entiende como pensamiento creador la «capacidad para establecer nuevas relaciones entre hechos o para integrarlos de una manera diferente a la habitual, original e innovadora».

La creatividad es una facultad innata que forma parte del patrimonio de la especie humana. A ella se debe la evolución del hombre y tal vez fuera la «piedra filosofal» que le hizo abandonar su condición de simple depredador.

Aunque no se sepa a ciencia cierta dónde radica exactamente la función creadora en la mente humana, se sabe que el subconsciente juega un papel esencial, a veces decisivo, en la misma.

Lo cierto es que determinadas personas parecen tener una facultad especial para la creación, es el «don» del artista. El desarrollo y plasmación de este potencial requiere que concurran condiciones externas e internas que culminan en el acto o proceso creativo. Es como si la persona dotada tuviera una capacidad especial para adquirir, elaborar y plasmar sus experiencias de forma diferente a la que no lo está.

Determinados tipos de trastornos físicos y sobre todo psíquicos parecen estimular las facultades creativas de una mente dotada. Debido a ello, genio y locura constituyen un binomio que ha sido objeto de numerosas discusiones, llegándose no pocas veces a la confusión entre sus conceptos.

Efectivamente, locura y creatividad son dos fenómenos que tienen características comunes. Si, por ejemplo, analizamos un proceso delirante en comparación con una obra artística, descubrimos que ambos se muestran como una rareza, como algo inusual, distinto y por tanto anormal, diferente a la norma habitual. Sin embargo hay unas notables diferencias. Algunos autores centran tal distinción en que la obra artística, a diferencia del delirio, es «apropiada», es decir, tiene una confrontación con la realidad. Evidentemente tal argumento queda corto, pues de tal manera muchas pinturas abstractas habrían de tacharse de patológicas. Y asimismo, ¿de qué manera ajustamos a la realidad algo tan inmaterial como una melodía musical?

Tal vez la diferencia sustancial radique en que la obra artística creativa tiene lugar bajo un control de la personalidad que no implica su desestructuración como ocurre con el delirio. Y su elaboración es fruto del trabajo y la paciencia, de una búsqueda continua, frente al carácter impuesto y advenedizo del delirio.

Lo que sí es cierto es que patología y creatividad pueden darse juntas. Notables artistas de la historia han visto exaltadas sus cualidades creativas por efecto de serios trastornos emocionales, sufrimiento y aun severas enfermedades mentales. J. M. U.

EL ARTE Y LAS ALTERACIONES PSÍQUICAS

El arte es fundamentalmente un modo de expresión del psiquismo de quien lo produce. Por tanto, resulta lógico que las diversas alteraciones psíquicas se manifiesten también a través de la producción artística. Salvando todas las peculiaridades personales, hay una serie de rasgos o características generales que son comunes a todas las formas de producción artística realizadas durante el padecimiento de algún trastorno psicopatológico.

La *depresión* suele influir disminuyendo el *impulso a la actividad* y, generalmente, disminuyendo la creatividad de quien la padece; especialmente si se trata de *depresiones inhibidas,* con lo que la producción artística se vuelve más pobre y escasa. Hay que distinguir la *depresión* de las *distimias depresivas* o incluso meros descensos ocasionales del estado de ánimo, que no constituyen una depresión, sino la expresión de oscilaciones de la afectividad, más o menos normales, que a veces cursan precisamente estimulando la producción artística. Es frecuente ver cómo alguna persona que se halla preocupada o con un estado de ánimo descendido (pero sin llegar a tener una depresión) tiende a escribir o a otra forma de producción artística como una variante de comunicación y desahogo de lo que siente en esos momentos. En la auténtica depresión suele haber un empobrecimiento, en líneas generales, del pensamiento, de la actividad y la creatividad que se acompaña de entontecimiento en esos mismos niveles. Los contenidos de la producción artística del depresivo suelen tomar un cierto colorido sombrío y pesimista. Por ejemplo, en la pintura, se suelen utilizar colores fríos y oscuros, como el negro, el marrón, el azul marino, etc. La temática elegida está relacionada a menudo con la muerte, grandes desgracias, catástrofes, con el dolor o la enfermedad, con la destrucción, o con una visión profundamente pesimista del hombre, de la vida y del futuro en general. Los rasgos del trazo suelen ser rígidos, duros, ásperos, y denotan muchas veces una gran tensión emocional y componentes agresivos. Las sombras suelen ser amplias, acentuadas y la composición es, con frecuencia, más simple de lo habitual. El conjunto suele ofrecer una imagen de crudo dramatismo, muchas veces patética, que corresponde al intenso sufrimiento y la falta de salidas que el artista vive en esos momentos.

Durante la fase *maníaca* de las *psicosis maniacodepresivas,* también llamadas *depresiones bipolares,* sucede un poco lo contrario. Hay una exaltación del estado de ánimo (*hipertimia*) que conduce a una continua actividad, pero ésta es escasamente productiva, ya que se suelen comenzar muchas cosas que difícilmente se acaban, al pasar de una forma casi continua de una actividad a otra. La producción artística suele ser muy espontánea, producto de la intensa *desinhibición psicomotriz* que caracteriza a la enfermedad. En pintura, los trazos son libres, muchas veces exagerados, sin límites. Los colores suelen ser claros, pero, sobre todo, muy vivos y llamativos. El cuadro permanece inacabado, o bien, queda muy poco perfilado, ya que rápidamente se da por concluido. El artista está en esos momentos muy orgulloso de su propia obra.

En la *psicosis,* particularmente en la *esquizofrenia,* también se producen variaciones significativas en la producción artística que casi siempre está relacionada con los contenidos del *sistema delirante* propio de este tipo de trastornos psicopatológicos, resultando más o menos incomprensible para todos excepto para su creador. Abunda generalmente el lenguaje simbólico, en todas las formas de expresión artística, y a veces se crean nuevas palabras (*neologismos*) para expresar conceptos nuevos que surgen del propio delirio, o conceptos que se pretende representar.

Se ha discutido sobre el presunto aumento de la creatividad a que pueden dar lugar tóxicos como el alcohol o las drogas. En general, lo que producen estas sustancias es una desinhibición que puede dar lugar a una creación artística más libre, más espontánea, pero no incrementa la creatividad propiamente dicha. Algunas drogas, como las anfetaminas, pueden aumentar la capacidad de concentración a corto plazo, aunque a la larga producen deterioro psicofísico. La cocaína puede dar lugar a cierta agilidad intelectual a la vez que elimina el cansancio, con lo que a corto plazo y en algún momento puede facilitar que la producción artística tome algún camino inusual en esa persona. Algunos artistas dicen haberse inspirado en experiencias artificialmente vividas mediante el consumo de ciertos alucinógenos al realizar alguna de sus producciones, pero está más que comprobado que sobre todo a medio y largo plazo, este tipo de tóxicos terminan anulando la capacidad creativa y las dotes artísticas, a la vez que destruyen profundamente la personalidad de la persona que los consume. J. H.

PSICOLOGÍA DE LA CREACIÓN ARTÍSTICA

La creación artística siempre ha tenido algo de impenetrable, de misterioso para el hombre. Los antiguos griegos pensaban que los dioses o las musas infundían con su aliento ideas creadoras al artista por lo que éstos, antes de comenzar su trabajo, invocaban a las musas, las nueve hijas de Zeus que regían las artes y las ciencias, en demanda de inspiración. De aquí proviene el término, plenamente actual, de «estar inspirado» cuando se tiene una buena idea, ya que *inspirar* significa *tomar aliento*. Se concibe, entonces, la capacidad artística superior, como un don divino por el que el artista general viene a ser un instrumento o un mensajero de alguien superior.

Tradicionalmente se ha insistido en la espontaneidad de los grandes artistas, de los que surge de un modo súbito, espontáneo y natural la idea genial, como si poseyesen una cualidad especial que les permitiese lograr hacer estas grandes obras, idea que se difundió plenamente durante el Romanticismo. A la luz de la moderna psicología, la creatividad artística se comprende según modelos menos románticos. Se piensa que la creatividad artística se establece realmente de forma paulatina, de modo que se va profundizando progresivamente en el problema creativo hasta que éste queda resuelto. Aquí influirían por un lado todos los conocimientos adquiridos anteriormente (la creación se entiende como un proceso evolutivo) y la facultad para asociar e interpretar el problema hasta encontrar una nueva solución, lo que dependería de la aptitud individual del artista. A veces, la información acumulada no procede exclusivamente de la conciencia, sino que también podrían intervenir procesos e información procedente del inconsciente, especialmente de la llamada *memoria experiencial.* Pero parece evidente que en todo lo novedoso intervienen los conocimientos previos del artista. Esto explicaría también el carácter evolutivo de todas las formas del arte, que resulte difícil comprender las nuevas tendencias si no hemos estudiado las históricamente anteriores.

Según esta nueva concepción de la creatividad artística, no serían procesos de pensamiento extraordinarios los que darían lugar a los grandes procesos creativos, sino que la creatividad resultaría de procesos de pensamiento ordinarios, que se habían ido estableciendo de un modo progresivo, evolutivo, «incremental» como dice Weisberg, hasta lograr producir lo deseado, de modo que la forma habitual de concebir la expresión artística va evolucionando gradualmente hasta convertirse en algo nuevo.

La creatividad artística no tiene que proceder necesariamente de individuos extraños, con personalidades fuera de lo común. La extravagancia de que se rodean y han rodeado durante los dos últimos siglos algunos artistas parece destinada más a fortalecer esta imagen de personas «geniales», casi como una labor, más o menos constante, de *marketing.* La creatividad artística puede ser el resultado de procesos ordinarios de sujetos ordinarios. Su calidad invariablemente, al igual que en otra actividad, dependerá de la dedicación que estas personas otorguen a su trabajo y de sus capacidades para el mismo; teniendo presente que la creatividad dentro de cualquier orden es una de las funciones superiores del hombre, pero sin que esto implique que los artistas sean personas extrañas, necesariamente superiores. J. H.

PSICOLOGÍA DE LA TÉCNICA

A partir de la Revolución Industrial llevada a cabo durante el siglo pasado, la técnica se ha ido desarrollando extraordinariamente hasta la actualidad, de modo que bien se puede decir que nos encontramos dentro de una sociedad tecnificada. Mediante avances técnicos, en casi todos los campos, el hombre ha luchado eficazmente contra el agotamiento de los recursos naturales; pero al mismo tiempo, se ha establecido una cultura tecnocrática, dominada por el espíritu técnico, que afecta también a la forma de manifestarse de los cuadros psicopatológicos.

La tecnificación se acompaña de un afán por consumir, no ya los productos necesarios, sino también otros superfluos que a veces sirven para distinguirse de los demás, o incluso, para situarse socialmente por encima de ellos. Técnica, consumo y competitividad se unen estrechamente en la cultura actual, dentro de un marco de hedonismo, o culto al placer donde se teme más que nunca al dolor, a la enfermedad y a la muerte, por lo que en cierto modo se puede afirmar que nos encontramos inmersos en una sociedad hipocondrizada. La preocupación por la corporalidad, tan acentuada en nuestros días, procede de este intenso deseo de bienestar corporal y de la orientación de los ideales hacia el propio cuerpo por motivos estéticos. La obesidad, por ejemplo, constituye un doble problema; aumenta el riesgo de padecer enfermedades, como el infarto de miocardio, y ofrece una imagen antiestética y de persona que goza de escasa salud. Es comprensible entonces que hayan aumentado considerablemente los casos de anorexia nerviosa, que generalmente están precedidos de este temor a la obesidad. En general, la técnica favorece la racionalización exagerada, con lo que cada vez son más escasos los ingredientes propios del pensamiento mágico tan frecuentes en los pueblos primitivos, y por tanto, menos tecnificados, a un tiempo que provoca una pérdida de los valores espirituales en proporción con los materiales.

Por otro lado, se produce una situación un tanto paradójica. Mientras que los avances técnicos actuales permiten lograr una fácil comunicación con personas alejadas de nosotros (teléfono, telegramas, télex, correo, etc.), o informarnos a través de los numerosos medios de comunicación (radio, televisión, prensa, etc.), el hombre actual se encuentra más solo, y más incomunicado que nunca. La comunicación directa e interpersonal se ha sustituido por los medios de comunicación de masas; se cambian las tertulias por la audiencia de la televisión, del vídeo, etc., en los bares, en el hogar familiar. La conversación se mantiene, a veces durante mucho tiempo a través del teléfono, lo que no es igual que cara a cara; los medios de transporte alejan al hombre, en cierto modo, de la naturaleza, ya que si bien gracias a ellos le resulta más fácil acceder a nuevos paisajes, muchas veces éstos sólo se contemplan de un modo superficial, a gran velocidad y desde una ventanilla.

A este problema se añade el desarrollo de sistemas administrativos burocratizados, impersonales y deshumanizados, que hacen que el hombre se sienta un tanto sometido a las consecuencias del progreso técnico, comprobando que la técnica es algo más que un instrumento que la civilización actual pone a su servicio. Esta incomunicación, sentimientos de soledad y desarraigo favorecen el incremento de algunas patologías, como la depresión o el alcoholismo, a la vez que contribuyen a que se produzcan una serie de mutaciones en la presentación de algunos cuadros psicopatológicos. Los fenómenos histéricos, que exigen una cierta atención social, se transforman en cuadros hipocondríacos o depresivos. La temática de muchos síndromes delirantes también se ve influida por el progreso técnico, por lo que cada vez son menos frecuentes los contenidos mágicos o de matiz religioso, mientras que actualmente muchos enfermos introducen elementos de la técnica actual en el delirio, incluso nuevos aparatos sofisticados que ni siquiera existen, ya que, al fin y al cabo, el hombre actual está firmemente persuadido de que los avances de la técnica no tienen límites. J. H.

EFECTOS BENEFICIOSOS DE LA GIMNASIA

La gimnasia y la práctica de un ejercicio físico de forma regular aportan unos beneficios evidentes, no sólo en el plano corporal, punto que no vamos a tratar ahora, sino también en el aspecto psicológico. Ante todo el practicarlo supone una disciplina diaria que el sujeto se impone y sigue. Unos la realizan gustosos y otros tienen que esforzarse en ello, pero siempre hay que poner en marcha la voluntad para vencer el primer rechazo que este esfuerzo supone. Los beneficios son:

— El ejercicio físico es una magnífica forma de relajación. Cuando uno se encuentra cargado de tensiones y ansiedad o dominado por la angustia, el sobreesfuerzo físico consigue alejar temporalmente las preocupaciones y conlleva un agotamiento que calma la ansiedad e inquietud física y psicológica. A veces, dentro de la propia gimnasia, se intercalan ejercicios de relajación con lo que este efecto aumenta.

— En cierta medida, el ejercicio es un instrumento para la socialización de un sujeto excesivamente aislado. La gimnasia y sobre todo algunos deportes se practican necesariamente en grupo, con lo cual ya se establece una relación de amistad y un compañerismo producto de la colaboración en el deporte. Puede ser útil para personas con gran dificultad para entablar relaciones interpersonales y ocasionalmente se indica a enfermos psiquiátricos que por su enfermedad han quedado excesivamente inhibidos, aislados o bloqueados.

— Es eficaz para combatir el insomnio inicial producto de una excesiva tensión emocional. El llegar a la cama cansado ayuda a dormir, aunque conviene recordar también que el agotamiento extremo puede impedir el sueño ocasionalmente.

— Es una forma de distracción y evasión de la rutina diaria, tanto para los que trabajan, sea cual sea su trabajo, como para los estudiantes y más aún para las personas desocupadas que tienen mucho tiempo vacío.

— Aunque psicológicamente no es lo ideal, hay personas que utilizan la gimnasia o deporte como un mecanismo de compensación. Sufren algún tipo de complejo físico o psicológico y el desarrollo de una buena forma física, el destacar en un deporte les compensa por su sentimiento de inferioridad.

— La gimnasia es una forma de descargar la agresividad, mucho más conveniente, por supuesto, que liberarla directamente y de forma violenta. Nadie discute que el ejercicio físico ayuda a liberar y controlar las emociones.

La gimnasia y el deporte colaboran en el desarrollo integral del individuo y son un soporte eficaz para su estabilidad psicológica, estando muchas veces indicados por los especialistas de la salud. M. D.

EL AUTOMOVILISMO. CONDUCTORES SUICIDAS

Existe toda una psicología del conductor. En la sociedad actual son muchas las personas que conducen de forma más o menos cotidiana y que, desafortunadamente, utilizan el automóvil como un medio de descargar su agresividad. Se puede afirmar que muchas personas conducen con violencia, mostrándose intolerantes y violentas con el resto de los conductores; son frecuentes las reacciones explosivas y agresivas como respuesta a cualquier pequeño contratiempo que se produzca con uno u otro vehículo. Por otra parte, conducir dentro de las grandes ciudades incrementa notablemente el nivel de estrés y genera agresividad de un modo recíproco. El claxon se utiliza a veces como un instrumento agresivo y la velocidad como un cauce para descargar tensiones psíquicas internas.

A estos factores se añade el que algunas personas demuestren su afán por el riesgo cuando se ponen al volante de su automóvil; especialmente, algunos adolescentes hacen gala de la velocidad que alcanzan con sus coches o de su habilidad para tomar curvas de forma arriesgada, lo que se corresponde con el afán de impresionar a otras personas o simplemente con un deseo de afianzar su personalidad o de conocerse, «de probarse», a sí mismos. Este tipo de conductas no son exclusivas de los más jóvenes, y se pueden advertir también en adultos con una personalidad inmadura o con un trastorno de personalidad. A menudo influye también una cierta sensación de poder que estas personas experimentan con su conducción temeraria, especialmente si son motos o motocicletas lo que conducen, ya que en estos casos la fusión hombre-máquina es más uniforme e intensa.

Durante los últimos años se vienen observando frecuentes casos de lo que se vienen denominando «conductores suicidas». Son personas que se introducen en una autopista por dirección contraria y sin cambiar en ningún momento de carril, esperando que sean los otros los que se desplacen en caso de tener suficientes reflejos y de tener circunstancialmente suficiente capacidad de maniobra. Se ha comprobado cómo algunas de estas actitudes temerarias corresponden a apuestas en las que ni tan siquiera tiene por qué intervenir directamente el conductor suicida, sino que son realizadas por otras personas que pagan una cierta cantidad de dinero al conductor para poder así realizar su juego. A pesar de lo que en un principio se podía suponer, la edad de este tipo de conductores suele estar situada en la madurez y no en la juventud, siendo personas que pertenecen a clases sociales bastante acomodadas. En algunos casos podemos pensar que se trata de personas con un desmesurado afán de experimentar nuevas sensaciones, de sentir intensamente el riesgo, centradas plenamente en el presente, sin que tengan en cuenta las consecuencias que su comportamiento puede ocasionar a otras personas o a ellas mismas. Este tipo de conductas son más frecuentes entre las personalidades inmaduras y en los trastornos psicopáticos de la personalidad, especialmente dentro de lo que se viene denominando como *trastorno asocial de la personalidad* por los psiquiatras de la asociación americana de psiquiatría.

En pocas ocasiones parece que se elige este tipo de conducción temeraria, adentrándose en el carril opuesto de una autopista, como una forma de suicidio; sin embargo, aunque muchos accidentes de tráfico son, en realidad, suicidios que de este modo quedan encubiertos, la hipótesis es poco probable: los suicidas prefieren no involucrar en el accidente a otras personas e intentan que éste se desarrolle de tal modo que aleje de ellos la sospecha de que hayan intentado perder la vida voluntariamente, ya que por regla general, prefieren que su muerte se considere puramente accidental, porque de este modo descargan a sus familiares de sentimientos de culpa o del oprobio social del que muchas veces se acompaña el suicidio, a la vez que así consiguen que su familia pueda cobrar el seguro de vida. Sin embargo, sí que se podría tratar de comportamientos que se agrupan como *equivalentes suicidas,* que consisten en formas indirectas de suicidio, como conductas de riesgo o de desafío a la muerte, que provienen de un deseo más o menos inconsciente de morir, dejando la decisión en manos de la fortuna o del destino. J. H.

Cuando el desempeño de las diversas actividades de la vida del hombre no se realiza del modo esperado y deseado, los instintos insatisfechos y los conflictos no resueltos pueden suscitar la aparición de una tendencia hacia la agresión y la violencia.

El proceso de socialización trae consigo una serie de condicionantes que supone muchas frustraciones personales. La cólera creada por estas frustraciones es resuelta mediante los actos de agresión individuales o colectivos. Las normas sociales generalmente prohíben estos actos, pero la cólera no desaparece, queda escondida y puede salir a la luz si el ambiente lo favorece o estimula. De este modo, las frustraciones individuales pueden conducir a la violencia colectiva por un proceso de desplazamiento o proyección.

El deporte supone una «válvula de escape» a estas pulsiones reprimidas. En realidad en toda actividad deportiva existe una competición entre sus practicantes; aunque sea mediante el juego, la lucha y la agresividad están presentes. La llamada «deportividad» consiste en una racionalización de estos impulsos agresivos con el fin de ser controlados para que no pasen al plano real de la auténtica lucha.

Tal efecto de «descarga» controlada a través del deporte no sólo tiene lugar en el deporte, sino también en el espectador. Así puede comprenderse cómo algunas personas acostumbradas a una vida ordenada, dóciles y que poseen un autocontrol de sus reacciones, se aficionan a los deportes más rudos, en los que ven proyectada su agresividad contenida.

Los deportes, sobre todo aquellos mayoritarios, como el fútbol, han sido y son sabiamente utilizados por los regímenes políticos dictatoriales como medios de control y descarga de la población que vuelca en ellos su cólera reprimida, que de otro modo podría volverse contra la autoridad.

El problema surge cuando la agresividad deportiva rebasa sus límites y escapa al control racional. No pocas veces, los instintos territoriales, de defensa, de lucha o de simple dominación afloran con todo su ímpetu, casi animal, cuando se estimulan por aproximación o similitud. Así, por ejemplo, está comprobado que un equipo deportivo desarrolla mayor combatividad cuando compite en «su propio terreno», porque indirectamente se ve estimulado el instinto de defensa territorial, instinto que decrece en el ser humano y en el animal cuando se aleja de su territorio.

Curiosamente, no es raro observar una mayor violencia en deportes menos rudos que en los que realmente aparentan ser profundamente agresivos. Por ejemplo, suele haber menos lesiones por efecto de la violencia en actividades deportivas como el rugby o las artes marciales, altamente combativas, que en el fútbol; esto se debe probablemente a que en las primeras la competición se parece más a la lucha real, lo que nivela el posible rencor entre vencedor y vencido.

Pero tal vez el mayor perjuicio tenga lugar cuando el deporte se ve «contaminado» por los intereses o ideologías políticas de grupos practicantes o simples espectadores. Si a ello sumamos la violencia colectiva desarrollada por el individuo cuando pierde su identidad personal para formar parte de la masa descontrolada, el resultado puede ser tremendamente negativo y destructivo. Muestras de ello son las grandes catástrofes ocurridas por el tumulto salvaje y los grupos paramilitares constituidos bajo un supuesto ideal deportivo. Este tipo de tendencias anormales se presentan en casos en que el inconsciente está sometido a una tensión muy elevada, y puede tener su causa en la asimilación equivocada de conflictos mentales. J. M. U.

EL AFÁN POR EL RIESGO

Hay personas que parecen disfrutar cuando se comportan creando situaciones que implican un riesgo mayor o menor para sus vidas. Este afán por el riesgo es especialmente típico de la adolescencia, pero se puede prolongar durante edades posteriores de la existencia.

Generalmente se comienza buscando situaciones que impliquen un riesgo pequeño o remoto para, de un modo progresivo, irse aproximando a comportamientos más arriesgados. Mediante un análisis psicológico podemos descubrir cómo detrás de este afán por el riesgo se esconden varios factores que predisponen a este tipo de comportamientos. Por un lado está el interés por la aventura, lo que en la adolescencia, sobre todo, está relacionado con la búsqueda de la propia identidad. El riesgo se constituye, entonces, en un aliciente, ya que sirve para «probarse a sí mismo», y de este modo conocer sus reacciones, sus limitaciones, y conocerse mejor a sí mismo en algunos aspectos. En otras ocasiones, se recurre a las conductas arriesgadas como un modo de combatir el aburrimiento o una vida vacía de contenido. Se pretende así conseguir experimentar sensaciones distintas, dotadas de gran intensidad vivencial. Estas personas notan entonces que verdaderamente son capaces de sentir, «de vivir» el momento presente, a la vez que el peligro de muerte les ayuda a lograr que esos momentos cobren más intensidad. Son personas que no soportan la vida monótona y rutinaria, y que sólo de este modo saben introducir un aliciente en su vida.

En otros casos, el afán por el riesgo no es tal, sino que procede del desconocimiento del mismo. Son personas aparentemente valientes, pero en realidad, lo que sucede es que no son conscientes de las consecuencias que puede acarrear su conducta. Esto es especialmente frecuente entre las personalidades psicopáticas e inmaduras. Estas personas se encuentran plenamente centradas en el presente y tienden, de forma bastante impulsiva, a intentar proporcionarse en cada momento lo que desean, sin tener en cuenta los peligros que para ellos mismos se pueden derivar de estos comportamientos.

En otro orden hay que tener en cuenta que el afán por el riesgo puede deberse a un deseo, más o menos inconsciente, de morir, tratándose, entonces, de los denominados *equivalentes suicidas*. En estos casos las personas se encuentran con unas expectativas de vida que no les satisfacen, por lo que sienten un profundo desprecio por la vida, resultándoles indiferente vivir o no. Lejos de tomar una determinación concreta, lo que les llevaría al suicidio, prefieren dejar en manos del destino, o simplemente de la suerte, lo que será de ellos. Por esto no rehúyen cualquier actividad arriesgada; por el contrario, las prefieren a las demás, ya que en algunos aspectos les resultan más ventajosas. No todas las profesiones que implican un alto riesgo para la vida están representadas por personas de estas características, si bien son más frecuentes entre aquellos en quienes se pueden asociar a algunos de los factores enunciados anteriormente. J. H.

CULTURISMO

El culturismo es un tipo de gimnasia que tiene como finalidad el desarrollo y modelado de la masa muscular y la reducción al mínimo del panículo adiposo que se deposita debajo de la piel. El resultado es un «cuerpo perfecto» en teoría, ya que el desarrollo muscular es tan grande que puede resultar chocante y hasta poco agradable desde el punto de vista estético.

Este desarrollo del cuerpo lo descubrimos ya en civilizaciones antiguas, así lo demuestran las esculturas y pinturas en cerámica de los atletas griegos que representan siempre a hombres robustos y musculosos. Pero en nuestros días el culturismo es una moda o corriente muy seguida hasta el punto de crearse concursos y premios para aquellos que logran una mayor musculatura. Su práctica se está extendiendo, pero de forma muy controlada, para desarrollar la musculatura sin llegar a extremos demasiado llamativos.

¿Por qué esta moda? (ya que realmente se la puede considerar como tal). Podemos encuadrarlo como un aspecto más del culto al cuerpo que domina en las sociedades industrializadas. Mientras otros valores van desapareciendo, se impone cada vez más un canon de belleza que sigue unas normas establecidas.

La importancia que se le da al aspecto exterior es cada vez mayor y esta imagen encaja con la que difunden la publicidad y los medios de comunicación de masas. Hace unos años se llevaban los cuerpos casi famélicos, hoy la sociedad impone formas bien desarrolladas.

Por otro lado, el culturismo es un deporte que exige mucho sacrificio en cuanto a régimen de vida, alimentación y horas de esfuerzo y entrenamiento para lograr el modelado de todos los músculos. Independientemente de que pueda agradar más o menos estéticamente, es una forma de deporte que además requiere una entrega importante. M. D.

EL HUMOR Y LAS BROMAS

Uno de los instintos que motivan la conducta humana es el de la búsqueda del placer. Este placer puede ser físico, mediante la satisfacción de los apetitos puramente sensuales, o psíquico a través de sus gozos mentales. Algunas de estas, digamos, satisfacciones mentales pueden ser de tipo intelectual o artístico, para las que se requiere un cierto nivel cultural, o simplemente lúdicas, a través del juego; estas últimas son asequibles para cualquier persona.

El hombre, sometido a múltiples frustraciones a lo largo de su vida, trata de ver compensados sus anhelos reprimidos mediante la necesaria gratificación física y mental. Es normal, entonces, que se sienta atraído por las situaciones calificadas como graciosas, porque a través de la hilaridad siente fuertemente estimulados sus centros biológicos del placer. Las risas y las bromas crean un clima de distensión que anula las pulsiones agresivas y reprimidas del ser humano. La violencia, la cólera y la ira son opuestas e incompatibles con la risa. No es raro observar cómo, cuando en una tertulia se establece una polémica que «carga» el ambiente de tensiones enfrentadas, si alguien dice una gracia ocurrente o chistosa, el grupo explota dicha tensión en forma de risa, descarga la agresividad y retorna a los cauces de cordialidad.

El mundo del espectáculo, la literatura y otras formas de arte están llenos de contenidos cuya pretensión es la simple hilaridad del consumidor. Porque, cuando la consigue, el éxito está asegurado. Raro es el acontecimiento gracioso que no atrae la expectación de quien lo advierte. Cuando en las reuniones y fiestas sociales más dispersas en grupos de conversación alguno «amenaza con relatar un chiste», generalmente todos callan y vuelcan su atención en el narrador. Es porque se remueve el principio del placer, en este caso relacionado con la gracia y la hilaridad que siempre actúa como cebo apetecible.

A través del humor y las bromas, indirectamente se pretende reafirmar un ego atormentado por las frustraciones diarias. Si observamos el contenido de muchas bromas y situaciones graciosas veremos que en gran número de ellas nos causa risa la contemplación, un tanto sádica, de algún sujeto que por su torpeza o ignorancia cae en el ridículo más espantoso, cuanto más ridículo más gracioso. Inconscientemente integramos en la mente nuestra valía personal en comparación con un ser tan torpe, simple o estúpido. Éste sería el humor sencillo, asequible a todos y apreciado especialmente por los niños y adultos de bajo nivel cultural. Pero también existe otro humor más selecto que recurre a lo contrario: la admiración simpática, cuando se utiliza el dominio del lenguaje, el juego de palabras y la lógica de lo absurdo. O bien, la ironía, que sabe transformar lo más serio e incluso trágico en algo cómico y gracioso.

El placer de la broma, frecuentemente desarrollado en el niño, es con mucha frecuencia relegado a los más oscuros rincones del subconsciente cuando el hombre llega a adulto y se ve obligado a desempeñar su vida dentro de un marco de seriedad. El dicho de que todo hombre lleva un niño en su interior es una realidad, y tal vez el dejar salir y explayarse de vez en cuando a este niño sea uno de los recursos más recomendables para lograr el equilibrio emocional. J. M. U.

LOS *HOBBIES*

Los *hobbies* constituyen una parcela importante dentro de las actividades que desarrollamos habitualmente. El hombre necesita mantener de forma más o menos continuada una serie de actividades que le faciliten el desarrollo de sus propias capacidades a la vez que puedan configurar un punto de mira para sus intereses a medio o largo plazo. El tiempo de ocio debe ser ocupado con actividades que sirvan para relajar, distraer y diversificar la actividad, de modo que supongan un auténtico complemento de las actividades cotidianas.

Los *hobbies* deben compensar del esfuerzo y especialización que a menudo implican las actividades profesionales, constituyendo una importante alternativa donde ponemos en juego aquellos valores o capacidades que no podemos poner en marcha a través de nuestro trabajo. Sirven para enriquecer nuestra vida social y para evadirnos de actividades profesionales demasiado absorbentes. Llegado el momento de la jubilación es fundamental haber elaborado convenientemente este tiempo de ocio ya que, entonces, los *hobbies* pueden ser una actividad a la que nos podemos dedicar plenamente, con la satisfacción que implica, a la vez que sirven para ocupar el vacío consecuente al abandono de nuestra principal actividad profesional. Es más, los *hobbies* pueden llegar a compensar una actividad laboral poco gratificante que tenemos que asumir por cuestiones de mera índole práctica.

Si, por diversos motivos, el trabajo habitual nos resulta una obligación inevitable, los *hobbies* pueden llegar a constituir, no ya una diversión, sino incluso uno de los principales ingredientes a la hora de encontrar el sentido de nuestra vida. Algunas personas llegan casi a vivir para su *hobby*, porque han comprobado que es algo que las llena plenamente. Cuando menos, son actividades que sirven para eliminar tensiones emocionales diarias, ya que nos facilitan el que podamos pensar en otras cosas distintas a las que nos preocupan habitualmente, lo que no solamente constituye una forma de evasión, sino también un medio para conseguir una cierta formación cultural en el sentido de completar campos que hubiesen quedado abandonados o estériles, ahogando una posible fuente de satisfacciones personales. Los *hobbies* son por tanto, algo necesario para conseguir la estabilidad emocional que procede de una vida más plena y completa de acuerdo con nuestras propias tendencias y aptitudes. J. H.

PSICOLOGÍAS PARALELAS

EL PENSAMIENTO MÁGICO

Hay personas de las que decimos que en ellas predomina el pensamiento mágico o pensamiento mágico-primitivo, porque creen que sus pensamientos, palabras o acciones pueden, o podrían de algún modo, provocar o prevenir un determinado acontecimiento, a pesar de que dicha creencia se oponga a las leyes propias de la lógica y de las relaciones causa-efecto. Por ejemplo, creer que si no pisamos todas las baldosas de una calle nos ocurrirá una desgracia, puede entrar dentro del pensamiento mágico, ya que no existe ninguna razón objetiva para creer esto desde el punto de vista de la lógica, y no corresponde a las leyes normales de relación causa-efecto.

Este tipo de pensamiento, que por definición se opone al pensamiento lógico, es más frecuente entre los niños y en las personas pertenecientes a culturas primitivas, o que tienen escaso nivel cultural. El pensamiento mágico es propio de las personas con trastornos de tipo obsesivo-compulsivos. Estas personas realizan una serie de rituales estereotipados para librarse de algunas ideas extrañas que les asaltan de forma repetitiva e insistente a pesar que ellas mismas las consideran con poco fundamento o completamente absurdas (*ideas obsesivas*). Los ritos que realizan son muy variados: repetición de jaculatorias, lavados de manos, tocar objetos, dar vueltas o giros sobre objetos o sobre sí mismas, etc. En cierto modo, éstos recuerdan a los de las personas supersticiosas, pero tienen un carácter menos voluntario, ya que más que obedecer a una creencia adquirida, responden a un impulso imperioso a realizar el ritual, ya que si no lo hacen alcanzan grandes niveles de angustia (*actos compulsivos*).

Las personas con pensamiento mágico tienden a creer en supersticiones que dependiendo de cada caso se encuadran en el marco de la brujería, magia negra, parapsicología, etc. Generalmente son muy sugestionables por los demás y vulnerables a la inducción de trastornos psicopatológicos por parte de otras personas que los padecen (delirios colectivos, delirios inducidos, etc.). A veces este pensamiento puede alcanzar proporciones delirantes o formar parte de las ideas de referencia si el sujeto mantiene una irreductible convicción en esas ideas absurdas a pesar de los argumentos y pruebas que los demás esgrimen en contra. En casos graves de este tipo, hay que pensar que nos encontramos ante un trastorno psicopatológico del tipo de la esquizofrenia, en la que el pensamiento mágico se estructura en torno a la temática delirante propia de las fases agudas de esta enfermedad. También en los trastornos histéricos se puede observar un cierto pensamiento mágico, éste está presente en las denominadas personalidades histéricas o de conversión, pero es especialmente manifiesto en las psicosis psicógenas o pseudopsicosis histéricas en las que las personas que las padecen dicen encontrarse endemoniadas, haber mantenido relaciones con el diablo, etc., constituyendo un amplio campo de demonopatías, más frecuentes antiguamente que en la actualidad. J. H.

LA SUPERSTICIÓN

Decimos que alguien es *supersticioso* cuando cree una serie de cuestiones que resultan totalmente absurdas desde el punto de vista de la lógica. Estas personas se suelen dar cuenta de que sus supersticiones no tienen, en sí, sentido, pero continúan con sus prácticas y creencias supersticiosas a pesar de todo. Se ha repetido muchas veces que la superstición está en relación con niveles culturales deficientes, y así sucede en muchos casos. Los pueblos y culturas menos evolucionadas son ricos en superstición, pero no es algo exclusivo de ellos, ya que no es un fenómeno raro entre las naciones más avanzadas de nuestra cultura occidental.

Hay que distinguir, en primer lugar, diversos grados de superstición según los niveles de *creencia* supersticiosa. Hay personas que creen firmemente en la realidad de que algo cotidiano, como derramar la sal, traerá una desgracia y de algún remedio, como un talismán, capaz de evitarlo. Otros, sin embargo, dudan, pero actúan mediatizados por las creencias supersticiosas «por si acaso», es decir, porque es mejor prevenirse ante la duda. Por último, otros se toman la superstición como forma de llamar la atención o como mero esnobismo.

El ambiente sociocultural y la educación recibida durante la infancia son los dos factores que tienen mayor peso a la hora de determinar el que una persona vaya a ser supersticiosa en el futuro. Cuando varias personas de la familia son supersticiosas (especialmente los padres), existen altas probabilidades de que el hijo continúe con esta tradición. También, aunque en menor medida, influyen los amigos y conocidos, por lo que bien se puede decir que la superstición tiene una génesis fundamentalmente referida al terreno de la cultura en la que se desenvuelve esa persona. Si no se transmite la creencia supersticiosa de este modo, se contagia, al menos, el temor a que esas cosas que nos parecen absurdas puedan tener un cierto fundamento incomprensible. Hay que tener en cuenta que, generalmente, el supersticioso siempre sabe hechos propios o ajenos en los que se cumplió el objeto de superstición. Por otro lado, se pueden cumplir realmente algunas de estas previsiones, bien por mera casualidad, o bien por efecto de la sugestión. Incluso algunas supersticiones tienen cierto fundamento científico: por ejemplo, poner una llave fría en el párpado para que no salga un orzuelo incipiente. Se sabe que la sugestión es muy eficaz contra este tipo de enfermedades y que el frío disminuye la inflamación, con lo que se puede conseguir que el orzuelo no se forme. Este conjunto de factores hace que las creencias supersticiosas sean algo verdaderamente contagioso, aunque tan sólo excepcionalmente tienen un mínimo fundamento real. La prueba es que las opiniones de diversos supersticiosos se contradicen abiertamente según el ambiente cultural de donde procedan. La superstición no es sólo una fuente de temores o un medio para protegerse de diversos males, sino también una vía para dar más fundamento a ciertos anhelos y esperanzas. Cuando algo se desea con cierta intensidad, y no se puede conseguir por los medios ordinarios, se puede recurrir a la superstición, generalmente recomendada por algún conocido en ese momento o con anterioridad, para probar suerte. Cuando algunos de estos remedios resultan casualmente eficaces, se suele afirmar profundamente la creencia supersticiosa, que se transmite a terceras personas, y ésta tarda mucho en desaparecer, a pesar de los futuros fracasos.

Además de los factores culturales y ambientales, también intervienen patrones de personalidad. Hay personas con una cierta mentalidad mágica, predispuestas a creer en todo lo que les resulta irracional, supranormal e inexplicable. Suelen ser personas en las que lo afectivo mantiene una cierta supremacía sobre lo racional. También es frecuente entre las *personalidades histéricas* y en las *neurosis obsesivas*. J. H.

LA PARAPSICOLOGÍA

La parapsicología es la rama de la psicología que se ocupa del estudio de los fenómenos paranormales, es decir, las funciones del individuo y su interacción con el entorno que no están mediadas por los cauces sensoriales y motrices habitualmente conocidos.

Son las llamadas funciones *psi* cerebrales, entre las que se hallan:

La percepción extrasensorial (PES): vía de entrada paranormal, que consiste en la adquisición de información relativa al exterior pero sin que estén implicados los órganos receptores biológicos (los clásicos sentidos).

La psicocinesia (PC): vía de salida paranormal, que consiste en la influencia del individuo sobre su medio exterior sin el uso de sus funciones motoras.

Los fenómenos paranormales no han sido objeto de estudio científico hasta la segunda mitad del siglo XIX, y anteriormente formaban parte de lo sobrenatural, pseudorreligioso y esotérico.

Respecto a las funciones y fenómenos *psi* se han observado las siguientes características:

— Aparecen con mayor facilidad bajo los estados de hipnosis, sueño, duermevela y relajación profunda, que hacen aflorar en el individuo la llamada conciencia *sofrónica* o *subliminal,* muy activa durante la fase de trance que media entre el sueño y la vigilia.

— Se potencia notablemente bajo la acción de ciertas drogas y alucinógenos.

— Existe una predisposición entre personas de mentalidad corta o primitiva: personas cerebralmente poco «corticalizadas».

— Mayor facilidad de aparición entre personas emotiva y afectivamente inestables.

— Mayor frecuencia de aparición durante estados de convalecencia, anemia cerebral, períodos menstruales, etcétera, que suponen una merma de las funciones psicofísicas.

En definitiva, todos estos factores tienen en común la situación de predominio del cerebro profundo, esencialmente afectivo, emotivo e intuitivo, frente a la corteza cerebral, básicamente lógica y racional.

Un clásico estudioso del tema (Myers, 1903) a partir de análisis sobre el sueño y los estados hipnóticos de trance elaboró la hipótesis del *Yo-subliminal,* como una parte del subconsciente organizada y en constante actividad. Según Myers, el Yo-subliminal podía relacionarse con otras mentes (telepatía) o con otros objetos (clarividencia), llegando a afirmar que sobrevivía después de la muerte corporal (espiritismo).

El estudio de los fenómenos parapsicológicos siempre ha sido un tema polémico y escabroso, y precisamente por su carácter extraño y desconocido es un campo muy propenso al fraude y la teatralidad. J. M. U.

LA TELEPATÍA

La telepatía es una forma de percepción extrasensorial (PES) mediante la que una persona es capaz de percibir estados subjetivos o contenidos del pensamiento correspondientes a otro individuo. Dentro de la parapsicología, se cataloga entre los fenómenos llamados *psi-Gamma,* donde hay una interacción entre dos psiquismos diferentes.

Múltiples experimentos científicos y paracientíficos avalan su existencia, si bien, su explicación ya difiere según las escuelas que la estudian.

Los primeros enfoques experimentales se centraron en la reproducción de dibujos a distancia, presumiblemente por telepatía. Posteriormente se aplicó la teoría de la probabilidad para valorar los resultados obtenidos a fin de distinguir la certeza de la mera coincidencia.

J. B. Rhine, en la Universidad de Duke, elaboró un conjunto de técnicas estándar utilizando una baraja de cartas simplificada que contenía ordenadas al azar cinco imágenes geométricas sencillas (estrella, cuadrado, líneas onduladas, cruz y círculo). El ensayo telepático consistía en que un sujeto, encerrado en una habitación, tenía que adivinar el orden en que sacaba esas cartas otro individuo situado en una habitación contigua. Se obtuvieron datos muy concluyentes, pero igualmente se despertaron múltiples críticas y dudas alrededor del tema. A lo largo de los años, diversos científicos y estudiosos de la telepatía de todo el mundo se han enfrentado en duras polémicas al respecto. Pero los estudios más sistematizados sobre el tema tal vez se pierden en disquisiciones sobre la autenticidad de los experimentos en lugar de establecer un buen marco conceptual del fenómeno en sí.

Una encuesta realizada entre científicos y profesionales reveló que el 70 por ciento de ellos consideraban la percepción extrasensorial como un hecho científico establecido, o que al menos tenía posibilidad de serlo. J. M. U.

LA BRUJERÍA

La creencia en la brujería no se limita a la Edad Media, pues ya existía en la antigüedad. En las civilizaciones griega y romana ya la encontramos, aunque con matices diferentes. Entonces, los brujos no pactaban con el diablo, sino con los dioses de la oscuridad, como Hécate. Posteriormente llegó hasta el occidente de Europa, teniéndose noticias de brujería en los siglos IV al VII. Aunque sí fue en la Edad Media cuando la brujería alcanzó un desafortunado auge a través de su persecución despiadada. El odio, la envidia, la venganza y los celos daban rienda suelta a los instintos más bajos para, en nombre de la ley, practicar los más viles sacrificios y martirios de no pocos inocentes que se veían obligados a confesarse culpables con tal de no soportar tan atroces suplicios. Pocas mujeres de la época estaban seguras de no ser acusadas de brujas en cualquier momento. A veces, para ser sospechosa, bastaba con ser fea, demasiado bella o pelirroja.

La bruja, en principio, debió de actuar como médica, consejera e incluso redentora del humilde que se sentía oprimido por la tiranía del noble. Invocaba a la lluvia, curaba enfermedades, asistía a partos e invocaba a seres ocultos para que éstos castigasen al feudal que explotaba al labrador con su poder, contribuciones y derecho de pernada. Como parecía que la religión de la época estaba más a favor del pudiente que del humilde, la bruja, para obtener poder, se aliaba con el enemigo más potente, el mismísimo Diablo; con lo cual firmó su sentencia cayendo víctima de la persecución. Se consideraban novias del Diablo y organizaban aquelarres en determinadas noches (Walpurgis, Pascua, San Juan, etc.) que por lo regular se convertían en desenfrenadas orgías. Se les atribuían poderes excepcionales como hacer morir al ganado, estropear la leche, emponzoñar heridas, practicar el mal de ojo, envenenar manantiales, etc.; e incluso la capacidad de metamorfosis, transformándose en animales (urracas, sapos y gatos) e incluso el poder de volar. Tal vez lo más llamativo era el dominio y conocimiento que tenían en el uso de las plantas y hongos medicinales, preparando ungüentos y pócimas de gran poder narcótico y venenoso que influían notablemente en el cuerpo y la mente y que se han seguido utilizando por boticarios y médicos hasta tiempos relativamente recientes.

En la actualidad se sigue practicando la brujería en un ambiente sectario y bastante contaminado por los intereses económicos de sus practicantes. Para ello emplean los medios más modernos de difusión: radio, televisión, congresos, etc. Algunos practican la llamada magia blanca que sólo intenta hacer el bien: sanar enfermedades, mejorar cosechas, proporcionar éxito, etc. Pero otros practican aún la magia negra con todas sus terribles consecuencias criminales y moralmente aberrantes.

De uno u otro modo, ningún tipo de brujería es recomendable pues trae consigo un alto riesgo de desestructuración psíquica y aniquilamiento de la personalidad. J. M. U.

LOS CURANDEROS

¿Realmente curan algunos curanderos? ¿Pueden solucionar lo que a los médicos les ha resultado imposible? ¿Tienen una ciencia propia e incluso poderes mágicos? ¿Por qué no probar suerte con ellos? ¿Son una posibilidad alternativa de la medicina clásica?

No es fácil contestar algunas de estas preguntas. Habría que decir «sí» a algunas y «no» a otras. Pero resulta imprescindible aclarar desde un primer momento que existen muchos tipos de curanderos, y que por tanto, no se puede generalizar homologando a unos con otros.

La medicina clásica, especialmente la practicada dentro de algunas instituciones, se ha deshumanizado progresivamente en España durante los últimos años. La falta de tiempo del médico, que debe atender durante un período determinado a un número excesivo de enfermos, y los avances técnicos en el diagnóstico que ha experimentado la medicina en los últimos tiempos han dado lugar a que, a veces, el enfermo no sea comprendido en su totalidad, para pasar a ser considerado casi como «un cuerpo enfermo». Esto ha dado lugar a que el paciente no se sienta identificado con su médico (muchas veces, son siempre distintos los que lo atienden), ni comprendido totalmente en su problema, lo que le genera una desconfianza que dificulta psicológicamente su curación; y no solamente esto, sino que esta desconfianza lo lleva muchas veces a no seguir el tratamiento recomendado o a seguirlo de forma distinta o inconstante.

Muchos curanderos, sin embargo, tienen más tiempo y habilidad psicológica que los médicos que trabajan en estas condiciones, con lo que logran con cierta facilidad la confianza del paciente, lo que en muchos casos es un arma definitiva para su curación. El efecto del *placebo,* es decir, de la ingestión por parte del paciente de una sustancia sin ningún tipo de propiedades farmacológicas, se ha demostrado de cierta eficacia a la hora de aliviar o curar un buen número de enfermedades. El éxito aumenta cuando la persona que prescribe este placebo lo hace asegurando que será curativo por medio de la sugestión.

En el caso de algunos trastornos psicopatológicos, la eficacia de la sugestión cobra una importancia especialmente relevante, como en el caso de los trastornos de tipo histérico. En las neurosis histéricas o de conversión la persona traduce su conflicto y síntomas psíquicos en trastornos corporales, como parálisis de las extremidades, cegueras, afonías, etc. Un tratamiento suficientemente sugestivo puede llegar a conseguir la curación de estas personas, incluso de forma automática. Lo mismo puede decirse de otros síntomas o dolores corporales que no tienen fundamento orgánico. En estos casos, un curandero hábil y experto puede lograr un éxito que llenará de asombro a toda persona que desconozca este tipo de patologías. Tanto más si tenemos en cuenta que estos enfermos son los más fáciles de sugestionar.

Es cierto también que algunos curanderos tienen grandes habilidades en algunos terrenos, especialmente en el campo de la traumatología, y reducen luxaciones o fracturas adecuadamente, aunque muchas veces sin el control y visualización radiográfica necesario para asegurarse de que el hueso dislocado, por ejemplo, se hallará definitivamente en una posición correcta. Otros conocen medicamentos naturales (hierbas, sobre todo) que pueden paliar o

El poder de sugestión es una de las armas más eficaces con que cuentan los curanderos para vencer el dolor y el sufrimiento: un dolor de cabeza puede desaparecer simplemente imponiendo las manos, si la persona que lo padece está convencida del poder curativo de ese contacto. (Foto: EFE.)

incluso curar algunos trastornos, pero que en general dan unos resultados más pobres que los fármacos utilizados por los médicos.

Acudir a un curandero puede, algunas veces, solucionar un problema, pero también implica exponerse a un buen número de riesgos. Se puede ver retrasado un tratamiento médico tradicional, con lo que el pronóstico puede ser entonces más sombrío. A veces el tratamiento recomendado por el curandero, especialmente cuando se trata de enfermedades graves o quirúrgicas, no sólo no está indicado, sino que puede agravar la enfermedad. Por último, puede ser que el tratamiento no empeore la enfermedad, pero al no ser el más indicado, en relación con los conocimientos actuales, se puede ver retrasado el proceso de curación, o lo que es peor, pueden quedar una serie de secuelas para toda la vida que se podían haber evitado siguiendo un tratamiento correcto. J. H.

ASTROLOGÍA

¿Quién no lee su horóscopo? Prácticamente todo el mundo lo hace, unos con avidez, casi como una necesidad; otros de forma displicente y hasta despectiva; pero todos con curiosidad. Hay quienes creen firmemente lo que su signo del zodíaco les pronostica y quienes simplemente se alegran al descubrir que son el signo óptimo de la semana. Lo que es llamativo es el interés social que los horóscopos y el zodíaco despiertan. Cuando se conoce a alguien, sobre todo en ciertos ambientes, antes o después se acaba hablando de su signo astral, y en charlas de amigos, cuando se ha llegado a cierta intimidad, este tema acaba saliendo.

La astrología es una ciencia que intenta estudiar la influencia de los astros en el destino humano y pronosticar los sucesos futuros por la situación y el aspecto de los planetas. Pero no es en absoluto actual, sino que se remonta a las más antiguas civilizaciones. Los estudiosos del tema sitúan las primeras predicciones en Mesopotamia cerca de cuatro mil años antes de Cristo; las encontramos también presentes en el México precolombino, en la civilización egipcia, en China, en la India y en las culturas griega y romana a partir de las cuales arraiga en Europa. Desde entonces ha estado presente y hoy estamos viviendo un resurgir del interés por los horóscopos y las predicciones. Hay un aumento creciente del número de personas dedicadas a vaticinar el futuro de los otros, no dejan de aparecer libros sobre el tema y en la prensa diaria y las revistas nunca falta el horóscopo.

Dentro de la astrología, el horóscopo es el elemento más divulgado, a partir de él el astrólogo orienta sus investigaciones de orden psicológico o adivinatorio. Representa el estado de la bóveda celeste vista en el instante y lugar de nacimiento; estos dos datos son imprescindibles para realizar un horóscopo exacto.

Los «consumidores de horóscopos» abundan entre los jóvenes de dieciocho a veinticinco o treinta años; hay dos mujeres por cada varón. Los que menos se interesan por ella son los agricultores, posiblemente por ser los menos bombardeados por la publicidad y los medios de comunicación de masas.

¿Por qué la gente recurre a los horóscopos? Aparte de la curiosidad, la mayoría buscan descubrir un futuro que tienen incierto y desean que alguien les diga que va a ser positivo, lleno de posibilidades y éxitos. Los aspectos más buscados son la vida afectiva y amorosa, el trabajo, el dinero, la salud y los viajes. En cuanto a la eficacia y veracidad de los horóscopos, es discutible, sobre todo cuando se estudian desde un punto de vista científico riguroso. El psiquiatra Louis Couderc publicó en cierta ocasión un anuncio en el periódico prometiendo a todos los que le contestasen revelaciones acerca de sí mismos. A todos los que le respondieron les envió la misma carta con idénticos pronósticos y consejos. Recibió más de 200 contestaciones de personas que se habían visto reflejadas en el escrito del médico. J. H.

LA QUIROMANCIA

La quirosofía, como estudio e interpretación del significado de los signos de la mano, engloba en su concepto el de quiromancia, que se centra en la interpretación del pasado, explicación del presente y predicción del futuro a través de dichos signos.

Aunque la quiromancia carece del respaldo científico oficial, lo cierto es que es el resultado de experiencias llevadas a cabo durante más de 40 siglos.

Parece ser que sus orígenes tuvieron lugar en Oriente, concretamente en China y la India. Desde entonces y hasta hoy el estudio de las manos ha sido considerado como adivinación, como un medio para profetizar, aunque sea una profecía individual.

Se afirma que las líneas de la mano son auténticos ideogramas que reflejan la personalidad del portador; y así como no hay dos huellas digitales iguales, se estima que tampoco existen dos manos iguales, como distintas las formas de pensar, vivir y sentir del género humano.

Según los quirománticos, las líneas de la mano sirven para conocer, incluso anticipadamente, el pensamiento, carácter y funcionamiento del individuo. Se dice que cada persona tiene escrita su historia en las palmas de las manos.

Las manos registran, según la quiromancia, los efectos fisiológicos, emocionales y mentales de la persona, pero no reflejan cuestiones externas y ajenas a la propia personalidad, como herencias, negocios, loterías, etc.

La quiromancia goza en general de mala fama por la cantidad de fraudes a que se ve sometida. Pero realmente hay serios estudios del tema que esperan que en un futuro próximo sea considerada más ciencia que superstición. De hecho, en medicina, se estudia la configuración de las manos para diagnosticar una serie de enfermedades que en ellas se ven reflejadas. J. M. U.

LA GRAFOLOGÍA, UNA CIENCIA

Todas las formas de expresión y comunicación humanas revelan en mayor o menor medida la personalidad y estado de ánimo de la persona que las produce. Los gestos, la forma de andar, de hablar, etc., pueden aportar muchos datos sobre la psicología individual. También la forma de escribir nos puede orientar sobre algunas peculiaridades psicológicas de una persona. La grafología es la ciencia que estudia las relaciones entre la escritura y la psicología. A la hora de analizar un escrito desde el punto de vista grafológico se deben o pueden valorar los siguientes parámetros:

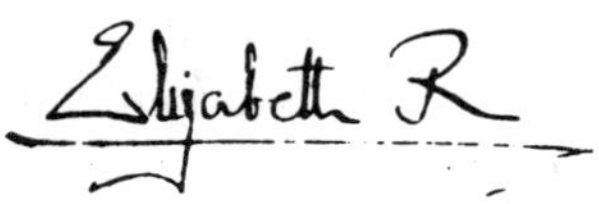

(1) La firma de la Reina: "una personalidad vivaz, que sin embargo se toma la vida en serio".

(2) Lord Mountbatten de Birmania: "hombre de pensamiento rápido, actúa con decisión y rapidez".

(3) Sir Winston Churchill: "una persona decidida, hábil y cautelosa".

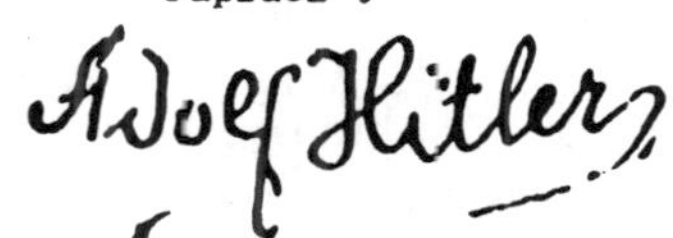

(4) Adolfo Hitler: "ambicioso, impaciente, emotivo... y también sensible".

(Foto: EFE.)

A) *Presentación del escrito*. Hay que valorar su aspecto general, ya que un aspecto limpio y ordenado no es igual que una escritura desordenada, sucia y confusa. En el primer caso suele tratarse de personas ordenadas, con respeto hacia las normas sociales. En el segundo, hay que pensar en impulsividad, indiferencia, falta de previsión o de sentido de la organización.

B) *Márgenes*. Cuando son muy regulares indican orden, autocontrol y disciplina. Un margen izquierdo ancho indica espontaneidad y generosidad; si es estrecho y se asocia con escritura apretada puede indicar tacañería o que se tiene una personalidad interesada. Un margen izquierdo que se va haciendo más amplio a lo largo del escrito sugiere generosidad y extraversión. Por el contrario, un margen derecho amplio indica introversión y desconfianza en el futuro. Cuando este margen es muy estrecho denota una gran vitalidad, espontaneidad y sociabilidad.

C) *Espacios entre líneas y palabras*. Una escritura muy espaciada, tanto en lo que se refiere a palabras como a líneas, sugiere tendencia a la introversión y aislamiento, falta de espontaneidad y timidez. Si los espacios son muy desiguales indica inestabilidad y falta de concentración, y si son regulares, orden y estabilidad emocional. Una escritura apretada denota egoísmo, inseguridad, timidez.

D) *Tamaño de las letras.* La escritura de letras muy grandes es propia de personas que valoran exageradamente sus propias facultades. También pueden indicar insatisfacción y falta de respeto por las opiniones de los demás. Si el tamaño de las letras es grande, pero no tanto, sugiere autoritarismo, afán de independencia y ambición. Un tamaño intermedio denota equilibrio emocional. La utilización de letras pequeñas denota modestia, introversión, facilidad para adaptarse a situaciones nuevas. Si la letra es exageradamente pequeña, sugiere falta de vitalidad, introversión y egoísmo. Cuando la altura de las letras no es uniforme, indica que se puede tratar de una persona exageradamente sensible.

E) *Inclinación de las letras.* Si la mayoría de las letras se hallan inclinadas hacia la izquierda significa egoísmo, egocentrismo, introversión y dificultades de adaptación. Si, por el contrario, se inclinan hacia la derecha, extraversión, sociabilidad, inteligencia práctica. La escritura vertical, sin inclinación hacia ningún lado, sugiere estabilidad emocional, autocontrol, moderación.

F) *Inclinación de las líneas.* Si lo están hacia arriba, indica optimismo cara al futuro, vitalidad, ambición. Si lo están hacia abajo, pesimismo, tristeza, agotamiento. La escritura de líneas muy horizontales, sin apenas inclinación, sugiere autocontrol y equilibrio psicológico.

G) *Presión de la escritura.* Una presión marcada es síntoma de vitalidad, energía, combatividad. Una presión intermedia indica delicadeza y equilibrio emocional. La falta de presión es síntoma de escasa iniciativa, falta de vitalidad, pereza, desinterés y falta de voluntad.

H) *Ritmo de la escritura.* La velocidad con que se realizan los trazos grafológicos puede variar en función de las condiciones en las que se ha llevado a cabo la escritura, pero en términos generales, una escritura rápida indica vitalidad, agilidad intelectual, dinamismo e impulsividad. La escritura lenta sugiere calma, pasividad, reflexión o falta de energía.

I) *Enlaces entre letras.* Letras totalmente separadas unas de otras son propias de personas muy intuitivas, observadoras, analíticas, pero con poco sentido práctico. Letras totalmente enlazadas dentro de la misma palabra son síntoma de racionalismo, lógica, sentido práctico. Una cantidad intermedia de enlaces entre los dos casos anteriores, es decir, varias letras enlazadas dentro de cada palabra sin llegar a unir ésta por completo, indica independencia, personalidad propia, criterios propios.

J) *Peculiaridades de cada letra.* La forma de cada letra puede tener una significación especial y puede constituir por sí misma una importante fuente de información. Por ejemplo, las letras «m» o «n» invertidas en forma de «u» indican delicadeza, amabilidad, dulzura, cortesía y femineidad. Si la parte inferior de la letra «g» es muy amplia y ancha indica un nivel alto de erotismo, etc.

En términos generales, el aspecto global de la escritura nos orientará hacia la personalidad del que la ha escrito. Una escritura exageradamente adornada puede ser símbolo de vanidad, mal gusto o de un complejo de inferioridad. La escritura sencilla, sobria, indica moderación, equilibrio, realismo, autocontrol. También mediante la grafología se pueden encontrar signos que hacen sospechar que una persona padece un trastorno psicopatológico del tipo de la esquizofrenia, la depresión o una demencia orgánica.

La firma tal vez sea el elemento de mayor valor dentro del estudio psicológico de la escritura, ya que resume en parte un gran número de características que se expresan a través de todo el escrito, y además se produce una mayor proyección de la personalidad al tratarse de plasmar el propio nombre y de realizar una rúbrica plenamente individualizada. J. H.

EL HOMBRE Y LA ENFERMEDAD

¿CONVIENE DECIRLE A UN ENFERMO GRAVE QUÉ ES LO QUE TIENE?

José Miguel López-Ibor

Es muy difícil establecer normas concretas, sobre todo porque hay muchas diferencias y matices culturales que hacen que la enfermedad sea vivida de formas diferentes.

En países de habla anglosajona es de moneda corriente decir al enfermo exactamente lo que padece. Es conocido que las enfermedades de los presidentes norteamericanos son discutidas públicamente (los distintos cánceres que ha padecido el presidente Ronald Reagan son un buen exponente). En Europa, esta tendencia es la contraria (por ejemplo, la enfermedad del presidente francés Pompidou fue casi un secreto de Estado).

Todo médico con experiencia sabe que en muchas ocasiones, a pesar de establecer un diagnóstico y un tratamiento correcto, la enfermedad es incurable y que el propio proceso de tratamiento puede producir a veces mucho sufrimiento. Un diagnóstico acertado a veces es, pues, un drama para el enfermo.

Hay normas generales que pueden ser aplicadas para saber cómo y cuándo hay que decirle al enfermo lo que tiene. La primera de ellas es conocer bien cómo es la familia y los vínculos afectivos que se establecen dentro de ella. Hay que escuchar a la familia pero no por ello hay que seguir sus opiniones al cien por cien. El grado de religiosidad y el cómo vive ésta es otro aspecto a valorar con sumo cuidado. Es, pues, una decisión muy individual, ya que hay que valorar si ha tenido una vida estable, cómo es la relación médico-enfermo, etcétera.

El cuándo hay que decirlo es también fundamental. Cuanto más crónica sea la enfermedad, más importancia tienen los aspectos depresivos y el sufrimiento afectivo que produce la enfermedad.

En enfermos crónicos la depresión es muy frecuente llegando a un 24 por ciento en los hospitalizados. El suicidio en los enfermos cancerosos es también mucho más alto que entre la población normal. Una enfermedad aguda y grave es menos importante desde el punto de vista del suicidio que una crónica.

A veces no es necesario expresar verbalmente ante el enfermo la gravedad de su proceso. Las actitudes de los familiares y de los médicos son suficientemente esclarecedoras. En líneas generales, los enfermos tienen más miedo al sufrimiento, al dolor, que al propio destino de la enfermedad.

Es absurdo que un médico diga «tiene usted un cáncer y se va a morir en tres meses», entre otras razones porque la medicina no es capaz de precisar con tanta exactitud el tiempo.

Es también negativo el engañar al enfermo con falsas esperanzas o quitarle las esperanzas totalmente. ¿Qué es, pues, lo que hay que hacer?

Al enfermo hay que decirle tanto como él desee saber, siendo muy cauteloso cuando empieza uno a darse cuenta que no quiere saber más de su destino.

Parecen existir tres fases una vez que al enfermo se le ha dicho que su enfermedad es incurable. Una primera fase de ajuste emocional, con miedo y depresión donde el peligro de suicidio es muy alto. Es un período corto tras el que aparecen dos actitudes; la primera suele ser la de una hiperactividad o el polo opuesto, una hipoactividad. Posteriormente el enfermo asume su enfermedad y finalmente acepta la cooperación con el médico y sigue con rigurosidad el tratamiento que suele ser exclusivamente sintomático.

Si al enfermo grave se le asegura que su sufrimiento va a ser más bajo y es posible hacerlo, los problemas son menores. En cuanto al problema del sufrimiento físico y el psíquico, para el segundo de ellos, se sabe que lo mejor es comprender a los enfermos y que en la propia comprensión ya hay un gran alivio.

APRENDER A VIVIR CON EL DOLOR

José Miguel López-Ibor

El dolor es síntoma de que «algo» está ocurriendo en el organismo. El sano no siente nada, ni en su cuerpo ni en su espíritu. Sabe que tiene cuerpo pero no es consciente de él. Cuando le duele, o cuando algo varía en el organismo, éste se hace presente. Con el espíritu también ocurre lo mismo. El dolor tiene, pues, un significado. Es necesario hacer dos distinciones, dolor agudo y dolor crónico, para poder comprender adecuadamente cuál debe ser la actitud más positiva frente al dolor.

El dolor agudo es necesario. Sin él no tendríamos un sistema de supervivencia o de alarma primordial. Por eso la forma de dolor no debe tratarse hasta no saber cuál es la causa. Si se trata y se hace desaparecer, se entorpece mucho la labor de los médicos y las consecuencias pueden ser muy graves. Sobre todo si el dolor agudo aparece en un niño, lo primero es saber por qué se ha producido éste.

Hay que saber, desde que somos niños, que con el dolor agudo hay que vivir. Hay que soportarlo y no tratarlo de una forma indiscriminada. La autofarmacia en el dolor agudo ha producido muchos desastres. Por eso, el uso indiscriminado de un analgésico es una plaga que preocupa mucho a la Organización Mundial de la Salud. Hay que distinguir también el dolor de la angustia y de la ansiedad, puesto que el tratamiento es distinto. Los ansiolíticos, los fármacos que quitan la ansiedad, no son analgésicos antidolorosos y, en muchas ocasiones, aumentan el dolor agudo y crónico.

Un último experimento en el tratamiento de procesos sentidos como dolorosos lo constituye el uso de medicación ficticia (placebo) que actúa sobre la componente psicológica del enfermo y puede llegar a hacer que éste se sienta aliviado de su dolor.

Ante el dolor crónico, los problemas se plantean de forma diferente. En primer lugar, la medicina dispone de recursos suficientes para hacerlo desaparecer o controlarlo. No es, pues, necesario hoy vivir con un dolor crónico. Sin embargo, no es fácil a veces precisar lo que es un dolor crónico, ya que se confunden fácilmente episodios de dolor agudo reiterados, con el dolor crónico. También, como veremos, la ansiedad y la depresión aparecen como máscaras dolorosas.

Dolor crónico es aquel que produce una enfermedad cancerosa, por ejemplo, o una enfermedad que lesiona un nervio. Además el dolor crónico tiene unas características precisas. Hay que saber que los dolores difusos, que cambian de un lugar a otro del cuerpo, no son los que los médicos llamamos dolor crónico. En estos casos se trata de otras enfermedades, ya lo apuntamos antes, que están más ligadas a las depresiones. Tenemos que aprender a vivir con episodios dolorosos agudos, y tenemos que saber que los dolores crónicos pueden ser tratados por la medicina. Ocurre a veces que los enfermos y los médicos no se ponen de acuerdo en lo que es un dolor, porque no hay que olvidar que estamos hablando de algo subjetivo. Todo el dolor es diferente y cada uno «siente» el dolor de una forma personal. Puesto que un dolor es sentimiento, es por ello por lo que surgen las discrepancias entre médicos, enfermos y familias.

Dolor, como hemos visto en otro lugar, no es igual que sufrimiento, el sufrimiento aparece muchas veces con el dolor crónico y eso sí que podemos modificarlo con un aprendizaje cultural. La respuesta afectiva al dolor es muy distinta según los entornos sociales. También la conducta ante el dolor. Como hemos visto, la idea de eliminarlo no siempre es positiva.

La comprensión del dolor por aquel que no lo sufre hace que la respuesta emocional sea mejor y sea más fácil su tratamiento. En realidad, se quiera o no, tenemos que aprender a vivir con el dolor. Una sociedad sin dolor es una sociedad utópica. El dolor puede llegar a ser psicológicamente enriquecedor en la formación y maduración de la persona.

CÓMO CONTROLAR EL DOLOR

José Miguel López-Ibor

El dolor es un síntoma subjetivo en cuya raíz hay algo objetivo. *Nocicepción* es, en medicina, la detección y reconocimiento por parte del organismo de los estímulos dolorosos. A veces este reconocimiento no aparece bajo determinadas enfermedades, o por aprendizajes muy especiales. Los enfermos esquizofrénicos crónicos y muy deteriorados no tienen a veces esta nocicepción. Algunos bonzos son otro ejemplo. Se ha dicho que hay una sustancia en el organismo que es capaz de anular esta nocicepción y que se ha denominado *sustancia P*.

El dolor es una percepción y reconocimiento consciente del estímulo nociceptivo. Estímulo nociceptivo tenemos cuando estamos anestesiados y no sentimos dolor, o durante el sueño. El dolor es siempre consciente. Otro ejemplo sencillo es el de los borrachos, que tienen nocicepción, pero por tener una conciencia enturbiada por el alcohol no tienen, o tienen muy poco, dolor.

Finalmente, el dolor es sufrimiento, es decir, la respuesta afectiva, conductual y emocional, frente al dolor, se llama generalmente sufrimiento.

Algunos dolores no se controlan con analgésicos. Por ejemplo, la angina de pecho. Otro axioma es que hay que tratar al enfermo y no al síntoma. Y esto es lógico, porque el sufrimiento es algo muy personal. El control del dolor hay que hacerlo a su debido tiempo, ya que si no, estamos evitando que el organismo se defienda de acontecimientos externos e internos.

El dolor se controla tratando en primer lugar la nocicepción. Es decir, inhibiendo o solucionando esta nocicepción donde se produzca. La angina de pecho se trata haciendo que las arterias coronarias aumenten su caudal de sangre por medios químicos que no son analgésicos. En algunos casos se usan estos últimos, en otras ocasiones, se usan antiinflamatorios, etc.

El segundo escalón es tratar la percepción y el reconocimiento del estímulo nociceptivo. En este caso, se usan los anestésicos, que lo que hacen es disminuir, hasta anular, la conciencia de una forma reversible. El analgésico actúa, en general, sobre la nocicepción; el anestésico actúa sobre la percepción del dolor. Las fronteras entre los analgésicos y la anestesia son muy permeables y, a veces, analgésicos y anestesia se confunden.

En esta última década, la sociedad ha cambiado en busca de fármacos que hagan disminuir al máximo la percepción, y se han creado unidades médicas multidisciplinarias para el tratamiento de la percepción y reconocimiento del dolor. Son las unidades multidisciplinarias del dolor. Ha ocurrido así, porque las enfermedades que producen dolor crónico han ido en aumento al alargarse la vida. La degeneración, por ejemplo, de los sistemas osteoarticulares en Occidente hace que hayan aumentado de una forma alarmante los dolores crónicos articulantes, y que sea necesario encontrar formas modernas para tratarlos.

Los dolores se controlan haciendo silencioso lo que duele, es decir, no sintiéndolo. En algunas ocasiones, la repetición continuada de un dolor hace que éste tenga menos repercusión afectiva y que, por tanto, el sufrimiento sea menor y aparentemente el dolor disminuya.

Al final queda el tratamiento de la respuesta afectiva, conductor emocional del dolor. El sufrimiento, cuando se controla, hace que el dolor sea más soportable. El control emocional del dolor es hoy una piedra angular de la medicina. El llamado parto sin dolor se basa en este control. Siguiendo con el ejemplo del parto sin dolor, casi todos sabemos que se consigue modificando la conducta, por el aprendizaje de unas técnicas de las mujeres embarazadas. Por eso la asistencia del parto es hoy muy diferente de la que se hacía hace cuatro décadas.

En los hospitales se pide silencio y unas normas de conducta especiales, porque de esa manera el sufrimiento de los enfermos disminuye. Un médico o enfermera, tranquilo, seguro de lo que hace, consigue transmitir una respuesta emocional al enfermo, que disminuye el dolor.

La respuesta afectiva es también un avance importante, descubierto en estos últimos años. Aquellos fármacos que cambian la respuesta afectiva suelen ser muy buenos controladores del dolor, mejores, a veces, que los clásicos analgésicos de siempre; sin embargo, éstos tienen que ser siempre prescritos por médicos.

El dolor es, pues, controlable, desde su comienzo hasta su respuesta afectiva.

TIPOS PSICOLÓGICOS Y ENFERMEDADES ORGÁNICAS

José Miguel López-Ibor

El tratamiento de las enfermedades es cada vez más caro, y no solamente desde la perspectiva económica. El sufrimiento es socialmente devastador.

Modernamente, todos los países tratan, siguiendo a la Organización Mundial de la Salud, de prevenir enfermedades y promover la salud. Para conseguirlo, es necesario estudiar bien las formas de enfermar y conocer la personalidad de aquellos que sufren enfermedad, y así es más fácil prever las consecuencias.

Se actúa ante la enfermedad como, por ejemplo, frente a las catástrofes atmosféricas. Por poner un ejemplo, si conocemos el clima y el terreno podremos prevenir mejor las riadas.

La personalidad no determina de una manera absoluta que por ser de una forma se vaya a padecer con seguridad una enfermedad, pero sí que es un condicionante fundamental. Lo primero es intentar clasificar en grandes grupos los tipos de personalidad y normalmente se hace por los rasgos que más destacan.

Ante lo que ocurre fuera de uno mismo o, si se prefiere, por la forma de relacionarse con los demás, las personas se clasifican en extravertidas e introvertidas. Los extravertidos tienen tendencia a padecer más accidentes que los introvertidos, y eso lo saben muy bien las compañías de seguros. Los introvertidos padecen más enfermedades psicosomáticas.

Las personas que tienen poca fuerza interior, los abúlicos, apáticos y asténicos, viven muchos años quejosos de padecer enfermedades orgánicas y psicológicas, pero que no repercuten en su organismo. Hay una excepción muy peculiar y que ha merecido estudios muy importantes en los últimos años, y es un tipo de enfermedad cancerosa, la que aparece en el páncreas. Son ese tipo de personas que poco a poco, sin casi saber por qué, se van haciendo asténicos, perdiendo peso, agotándose física y psíquicamente lentamente, y que la medicina descubre que tienen la enfermedad antes mencionada.

Los inseguros y necesitados de estimación son los que padecen un tipo muy conocido de enfermedad psíquica: la histeria. Hace años era un padecimiento femenino, hoy, con la igualdad de los sexos, es también frecuente en los varones. La depresión, otra de las graves enfermedades psiquiátricas, se da entre los ordenados y escrupulosos. Éstos, a veces, cambian de enfermedad, y pasan de una forma psíquica a una orgánica. Por ejemplo, es frecuente ver padecer crisis de asma a enfermos depresivos, o úlcera de estómago. Curiosamente, mientras se padece una enfermedad no aparece la otra.

La personalidad de los jaquecosos es muy parecida a la de los depresivos y a la de los ulcerosos. Estamos siempre refiriéndonos a cómo se es, antes de aparecer la enfermedad, y no los cambios en la personalidad que produce una enfermedad. Como ejemplo puede servir el epiléptico que por su enfermedad y durante el transcurso del tiempo se hace pegajoso (enequético).

Como es natural, hoy se presta mucha atención a las enfermedades crónicas y de muy difícil tratamiento, como son las cancerosas o los padecimientos cardíacos. Las primeras aparecen en personas dominantes y autoritarias, de carácter destemplado. Las segundas en aquellos que están sometidos a la responsabilidad de tomar grandes decisiones y que son muy ambiciosos. Muchas veces lo que ocurre es que la personalidad hace que se viva de una forma especial con conductas que desencadenan enfermedades. Por ejemplo, el consumo excesivo de alcohol socialmente, o el tabaco. La falta de sueño, los continuos cambios de horario, etc., que se intentan solucionar por medios no naturales, químicos, y que al final condicionan la aparición de enfermedades crónicas. Recuérdese la incidencia del tabaco en los cánceres de pulmón.

Es necesario volver a insistir que los rasgos de personalidad no son condicionantes absolutos, y que las excepciones confirman siempre la regla general.

VIVIR CON EL CÁNCER

Bastantes tipos de cánceres tienen un pronóstico relativamente bueno si se inicia un tratamiento precoz. Por el contrario, hay ocasiones en las que el pronóstico es francamente malo, y se sabe que inevitablemente la persona que lo padece morirá en un plazo breve de tiempo. La cuestión está a veces en si es conveniente informar o no al paciente de la situación, si bien, en muchas ocasiones éstos ya sospechan que tienen una enfermedad incurable, a lo que suelen reaccionar psicológicamente a través de diversas fases.

En un principio aparece un *shock* emocional como consecuencia de saber que tienen una enfermedad terminal, incurable. Se genera una cierta situación de miedo o terror indefinido o referido a la misma muerte y al más allá, que cobra ahora una dimensión más importante. Generalmente esta etapa es breve, pero durante la misma puede aparecer una depresión. Más tarde se produce una segunda etapa caracterizada fundamentalmente por la negación de la enfermedad y sus consecuencias.

Estas personas piensan que en realidad tienen una enfermedad menos grave y hacen mucho caso de la menor fuente de esperanza que alguien les plantea. Pueden surgir entonces grandes deseos de hacer cosas, de hacer planes para el futuro, que realmente carecen de sentido práctico.

En una tercera fase se termina aceptando la situación, que las perspectivas vitales están francamente limitadas, y entonces, con cierta resignación, estas personas intentan adaptarse a la situación lo mejor que pueden y colaboran con el médico a la hora de paliar los dolores y otras consecuencias, muchas veces invalidantes de la enfermedad; si bien suele quedar una remota esperanza de curación que se basa en relatos excepcionales de confusiones diagnósticas o en la rápida invención de una terapéutica eficaz contra el tipo de cáncer que padecen.

Esta evolución, aun siendo la más típica, no es la que siguen todos los enfermos de un cáncer grave. A veces, la depresión se mantiene, sobre todo si no se inicia oportunamente un tratamiento adecuado para la misma. La ansiedad asociada al proceso, las molestias corporales, que a veces cursan con dolores verdaderamente intensos, y la falta de perspectivas futuras dan lugar a un profundo sentimiento de desesperanza, por el cual lo único que desean estos enfermos es que todo acabe cuanto antes. En estas circunstancias se puede llegar al suicidio.

En la familia del enfermo con un cáncer terminal también se producen ciertas repercusiones psicológicas, ya que tienen que enfrentarse con la realidad de la muerte, compartir el sufrimiento de estas personas, a veces durante períodos de tiempo prolongados, viviendo una cierta sensación de impotencia y de no saber bien cómo comportarse con el enfermo. También puede surgir en algunos casos sentimientos de culpa y ansiedad. Todo el proceso puede terminar suponiendo una sobrecarga emocional que se traduce en un deterioro del ambiente familiar; si bien, en otros, la enfermedad contribuye a la aproximación afectiva de los componentes de la familia. No es raro que surja algún cuadro depresivo en algunos de sus miembros durante el mismo período de la enfermedad o tras el fallecimiento de esta persona. J. H.

Periódicamente, hay mujeres que se sienten raras y molestas, se encuentran incómodas físicamente, hinchadas, con dolor de mamas y fuertes jaquecas. Esto se acompaña a veces de tristeza, irritabilidad, agresividad y hasta trastornos de conducta más importantes. Ellas se extrañan y los que viven a su lado también; no existe una explicación para estos cambios. Lo que ocurre es que sufren el llamado *Síndrome de Tensión Premenstrual.*

El Síndrome de Tensión Premenstrual (STP) consiste en un conjunto de síntomas orgánicos y psicológicos que aparecen antes de la menstruación, entre siete y diez días antes, y que desaparecen a las veinticuatro-cuarenta y ocho horas de iniciarse. Los síntomas son:

— Dolor, que comprende tensión muscular, dolor de cabeza, migraña, calambres, dolor de riñones, y dolor y malestar general que provoca cansancio.

— Cambios en la capacidad de concentración con confusión, mala memoria y falta de concentración.

— Otras alteraciones de los ritmos biológicos normales, como insomnio, bajo rendimiento en el trabajo y menor eficacia.

— Reacciones del sistema nervioso autónomo en forma de mareos, sudores fríos, náuseas, vómitos, sofocos y desmayos.

— Retención de líquido, que se manifiesta con hinchazón de abdomen, hinchazón de mamas con dolor, edema en los tobillos, manos doloridas y aumento de peso.

— Cambios de humor con ansiedad, irritabilidad, tensión y llanto fácil.

El síndrome puede ser completo o presentar sólo algunos de sus síntomas. En cuanto a los trastornos de orden psicológico, pueden aparecer exclusivamente en este período premenstrual, pero si la mujer padece algún tipo de enfermedad psiquiátrica es muy frecuente que ésta se agrave o se reactive durante este período.

El número de mujeres que lo sufren varía según las estadísticas, prácticamente casi todas afirman que entre un 40 y un 50 por ciento de las mujeres en edad fértil han presentado este cuadro en algún momento de su vida y hasta un 92 por ciento ha sufrido alguno de los síntomas. Con estas cifras descubrimos la importancia del STP pero aunque molesto muy pocas veces es grave e incapacitante.

Su origen se sitúa sobre todo alrededor de causas biológicas, sobre todo los trastornos hormonales por descenso de progesterona o desequilibrio entre estrógenos y progesterona. El estrés, la edad (el STP aumenta por encima de los treinta años), la carencia de vitamina B o las alteraciones de la prolactina podrían tener también un papel desencadenante.

El tratamiento es doble, por un lado consiste en disminuir la sintomatología y por otro en actuar sobre el posible agente desencadenante. Se han ensayado pautas con progesterona, hormonas tiroideas, diuréticos (que al aumentar la eliminación de orina disminuyen la retención de líquido) y vitaminas combinadas con dieta equilibrada y deporte regular. Para controlar los trastornos psicológicos son muy eficaces las técnicas de relajación y, en casos ya graves, se emplean tranquilizantes y antidepresivos. M. D.

EFECTOS PSICOLÓGICOS DE LA MASTECTOMÍA

El cáncer de mama es uno de los más frecuentes en la mujer. Para un tratamiento eficaz del mismo, de modo que se evite el riesgo de que el cáncer no sea totalmente eliminado, muchas veces, es necesario que el cirujano no se limite a extraer el tumor, sino que tiene que extirpar toda la mama. A esta intervención quirúrgica por la que se elimina un pecho completo, se le denomina técnicamente *mastectomía*.

El problema más grave de este tipo de intervenciones quirúrgicas estriba en las repercusiones psicológicas que puede tener sobre la mujer, y a veces, sobre su marido. La mujer vive con gran ansiedad la extirpación del pecho, que se suma a la angustia previa de haber sido diagnosticada de cáncer, con todas las incertidumbres que esto supone. La pérdida de su imagen corporal se centra particularmente en las repercusiones estéticas y en la femineidad en sí misma referida a la atracción sexual. Muchas mujeres piensan que dejarán de ser atractivas para sus maridos tras la extirpación del pecho, con lo que se añade una gran inseguridad en el terreno afectivo. Observando este contexto es fácil comprender que la mastectomía pueda ser un gran trauma emocional impregnado de desesperanza. Si además tenemos en cuenta que cualquier intervencion quirúrgica (y más si es mutilante) favorece la aparición de un síndrome depresivo, resulta más que comprensible que tras la mastectomía muchas mujeres tengan una depresión, a veces, verdaderamente profunda.

Estas repercusiones psicológicas se pueden atenuar cuando se toman una serie de medidas por parte del médico y el marido. La paciente debe comprender que en la actualidad el cáncer de mama tiene buen pronóstico si se realiza un tratamiento adecuado, antes de que el cáncer se encuentre en estadios muy avanzados, con lo que puede disminuir su temor a morir o recaer. La aplicación de una prótesis lo antes posible también colabora a devolver a estas mujeres la confianza en sí mismas, tanto más si tenemos en cuenta que actualmente se fabrican prótesis de gran calidad estética. Algunos especialistas, como Ervin, recomiendan la instauración de la correspondiente prótesis antes, incluso, de que la enferma abandone el hospital, ya que ha comprobado cómo de este modo se produce una recuperación emocional más rápida y satisfactoria.

También resulta decisiva la intervención del marido. Éstos deben comprometerse a confirmar reiteradamente a su esposa que la continúan queriendo y que todavía les resulta atractiva. En este sentido, puede ser una buena demostración que el marido ayude a la esposa a vestirse y a cuidarse la herida de un modo sincero y afectuoso, intentando desdramatizar la situación, haciendo ver a su mujer que es plenamente consciente de lo que ocurre y que lo acepta de un modo natural. La actitud contraria, es decir, intentar rehuir por completo el problema, como si se tratase de algo secreto o tabú, que no se quiere abordar por parte de uno o ambos cónyuges, dificulta posteriormente la relación entre ambos y puede, de hecho, acentuar el efecto traumático de la mastectomía. M. D.

OBESIDAD

La obesidad es la excesiva acumulación de grasa corporal en relación a la estatura y a la edad del individuo. Pero, hoy día, el ser o considerarse gordo o no, no es lo mismo que ser realmente obeso ya que se han creado unos patrones culturales estéticos según los cuales lo ideal es estar delgado o muy delgado y casi no hay una constitución intermedia, con unos pocos kilos de más se es ya gordo.

Hay como una especie de obsesión colectiva por perder kilos, sobre todo entre las mujeres y muy particularmente entre las adolescentes y las jóvenes adultas. Es frecuente oír «estoy a dieta» o «mañana me pongo a régimen» o «estoy como una vaca o una foca» aunque estas mujeres no sean objetivamente obesas.

La auténtica obesidad es una cuestión distinta y en ella sí hay un exceso de grasa. Aquí sí que hay que plantearse una reducción programada del sobrepeso tras descubrir su origen. La causa más común suele ser la ingesta excesiva con un aporte de energía mayor del que el organismo gasta al día, es decir, se come demasiado y todas las calorías que sobran se acumulan en forma de grasa. Puede también existir un desajuste endocrino que requiere el estudio por el especialista y que generalmente es una obesidad que no responde a la reducción de la ingesta. En ocasiones se debe a trastornos de los hábitos alimenticios que son problemas propiamente psiquiátricos y que tratamos más adelante, como la *bulimia* o ingesta compulsiva de alimentos y la *bulimorexia* o ingesta compulsiva de alimentos seguida de vómito. Tanto en los trastornos endocrinos como psiquiátricos, la obesidad es el resultado de otra enfermedad que es la que hay que tratar en primer lugar.

La obesidad no real, la que el sujeto percibe al atenerse a los patrones culturales dictados por la moda, no suele requerir tratamientos especiales a no ser que el deseo de adelgazar y el disgusto por verse «gordo o gorda» provoquen trastornos psicológicos. La comida, lo que se come y cuándo se come, se puede convertir en una obsesión; hay jóvenes que se niegan totalmente a comer y nos encontramos con una grave enfermedad psiquiátrica, la *anorexia,* que tratamos más adelante.

Las auténticas obesidades son aquellas en las que la mujer o el varón se ven gordos, los demás también los ven gordos y la báscula delata el sobrepeso. Entonces hay que seguir un régimen estricto y programado para lograr una pérdida paulatina de peso, lo ideal es que un especialista controle este tratamiento. Junto a la dieta es fundamental el apoyo psicológico que parte del médico y sobre todo de los familiares que rodean y conviven con el obeso. Los *grupos de obesos* que trabajan de forma muy similar a los grupos de alcohólicos se han demostrado como altamente eficaces, en ellos los pacientes se apoyan, estimulan y gratifican entre sí en su lucha contra la obesidad. Pero lo más difícil no es perder peso, sino mantener la pérdida sin volver a ganarlo rápidamente, para ello no basta con seguir una dieta dramática y perder los kilos, sino que hay que cambiar los hábitos alimenticios que provocan el sobrepeso. Esto se logra con Técnicas de Modificación de Conducta que tienen unos puntos de partida.

— Describir la conducta que hay que controlar, para ello el paciente tiene que ir escribiendo todo lo que come a lo largo del día, el momento en que lo hace y las circunstancias en que se produce cada comida.

— Modificar y controlar los estímulos que condicionan la ingesta de alimentos. Muchas personas comen en diversos sitios a salto de mata, donde les pilla o les entra hambre. Lo ideal es que los obesos coman sólo en un lugar y que cuando lo hagan estén centrados en ello, no vean la tele, no hablen con otras personas ni lean el periódico; que simplemente coman y se den cuenta de lo que están comiendo.

— Desarrollar técnicas de control del acto de comer que ayudan a disminuir la velocidad con que se come, como ir contando los bocados, masticar un número concreto de veces cada bocado o dejar los cubiertos en el plato tras cada uno de ellos.

— Reforzar y gratificar los éxitos sobre la comida y los descensos de peso en la familia, con el médico o en el grupo (si el sujeto acude a él). M. D.

MIEDO AL SIDA

El sida o síndrome de inmunodeficiencia adquirida se presenta en nuestros días como una auténtica epidemia, como una plaga social. Realmente se trata de una enfermedad grave, para la cual no existe actualmente un tratamiento médico eficaz, que se va extendiendo por todo el mundo, de modo que cada vez son más las personas que la padecen. No obstante, la amplia difusión que el problema ha tenido a través de los medios de información de masas, ha dado lugar a que exista actualmente una situación de terror ante la posibilidad de llegar a contraer esta enfermedad.

En cierto modo se puede decir que no son pocas las personas que mantienen una cierta aprensión o actitud hipocondríaca hacia la enfermedad. Se teme el contagio a través de transfusiones de sangre, de instrumentos quirúrgicos, como los de los odontólogos, pensando que tal vez no hayan sido desinfectados convenientemente antes de ser aplicados a otra persona. Se teme el contagio a través de las relaciones sexuales, el uso de jeringuillas usadas por otros sin previa desinfección (como en el caso de muchos drogadictos), etc. Curiosamente son, proporcionalmente, las personas más expuestas, con un riesgo más alto a contraer la enfermedad, las que se sienten menos preocupadas. De hecho, muchos toxicómanos continúan compartiendo la jeringuilla mediante la cual se inyectan heroína u otras drogas, a pesar de ser informados que éste es uno de los medios más importantes a la hora de transmitir la enfermedad. Algo similar puede decirse de la conducta sexual entre personas homosexuales, la otra gran vía de transmisión del sida.

Por el contrario a estas personas, existen otras, en principio, sin casi riesgo de contraer la enfermedad, que se encuentran agobiadas, continuamente atemorizadas por la idea de que se pueden infectar. Algunas son hipocondríacos que han desplazado su temor por el cáncer o el infarto de miocardio al sida, pero otras son personas que no habían dado muestras de ser aprensivas hasta que esta enfermedad fue descrita y más tarde explicada por los medios de comunicación. Se puede hablar, entonces, de que existe una cierta «sidafobia» en la sociedad actual; es decir, un temor exagerado, desproporcionado, una fobia a la posibilidad de poder contraer la enfermedad; es más, a la posibilidad de ser portador del virus, aunque no aparezcan síntomas clínicos. Muchos rehúyen a las personas portadoras del virus, como si se tratase de apestados medievales, pensando que podrían contagiarles por vías de transmisión que aún no han sido descubiertas por los investigadores. El problema es aún más grave entre los niños portadores del virus, que son segregados o expulsados de sus colegios debido al miedo que los padres tienen de que éstos puedan llegar a contagiar a sus hijos. La enfermedad tiene además una serie de connotaciones vergonzosas que la hacen más odiosa; tener el sida supone casi ser drogadicto o ser homosexual, ya que son éstos la mayor parte de la población que lo padece; lo cual aumenta el temor a contraerla, ya que se piensa que se sufriría un desprestigio social injustificado. Todos estos factores hacen que el temor a otras enfermedades se haya visto desplazado por el sida, enfermedad de nuestros días. J. H.

MIEDO A LA ENFERMEDAD Y A LA MUERTE

La enfermedad, la pérdida de la salud, es algo que nadie desea. Lo mismo se puede afirmar respecto de la muerte. Una persona que está somática y psíquicamente sana no desea morir, ya que mantiene intacto el instinto de conservación. Pero a veces, el temor a la enfermedad y a la muerte toma proporciones exageradas, dificultando el mismo proceso existencial; es decir, que puede resultar muy difícil vivir cuando nuestra existencia está empapada de miedo a la enfermedad, al dolor o a la muerte; incluso se puede dar el caso de que el miedo a la muerte sea tan intenso que produzca un sufrimiento insoportable que conduzca a esa persona al suicidio.

Las personas que más temen la muerte y la enfermedad son las denominadas hipocondríacas. Son personas muy aprensivas, generalmente pesimistas, que sólo esperan acontecimientos desgraciados del futuro, como si presintiesen que en cualquier momento van a verse asaltados por una enfermedad grave (cáncer, infarto de miocardio, etc.; o actualmente, por el sida). Otra característica es la continua autoobservación a que someten a su cuerpo, interpretando una pequeña molestia, una sensación corporal, una mancha en la piel, etc., como un primer síntoma de una enfermedad grave o mortal. Esto les genera una gran ansiedad, por lo que recurren continuamente al médico, si bien, les asaltan continuas dudas que proceden de un fondo de inseguridad que subyace en su personalidad; por lo que tampoco quedan tranquilos cuando el médico les dice que no tienen nada. En realidad no es que no tengan nada, sino que su trastorno, lejos de pertenecer al ámbito de lo orgánico, es de tipo psicopatológico, aunque ellos se niegan a aceptar que lo que necesitan es un tratamiento psiquiátrico. Por el contrario, suelen exigir que su médico les realice las exploraciones complementarias más complicadas (análisis de todo tipo, radiografías, scanner, electrocardiogramas, etc.) a pesar de lo cual no suelen quedar satisfechos, ya que continúan pensando que sus molestias tienen que proceder necesariamente de una lesión orgánica y que lo que sucede es que nadie es capaz de descubrir esa lesión.

Por otro lado, desconfían de los medicamentos que se les prescriben por cualquier motivo, leen detenidamente los prospectos asustándose al considerar la posibilidad de padecer los efectos secundarios descritos en los mismos. Si se deciden a tomar los medicamentos, lo que sólo ocurre en algunas ocasiones, padecen estos efectos indeseables por mera sugestión. Esto hace que cambien continuamente de médico o que consulten a varios para contrastar sus opiniones antes de decidirse a iniciar un tratamiento. También es frecuente que compren y lean enciclopedias médicas que revisan cada vez que se notan el menor síntoma, o cuando alguien les habla de la enfermedad que ha contraído un conocido, ya que comienzan a pensar que es muy probable que ellos la estén padeciendo sin haberse dado cuenta. Hablar de enfermedades les crea una gran ansiedad, pero por otro lado, también es su tema preferido de conversación, ya que es el que más les interesa. En cierto modo, toda su vida gira en torno al problema de la enfermedad y la muerte.

La sociedad actual, en la que el dolor cada vez tiene menos sentido, dentro de la civilización materialista, preocupada fundamentalmente por el confort, tecnificada y en parte deshumanizada en lo que se refiere a la asistencia sanitaria, favorece la presentación de cuadros hipocondríacos, que, desde luego, son cada vez más frecuentes. En otras ocasiones, el temor a la muerte tiene un fundamento real; por ejemplo en el caso de personas que padecen una enfermedad terminal del tipo del cáncer, en soldados que se encuentran en pleno frente de batalla, etc. Entonces, el temor a morir puede ser francamente intenso, desproporcionado a pesar de todo, generando una gran ansiedad. En los casos en que esta situación se prolonga bastante en el tiempo, también es frecuente que surja un síndrome depresivo, como en el caso de los enfermos terminales. Esta depresión, o bien la intensa ansiedad, hace que la situación se haga insoportable, con lo que algunas de estas personas llegan a preferir quitarse la vida por su propia mano, ya que interpretan lo que les queda de vida como una espera insoportable e inútil. J. H.

VII. Conflictos psíquicos

EL EQUILIBRIO PSICOLÓGICO

Ser una persona equilibrada, desde el punto de vista psicológico, supone mantener una cierta estabilidad en lo que se refiere al humor, emociones y sentimientos, reaccionar psicológicamente con moderación ante los diversos estímulos externos, de una forma proporcionada, y mantener un cierto autocontrol de los impulsos y de la vida instintiva. Por el contrario, decimos que una persona está desequilibrada psicológicamente si es demasiado sensible a los acontecimientos externos, reaccionando exageradamente ante los mismos (*reacciones vivenciales anómalas*), o si su afectividad es frágil e inestable, con lo que cualquier cosa es capaz de derrumbarla, conduciéndola hacia el desánimo, la tristeza o el pesimismo, o si por un motivo insignificante estalla en una alegría exagerada (*labilidad afectiva*). Otras veces, estos cambios de humor se producen sin motivo aparente. Cuando las oscilaciones emocionales son muy marcadas, y se producen fases de contenido opuesto (fases de euforia seguidas de fases depresivas) de larga duración (al menos quince días), hay que pensar en la posibilidad de que no se trate ya de un trastorno de la posibilidad, sino, tal vez, de una psicosis maníaco-depresiva, también llamada *depresión ciclotímica o bipolar.*

Otras veces, el desequilibrio procede más bien del campo de los impulsos, afecta a personalidades explosivas o impulsivas, muy irritables a causa de motivos insignificantes o situaciones que no tienen gran trascendencia, pero ante las que reaccionan de forma brusca y desproporcionada, a veces incluso, de forma agresiva. Estas situaciones son propias de las personalidades psicopáticas, de los trastornos neuróticos y de las crisis disfóricas, que pueden aparecer, por ejemplo, en el transcurso de una depresión, y, en general, de la mayor parte de los trastornos psicopatológicos, ya que el desequilibrio psicológico es uno de los síntomas más frecuentes de los trastornos comprendidos en el campo de la psicología y la psiquiatría. Muchos han definido la enfermedad mental como una situación en la que la persona se ve privada de libertad, ya que no es capaz de ejercer un cierto control sobre sí mismo, por estar como *fuera de sí,* que es lo que significa el término *enajenado.*

En algunas ocasiones, la falta de equilibrio proviene, paradójicamente, de «un exagerado equilibrio» que lo que refleja, en realidad, es una anomalía psíquica más o menos grave. Éste es el caso de los que poseen una personalidad atímica, es decir, que carecen o que casi carecen de sentimientos. Pueden ser personas sin compasión, conciencia ética, vergüenza, etc. A veces son auténticos desalmados sin escrúpulos, otras veces lo más característico de su conducta es la indiferencia con que viven todo lo que sucede a su alrededor, como si no les afectasen o conmoviesen todas aquellas cosas que suelen afectar a los demás, especialmente si se trata de cuestiones que no guardan una relación estrecha con ellos o con sus intereses. Estas personas muestran su falta de equilibrio precisamente en la frialdad sorprendente con que reaccionan frente a ciertas situaciones que se producen a lo largo de su vida (reacciones vivenciales anormales por defecto).

Muchos casos de inestabilidad se producen en el marco de las personalidades abúlicas, que se caracterizan por su gran sugestionalidad por parte de los demás. Son personas exageradamente influenciables, sobre todo durante la etapa infantil y juvenil, durante las cuales actúan imitando a las personas de las que se rodean y a las que admiran. Se interesan por lo mismo que sus «ídolos», pero en cuanto se unen a otras personas cambian su forma de vida de un modo radical. Aunque son accesibles a influencias de contenidos positivos, son inconstantes y versátiles, encajando con mayor facilidad con aquellos que propugnan conductas cuyos resultados se logran a corto plazo y que exigen menos esfuerzo. Su falta de equilibrio procede de la misma inestabilidad en lo que se refiere a intereses y forma de vida, y a una ausencia de criterios propios de cierta solidez.

Por último, la falta de equilibrio psicológico puede provenir de una personalidad insegura, la inseguridad favorece extraordinariamente la inestabilidad emocional, ya que sumerge a la persona en un mar de dudas, en una situación repleta de ansiedad, que produce sentimientos y comportamientos variables y desajustados. J. H.

¿CÓMO MANTENER EL EQUILIBRIO PSICOLÓGICO?

En los casos en los que la falta de equilibrio psicológico se debe a una enfermedad mental, la primera medida será la de combatirla mediante un tratamiento adecuado; pero muchas veces se trata de un problema de personalidad, con lo que la cuestión que se plantea es la de cómo conseguir una personalidad equilibrada.

Cada persona es realmente un mundo distinto y resulta una quimera exponer detalladamente la forma de ser que aportaría a todos el equilibrio psicológico. Para lograrlo no es necesario cambiar nuestra forma de ser hasta que se configure dentro de nosotros una personalidad más o menos estandarizada, ya que esto constituiría más bien un atentado contra nuestra propia identidad. Sin embargo, sí que se pueden considerar una serie de factores psicológicos como ingredientes fundamentales de toda personalidad que aspire a poseer una cierta dosis de equilibrio, ya que constituyen pilares básicos de la misma, y, sin ellos, una persona está expuesta a derrumbarse e ir de un lado a otro o a la deriva.

En primer lugar, es fundamental conseguir conocerse a sí mismo, lo que se puede lograr mediante un análisis de nuestras aptitudes y limitaciones, es decir, de lo que estamos dotados y somos capaces de hacer, así como de lo que nos resulta difícil, casi imposible, debido a nuestras limitaciones en el campo físico o intelectual. El conocimiento de uno mismo requiere un análisis introspectivo, es decir, valorar nuestra forma de ser y nuestras capacidades, volcándonos en nuestro interior, y un análisis extrospectivo, es decir, conocernos por nuestras obras, por lo que hemos sido capaces de hacer hasta el momento actual. Ambos análisis resultan dificultosos, ya que al ser jueces de nosotros mismos, ponemos en marcha mecanismos de defensa y de autojustificación que hacen perder objetividad a estos criterios, por lo que también hay que contrastar esta información con la de otras personas que nos merezcan confianza.

Una vez que nos aproximamos al conocimiento de nosotros mismos resulta más fácil establecer un proyecto coherente de vida que sea realizable dentro del marco de nuestras propias posibilidades. De este modo se puede lograr una cierta constancia frente a las adversidades, una mayor seguridad en sí mismo, a la vez que se produce un menor número de frustraciones. Aceptar nuestras limitaciones no supone renunciar a todas nuestras posibilidades, por el contrario, es necesario conocer nuestras aptitudes para desarrollarlas y sacarles el máximo provecho; sacarnos el «máximo partido», en definitiva, pero con realismo. Además, de este modo se logra una mayor confianza y seguridad en uno mismo, especialmente si se logra una mayor fuerza de voluntad y de autocontrol, poniendo en nuestros actos una cierta dosis de reflexión a la vez que conseguimos no desbaratar el camino trazado por culpa de conductas impulsivas de las que después podemos arrepentirnos. Ser los señores de nosotros mismos, como propugnaban los humanistas del siglo XVI, es otra de las grandes claves para conseguir una personalidad equilibrada.

Los desequilibrios provienen no pocas veces de que nos vemos desbordados por nuestra afectividad; ponemos demasiado corazón en las cosas y poca cabeza. Tampoco es conveniente convertirnos en seres fríos, exageradamente racionales, sino tan sólo intentar lograr un equilibrio entre lo racional y lo afectivo que nos permita abordar los problemas y circunstancias con realismo y objetividad, sin dramatizarlos y sin dejar de ser nosotros mismos, analizándolos con sencillez y naturalidad.

Cuidar algunos aspectos sociales puede ser de importancia capital. Intentar establecer unas relaciones sociales, familiares o amorosas lo suficientemente amplias y sinceras, con un espíritu abierto, tolerante y flexible ayuda a conseguir una personalidad equilibrada, que no esté volcada sobre sí misma, sino fundamentalmente sobre los demás, ya que de este modo se verá enriquecida, abriéndose a horizontes más amplios. El trabajo también es importante. Tan perjudicial es trabajar demasiado, si esto supone abandonar otros campos como el de la familia, la cultura, la espiritualidad, la conciencia social, etc., como dedicarse poco a alguna tarea profesional, procurando satisfacer sólo apetencias superficiales o meramente materiales.

En ambos casos se termina produciendo un desajuste de la personalidad y un profundo y bastante grave desequilibrio psicológico. J. H.

¿QUÉ ES NORMAL EN PSICOLOGÍA?

Definir de forma clara e inequívoca el concepto de normalidad aplicado a la vida psíquica es algo ciertamente difícil. Los límites entre normal y anormal no están definidos, y en su delimitación influyen tantos factores cuantitativos como cualitativos. Del concepto teórico de normalidad deriva su aplicación práctica, por la que decidimos si «esta persona es normal o no», y, posteriormente, afirmamos si está sana o enferma. Muchas veces se acude a psiquiatras y psicólogos para que determinen la normalidad y la salud mental de un sujeto a la hora de seleccionarlo para un trabajo, proponerlo para un puesto de responsabilidad, enjuiciarlo por un delito que ha cometido, valorar su imputabilidad... Es entonces cuando entra en juego el concepto de normalidad. La definición de normalidad se realiza desde cuatro perspectivas distintas que se complementan entre sí:

— *Normalidad como salud.* Esta idea deriva del enfoque médico tradicional: «uno es normal cuando está sano»; lo «normal» es que la mayor parte de la gente no padezca enfermedades; en cuanto aparecen síntomas y signos patológicos el individuo se aparta de la normalidad. En el terreno de la psiquiatría ocurre lo mismo: una persona se considera normal mientras no presente síntomas de perturbaciones psíquicas, tipo depresiones profundas, reacciones vivenciales anómalas, etc. La forma más simplista de esta perspectiva la dio Romano (1950), que afirmó que una persona está sana cuando se encuentra razonablemente libre de dolores, molestias e incapacidades.

— *Normalidad como utopía.* Es lo ideal, lo óptimo, cuando todos los elementos del cuerpo, y en este caso de la mente, trabajan de forma más armoniosa y perfecta. Esto es, como su propia definición dice, una utopía. Ya Freud afirmó: «Un YO normal es, como la normalidad en general, una ficción ideal.»

— *Normalidad como promedio.* Esta perspectiva se basa en el principio de «la curva de campana» que maneja la estadística. Lo que todo el mundo hace, tiene o es, se considera lo normal. Este concepto de normalidad es el que se emplea en los tests: tras aplicarlos a muchas personas, se obtienen los valores promedios y alrededor de ellos se estructuran las puntuaciones normales y anormales. Hoy en día se emplea cada vez más esta orientación, así como los tests y otras pruebas de valoración objetivas.

— *Normalidad como sistema de transacción.* Según esta perspectiva, la conducta normal es el resultado de una serie de sistemas que interactúan. Con esto se da a entender que hay cambios temporales en la situación de una persona que entran dentro de la normalidad. La normalidad no es estática, sino que varía con el tiempo.

Vamos a ver algunos ejemplos. Uno de los más ilustrativos es el de la caries dental. Lo normal y sano es no tenerla, pero el problema es tan frecuente que se considera como normal tener alguna. Entran en juego la norma como salud y la norma como promedio. También interviene la norma como sistema de transacción ya que al reparar la caries, desaparece, luego es algo temporal. Otro ejemplo sería la tristeza, que no la depresión. Todo individuo puede atravesar una fase de tristeza, por ejemplo, tras un grave contratiempo o la muerte de un ser querido: es una tristeza comprensible, que pasa y no llega a constituir una enfermedad. M. D.

SALUD PSÍQUICA Y ENFERMEDAD

La definición de salud psíquica y enfermedad parte del concepto de normalidad; es también complicada y no pueden emplearse los mismos puntos de referencia que en medicina general. Para la medicina, la enfermedad es el resultado de una agresión al organismo, como puede ser una infección, el mal funcionamiento de un órgano o la insuficiencia de una parte del cuerpo; este criterio no puede aplicarse en psiquiatría, ya que en este campo de la medicina no se puede hablar con plena exactitud de un agente externo que provoque la enfermedad, ni puede localizarse ésta en un órgano específicamente afectado. Además, se ha visto claro que la enfermedad no es sólo eso, sino que enferman igualmente cuerpo y mente, el enfermo entra en una nueva esfera vital, la de su enfermedad. Se modifica la vida, y ante esto no todas las personas responden igual, no se debe hablar de enfermedades, sino de enfermos.

Como no hay una definición exacta, sino muchas, vamos a ver algunas de ellas:

Levinson (1962) considera que la salud mental depende primariamente de la forma en que el individuo se siente a sí mismo, a los demás y al mundo, especialmente en relación al lugar que ocupa dentro de él.

Karl Menningen (1974) define la salud mental como el ajuste de los seres humanos al mundo y a ellos mismos con un máximo de efectividad y felicidad.

Ginsberg, en 1955, da una definición útil y aclaradora. La salud mental se define por algunas categorías como la capacidad para mantenerse en un trabajo, de tener una familia, de evitar problemas con la justicia y de disfrutar de las oportunidades habituales de placer.

La salud mental es un concepto complicado, las definiciones ayudan, aunque el hecho de que haya tantas indica que no existe claridad acerca de este punto. Hay que tener en cuenta que uno de los síntomas de los enfermos psiquiátricos graves es la «ausencia de conciencia de su enfermedad», es decir, que ellos creen estar totalmente sanos. Otros, que objetivamente no presentan ningún trastorno, se sienten enfermos y acuden al médico. Esto corrobora la afirmación de Von Weizsaecker: «Enfermo es todo el que va al médico», un poco simple, pero con su base de razón: sentirse enfermo es ya un síntoma de que se padece algún tipo de enfermedad.

La enfermedad y la «ganancia psicológica». El enfermo puede obtener con su enfermedad una ganancia psicológica primaria o secundaria. La ganancia primaria deriva directamente de la enfermedad: un conflicto reprimido desaparece, por ejemplo, tras una neurosis por un mecanismo de represión, la enfermedad permite evitar el conflicto, en principio mucho más grave y molesto para el sujeto. La ganancia secundaria es todo lo que el enfermo obtiene, muchas veces de forma inconsciente, con su enfermedad, como atenciones, cuidados, cariño, regalos... Siempre hay que tener en cuenta esta posible ganancia a la hora de valorar y tratar a un enfermo psiquiátrico, ya que influye enormemente en su respuesta al tratamiento. M. D.

LAS VIVENCIAS

Una vivencia es toda experiencia que deja una huella en la personalidad, es decir, que tiene relevancia en la vida psicológica. Las vivencias surgen en relación con la capacidad vivencial de cada persona, con el umbral de la profundidad de la vivencia.

Cada persona tiene una distinta capacidad vivencial. Algunos reaccionan fácilmente ante cualquier suceso o estímulo externo, todo les emociona, todo les afecta; mientras que a otros parece que nada les impresiona, que no sienten nunca nada, que nada les afecta. Son aquellos de los que decimos que parecen insensibles a todo lo que sucede a su alrededor. Por tanto, la aparición de una vivencia estará supeditada a la capacidad vivencial de cada uno. El umbral de la vivencia se refiere a la excitabilidad emocional que cada persona tiene frente a los distintos estímulos externos por los que puede surgir la vivencia. Personas con idéntica capacidad vivencial pueden reaccionar de modo distinto frente a un mismo estímulo. Por ejemplo, frente a la muerte de un animal alguien puede emocionarse mucho, por tener un umbral bajo para ese tipo de acontecimientos, mientras que a otro le pasa casi inadvertido, sin que le afecte prácticamente nada. Sin embargo, este último puede ser más sensible que el primero ante la muerte de seres humanos. No hay que confundir, entonces, lo que es capacidad vivencial con el distinto umbral que cada cual tiene frente a los distintos tipos de estímulos vivenciales. Por último, intervendría un tercer factor, la profundidad de la vivencia. Hay hombres con vivencias profundas y hombres con vivencias superficiales. La profundidad de la vivencia está directamente relacionada con su umbral. Cuanto mayor es la profundidad que pueden alcanzar los diversos estímulos externos capaces de dar lugar a la vivencia, el umbral vivencial suele ser más alto, ya que se necesitan estímulos tanto más intensos para producir los sentimientos. Por el contrario, un bajo umbral vivencial se suele acompañar de superficialidad, sería el caso de las personas a las que todo las afecta, pero con escasa profundidad, con lo que las vivencias son fugaces y dejan una mínima huella en su personalidad. Excepcionalmente puede haber personas que no siguen esta regla, coincidiendo un bajo umbral para la vivencia con alta profundidad para la misma.

Ph. Lerch realizó una clasificación de las vivencias dividiéndolas en pulsionales y emocionales. Las vivencias pulsionales están relacionadas con el intento de conseguir algo configurando los denominados instintos y tendencias. Las vivencias emocionales están relacionadas con el fondo endotímico de cada persona, es decir, con los sentimientos, emociones y pasiones. J. H.

LAS FRUSTRACIONES

El ser humano goza de una energía motora gracias a la cual adopta una postura, más o menos dinámica, ante la vida. Esta energía vital está canalizada por una especie de resortes —los impulsos— que son los encargados de dar una dirección y un objetivo a esta postura (que puede ser tanto activa como pasiva) para que tenga un sentido.

El impulso sería el equivalente al instinto de los animales irracionales. Al igual que éste, está determinado genéticamente; la gran diferencia es que el impulso humano tiene un fuerte componente racional.

CLASIFICACIÓN DE LAS VIVENCIAS SEGÚN PH. LERCH

Emocionales

- *Pulsionales*
  - De la vitalidad
    - — impulso a la actividad.
    - — tendencia al goce.
    - — libido.
    - — impulso vivencial.
  - Del «yo» individual
    - — instintos de conservación individual.
    - — egoísmo.
    - — deseo de poder.
    - — necesidad de estimación.
    - — divagación sobre el nivel de aspiraciones.
    - — afán vindicativo.
    - — deseo de autoestimación.
  - Transitivas
    - — tendencias dirigidas hacia el prójimo.
    - — tendencias del «ser para otros».
    - — tendencias amatorias.
    - — tendencias normativas.
    - — tendencias trascendentes.

- Emociones de la vitalidad
  - — dolor.
  - — placer.
  - — aburrimiento.
  - — repugnancia.
  - — saciedad.
  - — alegría.
  - — diversión.
  - — fastidio.
  - — aflicción.
  - — embeleso.
  - — pánico.
- Vivencias emocionales del «yo» individual
  - — Vivencias emocionales de la conservación del individuo.
    - — susto.
    - — agitación.
    - — ira.
    - — temor.
    - — confianza.
    - — desconfianza.
  - — Vivencias emocionales del egoísmo, del deseo del poder y de la necesidad de estimación.
    - — contento.
    - — descontento.
    - — envidia.
    - — celos.
    - — triunfo.
    - — derrota.
    - — halago.
    - — agravio.
  - — Vivencias emocionales del impulso vindicativo.
    - — desquite.
    - — gratitud.
    - — alegría por el daño ajeno.
  - — Emociones de la tendencia a la autoestimación.
    - — vivencia de inferioridad.
    - — vergüenza.
    - — estimación de sí mismo.
    - — desprecio de sí mismo.
    - — arrepentimiento.
- Emociones transitivas
  - — Dirigidas hacia el prójimo.
    - — simpatía.
    - — antipatía.
    - — estima del prójimo.
    - — desprecio del prójimo.
    - — respeto del prójimo.
    - — burla del prójimo.
    - — amor al prójimo.
    - — odio al prójimo.
    - — cordialidad.
  - — Emociones de las tendencias creadora y cognoscitiva.
    - — la alegría de crear.
    - — sentimientos noéticos.
  - — Vivencias emocionales de las tendencias morales.
    - — el amor extrahumano de las cosas.
    - — sentimientos normativos.
  - — Vivencias emocionales de las tendencias trascendentales.
    - — sentimientos artísticos.
    - — sentimientos metafísicos.
    - — sentimientos religiosos.
  - — Vivencias del destino.
    - — la espera.
    - — la esperanza.
    - — preocupación y temor del futuro.
    - — resignación.
    - — desesperación.

Cuando se activa un impulso se produce un estado de tensión o excitación psíquica. Esta tensión impulsa a la persona a actuar para liberar dicha tensión, que no se extinguirá totalmente hasta que no se haya realizado el acto al que impulsa.

Si surge un impulso y la persona no es capaz de satisfacerlo, aparece lo que llamamos frustración, que se manifiesta como un estado de vacío o anhelo insaciado.

Obviamente, el grado de frustración irá en función del grado de intensidad del impulso malogrado. Es como si toda la energía emitida para conseguir un objetivo, al no lograrlo, rebotara contra el mismo sujeto que la ha generado. A mayor acción impulsora, mayor reacción frustrante.

Esto no quiere decir que haya una proporcionalidad directa entre el objetivo a conseguir y la sensación de frustración que produce el no lograrlo. El grado de intensidad de la frustración depende, sobre todo, de la fuerza del deseo, más que del objetivo en sí (y, por supuesto, desde el punto de vista de su repercusión en la psique, es mucho más importante la mayor o menor intensidad de la frustración, que el hecho que la ha originado).

Pongamos un ejemplo: Una joven desea estudiar una carrera determinada, pero no aprueba el examen de ingreso en la Universidad y, lógicamente, esto le hace sentirse frustrada. La misma joven va luego a comprarse unos pantalones que le han gustado mucho y que ha visto anunciados en un escaparate, pero al probárselos, no le sirve la talla, sintiéndose nuevamente frustrada. Puede, entonces, darse el caso de que la segunda frustración sea, para esta joven, más profunda y decisiva que la primera. Obviamente, unos pantalones son menos importantes que una carrera universitaria, pero para alguien que le concede mayor importancia a su aspecto físico que a la posesión de un título superior, son, subjetivamente, más importantes.

Las frustraciones comienzan a aparecer ya desde las primeras etapas de la vida. El recién nacido depende absolutamente de su madre, que lo atiende, cuida y alimenta (fase oral de la vida); al finalizar el período de la lactancia, nota un cierto distanciamiento por parte de la madre, que ya no colma el cien por cien de sus necesidades, se siente abandonado, brotando de ese sentimiento la primera frustración. Este hecho provoca una pequeña reacción de agresividad en el niño, que, al mismo tiempo, comienza a darse cuenta de la fuerza que puede ejercer sobre sus padres con sus funciones corporales (fase anal).

Posteriormente, aparece el deseo de vencer su situación de dependencia ante el adulto, dirigiendo sus impulsos hacia la búsqueda de seguridad, afirmación, dominio y amor propio. Con ello inicia su autorrealización, que culminará con la madurez.

Pero, realmente, todo este proceso no es más que una larga «carrera de obstáculos». A lo largo de nuestro desarrollo vital nos encontramos con innumerables barreras que dificultan o impiden la realización de nuestros deseos e impulsos.

La auténtica madurez y fortaleza del Yo se consigue cuando asumimos nuestras limitaciones. Cuando sabemos convivir con las frustraciones producidas ante acontecimientos insuperables. Cuando nuestras metas y objetivos se asientan sobre un plano real relegando nuestras fantasías al campo de la ensoñación, y sabiendo, en todo momento, que no somos ni dioses ni superhombres.

Gran parte de la patología neurótica se nutre del mundo de las frustraciones, que desencadenan en la persona conductas agresivas, tanto hacia el exterior como hacia el interior, transformando al individuo en un ser antisocial o autodestructivo. J. M. U.

LOS CONFLICTOS

Conflicto es el choque en nuestro interior de dos fuerzas emotivas antagónicas. En líneas generales, la persona se mueve y actúa en función de sus necesidades. La fuerza que empuja a esta acción recibe el nombre de motivación, y tiene la finalidad de incitar al individuo para que logre un objetivo: saciar una determinada necesidad. Al mismo tiempo que marca una dirección al acto, le imprime un sentido: alejamiento del objeto si éste es nocivo (necesidad de huir) o acercamiento si éste es placentero (necesidad de obtenerlo).

A veces, sin embargo, puede ocurrir que el sujeto se vea motivado tanto en un sentido como en otro, encontrándose frente a un objetivo a la vez deseado y temido. Entonces surge el llamado conflicto, que es el enfrentamiento entre dos impulsos opuestos.

Un ejemplo ilustrativo de gran conflicto paralizante sería el de un padre que durante un incendio debe introducirse entre las llamas para salvar a su hijo, encontrándose así frente a dos impulsos muy fuertes: el de protección paternofilial por un lado y el temor al fuego por otro.

En la vida nos vemos muchas veces sometidos a situaciones conflictivas; quizá no tan dramáticas como la del ejemplo, pero sí lo suficientemente fuertes como para condicionar nuestra existencia.

La manifestación de un conflicto es la angustia y la ansiedad. Y su falta de resolución puede provocar la abolición, disminución o transformación, más o menos inconsciente, de alguna de las funciones de la personalidad para atenuar o cortar la angustia. Los conflictos, según su origen, se clasifican en:

Conflictos extrapsíquicos. Son los que tienen lugar entre la persona y su entorno ambiental o social. Se producen, por lo general, cuando actuamos en contra de nuestros principios por presiones del exterior. Por ejemplo, cuando tenemos que acatar alguna norma o alguna ley que nos parece injusta.

Conflictos intrapsíquicos. Son aquellos que tienen lugar dentro de la persona y sin conexión con el exterior. No es raro que aparezcan cuando tenemos que tomar decisiones de importancia, cada vez que debemos elegir entre dos posturas a tomar en la vida y ante las que tenemos argumentos tanto a favor como en contra.

Conflictos mixtos. En realidad son conflictos extrapsíquicos que, al tener lugar, actúan como revulsivos en el interior de la persona, despertando en la conciencia otro conflicto (ahora intrapsíquico) que permanecía latente.

A propósito de la latencia, tal vez ésta sea a veces una característica de muchos conflictos intrapsíquicos. Es decir: su permanencia escondida en el subconsciente (larvada) sin que el sujeto lo advierta con claridad. En tal situación es frecuente que aparezcan síntomas del mismo, a modo de señales de alarma disfrazadas, como es el caso de las llamadas reacciones de conversión, que «convierten» un problema interior (inconsciente) en uno exterior, por lo regular corporal y visible; es el caso de una parálisis histérica, que impide trabajar a una persona porque en el fondo tiene un conflicto laboral.

El mantenimiento de una situación conflictiva acarrea con el tiempo trastornos psicológicos de interés, desde leves rasgos neuróticos (estados depresivos, somatizaciones, etc.) a profundas psicosis (trastornos del pensamiento y de la personalidad) en función de la importancia del conflicto. J. M. U.

LOS TRAUMAS

El término trauma significa herida. Freud fue el primero que comenzó a utilizar de forma sistemática esta palabra dentro del ámbito de la psicología, para describir las heridas psíquicas que puede sufrir una determinada persona como consecuencia de un acontecimiento o situación que influya de forma negativa en su vida psicológica. Los traumas están íntimamente relacionados con las vivencias. Una vivencia es una experiencia que deja huella en la personalidad, es decir, que tiene la suficiente importancia como para marcar o modificar nuestra forma de ser después de haberla vivido.

Cuando alguna vivencia o conjunto de vivencias produce un gran impacto en la vida psicológica de un individuo, ya sea por la intensidad de las mismas, ya porque se trate de alguien psicológicamente débil, y algunas de sus parcelas psicológicas quedan heridas o destruidas, decimos que ha sufrido un trauma, y, por tanto, que ha quedado traumatizado, como si se hubiese producido una herida o desgarro en su personalidad.

Los traumas psicológicos repercuten, sobre todo, en la actitud y la conducta futuras de la persona que los ha sufrido. Por ejemplo, un desengaño amoroso de cierta envergadura puede hacer que una persona cambie de actitud con las personas del sexo opuesto, estableciendo una serie de mecanismos psicológicos de defensa que tienden a evitar que se repita una situación similar, lo que se puede traducir en un distanciamiento afectivo y cierta desconfianza a la hora de plantearse la posibilidad de una nueva relación de pareja.

Los traumas pueden afectar a cualquier esfera de la psicología personal y pueden producirse a todas las edades. Tradicionalmente la mayoría de los autores han destacado la importancia de los traumas infantiles y juveniles, ya que durante esta época la personalidad todavía no se ha configurado de forma definitiva, con lo que los traumas influyen de forma más decisiva en la estructura de la misma. Además, los jóvenes y adolescentes tienen menor capacidad para asimilar, elaborar y adaptarse a ciertas situaciones conflictivas desde el punto de vista psicológico, con lo que éstas suelen tener un mayor poder traumatizante. Este último aspecto tiene una importancia capital, ya que no todas las situaciones dotadas, en principio, de un alto poder traumatizante como las de pérdida, abandono, humillación, agresión, etc., producen traumas de forma obligada. Si son elaboradas por la persona que las padece de forma adecuada pueden incluso tener un cierto efecto beneficioso. Al fin y al cabo, tras estas experiencias surgen una serie de mecanismos de aprendizaje, tanto en el nivel consciente como en el inconsciente, que, si son adecuados, pueden enriquecer la personalidad y constituir un estímulo para el desarrollo de ésta en un sentido expansivo. Por ejemplo, un suspenso puede servir para que un niño tome conciencia de lo reducido de su esfuerzo y estimularle para que estudie más tiempo, con más profundidad y con una técnica de estudio mejor. Por el contrario, siguiendo con el mismo ejemplo, un suspenso puede tener consecuencias diametralmente opuestas, es decir, provocar un mayor abandono de los estudios, casos de desadaptación escolar, etc. Si el traumatismo tiene suficiente envergadura puede conducir a un desarrollo anómalo de la personalidad: los diversos traumas que se padecen en el transcurso de la vida van originando mecanismos psicológicos de defensa, represión, desplazamiento, etc., que, por ser inadecuados, llegan a configurar una personalidad deteriorada, más inestable y más débil, de carácter anómalo, es decir, a caballo entre lo normal y lo patológico. J. H.

LOS COMPLEJOS

Los complejos son conflictos psicológicos inconscientes; es decir, conflictos que permanecen fuera del campo de la conciencia, en el llamado inconsciente, con lo que la persona que los padece no se da cuenta de que éstos existen.

¿Cómo se puede constituir un complejo? Cuando se produce un conflicto psíquico de cierta importancia, hay personas, sobre todo aquellas que tienen un yo débil, que no son capaces de elaborarlo y asimilarlo psicológicamente de forma adecuada, con lo que tienden a rechazarlo por el denominado mecanismo de represión fuera de la conciencia, hasta el inconsciente. El mecanismo de represión equivale en cierto modo al no querer ver el conflicto, como el avestruz que esconde la cabeza entre sus alas, con la particularidad de que generalmente la represión se lleva a cabo de forma automática e involuntaria. De este modo se consigue que el conflicto quede ignorado en el plano de la conciencia. Para evitar que el conflicto retorne a la conciencia desde el inconsciente en el cual ha quedado albergado, el sujeto pone en marcha una serie de mecanismos psicológicos de inhibición y bloqueo. De este modo se establece una personalidad perturbada en la que el conflicto originario, transformado ahora en complejo, cobra una importancia cada vez mayor, ya que va creciendo progresivamente a costa de nuevos conflictos similares que van surgiendo a lo largo de la vida y que, como en el primer caso, el sujeto reprime hacia el inconsciente.

La instauración de un complejo dentro de la personalidad depende, pues, de la debilidad del yo y de la intensidad del conflicto, pero la circunstancia determinante no es el conflicto psicológico en sí mismo, sino la represión del conflicto. La posesión de un complejo da lugar a una afectividad conflictiva y ambivalente, que dificulta las relaciones humanas sanas y sinceras, creando problemas de adaptación al ambiente familiar y social en el marco de una personalidad caracterizada fundamentalmente por la inseguridad y un difícil manejo de la angustia y la agresividad. J. H.

REACCIONES PSICOLÓGICAS Y REACCIONES VIVENCIALES. FORMAS NORMALES Y ANORMALES DE REACCIONAR

Se denomina *reacción psicológica* a la que obedece a mecanismos puramente psicológicos, sin participación de mecanismos biológicos, y que es perfectamente comprensible desde el punto de vista psicológico. Se trata, pues, de una forma de reaccionar en la que solamente influyen factores psicológicos personales, sin que la reacción se deba o esté mediatizada por factores de índole corporal. Cuando las reacciones psicológicas se producen por una experiencia que se ha vivido con gran intensidad hablamos de *reacciones vivenciales,* y para ser consideradas como tales deben cumplir los tres criterios propuestos por Jaspers:

1. La reacción tiene que aparecer por un motivo, que sería una vivencia de cierta intensidad.
2. La reacción y la vivencia mantienen entre sí una relación que es comprensible desde el punto de vista psicológico; es decir, mantienen una relación causa-efecto que resulta comprensible dentro de las leyes generales de la psicología.
3. La aparición de la reacción mantiene una cierta dependencia cronológica con el momento en que se ha producido la vivencia. Generalmente, la reacción se produce inmediatamente después de la vivencia, aunque a veces surge de forma retardada.

¿Hasta qué punto podemos decir que una reacción es normal o anormal? No existe verdaderamente una línea que separe de forma precisa a las reacciones normales de las anormales, entre unas y otras existe un campo de transición gradual que va desde la total normalidad a la anormalidad, pasando por estados intermedios de dudosa clasificación. Los criterios que se utilizan para valorar estas reacciones psicológicas son de intensidad y duración. Una reacción vivencial es anormal en la medida en que es en exceso intensa, como cuando persiste demasiado tiempo; pero también puede ser anormal por defecto, es decir, cuando es exageradamente débil y fugaz. Por ejemplo, ante la muerte de un ser querido, sería una reacción anormal el no darle ninguna importancia y olvidarnos en minutos de lo sucedido. Una reacción anormal por exceso sería una crisis de pánico que se mantuviese durante mucho tiempo, causada por una herida insignificante que se ha hecho una persona querida. Muchas veces, las reacciones vivenciales anormales están en relación con la agresividad. Se trata de explosiones de cólera o de conductas agresivas que se desencadenan por estímulos insignificantes. En ocasiones se trata de actos en cortocircuito, es decir, actos impulsivos en los que se produce un salto psicológico: la secuencia vivencia-reflexión-actuación se ve abreviada al saltarse el paso de la reflexión, con lo que la vivencia lleva a actuar de modo anómalo sin que esa persona haya reflexionado sobre lo sucedido. Estos actos en cortocircuito son típicos de algunas agresiones e incluso autoagresiones. En otros casos, las reacciones vivenciales normales están en relación con los celos, la vergüenza, la desconfianza, la tristreza, la frustración, el dolor, etc.

Hay personas que son más propensas a tener reacciones vivenciales anómalas, como los impulsivos, excitables, inestables y, en general, todos los rasgos de personalidad que implican una falta de reflexión o disminución del autocontrol. Entre los trastornos psicopatológicos destacan las personalidades psicopáticas, personalidades infantiles o inmaduras, los alcohólicos, oligofrénicos, epilépticos, esquizofrénicos, neuróticos, quienes sufren hipomanía o manía y depresiones disfóricas. También se pueden producir en personas perfectamente normales, aunque esto sucede de forma muy aislada. No obstante, toda reacción vivencial de cierta intensidad deja una tendencia a repetir una reacción de características similares cuando se repiten vivencias parecidas, e incluso, ante vivencias caracterizadas por una fuerte sobrecarga afectiva, aunque no guarden una relación temática directa con la que produjo la primitiva reacción vivencial. J. H.

EL COMPLEJO DE INFERIORIDAD

Muchas personas se pueden sentir inferiores en un momento dado, pero eso no quiere decir que tengan un complejo de inferioridad. Cuando decimos que alguien tiene sentimientos de inferioridad nos referimos a una persona que se siente inferior ante los demás de un modo más o menos permanente, no sólo en determinadas situaciones en las que su sensación de inferioridad puede deberse a algún motivo circunstancial y pasajero. Un complejo de inferioridad es algo más complicado: las personas que lo padecen son sujetos que, aun sintiéndose profundamente inferiores a los demás en uno o varios terrenos, no son capaces de admitirlo, y rechazan la idea de su inferioridad, relegándola, desde la esfera de lo consciente, a la del inconsciente, donde permanece la mayor parte del tiempo para volver al mundo consciente de forma más o menos esporádica.

Para que se establezca un sentimiento o un complejo de inferioridad no es necesario que esa persona tenga un defecto real, sino tan sólo que crea tenerlo. Con frecuencia, la causa es que en alguna ocasión se sintió rechazado por los demás, pensó acertadamente o no que se estaban burlando de él y la experiencia marcó decisivamente su personalidad. Los defectos se suelen adscribir a uno de estos tres ámbitos fundamentales: el terreno físico (defecto corporal, fealdad, obesidad, talla demasiado baja o alta, impotencia sexual, características propias del sexo contrario, etc.); el intelectual (inteligencia mediocre, poca cultura, etc.); y el social (falta de simpatía, desconocimiento de normas de cortesía, procedencia de un nivel social más modesto, nacimiento ilegítimo, poca facilidad de palabra, familia que provoca vergüenza, etcétera).

Los sentimientos de inferioridad pueden provocar inhibición y retraimiento, dando lugar a que se vaya constituyendo una personalidad tímida e insegura, dentro de un marco de escasa actividad social. Sin embargo, si el sentimiento de inferioridad no es demasiado intenso puede llegar a estimular el afán de superación desde la misma infancia. Adler estudió a fondo este problema, proponiendo un enfoque del mismo basado en el sistema de compensaciones psicológicas. Cuando alguien se siente inferior, puede optar por la «resignación», lo que da lugar a una actitud de modestia y timidez exageradas, inseguridad e inhibición, con lo que esta persona parece actuar como si se disculpase constantemente por el mero hecho de su propia presencia. Pero si no se resigna, intenta compensar su defecto de tres modos que no se excluyen totalmente entre sí, y que serían las *compensaciones psicológicas*.

Las compensaciones denominadas de primer grado consistirían en intentar disminuir o suprimir el defecto o sus consecuencias. Por ejemplo, una persona que se sienta inferior por considerarse demasiado obesa, intentaría adelgazar y cuidar su aspecto externo para resultar más atractiva. Las compensaciones de segundo grado consisten en intentar compensar el presunto defecto destacando en un plano diferente, como es el caso del niño que saca malas notas en el colegio y lo intenta compensar siendo un gran deportista. Por último, estarían las compensaciones de tercer grado, con las que se intenta adoptar un falso sentimiento de superioridad que sirva para ocultar el problema de fondo ante uno mismo y ante los demás. Cuando el individuo adopta esta última vía de compensación, se muestra altanero, presuntuoso, arrogante, inflexible y vanidoso, aparentando, a simple vista, un cierto complejo de superioridad. Se muestra indiferente ante las actitudes y opiniones de los demás, pero en realidad es muy susceptible ante las mismas, ya que hieren fácilmente su sensibilidad, influyendo notablemente sobre su exagerada necesidad de autoestima. Se ha forjado una imagen idealizada de sí mismo, mediante la cual pretende demostrar su supremacía sobre los demás y ocultar el profundo desprecio que siente hacia sí mismo. Éste sería el genuino complejo de inferioridad. El problema principal surge como consecuencia de su falta de adaptación al medio social que los rodea, ya que ante fracasos o críticas severas de los demás, se rompe este esquema compensatorio y surge de nuevo la inferioridad de fondo, lo que constituye una intensa fuente de angustia y sufrimiento, que imposibilita el amor y las relaciones interpersonales francas y sinceras.

El tratamiento de los sentimientos y complejos de inferioridad se realiza mediante una psicoterapia individual que ayude al sujeto a comprender mejor el origen del problema y a desmontar los mecanismos psicológicos que refuerzan, conociéndose mejor a sí mismo, a la vez que se van ofreciendo nuevas pautas de autovaloración y de comportamiento. J. H.

¿QUÉ SON LOS NERVIOS?

«¡Qué nervioso estoy!», «estoy hecho un manojo de nervios», «me encuentro tan nerviosa que voy a estallar»... Siempre están por medio y molestando, todo el mundo les echa la culpa cuando las situaciones se escapan de las manos, cuando hay muchas cosas que hacer y muy poco tiempo, cuando se tiene miedo o se avecina un momento importante..., ahí están los molestos nervios. Pero, ¿qué son exactamente los nervios?

Lo primero es aclarar que estos «nervios» no tienen nada que ver con la estructura anatómica del mismo nombre. Los nervios son una parte del sistema nervioso con forma de filamentos que se distribuyen por todo el organismo transmitiendo estímulos. Captan las sensaciones del exterior, como el frío, el dolor, el tacto, la visión, y las transmiten a las estructuras centrales. También transportan las órdenes desde estas estructuras centrales, como el cerebro, a las distintas partes del organismo.

Los famosos «nervios» son el resultado físico y psíquico de una situación de ansiedad. La manifestación es clara: una persona dominada por la tensión, inquieta, intranquila, que se mueve de un lado para otro, con una angustia más o menos intensa, que puede estar irascible y hasta agresiva. Los nervios también tienen consecuencias físicas como la taquicardia, el temblor de manos, la sudoración y hasta crisis diarreicas. Todo ello es pura y llanamente ansiedad, un estado de alerta del organismo que reacciona ante un estímulo psíquico que se vive como una amenaza.

En principio, la ansiedad surge cuando hay una mala conexión entre el sujeto y las exigencias del medio ambiente. Puede que éstas sean excesivas (entonces, es lógico responder con una cierta tensión), o puede que el sujeto tenga pocos recursos personales y resistencia ante los contratiempos. Otras veces, la ansiedad entra dentro del marco de una enfermedad psiquiátrica, como un síntoma más o, a veces, el más importante: es el caso de las depresiones ansiosas o las crisis de ansiedad.

Estos «nervios» o estados de ansiedad pueden ser esporádicos y momentáneos, o bien mantenerse en el tiempo y hasta hacerse crónicos. Hay personas que siempre están nerviosas. Los efectos son ciertamente negativos y se ven a diario, tanto si uno los sufre como si se ve a una persona ansiosa. El «nervioso» da una imagen de inseguridad, temor, desconfianza, poca competencia, al tiempo que disminuye su rendimiento personal.

A largo plazo, la ansiedad mantenida puede acarrear trastornos de tipo psicológico, como depresiones o alteraciones importantes del sueño.

Ante los «nervios» lo ideal es contrarrestarlos desde el punto de partida. Nunca deben ponerse como escudo o justificación de una conducta inadecuada o ineficaz. Hay que partir de una idea: nada es tan importante ni tan imprescindible como parece a primera vista. Si uno se ve afectado, lo primero es adoptar una actitud mental positiva y darle a cada cosa su justa importancia. No vienen mal remedios caseros, como las tisanas o la relajación muscular, combinados con ejercicios respiratorios especiales. Sólo cuando los nervios sean incontrolables o la ansiedad empiece a tener repercusiones psicológicas hay que acudir al especialista y posiblemente seguir un tratamiento específico. M. D.

TIMIDEZ

De pronto nota que se pone rojo, le sudan y le tiemblan las manos, se le quiebra la voz, el estómago parece «estar al revés», y el corazón late tan rápido... es horrible y parece como si todos se diesen cuenta de lo que le ocurre. Se siente una sensación de ridículo y unas ganas imperiosas de esconderse. «¿Qué pensarán de mí? ¿Dirán que soy un tímido?» Ante esta situación el sujeto se atemoriza y sólo piensa en la forma de huir lo más rápido posible.

La timidez es la consecuencia de la falta de seguridad en uno mismo que se manifiesta al entrar en contacto con otras personas. Es un estado emocional que se produce en ciertos tipos de personalidad y que se acompaña de síntomas vegetativos, como rubor, sudoración, taquicardia y ansiedad, y que, a la larga, provoca conductas evitativas: el tímido rehúye todas aquellas situaciones en las que su timidez se pone de manifiesto.

La palabra tiene distintos significados para cada uno: timidez, retraimiento, recato..., son otras formas de denominarla. Para la gran mayoría de los que la sufren es un aspecto desagradable de su personalidad; para algunos es como un escudo que les permite despreocuparse del mundo exterior, y, para otros, es la forma de atraerse las atenciones y el cariño de otras personas. Hay dos cuestiones muy relacionadas con la timidez, pero que no son lo mismo: introversión y vergüenza. El introvertido, que puede ser tímido o no, lo mismo que el extravertido, tiende a encerrarse dentro de sí mismo y a abrirse poco a las personas que lo rodean, se siente a gusto con los objetos, los libros o la misma naturaleza, disfrutándolos en solitario, sin compartir sus vivencias con los otros. En la vergüenza interviene ya el aprendizaje: aparece cuando uno cree haber cometido una acción reprobable o ridícula, casi siempre desde el punto de vista social.

Estadísticamente, la manifestación de la timidez es asombrosa. Un 40 por 100 de las personas se autodefinen como tímidas o dicen haberlo sido en algún momento de su vida. Entre los adolescentes es casi como una norma. El 82 aceptan que alguna vez son tímidos, el 40 por 100 se ven tímidos de forma general, un 17 por 100 responden con timidez en determinados contextos y sólo un 18 por 100 dicen no haber sido nunca tímidos.

El tímido se siente inseguro de sí mismo de forma general o sólo en momentos muy concretos, como cuando tiene que hablar en público, aproximarse a una persona del sexo opuesto o conversar con gente a quien no conoce. Es su forma de ser, su personalidad, en ocasiones heredada de sus padres, y otras aprendida y desarrollada al madurar. Teme además que su timidez se note, que los demás se puedan dar cuenta es algo que lo horroriza. Tiende a mostrarse callado, evita la mirada directa de las personas y las situaciones comprometidas. Sin darse cuenta, se aparta y se aísla socialmente, en su vida laboral o afectiva. Puede quedar anclado en un trabajo muy por debajo de su capacidad sólo por su conducta evitativa. Se siente a disgusto con su timidez y si pudiese dejaría de tenerla. Junto con esta experiencia personal y privada, está el efecto que causa en los otros, que perciben a una persona insegura, temerosa, recelosa y huidiza. Por lo común provoca desconfianza, pero en ocasiones se levanta como un halo protector: «Pobre, es un tímido»; o «no puede hacerlo, porque es muy tímida».

Las consecuencias de la timidez son claramente negativas, afectan a la estabilidad psicológica, la satisfacción personal y las relaciones con el entorno. La timidez crea problemas sociales, dificulta conocer gente nueva, hacer nuevos amigos y disfrutar de experiencias potencialmente buenas; tiene correlatos emocionales negativos, como la soledad, abandono y depresión; hace difícil el ser impositivo o expresar apropiadamente opiniones y valores; limita las valoraciones positivas que los otros puedan hacer de uno; posibilita juicios sociales incorrectos, que, una vez hechos, son difíciles de cambiar: por ejemplo, uno puede injustificadamente ser considerado como snob, aburrido, vacío o poco amigable; crea dificultades para pensar claramente en ciertas ocasiones y comunicarse con eficacia con los otros; altera la autoevaluación y origina excesiva preocupación por las propias reacciones.

Descubrir el origen de la timidez es el punto fundamental para combatirla. Puede proceder de un sentimiento o un complejo de inferioridad: el que lo sufre se siente inferior por una causa real o imaginaria. Puede heredarse de los padres genéticamente, o aprenderse de ellos por la convivencia. Si en la infancia hay un aislamiento o una dificultad en las relaciones afectivas puede desarrollarse un carácter tímido, como, por ejemplo, si hay fallos en la relación madre-hijo. Otras veces es un papel que se adopta, por ejemplo, en el colegio, y del que luego es difícil desprenderse.

Ante las consecuencias de su problema, el tímido reacciona de diversas formas. Algunos se van abandonando, se aíslan y caen poco a poco en situaciones depresivas cargadas de angustia. Otros crean una falsa imagen y se convierten en personas tremendamente locuaces y asertivas («la alegría de la fiesta») en permanente lucha por mantener esta imagen y esconder una forma de ser que no consideran aceptable. Lo más normal es que la timidez se amortigüe con los años.

Pero la timidez puede no desaparecer, aumentar o bloquear al tímido hasta el punto de impedirle el llevar una vida normal. Se trata de timideces patológicas, que pueden llegar a constituir una enfermedad. Sea cual sea el tipo de timidez y su origen, lo importante son las repercusiones que tenga para el sujeto. La orientación y el tratamiento van a depender de ellas. Quien la sufre suele intentar superarla por sí mismo y sólo en ciertas ocasiones recurre a la ayuda de un especialista. Se emplean técnicas de psicoterapia de apoyo y de conducta y ocasionalmente se recurre a medicación. M. D.

¿CÓMO SUPERAR UN DEFECTO FÍSICO?

Un defecto físico provoca un sentimiento de inferioridad física que hay que afrontar. El origen del complejo es real, está ahí, pero nunca se puede permitir que llegue a convertirse en un complejo. Vamos a ver algunas soluciones prácticas para superarlo:

1. Hay que circunscribir el defecto con exactitud. No por tener una nariz horrorosa el resto de la cara ha de carecer totalmente de atractivo.
2. Al tiempo que se ve el defecto hay que valorar las propias cualidades físicas positivas: se puede ser bajo pero tener una bonita conformación física, o tener unas manos feas pero una boca preciosa.
3. Es preciso resaltar lo bueno que uno tiene y amortiguar el defecto. Así, éste llamará menos la atención. No es negar su existencia, pero sí hacerla menos aparente.
4. Sin lugar a dudas, hay que aprovechar todos los trucos estéticos. Conviene saber qué tipo de ropa, zapatos, adornos y maquillajes le van más a uno para superar el defecto.
5. Las compensaciones tanto físicas como psicológicas pueden ser altamente satisfactorias. Se debe compensar el aspecto defectuoso por otro u otros totalmente distintos: por ejemplo, la incapacidad para hacer deporte puede compensarse con la afición a la música o a la lectura. Incluso una incapacidad inicial puede superarse a base de esfuerzo.
6. Hay que tener en cuenta que no todo es el físico, el hombre es cuerpo y espíritu. «Lo que hay por fuera» es muchas veces muy poco importante comparado con «lo que hay por dentro», con la personalidad.
7. No hay que empeñarse en la perfección inalcanzable. Se tiene que aceptar el propio defecto y aprender a vivir con él.
8. Existen algunos que son subsanables. La obesidad es uno de ellos, con esfuerzo y ayuda médica se consigue vencer. En cada caso hay que plantearse las posibles soluciones, como la cirugía estética que hoy consigue resultados prodigiosos.

9. No se debe negar la evidencia del defecto. Hay que afrontarlo, buscar soluciones y ponerlas en marcha. Incluso es bueno hablar de él. La actitud del avestruz no lleva a nada.

10. Si el defecto va ganando terreno y corre el riesgo de convertirse en el origen de un complejo conviene acudir a un especialista que actúe como guía para encontrar las soluciones y la forma de afrontarlo. M. D.

INSEGURIDAD

Cuando hablamos de personas inseguras nos referimos a aquellas cuya inseguridad proviene de una falta de confianza en sí mismas que se manifiesta de una forma casi constante y que persiste desde hace bastante tiempo, formando parte de los rasgos que integran su personalidad. Algo muy distinto es la sensación de inseguridad que puede aparecer ante situaciones determinadas, especialmente ante circunstancias nuevas en las que una persona no sabe muy bien qué hacer, cómo comportarse. En estos casos no se puede decir que estemos ante personas inseguras, sino que se trata de una situación de inseguridad.

Las personalidades inseguras son más frecuentes entre los niños que han vivido en relativo aislamiento y entre los que han sido sobreprotegidos por sus padres. Los niños que se encuentran en este último caso tardan más en aprender a tomar decisiones por sí mismos, ya que muchas veces son los padres los que lo hacen por ellos; además, los padres infunden en ellos gran número de temores desproporcionados, con lo cual, antes de tomar una decisión se sienten asustados y llenos de dudas. Estas circunstancias suelen ser más frecuentes entre los hijos únicos. Otras veces la inseguridad procede de sentimientos o complejos de inferioridad.

El rasgo más evidente de una personalidad insegura es la falta de capacidad para tomar decisiones, por una disminución del concepto de las propias capacidades. Son sujetos que vacilan constantemente antes de tomar una determinación. Este desasosiego les hace sufrir mucho cuando deben tomar una decisión de importancia, ya que a su sentimiento de insuficiencia se suele asociar un carácter retraído o inhibido, escrupuloso y repleto de remordimiento que los lleva a la pasividad, o cuando más, los empuja a la retirada, lo que los lleva a rechazar todas las tareas con algún componente de responsabilidad y riesgo, pues, para colmo, cuando fracasan suelen ser los primeros en echarse la culpa. Esto explica también que se trate de personas que buscan el apoyo de los demás, con los que mantienen lazos afectivos de excesiva dependencia. A partir del consejo de los otros les resulta un poco más fácil decidirse o trazar sus objetivos; pero a menudo la situación se complica porque en su consulta reciben consejos diversos.

Son personas que lo que desearían en realidad es «recibir órdenes», ya que de este modo se liberan de la dificultad que les supone tomar una decisión y además no se sienten tan profundamente culpables si se produce un fracaso. Desde una perspectiva psicodinámica se puede decir que los inseguros tienen un yo débil y que utilizan frecuentemente mecanismos psicológicos de defensa del tipo de la inhibición, la represión y las compensaciones. Cuando se utiliza este último mecanismo psicológico podemos encontrarnos ante personas exageradamente seguras, de aspecto autosuficiente y arrogante, aunque, si las conocemos en profundidad, descubramos que, bajo esta apariencia, se esconde una gran inseguridad en sí mismas.

Todos estos mecanismos psicológicos son muy neurotizantes, y, de hecho, la inseguridad en sí misma es una de las principales fuentes de las que brota la angustia neurótica. También es la inseguridad uno de los radicales básicos de la timidez. En este caso se trata de una inseguridad que se acentúa durante las relaciones interpersonales, especialmente en las relaciones sociales que exigen la presencia simultánea de un nutrido grupo de personas. En la timidez se asocia la inseguridad a una disminución de la autoestima que puede tener su origen en un sentimiento de inferioridad.

La inseguridad puede presentarse de forma relevante en otros trastornos, como, por ejemplo, en el curso de una depresión; no obstante, al desaparecer el síndrome depresivo, la seguridad en uno mismo se va recobrando paulatinamente. También puede formar parte de otros trastornos psicopatológicos, como la anorexia nerviosa, la epilepsia, la esquizofrenia y otras psicosis. J. H.

LA INHIBICIÓN

Un impulso instintivo es una disposición innata que incita al individuo a conducirse de una determinada manera y hacia un objetivo prefijado. Esta conducta suscita en el sujeto reacciones emocionales apropiadas a su psicología, y tales reacciones le condicionan, a su vez, para obrar en consecuencia.

Normalmente, los impulsos responden a estímulos que podemos clasificar en dos tipos: gratificantes y nocivos. Es indiscutible que los seres vivos tienden, en líneas generales, a conseguir placer (*conducta apetitiva*) *y* evitar dolor (*conducta evitativa*).

Las teorías conductistas nos dicen que una conducta puede modificarse introduciendo factores condicionantes, como es el caso de otros estímulos. Así, por ejemplo, podemos potenciar una conducta apetitiva mediante un incentivo que la haga parecer más atractiva (*técnica de premio*), o, por el contrario frenarla e incluso anularla con un estímulo nocivo (*técnica de castigo*). Cuando ejercemos esta segunda técnica tiene lugar lo que llamamos inhibición.

Experimentalmente, se han podido inhibir, aplicando este método, instintos tan potentes como el de la alimentación: un experimento de laboratorio, bastante cruel por cierto, consiste en aplicarle a un animal de estudio un pequeño *shock* eléctrico mientras come; basta repetir las descargas unas pocas veces más para que el animalito inhiba su deseo de comer hasta el punto de morir de hambre. En este caso, un instinto apetitivo, como es el comer ante un estímulo del hambre, se inhibe ante otro, de tipo evitativo, que resulta más potente.

En la conducta humana también tienen lugar estos fenómenos de inhibición, y muchas veces se producen ante procesos tan abstractos como el afecto y las emociones. La racionalización de un acontecimiento, y, sobre todo, la repercusión emocional que tiene el mismo sobre el sujeto, pueden actuar como condicionantes, alterando en un futuro su conducta habitual.

Una gran mayoría de las veces, este condicionamiento tiene lugar en la persona sólo en el nivel del inconsciente, es decir, que el individuo no se da cuenta conscientemente de que se está produciendo. En el campo de las neurosis existen abundantes inhibiciones soterradas, que salen a la luz con bastante claridad a través de los tratamientos psicoanalíticos.

En el marco de la sociedad es muy corriente encontrar impulsos, tan potentes y ancestrales como la agresividad y sexualidad, que están profundamente inhibidos por condiciones culturales o por experiencias previas. Así, por ejemplo, en el terreno de la sexualidad, la frigidez y la impotencia psíquicas se consideran inhibiciones sexuales producidas por algún factor condicionante que inhibe el impulso natural. Este factor, a menudo, puede ser muy bien un hecho traumatizante del pasado y relacionado con el tema. Por ejemplo: sería muy lógico que una mujer que hubiera sufrido una agresión sexual, presentara posteriormente un cuadro de frigidez. El impacto traumático de la agresión condiciona la normalidad de relaciones sexuales ulteriores por inhibición de impulsos. Pero, lamentablemente, en psicología, otras muchas veces, las cosas no están tan claras y hay que rebuscar por un sinfín de recovecos de la mente hasta dar con el origen de una inhibición.

En la relación social, alteraciones tan frecuentes, como los sentimientos de inferioridad, timidez, etc., no son más que inhibiciones del impulso agresivo.

Y no sería necesaria una experiencia previa inhibitoria; a menudo, basta un pensamiento, una duda ante el posible fracaso, para que la conducta se vea frenada o anulada. En este caso, la capacidad de abstracción e imaginación del pensamiento puede tener tanta fuerza como la realidad misma.

No existen pautas fijas de condicionamiento ni inhibiciones concretas para cada impulso. Cada persona tiene las suyas y precisamente esta interacción entre impulsos e inhibiciones es la que modula y configura el carácter y temperamento individual. J. M. U.

EL ABURRIMIENTO

El aburrimiento es un estado emocional de insatisfacción dentro de una existencia que, durante esos momentos, se percibe como insulsa, vacía, sin sentido. Con la llegada del aburrimiento se tiene la impresión de que el gozo y las experiencias gratificantes propias de la vida han quedado detenidas. Se mantiene la aspiración de recuperar ese gozo, esa capacidad de experimentar sensaciones agradables o interesantes; sin embargo, durante el aburrimiento la persona que lo padece no está dispuesta a iniciar actividad alguna que pueda acabar con este estado, bien porque está disminuida su capacidad de actuación, o bien, porque se cree que ninguna actividad a su alcance puede cambiar la situación.

El aburrimiento se asocia generalmente a otras características psicológicas, como astenia, abulia y apatía. La astenia consiste en un cansancio que existe ya antes de haber realizado el esfuerzo. La abulia es la incapacidad para pasar de la intención de hacer algo al acto en sí mismo; y la apatía, la escasez de vida afectiva y de relación. Además, se tiene la sensación de que el tiempo va muy despacio, de que las horas transcurren lentamente, al igual que ocurre en la depresión.

Todos nos hemos aburrido en algún momento de nuestra vida, y por tanto, se puede decir que se trata de una experiencia normal dentro del contexto general de la vida humana. No obstante, es evidente que hay personas que se aburren más que otras; es más, el aburrimiento puede llegar a constituir una constante en la vida de ciertas personas. La falta de proyecto cara al futuro, no tener una actividad profesional satisfactoria, relaciones humanas pobres y escasas, la falta de incentivos, de *hobbies,* de compromisos de ningún tipo, una postura radicalmente escéptica ante la vida, el desinterés por los demás y por lo que ocurre a nuestro alrededor, junto con muchos más factores de todo tipo favorecen la aparición de un aburrimiento que puede llegar a hacerse crónico. Entonces podemos decir que el aburrimiento es la consecuencia de un progresivo empobrecimiento en la esfera de la personalidad y de una actitud ante la vida, que ha perdido sus ingredientes fundamentales.

Por el contrario, el aburrimiento que surge de forma esporádica ante determinadas situaciones que nos resultan «aburridas» puede tener precisamente un significado totalmente opuesto. Una persona dinámica, repleta de inquietudes de todo género, se puede desesperar al ver que está perdiendo un tiempo que podría dedicar a otras actividades más interesantes o atractivas. Éste es el aburrimiento ante una plúmbea conferencia de la que no nos podemos marchar, el de una cola que tenemos que hacer forzosamente o el de la espera de una cita con una persona impuntual.

¿Cómo se puede combatir el aburrimiento? El problema suele estar, como decíamos al principio, en una dificultad más o menos seria para comenzar una actividad que rompa con este peculiar estado emocional. Esto se puede solucionar con una buena planificación, que nos asegure una ocupación durante la mayor parte de las horas del día, que sea suficientemente satisfactoria y que evite ese «estar cansado de no hacer nada». Si el aburrimiento ya se ha producido hay que procurar iniciar cualquier actividad que no sea demasiado rutinaria y preferiblemente en compañía de otras personas, a pesar de que creamos que no va a ser capaz de sacarnos de ese estado y de que nos dé cierta pereza.

Para ese otro tipo de aburrimiento, el que surge ante situaciones inevitables y aburridas, las soluciones son más difíciles, se puede intentar ser un poco «trapero del tiempo», como decía Marañón, es decir, aprovechar estos ratos para leer un libro de bolsillo, para intentar resolver mentalmente algún problema, etc. J. H.

APATÍA

La apatía es la más absoluta indiferencia ante todo. Psíquicamente se define como un trastorno del tono emocional que se mantiene embotado, acompañándose de despego e indiferencia. Puede ser primario en sí y surgir de pronto o enlazarse con el aburrimiento y la rutina, entrando a formar parte de un círculo vicioso, que se autoalimenta y del que cada vez es más difícil salir. Cuanto más aburrido se está, menos ganas de hacer cosas se tiene, y cuanto más inactivo y apático se siente uno, más se aburre.

El que cae en la apatía se sume en una profunda inactividad, su ritmo vital desciende a mínimos y queda como abotargado, deja de actuar y, en los casos más serios, se limita a ver cómo van y vienen los acontecimientos, incluso los que le atañen directamente.

La apatía, la falta de impulso a la actividad es un claro síntoma depresivo. El deprimido no tiene ganas de hacer nada, nada lo entretiene ni lo divierte, le falta el impulso y en consecuencia no hace prácticamente nada. Hay además un embotamiento afectivo, la tristeza es tan grande que las alegrías o las desdichas del entorno no llegan a afectarlo. Dentro de los trastornos psiquiátricos, la apatía aparece también en algunos procesos esquizofrénicos en los que queda un estado residual o defectual con afectividad embotada, menor capacidad para lograr metas concretas y despreocupación y retraimiento del mundo exterior.

Pero sin entrar dentro de los trastornos psiquiátricos, la apatía puede afectar a cualquier persona en un momento dado y por muy diversas motivaciones:

— Una vida rutinaria y monótona, sin novedades ni incentivos, puede generar la pérdida de toda atracción e interés. Esto ocurre en cualquier ámbito: en el trabajo, en la vida de pareja, la amistad, las diversiones, la familia, etc.

— La muerte de un ser querido, la pérdida del puesto de trabajo, el abandono de la pareja, o cualquier otro contratiempo serio, pueden acarrear un bloqueo afectivo dentro de una reacción de tristeza que no llega a ser una depresión. La apatía es la respuesta a un acontecimiento vital y exige un cierto tiempo para salir de ella.

— El exceso de trabajo y actividad: un período de estrés, un esfuerzo excesivo puede generar un agotamiento físico y psicológico que impide responder a las exigencias habituales. La apatía deriva de una falta real de fuerzas para actuar.

— El polo opuesto a la situación anterior es la vuelta de un período de reposo y vacaciones. Algunos vuelven cargados de fuerza y energía, pero para otros la vuelta a la vida cotidiana supone una pesada carga que el sujeto se siente incapaz de afrontar.

— Hay personas apáticas o asténicas. De por sí no tienen ganas de hacer nada, en ellas hay una tendencia natural a la inactividad física y al distanciamiento afectivo. Es una forma de ser, un tipo de personalidad.

La apatía en sí y por sus consecuencias es una situación negativa que hay que evitar y combatir. Es improductiva y frustrante. Cuando se combina con aburrimiento es como la pescadilla que se muerde la cola. Cuando aparece, hay que reconocerla como tal, evitando falsas justificaciones, como enfermedades imaginarias o todo tipo de estados de debilidad física. Descubrir el origen, abordarlo directamente y planear actividad gratificante, son las claves del éxito para vencerla. Los estados depresivos y las apatías residuales deben ser tratadas por el especialista. En las apatías «vitales» hay que reestructurar un nuevo plan de vida para vencer la situación de inactividad. M. D.

LA INADAPTACIÓN

A lo largo de la vida, en el ser humano se producen una serie de cambios internos, externos y en su entorno, que tienen como objetivo lograr el equilibrio consigo mismo y con el ambiente que le rodea. Es lo que llamamos adaptación.

Aquí trataremos exclusivamente de la adaptación en el aspecto psíquico del hombre, delegando la adaptación física al campo de la medicina somática (ambiental, climática, deportiva, etc.).

En las primeras etapas de la vida (infancia y adolescencia) el proceso de adaptación funciona a pleno rendimiento. La escolaridad, educación y demás aprendizajes, no son más que útiles que el sujeto adquiere para adaptarse a la vida futura.

Posteriormente, en la edad adulta, en teoría disminuye el ritmo de adaptación. Se supone que el individuo ha llegado a la «madurez», alcanzando un determinado *status* social, y mantiene un equilibrio con su medio ambiente.

Por último, en la tercera edad tiene que poner nuevamente en marcha sus mecanismos de adaptación para amoldarse a una situación indudablemente más penosa: el declive físico, la vejez y la muerte próxima.

Naturalmente, esta evolución no es tan sencilla como se ha expuesto. En cada etapa, de hecho, surgen infinidad de conflictos que pueden conducir a un terreno equivocado, provocando incluso situaciones patológicas, que son objeto de la psicopatología infantil, del adulto y geriátrica.

En términos muy generales, la adaptación física es el acoplamiento psicológico a un cambio más o menos sustancial. Este cambio puede tener lugar en la persona misma (por factores endógenos) o en el medio en que ésta se desarrolla (por factores exógenos).

Entre los cambios endógenos más comunes están las enfermedades. El individuo, cuando está enfermo, ha de adaptar su psiquismo a una serie de circunstancias, como el dolor, el sufrimiento, el miedo a la muerte, la incapacidad física, etc. Un importante elemento a tener en cuenta en este terreno es el cronológico, lo que dure la nueva situación: No es igual adaptarse a una situación transitoria (enfermedad curable) que a una irreparable (enfermedad maligna y mortal) o bien, definitiva (enfermedades crónicas, parálisis, amputaciones, etcétera).

Y entre los cambios exógenos o ambientales más comunes se encuentran todos aquellos que tienen que ver con el ser humano como individuo social. Como tal, se ve en el deber, y muchas veces en la obligación, de adaptarse a una innumerable serie de ambientes y situaciones nuevas: la familia, la escuela, los estudios, el matrimonio, el embarazo, el trabajo, la ley, la economía, la nacionalidad, etc. Y cuando ha conseguido adaptarse, tal vez tenga la desgracia de perder el objeto que le impulsaba a hacerlo, teniendo que adaptarse de nuevo a otra situación: la pérdida de un ser querido, el fracaso en los estudio, el divorcio, el desempleo, el encarcelamiento, la ruina económica, la emigración, la guerra, los terremotos, etc.

Cuando el ser humano no es capaz de adaptarse a cualquiera de estos cambios (exógenos o endógenos), sintiéndose inadaptado, puede caer, de no vencer esta situación, en estados de estrés, neurosis e incluso en reacciones psicóticas.

Lo realmente importante para la persona inadaptada es la integración que consciente o subconscientemente hace, en su psiquismo, del problema. La inadaptación puede acarrearle desde una simple preocupación a la más grave depresión, pasando por todos los posibles grados de angustia y ansiedad. Y no digamos cuando llega al extremo de reacción psicótica: en tal estado puede producirse una desintegración de la capacidad de pensar con lógica.

Aunque en otros casos, tal vez no menos patológicos, la inadaptación no ocasiona la más mínima alteración emocional, como ocurre con los sujetos irresponsables y psicópatas. Sin embargo, en este caso, es más probable que la inadaptación sea una consecuencia inevitable de su carácter trastornado. J. M. U.

LA RUTINA

El ritmo cotidiano, alcanzada o no la estabilidad emocional, puede hacerse repetitivo, de forma que cada día parece exactamente igual al anterior y al siguiente. Desaparecen los incentivos, las variaciones, los éxitos y los fracasos, las alegrías y las tristezas. En ese momento, el individuo se descubre como una máquina dentro de un engranaje, sin creatividad y totalmente mecanizado, moviéndose por reflejos. Las emociones y los sentimientos están congelados y anulados.

Nos enfrentamos a uno de los mayores problemas de la sociedad actual, la rutina, que desemboca invariablemente en el aburrimiento, la frustración y el desengaño de uno mismo, de los otros y de todo el ambiente en general.

La rutina se valora muchas veces como algo beneficioso: «esto es simple rutina», «es un trabajar rutinario», dando a entender que la cuestión carece de importancia y que es fácilmente manejable. Pero, sólo de forma excepcional uno puede abandonarse a la rutina, con la seguridad de que a la primera señal de aburrimiento o cansancio pueda salir de ella.

Toda actividad humana puede verse afectada por la rutina: desde situaciones parciales hasta la totalidad de la vida pueden parecer una «absoluta rutina». El ama de casa, nadie puede negarlo, se mueve por rutina. Todos los días limpia, hace las camas, lava, plancha, cocina, friega los platos..., para hacer exactamente lo mismo al día siguiente y al otro y al otro. Existen otras profesiones que no deberían ser rutinarias pero que, sin embargo, lo son. Se pierde el interés por el trabajo, se hace «porque se tiene que hacer», esperando la paga el fin de mes, y punto: el resto da igual. La rutina en el trabajo, sea cual sea la ocupación del individuo, desemboca en un total hastío, el empezar a trabajar por la mañana supone «una cruz», se pierde el rendimiento y la eficacia y el sujeto se va quedando atrás. Con los años, si no se subsana la situación, la persona se encuentra amargada y defraudada y «culpa al sistema» de su mediocridad.

La rutina en el amor y en la vida de pareja se va creando con los años. Es lógico que los primeros sentimientos cedan paso a otros nuevos pero éstos no tienen por qué verse inmersos en la repetición. La pareja a menudo pierde el cariño y el afecto y actúa con monotonía. Se está con el otro pero no se vive con él. La situación se mantiene sin ilusión y sin alegría. Se establece una vida de pareja rutinaria, manteniendo las relaciones por comodidad, por conformismo o por falta de iniciativa. Si alguno de los dos miembros se rebela, surge el conflicto que, o bien resuelve la situación transformando la vida en común, o desencadena la ruptura de la unión.

Los entretenimientos, las reuniones con los amigos, las salidas y los viajes, el trabajo, los hijos y hasta las ideas pueden hacerse rutinarias. Se hacen las cosas porque siempre se han hecho así, sin que exista interés por cambiarlas; son actos totalmente reflejos, carentes de estímulo propio. Hay personas que viven en una continua rutina que afecta a la familia, al trabajo, a las amistades, las diversiones...

El individuo puede vivir perfectamente con su rutina. El conflicto surge cuando pierde el interés y la alegría, recapacita acerca de lo que buscaba y esperaba de la vida y lo compara con lo que es y lo que ha logrado. Entonces, o se hunde o lucha con todas sus fuerzas para escapar del aburrimiento. M. D.

SOLEDAD

Entendemos por soledad el hecho de sentirse solo, tanto voluntaria como involuntariamente. Está solo el que no tiene compañía en un momento dado, y también el que se siente aislado a pesar tener múltiples personas a su alrededor. El ser humano vive, en principio, continuamente acompañado. Pero en ocasiones se trata de una compañía ficticia: tiene mucha gente alrededor pero no siente sintonía afectiva con nadie. El hombre puede ir todos los días al trabajo, acudir a fiestas y reuniones, deambular de un lado para otro sin comunicarse realmente con los demás; éste es uno de los problemas más característicos de nuestra sociedad: la soledad dentro de la multitud.

El hombre es un ser social, permanentemente entra en contacto, y necesita hacerlo, con los otros. La comunicación es la base sobre la que asienta la vida social. La soledad es una experiencia interior que deriva del aislamiento o del distanciamiento físico y/o afectivo. Se dice que el mundo está lleno de solitarios, pero más que de personas solas (que las hay) se trata de seres que se sienten solos, abandonados, sin puntos de apoyo, sobre todo afectivos. Nuestra avanzada sociedad, dominada por los medios de comunicación de masas, está llena de solitarios que se sienten aislados en un mundo repleto de personas.

Para la mayoría de la gente, la soledad supone un contratiempo, un bloqueo en su vida afectiva y de relación que acarrea sentimientos y emociones negativas. El solitario se siente triste, abandonado, con angustia, necesita comunicarse con alguien y no puede y teme, más que nada, que la situación se haga permanente. Existe una constante necesidad de comunicar y compartir vivencias. En las situaciones difíciles se busca apoyo y ayuda. Las alegrías al ser compartidas, se reviven y perduran. La soledad interrumpe el discurrir normal de la vida, es dolorosa y hasta traumatizante.

La vivencia de la soledad depende de cada persona: hay gente solitaria de por sí, a quien le cuesta mucho entablar relaciones, o que simplemente disfruta estando sola. A los tímidos les resulta difícil relacionarse, y los introvertidos crean una especie de coraza a su alrededor. Pero hay extravertidos que también se sienten solos. La facilidad para entablar relaciones sociales no siempre es correspondida y un sujeto agradable y simpático, a veces, inexplicablemente, se encuentra solo. La soledad no suele ser absoluta, casi siempre se manifiesta de forma parcial y/o temporal. A veces, por ejemplo, se tiene una familia muy unida, con la que se encaja muy bien, pero no amistades en el trabajo; también hay sujetos con muchos amigos que no encuentran una pareja con la que compartir su vida. Los «relaciones públicas» pueden carecer de ese amigo en el que confiar plenamente. Casi todo el mundo tiene su pequeña soledad, sólo que unos luchan por vencerla, otros la ignoran y unos pocos se hunden en ella. Cualquiera puede soportar o buscar la soledad en un momento dado, pero lo más frecuente es que uno se resista a ella, intente vencerla y sobrepasarla. Todo individuo necesita comunicarse, abrirse a los demás, sentirse acompañado, rodearse de otros, querer y ser querido. Cuando la soledad se apodera de uno, se sume en un aislamiento que genera tristeza. Uno no puede escaparse de su soledad, no puede salir de sí mismo y de su situación. Este estado puede acarrear depresiones graves. Si las fuerzas decaen y se pierde la esperanza, algunas personas adoptan soluciones extremas como el suicidio, la forma más dramática de huir de la soledad.

¿CUÁNDO PUEDE APARECER LA SOLEDAD? Hay situaciones que facilitan enormemente la aparición de la soledad:

— *Desarraigo.* Es el más claro exponente de la inadaptación. Quienes se trasladan a vivir a otras zonas o salen de su medio habitual son, en principio, solitarios por decreto. Junto a ellos están los que nunca consiguen encajar en donde viven o trabajan, y que no llegan nunca a entablar lazos afectivos.

— *Pérdidas afectivas.* Tras la muerte de un ser querido se siente una profunda soledad, pero con el tiempo ésta se va atenuando hasta que, generalmente, desaparece. El vacío suele ser reemplazado. Esta forma de soledad afecta particularmente a los ancianos, porque, poco a poco, todas sus antiguas relaciones van desapareciendo.

— *Éxito personal.* La soledad del triunfo y la soledad del jefe no son un tópico, existen. El éxito puede no ser bien asimilado por el triunfador que se convierte en un ser despótico y engreído que es abandonado por cuantos lo rodean. Puede ocurrir también que los otros no sean capaces de aceptar el triunfo ajeno y aparecen muchos falsos amigos que no cubren en absoluto la esfera afectiva. Otro aspecto es el simplemente ocupacional: el triunfador se encuentra tan ocupado que no tiene tiempo para nada, y menos para perderlo con los amigos, quedándose al cabo del tiempo a solas con su trabajo.

— *Enfermedad.* Algunas enfermedades psiquiátricas, como la depresión o la esquizofrenia, inhiben profundamente al sujeto, que se aísla del entorno. Esta soledad es secundaria a la apatía, a la pérdida de intereses y motivaciones. Las enfermedades orgánicas amenazan a quien las padece con la soledad. Es el enfermo solo quien afronta la enfermedad, sufre, padece y se siente impotente frente a ella.

— *Timidez.* Junto con la introversión, provoca aislamiento por la imposibilidad para entablar relaciones afectivas. El tímido sufre por su incapacidad, intenta vencerla y sobreponerse, pero muchas veces le es imposible.

— *Grandes ciudades.* Ésta es la paradoja de nuestros días. Una de las soledades más dramáticas que existen es la que se siente en medio de la gente, rodeado de diversiones, que uno no puede compartir. Existe una tendencia en los grupos sociales a cerrarse sobre sí mismos y de las personas a integrarse en uno de ellos. Puede ocurrir que dentro de este ritmo una persona se quede marginada, aislada en la más absoluta soledad.

— *Profesiones solitarias.* Aquí el trabajo obliga: es el caso de los fareros, los representantes o los guardias nocturnos.

En contrapartida hay otros tipos de soledad. La soledad gratificante, buscada por el propio individuo. Hay momentos en la vida en que uno desea y necesita estar solo. De vez en cuando hay que sentarse tranquilamente, alejado de todos y de todo y conversar con uno mismo. Ayuda a conocerse y conocer a los demás, a reflexionar y meditar las cosas o simplemente a descansar y disfrutar del «estar solo».

LA SOLEDAD EMPIEZA EN LA INFANCIA. Los padres pueden potenciar o inhibir la sociabilidad de sus hijos favoreciendo su capacidad para entablar relaciones, o bien contribuir a que prefieran mantenerse aislados. Desde niño se puede aprender a disfrutar y aprovechar la soledad o a soportarla a duras penas. Los niños que han pasado períodos de soledad pueden ser tímidos o introvertidos, pero, en cambio, suelen tener una especial sensibilidad, junto con una gran afición por la lectura, el arte o la música. La contrapartida es su retraimiento y su dificultad a la hora de abrirse a los demás. M. D.

¿CÓMO LIBRARSE DEL TEDIO?

El tedio es la sensación de fastidio que surge dentro de una situación de aburrimiento intenso y duradero. Es un sentimiento que aparece cuando vemos que lo que estamos haciendo (o dejando de hacer, ya que va muy unido a la pasividad) no da más de sí, ya que se ha convertido en una situación insoportable. El tedio es, por tanto, como la culminación de un período durante el cual sentimos un progresivo vacío interior. La paradoja está en que el mismo tedio puede aprisionarnos, dificultándonos el salir de su círculo, con lo que, por pasividad, nos mantenemos en una situación tediosa como si no tuviésemos fuerzas suficientes para poder escapar de ella.

La lucha contra el tedio pasa por dos vertientes: evitar que aparezca, y, si ya apareció, conseguir eliminarlo lo antes posible. Para evitar la presencia del tedio es necesaria una buena programación de todas nuestras actividades diarias, saber a qué vamos a dedicar nuestro tiempo y planificarlo según apetencias que estén a nuestro alcance, lo que además de librarnos del tedio, puede aumentar nuestro rendimiento personal. Se trata de intentar sacar el máximo partido a todo lo que hacemos, organizándonos para trabajar o estudiar con la máxima eficacia, y disfrutar plenamente de otras actividades de ocio o descanso. Una buena organización evita esos lapsos más o menos prolongados de tiempo en que tenemos la sensación de no saber o no tener nada que hacer y que nos puede sumir en el tedio.

Otras veces, el tedio nos invade dentro de una actividad rutinaria que estamos realizando de forma más o menos obligatoria. Si esto es así, lo más probable es que progresivamente hayamos ido abandonando posibilidades de cambio y gratificación, por una falta de entrega plena a la misma, que conduce a una tediosa rutina. Hay que plantearse entonces una visión más amplia de esa actividad, exigiéndonos una superación cualitativa que proceda de nuestras posibilidades creativas. Organización planificada, es decir, orientada hacia el futuro, creatividad y un espíritu abierto capaz de descubrir las nuevas posibilidades que ofrece una misma situación, pueden ser tres armas básicas para luchar contra el tedio, especialmente si las aplicamos en colaboración con otras personas, o al menos, dentro de un ambiente de buena comunicación interpersonal. J. H.

ESTRÉS

Se encuentra en medio de un atasco y no le da tiempo a llegar a esa cita tan importante, pero además llegará tarde a la comida y todo el trabajo de la tarde se retrasará. Las cosas se le acumulan, le falta el tiempo y casi no descansa. Corre de un lado para otro desbordando actividad, pero su organismo empieza a quejarse. Se siente agobiado, nervioso, sobrecargado, camino del agotamiento y para colmo le ha salido un desagradable eczema en la cara. Está claro, sufre el mal de nuestros días, sufre de estrés.

Canon fue el primero en utilizar el término estrés, con relación a la homeostasis, que se refiere al equilibrio de un organismo, de forma que, al ser descompensado por un agente externo, tiende inmediatamente a recuperar su situación anterior. Seyle describe el *Síndrome general de adaptación,* que consiste en un conjunto de reacciones fisiológicas coordinadas con las que el organismo responde ante cualquier agente procedente del exterior (agente estresante). Esta respuesta tiene tres fases, la fase de alarma en la que se movilizan las defensas del organismo (se pone en marcha el eje hormonal hipotálamo-hipófisis-suprarrenal); la fase de adaptación, en la que el organismo se acopla y las hormonas liberadas (corticoides) vuelven a la normalidad. Si la adaptación no se produce y el agente estresante sigue actuando se entra en la fase de agotamiento, que, a la larga, puede provocar la muerte. La perspectiva psicológica es iniciada por Wolff, que habla de estrés vital como respuesta específicamente humana a distintos tipos de agentes nocivos y amenazas que proceden del ambiente social del sujeto. Lazarus sistematiza de forma definitiva el concepto de estrés. Para él es un proceso complejo que abarca desde los estímulos estresantes a la respuesta del organismo pasando por los procesos intermedios psíquicos y biológicos. Plantea como eje central la sensación de amenaza que desencadena la respuesta psicobiológica y que tiene que ser previamente conocida por el sujeto. Holmes y Rahe destacan el valor de los acontecimientos vitales (*life events*) como agentes productores de estrés y crean un cuestionario autoaplicable con 43 tipos de sucesos cada uno con su puntuación, como la muerte de un familiar, un divorcio, un despido, cambios económicos, cambios de domicilio, vacaciones...

Lazarus, partiendo de la sensación de amenaza, explica las reacciones o respuestas al estrés que se manifiestan en cuatro aspectos:

1. Descripciones verbales de las alteraciones emocionales acompañantes: la persona estresada suele explicar su estado de ánimo como «estoy nervioso», «triste», «irritado», «me encuentro mal», «va no puedo más»...
2. Modificaciones de la actividad cognitiva: el estrés puede mejorar el rendimiento cognitivo al elevar la atención y el nivel de conciencia. Pero lo más frecuente es que ante esta situación prolongada se empeore todo tipo de actividad intelectual, razonamiento, juicio, relaciones sociales...
3. Conductas motoras específicas que van desde el temblor a la rigidez muscular, las expresiones de la cara o el cambio de trabajo o de lugar de residencia.
4. Modificaciones fisiológicas: toda la estructura neuroendocrina sufre alteraciones, sobre todo el eje hipotálamo-hipófisis-suprarrenal y el sistema vegetativo. El hipotálamo estimula a la hipófisis y ésta a las suprarrenales, que liberan los corticosteroides en la sangre y que ejercen su efecto en todo el organismo (alteran la producción de insulina, facilitan las úlceras gastroduodenales, provocan pérdidas de calcio de los huesos, dan lugar a irregularidades menstruales e inducen la hipertensión). El sistema nervioso vegetativo responde con estimulación simpática y liberación de catecolaminas, como adrenalina, que altera la tensión arterial, las hormonas sexuales y tiroideas entre otras cosas.

Está claro que ante el estrés el organismo en bloque reacciona tanto en el aspecto biológico o corporal como en el psicológico. Como consecuencia actúa como desencadenante de enfermedades sobre todo del sistema inmunitario, cardiovascular, gastrointestinal y psicosomáticas. La hipertensión, la úlcera gastroduodenal, los trastornos del ritmo intestinal (estreñimiento y diarrea), el infarto, el descenso de las defensas y la propensión a las infecciones, la tensión premenstrual, todo tipo de trastornos psicosomáticos y hasta el cáncer están íntimamente relacionados con el estrés. El estrés mantenido provoca agotamiento físico y cansancio psicológico. El *surmenage y* el gasto de energías debilitan las fuerzas del organismo, y uno se siente cansado; pero el debilitamiento psicológico es el origen de situaciones de total agotamiento aunque no se haya hecho nada, porque el cansancio es psíquico.

No todas las personas responden igual ante el estrés, dependiendo cada reacción de la personalidad individual, de los mecanismos de defensa que se ponen en marcha y de las circunstancias socioambientales que concurren en cada momento. Por ejemplo, una mujer soltera no vive un embarazo de la misma forma que una casada que lleva esperando tres años a tener un hijo o una que ya tiene otros dos. Hay personas más propensas a sufrir de estrés, como las que cambian de residencia o de trabajo, las que tienen pocos recursos económicos, o no cuentan con un equilibrio afectivo y emocional.

¿CÓMO AFRONTAR EL ESTRÉS? Prácticamente, todas las personas, cada una en su medio, se encuentran sometidas al estrés, unos se defienden adecuadamente y otros se vienen abajo. Para afrontarlo hay que estructurar todo un plan que se apoya en las siguientes medidas:

— Actitud psicológica: en todo momento hay que conocer aquello a lo que uno se enfrenta, las exigencias que le impone y las posibles consecuencias. Valorar las propias aptitudes a la hora de seleccionar el modo de vida y las actividades. Conviene prepararse para cada situación esperando de ella lo que va a traer consigo, ni más ni menos.

— Mantener una vida sana desde el punto de vista higiénico, dietético y físico: llevar una dieta equilibrada y completa (que contenga todos los principios inmediatos y cubrir las necesidades del organismo), evitar el tabaco, el café y el alcohol, y realizar ejercicio físico con regularidad, son puntos básicos para mantener la forma física y evitar la sobrecarga de las tensiones estresantes.

— Técnicas de relajación: son sumamente eficaces; hay que aprenderlas con un técnico, pero luego el sujeto puede ponerlas en marcha por sí mismo apenas las necesite. Hay dos técnicas fundamentales: la relajación progresiva de Jacobson y el entrenamiento autógeno de Schultz. La técnica de Jacobson consiste en provocar la contracción y la relajación de paquetes musculares de forma progresiva. El entrenamiento autógeno es un método global que combina mente y cuerpo.

— Mantener una situación afectiva estable y satisfactoria es básico para afrontar el estrés. El estar encajado afectivamente, tener amigos, llevarse bien con los otros, y, a fin de cuentas, tener un apoyo social es imprescindible.

— Organizar el trabajo y el resto de la actividad de modo que el consumo y la recuperación de energía esté controlado. Ofrecemos aquí una serie de consejos útiles:

- dedicar diariamente un tiempo a las propias aficiones: leer, oír música, pasear, ir al cine...
- mantener una comunicación regular y diaria con otras personas;
- programar las actividades sin agobios, no hacer más de una cosa cada vez y no empezar una nueva hasta no haber acabado la anterior;
- evitar las responsabilidades excesivas y no querer abarcar más de lo que se puede;
- aprender a tomarse un tiempo para cada cosa;
- tener en cuenta que nada es definitivo ni irreemplazable, todo puede ser y todo se puede hacer. M. D.

LOS TICS

Los tics se producen por movimientos o contracciones de un músculo o grupo de músculos localizados en una zona determinada del cuerpo humano. Suelen ser movimientos breves, rápidos, que surgen de repente, de forma inesperada, pero a la vez con bastante frecuencia, en las personas que los padecen. Su aparición no tiene un ritmo definido, sino que tiene un curso irregular; es decir, pueden pasar horas sin que surja el tic y luego se puede repetir varias veces en pocos minutos.

Aunque se producen de forma involuntaria e imprevisible, si la persona con tics se concentra convenientemente puede impedir su aparición. El problema es que entonces nota una gran ansiedad. Curiosamente, tras un período de tiempo largo durante el cual se ha intentado evitar la producción del tic, aparecen muchos tics sucesivamente, como si intentasen compensar el tiempo durante el cual no estuvieron presentes. El movimiento correspondiente al tic puede ser reproducido de forma voluntaria, por la persona que los tiene habitualmente, en cualquier momento, a pesar de que se trate de una contracción que aparece involuntariamente. Los tics desaparecen durante el sueño y surgen con menos frecuencia cuando el sujeto está entretenido en una tarea que requiere bastante concentración, siempre que no le resulte estresante o angustiosa.

No se ha descubierto ninguna lesión o alteración orgánica, corporal, que pueda ser la causa de que alguien tenga uno de estos tics. Aunque a veces aparecen asociados a alguna enfermedad causada por un trastorno orgánico, casi siempre están en relación con la ansiedad. Las personas que tienen tics suelen ser «nerviosas»; es decir, tienen con cierta frecuencia síntomas de angustia o ansiedad y los tics aumentan durante estas situaciones, que muchas veces se deben a dificultades en el campo de las relaciones sociales. En cualquier caso, no se han podido observar lesiones neurológicas o alteraciones de los reflejos en territorio anatómico en donde surge el tic, por lo que todo hace suponer que sus causas están enmarcadas dentro de un ámbito puramente psicológico, salvo en el caso de que constituyan un mero síntoma de otra enfermedad. Los tics más comunes son los tics faciales, es decir, los que surgen en la zona de la cara, y dentro de éstos los que recuerdan a los guiños de los ojos.

Los tics suelen surgir por primera vez antes de la adolescencia, salvo algunos casos excepcionales. A veces desaparecen de forma espontánea en el transcurso de unos meses; en otras ocasiones, los tics se solucionan tras la pubertad, pero pueden estar presentes durante toda la vida. Quienes los sufren los pueden sentir como algo absurdo e intentan luchar contra su aparición, generalmente sin éxito. A veces, ensayan movimientos de otros músculos capaces de contrarrestarlos, pero el resultado final suele ser la aparición de un tic deformado o de una nueva modalidad de tic.

Entre los neuróticos es muy frecuente que el tic forme parte del cuadro clínico, especialmente entre las llamadas neurosis obsesivas. Otras veces los tics pueden producirse dentro de un síndrome, como el *Síndrome de Gilles de la Tourette,* que consiste fundamentalmente en la manifestación de numerosos tics en la zona de la cara y cuello que se acompañan de sonidos guturales, es decir, ruidos nasales o vocales que no están producidos por una lesión o irritación orgánica a ese nivel; de coprolalia o emisión de palabras obscenas, sucias o groseras y ecolalia o repetición de sílabas, palabras o pequeñas frases pronunciadas en su presencia por otros y que él reproduce.

El tratamiento de los tics depende de su tipo y de la causa por la que se producen o mantienen. Algunos pueden desaparecer espontáneamente en poco tiempo o al traspasar el umbral de la adolescencia. Los tratamientos con medicamentos de tipo ansiolítico o incluso con tranquilizantes mayores o neurolépticos del tipo del haloperidol pueden dar buenos resultados si se utilizan asociados a técnicas psicoterapéuticas específicas. J. H.

EL NARCISISMO

El término narcisismo procede del mito clásico de Narciso, joven que al contemplar su propia imagen reflejada en las aguas de una fuente se enamora de sí mismo; ante lo imposible de su amor, muere de tristeza, metamorfoseándose su cuerpo en una hermosa flor: el narciso. El narcisismo consiste, fundamentalmente, en un exagerado amor a uno mismo. Freud describió un *narcisismo primario* en el recién nacido, que dirige todas sus energías hacia un solo objetivo: satisfacer sus propias necesidades y lograr el mayor grado de bienestar posible; sin embargo, según el niño va creciendo, al reconocer a una persona como la responsable de proporcionarle todo tipo de cuidados (generalmente se trata de su madre) comienza a dirigir hacia ésta parte de su libido, constituyendo lo que Freud denominó la libido de objeto. De este modo, en el desarrollo normal, la libido se va desplazando desde uno mismo (narcisismo) hacia diversos objetos, si bien es normal que siempre permanezca en todos los individuos una cierta dosis de narcisismo. A veces, ciertas situaciones traumáticas de tipo físico o psicológico, como enfermedades, frustraciones, peligros, pérdida de seres queridos («de objetos»), etc., hacen que la libido rechace otros objetos y se dirija de nuevo hacia uno mismo. Freud definió este retorno al narcisismo de la primera infancia con el término de *narcisismo secundario*.

Cuando a lo largo del desarrollo un sujeto conserva dirigidas hacia sí mismo una buena parte de las energías de su libido porque ha enfocado pocas de estas energías hacia los objetos externos, o cuando determinados traumas psicológicos hacen que estas energías vuelvan a estar orientadas fundamentalmente hacia su propia persona podemos afirmar que dicho sujeto tiene una personalidad narcisista. Entre sus rasgos más característicos destaca la constante y desmedida preocupación por sí mismo y su intereses, frente al desinterés que manifiesta hacia los demás y sus problemas; es más, muchas veces el narcisista puede ignorar perfectamente al resto de sus semejantes, a no ser que influyan de forma directa o indirecta en sus intereses.

Por lo general, el sujeto no tiene conciencia de estar tan volcado sobre sí mismo, sino que cree que su actitud es absolutamente normal y se asombra de que alguien pueda considerar que mantiene una postura egoísta.

Son personas cuyas relaciones afectivas y sociales, en general, están mediatizadas por su gran avidez de admiración y estimación. Buscan abiertamente ser admirados por los demás, fascinarlos para brillar ante sí mismos con mayor luminosidad, pero son incapaces de dar auténtico afecto y de entregarse abiertamente a otras personas. Esta característica ha llevado a muchos autores a relacionar el narcisismo con el «donjuanismo» y con los trastornos de tipo histérico. También se ha relacionado con determinados aspectos de la sexualidad, especialmente con el autoerotismo y la homosexualidad.

El autoerotismo consiste en la reproducción de estímulos eróticos a través del propio cuerpo o de partes de éste. Para que esto ocurra es necesario que la persona tenga una personalidad narcisista, pero es evidente que es una situación más común cuando se poseen unas dosis altas de narcisismo. Algo similar ocurre a veces con la masturbación; la elección del objeto sexual o incluso del objeto de amor puede estar más o menos mediatizada por el trasfondo narcisista, tal como ocurre en un buen número de relaciones homosexuales, en las cuales la elección de una pareja del mismo sexo se debe, parcial o totalmente, al parecido del cuerpo elegido con el propio o a la similitud de los órganos sexuales. J. H.

LA TARTAMUDEZ

La tartamudez, también llamada técnicamente *disfemia,* es una alteración del lenguaje que consiste en la repetición de un mismo sonido, sílaba o palabra a lo largo de algunos momentos de la conversación, o bien, en un bloqueo que impide pronunciar una palabra durante un plazo de tiempo más o menos prolongado. Repeticiones y bloqueos se pueden producir de forma aislada según los tipos de tartamudez, pero lo más frecuente es que ambos problemas se den de forma simultánea. Generalmente hay pronunciaciones o sílabas que resultan más difíciles de vocalizar. Los bloqueos suelen suceder al iniciar la conversación, o al comenzar una nueva frase.

Este trastorno del lenguaje es muy frecuente, ya que afecta aproximadamente a uno de cada cien habitantes, la mayoría de los cuales son varones, en una proporción de unos cuatro hombres por cada mujer. Entre los niños comprendidos dentro de la edad escolar es todavía más frecuente, y hay estudios que hablan de incidencias del cinco e incluso del ocho por ciento. En realidad es absolutamente normal que los niños tengan una cierta tartamudez desde que dicen sus primeras palabras hasta que llegan a la edad de cuatro o cinco años. Si los padres se burlan de ellos o los intentan corregir con cierta insistencia es cuando puede surgir el verdadero problema; es decir, de este modo se puede originar una tartamudez que no desaparece con la edad, sino que se hace más intensa y crónica. Pero no siempre es éste el origen de la tartamudez. Realmente su origen no está todavía bien perfilado. Se ha comprobado que es un problema más común dentro de ciertas familias, por lo que algunos han apuntado la posibilidad de que tuviese carácter hereditario. También se ha podido observar que los niños tartamudos tienen, con más frecuencia que los otros, problemas afectivos o conflictos dentro del ámbito familiar o escolar, por lo que muchos atribuyen al trastorno un origen psicógeno. Entre los adultos, la tartamudez se da más entre los neuróticos y las personas con un desarrollo anómalo de la personalidad.

Lo que está claro es que todas las situaciones caracterizadas por alta tensión emocional o ansiedad agravan el problema. Los síntomas se agravan, por ejemplo, al dirigirse a un desconocido, en las reuniones sociales, al hablar en público, etcétera, por lo que muchas veces se añade un problema de retraimiento, soledad, incomunicación por rechazo de las relaciones sociales y escolares, y disminución del rendimiento escolar o incluso un auténtico fracaso escolar, sin que, por otra parte, se haya demostrado que estos niños tengan un cociente intelectual inferior al de los demás.

Los tartamudos también se pueden ir convirtiendo en personas bastante recelosas, ya que a partir de humillaciones sufridas en la infancia debido a burlas de sus compañeros, pueden pensar que los demás se ríen de ellos cuando hablan. Cuando la sintomatología es grave, algunos incluso se niegan a hablar por teléfono, ya que sufren pensando que otra persona se ríe de ellos detrás del auricular. Si la tartamudez no era consecuencia de un trastorno neurótico o de una anomalía de la personalidad, éstos surgen, entonces, como consecuencia de todos estos factores relacionales y sociales.

El tratamiento de la tartamudez o disfemia debe ser lo más precoz posible. En primer lugar se debe evitar llamar la atención al niño pequeño sobre este problema. Si es él quien está preocupado se le debe tranquilizar, quitar importancia a la cuestión y aconsejarle que hable más despacio. También hay que procurar que no esté sometido a situaciones de estrés, ya que suelen agravar notablemente la sintomatología. Otras veces, la tartamudez desaparece al mejorar un ambiente familiar o escolar muy conflictivo. Los ejercicios de vocalización, de lectura en voz alta, de relajación pulmonar junto con técnicas psicoterapéuticas destinadas a corregir los posibles trastornos relacionados con la personalidad y la relación social pueden solucionar este problema. J. H.

LA ONICOFAGIA

Llamamos onicofagia, en su sentido estricto, al hábito de comerse las uñas. En un sentido más amplio se considera también como onicofagia el simple hecho de morderlas o de cortarlas con los dientes, aunque posteriormente no se ingieran.

La onicofagia está muy extendida entre niños y adolescentes, ya que afecta con mayor o menor gravedad a casi un 40 por ciento de las personas de edad comprendida entre los cinco y dieciocho años. Es más frecuente entre los varones que entre las mujeres.

Los estados crónicos de ansiedad, especialmente los originados durante la infancia, conducen, muy frecuentemente, a la onicofagia; pero este hábito desadaptativo puede aparecer también de forma esporádica ante determinadas situaciones caracterizadas por el estrés, la ansiedad o una gran tensión emocional, como son, por ejemplo, los momentos antes de un examen, cuando se espera una noticia importante o aquellas situaciones en las que una persona puede sentirse insegura.

Este trastorno, en sí mismo, no tiene ninguna gravedad, pero generalmente conviene realizar un tratamiento debido a las repercusiones sociales o estéticas que suele originar. Cuando la onicofagia es un síntoma más de una anomalía psicológica, como, por ejemplo, de una neurosis, lo más importante es corregir el trastorno fundamental. Cuando aparece de forma aislada, como un hábito motor aprendido, lo más difícil puede ser que esa persona se dé cuenta de que se está mordiendo las uñas y que deje, así, de hacerlo; para solucionar este problema se ha probado a utilizar productos de un sabor especial que, aplicándolos sobre las uñas, logran que estas personas se den cuenta y abandonen este hábito. El problema es que frecuentemente van acostumbrándose poco a poco al sabor de estas sustancias, lo que anula su efecto. J. H.

EL MIEDO

El miedo es una perturbación del estado de ánimo, en el que se pierde la confianza en los propios recursos para afrontar situaciones concretas, que son percibidas como peligrosas para el sujeto. Este peligro puede ser real o imaginario, presente o proyectado en el futuro, pero siempre ocasiona una disminución del sentido de seguridad.

Prácticamente todas las personas han sentido miedo alguna vez y se describen objetos generadores de temor a lo largo de todas las épocas. Por su universalidad y su frecuencia, el miedo se puede considerar como una emoción normal, pero hay que distinguir entre el miedo normal y el patológico. Cuando la amenaza es real es lógico sentir temor, se trata del miedo normal, pero cuando la reacción es excesiva o no guarda relación con la causa desencadenante, se convierte en anómala. Por ejemplo, uno puede temer ser atracado en la calle, sobre todo por la noche, pero si esto le impide salir de casa desde que oscurece, este miedo es anómalo. Se puede decir que el miedo deja de ser normal cuando altera o bloquea la conducta normal del individuo, su estabilidad psicológica y/o sus relaciones con el ambiente y las personas que lo rodean. Cuando el temor lo provoca un objeto imaginario se entra en el campo de las fobias que aquí no vamos más que a nombrar, ya que se les dedica un capítulo más adelante. En la fobia, el miedo es irracional y desproporcionado, altera la conducta de quien lo sufre, que es incapaz de sobreponerse a él, a pesar de reconocerlo como absurdo.

El miedo puede ser, y es, aprendido. Los niños son los más susceptibles a él, aprenden a tener miedo, muchas veces a causa de los adultos. «El hombre del saco», «el coco» o «los fantasmas» son muchas veces utilizados para modificar el comportamiento infantil provocándoles temor. Esto no es nada beneficioso, la mayoría lo supera, pero algunos pueden desarrollar una personalidad insegura y temerosa. El miedo tiene fuertes raíces culturales, cada cultura tiene sus propios generadores de miedo: el vudú, los vampiros, los hombres-lobo...

Finalmente, el miedo se aprende con la experiencia, si uno ha sufrido una experiencia traumatizante, estará temeroso de que se vuelva a producir; tras un accidente grave de tráfico es fácil sentir al principio miedo a montar en automóviles, desapareciendo el temor sólo con el paso del tiempo.

El miedo no se detecta sólo en el aspecto psicológico, tiene también un importante cortejo de síntomas neurovegetativos, como sudoración, taquicardia, temblor, necesidad de orinar, crisis diarreicas, piloerección («pelos de punta»), que acompañan a la ansiedad y a la angustia y que pueden ser más desagradables que la propia emoción. Tanto las manifestaciones psicológicas como físicas pueden ir precedidas de un curioso fenómeno, el miedo a tener miedo, que es como una ansiedad que prevé el sufrimiento que puede aparecer.

Se trata de una emoción dolorosa que bloquea a quien la sufre e incapacita para desenvolverse normalmente. A corto y largo plazo acarrea dos conductas fundamentales: la evitación y la huida. Quien sufre el miedo elude y evita todas las situaciones en que pueda aparecer, de forma que bloquea su propia actividad: por ejemplo, quien teme las reuniones con mucha gente, no acude a fiestas y actos sociales y poco a poco se ve abocado a la soledad. Otros en cambio huyen en cuanto aparece el miedo y su conducta resulta de lo más incongruente, no pueden controlar su temor, pierden la confianza en sí mismos y la de los demás.

¿CÓMO REDUCIR EL MIEDO? El miedo infantil es relativamente fácil de reducir, basta crear alrededor del niño un ambiente de seguridad y confianza. En el adulto el miedo se relaciona con la situación que lo origina, al ceder ésta lo hace el temor. En los miedos que entran en el campo de lo patológico hay que poner en marcha medidas especiales:

— *Utilización de fármacos.* De forma experimental y luego en la práctica se usan los fármacos para reducir la ansiedad y la angustia que acompañan (o generan) el miedo: se trata básicamente de ansiolíticos, que son una medida paliativa a corto plazo, pero que no hacen desaparecer definitivamente el miedo.

Se emplea también el «efecto placebo» que consiste en administrar al sujeto un fármaco inocuo, por ejemplo, cápsulas con azúcar: él cree que toma un medicamento y psicológicamente adquiere una seguridad.

— *Extinción experimental.* Se apoya en técnicas psicológicas que someten al sujeto al objeto de su miedo de forma que, en teoría, se acostumbra a él y deja de temerlo. Hay dos formas de hacerlo, la desensibilización sistemática y la inundación. La desensibilización sistemática consiste en someterle poco a poco a estímulos crecientes y en la inundación se le enfrenta directamente al objeto de su miedo. Por ejemplo, si alguien teme a los espacios abiertos, se le puede ir alejando poco a poco de su casa a una distancia cada vez mayor, o bien dejarlo de pronto en mitad de un parque.

— *Psicoterapia.* A través de esta técnica se enseña al sujeto a tener menos miedo, se le facilitan formas de conducta más efectivas y se refuerzan los logros que va teniendo frente a sus temores. El sujeto debe «saber lo que hay que esperar y hacer en cada situación» de forma que el miedo nunca lo pillará desprevenido. En la psicoterapia de orientación psicoanalítica se intenta buscar el origen del miedo y una vez descubierto el conflicto primario, se trata. Una vez solucionado el conflicto se corrige el miedo.

— *Relajación.* Las distintas técnicas de relajación facilitan el autodominio y controlan los efectos neurovegetativos del miedo, así éste es menor o incluso no llega a aparecer.

El miedo a quedarse solo en casa es un miedo muy particular; estadísticamente es muy frecuente entre las mujeres, sobre todo en el medio urbano. Puede desencadenarse tras una experiencia negativa y es perfectamente comprensible. Si aparece sin antecedentes existe una base de realidad (es posible ser objeto de un atraco), pero en muchos casos se trata de una fobia con raíces psicológicas más profundas. Si es soportable no requiere un tratamiento especial; en caso contrario se pueden poner en marcha las técnicas que hemos descrito para el tratamiento del miedo o las específicas de las fobias si el miedo es en realidad una fobia. M. D.

IRRESPONSABILIDAD

Cuando en términos psicológicos hablamos de responsabilidad hacemos referencia a la capacidad que tiene una persona de responder (coloquialmente: dar cuentas) acerca de sus actos y obligaciones. Dejamos a la terminología jurídica la acepción de culpabilidad por no aportar, en este momento, una carga peyorativa al concepto.

Una persona responsable es aquella que es consecuente con sus acciones, que cumple con sus deberes y es capaz de asumir sus errores. Pero no es necesario ser un modelo de civismo y moralidad para ser catalogado de responsable. Como humanos, todos tenemos defectos, debilidades y moderadas conductas irresponsables. Existe un margen un tanto difuso y subjetivo que separa al responsable del irresponsable y en el que habitualmente se mueve gran parte del género humano.

La responsabilidad es un atributo más de los que se obtienen con la madurez y tal vez sea el mayor indicativo de la misma.

El niño carece de responsabilidad porque aún no sabe de deberes y obligaciones. Se mueve por impulsos, generalmente apetitivos y dirigidos a conseguir su propia satisfacción. Es egoísta por excelencia, pues no es todavía consciente de que existen otras personas a su alrededor que puedan tener, a su vez, necesidades similares. A través de la orientación de sus padres y educadores va aprendiendo normas de convivencia y de moral. Comienza, así, a hacerse responsable.

Pero esto no es tan sencillo y, desgraciadamente, no siempre se cumple. Para que un niño se haga responsable, primeramente ha de «respirar» un clima de responsabilidad en su ambiente. Ha de observar que sus padres o educadores lo sean ya que indefectiblemente actuarán sobre él como modelos a imitar. Y en segundo lugar, ha de sentirse reforzado en su propia responsabilidad, para que pueda desarrollarse dentro de ésta, modulando su carácter en tal sentido.

A través de la protección que recibe de los adultos, el niño advierte que éstos son responsables de su cuidado y atención. Cuando observa orden en las tareas y objetos de sus padres, recibe lecciones de responsabilidad, ya no sólo para con él sino también para con lo que les rodea y forma parte de sus vidas. Si es debidamente encauzado, aprenderá a ser responsable de sus cosas: juguetes, ropas, etc. Comprenderá que tener orden y cuidado en sus acciones puede ser beneficioso.

Una vez sembrados los primeros inicios de responsabilidad ante pequeñas cosas (que para los niños no son tan pequeñas cosas, ya que tal vez sean las únicas a su alcance), hay que reforzarlos y fomentarlos. Para ello, es esencial el respeto y la consideración de sus primeros logros personales. Es aconsejable encomendarle tareas adecuadas a su edad y que impliquen su responsabilidad en las mismas, con una pequeña dosis de libertad se conseguirá un gran avance en su aprendizaje.

La persona que llega a adulta de forma inadecuada carece de madurez, pudiendo ser distinguida por su irresponsabilidad.

El individuo irresponsable es reconocido por el desorden en el que se mueve. Tiene poco apego a sus enseres, por lo que se hallarán deteriorados por un uso poco cuidadoso. Suele ser incapaz de mantener un puesto de trabajo fijo, pues con frecuencia dejará de cumplir las tareas encomendadas, no porque sea lo que se suele llamar un «vago», sino porque, sencillamente, le «aburren», y no ve «por qué» tiene que seguir haciendo algo que le disgusta. Difícilmente mantiene una relación afectiva estable con una pareja, ya que tampoco se hace responsable de sus afectos y tenderá a la falta de fidelidad siendo su compromiso sentimental impulsivo y pasajero. Tampoco acostumbra a fomentar grandes amistades, aunque tenga una gran facilidad para hacer amigos en cualquier ambiente y país, pues seguramente sólo le atraiga de las mismas el aspecto lúdico y poco comprometedor. En definitiva, todas las facetas de su personalidad pueden verse afectadas por la irresponsabilidad.

Un pequeño grado de irresponsabilidad es aceptable, puede incluso dar un poco de «gracia» a la vida, por el componente de aventura y riesgo estimulante, pero siempre dentro de unos límites y con el total respeto hacia el prójimo. J. M. U.

CRISIS DE ANSIEDAD Y PÁNICO

La ansiedad es una expresión afectiva desagradable comparable al miedo. La diferencia entre una y otra es que el miedo está provocado por el temor a algo concreto, mientras que en la ansiedad se siente igualmente miedo pero sin que lo provoque objeto alguno.

Algunos tratados de psicología consideran la ansiedad y la angustia como sinónimos. Estudios más recientes establecen, sin embargo, algunas diferencias.

La angustia se percibe más físicamente a través de una serie de cambios fisiológicos del organismo, como aumento de la frecuencia cardíaca y la respiración, temblor, sudoración, opresión en el estómago, «nudo» en la garganta, etc., al tiempo que induce a una reacción de «sobrecogimiento» que tiende a paralizar a la persona.

La ansiedad, en cambio, se percibe más en la esfera psíquica, resaltando el sentimiento desagradable de peligro inminente, a veces de muerte cercana, sensación de indefensión, tensión y expectativa ante una supuesta amenaza. Predomina en ella la reacción de «sobresalto» con inquietud motora que incita a la agitación.

La persona angustiada suele estar encogida sobre sí misma, con los brazos plegados sobre su pecho o su estómago e inmóvil o con cierto balanceo típico. La persona ansiosa suele estar inquieta, caminando de un lado a otro sin rumbo fijo, tirando de su ropa o sus cabellos con desesperación y dando muestras desaforadas de estar buscando alivio.

Es difícil explicar la sensación subjetiva de ansiedad, pues para ser bien entendida, debe sentirse. Por ello damos mayor énfasis a las manifestaciones físicas acaecidas que a la sensación psíquica en sí. Pero lo cierto es que personas que han sufrido graves crisis de ansiedad han alcanzado tal nivel de pánico y temor que padecerían cualquier dolor físico, por tremendo que fuese, por no sufrir otra.

La ansiedad puede comenzar de una forma lenta e insidiosa, con cierta tensión nerviosa que va creciendo paulatinamente, o bien de forma brusca, constituyendo la crisis de ansiedad o ataque de pánico. A menudo no se relaciona con acontecimientos precipitantes y el que la sufre no encuentra motivos que la justifiquen.

Describimos a continuación una típica crisis de ansiedad:

El primer síntoma destacable tiene lugar en el corazón: violentos latidos cardíacos que golpean el pecho y repercuten en el cuello y cabeza. Ello desencadena el primer pánico. Lo primero que se piensa es en el infarto, en el paro cardíaco y la muerte. Este miedo se va incrementando cuando, a continuación, aparece dolor en el pecho, sensación de ahogo por dificultad respiratoria, mareo, debilidad muscular y pérdida de equilibrio. El individuo, en plena crisis de ansiedad, pasa por momentos que él, con toda razón, cataloga de espantosos; no sabe si correr, gritar o huir. Lo más probable es que acabe en el servicio de urgencias de algún hospital, ingresado con la convicción de que no saldrá vivo. Lo normal es que, tras ser tranquilizado y atendido debidamente, salga a los pocos minutos por su propio pie y con gran sensación de alivio tras el mal rato pasado.

Otro síntoma destacable ocurre en el sistema respiratorio. Aparece una dificultad respiratoria que los especialistas definen como «hambre de aire». El ansioso siente que no puede tomar el aire suficiente y que su pecho no se expande al inspirar. Esto le hace respirar jadeando y con gran aceleración, lo cual disminuye el anhídrido carbónico de su organismo y produce otro síntoma que le asustará aún más: sensación de acorchamiento y cosquilleo en los dedos y extremidades, a veces siente incluso contracciones y espasmos musculares y, con frecuencia, mareos y vahídos.

Por último, y por si todo lo anterior no ha sido suficientemente terrorífico, el sistema nervioso neurovegetativo puede activar de forma descontrolada el resto del organismo, con la aparición de náuseas, vómitos, diarreas, etc.

Naturalmente, aquí hemos reflejado una crisis de ansiedad grave y completa. Por suerte no siempre ocurre así; a veces pueden aparecer tan sólo algunos de los síntomas, pero son suficientes como para que una vez sentidos no se olviden jamás.

¿POR QUÉ OCURREN TODOS ESTOS FENÓMENOS? Este conjunto de alteraciones corporales no sucede de forma anárquica. En principio tienen una finalidad, lo que sucede es que son desmedidas y han perdido razón de ser. No son más que mecanismos de preparación del cuerpo para la lucha o la huida ante un peligro inminente. Cuando el cerebro recibe la señal de alarma se pone en marcha el llamado sistema nervioso autónomo, a través de su denominada porción simpática. Éste influye sobre el sistema circulatorio, disminuyendo el riego sanguíneo en las vísceras y aumentándolo en los músculos (que habrían de ser utilizados en la lucha o en la huida). El aparato digestivo detiene su funcionamiento para ahorrar energía necesaria para la contienda. Por ello puede tener lugar un «corte de digestión» en la crisis de ansiedad con sensación de «nudo de estómago». Las pupilas se dilatan para favorecer la visión. Se libera adrenalina que activa el corazón para que bombee la sangre necesaria en los músculos. Aumenta la capacidad de coagulación de la sangre en previsión de posibles heridas en el supuesto combate. La respiración se acelera para aportar más oxígeno al cerebro y a los músculos. Como se observa, todo ello sería lógico si ocurriera segundos antes de enfrentarnos a una brutal contienda en la que tuviéramos que defender nuestra integridad a vida o muerte. En la crisis de ansiedad o ataque de pánico tiene lugar una alarma similar. Pero es una alarma sin motivo y en la que no hay posibilidad de descarga, de utilización de todo el arsenal preparado. En términos coloquiales diríamos que «hay mucho ruido y pocas nueces».

El problema, tal vez radical, que exagera la crisis de ansiedad, es su autoalimentación; es decir, la aparición de los primeros síntomas produce temor y alarma, y esta alarma desencadena más síntomas, alimentando la crisis. De este modo puede aparecer el miedo al propio miedo, cayéndose en un círculo neurotizante.

Por ello, ante una crisis de ansiedad, lo primero que hay que lograr es perder el miedo a lo que está ocurriendo. El sistema nervioso está acelerado, pero no hay alteración orgánica alguna. No son más que señales de alarma y un organismo sano no se va a matar a sí mismo con ello. Al no tener sentido se descarga y cesa por sí sola. J. M. U.

EL DOLOR PSÍQUICO

¿Se puede sentir dolor por causas psíquicas? Muchas veces es así. Los fenómenos dolorosos están íntimamente relacionados con la psicología humana, especialmente con nuestra personalidad y con el estado de ánimo.

Muchos dolores de cabeza están producidos por una excesiva tensión emocional («cefaleas tensionales»), consecuencia a su vez de algún conflicto psicológico: el estrés, ansiedad, o una depresión. En estos casos, cuando se intenta buscar alguna causa orgánica, alguna alteración corporal, que justifique estos dolores, no se encuentra ninguna alteración después de numerosas exploraciones. Muchos dolores de nuca («nucalgias») también están ocasionados por trastornos psíquicos: la ansiedad y la tensión psíquica intensa producen un aumento de la tensión muscular que se localiza preferentemente en los músculos de la nuca y de la porción superior de la espalda, que quedan más rígidos y tiran de las vértebras cervicales, causando un molesto dolor de nuca. Los dolores, de causa psíquica, pueden tener muchas otras localizaciones: en el pecho, espalda, en el abdomen, etc.; y a veces, se trata más que de un dolor, de molestias o sensaciones extrañas, desagradables y más o menos inespecíficas (calambres, hormigueos, sensaciones de opresión, pinchazos, etc.).

Estas molestias aumentan cuando la persona que las padece está muy pendiente de las mismas, o muy preocupada, pensando que pueden ser el síntoma de alguna enfermedad grave, lo que sucede a menudo entre los aprensivos o hipocondríacos. En estos casos, las molestias y el dolor pueden surgir por el mismo miedo a la enfermedad o a la muerte. Una vez aparecen los primeros síntomas, éstos son interpretados como manifestación de algún proceso corporal grave, con lo que la angustia aumenta extraordinariamente, lo cual, a su vez, aumenta las sensaciones dolorosas, creándose un círculo vicioso en el que conviven el miedo con la ansiedad y el dolor.

Hay personas que son más sensibles al dolor que otras, es decir, sienten más dolor ante un mismo estímulo doloroso, lo que parece estar en relación con factores constitucionales y de personalidad. También es cierto que algunas personas dan más importancia a los fenómenos dolorosos, es decir, los sobrevaloran, a la vez que de este modo ven exacerbarse las molestias correspondientes.

Todas las situaciones caracterizadas por la ansiedad o por un estado de ánimo descendido suelen producir un aumento de la intensidad del dolor, sea cual sea su causa; también cuando el dolor es un síntoma de una enfermedad orgánica. Tal es la influencia de los factores psicológicos en la elaboración del dolor, que en la actualidad se están utilizando en los nuevos centros especializados en el dolor, fármacos tranquilizantes y antidepresivos como tratamiento complementario en la lucha contra dolores de cierta intensidad.

La sugestión y la autosugestión también influyen notablemente aumentando o disminuyendo la intensidad del dolor. Con una buena técnica de relajación y otras técnicas de autosugestión se puede lograr que el dolor disminuya e incluso que desaparezca.

También se puede lograr algo similar mediante sugestión terapéutica producida a través de otras personas o de substancias sin ninguna acción («placebos»). Por el contrario, también es posible producir dolor por mera sugestión.

Por último, hay que considerar otros factores en la elaboración de los procesos dolorosos. El dolor sin sentido y de origen mal conocido resulta menos llevadero. Por ejemplo, el dolor del parto tiene un fundamento y una cierta utilidad, por lo que algunas mujeres lo sobrellevan mejor. También cuando el médico explica la causa de las sensaciones dolorosas puede tranquilizar al paciente, con lo que la intensidad disminuye, especialmente si la causa que lo produce no es grave y se sabe que, más o menos pronto, desaparecerá. J. H.

EL ÉXITO Y EL FRACASO (SU VALOR REAL)

Éxito y fracaso son dos evaluaciones finales y opuestas de una tarea emprendida.

En cualquier acto que se realiza existen básicamente tres fases:

Propósito. En la que tiene lugar el deseo y la intención de realizarla, decidiéndose de un modo más o menos consciente la conveniencia o no de actuar. El propósito tendrá una duración y complejidad relativas a la importancia de la tarea a realizar y va en función de la voluntad del sujeto.

Acción. En esta fase se pone en práctica el propósito. El individuo ejecuta la actividad deseada persiguiendo unos objetivos. Está en función de la capacidad personal e influida por los condicionamientos internos o anímicos y ambientales.

Fin. Fase en la que se consigue o no el objetivo buscado. Se manifiesta el resultado final del propósito y de la acción y tiene lugar un juicio valorativo del proceso.

Generalmente se juzga la actuación en función de sus objetivos: si se consiguen los fines pretendidos con ese propósito, se dice que la tarea ha sido un éxito. Si no se logran, se dice que ha sido un fracaso.

Por lo regular, el fracaso puede suceder por error en el propósito: intención equivocada, pretensiones ilusorias, objetivos inalcanzables, etc., o por error en la actuación, hecho que no depende exclusivamente del sujeto; existe una notable, y a veces decisiva, influencia de los condicionantes y circunstancias ambientales.

La valoración del éxito o fracaso de una empresa se realiza desde dos puntos de vista:

Análisis objetivo. Mediante la observación desde el exterior de la acción realizada por el sujeto y, sobre todo, del logro final de los objetivos.

Análisis subjetivo. Realizado por el propio sujeto y en función de la satisfacción personal conseguida.

Ambas evaluaciones no tienen por qué coincidir necesariamente. No es rara la disparidad de criterios entre ejecutante y observador ante una labor realizada. El primero puede sentirse muy satisfecho de su obra y en cambio no recibir la aprobación general, y viceversa. Esto se observa habitualmente en el terreno artístico. Cuando la intención del individuo es tan sólo buscar la aprobación general, obviamente el análisis objetivo y subjetivo deben coincidir para conseguir el éxito.

El valor real del éxito o el fracaso se debe buscar en la integración mental y en la repercusión afectiva que ambos conceptos tienen en el sujeto protagonista de la acción, ya que los dos enjuiciamientos pueden determinar la sucesiva forma de actuar, bien como estímulo (el éxito) o bien como freno (el fracaso).

El éxito incita a la acción en busca de nuevos éxitos, condicionándola positivamente. El fracaso, en cambio, induce a la paralización para prevenir y evitar otros posibles fracasos.

Éste es un fenómeno de aprendizaje que debe tenerse muy en cuenta cuando se persiguen fines educativos: premiar una labor bien realizada tiene mucha más influencia en la conducta que el castigo por la labor fracasada. Un premio es un incentivo que anima a actuar al resaltar el éxito. Con el castigo se inhibe la acción por miedo al mismo.

Por algo parecido, algunas personas se mueven en su vida siguiendo la ley del «todo o nada». Poseen un perfeccionismo exagerado, junto a una capacidad nula para asumir el fracaso. Por tal motivo viven paralizadas en sus acciones y decisiones, pues piensan que es mejor no actuar que actuar con el riesgo del fracaso: «Como seguramente no lo haré bien, mejor, no lo hago.» No son conscientes de que tomar decisiones y actuar es algo que encierra posibilidades tanto de éxito como de fracaso, mientras que el no actuar es objetivamente un fracaso siempre, porque nunca se alcanzará fin alguno.

En toda conducta existen probabilidades de éxito o de fracaso, tan válido uno como el otro para poder modular dicha conducta. Y ha de tenerse en cuenta que la satisfacción plena tras una tarea realizada se consigue pocas veces, y que, tal vez, sea más positivo sentirse «satisfecho pero sabiendo que todo es mejorable», para mantener un espíritu de superación. J. M. U.

ENFERMEDADES PSICOSOMÁTICAS

Al paciente, tras mucho deambular de médico en médico, le han mandado al psiquiatra, por un acné, una úlcera de estómago, asma o un dolor sin causa aparente. ¿Cómo es posible? Por algo que parece enteramente una enfermedad orgánica le remiten al «especialista de los nervios» y le dicen que padece un trastorno psicosomático.

Como su mismo nombre indica, en las enfermedades psicosomáticas se combinan lo psíquico y lo somático. Mente y cuerpo forman una unidad indivisible en permanente diálogo y que mantiene intercambios constantes con el exterior; los estímulos psíquicos pueden en un momento dado alterar la armonía de esta estructura. Esta idea es el punto de partida y apoyo de la medicina psicosomática, rama de la medicina a caballo entre la psiquiatría y la medicina general. En los problemas psicosomáticos se parte de un conflicto puramente psicológico, que, al no ser elaborado de forma correcta, hace surgir una enfermedad somática con toda su sintomatología, como una úlcera gastroduodenal, un eczema o una hipertensión, apareciendo una lesión orgánica evidente y demostrable. En esto se distingue de un proceso neurótico que también tiene como partida un conflicto psíquico y una manifestación somática, pero que, sin embargo, no cuenta con una lesión orgánica, ni una expresión física cuantificable que justifique los síntomas corporales.

En la aparición de estos procesos intervienen factores psicológicos, biológicos, sociales y de aprendizaje. Tensión, miedo y angustia, junto al exceso de trabajo y actividad, generan el estrés que va produciendo cambios en el organismo. Se alteran las hormonas, aparecen descargas de adrenalina, el organismo se resiente y, en un momento dado, un órgano lanza una señal de alarma. Surge una enfermedad somática en respuesta a la inquietud psicológica, es una consecuencia del estrés. En la elección del órgano no se actúa al azar, sino que siempre se afecta al más débil. Es la teoría de la inferioridad de los órganos: ante un problema psicológico que tiene que aflorar por algún sitio, se aprovecha el punto más débil para la somatización. Esta respuesta se puede repetir; cuando el sujeto se ve envuelto en conflictos y tensiones, aparece el mismo problema orgánico que en situaciones similares. Se produce también un fenómeno de conversión que consiste en que un síntoma psicológico se convierte en otro orgánico con el que de alguna manera tiene una relación simbólica. Por ejemplo, ante un problema de relación con otras personas el inconsciente se manifiesta a través de un problema en la piel.

Las enfermedades psicosomáticas se relacionan con la capacidad de expresión verbal condicionada por factores socioculturales. A medida que ésta es más baja, la persona tiende a expresarse más con un lenguaje corporal y el mismo camino siguen sus conflictos psicológicos. Apunta una personalidad psicosomática al estilo de las personalidades neuróticas, con un yo superestructurado incapaz de comunicar los conflictos del subconsciente, pero que, ante la necesidad de expresarlos, los materializa al corporizarlos. Finalmente, hay que anotar lo que en psiquiatría se llama la «ganancia secundaria»: a través de la enfermedad, el enfermo puede obtener una serie de beneficios más o menos valorables, como más atención por parte de quienes lo rodean, consideraciones especiales en el trabajo, en la familia, una baja... Así, de forma consciente o inconsciente, el enfermo puede querer seguir siéndolo.

Hay una serie de puntos a tener en cuenta en las enfermedades psicosomáticas:

— Pueden independizarse de la causa psicológica que las originó e ir avanzando en el plano orgánico, transformándose en un proceso patológico independiente.
— Pueden manifestarse por fases, de acuerdo con las crisis de la biografía del enfermo.
— Pueden cambiarse de un trastorno psicosomático a otro, sin reglas fijas, y dependiendo de las situaciones ambientales y personales que concurran en cada momento.
— Pueden asociarse a otros procesos psicopatológicos, como la depresión o la crisis de angustia.

Enfermedades psicosomáticas:

Aparato digestivo:

— Úlcera gastroduodenal.
— Colitis ulcerosa.

Aparato respiratorio:

— Asma.
— Alergia respiratoria.
— Síndrome de hiperventilación.
— Síndrome de retención respiratoria.
— Rinitis vasomotora.

Piel:

— Eczema.
— Psoriasis.
— Acné.
— Hiperhidrosis.
— Alopecias.

Aparato cardiovascular:

— Hipertensión arterial.
— Síndromes algoriodes, enfermedades coronarias.
— Arritmias cardíacas.

Cefaleas.

Enfermedades ginecológicas:

— Síndrome de Tensión Premenstrual.
— Dismenorrea (regla dolorosa).
— Trastornos menopáusicos.

Disfunciones sexuales:

— Impotencia.
— Frigidez.
— Vaginismo.

Enfermedades del sistema endocrino:

— Obesidad.

Enfermedades psiconeurovegetativas.

El espectro de las enfermedades psicosomáticas es ciertamente amplio, incluye más aún de las que aparecen en este cuadro, pero hay que tener en cuenta que, aunque estas enfermedades pueden ser psicosomáticas, no siempre lo son. A la hora del diagnóstico, lo primero es descartar que no se trate de un proceso orgánico (una cefalea, dolor de cabeza, puede deberse a una lesión cerebral y no tener nada que ver con la situación psicológica). Existe el riesgo de convertir la patología psicosomática en un cajón de sastre donde todo puede ir a parar. Esto es grave, puede poner en peligro la vida de una persona y por supuesto retrasar el diagnóstico y el tratamiento de lo que verdaderamente le ocurre.

En el tratamiento hay que combinar la asistencia del médico general o especialista con el psiquiatra. Entre ambos se tratan las vertientes orgánicas y psicológicas de la enfermedad. Uno trata la úlcera, el acné o la hipertensión. El otro se encamina al origen en sí del problema psicosomático y, posiblemente, de otros cuadros acompañantes, como la angustia o la depresión. Existen dos armas fundamentales para el psiquiatra: la psicoterapia y los psicofármacos, que combina a la hora de afrontar este problema.

LA SENSACIÓN DE FRACASO

¿Quién no ha fracasado en algo alguna vez? ¿Quién no se ha sentido vencido en algún momento de su vida? Prácticamente nadie. Es una emoción intensa, vital, dolorosa, inevitable y, en ocasiones, beneficiosa para el desarrollo personal. Con el fracaso se sufre, pero de él se aprenden muchas cosas si la experiencia se afronta con decisión, valentía y voluntad de superación.

El fracaso consiste en no lograr unos objetivos esperados a corto o largo plazo, y se acompaña de una vivencia amarga, desagradable y frustrante, que todos, y seguramente más de una vez, hemos tenido que afrontar. Es parte de la vida, la otra cara del éxito.

Hay que distinguir entre la sensación de fracaso ante un fallo o contratiempo real, y la sensación que sobreviene sin motivo y de las que nos vamos a ocupar más adelante. La primera es la vivencia de un fracaso y en ella hay que matizar unos aspectos: la intensidad, la coherencia con el hecho que la desencadena y la forma de reaccionar. Ante un resultado adverso se siente, como es lógico, desagrado y frustración que se van atenuando hasta desaparecer. Lo normal es que el individuo, pasados los primeros momentos, razone sobre los motivos de su fracaso y a la luz de éstos consiga superarlo y evitar que vuelva a producirse. Es anómala la reacción excesivamente intensa, que dura demasiado tiempo o que se convierte en improductiva. A la hora de reaccionar ante un fracaso es fundamental la personalidad del individuo; las personalidades fuertes y maduras ponen en marcha todos sus mecanismos de defensa y superan de forma positiva el contratiempo; las personalidades más débiles e inseguras suelen venirse abajo ante escollos relativamente pequeños y necesitan mucho más apoyo del exterior para superarlos.

Hay sensaciones de fracaso del todo injustificadas. Las cosas pueden marchar relativamente bien y el sujeto sentirse abatido y hundido, incapaz de resolver el más mínimo contratiempo y con la sensación de fallar y haber fracasado de forma general o en algo muy concreto. Es un fracaso imaginario que arranca de sentimientos de inferioridad y minusvalía («uno cree que es un completo inepto y que no tiene futuro») o acompaña a rachas depresivas. Durante la depresión hay un hundimiento vital que se puede acompañar de esta sensación y que entra dentro del campo de la patología. No hay razonamientos que valgan ya que el mismo punto de partida de este sentimiento no es real ni lógico. Por lo común, al mejorar la situación afectiva o la autovaloración, esta sensación desaparece.

Hay ocasiones en que las expectativas no llegan a cumplirse, porque estas expectativas eran excesivas e irrealizables. No es raro que a veces sean expectativas impuestas por el entorno, lo que el padre, los amigos o las parejas pensaban que uno debía lograr pero que el interesado no veía tan claro. Se le forja un destino al individuo que él no ha decidido, pero si lo acepta y no llega a cumplirlo se sentirá fracasado, como si estuviese fallando a los demás sin haberse parado a pensar cuáles son sus propios deseos. Uno debe elegir su propio futuro, saber qué quiere, cómo y cuándo, de lo contrario, la excesiva presión ambiental condiciona su actividad y su estabilidad psicológica.

El «síndrome del fracasado» es la sensación permanente de haber fallado, de no haber logrado nada, de no tener posibilidades, que afecta al pasado, al presente y que permanecerá en el futuro. Puede ser tanto por motivos reales como imaginarios, pero el resultado es siempre que el sujeto se siente insatisfecho consigo mismo y con su vida. Una reacción casi esperada es sumirse en la frustración, la renuncia y el abandono; ésta es una de las vivencias más desalentadoras que se pueden sufrir y el individuo se convierte en un ser inoperante, sumido en la tristeza y en la incapacidad para superarse a sí mismo. El sujeto pierde la iniciativa, la capacidad de lucha, la resistencia a las eventualidades, cae en fases depresivas y puede desear morir. No pocas veces el alcoholismo y la drogadicción se convierten en las únicas vías de escape.

¿CÓMO SUPERAR UN FRACASO? Algo ha fallado, uno no ha logrado lo que esperaba o buscaba. Sea en el aspecto que sea se ha producido ese terrible fracaso. Es un hecho real, hay que reaccionar y superarlo. Los españoles, que tenemos refranes para todo, también tenemos uno para esta situación: «No es más hombre el que no fracasa, sino el que se recupera antes de un fracaso.»

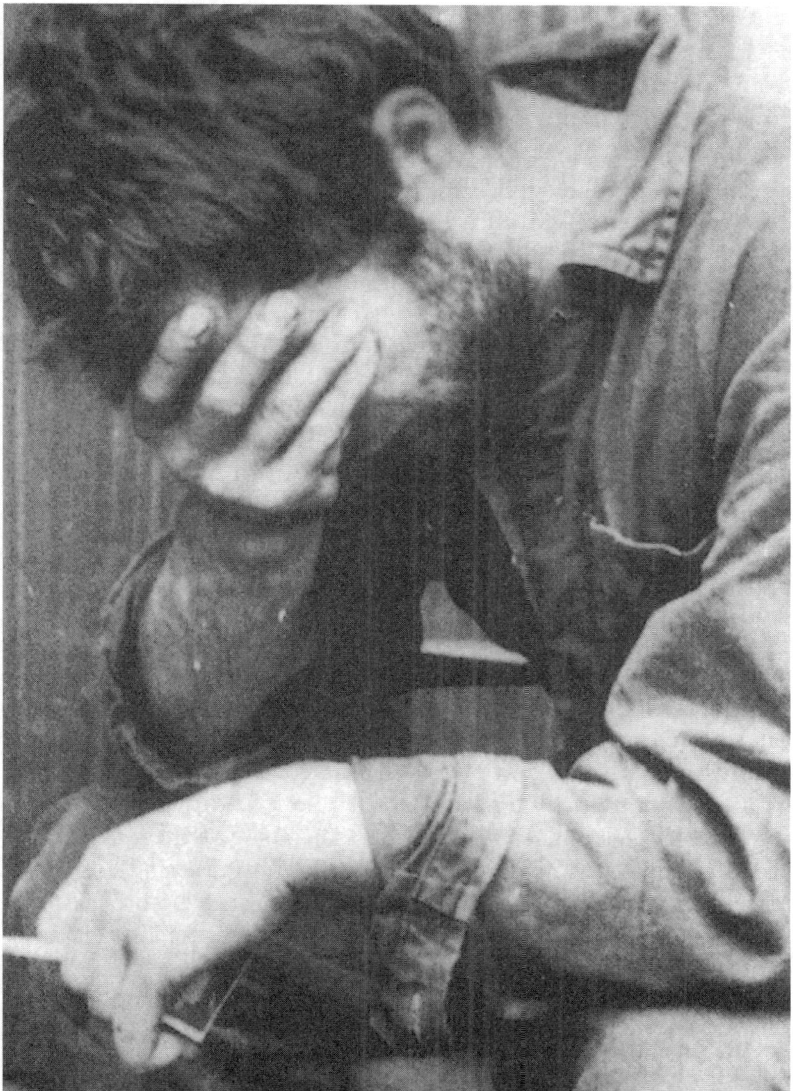

La otra cara de la moneda: un individuo abatido, vencido por el fracaso, que no cree que pueda tener fuerzas para salir de esta situación y empezar una vez más, de nuevo. (Foto: EFE.)

Ante un fracaso puede reaccionarse de forma distinta según las personas: hay quien se siente hundido, acabado y totalmente derrotado, y quien saca fuerzas de flaqueza y emprende de nuevo la tarea con una energía inconcebible; para estos últimos, el fracaso es como un incentivo, que les obliga a superarse y superarlo. Por otro lado, no son de extrañar las reacciones depresivas, que a veces llegan a ser graves, ni casos de personas que se angustien al verse incapaces de salir adelante. Tanto la tristeza como la angustia no hacen más que aumentar el sufrimiento del fracaso y entorpecer su superación.

Pero el fracaso no es el fin del mundo, ni tampoco el final de aquello en lo que se ha fracasado, esto hay que tenerlo claro y es el punto de partida de la superación. Un fallo es un contratiempo, puede que hasta grave, pero siempre hay una segunda oportunidad. Hay que analizar el fracaso y descubrir su porqué: metas desmesuradas, poco esfuerzo invertido, o pequeño, para la empresa, escasa preparación, muchos competidores, exigencias excesivas, fallos de terceras personas, momento inadecuado, poca seguridad, circunstancias adversas... Hay mil y una razones y cada cual debe encontrar las que han motivado su propio fracaso. Uno debe conocer sus propios errores, corregir y superar sus fallos y planear nuevas estrategias de comportamiento y actuación.

Aunque esto es fácil de decir y muy difícil de lograr, hay que controlar el abatimiento y la «sensación de fracaso». El éxito continuo es prácticamente imposible y, puede que, a la larga, insoportable. Del fracaso se obtienen muchas lecciones y se descubre la realidad de la vida que en todo y para todo tiene dos caras. No es una razón para darse por vencido, eso sí es el auténtico fracaso. Hay que dedicarse a la superación, a la obtención de soluciones, olvidarse de autocompadecerse inútilmente y abandonarse a la tristeza. Puede, si las situaciones particulares lo permiten, tener unos días de descanso y de tranquilidad para meditar sobre el fallo y madurarlo, pero rápidamente hay que volver a ponerse en marcha. En estos momentos, se suele buscar a las personas cercanas, que confortan, apoyan y animan a superarse.

El fracaso es pasajero y nunca se puede permitir que esta situación se instaure de forma permanente. Siempre es algo superable y siempre es un punto de partida, de renovación y de aprendizaje. Hay cosas en la vida que sólo se aprenden tras fallar en ellas.

Ante un fracaso hay que tener una doble visión: superarlo y obtener su consecuencia positiva. M. D.

LA ACTITUD ANTE LA VIDA

Todo ser vivo adopta un comportamiento en su existencia como reacción a unos determinados estímulos. Es el llamado instinto.

Uno de estos instintos es el de reacción ante un peligro. Cuando un animal se ve en peligro, le caben dos posibilidades de defensa: luchar contra el agente causante o huir de él. Pero ¿qué ocurre cuando el peligro es demasiado grande como para vencerlo luchando y además no hay posibilidades de huida? En la Naturaleza se observan dos tipos de reacción en estos casos, muy comunes entre los animales más inferiores: *a)* «La tempestad de movimientos»: es una especie de agitación intempestiva, sin aparente coherencia, que tal vez persiga desconcertar y asustar al enemigo, y *b)* La paralización absoluta, «hacerse el muerto», para que el atacante abandone la lucha.

Estos instintos, tan primitivos, también han sido heredados por el hombre, aunque sólo en determinadas ocasiones se presentan con tanta claridad. Así, por ejemplo, son observados en ciertos estados patológicos, como la crisis histérica (tempestad de movimientos) o el *shock* catatónico (paralización).

En la vida, que para la persona no deja de ser una continua adaptación a las circunstancias, generalmente nos vemos enfrentados a un sinfín de contrariedades. Y muchas veces seguimos, en cierto modo, ese patrón instintivo antes referido.

Usualmente nuestra actitud ante la vida va en función del tiempo: pasado, presente y futuro. El pasado es como un archivo de experiencias que condicionan el presente, el futuro es la consecuencia de éste.

Pocas veces vivimos un presente absoluto y sin la influencia de ambos extremos temporales. Por ello, según la postura a tomar en la vida, podemos describir cuatro tipos de individuos:

1. *El «inseguro»*. Aquel que vive atrapado en un «bocadillo» entre pasado y futuro. Reniega y se lamenta del pasado,

arrastrándolo sobre sí como un lastre. No cesa de añorar el tiempo perdido y piensa constantemente en lo que debió hacer bien y no hizo. Cuando consigue ocasionalmente desprenderse de su preocupación por el pasado, se aferra a otra carga, a veces mayor: su angustia por el futuro: ¿será capaz de enfrentarse a él? ¿Qué le deparará? ¿Fracasará de nuevo? Al individuo inseguro, como es lógico, dado su carácter, le da pavor lo que ha de venir, no se siente preparado para afrontar el mañana y vive pendiente de un fracaso supuestamente inevitable.

Entre ambas angustias no deja un hueco para el presente. No se da una mínima oportunidad de acción en el único momento de su vida que realmente puede cambiar: su presente. Si fuera capaz de analizar el problema con objetividad, vería que el pasado no puede cambiarse, puesto que ya ocurrió; y el futuro está aún fuera de su alcance.

Generalmente este tipo de personas son inseguras, indecisas, llenas de dudas y miedos. Y no es raro que vayan, de forma fatalista, de «víctimas» por la vida. Son demasiado dependientes y tienden a refugiarse al amparo de alguien más fuerte que decida su modo de vivir. Lógicamente, como no son libres de elegir, viven angustiados e infelices. En cierto modo paralizan su vida, «se hacen los muertos».

2. *El «seguro»*. Es aquel que pisa fuerte en su presente y resalta sólo lo positivo de su pasado como experiencia favorable. Respecto al futuro no siente preocupación, porque confía en sí mismo y en su capacidad de respuesta. Cuando sobrepasa sus límites puede caer en la tiranía, el despotismo, la sobrevaloración del yo y la «tempestad de movimientos».

3. *El «indiferente»*. Es aquel que ciñe su presente prácticamente a un instante. Se mueve por impulsos estímulo-respuesta. No tiene ideales ni metas en su vida. Sólo piensa en el aquí y ahora. Para él, el pasado apenas existe, por lo que aprende poco de sus experiencias. Y el futuro no le importa, le da igual la dirección que tome, pudiendo llegar a creer que no depende de él. Piensa que la vida está ahí para vivirla y no merece la pena quebrarse la cabeza en complicaciones. En términos coloquiales, este tipo de individuo es conocido como «pasota».

En su grado extremo está el psicópata (sociópata): carente de moral, egoísta y sin respeto al prójimo.

De algún modo, como el primero, paraliza su vida porque no hay progreso en él, carece de objetivos. Pero otras veces puede ser tempestuoso e impulsivo, dañando a los demás al perseguir los intereses propios sin censura que le frene.

4. *El «equilibrado»*. Es aquel que acepta y asume su pasado como propio. Recoge sus experiencias positivas y aprende de las negativas, haciendo de su pasado una escuela. Vive su presente en plenitud y va poniendo en él los cimientos que aseguran su futuro. Es prudente y piensa siempre antes de actuar para evitar errores.

El equilibrio exagerado puede hacer a la persona excesivamente metódica, escrupulosa, fría y calculadora. Llegando incluso a un tipo de paralización en el presente obsesionado con el control y el orden.

Realmente no es habitual encontrar el individuo ajustado con exactitud a alguno de estos cuatro arquetipos. Normalmente nos movemos en grados intermedios, mezclando unos y otros, de manera variable y según la etapa de nuestra vida. J. M. U.

LAS FANTASÍAS. VIVIR FUERA DE LA REALIDAD

Lo que entendemos, generalmente, por «fantasía» se denomina, en lenguaje técnico, fantasía representativa; como su nombre indica, consiste en la representación mental de objetos o personas que no tenemos ante nuestra vista en esos momentos, o bien en escenas que no están ocurriendo y que no se responden tampoco con una experiencia vivida anteriormente (entonces constituiría lo que llamamos recuerdos). Puede tratarse de algo que existe y que no conocemos —el aspecto de un lugar que nunca hemos visitado—, pero que podemos imaginarnos, por medio de la fantasía; otras veces se puede imaginar cómo será algo que todavía no ha sucedido, y que quizá no llegue incluso a suceder nunca, como es el caso de una adolescente que se imagina a sí misma teniendo un encuentro amoroso con alguno de sus ídolos cinematográficos.

Hay tres tipos fundamentales de fantasía representativa: la fantasía creadora, la fantasía de deseos y la fantasía de temores.

La fantasía creadora se caracteriza por la elaboración de algo nuevo con una finalidad más o menos concreta, es decir, no se limita a proyectar en el futuro experiencias anteriores o algún tipo de deseo. Es la fantasía que permite al artista crear sus obras, la que vertebra la labor de los inventores, los investigadores, los poetas, etc., la que es inherente, en una palabra, a todos los procesos creativos. La fantasía de deseos consiste en vivir mediante la fantasía lo que no hacemos en la vida real; es un fenómeno conocido también como «soñar despierto», y que se da con relativa frecuencia en el niño y en el adolescente, y que va disminuyendo a medida que madura la personalidad.

La fantasía como vía de realización de deseos insatisfechos puede llegar a tener un carácter patológico si ocupa una gran parte del tiempo de una persona, tal como ocurre cuando se tiene una personalidad inmadura o un desarrollo neurótico de la personalidad. Soñar mucho despierto es un mecanismo psicológico que puede disminuir gravemente las actividades enmarcadas dentro de la vida real. Al fin y al cabo, mediante la fantasía se obtienen satisfacciones rápidamente, a pesar de que no estén emarcadas dentro de un contexto real, con lo que se pueden convertir de forma más o menos automática en una especie de refugio donde conseguir estimación, poder, autoafirmación, protagonismo, etc. A veces se busca satisfacer deseos eróticos o puramente materialistas. Esto se contrapone con una realidad en la que una satisfacción más moderada implica un esfuerzo y unas dosis de paciencia, por lo que se puede llegar a renunciar a una de estas satisfacciones de la vida real por las que se pueden conseguir a través de la fantasía. Cuando una de estas personas llega a comportarse como si fuesen realidad algunas de sus fantasías contando falsas historias y mentiras en relación con ellas, puede dar lugar a un cuadro psicopatológico denominado «pseudología fantástica» que abunda entre las personalidades histéricas. Estas personas se pueden mostrar más o menos reticentes a reconocer lo irreal de sus planteamientos y conductas, pero si se ven claramente descubiertas llegan a reconocer la verdad, lo cual las diferencia de la creencia patológica propia de los cuadros psicopatológicos delirantes.

La fantasía de temores constituye algo similar a la fantasía de deseos, pero con un signo opuesto. Estas personas se representan desgracias que piensan que podrían ocurrir, y que precisamente las asustan particularmente. A veces piensan cómo reaccionarían ellos y qué sería de su vida si esto ocurriese. La fantasía de temores es relativamente frecuente entre las personas inseguras y las que padecen ciertos trastornos de tipo neurótico, guardando una estrecha relación con la ansiedad anticipatoria. J. H.

VIII. Psicología y edad

INFANCIA

En muchos aspectos, la infancia es la época más importante de la vida, cuando se gesta nuestra personalidad y se ponen los cimientos de lo que será nuestra futura conducta social. Por eso, aunque aparentemente sea la época más feliz y despreocupada en la vida de nuestros hijos, hay que concederle siempre una atención muy especial.

EL RECIÉN NACIDO. IMPORTANCIA DEL CONTACTO CON LA MADRE

Desde que nace hasta que cumple año y medio o dos años, el niño pasa por lo que el psicólogo Jean Piaget (famoso por sus estudios sobre psicología infantil) denomina «período sensomotriz». Al nacer, posee tan sólo unos reflejos instintivos basados en la sensación táctil y en sus escasos movimientos. Posteriormente, sus sensaciones y movimientos van adquiriendo una coordinación e intencionalidad, y a través de estos primitivos canales va tomando, poco a poco, conciencia del mundo que lo rodea.

En el primer mes comienza a responder, al menos de forma momentánea, a estímulos sonoros y luminosos. Progresivamente su atención se va centrando, pudiendo seguir con la vista objetos e imágenes en movimiento. Y ya a los tres meses puede mostrar signos de relación social, mirar a la cara de quien se le acerca, emitir sonidos bucales, sonreír y reír para expresar placer.

En un principio, el niño sólo tiene conciencia del mundo a través de su madre, que sirve tanto de fuente de estímulo como de medio de conexión entre él y los estímulos ambientales, unas veces reforzando y otras amortiguando la intensidad del estímulo.

Debido a la gran importancia de la estimulación sensorial y perceptiva en el desarrollo del sistema nervioso del niño, es fácil suponer la necesidad esencial del contacto con la madre.

Esto se ha demostrado perfectamente a través de estudios realizados en niños que, por diversas circunstancias, se han visto privados de la atención de su madre (niños abandonados en instituciones, niños hospitalizados, niños huérfanos, etc.).

Se observó que dichos niños desarrollaban trastornos y deficiencias en su personalidad. Los síntomas más llamativos consistían en un retraso intelectual y sobre todo del lenguaje. También el carácter puede verse seriamente afectado, volviéndose introvertido y apático. No es raro que estos niños, de mayores, sean impulsivos y agresivos.

Del mismo modo, se comprobó que cuando estos niños recibían una dedicación sustitutiva por personal adecuado o por otro familiar, gran parte de estos trastornos se subsanaban o amortiguaban. Parece ser que existe una relación proporcional entre la estimulación sensorial y verbal recibida y el grado de retraso observado.

Naturalmente, si un niño se ve privado de su madre pero permanece en el hogar familiar, rodeado de su padre y hermanos que lo compensan afectivamente, sufrirá menos alteraciones en su desarrollo que si se le priva de todo afecto familiar y es internado en una institución.

También es un factor muy importante la edad con que cuenta el niño cuando tiene lugar la separación. Si la imagen materna se sustituye debidamente a edad muy temprana, cuando el niño aún no ha formado los más elementales lazos afectivos, el trauma psicológico apenas tiene lugar. En cambio, una vez integrada la imagen materna en la psicología del niño, su separación provoca una brusca respuesta de protesta y desesperación. Primero desarrolla una importante ansiedad, buscando constantemente a su madre. Al no hallarla, trata de encontrar sustituto en el contacto humano; pero inmediatamente tiende a rechazar a la gente al sentirse frustrado, aislándose al final del entorno y mostrando un estado depresivo.

El tiempo que dure la huella traumática de la privación materna dependerá del grado de desarrollo de la capacidad de memorización del niño. Si esta facultad aún no está instaurada en su personalidad, su demanda afectiva puede derivar fácilmente hacia un cuidador sustitutivo. En cambio, eso es más difícil cuando el niño es capaz de evocar la imagen de su auténtica madre.

Según parece, la época más vulnerable del niño se sitúa entre los seis meses y los dos años de edad, por ser cuando más necesita el contacto afectivo de su madre. J. M. U.

LAS ETAPAS DEL DESARROLLO INFANTIL

Desde el momento mismo del nacimiento, al producirse el primer contacto con el exterior, el niño inicia su desarrollo físico y psicológico y paulatinamente va madurando, avanzando en etapas que están totalmente estructuradas. Vamos a ver el desarrollo de la inteligencia, el psicomotriz y el de la personalidad.

DESARROLLO DE LA INTELIGENCIA. Piaget, que estudió en profundidad el desarrollo intelectual, afirma que los primeros años son fundamentales para la maduración posterior, y que todos los niños se desarrollan más o menos igual según el medio y los estímulos que cada uno tiene. Distingue una serie de etapas. En la primera etapa se desarrolla la inteligencia sensomotora y representativa y abarca hasta los dos años. El niño se basa en las sensaciones para obtener su objetivo, como chupar el pezón de la madre cuando tiene hambre o hacer sonar el sonajero para oír su ruido. Empieza a explorar el mundo que le rodea y tiene una actitud repetitiva de búsqueda; por ejemplo, toca varias veces todos los adornos que haya en una mesa. Más tarde pasa a la etapa representativa, en la que introduce los símbolos para expresar lo que quiere, incorporando el lenguaje, la imitación, el dibujo o los juegos a sus formas de comunicación. El lenguaje verbal se desarrolla con rapidez entre los dos y los cinco-seis años y es una de las aptitudes representativas más importantes; gracias a él el niño expresa su pensamiento de forma concreta.

La segunda es la etapa de las operaciones concretas: el niño empieza a razonar de forma similar al adulto en operaciones como ordenar y clasificar objetos y hacer relaciones lógicas: ¿Qué es más grande? ¿Qué es más oscuro? Hasta la época de la adolescencia (quince años), se desarrolla la etapa de las operaciones abstractas: el niño se plantea hipótesis, estudia problemas abstractos y busca soluciones valorando todas las posibilidades Entra en la fase del pensamiento racional del adulto e incorpora conceptos como el de libertad, temor, envidia...

DESARROLLO PSICOMOTRIZ

— *Al mes.* Recostado boca abajo levanta la cabeza y dobla las piernas.

Reacciona al sonido de una campanilla.

Fija la vista en el rostro que tiene enfrente.

Se agarra con fuerza a la mano de otra persona.

— *A los dos meses.* Mantiene la cabeza un momento cuando está sentado.

Sigue con los ojos a una persona en movimiento.

Emite diversos sonidos.

Vuelve la cabeza y mira cuando se le habla.

Sonríe a los rostros conocidos.

— *A los tres meses.* Se apoya sobre los antebrazos cuando está acostado boca abajo.

Agarra el sonajero y lo sacude con fuerza.

Responde a la sonrisa, sonriendo.

Levanta la camiseta y la sábana.

Se alborota cuando ve que le preparan el biberón.

— *A los cuatro meses.* Sentado ante la mesa, apoya las manos en ella.

Cuando se le habla emite sonidos.

Vuelve la cabeza para mirar a quien lo llama.

— *A los cinco meses.* Si se le sujeta se mantiene sentado.

Recoge un juguete cuando cae cerca de él.

Se destapa pataleando y se coge las rodillas.

— *A los seis meses*. Puesto en pie, sostiene parte de su peso.
Emite sonidos modulándolos.
Sabe cuáles son las caras familiares y cuáles no.
— *A los siete meses*. Sentado con apoyo, se quita una servilleta que se le ponga en la cabeza.
Toca su imagen reflejada en el espejo.
Puede comer unas papillas usando la cuchara.
— *A los ocho meses*. Agarra las pelotas.
Si se le cae la cuchara, la busca.
Juega con los juguetes golpeándolos.
— *A los nueve meses*. Se sostiene en pie con apoyo.
Dice «papá», «mamá» o palabras similares.
Responde cuando lo llaman.
— *A los diez meses*. Se pone de pie en el «parque».
Dice adiós con las manitas.
Bebe de una taza o un vaso.
— *A los once meses*. Gatea.
Tiende un juguete a quien se lo pide, pero no se lo da.
— *A los doce meses*. Camina de la mano de otra persona.
Imitando al adulto, trata de garabatear.
Repite las acciones que hacen reír a los demás.
— *A los quince meses*. Camina solo.
Dice alguna palabra aparte de «papá» y «mamá».
Señala con el dedo lo que desea.
— *Al año y medio*. Empuja la pelota con el pie.
Da la vuelta a las hojas de un libro (dos o tres cada vez).
Si lo ayudan, sube la escalera.
Pide ir al baño para «no mojarse».
— *A los veintiún meses*. Imita al adulto al jugar a la pelota.
Es capaz de hacer *puzzles* muy sencillos.
Junta dos palabras formando una frase.
Pide de comer y de beber.
— *A los dos años*. Juega a la pelota.
Sube y baja solo la escalera.
Dice frases de más de dos palabras.
Ayuda a poner en orden las cosas.
— *A los dos años y medio*. Sabe llevar un vaso de agua sin tirarla.

Sabe usar pronombres.
Sabe ponerse los pantalones.
No moja la cama al dormir.

— *A los tres años.* Copia el dibujo de un círculo.
Sabe andar en triciclo.
Come solo desperdigando poca comida.
Se pone los zapatos.

— *A los cuatro años.* Sabe lavarse y secarse las manos y la cara.
Hace recados sin cruzar la calle.
Juega con otros niños.

— *A los cinco años.* Dibuja una persona con las partes básicas del cuerpo.
Conoce y nombra los colores.
Pregunta el significado de las cosas.
Se divierte poniéndose la ropa de los adultos.

DESARROLLO DE LA PERSONALIDAD. Freud considera como fase crítica del desarrollo de la personalidad los primeros cinco años de vida, en los cuales la maduración de la personalidad corre paralela al desarrollo de la sexualidad. Plantea el concepto de libido como «toda la fuerza a través de la cual se representa el instinto sexual en la mente», pero luego amplía el concepto y lo refiere a un fin sin que éste sea necesariamente sexual. Partiendo de esos conceptos divide el desarrollo psicosexual del niño en una serie de fases:

Fase oral. Abarca el primer año de vida y en ella las necesidades, percepciones y modos de expresión del niño se centran en la boca, a través de la cual obtiene todas sus gratificaciones inmediatas, como el comer. El superar convenientemente esta etapa es la base de la estructura del carácter en lo que se refiere a una equilibrada relación con los demás, sin dependencias excesivas.

Fase anal. Comprendida entre los dos y tres años, se centra en el control de los esfínteres. El niño es gratificado cuando logra ese control, pero el no conseguirlo es, en ocasiones, una forma de rebelarse contra los padres. Se enfrenta a una forma inicial de independencia. El no superar correctamente esta fase produce personas preocupadas en exceso por el orden y la limpieza, demasiado tenaces y obstinadas.

Fase fálica. Abarca desde los dos a los cinco años y en ella el interés sexual se centra en los órganos genitales. El niño se da cuenta de la existencia de su pene y la niña de su carencia. En esta fase surge el complejo de Edipo, que luego se supera. Es fundamental en el desarrollo de la identidad genérica, e influye peculiarmente en el desarrollo de la personalidad; su mala evolución conlleva errores en la identificación sexual y problemas en la relación con el ambiente.

Fase de latencia. Es una fase de relativa quietud, que abarca desde los cinco-seis años hasta los once-trece. En ella se consolida la fase anterior y el niño se va adaptando a nuevas situaciones, integrándose poco a poco en la vida del adulto.

Fase genital. Corresponde a la adolescencia, desde los once-trece años hasta la madurez. Cuando el joven alcanza su desarrollo genital completo, logra también el de su personalidad autorrealizándose y participando activamente en la vida social y laboral. M. D.

EL COMPLEJO DE EDIPO

Según la tradición clásica, Edipo, héroe tebano, hijo del rey Layo y su esposa Yocasta, fue abandonado por sus padres cuando era un recién nacido, para evitar que se cumpliese este terrible oráculo: Edipo, de mayor, asesinaría a su padre y desposaría a su madre. Recogido por el rey Pólibo de Corinto, el joven crece ignorante de su verdadero origen; al enterarse de la profecía que pende sobre él, huye de su supuesta patria. Por el camino tiene un altercado con un desconocido, al que hiere mortalmente: era Layo. Cuando llega a Tebas, libera a la ciudad del maleficio de la Esfinge, que muere cuando Edipo soluciona el enigma que ésta proponía siempre a los viajeros. Los tebanos, en agradecimiento, le ofrecen el trono de la ciudad y a su reina, Yocasta, como esposa: el oráculo se había cumplido.

En la versión del dramaturgo Sófocles, cuando, tras varios años de felicidad conyugal, Edipo descubre la verdad, se arranca los ojos y abandona Tebas, expulsado por sus hijos. Yocasta se suicida.

Inspirándose en el personaje clásico, Freud acuñó el término *complejo de Edipo* para describir las relaciones amorosas que se establecen entre el niño y uno de sus padres (el del sexo contrario), y también sus rivalidades, hostilidades y primeras identificaciones. Surge entre los dos años y medio y los cinco, en la tercera fase del desarrollo infantil, la fase fálica (la primera es la fase oral y la segunda la anal), durante la cual el niño se identifica como una persona sexual, descubre su propio sexo, el opuesto y el de sus padres. Busca entonces un objeto en el que depositar su amor y lo descubre en el progenitor del otro sexo. Se forma entonces como una tríada en la que el niño siente un enamoramiento hacia la madre y hostilidad y hasta celos hacia el padre. En la niña esta situación se produce a la inversa y recibe el nombre de *complejo de Electra*. Es una fase cargada de ansiedad y sentimiento de culpa, por las implicaciones incestuosas que conlleva. El niño teme al padre y su castigo, que se presentaría con la amputación del pene (el *complejo de castración*). En la niña este temor no aparece pero sí hay una situación frustrante y de inferioridad que se llama *complejo de envidia de pene*.

Posteriormente, dentro de un desarrollo normal, el complejo de Edipo es superado al igual que los conflictos que lo acompañan y poco a poco el adolescente va entrando en una sexualidad adulta y madura al tiempo que estabiliza las relaciones afectivas con sus padres. La superación del complejo de Edipo es un requisito indispensable para el desarrollo normal de la personalidad.

La fase fálica, durante la cual surge el complejo de Edipo, es crítica para el desarrollo de la identidad genérica, masculina o femenina, a partir del descubrimiento y afirmación del significado de las diferencias sexuales anatómicas. Es una fase tempestuosa, extremadamente conflictiva, en la que las fantasías se mezclan con la realidad en la mente infantil. Algunos cuadros patológicos adultos proceden de una mala superación de esta fase fálica y de reminiscencias del complejo de Edipo. M. D.

EVOLUCIÓN DE LA INTELIGENCIA.
¿SE PUEDE HACER QUE UN NIÑO SEA MÁS INTELIGENTE?

La inteligencia es una de las funciones superiores de la personalidad de la que depende la capacidad de organización y adaptación al mundo real.

Cuando hablamos de «inteligencia infantil» nos referimos, sin embargo, a una inteligencia en vías de desarrollo, por lo que podríamos definirla mejor como la capacidad o posibilidad de adquisición de conocimientos, así como su asimilación y aprovechamiento.

Por ello, la inteligencia infantil no se concibe solamente como una facultad con la que se nace, sino más bien como una aptitud para adaptarse al medio ambiente, tanto teórico (cultural, verbal, etc.) como práctico (situaciones y problemas concretos).

Lógicamente, la inteligencia se irá desarrollando a medida que el niño crece, por lo que su valoración se ha de hacer teniendo siempre en cuenta su edad. Cuando medimos el célebre cociente de inteligencia (c.I.), lo que hacemos realmente es establecer una relación entre la edad mental y la edad física. La norma es que ambas mediciones coincidan, lo que sucede en la mayoría de los casos. Cuando la edad mental es mayor que la física, decimos que la inteligencia es superior a la normal y cuando es menor, que la inteligencia es inferior a la normal.

Evidentemente una medida auténtica de la inteligencia va más allá de un simple cálculo del c.I. Hay múltiples factores que pueden influir en la inteligencia de un niño y que deben tenerse muy en cuenta, como, por ejemplo, la escolaridad y el nivel sociocultural de su familia.

Antes se creía que había un gran componente genético en la inteligencia; esta conclusión se basaba en la observación de que un alto porcentaje de niños procedentes de un medio cultural bajo (suburbios, minorías marginadas, padres analfabetos, etc.) alcanzaban un bajo nivel de inteligencia y tendían al fracaso escolar y a un porvenir poco rentable. Posteriormente, estudios más serios demostraron que estos niños en realidad eran menos inteligentes porque su intelecto no había sido estimulado adecuadamente. Antes de llegar a la edad escolar no habían observado ningún ejemplo en su casa, ni habían recibido motivación intelectual alguna (por el escaso o nulo nivel cultural de sus padres). Al entrar en la escuela no estaban familiarizados con el material escolar que se les suministraba (libros, cuadernos, medios audiovisuales, etc.) y carecían de un vocabulario suficientemente rico.

Por otro lado, y debido a su escaso nivel económico, asistían a escuelas masificadas, con pocos recursos y profesorado mal preparado y descontento de su trabajo. Obviamente, tanto condicionante adverso era —y es— traba inevitable para un buen desarrollo de la inteligencia. En comparación, el niño procedente de una familia culta y además económicamente alta, que dispone de buenos colegios, tutores y medios a su alcance, tendrá, es fácil predecirlo, un futuro intelectual bastante más positivo.

¿Qué hay, entonces, de hereditario y qué de adquirido en la inteligencia? Digamos que la inteligencia depende de las características del niño y de las oportunidades de su ambiente. Ocurre lo mismo que si heredamos un terreno más o menos bueno: si éste se trabaja y abona, dará buena cosecha, si se abandona o maltrata, quedará baldío. Sin herencia no hay terreno; pero si no se cultiva, por mucho valor que tenga, no dará fruto alguno.

Se puede afirmar, pues, que podemos hacer que un niño sea más inteligente. Naturalmente, dentro de unos límites y olvidándonos de los niños superdotados de la historia que, por supuesto, son excepciones.

Cuando ayudemos al niño a forjar su inteligencia lo que debemos pretender es que éste rinda al máximo dentro de sus posibilidades, no que consiga un récord mundial. Proporcionémosle todos los medios disponibles a su alcance. Démosle nuestro apoyo, estímulo y, sobre todo, nuestro ejemplo. Enseñémosle a razonar y solucionar sus pequeños problemas. Dejémosle que adquiera experiencia. No castremos sus iniciativas, por muy infantiles que nos parezcan. Tengamos claro, en definitiva, que las pequeñas cosas que el niño aprende a realizar en su infancia, pueden multiplicarse, con la edad, en grandes empresas. Es cuestión de entrenamiento. J. M. U.

LA INFORMACIÓN SEXUAL

La sexualidad en el ser humano ha pasado de ser un mero instinto animal instaurado con fines procreativos a algo mucho más complejo. Ha entrado a formar parte de su cultura hasta el punto de considerarse hoy en día una faceta más del desarrollo humano. Tanto es así que incluso se ha creado una ciencia encargada de su estudio: la sexología.

Hasta una época relativamente reciente se había considerado la sexualidad como algo vergonzoso y digno de ser escondido, como si fuera la expresión deshonrosa de un instinto calificado por muchas mentes como bajo y ruin. Algunas normas sociales, un tanto rígidas y mojigatas, han contribuido a ello, tratando de reprimirlo.

Inevitablemente, la sexualidad es algo inherente a la condición humana y no puede, ni debe, abolirse por simple decreto. Sin embargo, aun en la actualidad, continúa apareciendo, por simple condicionante educativo, un cierto pudor y a veces auténtica vergüenza cuando se trata del tema.

Por ello no es de extrañar que preocupe a los padres saber qué tipo de información sexual deben dar a sus hijos pequeños; hasta qué nivel y en qué momento.

Primeramente aceptemos que tal información, más tarde o más temprano, va a llegar al niño, porque, sin ninguna duda, es una faceta de su personalidad que tendrá que desarrollarse de forma inevitable. Cerrar los ojos ante esta evidencia sería insensato.

Antiguamente se acostumbraba a no hablar del tema; el niño ya aprendería sexualidad cuando fuera adulto. Y lógicamente, cuando llegaba a adulto ya se había agenciado la información por su cuenta. En el peor de los casos, en culturas más cerradas y con escaso acceso a la comunicación, la persona alcanzaba su mayoría de edad con una incultura sexual total, la cual la convertía en inepta en ese terreno. Esto quizá era más patente en las mujeres y no era extraño que algunas llegasen al matrimonio sin información alguna al respecto. Esta situación desencadenaba tremendas crisis traumáticas cuando se veía «de golpe» enfrentada a la sexualidad. Máxime si además se había fomentado en ella, por otra vía educativa, su «deber» de sumisión al marido. La consecuencia más benigna solía ser una gran infelicidad en su vida sexual.

Afortunadamente, en la actualidad y salvo excepciones, se tiene una concepción más natural de la sexualidad y se considera una cualidad más de la condición humana. Lógicamente, con todos los instintos apetitivos, lo negativo está en el mal uso y descontrol de la misma, pero nunca en su manifestación natural.

El niño percibe, por un lado, una forma de sexualidad infantil: sus pulsiones placenteras se han ido desplazando de la fase oral a la anal y comienza a definirse en su genitalidad y esbozo la auténtica sexualidad. Por otro lado, se ve abordado por una serie de estímulos relacionados con la sexualidad que despiertan en él dudas y curiosidades. Estímulos que no pocas veces son alienantes y perjudiciales: algunas campañas publicitarias, televisión, cine, revistas, pornografía, etc. Tratar de «tapar los ojos» del niño para que no reciba todo esto puede ser una tarea ímproba, agotadora y probablemente inútil. Mejor camino es una información adecuada por parte de padres y educadores para que el niño, desde pequeño, aprenda a discernir lo natural de lo grosero.

La sexualidad normal en ningún momento debe asustar ni atentar contra la moral; es la deformación insidiosa de la sexualidad lo que escandaliza. Enseñemos entonces al niño a que distinga una cosa de la otra.

¿Cuándo es la edad o momento adecuado para la información sexual? No hay que establecer normas de tiempo. Pensemos que no se trata de dar una «lección magistral» compleja para la que el niño debe estar preparado. Mejor al contrario: hay que adaptar la información a su mentalidad.

Cuando éste vaya tomando conciencia del mundo que lo rodea sentirá un sinfín de curiosidades. Es la edad del ¿por qué? Nos bombardeará con mil preguntas sobre todos los temas por los que se sienta interesado. Y entre ellos, lógicamente, estará la sexualidad. Démosle entonces la información que precise y solucionemos sus dudas en la medida en que él nos lo solicite. Si le explicamos una extensa serie de detalles anatómicos, fisiológicos y de comportamiento humano, es probable que se aburra o no entienda nada. Mejor, démosle, en principio, sólo aquella información más elemental que solicita y él mismo, a lo largo de su desarrollo racional, nos irá preguntando, más adelante, nuevas dudas de mayor complejidad.

Eso sí: evitemos siempre los engaños y absurdas deformaciones (como: cigüeñas, coles y envíos parisienses) que lo único que consiguen es crear confusión y posterior defraudación. Del mismo modo, tratemos de abordar el tema con la mayor naturalidad, quitando todo aditamento de ruin, inmoral, oculto o prohibido. El niño debe crecer conociendo su sexualidad como otra faceta más de su personalidad, que debe desarrollarse sin traumas, complejos ni deformaciones.

Muchas personas sufren de suma falta de felicidad cuando son adultos como consecuencia de un aprendizaje sexual defectuoso e incorrecto. Recordemos que si antes o después el niño topará con la sexualidad, es preferible que para entonces esté preparado e instruido adecuadamente. Una información acertada por parte de los padres o educadores evitará una información-deformación conseguida por otros medios, tal vez malsanos o depravados, que lo condicionen para el resto de su vida. J. M. U.

EL PAPEL DE LOS PADRES (LA RELACIÓN CON LA MADRE Y CON EL PADRE)

El papel que juegan los padres en el desarrollo y maduración de la personalidad del niño es fundamental, nadie lo duda, y todos los especialistas remarcan su importancia durante el primer año de vida. Entre el niño, su madre y su padre se crea un triángulo familiar del que, en principio, quedan excluidos los otros familiares (hermanos, tíos, abuelos o primos).

En los primeros meses de vida se crea una simbiosis madre-hijo; es una unión afectiva, de doble dirección, especialmente intensa. Para el bebé, su madre constituye su punto de referencia, su presencia es absolutamente indispensable, cubre todas sus necesidades, le aporta cariño y constituye su medio de comunicación con el exterior, es básica en la formación de las primeras percepciones. Cuando el niño necesita algo, generalmente porque tiene hambre o se encuentra incómodo, llora: entonces acude su madre que atiende sus necesidades y resuelve todos sus posibles problemas; el niño se da cuenta y necesita esta disponibilidad materna. Es importante jugar con el niño, hablarle, acariciarle, demostrarle cariño, porque ayuda a que madure y tenga un desarrollo correcto, aunque haya que evitar siempre la estimulación excesiva, que puede generar ansiedad.

El papel del padre en este primer año de vida queda relegado a un segundo plano. En nuestra sociedad el padre es el que frecuentemente trabaja fuera del hogar (incluso las madres tienen un permiso de tres meses para atender a su hijo tras el parto); luego la cantidad de tiempo que dedica a su hijo es pequeña, aunque los ratos que pase junto a él sean muy aprovechados. Hay quien afirma que la calidad del tiempo sustituye a la cantidad, pero en realidad no es así.

De los dos a los cinco años, el niño atraviesa la fase edípica (complejo de Edipo, en los niños y complejo de Electra, en las niñas), en la que se siente atraído por el progenitor del sexo opuesto y ve en el del mismo sexo una especie de contrincante o usurpador del cariño de la madre o del padre. Pasada esta fase se suele crear una mayor unión con la madre, y el padre conecta con los hijos a través de ella.

El padre tiene, en teoría, una serie de funciones adjudicadas en la vida familiar: es quien representa la autoridad, la decisión, el mando, quien transmite el apellido y, con frecuencia, supone la principal fuente de cultura. Constituye el primer modelo de la realidad, por lo que el acceso a la misma se suele hacer a través de él.

Posteriormente, hasta la adolescencia, el niño tiende a identificarse poco a poco con su padre; tiende a imitarlo y procura parecerse a él lo más posible, adoptando posturas y conductas según la imagen paterna: «Soy tan grande como papá», «De mayor, voy a estudiar lo mismo que papá...». La niña se suele identificar con la madre. Estas identificaciones mantenidas dentro de la normalidad, son muy beneficiosas para el niño y el adolescente, facilitándoles el camino para encontrar su propia identidad en el momento oportuno.

Hay que tener en cuenta que, aunque el papel de los padres y la necesidad que el hijo tiene de ellos es fundamental y hasta imprescindible, las formas de convivencia están cambiando actualmente. Cada vez son más numerosas las madres que trabajan fuera de casa y que pasan menos tiempo al lado de sus hijos; padre y madre deben, pues, distribuirse la tarea y completar entre ambos el cuidado de su hijo, cubriendo las necesidades materiales y afectivas que el niño tiene. M. D.

LA RELACIÓN ENTRE HERMANOS: LOS CELOS

El primer ambiente social con el que se encuentra un ser humano, cuando viene al mundo, es la familia, que se considera una institución sociocultural básica, alrededor de la que gira toda la estructura de lo que llamamos sociedad.

El núcleo central de la familia está constituido por los padres y los hijos, aunque también puede haber otros elementos familiares en convivencia con ellos que ejercen una influencia más o menos manifiesta.

No es raro que dentro del seno familiar, como en todo grupo social, se produzcan tensiones y roces entre sus componentes. Una queja frecuente en las consultas de psicología infantil es la problemática que supone la aparición de celos y conflictos en la relación entre hermanos.

Todos hemos oído la expresión «rey de la casa» para denominar al hijo único cuando es pequeño. Y no va muy desencaminada, pues ciertamente el niño es quien impera en la vida familiar. Cualquier pareja que disfrute (o sufra, según criterios) de la experiencia de haber traído recientemente un hijo al mundo nos puede dar cuenta de lo que ha cambiado su vida desde entonces. Han tenido que amoldar todas sus actividades, tiempo, horarios, organización familiar, de la casa, etc., a los requerimientos del recién llegado. No les ha quedado más opción que amoldarse a la «soberanía» del pequeño para cubrir sus aparentemente interminables necesidades.

Al mismo tiempo, el niño va creciendo y tomando conciencia del papel preponderante que juega dentro de la familia. Sabe que tiene un fuerte poder sobre sus padres y, a veces, si no es hábilmente encauzado por ellos, puede llegar a ejercer una auténtica tiranía.

El problema surge cuando viene otro hermano a formar parte de la familia y el niño percibe que, de pronto, sus padres dedican mayor atención a un intruso; es el síndrome del «príncipe destronado».

No es raro que aparezcan los primeros celos y competencias con el recién llegado. El hecho acarrea, con bastante frecuencia, serios conflictos psicológicos, que los padres deben saber amortiguar por sí mismos o con la ayuda y orientación de un especialista.

A medida que los hermanos crecen, habitualmente tiene lugar un amoldamiento a las circunstancias, y aunque la hostilidad y los celos fraternos hacen acto de presencia en la infancia, no suelen tener serias repercusiones posteriores en su vida adulta (salvo que en la familia se hayan forjado otros factores neurotizantes desintegradores de la misma).

Algunos estudios psicológicos han dado una importancia destacable al lugar que una persona ocupa en el orden fraterno durante su infancia como condicionante de su carácter. Esto se fundamenta en el normal establecimiento de roles que suele tener lugar entre los hermanos. Así, el primogénito, habitualmente asume cierta autoridad sobre los más pequeños y tiende a suplir a los padres cuando no están presentes. Esto desencadena ciertas pugnas por la hegemonía con el hermano inmediato. De este modo llegamos al benjamín, quien se ve sometido al control anárquico de los de más edad. Entre todo este reparto de poderes es, pues, lógico que aparezcan pugnas y celos. Pero, afortunadamente, no tienen por qué acabar en tragedias; son competencias admisibles que tienden a desaparecer según se va madurando.

Los padres juegan un papel esencial como moderadores en los posibles conflictos. Ellos deben percatarse de su aparición y saber atenuar las tensiones impartiendo la mayor justicia posible.

Lo lamentable es que, a veces, son los propios padres quienes generan celos entre los hijos, con su conducta. Así, por ejemplo, es muy negativo ridiculizar a un hermano por su bajo rendimiento en los estudios frente a otro más aplicado. Lejos de provocar un estímulo de competición positivo, puede desencadenar pequeños odios o rencillas que minan una buena relación entre ellos. La imagen de un hermano mayor ejemplar puede servir de modelo a imitar por el más pequeño; pero en otras ocasiones, cuando éste no es adecuadamente apoyado en el reforzamiento de su personalidad, puede fomentar la instauración de una serie de complejos que repercutirán en su vida de adulto. Tampoco es agradable para el primogénito sentirse, en cierto modo, obligado a representar el papel de modelo para que sus hermanos «aprendan de él». Ésta es una tarea que, con frecuencia, se le encomienda al hermano mayor, induciéndolo a asumir unas responsabilidades, en cierto modo condicionantes de su conducta, que, en justicia, no deben corresponderle.

Los sentimientos de inferioridad y autodesprecio, síntomas básicos del comportamiento neurótico, tienen su siembra en el seno familiar.

Dentro del grupo fraternal cada hermano tiene su propia personalidad. Habrá diferencias entre ellos que ocasionalmente generarán enfrentamientos; ahí es donde entran en juego la habilidad y el tacto de sus padres para poner paz y hacer que prevalezcan los derechos de cada uno en el puesto que ocupan en la familia. Las diferencias de aptitudes no tienen por qué restar categoría o importancia en el orden familiar. J. M. U.

EL HIJO ÚNICO

Aunque ser hijo único no constituye en sí una «enfermedad», todo el mundo reconoce que este tipo de niño tiene problemas particulares; es frágil, caprichoso, tímido, tiránico con los suyos, tiene dificultades de adaptación con sus compañeros y para integrarse en el grupo, y reacciona frecuentemente con desconcierto o rebeldía. En el concepto de hijo único no sólo entra el que realmente lo es, sino también el chico que sólo tiene hermanas o viceversa, y el «benjamín» de la familia, el niño que se lleva muchos años con sus hermanos mayores.

Ser «hijo único» depende, en ocasiones, de la casualidad o de la naturaleza; pero otras veces son los padres quienes, por razones económicas (para darle a su hijo todas las posibilidades) o afectivas (para concentrar todo su cariño en él) deciden tener sólo un hijo. Generalmente estos padres tienen un carácter muy particular, se ha comprobado que el 53 por ciento de las madres de hijos únicos son sumamente posesivas y absorbentes.

Este niño, al convivir básicamente con adultos, que se convierten en su único punto de referencia, utiliza un vocabulario demasiado rico, se adueña de ideas que no encajan con su edad, y sus costumbres, diversiones y vida en general tienden a parecerse a las de los adultos. De carácter bastante posesivo, suele tener un nivel intelectual superior al normal para su edad. Todo esto lo diferencia del grupo, provocando el rechazo de los otros hacia él, no encaja y no sabe cómo superar este problema inesperado: que los otros no lo acepten. Tiene grandes dificultades en sus relaciones afectivas con los demás. Al no tener hermanos, elemento esencial en el desarrollo del niño como ser social, el hijo único tiende al aislamiento y a crear uniones excesivas con su padre o con su madre, fuera de las cuales muchas veces se siente inseguro.

A lo largo de la infancia puede haber más o menos complicaciones, pero los verdaderos conflictos surgen en la adolescencia. Algunos hijos únicos continúan relacionándose con sus padres en un plano infantil, dependiente y sumiso; otros, en cambio, se rebelan contra la tutela familiar excesiva y reivindican la libertad y la independencia que les corresponde por su edad, llegando a veces a producirse rupturas violentas y separaciones totales con los padres.

Las perspectivas son ciertamente desalentadoras, algunas estadísticas dan hasta un 42 por ciento de alteraciones de carácter en el hijo único.

Lo que es seguro es que parecen ser más inestables, más emotivos, más coléricos y más agresivos que los otros, con más dificultades para adaptarse a la disciplina escolar y a la convivencia con el grupo.

En cualquier caso, si es padre o madre de un hijo único no tiene por qué desanimarse por estos datos. Todo va a depender de la educación que se le dé, que no tiene que ser ni más rígida ni más condescendiente que la que tendría si tuviese otros hermanos. M. D.

LA SUPERPROTECCIÓN INFANTIL

Una duda frecuente que se plantea entre los padres preocupados por dar una buena educación a sus hijos es saber el grado de protección más adecuado para sus pequeños. Por un lado no quieren agobiarlos con excesivas medidas de amparo, y por otro temen que la falta de control les acarree un sinnúmero de peligros.

Efectivamente, es difícil establecer dónde termina la «protección» para dar paso a la «superprotección», en primer lugar porque es algo que depende de la edad del niño y de sus características personales. Podemos afirmar que cada niño merece una protección especial según sus circunstancias.

De todo el reino animal, el cachorro humano es el más desvalido y el que tarda más en ser autónomo. Los seres humanos precisan de años para aprender a valerse por sí mismos en todos los aspectos, mientras que los animales suelen ser autosuficientes al año de vida, a veces incluso antes. Por ello, gran parte de nuestra infancia y adolescencia transcurre bajo la tutela de nuestros padres o educadores.

Ciertamente, cuando el niño es muy pequeño, nuestra protección ha de ser total y absoluta; podemos asegurar que es esencial para su supervivencia.

A medida que el niño crece, se desarrolla en él un tremendo espíritu de aventura. Está descubriendo el mundo y todo lo que le rodea es atractivo, incluso lo más peligroso. Es más adelante cuando comienza a distinguir lo dañino de lo placentero y a tomar conciencia del dolor a través de sus experiencias. Realmente la auténtica maduración tiene lugar cuando adquiere su autonomía y sabe, sin necesidad de que se lo digan, dirigir su propia vida eludiendo los peligros.

Un factor esencial en el aprendizaje es la experiencia; su carencia conduce a la ineptitud. Por ello, un exceso de protección en el niño y el adolescente le priva de asistir a esa necesaria «escuela de la vida», por la que ha de pasar tarde o temprano.

Los fracasos moderados y los sufrimientos ayudan al niño a madurar. Lo único que hay que controlar es el grado de los mismos para que no alcancen un nivel catastrófico e irreparable. Un niño criado «entre algodones» puede crecer engañado, creándose en su fuero interno una falsa concepción del mundo. Tal vez de adulto, cuando pierda la protección paterna, sea un ser desvalido, débil o temeroso, muy propenso a la infelicidad y la neurosis.

El papel de los padres es caminar al lado del niño, encauzarlo en su desarrollo, marcarle el camino, pero no caminar por él.

Una falta de protección puede ser inhumana, pero una sobreprotección puede ser asfixiante. J. M. U.

NIÑOS SEPARADOS PRECOZMENTE DE SUS PADRES

La separación de los niños de sus padres durante la infancia tiene una serie de consecuencias sobre la conducta y personalidad de los niños de gran trascendencia. La separación puede ser debida a la muerte de uno o ambos progenitores, al divorcio, separación o anulación del matrimonio, al abandono, etcétera. Las principales consecuencias psicológicas derivan de la privación afectiva y, sobre todo, de la falta de modelos de identidad que padece el niño en estas circunstancias.

Los niños necesitan tener un padre a quien imitar, de quien tomar ejemplo, a la hora de ir configurando progresivamente su propia personalidad. Algo similar puede decirse de las niñas con respecto a su madre, si bien se ha comprobado que, en líneas generales, en nuestra sociedad resulta más fácil encontrar un sustituto de la madre cuando ésta falta (tías, abuelas, personas de servicio, etc.) que del padre, ya que, además, en caso de viudedad, es más frecuente en el hombre que en la mujer el volverse a casar, con lo que, en cualquier caso, resulta más fácil para las niñas encontrar patrones femeninos cercanos que para los niños, que no tienen un sustituto del padre, ni siquiera lejano, ya que, en general, los hombres disponen de menos tiempo para dedicarles, y más aún si no son sus padres ni sus padrastros.

Toda esta serie de circunstancias hacen que las consecuencias de la separación precoz incidan más sobre el sexo masculino que sobre el femenino, si bien hay casos en los que la separación es consecuencia de la falta de ambos padres, con lo que las repercusiones psicológicas suelen estar más acentuadas. A través de los diversos modelos de identidad que al niño se le ofrecen dentro de su propio hogar, éste aprende a comportarse de un modo determinado y a adaptarse a las diversas exigencias que plantea el ambiente y la sociedad en general. Los niños imitan a sus padres, a los que admiran, aprendiendo de lo que observan directamente en ellos, más que de lo que éstos les dicen y van preformando unos rasgos de personalidad mediante los cuales son capaces de desenvolverse en su medio. Por otro lado, se sienten protegidos, tanto en el aspecto afectivo como en el económico y social, lo que les permite madurar de forma más adecuada, con cierta seguridad en sí mismos que se ve ratificada y reforzada por la actitud de sus padres en cada momento, si éstos los apoyan y les ayudan a dirigir adecuadamente sus propias tendencias dentro de todos los campos de actuación.

La ausencia de uno o ambos padres, debida a cualquier motivo, puede dar lugar a conflictos psicológicos relacionados principalmente con la privación afectiva (el niño no recibe todo el cariño que él cree necesitar), con la ausencia de modelos de identidad, y con patrones de integración y adaptación sociales, lo que puede ocasionar inseguridad en sí mismo, sentimientos de inferioridad, timidez, intolerancia a las frustraciones, disminución de la capacidad de concentración y disminución, en general, de los rendimientos intelectuales, falta de estabilidad emocional, desconfianza, impulsividad, ausencia de una adecuada escala de valores, agresividad, etc., lo que se puede traducir en trastornos psicopatológicos y de personalidad entre los que destacan por su frecuencia las personalidades psicopáticas, el desarrollo neurótico de la personalidad, la depresión, las conductas suicidas más o menos graves y las conductas anómalas referidas al campo de las relaciones sociales. J. H.

SÍNDROME DEL HOSPITALISMO

La hospitalización, con la separación del hogar y de la familia, y los tratamientos que conlleva puede provocar reacciones en los niños que varían en función de su grado de desarrollo. El conjunto de síndromes conforma el *síndrome de hospitalismo* que es universal, pero ante el que los niños responden de distinta manera: algunos lo superan con rapidez y otros siguen mostrando reacciones anómalas a lo largo de semanas o meses.

En las hospitalizaciones cortas, los niños menores de un año muestran extrañeza y ansiedad ante la separación, cambiando sus respuestas de forma general, por ejemplo, ante la alimentación. Los menores de cuatro años son los más vulnerables a la separación de la madre, que interpretan erróneamente como una deserción o un castigo, causándoles miedo y sentimientos de desesperanza. El niño tiene una capacidad muy limitada para enfrentarse a la realidad, y el ingreso provoca, hasta en los niños bien adaptados, actitudes de protesta, rechazo y sentimientos depresivos. Entre los cuatro años y la edad escolar más que afectarse por la separación de los padres, temen a la enfermedad y al tratamiento, al dolor y a las cosas que les puedan hacer. El niño se muestra ansioso y deprimido, se encierra en sí mismo; otras veces, se vuelve francamente agresivo, sobre todo los varones. Entre la edad escolar y la adolescencia, el acoplamiento al ingreso es mejor y muestra la ansiedad lógica que esta situación produce, sintiéndose preocupado, al igual que lo estaría el adulto, por su cuerpo y su enfermedad.

Cuando el niño vuelve a casa, las consecuencias de este síndrome se hacen evidentes. Aparecen conductas regresivas (el niño se comporta de forma inmadura y primitiva, retrocediendo en su desarrollo), ataques de ansiedad y un miedo terrible a los médicos y a las enfermeras. Puede haber reacciones emocionales traumáticas sobre todo en los niños en edad preescolar y en los que tenían previamente serios problemas psicológicos.

Para prevenirlo, se plantean medidas, como que la madre ingrese junto a su hijo o al menos que duerma todas las noches en el hospital. Según la edad que tenga el niño, puede ser suficiente con que los padres y otros miembros de la familia lo visiten una o dos veces al día. Las conductas hiperprotectoras y hasta restrictivas que algunos padres adoptan no hacen más que empeorar el ajuste del niño al ingreso. Es fundamental explicar al pequeño a dónde va, qué se le va a hacer y por qué. Por ejemplo, en una amigdalectomía hay que explicarle que tiene muchas amigdalitis y que tienen que quitarle la causa, las amígdalas o las anginas, que pasará unos días molesto y le picará la garganta.

Es básica, para evitar este síndrome, la organización de las unidades infantiles, tanto en su aspecto como en la dinámica interna que depende del contacto entre niños y personal sanitario, de las actividades como juegos que se lleven a cabo, del contacto entre los niños hospitalizados, de las visitas... M. D.

EL JUEGO: UN ASUNTO MUY SERIO

El juego influye en el desarrollo intelectual, afectivo, psicológico y social del niño. Para el niño jugar es una necesidad vital, es como trabajar, con ello aprende, se entretiene, se relaciona con los otros y se desarrolla física y psicológicamente; el juego le ayuda a formarse para afrontar su futuro.

El jugar para el niño no tiene nada que ver con lo que los adultos podemos entender por jugar. Posiblemente el poner unos cubos de madera encima de otros parezca una simpleza, pero para un niño puede representar una tarea complicada y muy interesante. Aparte de entretener, el juego desarrolla una serie de funciones que vamos a ver:

1. Juego y percepción. El juego lleva al niño a explorar todo lo que le rodea, a tocar, mirar, escuchar e indagar. Así, a medida que descubre lo que le circunda, se conoce a sí mismo, sus preferencias y sus gustos.
2. Juego y autocontrol. A través del juego el niño se controla a sí mismo y se dirige por los caminos más convenientes. Por ejemplo, si tiene miedo, busca un objeto que lo distraiga y disipe esta ansiedad; ésta es una forma de «autotratamiento» que se inicia en la infancia y que se va perfeccionando con los años.
3. Juego y egocentrismo. Jugando, el niño aprende a compartir y a disfrutar de la compañía de los demás. Aprende a evaluar y a considerar los sentimientos de las otras personas. El mejor recurso para el hijo único es aprender a jugar con otros niños.
4. Juego y creatividad. La curiosidad es el principio básico del juego y la creatividad hace que sea divertido. A medida que el niño juega, va tejiendo un elaborado sistema de comunicación con lo que lo rodea y poco a poco crea situaciones nuevas a las que busca respuesta.
5. Juego y desarrollo físico. Está claro, el juego favorece el ejercicio físico, tan importante para el desarrollo corporal y la rapidez de reflejos.
6. Juego y expresión. El juego y la expresión verbal y artística están íntimamente ligados en la vida infantil. Cuando juega, el niño desarrolla su capacidad de comunicación con su familia,

con otros niños y con todo lo que lo rodea. Asimila el comportamiento de los demás y acopla a él el suyo.

7. Juego y solución de problemas. Al jugar, el niño se enfrenta a problemas que él mismo se plantea, son aventuras que tiene que resolver, con ellas se autoentrena y pone en marcha su imaginación, aprende a razonar con eficacia para conseguir los fines que se ha propuesto.

Pero si jugar es importante, lo mismo ocurre con los juguetes. Hoy día son cada vez más sofisticados (y caros), pero curiosamente los niños se siguen entreteniendo con lo mismo que se entretenían antes; por muchos juguetes que el niño tenga, le siguen gustando la caja de cartón con un cordel o los *puzzles* de madera. Otro dato fundamental es el enorme poder que tiene la televisión: el niño pide los juguetes que ve en la tele, la «Nancy» o la «Barbie», por ejemplo, y no una muñeca cualquiera; una «BH», no otra clase de bicicleta. Así pues, elegir los juguetes de los niños es una tarea más complicada de lo que parece, hay que tener en cuenta una serie de detalles para hacer una buena elección:

— No tienen por qué gustarle al adulto, sólo deben gustarle al niño.
— Deben acoplarse a la capacidad física e intelectual del niño.
— Deben estimularlo a jugar, el niño tiene que saber utilizarlos y no necesitar que los adultos jueguen por él.
— Tienen que funcionar bien y resistir los posibles golpes.
— Conviene que se puedan utilizar de varias maneras.
— En bien del niño, tienen que ser totalmente seguros, no tener filos, ni puntas, ni estar compuestos de colorantes peligrosos. M. D.

LA PRIVACIÓN AFECTIVA DURANTE LA INFANCIA

Los niños necesitan sentirse queridos y protegidos por sus padres, o, en su defecto, por las personas que los sustituyen cuando éstos faltan por muerte, abandono, etc. La falta de afecto o privación afectiva padecida durante la infancia puede dar lugar a numerosos trastornos psicológicos y psicopatológicos que se manifiestan durante la misma infancia o, a veces, con la llegada de la adolescencia, pudiendo persistir en el adulto.

Las causas más frecuentes de privación afectiva infantil están directamente relacionadas con factores paternos, como muerte de uno o ambos padres, ausencia de alguno de ellos por abandono, emigración, divorcio o separación, falta de tiempo para dedicar a los hijos por exceso de trabajo o del número de hermanos, hijos dejados casi totalmente a cargo de personas de servicio o ingresados en régimen de internado en colegios distantes del domicilio familiar, etc. En otras ocasiones, la falta de afecto procede más bien de un ambiente familiar deteriorado, con frecuentes disputas entre los padres delante de los hijos que pueden estar relacionadas con trastornos psicopatológicos de alguno de los progenitores del tipo del alcoholismo, drogadicción, personalidad psicópata, etc. En estos casos, el niño puede sufrir agresiones o malos tratos, con lo que el problema es aún más grave. La privación afectiva se puede vivir también en relación al resto de los hermanos, cuando el niño se ve relegado a un segundo plano, con la sensación de que los demás son los preferidos de sus padres. Esta situación es relativamente frecuente cuando conviven hermanos del primer matrimonio junto con otros de matrimonios posteriores, ya que a la ausencia de uno de los padres se une la idea de que el padrastro o madrastra quiere más a sus propios hijos a la vez que le quita a su padre o madre auténticos parte del tiempo y la dedicación que les ofrecería en su ausencia.

La enuresis nocturna, la tartamudez y el desarrollo neurótico de la personalidad son trastornos muy relacionados con la inseguridad en sí mismo que originan muchas veces las vivencias de privación afectiva cuando se acumulan de forma casi continua durante la infancia, pudiendo persistir, generalmente en forma de cuadros neuróticos, en la vida adulta. También son frecuentes entre los adultos y adolescentes el alcoholismo, las toxicomanías y las conductas suicidas como consecuencia de la privación afectiva infantil. Cuando se añaden malos tratos, es decir, cuando el niño tiene que padecer conductas agresivas propiciadas por sus propios padres u otras personas a cuyo cargo está, lo más probable es que desarrolle una personalidad psicopática, por la cual el niño pretende reclamar afecto mediante conductas inadecuadas o incluso violentas, establecióndose un patrón de conducta contradictorio. Él ha aprendido que no recibe afecto y que sólo se le presta atención cuando «se porta mal», con lo que éste es el único medio que le queda para poder atraer la atención de sus padres. En la adolescencia, el progresivo establecimiento de esta psicopatía se traduce en comportamientos agresivos, conductas de rebeldía y actos asociales, que pueden hacer de ese niño un delincuente precoz.

Dar al niño el afecto que necesita no significa ser excesivamente tolerante con él ni sobreprotegerle. El niño puede sentirse querido a pesar de que se le reprenda cuando es necesario si nota que esto se hace con cariño y rigidez a la vez. Es importante premiar afectivamente los esfuerzos, logros y conductas correctas que el niño va realizando y estableciendo progresivamente a lo largo de su vida. La sobreprotección del niño por parte de unos padres que están demasiado pendientes de lo que éste hace, decidiendo por él en cualquier ocasión, no permitiéndole que haga nada que pueda resultar un poco arriesgado, puede dar lugar a trastornos casi idénticos a los producidos por la privación afectiva, por lo que a la hora de educar a un hijo hay que buscar un punto de equilibrio entre ambas actitudes, un término medio en el que se le dé al niño el cariño que necesita, a la vez que se le ofrecen y exigen determinadas pautas de educación y comportamiento en sus relaciones con los demás, permitiéndole que poco a poco vaya tomando sus propias decisiones para favorecer un desarrollo amplio y adecuado de su personalidad. J. H.

LA LLEGADA AL COLEGIO

La llegada al colegio o al jardín de infancia supone para el niño entrar en un mundo nuevo totalmente distinto al familiar. Allí se convierte en uno más dentro de un grupo en el que tiene que integrarse, perdiendo, muchas veces, ese papel especial que tenía en su casa. Este cambio implica el inicio de la socialización infantil, la integración en la normativa social, lo que lo obliga a la adquisición progresiva de conocimientos que cada vez son más complicados.

La llegada al jardín de infancia, que parece un hecho intrascendente, tiene un importante significado para el niño, que puede

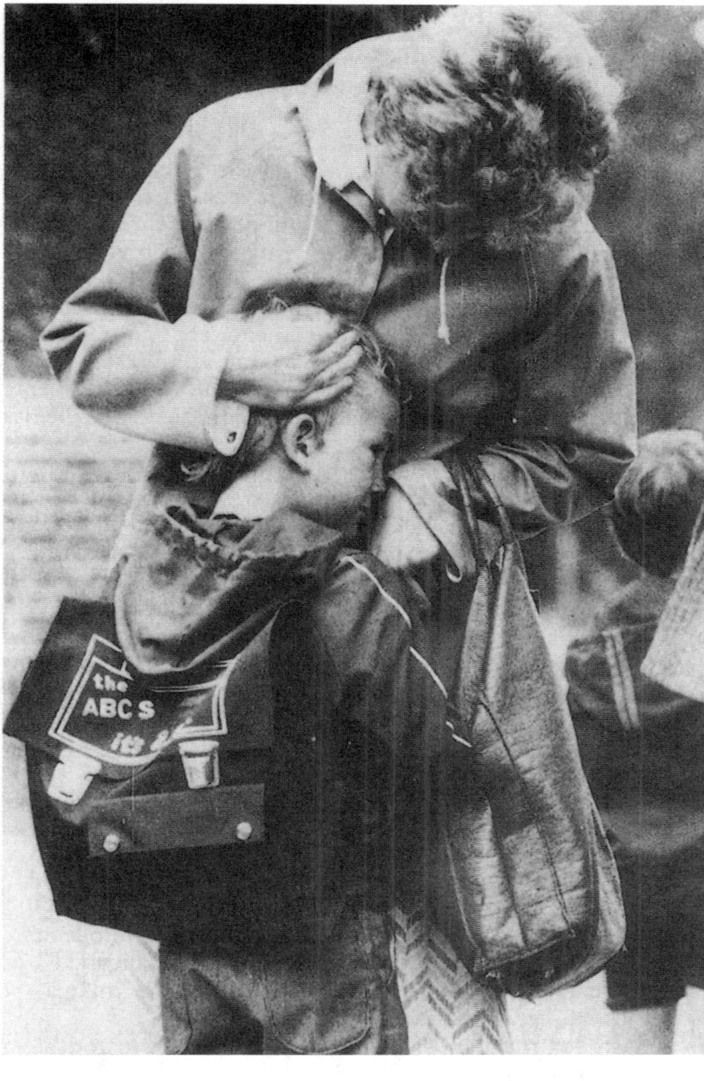

El primer día de colegio puede ser muy traumático para el pequeño, que, por primera vez en su vida, tiene que enfrentarse a un mundo distinto, en el que no se siente seguro y protegido como le ocurre en su casa. La labor de los padres y profesores es esencial para que el niño supere este trauma sin problemas, integrándose plenamente en el ámbito escolar. (Foto: EFE.)

vivirlo como un abandono de la familia, por lo que hay que ir preparándolo gradualmente para que dé este paso con poca ansiedad, sin traumas. El primer día de colegio es fundamental, la actitud del niño dependerá de la información que tenga, de la actitud de la madre y de la figura y comportamiento del profesor. El permitirle que se lleve uno de sus juguetes le da una cierta seguridad, ya que tiene algo suyo que lo une con su familia en ese mundo nuevo. El control de los esfínteres supone otro problema, en casa casi lo ha logrado, pero en el colegio, donde está mucho más nervioso, tiene que pedir permiso al profesor y luego buscar el baño, a veces «se le escapa sin darse cuenta», lo que le produce vergüenza y un profundo malestar. Ahí entra en juego, como a lo largo de toda la escolaridad, la habilidad del profesor para descubrir cuándo un niño necesita ir al baño y quitarle importancia a los «descuidos».

Pero el gran aliciente del colegio, y que los padres deben potenciar en sus hijos, es la posibilidad de conocer a otros niños, niños de su misma edad con los que podrá jugar, sin verse ya obligado a hacerlo en solitario o con los adultos, con los que se aburre. El niño aprende a respetar a los otros y a convivir con ellos, iniciándose su vida social. Este cambio es especialmente eficaz e importante en el hijo único y en el niño mimado y rebelde que, forzosamente, va a tener que convivir con los demás, aprender a ceder, a guardar turno y a jugar en grupo sin ser el centro de toda actividad.

¿A qué edad tiene que ir el niño al jardín de infancia? La ideal es la de los tres años, pero si los padres trabajan fuera de casa y tiene que ir antes, es imprescindible prepararlo convenientemente.

¿Cómo saber si está maduro y preparado? Pocos lo están en realidad, pero hay algunos requisitos fundamentales, como pedir ir al baño, no asustarse ante los extraños, soportar la ausencia de la madre, sin conflictos, y poder jugar con los otros niños.

¿Es fundamental que acuda el primer día? No, e incluso es mejor que falte si previsiblemente se va a encontrar con la escena típica de niños aterrorizados, llorando y chillando, agarrados a las

faldas de sus madres y negándose a quedarse solos. Si su hijo no tenía miedo, lo más fácil es que se contagie al ver la actitud de otros niños.

¿Qué hacer para que se adapte bien? Avisarlo de que va a ir a un sitio con otros niños como él, donde va a jugar y aprender muchas cosas, dejarle que se lleve algún juguete e ir aumentando progresivamente el tiempo de permanencia en el colegio.

¿Cómo saber si está a gusto? En realidad es bastante evidente: cuando se va tranquilo y al volver comenta con naturalidad lo que ha hecho durante el día, es obvio que al niño le gusta el colegio. Cuando llora todas las mañanas, se niega a ir e inventa mil excusas y al volver está cabizbajo y meditabundo es que las cosas no van por buen camino.

¿Qué hacer, si no se acopla al colegio en estos primeros momentos? En ocasiones, lo mejor es optar por dejarlo sin ir al colegio durante una temporada para hacer una nueva preparación. Conviene descubrir qué es lo que lo inquieta y lo incomoda. Es fundamental consultar y colaborar con el profesor. En casos extremos de rechazo, cuando asoma la imagen de la fobia escolar, conviene pedir la ayuda de un psicólogo o un pedagogo. M. D.

¿SE PUEDE CASTIGAR A UN NIÑO?

Se denomina castigo en educación a la pena que impone un educador a un menor por acciones llevadas a cabo por el pequeño, consideradas incorrectas.

Un niño pasa por etapas del desarrollo que implican cambios de todo tipo, incluidos los de personalidad. El cómo se eduque a un niño hasta los quince años, marcará todo su carácter futuro.

Hasta los trece años, el niño explora lo que lo rodea: hace intentos por descubrir lo que está y no está aceptado por la sociedad. Estos intentos los lleva a cabo de forma espontánea:

juega, corre, grita... Es precisamente este tipo de actividades el que puede impacientar a un adulto. Por eso, la pedagogía propone que se dé la presencia de una figura adulta (si es posible el padre o la madre), que le indique las normas de educación establecidas. Ahora bien, ¿cómo se puede indicar a un niño que eso no se puede hacer?, ¿se le castiga?, ¿es correcto castigar?... Actualmente, el castigo físico está desprestigiado por la pedagogía: puede provocar serias consecuencias en la personalidad del niño, e incluso, si se aplica con frecuencia, desarrollar tendencias sadomasoquistas en su personalidad.

La única ventaja que se le atribuye al castigo es la rapidez con la que el niño asocia: «mala acción = recibo castigo». Este campo ha sido estudiado por la escuela conductista en psicología, que estableció las bases científicas de lo que es aprendizaje.

En sus experimentos, aplicaban un calambre a unas ratas cuando éstas realizaban una determinada acción no deseada por el experimentador, y eran premiadas con comida, cuando actuaban «debidamente»; así obtenían un PREMIO y se sentían REFORZADAS a repetir la acción que les había proporcionado tal recompensa placentera. A ese premio lo llamaron «estímulo positivo».

Otro modo de aprendizaje analizado por los conductistas, fue el «estímulo negativo»: a una conducta le sigue de inmediato una consecuencia desagradable, con lo que se busca evitar tal conducta y QUE SE HAGA OTRA EN SU LUGAR. Después de realizar esa otra, existirá de nuevo un premio. Así, con refuerzos, los conductistas analizaron un modo de aumentar la frecuencia de una acción a través de recompensas.

¿Dónde se sitúa el castigo en la educación actual?: no dentro del mundo del aprendizaje. No se evoluciona en el aprendizaje a través de la aplicación de castigos; simplemente ELIMINAN una conducta, pero no proponen otras opciones mejores de actuación.

En lo que casi todos coinciden, es que el gran peligro del castigo corporal radica en la frecuencia con que se administre: sólo debe aplicarse en casos de rebeldía extrema, y cuando han fallado todos los demás recursos educativos, como refuerzos positivos, conversación, etc.

Las sanciones orales, tales como las riñas, gritos, etc., son una manera de sustituir el castigo físico. Son menos disuasorios, y lo ideal sería que despertasen sentimientos moderados de culpa, nunca abrumadores, pues se provocarían los mismos malos efectos que con el castigo corporal frecuente: insensibilidad, pasividad ante la furia del adulto, o contraataque agresivo. Pero si, como hemos dicho, conseguimos que el niño se quede molesto consigo mismo de manera moderada, es muy probable que se despierten en él deseos reparadores de conducta.

Es importante recordar que el niño pasa continuamente por complicadas etapas de desarrollo que le pueden llevar a demostrar «pequeñas crisis del comportamiento» (como llorar, para llamar la atención o no querer comer solo, cuando nace el segundo hermano). Lo ideal es que en tales momentos, el niño se encuentre rodeado por un ambiente sereno y comprensivo por parte de los padres, pero siendo importante que éstos no se dejen esclavizar por el primero. Mantenerse firme, pero comprensivo es lo que se recomienda. En un ambiente de seguridad, un castigo no hará daño al niño. M. V.-M.

EL NIÑO SOLITARIO

Algunos padres acuden alarmados a la consulta del especialista porque les llama la atención la conducta de su hijo: es un niño retraído, silencioso y solitario. No comparte sus sentimientos y vive «a su aire». Esquiva siempre la relación social; cuando llegan invitados o familiares a casa, el niño huye a su cuarto o se esconde bajo una cama. No quiere jugar con otros niños y se pasa horas en un rincón con sus juguetes preferidos sin querer compartirlos con nadie. Cuando lo llevan al parque, se niega a mezclarse con otros niños y jugar con ellos. Sólo se monta en los columpios o sube al tobogán cuando nadie está cerca. Cuando otro niño se le aproxima, elude su contacto, recoge sus juguetes y se marcha a otro lugar. Es un niño muy dócil y fácil de manejar, salvo cuando se le obliga a que se relacione con los demás, entonces puede tornarse hostil, agresivo o provocar una tremenda rabieta.

Es el niño solitario, caracterizado por su aislamiento social, timidez, vergüenza y extrema sensibilidad.

Generalmente éste es un trastorno transitorio que tiene lugar en muchos niños y no es más que una reacción de adaptación defensiva a unas circunstancias temporales. Es un fenómeno bastante frecuente en hijos únicos entre los cinco y siete años de edad, y está relacionado habitualmente con el comienzo de su escolaridad o ingreso en un jardín de infancia. En ellos aparece un conflicto al tener que adaptarse a un ámbito social diferente al medio familiar que conocen.

Otras veces, este comportamiento es el reflejo de una problemática familiar, generalmente entre los padres, que recae en el niño porque es el elemento más vulnerable. En este caso, las consecuencias pueden ser más graves y lo que en principio parecía transitorio puede consolidarse en forma de depresiones infantiles más o menos peligrosas para el equilibrio psicológico.

Mayor importancia tiene la exageración de esta conducta solitaria cuando va más allá del simple rechazo del contacto social, cuando además hay una notable desconexión del niño con su medio ambiente, y parece vivir en un mundo aparte e inaccesible incluso para sus padres y hermanos. En este caso ya entramos en el grave terreno de las psicosis y el autismo infantiles que, por supuesto, requieren un tratamiento profundo e inmediato.

Pero en el caso menos grave del niño solitario y tímido, el pronóstico suele ser bueno si se trata con cautela y mejor aún con un buen asesoramiento psicológico. Ganarse su confianza y darle la oportunidad de que aprenda a establecer unas relaciones interpersonales gratas y reconfortantes, puede ser una labor lenta y difícil, pero esencial, si pretendemos que en el futuro sea un adulto capaz de disfrutar de un equilibrio psicológico en el ejercicio de su vida. J. M. U.

NIÑOS LÍDERES

Cuando observamos a un grupo de niños que juegan o están realizando en clase un ejercicio colectivo, es fácil notar que uno de ellos lleva «la voz cantante» y parece como si el resto lo siguiera y acatase sus normas, pero no por imposición autoritaria de aquél, sino por la propia iniciativa del grupo, que muestra una cierta admiración por él. Es el niño líder, que hace de guía y portavoz de los deseos de la mayoría.

¿Qué hace que un niño destaque del colectivo y sea erigido como líder? Evidentemente aquí influyen una serie de características claramente objetivables por los demás, que tienen la cualidad de ser comunes a la mayoría y que, al estar reunidas en una sola persona, hacen que ésta sea representativa.

El niño líder tiene unas características personales, como el llamado carisma, que es una cualidad o don especial que algunos niños poseen. Es una capacidad para despertar la simpatía de los demás mediante su porte, sus ademanes, su gracia y forma de manifestarse en grupo. Por lo general es un niño despabilado e ingenioso, de pensamiento ágil y práctico. Mentalmente suele ser más maduro que los demás.

Lo habitual es que destaque por sus logros en el área donde es declarado líder: en el estudio sacará buenas notas, en el deporte consigue buenas marcas y en el juego suele ser el ganador. La verdad es que el «niño modelo» que es líder en todas las áreas es difícil de encontrar.

Al mismo tiempo se dan otras características circunstanciales que, por lo regular, son consecuencia de las anteriores. Al ser reconocidas públicamente sus habilidades tiene lugar un reclamo publicitario que atrae la atención de otros niños. Ocupa con facilidad un lugar importante: no es raro que sea nombrado delegado en clase e incluso colocado en un *status* destacado por el propio tutor o profesor, lo cual sigue atrayendo la consideración del resto del grupo.

En principio, el hecho de que un niño sea líder parece que encierra más ventajas que perjuicios. Y así es, siempre que el liderazgo sea integrado en la personalidad del niño de una forma sana.

Indudablemente el ego del niño líder se ve de continuo ensalzado y reforzado, lo cual puede proponerle una mayor firmeza y seguridad en sí mismo, rasgos que pueden serle muy útiles cuando llegue a adulto y deba competir en sociedad. Tal vez de mayor mantenga su liderazgo, lo cual puede facilitarle alcanzar altos cargos políticos o empresariales, si ésas son sus inclinaciones.

El peligro surge cuando las cualidades de líder se desvían hacia objetivos perjudiciales. No olvidemos que el niño es un adulto que se está forjando, y cualquier circunstancia que altera su personalidad puede constituir un futuro carácter malsano e irreparable. Así ocurre cuando el líder tiende a la delincuencia y el pandilleo.

Por ello, una labor de encauzamiento del liderazgo por parte de padres y educadores puede ser esencial en el futuro del niño. De ese modo se evitarán despotismos y desviaciones nocivas. J. M. U.

LA ENURESIS

La enuresis consiste en la emisión involuntaria de orina por falta de hábito en el control del esfínter de la orina, después de los cuatro o cinco años de edad. Normalmente, el niño comienza a controlar la emisión de orina a la edad de tres años, aunque es normal que de forma esporádica tenga alguna emisión involuntaria de orina hasta los cuatro e incluso cinco años. A partir de ese momento, si un niño tiene emisiones involuntarias de orina, hay que considerar la posibilidad de que padezca una enuresis. Lo más frecuente es que estas situaciones ocurran durante el sueño, por lo que generalmente se denomina a la enfermedad enuresis nocturna. Si ocurre durante el día se denomina enuresis diurna. Es excepcional que la enuresis se presente durante el día y no durante la noche.

También hay que distinguir dos tipos de enuresis en relación con la evolución del proceso. Cuando el niño tiene dificultades para controlar la emisión de orina desde pequeño, sin que tenga períodos largos de tiempo en que la controla, se dice que tiene una enuresis primaria. Si el niño llegó a controlar la emisión de orina, pero tiempo después vuelve a perder este control, se dice que tiene una enuresis secundaria.

La enuresis es una enfermedad muy frecuente. Afecta aproximadamente a un 15 por ciento de los niños de seis años, a un 5 por ciento de los de diez años y a un 2 por ciento de los de doce años. El trastorno disminuye en frecuencia según va avanzando en edad y es verdaderamente excepcional después de la adolescencia. La enuresis se produce por causas psicológicas y hay que distinguirla de la incontinencia urinaria de tipo orgánico causada por trastornos como la epilepsia, la espina bífida y otras malformaciones congénitas. La aparición de enuresis está muy relacionada con la ansiedad, con conflictos psicológicos especialmente en el ámbito familiar y con el estrés emocional. Se ha observado también que la enuresis es más frecuente en los hijos que padecieron la misma enfermedad durante la infancia y en niños con menor capacidad vesical, es decir, con una vejiga urinaria que sólo puede retener una cantidad de orina inferior a la normal.

El tratamiento de la enuresis debe hacerse desde varias perspectivas terapéuticas. Algunos medicamentos, como los antidepresivos tricíclicos, especialmente la imipramina, han demostrado ser bastante eficaces. En los casos de enuresis diurna son útiles las técnicas que pretenden conseguir que el niño contenga las ganas de orinar durante períodos de tiempo progresivamente más largos, y tras tomar cantidades de líquidos cada vez mayores. Otras veces se utilizan técnicas destinadas a aumentar la capacidad de control por el niño en un momento determinado. Los llamados «pipí-stop» son aparatos eléctricos que se colocan en la cama del niño y que producen un fuerte sonido cuando advierten las primeras señales de humedad. El niño debe entonces contraer el esfínter urinario y acudir al cuarto de baño. Estas técnicas son muy útiles cuando existe enuresis nocturna.

Otras técnicas de tipo conductista están orientadas en la línea de los llamados «refuerzos psicológicos». Se premia de forma afectiva o material al niño según haya conseguido controlar la emisión de orina en plazos progresivamente largos; es decir, se le premia mediante estímulos cada vez mayores según el éxito que obtiene, lo que lo lleva a realizar un esfuerzo mayor en el control de los esfínteres. No es conveniente actuar de forma opuesta cuando el niño fracasa. Los castigos subsiguientes a una pérdida de control pueden producir un aumento de ansiedad con lo que el cuadro suele agravarse, creándose un círculo vicioso. También resulta muy perjudicial reprender duramente al niño pequeño cuando no consigue una buena retención, ya que también puede aumentar la ansiedad y crear un conflicto que favorezca que el problema se agrave y se haga crónico.

Por último, hay que actuar sobre posibles conflictos psicológicos del niño o situaciones de estrés emocional. Generalmente es necesario hacer un estudio del ambiente familiar, ya que una perturbación de éste puede constituir la causa de la enuresis. Siempre que se sospeche que se trata de enuresis, se debe descartar antes que la incontinencia urinaria se deba a causas orgánicas. J. H.

FRACASO ESCOLAR

En junio de 1987, el programa *Informe Semanal* de Televisión Española daba la siguiente estadística en cuanto a los escolares españoles: un 4 por ciento abandona los estudios, un 27 por ciento no consigue el graduado escolar, entre el 27 y el 33 por ciento fracasa en BUP y un 16 por ciento no pasa la selectividad; entre los catorce y los quince años de cada 100 estudiantes, 25 abandonan los estudios y un 55 por ciento de ellos se engloba dentro del fracaso escolar; en el curso 1986-87, 60.000 estudiantes recibieron educación compensatoria. Las estadísticas lo demuestran, el fracaso escolar es un problema evidente que va a condicionar la vida futura de ese niño, tanto en su aspecto intelectual como en su personalidad.

El fracaso escolar es la no consecución de los objetivos escolares que corresponden a la edad, fracaso que, frecuentemente, se acompaña del abandono de los estudios. Su primera manifestación es el retraso escolar en comparación a los otros niños de la misma edad; puede aparecer en los primeros años en los que se adquieren los conocimientos básicos o bien después de los nueve-diez años. En el primer caso, si el profesor se da cuenta, el retraso se subsana y se evita el fracaso escolar. En el segundo, el retraso puede ser ya muy grande y remontarse a muchos años, entonces el fracaso ocurre con más facilidad.

Las causas por las que un niño puede retrasarse en los estudios son muy diversas. Vamos a ver las fundamentales:

— Si existe una deficiencia intelectual, por muy leve que sea, el niño no va a poder adquirir los conocimientos que debiera y desde el principio de la escolaridad se retrasa y se va distanciando de sus compañeros. Este retraso no es recuperable y el niño saca más partido de una educación especial.

— El retraso en la adquisición de los conocimientos elementales globales o parciales. Una de las causas es la dislexia, en la que hay una dificultad en el aprendizaje de la lectura y la escritura y al no leer y escribir correctamente, le es imposible seguir el ritmo normal de la clase en las sucesivas materias. También puede deberse a otras causas, como retrasos en el lenguaje, en la maduración general...

— Enfermedades somáticas que provocan absentismo escolar, cuando el niño se pone malo no va a clase y va perdiendo en relación a sus compañeros, aunque sólo se trate de unas anginas. También influyen los defectos visuales hasta que se descubren y se corrigen, la fatiga escolar, las enfermedades crónicas...

— La negativa escolar, muy ligada a la fobia escolar, puede arrancar de los primeros contactos con el colegio y se manifiesta con una oposición tajante del niño a la vida y a las tareas escolares que suele vivir de forma traumática.

— Los trastornos de carácter acompañados de turbulencia, inestabilidad, cólera y reacciones negativas frente al profesor y los compañeros acarrean importantes dificultades de integración en el colegio. Suelen reflejar conflictos infantiles, trastornos de la afectividad o un ambiente familiar mal estructurado que se proyecta sobre el equilibrio psicológico del niño.

— Planes pedagógicos mal concebidos, organizados y orientados, con exigencias excesivas y formas de enseñanza ineficaces, hacen que el niño falle por causas que le son totalmente ajenas y que superan todos sus esfuerzos.

Cuando el fracaso se avecina y el retraso escolar se ve venir claramente, hay que actuar con rapidez. La única forma de evitarlo es buscar las causas y poner en marcha medidas de recuperación eficaces. Estas medidas se plantean según la causa del retraso, el tipo y la intensidad, y se llevan a cabo en el mismo colegio (con lo que el niño no es separado de su medio) o en centros pedagógicos especializados (que tienen la ventaja de tratar de forma más selectiva el problema). En cualquier caso, las medidas a tomar nunca deben posponerse, ya que está en juego el futuro del niño. M. D.

¿CÓMO EDUCAR A UN HIJO?

Qué tarea tan difícil, una de las más complicadas e importantes que nadie se pueda plantear... «Ser padres». En efecto, no se limita a traer un hijo al mundo y criarlo y vestirlo, lo fundamental es educarlo para ayudarle a convertirse en un ser maduro, satisfecho consigo mismo y encajado en el mundo y en la vida que le toca vivir. Posiblemente cada padre se plantea una forma de educación y una serie de detalles que considera importantes, como: que estudie, que sepa relacionarse con los otros, que sea culto, que se le vea contento, que le guste lo que hace..., y plantea unas normas o exigencias. Pero, ante todo, el niño se forma y aprende a partir de lo que vive, de ahí la importancia del ambiente en que se cría, que depende prácticamente de los padres.

Vamos a ver lo que se considera un ambiente educativo ideal y los puntos que conviene seguir para lograrlo.

1. Hacer que el niño se sienta seguro.
2. Procurar que se sienta querido y aceptado.
3. Huir de las amenazas, los castigos y los miedos.
4. Hacer que poco a poco adquiera responsabilidades y enseñarle a ser independiente.
5. Cuando manifieste sus instintos, no regañarlo, comprenderlo y, sobre todo, orientarlo.
6. Evitar conflictos innecesarios, ser tolerantes y enseñarle a serlo también.
7. No exigirle más de lo que pueda dar.
8. No compararle con sus hermanos ni con otros niños, evitar en todo momento crearle sentimientos de inferioridad.
9. Respetar sus sentimientos.
10. Contestar todas sus preguntas con respuestas que pueda comprender.
11. Afrontar junto a él las dificultades por las que pasa.
12. Interesarse por las cosas que hace, aunque al adulto le parezcan insignificantes.
13. Apoyar y potenciar su sociabilidad y su integración en el medio.
14. Favorecer y facilitarle todos los instrumentos que necesita para su progreso y maduración.
15. Ayudarle a que descubra su propia identidad.
16. Tener en cuenta que «un niño es un niño y no un adulto en miniatura». M. D.

RETRASO ESCOLAR

Unos padres, que hasta la fecha no habían tenido grandes conflictos y se sienten orgullosos de sus hijos, reciben de pronto una notificación del colegio donde les advierten que existe un problema con uno de ellos: va retrasado en los estudios y no alcanza el nivel de sus compañeros por lo que debe asistir a un curso inferior. Y surge la tragedia. ¿Qué le ocurre a nuestro hijo? ¿Es anormal o está enfermo? No necesariamente. Algo sucede, desde luego, pero el retraso escolar puede deberse a un pequeño problema psicológico de fácil solución.

El objetivo de la educación es proporcionar al niño unas actitudes que lo capaciten para obtener una actividad autónoma y el progreso de su personalidad.

A medida que la psicología fue adquiriendo importancia como ciencia al servicio del hombre, se vio implicada en el proceso de formación de éste en sus primeros niveles: la escolaridad. Y es más, los programas de enseñanza más eficaces fueron y son aquellos en los que se incluye la colaboración de los padres en las tareas escolares, de tal manera que las actividades de enseñanza iniciadas en clase se continúen y complementen en casa. El aliento y el estímulo proporcionado por los padres en el domicilio motiva el aprendizaje del niño en la escuela. Y del mismo modo, la humillación y el castigo para «corregir» un menor rendimiento pueden acarrear sentimientos de inferioridad e incapacidad para competir con sus compañeros.

La edad escolar es una etapa crítica en el desarrollo del niño, en la que está propenso por ello a la aparición de conflictos psicológicos, fáciles de detectar cuando aún están latentes, precisamente porque repercuten en su rendimiento.

Es misión del profesor advertir la presencia de estos problemas, de tal manera que maestros y educadores colaboren con psicólogos y psiquiatras en la prevención de posibles trastornos mayores.

Ante un retraso escolar debe estudiarse, en primer lugar, la posibilidad de que existan problemas de tipo médico, como alteraciones neurológicas de la percepción: disminución de la vista o audición, dislexias, etc. Lógicamente, si el niño tiene mermadas sus facultades, no podrá rendir en las mismas condiciones que un niño sano.

Descartada la patología somática ha de buscarse la causa en la esfera psíquica.

Algunos investigadores afirman que los conflictos psicológicos que tienen lugar durante el primer año de vida repercuten posteriormente en el colegio. Así, parece que las alteraciones de la relación madre-hijo en esa época determinan una actitud de inhibición en la escuela, timidez y rechazo de la relación con otros niños y con el profesor. Del mismo modo, alteraciones en la relación padre-hijo ocasionan una conducta hostil, agresiva y antisocial.

En general, se estima que los niños que han recibido poca atención y afecto en sus primeros días, son más propensos a volverse indiferentes, deprimidos y apáticos en la escuela.

Otra época vulnerable al retraso escolar es el inicio de la pubertad. Durante ella tienen lugar en el niño y en la niña cambios hormonales muy importantes que influyen en su equilibrio nervioso. Su rendimiento académico puede descender ostensiblemente o cursar con bruscos altibajos. En esta etapa tiene también lugar una mayor dispersión de la atención, pues aparecen los primeros intereses y preocupaciones por el sexo opuesto, que lógicamente resulta más atractivo que los estudios.

Los retrasos escolares en las etapas prepuberal y puberal no deben pasar desapercibidos. No olvidemos que es una época difícil para el adolescente, durante la que se dan los índices más altos de depresiones y suicidios infantiles.

Un retraso en el colegio no tiene por qué ser excesivamente alarmante; pero sí es una llamada de atención sobre algún conflicto psicológico que conviene solucionar antes de que se arraigue o agrave. J. M. U.

MI HIJO VE MUCHO LA TELEVISIÓN

El niño pasa cada vez más tiempo delante de la televisión, llega a estar horas, y «es tan cómodo que esté calladito y tranquilo»... Pero, ¿será malo?, ¿puede tener efectos perjudiciales? Aunque la televisión parece la distracción ideal, a los padres les entra la duda y empiezan a preocuparse, con razón.

Dentro de la vida infantil, el televisor se lleva una gran parte de su tiempo libre, desde tres a cinco horas. Un niño en edad preescolar puede llegar a pasar una tercera parte del tiempo que está despierto ante él, viendo cualquier tipo de programa (tanto si es adecuado para él como si no) y hasta avanzadas horas de la noche. Y durante todo este tiempo el niño está inmóvil, pasivo y en silencio, no hace nada más que mirar a la tele, no habla, no se mueve, no imagina, no crea, no lee, no juega, no se relaciona... Sólo basta con que usted se fije en su hijo y se dará cuenta de esta realidad.

La televisión es un medio unidireccional, envía mensajes sin que exista la posibilidad de réplica, ejerce un efecto decisivo sobre los televidentes o «teleadictos», y el ser más susceptible a estos mensajes es el niño, porque tiene una menor capacidad de crítica y da por bueno cuanto sale en la televisión (siempre que llegue a entenderlo medianamente), está ávido de conocer y suele incorporar con facilidad a su personalidad todo cuanto ve o se le dice. Este efecto decisivo de la televisión va a depender de cómo el niño la vea, si a su lado está su padre o su madre que le va explicando con lógica y claridad todo lo que no entiende, aprenderá a razonar y valorar lo visto; se ha demostrado que de los niños que veían el famoso «barrio Sésamo», los que conocían los números eran los que habían visto el programa con sus padres o con alguna persona mayor.

Otro efecto nocivo de la televisión es el deterioro de la comunicación familiar. «Callaos, que no oigo», «Ya no se habla ni una palabra...», son frases casi permanentes en cuanto empieza la película o cualquier otro programa. El diálogo familiar ha sido sustituido por la tele y hay familias que prácticamente no se conocen de verdad.

Un niño no es más listo o más tonto por ver mucho o poco la televisión, pero ésta influye en el desarrollo de su capacidad intelectual. Los efectos sobre el lenguaje del niño «teleadicto» son claros: hay una menor fluidez de expresión verbal y está retrasado en la lectura y escritura. La tele lo da todo por hecho, las secuencias se suceden unas a otras rápidamente, sin que el televidente participe, el niño no tiene que inventar ni imaginar nada, además juega menos, así que su fantasía y su creatividad son casi nulas. Se altera incluso su capacidad para razonar y emitir juicios de valor sobre el mundo que lo rodea, al niño le «da pereza pensar», pierde agilidad y soltura para hacerlo y lo más normal es que lo evite.

De entrada y por lo que hemos visto, la televisión se presenta como nociva para el desarrollo intelectual y afectivo del niño. Sin embargo, está ahí y no se puede evitar. Se ha demostrado que los niños que en su casa no tienen tele se sienten como desplazados de sus compañeros (y realmente lo están); todos ven la televisión, la comentan y la incorporan a sus vidas, él es un extraño en ese mundo que todos los demás comparten. Así que la solución no es eliminar la tele del hogar, sino seleccionar qué y cómo se ve la televisión y ésta es una labor indiscutiblemente de los padres. Nadie impone ver la televisión, cada cual escoge libremente lo que hace con ella. Lo ideal sería:

— No mandar al niño a ver la tele para librarse de él, para que esté callado, tranquilo y sin molestar.

— Ayudarle a seleccionar los programas, los que están más de acuerdo con su edad. Hacer que el tiempo que le dedique no sea excesivo.

— Ver la tele con él y explicarle todo lo que no entienda.

— Aunque vea la tele, hay que potenciar otras actividades, como leer, jugar, hablar... Lo que está claro es que si los padres se pasan horas delante del televisor, no pueden pretender que sus hijos no lo hagan. M. D.

¿PUEDE UN NIÑO DEPRIMIRSE?

El niño está raro, silencioso, huidizo, tristón, habla menos y juega poco, suele estar solo y cabizbajo, casi no come, no tiene ganas de estudiar y las notas son malas, duerme mal y tiene pesadillas... ¿Qué le ocurre? Es bastante fácil que se encuentre deprimido.

Los cuadros depresivos aparecen con relativa frecuencia en los niños, sobre todo entre los ocho y once años, con unas características bastante claras: accesos de llanto, neutralidad afectiva, irritabilidad, miedo a la muerte propia o de los padres, trastornos somáticos, pérdida de apetito y energía, grados diversos de dificultad en su adaptación escolar y dudas entre la fijación o el rechazo irracional hacia los padres. Exteriormente, el niño puede tener un aspecto triste y deprimido, hablar con voz tenue y baja, volver la cabeza hacia la pared, llorar con frecuencia, perder sus intereses habituales y lamentarse de su soledad. Siente que nadie lo quiere y que ha perdido toda su energía. Otras veces el cuadro no es tan completo y aparecen equivalentes depresivos en forma de trastornos del sueño y nutrición, conducta antisocial, fugas de casa, propensión a los accidentes, aburrimiento, inquietud, fatiga, problemas de concentración y actos sexuales impulsivos.

Como vemos, la depresión en el niño puede ser compleja y completa. Al igual que en el adulto se presenta con síntomas típicamente afectivos o enmascarada tras otros cuadros. Existe además el agravante de que el niño es incapaz de expresar su estado afectivo, se encuentra mal, pero no sabe la razón, y por supuesto, no lo atribuye a una situación depresiva. El niño tiene una maduración incompleta de la personalidad, y la imagen que tiene de sí mismo y de los demás aún no se encuentra totalmente conformada, por lo que el diagnóstico se ve bastante entorpecido. Muchas veces el resultado final es que el niño está convencido de que es malo, inaceptable y reacciona mediante una conducta antisocial que refuerza su creencia de que no es bueno, se siente inferior a los demás, feo o estúpido.

La depresión infantil existe, aunque no es frecuente. Aumenta en niños con una especial predisposición, que no son capaces de superar la ansiedad que acarrean las situaciones por las que atraviesa. Por ejemplo, puede surgir tras la incorporación a un nuevo colegio, tras una enfermedad, un accidente o el nacimiento de un nuevo hermano. Se describen reacciones depresivas en respuesta a una pérdida real o solamente manifiesta en la mentalidad del niño, puede tratarse de la muerte de un amigo o la sensación de distanciamiento de uno de los padres. También puede asociarse a rasgos neuróticos que pueden presentarse en el niño exactamente igual que en el adulto.

La «depresión anaclítica del lactante» se refiere a la aparición de rasgos depresivos en los primeros meses de vida y se caracteriza por un desinterés progresivo hacia el ambiente, la pérdida de apetito y trastornos en el desarrollo ponderal y general. Después de tres meses, la motricidad disminuye, la actividad autoerótica desaparece progresivamente y se instaura el insomnio. Este cuadro, como los trastornos afectivos del preescolar, son un aviso de posibles depresiones en el adulto.

Los que primero se dan cuenta de que el niño está deprimido son los padres y los profesores, posiblemente también los hermanos o los amigos, pero, como en el adulto, de nada vale esperar «a ver si se le pasa», hay que poner la situación en manos de alguien que pueda ayudar al niño. El tratamiento es, en esencia, igual al del adulto, combina la psicoterapia con el uso de antidepresivos (sobre todo amitryptilina) y, de ser necesario, ansiolíticos.

Lo que es cierto es que un niño con rasgos neuróticos y marcada tendencia a la depresión, puede responder «deprimiéndose» ante cualquier dificultad, como frustraciones, privaciones o pérdidas; el tratamiento, pues, no debe sólo ir encaminado a solucionar los síntomas del momento, sino a modificar su carácter y resolver sus conflictos. M. D.

LA DISLEXIA: UN PROBLEMA CON SOLUCIÓN

La dislexia es un problema específico del aprendizaje de la lectura y de la escritura, una incapacidad para adquirirlo correctamente. No es una enfermedad ni una minusvalía, pero sí un trastorno en el aprendizaje que repercute en la adquisición de las enseñanzas más primarias y elementales, en el acoplamiento y el rendimiento escolar. El niño tiene una gran dificultad para aprenderse las letras y, mucho más, para usarlas correctamente a la hora de leer y escribir. Aunque se desconozca por la mayoría, la dislexia es un problema frecuente. Uno de cada diez niños puede presentarla. Algunas estadísticas afirman que hasta un 15 por ciento de los escolares presentan una inhabilidad para el manejo de los signos.

Su procedencia no tiene una explicación definitiva y como en casi todos los problemas que no tienen un origen claro, hay varias teorías que intentan explicarlo. Se apuntan factores genéticos y orgánicos, trastornos perceptivos o psicomotores. En algunos casos lo que hay es simplemente un retraso en la maduración, el niño aún no está preparado para leer y escribir. La teoría con más fuerza apunta a un fallo en la lateralización cerebral. Normalmente, en el desarrollo cerebral un hemisferio domina al otro. En el disléxico habría un fallo en este dominio, en la lateralización.

Los síntomas más llamativos son los que aparecen en la lectura y la escritura. El niño lee despacio, sin tono, le cuesta entender lo que ha leído y vuelve al principio una y otra vez. Su escritura es farragosa, llena de tachones y borraduras, muy difícil de descifrar. En ambas tareas se repiten errores muy característicos: confunde vocales y sonidos consonantes similares. Omite, sustituye o confunde las letras y las sílabas tanto al principio como al final de las palabras. Poco a poco el niño le va cogiendo «fobia» al colegio, no le gusta su profesora, a la que tiene bastante miedo. Se lleva mal con sus compañeros que le llaman «burro». A la larga puede llegar a odiar las tareas escolares y todo lo que se relaciona con ellas. Si no se actúa a tiempo, la dislexia puede generar graves problemas en el niño: por un lado provoca el retraso educativo, que cada vez va siendo mayor; por otro, su personalidad se ve afectada: tiende al aislamiento y se va retrayendo, al tiempo que se siente inútil e incomprendido.

Tanto los padres como el profesor se dan cuenta de que el niño, que puede ser muy inteligente, es distinto a sus hermanos y a los otros niños. Tiene fallos poco comunes: no acaba de aprender a leer la hora, no recuerda fechas tan llamativas como el día de los Reyes Magos o su cumpleaños, no se aprende los días de la semana o los meses del año y confunde la derecha con la izquierda. Un dato típico del disléxico es la dificultad para orientarse en el tiempo y el espacio.

A pesar de todo, el niño disléxico suele ser muy inteligente. Destaca en labores que no le exigen el uso de las letras, como el dibujo, las matemáticas o cualquier actividad plástica. Algunos de ellos son realmente brillantes y alcanzan las más altas cotas en su actividad profesional. Cabe recordar que algunas personalidades, como Churchill, el matemático Albert Einstein, e incluso los escritores Bernard Shaw y Christian Andersen, fueron disléxicos que lograron vencer su problema.

El diagnóstico debe hacerlo un especialista en el tema, un psicólogo, pedagogo o psiquiatra infantil. Hay que rastrear todas las posibles causas y luego estudiar los síntomas, explorando lenguaje, nivel intelectual, psicomotricidad, percepción visual y auditiva, situación perceptivo-motriz y pedagógica. Hay que descartar cualquier otro tipo de problema médico, como un fallo de la agudeza visual o auditiva. El tratamiento debe iniciarse en cuanto se descubre el problema, pero la edad ideal es alrededor de los siete años, cuando en teoría el niño debe ya saber leer y escribir correctamente. Se debe hacer en centros especializados y tiene que haber una total conexión entre el terapeuta, el profesor y los padres. El niño debe seguir el ritmo escolar normal, sólo en algunos casos puede estar indicado que repita un año. La elección del método educativo, las sesiones y su número semanal, así como la duración del tratamiento dependen de cada niño en particular y de la intensidad y gravedad de su trastorno. M. D.

AGRESIVIDAD EN LA INFANCIA

Existen muchos motivos por los que un niño puede tener comportamientos agresivos; es decir, comportamientos mediante los cuales demuestra una cierta hostilidad hacia los demás a través de conductas físicas agresivas o bien, mediante un lenguaje (insultos, amenazas, etc.) notablemente agresivo.

En primer lugar hay que tener en cuenta el temperamento; es decir, esa forma peculiar de ser que tiene el niño casi desde el mismo momento de su nacimiento, y que, en muchos casos, tiene un carácter hereditario. Hay niños que nacen con una cierta predisposición a tener una personalidad en la que la agresividad sea uno de sus rasgos característicos. No obstante, la educación y las experiencias que el niño vivirá a lo largo de su existencia modelarán de forma decisiva estos rasgos temperamentales iniciales.

Por tanto, el ambiente dentro del cual el niño se desarrolla tiene una influencia, a veces decisiva, sobre su propio comportamiento.

Los niños más agresivos suelen ser aquellos que padecen o han padecido durante la infancia separación de los padres (divorcio, nulidad matrimonial, emigración, abandono o muerte de uno de los progenitores, etc.); también aquellos que han sufrido malos tratos por parte de sus padres, otros familiares o personas con las que mantienen cierta dependencia (tutores, profesores, etc.). En el fondo, lo que subyace dentro de cada una de estas situaciones es un conjunto de vivencias de privación afectiva, por las cuales el niño no se siente suficientemente atendido y querido, lo que va a dar lugar a una cierta hostilidad hacia esos seres próximos y hacia la sociedad en general, que se suele manifestar en forma de conductas agresivas e incluso delictivas, configurando una personalidad psicopática, que se caracteriza precisamente por una personalidad anómala, en cuya estructura destacan como factores anómalos la falta de control de las tendencias agresivas (que están muy desarrolladas) y las dificultades de adaptación e integración social, que ha llevado a la Asociación Americana de Psiquiatría a denominar este trastorno con el nombre de «personalidad asocial».

No siempre que nos encontramos ante un niño agresivo se trata de una personalidad psicopática. Los niños «hiperquinéticos» también suelen tener conductas agresivas, pero en estos casos se trata de agresiones compulsivas; es decir, de agresiones que se llevan a cabo de forma inevitable, automática, como consecuencia del trastorno que padecen. Es característico que la persona agredida sea precisamente la más querida para estos niños, y que la agresión no tenga estímulo o causa que la justifique.

También se pueden producir conductas agresivas durante la infancia en niños especialmente sobreprotegidos. La sobreprotección se da cuando los padres están demasiado pendientes de lo que el niño hace, atemorizados por la posibilidad de que le pueda ocurrir alguna desgracia, y pendientes de satisfacer la mayoría de sus caprichos. En estos casos no se dan las circunstancias de la privación afectiva, sino todo lo contrario: las conductas agresivas surgen como consecuencia de la intolerancia a las frustraciones que, inevitablemente, van surgiendo, pudiéndose configurar también en estos casos una personalidad psicopática.

Otros trastornos psicopatológicos pueden dar lugar también a conductas agresivas durante la infancia, como las deficiencias intelectuales (oligofrenias) o bien las denominadas cromosomopatías, es decir, las alteraciones en la configuración genética de los cromosomas, que se advierten desde el nacimiento, siendo las más comunes las denominadas síndrome de Turner y síndrome de Klinefelter. La trisomía XYY por la cual existe un cromosoma «Y» supernumerario, también favorece los comportamientos agresivos desde la misma infancia, al igual que otras enfermedades, como la epilepsia, etc. J. H.

EL NIÑO HIPERQUINÉTICO O HIPERACTIVO

Generalmente los niños son muy activos, no asombra que estén siempre moviéndose, con ganas de hablar, de jugar..., decimos que «no están un momento quietos» y entendemos que es algo normal a su edad. Pero si esta actividad es excesiva, puede suceder todo lo contrario, puede deberse a un trastorno conocido como «hiperquinesia o hiperactividad infantil».

La hiperquinesia infantil es bastante frecuente, calculándose que afecta aproximadamente a un 3 por ciento de los niños menores de siete años. Afecta mucho más a los varones, de modo que por cada niña hiperquinética existen nueve niños que padecen esta enfermedad. No se conoce exactamente por qué se produce este trastorno, aunque se ha visto que está relacionado con algunas alteraciones orgánicas y con problemas psicológicos y ambientales, especialmente dentro del ámbito familiar.

Se trata de niños que desarrollan una intensa actividad motora, que se mueven continuamente, sin que toda esta actividad tenga un propósito. Van de un lado a otro; pueden comenzar alguna tarea, pero inmediatamente la abandonan para comenzar otra que a su vez vuelven a dejar inacabada. Esta hiperactividad aumenta cuando están en presencia de otras personas, especialmente de personas con las que no mantienen relaciones frecuentes, como amigos de los padres, etcétera. Por el contrario, disminuye la actividad cuando se encuentran solos.

Son niños difíciles de educar, ya que pocas veces pueden mantener durante mucho tiempo la atención puesta en algo, con lo que suelen tener problemas en el rendimiento escolar a pesar de que tengan un cociente intelectual normal. Son muy impulsivos y desobedientes, no suelen hacer lo que sus padres o maestros les indican (negativismo pasivo) o incluso hacen lo contrario de lo que se les dice (negativismo activo). Son muy tercos y obstinados, a la vez que tienen un umbral muy bajo de tolerancia a las frustraciones, con lo que insisten mucho hasta lograr lo que desean, pero si no es así se ven muy afectados. Esto, unido a una cierta labilidad emocional, es decir, a una gran facilidad para tener oscilaciones del estado de ánimo bruscas e intensas y a su temperamento impulsivo, fácilmente excitable, hace que se creen frecuentes tensiones en casa o en el colegio.

No es raro que a veces realicen agresiones en forma de golpes, etc., totalmente inmotivadas hacia sus seres más queridos, es como si algo superior a ellos los empujase a hacerlo y aun sabiendo que su comportamiento no tiene sentido, no lo pueden evitar. Es lo que técnicamente se denomina agresión compulsiva. Esto también puede agravar la vida escolar, ya que resulta muy difícil programarles, conseguir que mantengan la atención, incluso a veces parece que no escuchan, que están permanentemente distraídos e impacientes. En algunos casos pueden tener también insomnio.

El tratamiento depende de cada caso individual. Algunos de estos niños tienen alteraciones orgánicas que se pueden reflejar en un electroencefalograma alterado. Otros tienen un cociente intelectual inferior al normal. Otros pueden tener alteraciones neurológicas o endocrinas. Sin embargo, algunos no presentan ninguna de estas alteraciones. Fundamentalmente, el tratamiento se suele orientar en una vertiente farmacológica y otra psicoterapéutica. Además de tratar un trastorno orgánico asociado si lo hubiese, se suelen utilizar las anfetaminas, que paradójicamente consiguen que, de forma transitoria, el niño modere su hiperactividad y el resto de la sintomatología. Por los problemas que conllevan este tipo de medicamentos, se han utilizado también algunos tranquilizantes y neurolépticos a dosis moderadas con buenos resultados. Las técnicas psicoterapéuticas están destinadas a mejorar el ambiente familiar y escolar, favoreciendo una mejor integración del niño a la vez que se le aplican técnicas de modificación de conducta. J. H.

EL AUTISMO

El autismo se considera como el trastorno psiquiátrico infantil más grave que existe. Consiste en una falta de respuesta ante los demás, con un importante bloqueo y deterioro de la comunicación y respuestas raras y extrañas frente a distintos aspectos del medio ambiente. Aparece en dos a cuatro niños por cada 10.000, es tres veces más frecuente en los niños que en las niñas y, sin que exista una explicación, es más común en las clases económicas más altas.

El niño al nacer es, en apariencia, normal, pero alrededor del cuarto mes se nota ya una ausencia de los movimientos habituales al cogerle de los brazos. Poco a poco, sus hábitos motores se van dejando dominar por la apatía y el desinterés hacia los demás. El pequeño se cierra en sus juegos, cargados de rituales, con una marcada ausencia de comunicación. Éste suele ser el momento en que los padres se alarman. El niño autista presenta una conducta muy especial con las cosas y con las personas. Vive de forma estereotipada en el mundo de los objetos que utiliza, a veces explora el mundo que lo rodea, toca, mira, coge, manipula o se apodera de algo, pero sin realizar ninguna actividad constructiva. En cuanto a los ruidos puede soportar sin inmutarse algunos muy violentos y, sin embargo, le llama la atención uno repetitivo o ligero. Sus relaciones con las personas son particulares, no les dirige ninguna mirada de interés, pasa por su lado sin establecer una comunicación; a veces elige un compañero, pero no espera nada de él, no comparte ni intercambia nada.

Una característica de estos niños es su preocupación por lo idéntico y lo inmutable, intentan preservar determinados ambientes, tipos de situación o desarrollar ciertas acciones. Por ejemplo, pueden gritar de forma violenta simplemente porque se ha cambiado la mesa del comedor. Rechazan el cambio de vestido, tienen rituales múltiples, a veces, como por ejemplo, al acostarse, largos y elaborados, mantienen extravagancias alimentarias (eligen sólo un alimento, un tipo de recipiente o ciertos utensilios...), etc.

En general, el niño autista es bueno y dulce, dócil y fácil de dirigir y sólo sale de su pasividad cuando se entorpece su actividad monótona y estereotipada, en algunos casos, mostrándose rebelde y agitado. Casi siempre se mantiene en constante movimiento, tocándolo todo, dando vueltas sin cesar en un mundo que sólo asimila de forma parcial y del que no utiliza las posibilidades que le ofrece.

La comunicación verbal y no verbal está muy alterada. Prácticamente es como si las otras personas no existiesen en su mundo, fracasa en la adquisición de amistades y en la participación de juegos colectivos, pero puede llegar a mantener vínculos con sus padres y otros familiares adultos. En algunas ocasiones el lenguaje falta por completo o es muy inmaduro y primitivo (confunde «yo» con «tú», tiene dificultad para nombrar los objetos, mantiene un tono de voz anormal...).

El coeficiente de inteligencia aparece por debajo de 50 en el 40 por ciento y sólo un 30 por ciento tiene un CI de 70 o más. Hay una gran variabilidad intelectual que viene mediatizada por la dificultad a la hora de evaluar las tareas verbales. Suelen obtener mayores rendimientos en las tareas que requieren habilidades manipulativas, espacio-visuales o de memoria.

En cuanto al origen del autismo, no existe una explicación. Algunos especialistas afirman que se trata de una forma muy precoz de esquizofrenia infantil, aunque otros los consideran producto de dos trastornos diferentes. Lo que sí hay son factores predisponentes, como la rubéola materna (especialmente cuando va asociada a ceguera o sordera infantil), la fenilcetonuria (trastorno metabólico del recién nacido), la encefalitis, la meningitis y la esclerosis tuberosa.

Evoluciona de forma crónica y el resultado final es altamente incapacitante, de forma que es raro que un niño autista se incorpore a una vida normal e independiente. La esperanza es que uno de cada seis puede llegar a una adaptación social adecuada y realizar un trabajo regular en su vida adulta. Siempre va a dominar la ineptitud para la adaptación en el medio social.

El tratamiento se basa en técnicas educativas especiales que se asocian al uso de psicofármacos y debe ser llevado a cabo por especialistas, médicos, psicólogos, pedagogos y asistentes sociales. El ingreso hospitalario se hace en centros que difieren de los hospitales tradicionales y donde todo el personal trabaja de forma coordinada y en contacto permanente con el niño.

EL NIÑO ADOPTADO. ¿CÓMO TRATARLO?

Si bien son los padres los que se deciden por la adopción, el fin de ésta es responder a las necesidades del niño permitirle encontrar, en una nueva familia, un ambiente afectivo satisfactorio que le permita madurar y desarrollarse correcta y completamente.

El punto de partida para que la adopción sea eficaz es el equilibrio y la estabilidad afectiva de los futuros padres y la coherencia de los motivos de su deseo de adopción. En la mayoría de los casos se trata de parejas estériles que desean tener uno o varios hijos y que, seguros de la estabilidad de sus relaciones, se deciden por la adopción. Cuando se busca el hijo como un salvavidas, una distracción o un sustituto de un hijo muerto surgen conflictos, que derivan de este erróneo deseo de adopción, que llevan al fracaso. Spiel, como la mayoría de los autores, plantea que es en la correcta interrelación entre el hijo y sus padres adoptivos en donde surge el éxito o el fracaso de la adopción.

En estudios de seguimiento de niños adoptados se ve que éstos se desarrollan normalmente en función de la actitud de sus padres adoptivos, del clima familiar en el que el niño crece y las influencias y exigencias culturales del ambiente. Luego, la duda de todas las parejas, ¿cómo será este niño?, sólo el tiempo es capaz de contestarla.

Es absolutamente imposible que el niño no se entere nunca de que es adoptado, luego la revelación de la adopción es un hecho que tiene que producirse. La edad ideal es entre los tres y cuatro años, coincidiendo con la época en que el niño empieza a preguntarse sobre el origen de los bebés. Nunca debe esperarse hasta la pubertad y tienen que ser los padres adoptivos los que se lo digan; si se entera por terceras personas, por ejemplo, en el colegio, el efecto puede ser contraproducente y el hijo puede volverse contra los padres, sintiéndose como si lo hubieran engañado. Influye la forma en que se le dice, la imagen que se dé de los padres naturales y la seguridad que el adoptado tenga en su familia. Algunos autores coinciden al afirmar que el niño tiene que aceptar que sus padres naturales le han rechazado, para rechazarlos él también y así desligarse de ellos de forma definitiva. De lo contrario puede mantener sentimientos (frecuentemente magnificados) hacia los padres naturales e intentar buscarlos en la adolescencia. Siempre hay que contestar a todas las preguntas que el niño haga acerca de sus padres y de su adopción, contando siempre con que los padres adoptivos suelen tener una escasa información sobre los naturales.

En cuanto a la edad de adopción, lo ideal es que sea lo antes posible, entre los tres y los seis meses o, por lo menos, antes del año. A una edad temprana la relación madre-hijo es más estrecha y el afecto creado por esta interrelación es una garantía de desarrollo normal. M. D.

EL PAPEL DEL PROFESOR

Padres, hermanos, amigos y profesores son las personas que más influyen, no solamente en la educación de un niño, sino también en el desarrollo de su personalidad. Entre los adultos, son los padres y los profesores los responsables, en buena medida, de la formación de ese niño, con lo que su actitud puede ser altamente beneficiosa o perjudicial para él.

La figura del profesor está casi tan idealizada, durante la infancia, como la de los padres. El niño admira, en principio, al profesor, el cual representa un fuerte principio de autoridad y una fuente de conocimientos, a pesar de las conductas de rebeldía que se pueden manifestar en él, igual que sucede con los padres. De este modo se produce generalmente un aprendizaje por parte del niño que va más allá de los meros conocimientos que el profesor explica o de las pautas de conducta que exige a sus alumnos, ya que el niño tiende a imitar al profesor desde las edades más precoces, con lo que aprende tanto por lo que ve en éste, es decir, con su ejemplo, como por lo que éste dice, lo cual puede ser en algunos aspectos contradictorio.

Además, el profesor tiene un papel clave en el sentido de que sirve de contraste para valorar las opiniones y patrones educativos de los padres, por lo que si tradicionalmente se ha dicho que ambos padres tienen que mostrarse de acuerdo en sus opiniones y decisiones delante de los hijos para que éstos puedan seguir un modelo educativo homogéneo, también debería ajustarse lo más posible a este modelo los profesores, ya que si se establece una discordancia amplia, el niño se puede desorientar, sin saber muy bien qué modelo seguir, o bien puede verse obligado a comportarse de forma distinta en casa y en el colegio. Por tanto, parece lo más adecuado que los padres elijan un colegio donde se imparta una enseñanza que esté en suficiente concordancia con la que ellos ofrecen al niño en su casa, ya que aunque el profesorado tiene una misión más específica sobre las diversas áreas del conocimiento, está impartiendo una formación, y no sólo una información, al niño, que se verá beneficiado si ésta se ajusta a la formación de los padres.

Por otro lado, el profesor influye, a veces de forma decisiva, en la personalidad que el niño va desarrollando a través de sus relaciones particulares con éste. La actitud psicopedagógica ideal consiste en que el profesor intente mantener con el niño una relación de mutuo respeto y confianza a través de la cual se puede lograr un conocimiento de las principales cualidades e intereses del alumno, así como de su forma de ser, para, de este modo, intentar que éste desarrolle sus aptitudes al máximo una vez que sus tendencias son encauzadas adecuadamente hacia la consecución de estos objetivos. El nivel de exigencias debe estar relacionado con el de capacidades, logrando una aproximación progresiva de ambos niveles mediante estímulos y refuerzos psicológicos, que afiancen paulatinamente la línea de conducta deseada, a la vez que de este modo se va consiguiendo el proceso madurativo de la personalidad. Además, el profesor puede advertir la presencia de conflictos psicológicos, en un momento determinado, que pueden afectar a la capacidad de concentración y fijación, dificultando los procesos intelectuales y, por tanto, el rendimiento escolar. La observación psicológica y una relación de suficiente confianza hace que en muchas ocasiones sean los profesores los primeros en detectar estos cambios psicológicos, con lo que pueden lograr que se inicie un tratamiento psicológico o psiquiátrico precoz, en los casos que así lo requieran, y, por otro lado, comprender y ayudar mejor al alumno en sus tareas estrictamente escolares.

Por último, hay que considerar el papel de mediador que puede tener el profesor en el campo de las relaciones del niño con el resto de los alumnos, ya que puede favorecer su socialización e integración, especialmente en los casos de niños tímidos o con dificultades para relacionarse con los demás. J. H.

EL SUICIDIO INFANTIL

También los niños pueden suicidarse. La muerte por suicidio es muy rara antes de los diez años de edad, pero eso no quiere decir que sea algo imposible. Después, al aumentar la edad se va haciendo más frecuente. En los Estados Unidos se ha comprobado que doce de cada millón de niños en edades comprendidas entre los seis y los doce años mueren anualmente por suicidio. Sigue siendo un fenómeno raro, pero tres veces más frecuente que hace treinta años. Al llegar a la adolescencia, el problema se agrava notablemente, sobre todo en lo que se refiere a conductas suicidas en general, es decir, a autoagresiones voluntarias, tanto si conducen a la muerte (suicidios consumados) o no (tentativas de suicidio).

¿Qué tipo de niños son los que más se suicidan? Se ha comprobado que aquellos que han sufrido malos tratos durante la infancia son más propensos a suicidarse durante la adolescencia. También aquellos que fueron abandonados por sus padres, los hijos de divorciados, separados, y en general, los que vivieron durante la infancia en un hogar deteriorado desde el punto de vista afectivo, quebrado, roto (*broken homes*). También la muerte de uno o ambos progenitores parece influir negativamente, así como el padecimiento de enfermedades penosas durante la época infantil. Otro punto importante es el fracaso escolar. El niño y el adolescente tienen un yo débil, todavía no se ha configurado su personalidad sobre bases sólidas, tienen una mayor dificultad de adaptación y una menor tolerancia a las frustraciones. Además viven fundamentalmente en un imperio del presente, casi sin pasado y con escasa visión del futuro. Lo que más les importa es el «aquí y ahora». En este contexto, reaccionan bruscamente ante un conflicto o frustración, y una de estas posibles reacciones es la de realizar impulsivamente un suicidio. El fracaso escolar puede generar grandes sentimientos de culpa, sobre todo si los padres son exigentes, inflexibles y los han responsabilizado demasiado en este aspecto. Si además el niño mantiene una comunicación pobre con ellos por falta de tiempo de los padres o porque no se ha establecido una verdadera relación de confianza y de diálogo abierto (de lo que a veces los padres no son conscientes), unas malas notas pueden conducir al suicidio.

Otras veces, el problema se invierte. El niño padece una depresión y como consecuencia de la misma, tiene problemas de atención y concentración que le hacen suspender en los exámenes. Las malas notas son entonces el factor desencadenante del suicidio dentro de una enfermedad depresiva que, como ocurre a menudo, ha pasado inadvertida por padres y maestros, que, sin embargo, sí se han ocupado de castigar y recriminar al niño por su fracaso escolar. También hay otros trastornos psicopatológicos, al margen de la depresión, que pueden dar lugar al suicidio, especialmente el autismo.

Durante la adolescencia, algunas conductas suicidas pueden tener un origen distinto. Se pueden utilizar como una amenaza, como una forma de chantaje para manipular a la familia, especialmente a los padres, aunque no por eso hay que pensar que carecen de gravedad.

La prevención del suicidio durante la infancia exige una buena comunicación padre-hijo. Muchas veces el niño tiene dificultad para explorar sus sentimientos y saber lo que le pasa, además puede ser que no tenga confianza con sus padres, maestros o amigos como para descubrirles su intimidad. El resultado puede ser el suicidio como única vía de salida de un problema. Si el ambiente familiar es en sí mismo hostil, el problema se agrava aún más. La identificación precoz de trastornos psicopatológicos, como la depresión, exige un buen nivel de relación y comunicación del niño con su ambiente y una cierta dosis de comprensión por parte de los adultos.

Si ya se ha dado una conducta suicida que no ha sido mortal es imprescindible iniciar cuanto antes un tratamiento psiquiátrico. J. H.

INTEGRACIÓN ESCOLAR. EL NIÑO INADAPTADO

Acudir al colegio por primera vez supone un cambio sustancial en la vida del niño. Unos niños se integran perfectamente en la escuela mientras que otros son catalogados de inadaptados. ¿A qué se debe esta diferencia?

Cuando el niño comienza a ir al colegio, su forma de vivir se ve de pronto invadida por una serie de experiencias totalmente nuevas para él. Por un lado se ve forzado a romper sus lazos con el hogar y el cobijo familiar; y por otro le sobrevienen una serie de obligaciones a las que no está en absoluto acostumbrado.

Los niños más pequeños sienten de forma natural una total dependencia de sus padres, en especial de la madre. Sin su presencia se encuentran desvalidos, y, hasta que se acostumbran a la separación, pueden sufrir serios problemas de angustia. Lógicamente esto dependerá de la forma de ser de sus padres y del tipo de protección que hasta entonces le hayan dado. Soportará mejor la separación un niño acostumbrado a estar con otros familiares o cuidadores mientras sus padres trabajan, que el niño «enmadrado» que no se despega de su madre en ningún momento del día.

La ansiedad por la separación de la madre es una de las primeras causas determinantes de una falta de integración, durante los primeros días, en la escuela o jardín de infancia. Por ello es importante que el niño reciba apoyo familiar en estas circunstancias, para desechar en él toda idea de abandono. Si es debidamente compensado en atención y cariño cuando está en casa, llegará a aceptar la separación durante las horas de escuela sin problemas.

Otro factor que dificulta la integración escolar es el repentino sometimiento a un conjunto de tareas para las que no está preparado, sobre todo porque se ve obligado a ejercitar su concentración, cualidad ésta que en el niño apenas si está esbozada. Cualquier estímulo le distrae y desvía su atención, por lo que si se le fuerza a permanecer constantemente atento en una labor (como suele ocurrir en la escuela) se sentirá agobiado y tratará de huir de tal situación.

Solucionar esta dificultad es, en este caso, misión del profesorado. Su habilidad pedagógica ha de ser lo suficientemente acertada como para captar la atención del niño y encauzarla debidamente. En principio, la concentración debe ser pequeña y combinando tareas escolares con el juego.

Posteriormente, mediante una organización formal de los juegos, el niño aprende a concentrar sus actividades hacia la consecución de unos objetivos. De una forma natural y gradual transforma el juego en trabajo, y el esfuerzo con un medio para conseguir sus fines.

En estas primeras etapas tiene un papel relevante el carácter del profesor. Una conducta hostil por parte del maestro como reacción al rechazo que el niño posiblemente presente, no conduce más que a un agravamiento del problema: el escolar no sólo rechazará la institución: también al profesor.

Del mismo modo actuán muy negativamente actitudes autoritarias, represivas y castigadoras de algunos maestros. El castigo es un elemento educativo para corregir conductas inadecuadas del escolar, que ha de utilizarse con sumo tacto y cautela y, sobre todo, nunca de forma desmedida. El niño puede sentirse muy sorprendido y desconcertado al recibir una reprimenda por algo que hace en clase y está acostumbrado a realizar en casa sin castigo alguno. Aún no ha aprendido a distinguir trabajo de ocio y la espontaneidad reina en su conducta. Y evidentemente se adaptará de muy mala gana a un lugar donde recibe más castigos que premios y ve reprimida su libertad.

Finalmente, otro factor causante de la inadaptación escolar es el inicio de la relación social con otros niños. En este sentido suele darse una diferencia notable entre el hijo único y el procedente de una familia numerosa. El hijo único, si no ha sido debidamente preparado por sus padres, se enfrenta bruscamente con una situación de competitividad a la que no está acostumbrado. De ser el centro de atención familiar pasa a ser un número más en una comunidad donde debe compartir una serie de experiencias que antes le eran privativas. En este sentido llega más acostumbrado el niño que ha crecido entre hermanos y que ya ha asumido que otros niños pueden tener sus mismos intereses y entrar en competición con él.

La convivencia colectiva no es en sí lo que le preocupa, sino precisamente la competencia que se establece. El niño que arrastra desde su hogar una inseguridad en sí mismo puede, en la escuela, sufrir los primeros efectos del miedo al ridículo y de temor al fracaso. Puede pasar por amargas experiencias al respecto, que lo cargan de angustia, dificultando, como lógica consecuencia, su adaptación escolar. No olvidemos la «crueldad» que de forma natural se establece entre los niños cuando compiten entre sí. La diplomacia y ciertas normas de convivencia aún no se han instaurado en su personalidad; son fruto del Superyó que todavía no está desarrollado. Los defectos ajenos son motivo de escarnio, al torpe se le llama tonto, los motes son despectivos al máximo y la falta de consideración por el más desvalido campea libremente. Tal vez al adulto le parezcan cosas infantiles sin importancia; pero para el niño objeto de estos ataques puede alcanzar niveles traumáticos.

Hemos visto una serie de condicionantes que, por sí mismos, bastarían para transformar la escuela en un calvario capaz de desintegrar la adaptación del niño.

Naturalmente, hemos analizado el lado negativo, las condiciones más desfavorables. Lo normal es que, si aparecen, surjan sólo parte de los problemas vistos y seguramente con menor intensidad.

La escolaridad infantil, además de su carácter educativo, ha de verse como un ensayo para la convivencia social. Habrá experiencias amargas y otras muy placenteras, que irán, en uno u otro caso, preparando al niño para la vida que le espera y sus futuros contratiempos. J. M. U.

ABUSOS SEXUALES EN LA INFANCIA

El abuso sexual o pedofilia es aquella conducta que consiste en que un adulto mantenga contacto sexual con un niño, sin que exista aprobación por parte del menor. Esta acción es considerada un abuso, pues va contra la libertad del niño como persona y crea (en la mayoría de los casos) trastornos de personalidad en él.

Sólo en un 3 por ciento de los casos el pedófilo causa daños físicos al niño.

Tanto niñas como niños pueden ser molestados sexualmente. Por lo general, actúan colocando al niño sobre sus rodillas, les tocan los genitales o se exponen desnudos ante ellos invitándolos verbalmente a que los toquen. Lo que es penetración del pene, sólo se da en un 10 por ciento de los casos de abuso sexual infantil.

Generalmente, el niño tarda en contar a su familia lo ocurrido, pues se encuentra asustado. En la mayoría de los casos, el pedófilo es un adulto conocido por el niño y la familia: un vecino, un amigo, un familiar, etc., pero también se encuentran casos de abuso sexual por parte de los familiares del niño. En tales casos, el niño tardará mucho más aún en contar lo que ha ocurrido, pues no encuentra a quién contárselo y además está asustado por las amenazas del pedófilo.

Se puede sospechar que se ha producido un abuso sexual por las siguientes observaciones: dificultad del niño para caminar o para sentarse; poco interés en participar en algunas actividades físicas; ropa interior manchada de sangre, rota o sucia; dolor y escozor en las regiones genitales; enfermedad venérea; conducta anormalmente infantil (el niño «regresa» a conductas propias de etapas anteriores); y malas relaciones con otros niños.

Cuando existen abusos sexuales, es frecuente que estén acompañados por agresiones físicas; así, es fácil que un niño que sufra palizas por parte de sus padres padezca también abusos sexuales.

Las estadísticas muestran que en el 90 por ciento de los casos, los niños que son víctimas de abusos sexuales tienen padres con problemas económicos, están en el paro, o sufren de problemas psíquicos. En la mayoría de los casos, los pedófilos son personas con serias dificultades en el trato con adultos, que se encuentran mucho más a gusto con niños. También se da el caso de que no encuentren satisfactorias las relaciones sexuales con adultos.

Cuando las agresiones provienen de los padres, no parece haber una solución clara. La ley no puede hacer mucho y los niños suelen regresar pronto junto a sus padres, si se les ha tenido un tiempo alejados de ellos. Sin embargo, se empieza a trabajar con terapias familiares para lograr seguridad infantil en el hogar, y hay algunas organizaciones dedicadas al cuidado y vigilancia de hogares, en los que se han dado casos de abusos sexuales.

En cuanto al pedófilo que no forma parte de la familia del niño, la ley es severa, y se consigue alejarlo pronto del alcance del menor, pero es casi seguro que haya causado ya un grave daño psicológico al niño. M. V.-N.

ADOLESCENCIA

La adolescencia es, en cierto modo, una época ambigua, a medias entre la infancia y la madurez, en la que se definen tanto nuestro cuerpo como nuestra personalidad. Época cruzada de conflictos, puede ser también la más sugerente de la vida: así la entendió el cineasta Luchino Visconti al trazar, en la película Muerte en Venecia, *el personaje de Tadzio, máxima idealización del adolescente.*

LA ADOLESCENCIA: UNA ÉPOCA DE CRISIS

La evolución de la persona, al desarrollarse de acuerdo con la edad, hace que algunas edades sean especialmente críticas. Siguiendo criterios actuales, la adolescencia y la edad de la jubilación serían las más importantes en la vida de cualquier persona. Decir que una época de la vida propicia la aparición de una crisis psicológica equivale a afirmar que durante esos momentos se suman una serie de circunstancias externas y de conflictos psicológicos individuales que favorecen extraordinariamente la aparición de una crisis psicológica.

Los principales cambios psicológicos que propicia la época de la adolescencia están relacionados con los procesos biológicos de la pubertad, con la necesidad de ir estableciendo un patrón de conducta y una personalidad propia que aún se desconoce, ya que no se ha configurado totalmente; también están relacionados con las responsabilidades que se deben ir asumiendo progresivamente y con la desilusión consecuente a la previa idealización de los padres, del resto de los seres queridos y del entorno social entendido en un sentido amplio.

Los cambios biológicos hacen que el desarrollo adquiera durante esta época una importancia especial, ya que se producen grandes cambios en un espacio breve de tiempo, sobre todo en lo que se refiere al ámbito de la sexualidad. Hombres y mujeres se dan cuenta de que adquieren, desde el punto de vista de la mera corporalidad, unas características que acentúan, de forma casi definitiva, la diferenciación sexual biológica. Esto supone que es necesario asumir un papel social diferente, ya que circunstancias de todo tipo les exigen apresuradamente el que sepan comportarse como una persona de una edad superior. El cambio es relativamente brusco, y como en todas las transformaciones apresuradas, resulta difícil adaptarse de forma adecuada, tanto más si consideramos que las experiencias previas de los adolescentes son escasas y limitadas (ya que en muchas ocasiones han actuado en función de criterios ajenos) y que no han configurado todavía su personalidad, con lo que carecen de criterios propios sólidos y suficientemente numerosos. En estas circunstancias, las dificultades para adaptarse al nuevo *status* que les impone su edad pueden provocar crisis de identidad, en las que estas personas tienen una gran dificultad para reconocerse a sí mismas, ya que no han llegado a conocerse bien a sí mismas ni saben muy bien en función de qué criterios actúan, porque carecen de una escuela sólida de valores y de patrones de conducta establecidos con suficiente solidez, lo que lleva a comportamientos inestables y un tanto contradictorios.

El descubrimiento de que los padres no son realmente las personas que ellos habían idealizado durante años provoca un conflicto psicológico un tanto traumatizante, que puede desembocar en un alejamiento afectivo de los mismos, con sentimientos de soledad y desamparo, opuestos a los sentidos durante la infancia, y que pueden conducir a crisis de rebeldía que se generalizan, ya que la desilusión no se refiere sólo a los padres o a la familia, sino que generalmente se amplía al mundo de las relaciones individuales y de la sociedad en general; en este contexto de decepción general los amigos suelen constituir el único soporte válido, ya que ellos se encuentran en circunstancias similares y, por tanto, son, en cierto modo, los más capacitados para comprender el problema del adolescente.

La necesidad de establecer criterios propios de comportamiento (los de los padres van a quedar relativamente invalidados durante el tiempo de la crisis) hace que los adolescentes intenten descubrir realmente quiénes son y cómo tienen que actuar frente a cada situación nueva, lo que les resulta complicado, ya que carecen de patrones rígidos de conducta y no pueden adoptar los paternos debido a la decepción que han sufrido al comprender la realidad, que ellos interpretan como mediocridad engañosa. Todas estas circunstancias hacen que se produzcan una serie de cambios emocionales y de carácter, que pueden incluso dar lugar a diversos trastornos psicopatológicos. J. H.

CAMBIOS FÍSICOS EN EL ADOLESCENTE Y SUS REPERCUSIONES PSICOLÓGICAS

La adolescencia es el cambio fisiológico más brusco e intenso que sufre el individuo a lo largo de su vida, afecta al organismo en general y muy especialmente a los órganos genitales y a las funciones sexuales. De pronto el joven se da cuenta de cómo va cambiando su cuerpo y descubre sus primeros impulsos sexuales, a lo que se unen cambios ambientales y vivenciales. Sale del colegio, tiene que plantearse su futuro como estudiante y como profesional, irrumpe en la realidad y en el mundo de los adultos, en el que tiene que integrarse.

Esta etapa abarca desde los diez a los dieciocho años en las chicas y de los doce a los veinte en los chicos, aunque estas edades pueden variar mucho de unos a otros. La pubertad es más precoz en clases socioeconómicas más altas, en el medio urbano, en la menor altitud geográfica, en familias pequeñas y en niños bien nutridos.

La pubertad se pone en marcha por un mensaje endocrino y se acompaña de una auténtica eclosión hormonal. Del cerebro (desde el hipotálamo a la hipófisis) parte una señal (en forma de factores hormonales) que estimula al ovario y al testículo que comienzan a segregar sus respectivas hormonas sexuales, estrógenos y progesterona en la mujer y andrógenos en el varón. Se pone en marcha el desarrollo sexual que afecta al aparato reproductor y al cuerpo, en el que aparecen los caracteres sexuales secundarios. En el chico crecen los genitales externos, aparece el vello pubiano y axilar, crece la barba y retrocede la línea de la frente, cambia la voz, hay una ligera ginecomastia (aumento del tamaño de las mamas) temporal y comienzan las eyaculaciones nocturnas. En la chica hay un desarrollo progresivo de las mamas y una aparición de curvas en general (provocadas por el depósito de grasa), crece el vello pubiano y axilar, se desarrolla el aparato genital y aparece la primera menstruación aproximadamente unos veinticuatro meses después de iniciarse el desarrollo mamario. Hay algunas diferencias particulares entre los dos sexos, en el varón se desarrolla más la masa muscular y la cintura escapular (anchura de hombros), la mujer lo hace en la pelvis y en el depósito de grasa.

Todo este conjunto de cambios corporales repercuten a nivel psíquico. El joven, que tiene una mayor capacidad de introspección, tiene que aceptar su imagen corporal y todos los cambios que en ella se están produciendo, pero casi es más importante para él sentir que los otros lo aceptan. Tiende a compararse a sus compañeros y sobre todo a la imagen que tiene como ideal, y que varía enormemente con las épocas y las modas. El resultado es que muchas veces no se siente a gusto con su imagen ni con su cuerpo, sintiéndose infeliz con su apariencia. Los padres, sin darse cuenta, ejercen a veces una enorme influencia: «no te pongas la falda tan corta, que se te ven las rodillas y las tienes un poco gordas», «hijo, haz un poco de deporte a ver si haces músculos», «no comas eso que te van a salir más granos»..., el joven ve que no les gusta a sus padres, que, además, lo enfrentan directamente con sus defectos, de donde pueden surgir sentimientos de inferioridad y rechazo hacia la propia imagen corporal.

Este cambio psicofísico es más pausado en los chicos y la mayoría de ellos se sienten ufanos de su virilidad. En las chicas es mucho más brusco; aunque supiesen de ella, generalmente por sus compañeras, de pronto se ven sorprendidas por la menstruación: de la noche a la mañana se convierten en mujeres y tienen que afrontar su papel reproductor y sexual. La mayor parte reacciona favorablemente, pero algunas lo viven de forma neutra o negativa. La anorexia nerviosa, trastorno psiquiátrico grave de importantes repercusiones, tiene como una de sus más posibles causas la negación de la adolescente a aceptar su papel como mujer y los cambios corporales que implica. M. D.

Hay niños que se muestran rebeldes desde épocas muy precoces de la vida. Son niños inconformistas que no aceptan las normas propias de la convivencia familiar, poco obedientes, y que también pueden tener problemas de adaptación en el colegio. No obstante, hay niños que demuestran su rebeldía solamente dentro de un ambiente, por lo que es posible que se adapten muy bien al colegio mientras que se muestran rebeldes en casa o viceversa.

Hay niños con un temperamento que les hace menos obedientes, ya que tienen más dificultad para aceptar la disciplina que se les exige por su forma de ser impulsiva, intolerante, exageradamente individualista, etc.; pero es durante la adolescencia cuando se exacerban más estas actitudes, ya que durante esta época de la vida es cuando se pueden desmoronar los valores y estructuras que se habían ido preformando durante la infancia, para dar lugar a unos intereses nuevos que también se idealizan, a la vez que sirven para sustituir a los anteriores. Durante ese proceso de cambio es frecuente que el adolescente culpe de todo a su familia y a la sociedad en general, haciendo especial hincapié en un deseo de renovar la sociedad bajo una concepción idealista del mundo. En otros casos, este idealismo no está presente, y solamente se manifiesta un gran desencanto, una amplia decepción que abarca la casi totalidad de los sectores de los intereses y las motivaciones, que conduce a la indiferencia ante todo lo que no prometa una cierta diversión. Se produce en este último caso una destrucción de los valores de la infancia que no es reemplazada por valores nuevos que conduzcan a intentar lograr nuevos objetivos, con lo que el problema es aún más grave.

En ambas situaciones se produce una ruptura más o menos grave con el mundo infantil, y con las personas que lo integraban, con lo que el adolescente se siente desligado desde el punto de vista afectivo y moral de sus padres, familiares y normas sociales. Surge entonces la posibilidad de que se inicie un proceso de automarginación mediante el cual se desvincula del ámbito familiar para integrarse en grupos de amigos de su edad similar con los que se siente más afín, ya que tienen sus mismos problemas y, por tanto, le comprenden mejor.

De este modo se pueden ir configurando grupos o «pandillas» de adolescentes rebeldes, que se caracterizan por su desprecio de las normas sociales establecidas y, por tanto, que tienen una marcada tendencia a las conductas antisociales de grupo, entre las que destacan actualmente la delincuencia y la drogadicción. La agresividad puede desarrollarse contra cualquiera que no pertenezca al grupo, e incluso, dentro de sus mismos integrantes, si existe un motivo que lo justifique dentro de su especial e individual código moral. Al sentirse integrado dentro de uno de estos grupos, el adolescente cubre el vacío dejado por la pérdida que supone desde el punto de vista afectivo el abandono psicológico de la familia, con lo que se siente relativamente protegido y seguro. No obstante, el progresivo proceso de deterioro social hace muchas veces que la situación se vaya complicando hasta hacerse insostenible, ya que conductas de riesgo cada vez más peligrosas hacen que muchos de los miembros del grupo puedan terminar en la cárcel.

La rebeldía juvenil está favorecida en muchas ocasiones por la educación que el niño viene recibiendo durante su infancia. Un exagerado autoritarismo e inflexibilidad de los padres es tan perjudicial como una exagerada protección. En ambos casos se puede estar favoreciendo la posterior rebeldía del hijo. Las contradicciones que los niños observan a veces en sus padres, que no hacen lo que a ellos les recomiendan (al fin y al cabo los niños aprenden fundamentalmente de lo que observan y no de los consejos que se les da) pueden tener una influencia decisiva, así como las vivencias de agresividad, violencia o abandono vividas traumáticamente durante la infancia. Aunque no existe un patrón común definitorio del niño rebelde, en un gran número de casos estos adolescentes tienen una personalidad psicopática, especialmente cuando la actitud rebelde no se manifiesta durante un cierto período de tiempo, sino que se configura como un patrón de comportamiento de cierta solidez y duración. J. H.

CAMBIOS EMOCIONALES Y DE CARÁCTER DURANTE LA ADOLESCENCIA

Los cambios psíquicos propios de la adolescencia pueden afectar a distintos campos de la psicología del adolescente, desencadenados por la época de intenso cambio que supone para ellos la pubertad, por los conflictos que se desarrollan en la esfera familiar y social, y por la conciencia de individualidad que se establece paulatinamente al darse cuenta de que son ellos los que deben hacer frente a una serie de responsabilidades que deben asumir progresivamente en un corto espacio de tiempo.

A las transformaciones subsiguientes a la posible decepción producida por unos padres a los que se había idealizado durante la infancia, se suman los problemas que implica tomar conciencia de la propia identidad, que se quiere descubrir y asumir (ya que aún no se ha configurado la personalidad) de forma brusca. Esto conlleva cambios de carácter que no son sino la consecuencia de la crisis psicológica que se está produciendo en estas personas. El afán por estructurar un patrón de personalidad propio (para ellos es imprescindible «tener personalidad») hace que subordinen sus propias tendencias a lo que consideran un patrón homogéneo, que a menudo es el de alguna persona admirada que no pertenece a la órbita familiar: un cantante famoso, otro personaje público idealizado, o bien, un amigo o conocido de mayor edad. Durante esta época, los padres y allegados pierden una gran parte de su influencia para dejar paso a la de otros personajes casi desconocidos en épocas anteriores por el adolescente, pero que ahora mantienen un gran poder sugestivo sobre él.

En otras ocasiones, lo más destacado es una serie de pruebas a las que voluntariamente se somete el adolescente con el fin, más o menos inconsciente, de conocerse mejor a sí mismo y de saber hasta qué punto es capaz de llegar, o bien, cómo reaccionaría ante una dificultad o una situación límite determinada. A veces esto les lleva a conductas arriesgadas que suponen en realidad una demostración del propio valor ante sí mismo y ante los demás, conductas que a veces tienen un carácter delictivo, agresivo, reivindicativo o suicida.

La adolescencia es el momento durante el cual se produce con más facilidad un sentimiento o un complejo de inferioridad, ya que existen grandes posibilidades de que cualquier comentario de una persona de la misma edad tenga una poderosa influencia sobre la psicología individual, sobre todo si se trata de personas del sexo opuesto. Estos problemas se refieren frecuentemente a características estéticas de la propia corporalidad. Los conflictos por obesidad pueden dar lugar a cuadros psicopatológicos del tipo de la anorexia nerviosa. En términos generales la inseguridad se puede ver seriamente acentuada hasta dar lugar a un desarrollo neurótico de la personalidad o a una neurosis de cualquier tipo. También se puede favorecer una personalidad psicopática que se venía configurando en épocas infantiles previas.

Las depresiones son relativamente frecuentes durante la adolescencia, aunque en muchos casos se trata más bien de reacciones depresivas que surgen fácilmente ante pequeños estímulos externos debido a la inestabilidad emocional del adolescente. Las reacciones vivenciales anómalas son muy comunes durante este período de la vida y a veces se traducen en forma de actitudes rebeldes, extremas, explosivas o en forma de reacciones fuga («irse de casa»), o agresivas, que se caracterizan por ser intensas, pero fugaces, es decir, de escasa duración. También son frecuentes entre los adolescentes las conductas suicidas, si bien las autoagresiones suelen ser poco graves, por lo que la mortalidad por suicidio es relativamente escasa en proporción a otras edades. También tienen gran incidencia durante la adolescencia las adicciones a sustancias tóxicas, como alcohol y otras drogas, cuya dependencia se instaura a menudo en edades muy precoces. La esquizofrenia por último, se desencadena frecuentemente alrededor de los dieciocho o veinte años en relación con los cambios propios de esta época de la vida. J. H.

EL ADOLESCENTE Y SU FAMILIA

La adolescencia se acompaña de una consigna: el inconformismo y la independencia. El joven, que está saliendo del «cascarón», necesita desprenderse poco a poco de sus vínculos familiares infantiles y crear con sus padres una relación madura. Es como una necesidad, convencerse de que se vale por sí mismo y demostrárselo a los demás. En esta especie de lucha, el enemigo más importante es él mismo y sobre todo la fuerte dependencia que tiene de sus padres, pero como esto no es fácil de reconocer, muchas veces el enemigo se traslada a la figura de los padres.

De entrada, la mayor parte de lo que el joven es y piensa procede de sus padres, sus convicciones y sus razonamientos han sido aprendidos y por mucho que él intente negarlo, ellos constituyen su punto de mira como camino y, muchas veces, como objetivo (quiere hacer las cosas y llegar a ser lo mismo que ellos, por lo menos). Con este razonamiento más o menos aceptado conscientemente, surge el conflicto. Primero consigo mismo, que busca la independencia a pesar de sentirse fuertemente dependiente; luego con los ideales del grupo, en los que los padres se han visto relegados a un segundo plano. Esto deja dos salidas. O se aceptan las cosas como son y se realiza la independencia poco a poco, sin grandes rupturas, o se produce el choque frontal que lleva al rechazo de los padres y a la separación violenta.

Lógicamente, la actitud de los padres va a ser vital. Hay que ayudar al joven de forma realista, sin condescendencia ni exigencias excesivas. Sobre todo hay que ser justos y evitar disputas inútiles. ¿En qué casa no se ha subido el tono al pedir las llaves del coche familiar, al comentar las últimas notas o al fijar la hora de llegada del sábado por la noche? Realmente no hay mucha diferencia entre llegar a las diez o a las diez y media, como tampoco importan mucho esa minifalda o esos pantalones tan ajustados, si es la moda la que manda. Las restricciones excesivas y la incomprensión sólo crean sentimientos de hostilidad y agresividad. Por una simpleza se puede entrar en una guerra fría y abierta de consecuencias irreparables en la convivencia, en la comunicación y en la afectividad de toda la familia, y sobre todo del adolescente.

La necesidad de independencia económica es una de las grandes aspiraciones de todo adolescente y puede ser un grave error paterno el utilizar el dinero como un soborno o como un chantaje, el joven se siente comprado o traicionado en sus ideales por una fuerza mayor. Muchos dejan los estudios y empiezan a trabajar con la única finalidad de ganarse su dinero, otros lo hacen simplemente por el deseo de «irse de casa».

Padres e hijos tienen que superar, ante todo, la diferencia generacional. Ideas e ideales, formas de vida, conceptos..., van a variar de unos a otros. ¿Quién tiene que comprender a quién?, posiblemente ambos. En los grandes temas surgen conflictos, pero éstos pueden ser más importantes y frecuentes en las pequeñas cuestiones y sobre todo en las que giran en torno a la convivencia. Es una época difícil que exige un gran esfuerzo, sobre todo de los padres, para que se resuelva eficazmente. Hay unos puntos de partida que se pueden aprovechar.

- Siempre hay que estar abiertos al diálogo, todas las cosas y todos los temas se pueden discutir. Bajo ningún concepto se puede romper la comunicación.
- Para el adolescente sus problemas son reales y muy importantes. Hay que intentar comprenderlos, aunque al adulto le cueste.
- Evitar frases lapidarias como: «Estás insoportable», «No hay quien te aguante», «Estoy harto de ti»...; esto no hace más que aumentar el sentimiento de no ser comprendido que tiene el adolescente.
- Comprender que el hijo se mueve en el mundo de hoy. No compararlo tontamente con «cuando yo tenía tu edad...». Entonces la vida era muy distinta.
- Ser realista, no se puede pretender que un joven pase un fin de semana con 300 pesetas. Hay que ser justo, dentro de las posibilidades familiares.
- Hay que comprender su ambiente. Si todos los amigos del grupo llegan a las 10:30 los sábados por la noche, no se puede pretender que él llegue a las 9.
- Confiar en él, darle seguridad y poco a poco ir aumentando su sentido de la responsabilidad. Si a un hijo se le prohíbe tajantemente fumar (y para colmo sus padres fuman), hay grandes posibilidades de que lo haga, aunque sólo sea para mantener su postura y probar lo prohibido. Si se le exponen claramente los peligros y las posibles consecuencias y se le da libertad de elegir, posiblemente opte por no hacerlo.
- Hay que intentar ser amigo del hijo, los padres son las principales fuentes de consejo y ayuda.
- Es fundamental evitar las diferencias entre los hijos, en esta etapa el adolescente puede sentirse solo y relegado. M. D.

LA INFLUENCIA DE LA MODA

La moda dirige el comportamiento y la conducta de la humanidad en cualquier parte del mundo y a lo largo de todas las épocas, desde la longitud del cabello a la punta de los zapatos pasando por la música o el color de las paredes de la casa. ¿No sigue usted la moda aunque sólo sea en algunos aspectos? Seguro que sí. Pues si para cualquiera la moda es importante, para un adolescente «ir a la moda» es una necesidad, lo mismo da que tenga que pintarse el pelo de colores que llevar unos tacones que le hacen polvo los pies o romper unos vaqueros en puntos estratégicos nada más comprárselos.

El seguir la moda tiene para el adolescente dos consecuencias beneficiosas. Por un lado le da seguridad en sí mismo y en su imagen externa, «va como tiene que ir», se siente a gusto y satisfecho con la imagen que da al exterior. En esta edad dominada por la inseguridad y la incertidumbre, el hecho de llevar la ropa o el aspecto adecuado añade puntos a la confianza que uno tiene en sí mismo; aunque parezca una simpleza de esto puede depender la integración en el medio y la socialización de este individuo, que empieza a encontrar su puesto en la sociedad. Por otro lado, es una forma de integrarse en el grupo, aunque todos tengan el mismo aspecto (ahí está la gracia), así se distinguen del resto de las personas, de otros grupos y, por supuesto, de otras edades. La forma que los grupos tienen de distinguirse es una expresión simbólica de su forma de vida, su independencia, sus gustos, anhelos y aspiraciones.

La moda corre paralela a la cultura y crea corrientes culturales. Las generaciones han ido creando movimientos moda-cultura como fueron los *hippies,* luego los *punkies* o últimamente los *yuppies*. Han sido, como lo serán los que sigan apareciendo, todo un símbolo que representa una forma de vida.

Hay que tener en cuenta también el medio sociocultural en que se desenvuelve el adolescente, su nivel socioeconómico, la educación, el tipo de familia... Algunos aspectos de la moda que van a seguir son totalmente distintos, como puede serlo la ropa o los lugares de reunión. Otros, en cambio, son universales, como en su día lo fueron Los Beatles o Madonna, hoy.

Sus dictados lo abarcan prácticamente todo: ropa, deportes, lecturas, cortes de pelo, música, carreras universitarias trabajo, lugares de vacaciones, formas y centros de reunión... El adolescente se supedita a ella prácticamente de forma absoluta. Para el adulto, sobre todo para sus padres, algunas de estas cosas pueden parecer una incongruencia pero no hay forma de que el joven razone, es mejor dejarle ir como quiera y poder criticar aquellos aspectos que resulten verdaderamente importantes.

El seguir la moda tiene sus repercusiones negativas, como puede serlo el tener que probarlo todo y usar las «cosas que se ponen de moda». Me refiero exactamente a las drogas y otros tóxicos. Si todos lo prueban, el que no lo hace se queda apartado del grupo y en consecuencia se separa de sus compañeros que incluso llegan a criticarle: «eres un rajado». Sin proponérselo se meten en un mundo del que difícilmente van a salir y que acarrea graves consecuencias para su vida.

Ante esto, ¿cuál ha de ser la postura de los padres? De nada vale cerrarse en banda y negarse a todo lo que el joven pueda pedir, lo ideal es ser un poco transigente y hacer que comprenda, poco a poco, cuándo es lógico y aceptable seguir la moda y cuándo es un antojo o una esclavitud inútil, ayudarlo a que logre tener su propio criterio.

Con los años y a medida que madura, el adolescente comienza a seleccionar y adopta una postura más crítica ante las corrientes de la moda. M. D.

LOS JÓVENES NECESITAN TENER UN IDEAL

La época de la adolescencia y juventud tiene especiales características respecto a otras edades, entre las que destaca la posibilidad de elegir entre un buen número de opciones en lo que se refiere al sentido fundamental de la vida. Los jóvenes se encuentran en una situación que, en cierto modo, les permite pensar lo que pueden hacer a partir de ese momento en que se comienza a cobrar cierta autonomía, y tomar una dirección a la hora de orientar su vida. Muchas veces, éstos están desorientados, no saben qué hacer, tanto desde el punto de vista profesional como desde el punto de vista ideológico o existencial. En definitiva, carecen de un ideal y de un modelo de identidad capaz de encaminar sus tendencias e ilusiones, y de este modo, dar sentido a su existencia. Esta situación agrava la crisis psicológica propia de la adolescencia y la prolonga en el tiempo, de modo que puede persistir hasta edades relativamente avanzadas: se viene observando en la actualidad que el período de la adolescencia comienza un poco antes que en épocas anteriores a la vez que se prolonga en muchos casos más allá de los veinticinco o treinta años.

En buena medida, este fenómeno mediante el cual se produce una cierta precocidad de los niños a la vez que se retrasa su maduración está relacionado con cambios sociales mediante los cuales el adolescente se encuentra antes en una situación de relativa independencia y con acceso a actividades propias de personas adultas, a la vez que se encuentra sin medios que le proporcionen una verdadera autonomía, sin ideales que lograr y sin auténticos personajes ejemplares de los cuales puedan extraer patrones para imitar, es decir, sin modelos de identidad. A veces, estos líderes capaces de provocar conductas de imitación entre los jóvenes son personas que no están significadas en profundidad con planteamientos vitales, algunos cantantes o grupos musicales, pero que sirven para completar ese espacio vacío que, a menudo, queda a los jóvenes en un mundo impregnado de superficialidad.

La personalidad del adolescente no ha tomado todavía una estructura de cierta solidez por lo que necesita adquirir apresuradamente rasgos que le sirvan para diferenciarse del resto de las personas; tienen en cierto modo una «personalidad ansiosa de personalidad» y una necesidad más o menos imperiosa de reconocerse a sí mismos, de descubrir cómo son en realidad y lo que son capaces de hacer. En esta situación desean adoptar papeles diferentes a los que durante la infancia han sido ofrecidos por sus padres y personas adultas más allegadas, por una especie de necesidad de contrastar estos puntos de vista con otros nuevos; en este proceso influyen la actitud de desencanto y rebeldía propia de esta época de la vida. Buscan entonces un ideal para seguir apasionadamente y son capaces de volcarse en el mismo de forma desinteresada, lo que les facilita el proceso de madurez de la personalidad, siempre que el ideal sea medianamente adecuado. En caso contrario, se produce una falta de estímulos e incentivos que sumergen al joven en una actitud de desencanto, apatía e indiferencia (el actual «pasotismo»), que retrasa el proceso madurativo desde el punto de vista psicológico y social, a la vez que paraliza a los jóvenes de modo que sus aptitudes no se desarrollan convenientemente hasta el nivel que hubiesen podido alcanzar. El resultado no es más que una pérdida psicológica y vital, en la que los únicos recursos que quedan se dirigen en buena medida hacia el alcoholismo, las drogas, la delincuencia, etc., dentro de un marco de conductas asociales y de inestabilidad emocional, que no son sino un reproche a la sociedad por no haber sido capaz de dar un cauce adecuado a las expectativas que en su momento vieron nacer en ellos. J. H.

LA FIGURA DEL LÍDER. EL ÍDOLO

La adolescencia es una etapa crucial en la vida del ser humano. Durante ella tiene lugar la maduración y transformación del niño en adulto.

El adolescente, harto de ser manejado y sometido a la decisión de sus tutores, comienza a avivar en su interior el deseo de independencia y autodeterminación. Empieza a configurar su propia identidad y lucha, generalmente de una forma sana, para hacer valer su personalidad.

La forma más sencilla, en principio, es la imitación de un modelo ya erigido. Cuando es más pequeño, lo normal es buscarlo entre los padres. El niño imita los ademanes y expresiones del padre, mientras que la niña lo hace de la madre. Lo que ocurre es que, en la adolescencia, estos modelos tal vez ya no le sirvan. No porque los padres sean inadecuados, sino porque ellos representan precisamente la autoridad bajo la que siempre han estado sometidos. Es una época difícil, porque lo que es un impulso natural de independencia puede salirse de sus cauces, convirtiéndose en auténtica rebeldía y ruptura explosiva de toda norma establecida.

Pero en condiciones normales, menos extremistas, este proceso no va más allá de la búsqueda sana de una identidad al margen de la familia.

La adolescencia es una edad proclive al funcionamiento en grupo con otros jóvenes. Estos grupos pueden formarse o bien de forma natural (compañeros de estudios o trabajo) o bien estar animados por el deseo de compartir aficiones comunes (miembros de un equipo deportivo o un club social). De una u otra forma, en el grupo, el adolescente convive con otros individuos que presentan inquietudes, deseos y preocupaciones afines a los suyos.

Estos grupos, en un principio, no tienen una organización estructurada. Carecen de un jefe o una jerarquía de poderes establecida. Sus lazos de unión son la igualdad de intereses y costumbres.

A medida que el grupo se consolida, van surgiendo espontáneamente unas ciertas reglas que tienden a asegurar su estabilidad. Es por ello por lo que va emergiendo y adquiriendo importancia la figura del líder como representación de los intereses y objetivos del grupo.

Una vez nombrado el líder, éste fundamenta su *status* en la capacidad o potencial de influencia que tiene sobre sus colaboradores. Es el liderazgo que se apoya en las llamadas bases de poder:

— Poder de relación: capacidad que tiene el líder para las relaciones humanas por sus características personales, como su simpatía o don de gentes, que actúan como un atractivo sobre los demás.
— Poder coercitivo: fundamentado en la capacidad de mando y autoridad que puede tener y ejercer sobre el grupo.
— Poder de experto: basado en la competencia y aptitudes del líder para las actividades que realiza el grupo en busca de sus objetivos.
— Poder de conexión: se basa en las relaciones o conexiones del líder con elementos influyentes de otros grupos.
— Poder de información: basado en el acceso que tiene el líder a la información que el grupo precisa para tener éxito en la persecución de sus fines.

La necesidad del adolescente de identificarse con un modelo lo lleva, con frecuencia, a idealizar hasta límites delirantes a determinados personajes de la política y, sobre todo, de la música y el cine: cantantes como Elvis Presley, los Rolling Stones, o, más recientemente, Sting, del conjunto Police, representan no sólo un tipo distinto de música, sino también otra forma de vida. (Foto: EFE.)

En estos grupos, constituidos de forma espontánea, suele haber frecuentes movimientos en su régimen interno; por ello no es raro que aparezcan crisis de liderazgo y nuevos líderes sucedan a los anteriores a veces en cortos períodos de tiempo.

Entre los movimientos juveniles es habitual que muchos grupos tengan aficiones e intereses comunes, por lo que pueden tener lugar auténticos movimientos de masas. Esto lo facilitan los medios de comunicación, como el cine, la radio y la televisión. A través de ellos son erigidos líderes que ya adquieren categoría de ídolos mayoritarios. Así ocurre con actores de cine, cantantes y otros artistas, que a través de los medios de comunicación adquieren un liderazgo, a veces, incluso a nivel mundial. Tal es su fuerza, que son capaces de imponer modas y costumbres de gran solidez.

Habitualmente estas corrientes son pasajeras, pues la moda impone un ritmo vertiginoso impulsado por la propia búsqueda de una identidad original. En el momento en que una costumbre se hace popular y es adquirida por la mayoría pierde su carácter innovador para hacerse corriente e incluso vulgar. Es preciso que nuevas tendencias rompan con lo establecido para iniciar nuevamente el ciclo.

La aparición de ídolos y líderes en nuestra sociedad debe verse como algo natural, sobre todo entre los adolescentes, para quienes el ansia de autoafirmación e identificación personal puede ser su «motor de vida». J. M. U.

EL PARO JUVENIL. ¿PARA QUÉ ESTUDIAR?

Uno de los mayores problemas al que tiene que enfrentarse el joven hoy en día es el paro laboral. Las cifras son alarmantes, sobre todo entre los que buscan su primer empleo. Y la solución es complicada, no depende del joven ni de su familia, sino que requiere medidas amplias a nivel político y gubernamental.

Prácticamente la gran mayoría de los adolescentes españoles tienen en perspectiva estudiar algo o lo están haciendo ya: una carrera universitaria, formación profesional, cursos especializados, oposiciones a puestos específicos (administrativos, empresas...).

Emplean en este fin su tiempo y su esfuerzo, depositando en él todas sus esperanzas. Pero luego no hay trabajo para todos, sólo unos cuantos alcanzan la meta, mientras que los otros, que pueden haber estudiado mucho y estar bien preparados, desgraciadamente se quedan fuera. Ante esto, el adolescente se pregunta: ¿Vale la pena estudiar? Evidentemente sí, pero ¿quién lo convence de eso con las expectativas que a corto plazo va a tener? Lo que hay que aclararle es que:

— Si estudia una profesión y se prepara convenientemente para ella tendrá mayores posibilidades de encontrar trabajo. Si no estudia ni se prepara sus posibilidades irán disminuyendo frente a los otros.
— A pesar de existir una deficiente oferta de trabajo, es mejor poder elegir para el resto de la vida algo que realmente guste y pueda ser gratificante a tener que trabajar a disgusto y descontento. Además haciendo algo que realmente gusta se es más eficaz y se tienen mayores posibilidades laborales.
— La vida sigue unos cauces por los que prácticamente todos hemos de pasar. Tras los estudios primarios aún no se está maduro para afrontar las responsabilidades, la competitividad y las exigencias de un trabajo.
— La vida de estudiante es una etapa que hay que pasar en el normal desarrollo del individuo dentro de la sociedad.

A este planteamiento se le pueden hacer varias objeciones, como la necesidad de ponerse a trabajar por imperativos económicos familiares que obligan al empleo prematuro o al rechazo de los estudios, la mayor parte de las veces secundario al fracaso escolar.

Pero, ¿qué hace el joven parado tras acabar los estudios? La mayoría tratan de superarse y soportar la situación. Sin embargo, son frecuentes el desánimo y hasta los cuadros depresivos como una reacción propia al paro, el aburrimiento y al descenso progresivo de las esperanzas.

Otros se ven abocados al mundo de la droga o al alcoholismo para ocupar su tiempo vacío y obtener gratificaciones inmediatas, pero estos dos problemas son tan graves que el paro nunca puede ser una justificación.

¿Hay algo que se pueda hacer? ¿Cómo pueden ayudar los padres? Hasta que se encuentre trabajo es imprescindible mantenerse activo, hacer algo y evitar el quedarse las horas muertas en casa, en la cama o viendo la televisión. Hay que potenciar actividades, como la lectura, el deporte; y también se puede aumentar la preparación, estudiando idiomas o cursos especializados. Es importante acudir a todas las ofertas de trabajo que puedan interesar y nunca retirarse hasta que le retiren.

Si comienza el desánimo y los síntomas depresivos, conviene acudir a un especialista que apoye psicológicamente al joven en esta dura etapa. M. D.

LA INICIACIÓN CON LAS DROGAS

J. A. Vallejo-Nágera

Hay dos problemas distintos que se combinan en la práctica: *a)* la auténtica toxicomanía (dependencia física con síntomas de abstinencia) y *b)* la relación con la droga y el mundo de la droga.

En España, hace algunos lustros no existía problema de drogas entre los jóvenes (excepto con el alcohol). En los años sesenta hubo una epidemia mundial de uso de drogas, especialmente entre jóvenes, que llegó a nosotros con retraso pero muy virulenta.

En el contacto con la droga están implicados una serie de factores socioculturales, en realidad toda una filosofía de la vida que se les ha inculcado por los «apóstoles de la droga» y que en sus posiciones extremas se sintetiza así: el trabajo es una explotación del hombre, sólo tiene justificación cuando apetece y es creativo (en el sentido de autorrealización espiritual, no de creación o adquisición de bienes materiales que dan por supuesto que «tiene» que proporcionárselos «la sociedad»). La generación de sus padres está irremisiblemente corrompida por las falsas premisas de la sociedad de consumo, y es inútil el diálogo con ellos. Lo único que importa es el placer «hoy», y el afecto a los demás libre y generosamente expresado a través de relaciones sexuales promiscuas y desinhibidas. Esta libertad sexual es imprescindible para la «sinceridad», premisa básica de su ética; y la única conducta inteligente es la de la potenciación de las fuentes de placer por cualquier sistema. Uno de los trampolines que permiten saltar a niveles superiores de placer, de conocimiento de sí mismo, y del cosmos y de la autorrealización, es el uso de las drogas.

La consecuencia es que hoy casi todo adolescente tiene que enfrentarse, como un ceremonial de pubertad, con este fenómeno y adoptar una postura ante él, precisamente cuando no está capacitado por falta de experiencia, y no puede saber qué es cierto y qué no entre lo que oye repetido como dogma.

La edad a la que están expuestos a este influjo es la misma en que hace unos años lo estaban al trabajo, en los primeros cursos escolares, hacia los diez años de edad.

La iniciación suele ocurrir con el cannabis (hachís, marihuana, «chocolate», etc.). Sus apóstoles predican a los jóvenes que: «El alcohol es la droga de los adultos, la nuestra es la hierba. Los médicos hacen terrorismo intelectual afirmando que la hierba es peligrosa; es mucho más inofensiva que el alcohol y, además, en vez de ponernos violentos da paz, es la droga de la paz, la paz es buena, haz el amor y no la guerra», etc.

No siempre se realiza el proselitismo de la droga bajo este esquema. Por supuesto, el cannabis no tiene los peligros de los opiáceos y la cocaína, y son multitud los adolescentes que tras probarlo por curiosidad, o por presiones del grupo (para ser «aceptados») o por inducción de un habituado (el fenómeno del proselitismo es una constante en todas las drogas), son capaces de abandonar la droga sin más consecuencias. Un grupo, cuyo número va en vertiginoso aumento, queda prendido en el hábito, que no es al principio una «dependencia de la droga», sino básicamente una «dependencia del grupo» y de sus patrones de comportamiento.

Poco a poco la situación cambia, mezclan el cannabis con otras drogas (incluido el alcohol pese a las afirmaciones de rechazo), y con cualquier fármaco o substancia que sus amigos cuentan que da más vigor a la experiencia (generalmente anfetaminas, barbitúricos, LSD y medicamentos que contienen codeína). Los «viajes alucinatorios» con LSD tienen para ellos especial atractivo inicial (hasta que se hacen monótonos), pues presentan un contenido de vivencias pseudomísticas, de «iluminación interior», que les sirven para sentirse superiores al «rebaño» de los no iniciados, y para atenuar sus sentimientos de culpa y fracaso, pues ya en este período bajan de rendimiento escolar y tienen conflictos con sus padres. Abandonan el estudio y cualquier esfuerzo continuado (como una seria preparación deportiva). El consumo de drogas tienden a realizarlo en grupo, con relaciones sexuales (para muchos las primeras), y las «sesiones» adquieren un lógico magnetismo; al hacerlas frecuentes están poco motivados para renunciar a ellas y volver al esfuerzo de estudiar. Al poco tiempo toda su actividad gira en torno a la adquisición de drogas y experimentación con ellas.

Si logran terminar los estudios preuniversitarios, fracasan en la universidad. Para autojustificarse suelen adoptar una de estas dos posturas ideológicas: o el que en España llamamos «pasotismo» («pasan» de las mezquinas ambiciones comunes) o un ideario ideológico radical (el trabajo una explotación, la sociedad alienante, etc.), pero en estos últimos casos su vinculación es sólo verbal, pues ya son incapaces de prestar una colaboración eficaz a los grupos políticamente activistas en cuanto se les exige algún esfuerzo mantenido. Se limitan a la exhibición de símbolos y frases, y a la participación vociferante en alguna manifestación radical (si ésta no se convoca a una hora incómoda), por lo que los líderes radicales los rechazan, acusándoles de haber «sustituido la acción idiotizante de la televisión por la televisión química».

La propia dinámica del grupo, en el que varios miembros son ya drogadictos graves, los lleva a la emulación con «experiencias más valientes» con heroína o sus equivalentes y entran rápidamente en una drogadicción.

ADOLESCENTES EMBARAZADAS

En la actualidad se observa una paradoja: los índices de natalidad están disminuyendo en España de forma vertiginosa a la vez que cada vez son más numerosos los casos de mujeres de catorce a dieciocho años que quedan embarazadas. La mayor parte de éstas son solteras, aun cuando meses después algunas contraerán matrimonio en una época en que los matrimonios se celebran normalmente en edades más avanzadas que en las anteriores décadas.

¿Por qué motivo se quedan más jóvenes embarazadas en nuestra época? Los argumentos más esgrimidos orientan hacia una mayor liberalización sexual junto a una mayor posibilidad de relacionarse precozmente con adolescentes del sexo opuesto. La desinformación acerca del uso de métodos anticonceptivos parece tener relativamente poca importancia, ya que en la mayor parte de los casos el embarazo es fruto de unas relaciones sexuales sin planificar, que surgen de forma impulsiva y más o menos imprevista.

El embarazo de una adolescente plantea un buen número de problemas psicológicos. Muchas veces, la joven se ve un tanto sorprendida por el hecho de quedarse embarazada, lo que le plantea un conflicto grave con su pareja, su familia y consigo misma. La predisposición de los adolescentes a vivir el momento presente, sin tener en cuenta las consecuencias que sus comportamientos puedan tener en el futuro, junto con sus dificultades para adaptarse a situaciones verdaderamente nuevas e inesperadas hacen que un embarazo de este tipo se viva con una gran dosis de angustia e inseguridad. Se busca el apoyo de la pareja, que generalmente es también un adolescente con serias dificultades para asumir adecuadamente la situación, y que, en muchos casos, intenta eludir el problema, con lo que se pone fin a la relación encontrándose la mujer un tanto desamparada. Rara vez se recurre a los padres en un primer momento. Las amigas son las que juegan un papel principal a la hora de ayudar y aconsejar sobre la posible solución del problema. Si la adolescente se encuentra sola en este sentido, por no tener suficiente confianza con sus amigas, la situación se agrava. La falta de comunicación o de confianza con los padres hace que muchas veces no se les diga lo ocurrido, generalmente por temor al modo con que van a reaccionar (lo que en realidad suele estar injustificado), con lo que se puede vivir en soledad una situación que puede suponer un auténtico trauma psicológico.

Se plantea entonces la duda de tener o no el hijo, lo que conlleva un estudio de la forma de conseguir uno u otro objetivo que muchas veces concluye sin soluciones prácticas. No se sabe bien qué hacer ni cómo llevarlo a cabo, con lo que el tiempo va pasando en espera de algún acontecimiento que descubra el problema ante la familia, que en otras ocasiones es informada por la adolescente de forma impulsiva, en algún momento en que ya no es capaz de soportar la tensión psicológica que alberga interiormente. En otros casos, el padre del futuro niño reacciona con responsabilidad y desea participar en la solución del problema. Entonces se suele informar a las dos familias, especialmente si la solución prevista es el matrimonio. Problemas relacionados con la edad y con la falta de recursos económicos hacen que a veces los padres no crean que es la solución más adecuada; con lo que las dudas y la inseguridad se acrecientan en los futuros padres. En otras ocasiones son los padres de los adolescentes los que aconsejan un aborto que va en contra de los deseos de tener el niño de la hija, e incluso de los principios éticos que siempre habían defendido delante de sus hijos; aunque en otros casos sucede exactamente lo opuesto.

En cualquier caso, se puede decir que la mayoría de las adolescentes de nuestra época no están suficientemente preparadas para ser madres, ni el ambiente sociocultural lo favorece, con lo que la mayor parte de estos embarazos (que sólo excepcionalmente son deseados) pueden ser la fuente de un grave conflicto psicológico al que se suelen añadir las consecuencias de una maternidad precoz sin matrimonio, las repercusiones psicológicas del aborto, el trauma subsiguiente al abandono del niño en un centro público o su cesión para ser adoptado por otros padres o la realización de un matrimonio que, según se demuestra estadísticamente, fracasa en mayor proporción que el resto. J. J.

MADUREZ

Al llegar a la madurez, el individuo, en principio, adquiere su total equilibrio: está ya situado afectiva y laboralmente, las grandes crisis de identidad han quedado como un recuerdo de juventud, el futuro se presenta estable. Este equilibrio, sin embargo, es con frecuencia sólo un espejismo: como cualquier otra época de la vida, la madurez está también llena de conflictos y problemas, a veces más intensos y angustiosos que nunca.

ACOPLARSE AL PASO DEL TIEMPO (EVOLUCIONAR DE ACUERDO CON LA EDAD)

Hacia los treinta y cinco o cuarenta años nos encontramos aproximadamente en la mitad de nuestra vida. Es lo que se llama edad intermedia y cuando, se supone, hemos alcanzado la madurez total y la estabilidad social. Han quedado atrás las etapas adolescente y juvenil donde aún había una dispersión de nuestras aficiones y deseos, para dar paso a otra época donde se consolida la formación recibida y se ponen en práctica nuestros proyectos de una manera más firme y concreta.

A lo largo de la historia del hombre, sus etapas vitales han sufrido notables cambios debidos a las circunstancias y calidad de vida. Lo que ahora consideramos edad intermedia, clásicamente era ya la recta final de la existencia. Consideremos que en la prehistoria las perspectivas de vida no iban más allá de los dieciocho o veinte años. Y en la edad antigua, el promedio estaba en los treinta y cinco o cuarenta. Actualmente, debido a las mejores condiciones de vida y al avance de la medicina en su lucha contra la enfermedad se ha podido llegar al promedio de sesenta y cinco o setenta años. El hombre actual vive más tiempo y en mejores condiciones sanitarias. Tanto es así que las ciencias médicas continúan bregando por conseguir una mayor longevidad, creando incluso una relativamente nueva especialidad: la geriatría, que tiene por misión velar por la salud del anciano.

Pero volviendo a la edad intermedia, vamos a considerar una serie de acontecimientos que tienen lugar en esta etapa y que adquieren una especial relevancia en el equilibrio psíquico de la persona.

Consciente o inconscientemente, uno de los objetivos del hombre es encontrar un sentido a su vida, percibir que está en el mundo por algo y para algo. La apreciación y medida de este sentido es totalmente subjetiva: mientras que para unos sería la consecución de grandes empresas, para otros, un simple acontecimiento puede dar motivo a su existencia. No es cuestión de medir logros y aptitudes, se trata de que ese factor que da sentido a la vida sea lo suficientemente gratificante para el sujeto como para que se sienta satisfecho con ello.

Es en la edad intermedia cuando tiene lugar la introspección. Hasta entonces, la forma de vivir era expansiva, hacia afuera. El individuo se ha decidido a acumular conocimientos y experiencias integrándolos en su persona. Ha alcanzado una determinada cultura y desde allí comienza a hacer recuento de lo adquirido. No quiere decir que se detenga, la escalada continúa, pero sí empieza a sopesar y comparar lo logrado con lo que le queda por hacer. Toma conciencia de la muerte y del transcurso del tiempo, dándole a éste un mayor valor e incluso añorando el perdido, entendiendo como tiempo perdido el conjunto de privaciones y deseos no consumados en su pasado. Teme llegar a la muerte sin haber logrado hallar el sentido de su existencia.

En este punto, la valoración de la situación dependerá del carácter de la persona, pudiendo juzgarla desde una perspectiva optimista: «me siento menos joven», o bien desde una pesimista: «me voy sintiendo viejo». El momento de la vida es el mismo; ambos juicios valoran lo hecho frente a lo que queda por hacer. Pero mientras el primero admite la posibilidad de proseguir la acción, el segundo opta por la retirada dando por concluido el esfuerzo.

Nuestra forma de pensar varía con la edad, la misma experiencia no se percibe igual en la adolescencia que en la etapa intermedia o que en la senectud. Se dice que la lectura de *Don Quijote* hace reír al adolescente, meditar al adulto y llorar al anciano; y es un ejemplo claro de las distintas perspectivas de observación y sobre todo de integración mental de los acontecimientos.

Del mismo modo, experiencias más «vitales», como: trabajo, matrimonio, paternidad, divorcio, viudedad, etc., pueden condicionar ostensiblemente el paso de una etapa a otra en función del momento en que tienen lugar.

El individuo de edad intermedia debe amoldarse a unos determinados condicionantes que actúan sobre los tres puntales básicos de la existencia del ser humano: el plano físico, el plano psíquico y el plano socioeconómico. Ello determina una serie de vivencias que podemos agrupar en las mismas categorías:

Vivencias físicas: Algo que inevitablemente percibimos al llegar a la edad intermedia es que nuestro cuerpo comienza a deteriorarse. Naturalmente este declive físico estará en función de nuestro estado de salud y el cuidado que hayamos proporcionado al organismo. Algunos gracias a su preparación física previa (gimnasia, dietas, etc.) llegan a la edad intermedia e incluso a la senilidad con un aspecto y fortaleza corporal muy aceptable. Pero consideremos al individuo que ha dejado madurar y envejecer su cuerpo sin un cuidado especializado y que no lo haya castigado hasta el punto de apresurar su deterioro: tienen lugar unos fenómenos típicos como la tendencia a engordar, el desperfecto de la dentadura, encanecimiento del cabello y la pérdida de agudeza visual que, sin considerarse patológicos, pueden preocupar considerablemente a quien los sufre. Son fenómenos que menoscaban el aspecto físico en cuanto a la imagen corporal, esencial en nuestra relación social.

Del mismo modo, el cambio físico también tiene lugar en el rendimiento: músculos y articulaciones pierden elasticidad y fortaleza, así como el resto de sistemas del organismo que ven mermadas sus funciones y resistencia. Los «excesos» cometidos en la adolescencia ya no son tolerados por el cuerpo o cuando se realizan en esta etapa. Por ello, en la edad intermedia, comienzan a albergarse las preocupaciones por la enfermedad y la tendencia a los chequeos médicos, con propensión a la hipocondría. Tiene especial repercusión la disminución en el rendimiento sexual en la persona, sobre todo en el hombre que es quien más la padece y, sobre todo, porque tiene asociados por deformación cultural potencia sexual y virilidad.

Vivencias socioeconómicas: La persona de edad intermedia se cuestiona su papel en la sociedad. Se supone que a esa edad ya ha alcanzado, o debiera haberlo hecho, su *status* social. No hay problema cuando ha logrado sus anhelos de la etapa adolescente. Aunque puede sentirse «atrapado» por verse metido en un ritmo de vida y en unas obligaciones que ha de mantener.

En otras ocasiones aparece la crisis vocacional cuando surgen las dudas sobre la propia profesión y los planteamientos acerca de lo que hubiera ocurrido si se hubiese optado por otra tal vez más atractiva o satisfactoria.

La economía adquiere una mayor importancia que cuando es más joven. Valora el dinero en función del trabajo y esfuerzo que le cuesta conseguirlo. Y reflexiona sobre su futura jubilación que tratará de proteger con el ahorro y la inversión en pensiones.

En su puesto de trabajo puede aparecer la angustia por el posible desempleo. Temor totalmente justificado por la competencia juvenil que sufriría si tuviera que buscarse otra ocupación.

Vivencias psicológicas: Fundamentalmente, su estado psíquico está en función de las circunstancias antes vistas y el equilibrio dependerá de la capacidad de amoldarse a ellas.

Su espíritu «luchador» ya no se halla tan pletórico y tiende a acomodarse en el *status* conseguido por miedo al cambio. La seguridad en sí mismo puede apoyarse más en sus posesiones (trabajo, dinero, familia, etc.) que en sus valores personales más abstractos. Es por lo que, cuando «las cosas no salen bien», tenga tendencia a la depresión y los celos en el trabajo y el matrimonio.

En muchas ocasiones, cuando se ha vivido en función de los hijos realizando un esfuerzo considerable para sacarlos adelante, es probable que surja el desconsuelo cuando éstos, mayores, se van de casa. Es el «síndrome del nido vacío». Este fenómeno tiene especial importancia cuando se da en muchas mujeres que a lo largo de su vida no han sido más que hijas, luego esposas y más tarde madres, viviendo siempre en función de los demás y sin encontrar una identidad propia.

Generalmente, el individuo de edad intermedia cree de una forma más o menos consciente, que el mundo funciona gracias a él. No es raro que censure al adolescente como irresponsable y vea al anciano como reaccionario y ya inamovible.

En un grado más extremo puede aparecer la gerontofobia (miedo al anciano) porque le recuerda con gran temor algo que inevitablemente le va a llegar. J. M. U.

LAS PERSONAS DE EDAD MEDIANA Y SUS PROBLEMAS

Fernando Claramunt

A diferencia de los niños, jóvenes y ancianos, parece creerse que las personas de mediana edad apenas tengan problemas o, de tenerlos, están mejor preparadas para resolverlos. Para eso tienen experiencia de la vida, y han logrado puestos de responsabilidad.

Sobre ellos, sin embargo, gravitan tomas de decisiones, replanteamientos del trabajo profesional; si costó subir, más cuesta mantenerse y progresar en épocas de inseguridad laboral. En lo familiar, de ellos dependen padres ancianos, suegros, hijos en trance de elegir profesión y pareja; ellos mismos pueden tener problemas en la relación de pareja. Su cuerpo no es el mismo: aparecen los primeros achaques en época en que el rendimiento en el trabajo se antepone a la salud. Siempre se dijo que entre los cuarenta y cinco y cincuenta y cinco la mujer atraviesa una etapa difícil. ¿Y el varón? Debería llamarse «la edad dificilísima».

Se cree uno en la mitad de la vida entre los cuarenta y los setenta años; no quiere nadie pensar que la mitad ya pasó (si el promedio de vida es de setenta y un años en el mundo occidental). Llamamos «madurez» al tiempo que va de los treinta a los cuarenta; la «mediana edad» está entre los cuarenta y la jubilación. La menopausia en la mujer y la andropausia —su equivalente en el hombre— tienen importancia en medicina, pero hoy la tienen mayor desde el punto de vista de las exigencias psicológicas y sociales en hombres y mujeres.

Es el momento de nuevas adaptaciones en lo profesional y familiar, desilusiones, planteamientos realistas. El «joven que prometía» es un veterano que ha de responder a exigencias cambiantes para las que no fue entrenado. En la vida de familia ha de convivir con uno o con los dos padres y suegros, cuidar la frágil salud corporal y mental de los parientes de la tercera edad tanto como las ansiedades de los hijos que ahora se disponen a crear nuevas familias y romper el vínculo de origen. Se llama a esto «síndrome de nido vacío». De pronto al matrimonio maduro le van a sobrar metros cuadrados en la casa (salvo en fines de semana si se llena de nietos). El «nido vacío» marca la existencia del hombre y la mujer de mediana edad. Con menos contactos con otros se concentran en la relación de ellos dos, cara a cara, escuchándose cosas muy oídas, con pocas sorpresas interesantes. Es un momento en que cada uno puede buscar nuevos intereses profesionales por separado y distanciarse afectivamente.

Si las mujeres viven siete años más, como promedio, que los varones, no por eso son «jóvenes» más tiempo; por el contrario, se sienten «mayores» desde mucho antes. Cuando han criado a los hijos y esperan disfrutar las seguridades y el fruto de una vida dedicada al trabajo, no es nada raro que se angustien ante los signos precoces del cansancio del cuerpo y del ánimo: arrugas, achaques, operaciones quirúrgicas, desilusiones, incomprensión, soledad. Todo junto, unido a la monotonía y a un sentimiento difuso, pero persistente, de desencanto, convierte a esta mujer de mediana edad en un ama de casa frustrada, huésped de consultas de médicos de distintas especialidades. Se quejará de estrés (palabra con varios cientos de significados), de dolores de columna vertebral, inapetencia, insomnio, dolores de cabeza o depresión. En su mesilla de noche se acumularán tarros y prospectos de medicinas.

En la mujer y en el hombre es frecuente el pánico irracional ante el envejecimiento, cuyas fobias se lo ponen delante de los ojos, por anticipado. Se aferran a comportamientos, vestidos, lenguajes y apariencia lo más juvenil posible. Se cultivan aficiones y actividades —incluidos régimenes para adelgazar— con tal de dar una imagen lozana y primaveral. Enamoramientos y donjuanismos —masculino y femenino— tienen a veces esta explicación. El comienzo romántico y el desenlance desastroso no siempre sirven de escarmiento.

En la misma edad, otras personas se entregan tristemente, sin lucha alguna, a cavilaciones pesimistas sobre la vida que les espera: desaliento, amargura, suspicacia, celos, «manía de llevar la contraria», resentimiento, quejas de todo tipo sobre el funcionamiento del cuerpo. Son los síntomas de esa «depresión involutiva» tan común en la «edad media de la vida». En algunas de ellas el recelo está tan en primer plano, unido a la terquedad, al deseo de mando, de controlar a los demás (especialmente manejo de dinero, tacañería), que la convivencia se hace sumamente penosa.

Una etapa difícil que, sin embargo, la mayoría de las personas supera por sí misma, abre horizontes y desarrolla creativamente la personalidad.

EL MATRIMONIO Y SUS PROBLEMAS PSICOLÓGICOS

Fernando Claramunt

Asunto en el que todo el mundo ha hecho alguna vez de consejero y de cliente y donde es difícil decir en público la verdad completa. Desde la más remota antigüedad, el teatro, la novela y, desde hace menos tiempo, el cine y la televisión —los seriales en especial— parecen no ocuparse de otra cosa. La felicidad y el infortunio humano se nos muestran en toda su fragilidad y proximidad en las consultas sobre los problemas matrimoniales.

Cada matrimonio tiene su historia y su «prehistoria». Una empieza con la ceremonia social, el rito de la boda. La otra cosa, la «prehistoria», consiste en la vida de cada uno de los dos cónyuges desde antes de conocerse y luego, a lo largo de la etapa del cortejo o noviazgo. En conjunto se trata de la suma y del contraste entre las expectativas del esposo y de la esposa. Cada uno llega a la situación matrimonial con determinadas ilusiones. Se tratará, a lo largo de la vida de la pareja, de armonizar esas expectativas con las experiencias que imponga la realidad, lo cual es siempre problemático. ¿Cuántas parejas resuelven por sí mismas sus problemas y cuántas necesitan ayuda especializada? Sin duda alguna, en la vida moderna los matrimonios buscan especialistas, cada vez más: ¿Será por la complejidad de la vida contemporánea o será porque existen «especialistas en matrimonios» y por ello aumenta la demanda? Parece lógico que sean las mismas causas que hacen tan problemática la vida matrimonial las que den lugar a la aparición de «especialistas» en los desarreglos de esa relación. A continuación, se le ocurre a todo el mundo la segunda y más angustiosa pregunta: ¿Cuántas parejas resuelven sus problemas sin ruptura del vínculo matrimonial? Las cifras varían en los distintos países, pero en los del mundo occidental y en las clases medias, uno de cada tres matrimonios termina en divorcio, separación o alguna forma de ruptura, sin contar la proporción —posiblemente elevada— de silenciosos sufrimientos que no desembocan en separación visible desde fuera.

La historia previa, antes de la ceremonia, tiene un gran interés psicológico. Hay personas que se defienden mientras pueden y mantienen con bravura su soltería a pesar de las presiones de familiares y amistades. Existe la «fobia a casarse» y es tan importante como la «fobia a permanecer en estado de soltería». Las razones de la elección de pareja permanecen en buena parte ignoradas por los propios novios puesto que los secretos de su mutua atracción tienen que ver con leyes de la naturaleza, costumbres sociales, inclinaciones personales y hasta con complejos subconscientes que casi todo el mundo está de acuerdo en no hurgar demasiado.

La fobia a casarse es un miedo a la relación de pareja, que tiene dos aspectos: temor a la sexualidad y temor a la dependencia. (Por algo se dice eso de «el yugo matrimonial», o se compara al casado con el prisionero.) En los últimos años existe fobia al matrimonio en tanto que institución. No hay rechazo de la sexualidad, al contrario, se sobrevalora su papel a expensas de la relación personal y de su continuidad de por vida.

Si en la elección de pareja no ha habido demasiados motivos disparatados o irracionales, si los dos cónyuges son aceptablemente maduros y responsables y gozan de relativa buena salud física y mental, entonces las probabilidades de unión feliz y estable son altas (relativamente, también). El matrimonio puede incrementar el bienestar personal de cada uno de los dos, enriquecer su personalidad y ayudarlos a crecer y desarrollar sus posibilidades de una manera progresiva y adulta. Cuando estas circunstancias no se dan (el estudio del tema en profundidad demuestra cuantísimas veces los motivos para el matrimonio y elección de pareja son descabellados) lo que debe asombrarnos es que no haya más casos de separación.

Las crisis se presentan en cada etapa del desarrollo de la relación: 1.° durante su formación como pareja; 2.° una vez estructurada y en relación con la llegada —o no llegada— de los hijos; 3.° al llegar a la mediana edad los cónyuges; 4.° en la vejez.

Los motivos fundamentales de desacuerdo matrimonial residen en la inmadurez de uno o ambos esposos, en su falta de generosidad y exceso de egoísmo («egocentrismo», «narcisismo»), evolución «patológica» de la relación de dependencia (lazos verdugo-víctima, absorbente-absorbido), falta de lazos suficientes (desinterés, desamor, divergencia progresiva). Las situaciones de «triángulo» (la aparición de una tercera persona o «tercero en discordia») son una amenaza grave para la pareja (hijo, suegra, amante, personaje autoritario) si se produce como resultado de una estrategia inconsciente para compensar la infelicidad personal. Cuando las mañas del subconsciente ahogan la vida de la pareja se recurre en nuestra sociedad de consumo al «consejero matrimonial» y a la «terapia de pareja» o «terapia de matrimonios».

LA PATERNIDAD

Ante la llegada de un hijo, sobre todo si es el primero, la pareja responsable y estable en su relación mutua ha de hacerse cargo de que un cambio sustancial va a tener lugar en sus vidas, de que se les va a venir encima un cúmulo de obligaciones que no tendrán otro remedio que asumir.

Tanto la espera del futuro niño como su posterior crianza y educación van a repercutir en la psicología de sus padres. Pero tal vez de forma muy distinta entre el padre y la madre.

En la madre, por efecto del embarazo con sus cambios hormonales y biológicos, tiene lugar una mayor adaptación y aceptación del hijo. En cambio, en el padre, existe un menor protagonismo durante la gestación y el parto, siendo la adaptación más psicológica que biológica.

Lógicamente, la reacción del padre está en función de que el hijo sea o no deseado. Si no lo es, tal vez precise de un asesoramiento profesional antes de que el niño nazca, para anular dudas y prepararse para la paternidad. En algunas ocasiones, la llegada de un hijo, sobre todo no deseado, desencadena en el padre una situación de celos, pues ve en el niño a un intruso que, interponiéndose en la pareja, capta prácticamente toda la atención de su madre.

Cuando la pareja está unida y el hijo próximo a nacer, la colaboración del padre debe comenzar en el mismo embarazo: desde aportar todo el cariño y apoyo moral posible a la madre, hasta la participación activa con ella en los ejercicios de preparación al parto.

Durante el parto, ya pasó a la historia la tradición de que fuera la madre la única que sufría el esfuerzo de dar a luz. Actualmente en la mayoría de los hospitales permiten la presencia del padre durante el mismo; y en algunos países es práctica casi obligatoria. Obviamente esta circunstancia estará en función del carácter del padre y los deseos de la madre. Algunas mujeres prefieren que no esté presente, para poder afrontar el momento con mayor concentración. Y algunos hombres pueden sufrir considerables crisis de nervios y pérdida de control si son espectadores del mismo. Este tema debe afrontarse previamente para llegar a un total acuerdo en la pareja. La experiencia de recoger al recién nacido entre los brazos, aún sin cortar el cordón umbilical, puede gratificar suficientemente al padre del «mal trago» presenciado. Y el apoyo y reconocimiento del esfuerzo realizado por la madre en esos momentos es indispensable.

Posteriormente, ya en casa, comienzan las obligaciones. El bebé puede llegar a parecer insaciable en la demanda de atenciones. A veces hay que estar día y noche de guardia permanente, controlando al niño según sus necesidades. Es justo, entonces, que haya un reparto de tareas y funciones entre ambos padres. Frecuentemente, obligaciones de índole laboral inducen a que tal responsabilidad recaiga sobre uno solo de los miembros, habitualmente la madre. Pero si hay buen entendimiento y armonía en la pareja, y sobre todo en igualdad de condiciones, tanto el hijo como las obligaciones que lo acompañan son comunes y han de compartirse.

Más adelante, el contacto con el padre es tan necesario como el que tiene lugar con la madre. El niño comienza a relacionarse socialmente y precisa de un modelo paterno a través del que desarrollará su afectividad en conjunción con el materno. Gran parte de los conflictos psicológicos que el niño puede presentar en el futuro, como agresividad o aislamiento social, radican en un deficiente contacto con su padre en las etapas iniciales del desarrollo.

En la época del aprendizaje y comienzos de la escolaridad, el padre juega un papel esencial en la resolución de los problemas y contratiempos que puedan surgir. El niño debe percibir que su protección viene de ambos progenitores sin discriminación alguna.

Han quedado atrás los viejos arquetipos que delegaban la crianza de los hijos en la madre en exclusiva, reservando para el padre la mera autoridad sobre ellos cuando eran adultos. El «mundo de la madre» —quieto, pequeño, recorrido de afectos y cuidados— se enfrentaba al del padre, caracterizado por la rigidez y la autoridad. Con independencia del afecto que, lógicamente, se sentía hacia él, el padre inspiraba, no pocas veces, un cierto temor: era, en definitiva, quien siempre decía «la última palabra». Esta situación, afortunadamente, es raro que siga produciéndose.

Si deseamos que el niño desarrolle su personalidad en equilibrio y armonía, tan necesaria es la atención materna como la paterna, desde el embarazo hasta la madurez. J. M. U.

ENCONTRARSE SATISFECHO CON LO QUE UNO ES

Cuando le preguntamos a un niño qué querría ser de mayor, generalmente nos responderá con alguna profesión caracterizada por la intrepidez y el espíritu de aventura. La respuesta, en cierto modo, es lógica porque sus anhelos suelen estar llenos de fantasías y le gustaría emular a los grandes héroes de películas y cuentos. Algunos niños más comedidos nos dirán que quieren ser como su padre, cuando ven en él un buen modelo a imitar. Y unos pocos optarán con bastante seguridad por cualquier otra profesión más acorde con sus preferencias.

En la adolescencia y la época de estudiante tiene lugar una mayor definición por el futuro profesional; aunque algunos jóvenes han de tantear previamente diversos estudios y formaciones antes de decidirse por el camino definitivo.

Por último, en la edad intermedia (treinta a cuarenta años), se supone que el individuo, en uno u otro trabajo, ha alcanzado una cierta estabilidad donde conocimientos y experiencias adquiridos lo definen como profesional.

Sin embargo, un considerable número de personas, a pesar de haber alcanzado un admirable nivel sociolaboral, no se sienten satisfechos con lo que son o con la labor que realizan.

Diversos motivos pueden ser responsables de esta situación.

Por un lado, desgraciadamente no todo el mundo tiene acceso a un puesto de trabajo y la sombra del desempleo echa por tierra los más firmes deseos profesionales, haciendo que muchas personas se encuentren realizando tareas que no les gustan con tal de no ser absorbidas por el temible paro laboral.

Otras veces, bien por tradición familiar o por autoritarismo paterno, el individuo se ve obligado a ejercer trabajos que no lo satisfacen en absoluto, y que, con el paso del tiempo, se han asumido como propios aunque inconscientemente se rechacen.

Y por último, en ocasiones, tiene lugar la «crisis vocacional», una especie de frustración o defraudación que sufre la persona aunque realice aquella actividad que siempre había deseado, bien porque no se siente capaz de «dar la talla» o bien porque piensa que tal vez otra profesión la satisfaría más.

Puede haber un gran número de motivos más; pero prácticamente se puede afirmar que, cuando hay libertad a la hora de elegir un oficio o dedicación y tiene lugar la insatisfacción profesional, no es por el trabajo en sí, sino por la interpretación psicológica que se da a la situación. Es decir: debemos considerar la profesionalidad como un atributo más de la personalidad. Si ésta es insegura o con rasgos neuróticos de perfeccionismo exagerado, es probable que no tenga lugar la satisfacción, pero no sólo en el plano laboral, sino en ningún otro. Y por el mismo principio de inseguridad, si el individuo se valora a sí mismo por su *status* socioeconómico y no por sus cualidades personales, siempre hallará a su alrededor otros cargos profesionales mejor situados que el suyo y que le harán dudar de su valía.

La autenticidad de una persona no se mide por sus títulos académicos, todo oficio es respetable, y el verdadero profesional es el que desempeña su trabajo con dignidad, en cualquier categoría. J. M. U.

CLIMATERIO: UN PROBLEMA QUE TODA MUJER DEBERÁ AFRONTAR

El climaterio es una fase de involución sexual durante la cual la mujer pierde su capacidad reproductora. Tiene tres fases, la premenopausia, la menopausia (que se refiere específicamente a la última regla) y la postmenopausia. Acontece alrededor de la quinta década de la vida, aunque hay climaterios precoces (a partir de los treinta y cinco años) y tardíos (tras los cincuenta).

El desencadenante son los cambios endocrinos. El ovario deja de funcionar normalmente y las hormonas sexuales, sobre todo los estrógenos, decrecen. Como consecuencia aparecen una serie de modificaciones psicofisiológicas: desaparece la regla, hay atrofia genital que dificulta las relaciones sexuales y ocasionalmente provoca coitos dolorosos, existe una inestabilidad vasomotora con sofocos y crisis de sudoración, se produce una ligera masculinización con cambios de la voz, de la disposición de la grasa corporal y aumento del vello, hay atrofia de los senos y pérdida de la elasticidad de la piel. Todos estos cambios involutivos surgen de forma gradual y el acoplamiento a ellos depende de la personalidad de la mujer, de las condiciones socioambientales que la rodean y de su propia disposición ante el climaterio.

La mujer deja de tener la regla, perdiendo su función reproductora, que para algunas representa su principal o único papel en la vida. Esta pérdida es un hecho irreparable y puede ser vivida de forma dramática. A esto se unen una serie de modificaciones del medio familiar: los hijos se van haciendo mayores, dejan el hogar y crean su propia familia, la mujer pierde parcialmente su papel de madre; el marido atraviesa también un cambio y puede estar preocupado por su propia salud, la mujer siente que decrece su papel como mujer y como esposa; y, posiblemente, además se convierte en abuela. Hay un declinar físico general y una situación ambiental poco favorecedora que son como un aviso de vejez, la mujer climática se siente vieja y descubre en sí misma los síntomas de este envejecimiento.

A esto hay que añadir la reacción psicológica. Culturalmente el climaterio se vive, a veces, como un «terrible drama» y muchas mujeres se preparan para ello. En la actualidad la mujer está más integrada en una vida sociolaboral activa, hecho que ayuda a que este cambio sea vivido en forma menos traumática.

Sin embargo, es típica la aparición de ciertos síntomas psicológicos, como tendencias depresivas, insomnio, astenia (cansancio), cefaleas (dolor de cabeza), pérdida de memoria ansiedad, irritabilidad e inestabilidad psíquica. Todo ello conforma un síndrome conductual climatérico que depende de la forma de reaccionar propia de cada mujer. La mujer madura, de personalidad bien estructurada, que se encuentra bien integrada en el medio familiar, social y laboral tiene una reacción adecuada. Cuando los síntomas climatéricos son muy intensos aparece una reacción pasiva, la mujer se resigna a sufrirlos y soportarlos. Otras tienen una reacción hiperactiva posiblemente para contrarrestar los sentimientos de pérdida, y tienen una actividad desmesurada. Finalmente, hay reacciones neuróticas en mujeres que ya tienen, demostrados o no, estos rasgos en su personalidad y suelen sufrir casi todos los síntomas que hemos descrito en el síndrome conductual climatérico. En cuanto a la sexualidad, puede haber modificaciones en un doble sentido. Por un lado desaparece el temor al embarazo, aunque se produzca un sentimiento de pérdida y de envejecimiento más o menos intenso, lo que provoca una liberalización de la sexualidad.

Otras veces aparece una pérdida del interés sexual y, como consecuencia de la atrofia genital, dispareunia (coitos dolorosos).

Muy relacionada con la menopausia se encuentra la «melancolía involutiva» que es un cuadro depresivo grave con ansiedad, tristeza, insomnio, pérdida de apetito y peso e ideas suicidas que aparece en esta fase involutiva de la vida sin que exista historia psiquiátrica previa. Es tres veces más frecuente en mujeres que en hombres y la edad más afectada es de los cincuenta y uno a los sesenta años. Aunque no hay un acuerdo unánime en cuanto a su origen, parece estar relacionado en parte con los cambios hormonales y psicológicos del climaterio.

Como tratamiento, se plantea el uso de estrógenos sustitutivos que favorecen el bienestar general al disminuir los problemas vasculares y las alteraciones genitales al tiempo que parecen producir una elevación del estado de ánimo. Su uso tiene el inconveniente de acarrear ciertos riesgos, como el tromboembolismo vascular y potenciar el cáncer de mama y de útero. Debe ser el ginecólogo quien, tras un examen riguroso de la mujer y la valoración de los beneficios y los riesgos, recomiende o no su uso. Cuando aparecen complicaciones psicológicas es preciso recurrir a un tratamiento específico y no es raro que la mujer tenga que ser tratada con ansiolíticos y/o antidepresivos.

Se considera el climaterio, al igual que la pubertad, una fase de crisis psicobiológica que arranca de un cambio hormonal y acarrea diferentes grados de inestabilidad psicológica. En cualquier caso, aparezcan o no trastornos, es una fase crucial en la que la mujer requiere apoyo médico y familiar. M. D.

ANCIANIDAD

La ancianidad no tiene por qué ser esa etapa sombría, ya sin deseos ni entusiasmos, de la que todos querrían prescindir. Las energías físicas, es inevitable, no son las de siempre, pero eso no quiere decir que la vida no siga ahí, invitándonos continuamente a gozar de ella, a seguir conociéndola, con la misma capacidad de asombro de un joven, que contase además con la ventaja de la experiencia: el anciano sabe, mejor que nadie, qué merece la pena y qué no. Disfrutar de la ancianidad con el «sabio» optimismo de personajes como Sandro Pertini, no es, pues, tan difícil.

CAMBIOS SOCIALES DEL ANCIANO

Uno de los principales problemas de los ancianos es la soledad. Con el envejecimiento se producen una serie de cambios dentro de las relaciones sociales de cada persona que van aflojando o eliminando vínculos afectivos que tal vez se necesitan especialmente durante esta época de la vida.

Poco a poco, los ancianos sufren la pérdida por fallecimiento de su pareja, de otros familiares allegados, de sus amigos e incluso, a veces, de sus propios hijos, con lo que se añade al dolor de la muerte de un ser querido, una progresiva situación de aislamiento afectivo. Además, cada fallecimiento les recuerda, por así decirlo, que pronto pueden ser ellos quienes mueran. Por otro lado, los vínculos con los hijos, ya adultos e independizados en la mayor parte de los casos, se suelen debilitar progresivamente con la edad, de modo que los ven con escasa frecuencia, sintiéndose cuando conviven con ellos como una «carga». En la actualidad no es raro que el anciano se mude frecuentemente desde el hogar de un hijo hasta el de otro, sintiéndose, al transcurrir un poco de tiempo, inútil y desplazado, lo que se suma a la situación de desarraigo que este tipo de situaciones implica. En otros casos se ven prácticamente obligados a alojarse en asilos o residencias geriátricas donde les resulta difícil adaptarse a unas normas que no han seguido a lo largo de toda su vida. Tampoco les resulta fácil a un buen número de ellos establecer nuevas relaciones de cierta profundidad con las personas que conviven a su lado, a pesar de su aislamiento afectivo, ya que no pocos tienen dificultades en el terreno de la integración socioambiental.

Como resultado de todo este tipo de factores de índole social, afectivo y relacional se acumulan situaciones existenciales en las que predominan, con mayor frecuencia que en otras épocas de la vida, las vivencias de desarraigo y abandono, de falta de expectativas cara al futuro, de soledad, aburrimiento, inutilidad y de frustración afectiva, que pueden conducir a situaciones de intensa desesperanza y de fracaso existencial. En estos casos, el anciano deja de encontrar sentido a su vida y sólo puede optar por la resignación o por intentar aliviar esta carga, intentando mejorar con los medios que tiene a su disposición los años que aún le quedan de vida.

Si consideramos junto a los factores anteriores, la frecuencia de enfermedades corporales, la pérdida progresiva de prestigio, poder social y adquisitivo, la inactividad e incluso la hostilidad de una sociedad cada día más favorable a la eutanasia, se puede comprender perfectamente que los ancianos tiendan a refugiarse en su pasado, ya que en muchos casos es lo único que les queda, pues el presente y el futuro pierden su valor frente a lo que ocurre con los jóvenes.

Es comprensible bajo estos puntos de vista que sean los ancianos las personas entre las que se acumulan mayores índices de depresión y de suicidios. Son muchos los que no desean vivir en esta situación y desean la muerte a la que se anticipan, con mucha más frecuencia que en otras edades, por sus propios medios. No obstante, la vejez puede ser una época de la vida tan feliz como las otras. Todo depende en muchos casos del propio proyecto de vida elaborado y desarrollado con anterioridad, que puede llegar a su culminación durante los últimos años de la vida. Muchas personas que han destacado por su equilibrio emocional y por una actividad gratificante, diversificada e intensa, gozan de suficientes instrumentos como para abordar satisfactoriamente el proceso del envejecimiento, y en especial aquellos que, a lo largo de su vida, han sido capaces de establecer vínculos afectivos suficientemente numerosos y profundos. J. H.

TRANSFORMACIONES PSICOLÓGICAS DEL ANCIANO

Con el paso de la edad, se van produciendo toda una serie de cambios psicológicos, muchos de los cuales están en relación con transformaciones biológicas propias del envejecimiento. Los ancianos tienden más al retraimiento social; cada vez tienen más pereza para salir de casa a pasear, asistir a espectáculos o visitar a los amigos, lo que puede estar más o menos asociado a los trastornos psicomotores que aparecen o se agravan con la vejez. Cambios en el sistema nervioso y aparato locomotor van dificultando progresivamente la marcha, haciendo que los desplazamientos sean cada vez más dificultosos, lo que, unido a una disminución de incentivos e intereses y a la posible aparición de pequeñas enfermedades (que a esta edad cursan con una sintomatología más aparatosa), hacen que el anciano permanezca demasiado tiempo en la cama o, al menos, sin salir de casa (tanto más, si consideramos que no suele tener obligaciones o problemas que no se puedan aplazar). Como consecuencia de estos factores y otros muchos, el anciano disminuye su nivel de actividad fuera de casa y sus relaciones sociales son cada vez más limitadas.

Con la senilidad también se experimentan cambios importantes a nivel intelectual y en el área del lenguaje. El pensamiento se vuelve más lento («bradipsiquia»), al igual que el lenguaje, que además se vuelve más rápido y pobre, como expresión de una menor agilidad y facilidad para establecer asociaciones de conceptos abstractos.

Cuando el deterioro senil es muy grave, puede resultar difícil mantener con estas personas una conversación que no sea elemental. La pobreza de contenidos del pensamiento puede dar lugar a un lenguaje monótono y reiterativo, en que el anciano sólo habla de un tema o vuelve siempre a un mismo tema a lo largo de la conversación.

Otro problema importante es el de la memoria. En términos

generales, los ancianos no suelen tener demasiados problemas para recordar sucesos o cuestiones sucedidas hace mucho tiempo; es decir, tienen bastante conservada la memoria de evocación. Sin embargo, pueden no acordarse de los hechos más recientes, incluso de los que acaban de oír, decir o hacer hace escasos momentos; es decir, suelen tener disminuida la llamada memoria de fijación.

Toda esta serie de trastornos que acompañan al proceso de envejecimiento hacen que el anciano se sienta disminuido no sólo físicamente, sino también en el plano intelectual.

La disminución de la sensibilidad sensorial, especialmente en lo que se refiere a la vista y oído, dificulta aún más la comunicación y la vida intelectual de estas personas. Como consecuencia, muchos ancianos tienen la sensación de estar muy disminuidos en sus propias capacidades, se sienten «acabados» y llevando una vida difícil y, a veces, vacía de sentido.

Los días van sucediéndose con una monotonía inevitable. La soledad, la aparición de enfermedades crónicas o dolorosas y la falta de interés y expectativas dirigidas hacia el futuro, junto con los frecuentes problemas de insomnio que surgen a esta edad, hacen que durante la vejez los trastornos depresivos y el suicidio adquieran una incidencia notablemente superior respecto a otras edades, tal y como revelan de un modo asolador y dramático las estadísticas.

Por otro lado hay que considerar que las personas de edad avanzada tienen disminuida su capacidad de adaptación a situaciones nuevas, por lo que les resulta particularmente difícil acoplarse a posibles cambios de vida, con lo que todo cambio de cierta relevancia, al igual que la pérdida de seres queridos, son posibles desencadenantes de una depresión, tanto más si, como hemos visto, actúan generalmente sobre una situación en sí misma depresivógena. J. H.

EL PROCESO BIOLÓGICO DEL ENVEJECIMIENTO

Con el envejecimiento, especialmente si tenemos en cuenta que la edad media de vida sigue aumentando de manera progresiva los últimos años, se produce un cierto deterioro psico-físico, al que se añaden un buen número de enfermedades, que, generalmente, tienen peor pronóstico durante esta época de la vida, resultando a veces incapacitantes. A continuación presentamos algunos datos estadísticos elaborados recientemente en España por el Gabinete de Estudios Sociológicos Bernard Krief y la Sociedad Española de Geriatría:

ENFERMEDADES MÁS FRECUENTES
EN MAYORES DE SESENTA Y CINCO AÑOS

1. Hipertensión arterial
2. Artrosis
3. Bronconeumopatías crónicas
4. Insuficiencia cardíaca
5. Enfermedad vasculocerebral crónica
6. Cardiopatía isquémica
7. Reumatismos inflamatorios
8. Diabetes
9. Demencia senil
10. Depresión

ENFERMEDADES MÁS INCAPACITANTES
EN MAYORES DE SESENTA Y CINCO AÑOS

1. Artrosis
2. Demencia senil
3. Enfermedad vasculocerebral crónica
4. Bronconeumopatías
5. Enfermedad vasculocerebral aguda
6. Insuficiencia cardíaca
7. Parkinson
8. Reumatismos inflamatorios
9. Cardiopatía isquémica
10. Hipertensión arterial

Además de la extraordinaria frecuencia con la que se acumulan este tipo de enfermedades, con alto índice de incapacidad psicofísica, hay que considerar un buen número de aspectos psicobiológicos que tienen una gran relevancia durante la vejez. Entre éstos hay que destacar fundamentalmente los factores corporales de índole puramente estética, los trastornos de la sexualidad, la pérdida de memoria (especialmente en lo que se refiere a hechos recientes), la dificultad para fijar conceptos y la disminución de la capacidad de concentración. Por otra parte se encuentran las deficiencias sensoriomotoras, como disminución o pérdida de sentidos fundamentales, principalmente la visión y audición, que tienen una doble repercusión desde el punto de vista psicológico y sociológico, ya que agravan más los problemas de incomunicación y aislamiento.

Desde una perspectiva psicológica y psicopatológica destaca la influencia negativa que sobre la psicología individual tienen todos estos procesos y los tratamientos médicos que tienen que ser aplicados para aliviarlos. Muchos de éstos favorecen la depresión, como es el caso de algunos hipotensores, corticoides, quimioterápicos, y la misma radioterapia. Las intervenciones quirúrgicas y los ingresos hospitalarios prolongados favorecen la aparición de un síndrome depresivo y de otros trastornos psicopatológicos. J. H.

PLANIFICAR LA VIDA: CÓMO OCUPAR EL TIEMPO LIBRE DURANTE LA VEJEZ

El trabajo es para algunas personas la única actividad que le suscita suficientes intereses, a la vez que constituye lo que de modo casi exclusivo llena su vida. Con la jubilación, o al abandonar el trabajo por otros motivos, se produce un vacío que no se puede llenar de forma improvisada. Es verdaderamente necesario que a lo largo de la vida, cada persona, y según sus propias tendencias, amplíe su círculo de actividades e intereses, de modo que, al llegar a la vejez, pueda ocupar el tiempo tan amplio que en esos momentos tiene a su entera disposición, de modo que no sea una carga que no se sabe como llenar hasta el punto de plantearse «cómo pasar el tiempo», sino una auténtica oportunidad para dedicarse a aquellas actividades que, precisamente por falta de tiempo, no pudo desarrollar más en etapas anteriores de su vida.

Desde esta óptica, resulta fundamental planificar todo este tiempo libre a fin de sacarle el máximo provecho posible. La mayor parte de los ancianos, salvo graves impedimentos físicos, se encuentran en disponibilidad de fortalecer y ampliar progresivamente parcelas fundamentales en todos los campos. Uno importante es la cultura, que no pierde finalidad a esta edad, ya que la auténtica cultura está dirigida a completar la propia formación, lo que encaja perfectamente si pensamos que el hombre debe tender a perfeccionarse progresivamente a lo largo de toda su existencia. Por otro lado, el desarrollo de actividades intelectuales dificulta el deterioro mental que se puede producir como consecuencia del proceso fisiológico del envejecimiento.

También es éste un buen momento para desarrollar *hobbies* que se emprendieron en otras épocas de la vida y, sobre todo, para afianzar lazos afectivos con otras personas que, tal vez, se habían descuidado anteriormente por falta de tiempo; incluso, se pueden establecer nuevas amistades que enriquezcan nuestra vida en el terreno social y afectivo. Puede ser una buena época para viajar, para leer, para disfrutar y conocer con mayor profundidad a los grandes maestros de la música, para crear, en cualquier parcela del arte (pintura, dibujo, literatura, etc.) o de la artesanía manual. Frecuentemente, los interesantes conocimientos que los ancianos han acumulado simplemente con la experiencia, se pierden por la falta de decisión o de interés que parecen tener éstos en comunicarlos de forma adecuada. La época en que la vida culmina puede ser la más indicada para transmitir lo mejor de lo que albergamos dentro de nosotros mismos.

Por otro lado, se dispone de suficiente tiempo como para llevar a cabo una investigación o para integrarse en grupos que colaboran en causas humanitarias, en difundir ideales políticos, religiosos, ecológicos, etc. Con una buena planificación del tiempo, se pueden abarcar simultáneamente un buen número de facetas, escogidas en función de los propios intereses y tendencias, a la vez que en relación con los medios y disponibilidades de cada persona, de modo que la vida puede resultar más plena y satisfactoria que en edades anteriores de la vida. El principal obstáculo está muchas veces en tomar una decisión, en informarse, en dar el primer paso. Después, todo es más fácil, como si se crease un círculo vicioso que nos empujase hacia un campo cada vez más rico en actividades.

De este modo, además, se consigue una buena prevención de las dificultades y problemas que puede acarrear la vejez. La vida se llena de intereses, motivaciones de proyección hacia el futuro: de sentido, en definitiva. La vejez equivale así a un gran tiempo de ocio, supone la posibilidad de dedicarse a las actividades que verdaderamente engrandecen al hombre, sin las obligaciones que implica la necesidad de realizar un trabajo remunerado. J. H.

LA JUBILACIÓN

La jubilación constituye a menudo una fuente importante de conflictos psicológicos. Durante las últimas décadas se ha conseguido un progresivo aumento de la edad media de vida, con lo que son mucho más numerosas las personas que llegan a jubilarse y, sobre todo, se ha conseguido que se vivan muchos años más que antes después del momento de jubilarse, sobre todo si tenemos en cuenta que la edad de jubilación se ha anticipado hasta edades más tempranas. En la actualidad nos encontramos con una situación hasta cierto punto paradójica: el hombre vive más años, comienza a trabajar más tarde (numerosas profesiones requieren más años de preparación, los estudios ocupan mayor número de años, etc.) y se jubila antes que en épocas pasadas. Este conjunto de circunstancias hacen que el hombre trabaje, en un sentido estricto, durante un período de tiempo más corto, con lo que se reduce la proporción de población activa.

Por otro lado, hay que tener en cuenta que en la sociedad actual, el mundo laboral y el papel que se desarrolla en el mismo, tienen una importancia de especial relieve. Muchas personas son consideradas, en un primer momento, en función del trabajo que realizan, siendo éste, más que nunca, un criterio fundamental para elaborar un juicio crítico. El exceso actual de competitividad hace que estas personas estén sometidas a un alto nivel de exigencias, que inducen a las mismas a dedicarse plenamente a su trabajo, con lo que muchos no tienen tiempo para continuar cultivando *hobbies y* aficiones que habían desarrollado antes de comenzar a trabajar. Esta dedicación plena al trabajo puede traer consecuencias muy negativas cuando llega el momento de jubilarse.

¿Cuáles son entonces, las principales repercusiones psicológicas de la jubilación? Por un lado, la mayoría de los jubilados piensan que se encuentran física e intelectualmente bien dotados como para que se les obligue a jubilarse, lo que casi siempre es una gran realidad. Por tanto, se ven excluidos del mundo laboral por leyes que consideran absurdas. Otros, generalmente los que han tenido una vida laboral menos creativa, desean jubilarse, pero transcurridos seis meses, no saben a qué dedicar su tiempo, y añoran de nuevo el trabajo. La cuestión está en saber sacar partido a un tiempo que sobra. La jubilación no solamente produce un vacío de tiempo que hay que ocupar, sino que muchas veces conlleva una pérdida de prestigio, de poder, de relaciones sociales y de expectativas de futuro. Por otro lado, es un momento en que resulta casi obligado hacer un balance existencial, en el que nos damos cuenta de que, casi nunca, logramos las metas soñadas, y ya no tenemos posibilidad de alcanzarlas. Si bien el trabajo constituye tan sólo una parcela de nuestra vida, en estos momentos en que lo perdemos, se puede erigir como la más importante; tanto más cuanto que en muchos casos ha servido de refugio para fracasos en otros ámbitos.

Perder el trabajo, a cierta edad puede suponer, casi, una pérdida de identidad. No nos reconocemos en el nuevo tipo de vida que nos vemos obligados a adoptar. En cualquier caso supone un esfuerzo de adaptación que no todos superan, por lo que puede surgir una depresión a los pocos meses de haberse jubilado. Si previamente no se ha elaborado adecuadamente el tiempo de ocio, configurando actividades paralelas al trabajo, que ahora se pueden desarrollar con más amplitud, la situación es más caótica. Y sobre todo los hombres, a los que ahora les sobra tanto tiempo que no saben aprovechar, pueden hacerse molestos en su propia casa, donde sus familiares no están acostumbrados a una presencia real tan prolongada. Comienzan a opinar sobre cosas que nunca antes les habían interesado, a vigilar, a interferir, en definitiva, en el ritmo de vida y ocupaciones de los que los rodean, con lo que, muchas veces, éstos se sienten molestos.

La jubilación es algo que se debe programar, si no queremos padecer buena parte de estos problemas. No debe llegar de repente, como algo imprevisto. De este modo podemos hacer que esta época de la vida sea, al menos, tan satisfactoria como las demás. La clave está muchas veces en mantener un amplio círculo de amistades y en no perder la ilusión por conocer cosas nuevas, dentro de una mentalidad abierta, tolerante y adaptable a los inevitables cambios sociales. El desarrollo de aficiones, de aquellas cosas «a las que siempre nos gustaría habernos dedicado» puede tener lugar durante esta época de la vida, por lo demás muy prolongada, ya que puede durar en la actualidad veinte o treinta años. Hay que evitar que el trabajo se convierta en un objetivo vital único, que sea el fundamento exclusivo del sentido de nuestra vida. A la edad de la jubilación quedan todavía muchas cosas por hacer, y éste puede ser el momento idóneo para llevarlas a cabo. J. H.

LA VIVENCIA DE LA MUERTE

Aunque se oiga decir «yo no tengo miedo a morir», a todos, de una u otra forma, nos asusta la muerte, a pesar de que tendamos a considerarla como algo «ajeno», que nunca nos afectará directamente, ni a nosotros ni a quienes amamos. La vivencia de la muerte de hecho no sólo afecta al que se acerca a ella, sino a todas las personas que lo rodean y lo quieren.

El envejecimiento y la vivencia de la muerte suelen estar íntimamente relacionados. A medida que la vida avanza, el aviso de su fin se hace cada vez más insistente. Hay que tener en cuenta el aumento de los años de vejez en los países occidentales en los que la población general va envejeciendo. El hombre prehistórico tenía una vida media de dieciocho años, en la época de la revolución americana alcanzaba los treinta y cinco y en 1900, los cuarenta y nueve años. Hoy la esperanza de vida en las sociedades industriales oscila alrededor de los setenta y cinco años. Un bebé suizo puede esperar vivir como mínimo setenta y cinco años mientras que su contemporáneo en la India probablemente muera a los cuarenta y seis. A esta mayor previsión de vida hay que añadir el alarmante descenso de la natalidad en estas mismas sociedades, de forma que cada vez hay más ancianos que van te-

La ancianidad puede ser, perfectamente, el momento más rico y creativo de nuestra vida, cuando, ya sin las preocupaciones y las incertidumbres de un tiempo, podemos volvernos serenamente sobre nosotros mismos, descubrir quiénes hemos sido realmente, y dedicarnos a satisfacer los deseos de ese auténtico YO con el que, al fin, podemos dialogar sin prisas. No es casual que muchas de las obras literarias más profundas y perdurables de la historia las escribieran autores ya ancianos. (Foto: The Image Bank.)

niendo más años. Pero, es curioso, no son los ancianos los que tienen miedo a morir, sino los jóvenes y los adultos, personas que en teoría tienen la muerte más lejana.

Cuando una persona se entera de que va a morir entra en una especie de *shock y* lo mismo le ocurre a las personas que la quieren. Luego, tanto el afectado como sus seres queridos, entran en un proceso de cuatro fases:

1. *Rechazo.* En ella la enfermedad mortal no se acepta, se niega su existencia. Hay personas que hasta llegan a abandonar el tratamiento o las visitas al médico con tal de no escuchar otra vez la terrible sentencia. Otras, incapaces de asumir su destino, visitan un sinfín de médicos y curanderos buscando inútilmente que alguno cambie el diagnóstico.
2. *Autocompasión.* Cuando no hay más remedio que asumir este hecho, la persona se compadece de su suerte. Se pregunta obsesivamente. ¿Por qué a mí y no a otro? En esta segunda fase no son raros los sentimientos de ira hacia otras personas o miembros de la familia, como si fuesen culpables de la propia enfermedad.
3. *Rebelión.* Es la fase de lucha en la que el enfermo intenta vencer o frenar el avance de la muerte. Hay una absoluta concentración en esta idea, el cuerpo y el espíritu se mantienen en actitud de combate. En estos momentos la ayuda de los seres queridos es fundamental.
4. *Aceptación.* Cuando se ha perdido la última batalla sólo queda esperar y aceptar el final. Es la fase en la que el moribundo de pone en paz consigo mismo y con todo lo que lo rodea, hace balance de su vida e intenta vivir sus últimos momentos. No es la fase más traumática, sino que suele caracterizarse por la serenidad y la resignación. En muchos individuos aparece una fuerte e imperiosa necesidad de acercarse a Dios y de reparar los posibles errores cometidos. Otros intentan arreglar todos los asuntos pendientes. En estos momentos todos saben que van a morir y esperan.

Estas cuatro fases no son estrictas. Hay personas que pasan de la primera a la última directamente, otras sólo viven una de ellas.

Pero los estudios psicológicos demuestran que la mayoría de las personas vive las cuatro.

Múltiples factores influyen en la actitud de las personas ante la muerte. La fe, el creer en Dios y la esperanza de una vida futura, confortan, dan entereza y resignación a la hora de enfrentarse con la muerte y soportar la pérdida de seres queridos; hay personas que han vivido alejadas de todo lo divino, y que al acercarse sus últimos días necesitan reencontrarse con Dios. Existen factores sociales que están cambiando, entre ellos el entorno de los enfermos incurables; antes estaba limitado al hogar al que se iba a morir rodeado de familiares, luego se ha circunscrito a los hospitales. Ahora hay una especie de vuelta atrás, y enfermo, médico y familiares suelen preferir el propio hogar. También se ha modificado la estética de la muerte y todo el simbolismo acompañante. Si hubiese que resumir en una palabra la actitud social de hoy ante la muerte, sería la de «desdramatización».

Otro hecho a tener en cuenta es la lucha constante de la ciencia contra la muerte, intenta vencerla, pero como inevitablemente no puede, la retrasa hasta el límite de sus posibilidades. Entramos en una dura discusión: ¿hasta qué punto es lícito mantener viva a una persona que se muere irremediablemente?, ¿es obligatorio permitir una «muerte digna»?, ¿se debe luchar por la vida hasta el fin? La eutanasia es un tema controvertido y candente. Iglesia, gobiernos, partidos políticos, agrupaciones médicas y sanitarias, y cada individuo particular aportan su opinión, su criterio, pensando, quizá, lo que desearía para sí en sus momentos finales. Es imposible dar una norma justa sin arriesgarse, tal vez habrá que esperar a que todas las estructuras sociales lleguen a un acuerdo. M. D.

CÓMO PROTEGER AFECTIVAMENTE AL ANCIANO

El anciano, debido al declive que sufren todas sus funciones físicas y psíquicas, se ve sometido a un proceso de adaptación a tal circunstancia, que puede muchas veces costarle un importante desequilibrio afectivo.

Por un lado, debe amoldarse a unas limitaciones personales y por otro a las limitaciones que le impone su medio social.

Aunque no haya una enfermedad concomitante con la vejez, tienen lugar unos fenómenos de deterioro considerados médicamente como normales y debidos a la propia senectud, como son: pérdida de la agilidad mental, dificultad para el aprendizaje de nuevas actividades, dificultad para adaptarse a cambios de lugar, repetición en sus relatos y descontrol de las reacciones emotivas. Todo ello determina un comportamiento típico que con frecuencia es incomprendido por quienes lo rodean y conviven con él.

Generalmente se pretende que el anciano responda en la convivencia familiar como el resto de sus miembros, exigiéndosele unas responsabilidades para las que él ya no está capacitado. De otro modo, si se le resta importancia se siente marginado y rechazado. Realmente muchas veces no se sabe cómo actuar para no caer en el exceso o en el defecto.

Tal vez uno de los sentimientos más dolorosos para el anciano sea su sensación de soledad y aislamiento. Cuando se queja de ello, la familia no suele entenderle, pues afirma que nunca lo dejan solo en casa. El problema estriba en que la soledad que experimenta es una consecuencia de la pérdida progresiva de sus «objetos» afectivos: esposa, amigos, familiares fallecidos, etc. Conserva pocos o ningún elemento humano de su generación con los que antes intercambiaba cariño, y los que ahora lo atienden viven en «otra onda» de la que se siente desfasado.

Consecuencia de lo anterior es una compensación inconsciente que lo lleva a proyectar un afecto y estima sobre otro «objeto», habitualmente pequeñas cosas, recuerdos y bagatelas, a veces incluso alimentos y restos de comida. Se torna entonces receloso y piensa que es víctima de estafa y robos, hecho que corrobora cuando la familia hace limpieza y tira «sus porquerías».

Ciertamente es tarea difícil convivir con el anciano y requiere un gran esfuerzo protegerle de sus padecimientos en el terreno afectivo. Es necesaria mucha paciencia y, sobre todo, mucha comprensión. Aunque resulten raras, hay que tratar de buscar una lógica a veces muy remota pero existente, en sus conductas. Se deben tener en cuenta sus limitaciones intelectuales y confusiones en el tiempo. Tal vez lo veamos anclado en un pasado que ahora nos parezca remoto; pero hay que tener en cuenta que ese pasado era su presente cuando gozaba de su plenitud vital.

Es posible que el anciano no exija tanto si sabemos tratarlo con tacto y consideración. J. M. U.

LA INVOLUCIÓN SENIL Y LA DEMENCIA

A medida que la edad avanza y, sobre todo, a partir de los sesenta-setenta y cinco años, todas las personas sufren una merma de su capacidad intelectual que varía mucho de unas a otras. Se afecta la memoria, el pensamiento, el lenguaje, la orientación, la percepción, la psicomotricidad y la situación afectiva. Todo ello se debe a una involución o deterioro del cerebro que puede seguir un ritmo más o menos normal o ser muy rápido, precoz e intenso, dando lugar a una demencia.

No todas las personas sufren este deterioro por igual, ahí están ancianos como Churchill y Adenauer que a edad muy avanzada rebosaban vigor intelectual. Hay que tener en cuenta unos datos: 1) el nivel intelectual máximo de un individuo se alcanza alrededor de los veinte años, desde este momento declina lenta y gradualmente hasta los sesenta en que esta declinación se acelera; 2) cuanto más elevado es el nivel mental de un sujeto, más lento y tardío es su declinar; 3) las facultades no se pierden de forma uniforme, desaparecen primero las que exigen la ejecución de una tarea y luego las que implican un rendimiento verbal, y 4) el aumento del número de ancianos. Hoy, un 15 por ciento de la población tiene más de sesenta y cinco años y será el doble a finales de siglo. Por encima de los sesenta y cinco un 6-10 por ciento de las personas presentan un cuadro de demencia y por encima de los ochenta años, la cifra llega a un 20-30 por ciento de la población.

La causa más frecuente de la involución senil es la arteriosclerosis cerebral que se debe, como la arteriosclerosis general, al depósito de colesterol en las paredes de los vasos sanguíneos. El resultado es un trastorno de la circulación que puede dejar zonas del cerebro sin aporte adecuado de sangre, por lo que estas zonas se lesionan, pudiendo llegar a morir. El anciano con arteriosclerosis cerebral se queja de fallos en la memoria que siguen la «ley de Ribot», es decir, es capaz de relatar con todo detalle hechos que ocurrieron hace años, pero, sin embargo, se olvida de lo que ha hecho ese mismo día o el anterior. Tiene un cambio paulatino del tono vital con cansancio, fatigabilidad, debilidad de la atención, alteraciones del humor con labilidad de ánimo y reacciones desproporcionadas ante los estímulos (puede llorar o reír de pronto sin que exista una causa justificada para ello). La evolución de estos cuadros no es progresiva como en la demencia, sino que puede estacionarse y sufrir pequeñas remisiones parciales.

La demencia es ya un síndrome clínico motivado por una enfermedad cerebral que provoca un deterioro en la orientación, memoria, función intelectual, juicio y labilidad y superficialidad del afecto. Las demencias precoces pueden aparecer a partir de los cincuenta años y todas ellas avanzan progresivamente (si se trata de cuadros irreversibles) hasta producir la total incapacidad física y psicológica del sujeto. Este enfermo está obnubilado (como somnoliento), confuso (es incapaz de mantener una conversación, tiene una atención fatigable, pierde el hilo con facilidad pasando de un tema a otro). Hay una llamativa labilidad del ánimo, pero predomina la indiferencia afectiva y no es rara la depresión (hay que tener en cuenta que la depresión y la demencia incipiente suelen solaparse). El lenguaje está muy afectado, el enfermo baja el tono de la voz, habla lentamente, repitiendo palabras o sustituyéndolas; un trastorno precoz es la dificultad para encontrar la palabra adecuada. La memoria se encuentra deteriorada y según el tipo de demencia se afecta la reciente, la lejana o ambas. Acompañando a los trastornos de memoria está la desorientación temporal (el sujeto no sabe la fecha ni el mes ni el año en que vive) y/o la desorientación espacial (no sabe dónde se encuentra y se pierde en la calle). Se afecta la psicomotricidad y hay una dificultad para llevar a cabo gestos o movimientos simples y escalonados.

Ante un paciente que pueda tener una demencia es fundamental acudir al médico y particularmente al neurólogo. Algunas demencias son reversibles, se deben a problemas específicos que con tratamiento adecuado pueden solucionarse. Es fundamental diagnosticarlas a tiempo para poner en marcha el tratamiento específico. El diagnóstico se basa en: evaluación clínica con la his-

TIPOS DE DEMENCIA SEGÚN EL TRATAMIENTO

Demencias potencialmente reversibles

Trastornos neoplásticos	Tumor cerebral.
Trastornos endocrinos	Alteraciones tiroideas, paratiroideas, suprarrenales, hipoglucemia.
Otros trastornos metabólicos	Insuficiencia hepática, renal, pulmonar, hiponatremia (disminución de sodio en la sangre), secreción inadecuada de hormona antidiurética, porfiria, enfermedad de Wilson.
Toxinas exógenas	Toxicidad por fármacos (barbitúricos, bromuros, exposición a metales pesados).
Estados deficitarios	Hipovitaminosis B12, síndrome de Wernicke-Korsakoff, pelagra.
Trastornos vasculares	Lupus eritematosos, hemorragia subaracnoidea secundaria e hipertensión.
Trastornos postraumáticos	Hematoma subdural, hidrocefalia comunicante.
Trastornos inflamatorios	Parálisis general, abceso cerebral, meningoencefalitis, inflación crónica.

Demencias irreversibles

Demencias vasculares	Demencia multiinfarto, síndrome del seno aórtico, estenosis carotidea.

Demencias por alcoholismo.
Demencia postraumática.
Enfermedad de Alzheimer.
Enfermedad de Pick.
Corea de Huntington.
Enfermedad de Parkinson.
Esclerosis múltiple.
Enfermedad de Creutzfeld-Jacob.
Demencia dialítica.

toria del enfermo y sus antecedentes personales y familiares, exploración clínica (recorre todas las posibles funciones afectadas: conciencia, afectividad, lenguaje, memoria, praxias, orientación), examen físico y neurológico, examen psicométrico (batería de tests que completa la exploración clínica), electroencefalograma, TAC o tomografía axial computadorizada y otras técnicas, como la tomografía por emisión de positrones, la resonancia nuclear magnética o los estudios de potenciales evocados.

A la hora de atender a un paciente con demencia, tras descartar las demencias tratables que tienen un tratamiento específico, hay que obtener una serie de datos: diagnóstico y evaluación del problema orgánico, valoración de la personalidad previa del paciente, diagnóstico del grado de deterioro neuropsicológico, evaluación de la iniciativa, la energía y las capacidades, determinación del soporte sociofamiliar con que el enfermo cuenta.

Lo ideal es aportar todas las posibilidades para que el enfermo permanezca el mayor tiempo integrado de forma suficiente en la familia y en la sociedad. Se hacen controles periódicos de su estado y se le facilita la posibilidad de los hospitales de día adonde acude sólo un cierto número de horas. Los ingresos hospitalarios deben ser restringidos al mínimo, recurriendo a ellos sólo cuando sea estrictamente necesario.

En cuanto al tratamiento farmacológico existen diversos compuestos. Los más usados, pero de eficacia discutible, son los que actúan sobre el deterioro neuropsicológico. A esto se añaden neurolépticos si hay agitación, agresividad o síntomas psicóticos. Se usan ansiolíticos e inductores del sueño cuando son necesarios, siempre bajo control médico. Otros problemas, como la incontinencia de esfínteres tienen tratamiento específico según la causa. M. D.

LA RESIDENCIA DEL ANCIANO

Un problema que se plantea muy a menudo en las familias en las que se convive con uno o más ancianos es la duda, generalmente moral, de si conviene o no ingresarlos en una residencia especializada para que pasen allí el resto de sus vidas.

Cuando una familia plantea esta pregunta al profesional, éste generalmente contesta con una respuesta ambigua: «Según y dónde.» Y es que la ambigüedad es inevitable cuando se trata de problemas humanos. Cada persona es un mundo diferente, con una psicología y unas circunstancias ambientales peculiares y prácticamente irrepetibles.

Los problemas médicos, legales y psicológicos que surgen por la inadaptación social del anciano constituyen una de las grandes cuestiones de actualidad en salud mental.

Para intentar solucionar el tema, la administración pública debe, por un lado, tratar de paliarlo mediante unas disposiciones que luchen contra el aislamiento social del anciano, factor capital de su inadaptación, creando medidas socioeconómicas que permitan vivir a las personas mayores con unos mínimos de comodidad (plan de pensiones, retiros, beneficencia, asistencia social, etc.), y contando con buenos servicios de geriatría, bien hospitalaria o ambulatoria.

Por otro lado, la asistencia privada ofrece una alternativa, obviamente más «clasista», a las inevitables condiciones desfavorables que la demanda excesiva provoca en la asistencia estatal. Así son: los subsidios de pensión previamente cotizados a entidades bancarias, residencias particulares, contratación libre de profesionales auxiliares a domicilio, etc.

Pero independientemente del importante y a veces trascendental condicionamiento económico, volvemos a plantearnos la duda moral ante qué hacer con el anciano. Como dijimos, dependerá de varios factores según cada situación:

— *Situación del anciano*. Primeramente hay que distinguir entre el anciano sano y el anciano enfermo, mental o físico. Lógicamente aquel que conserva las suficientes facultades para valerse por sí mismo requerirá un mínimo de asistencia, tal vez sólo un apoyo moral y afectivo, pudiendo ser considerado dentro de sus limitaciones un elemento más de la familia. Habitualmente este tipo de ancianos no suele despertar en el núcleo familiar la duda sobre su domiciliación.

En cambio, el anciano enfermo físico, que requiere una atención médica y cuidados especiales por hallarse notablemente debilitado o encamado, ya sí suele plantear los primeros conflictos. Según la gravedad de su patología así habrá que actuar. A veces, el simple contacto con un médico que controle su tratamiento y realice visitas domiciliarias periódicas es suficiente. En otras ocasiones es necesaria la contratación de un enfermero para que ejecute las tareas más delicadas desde el punto de vista médico e higiénico. Cuando el estado de salud es más grave puede ser necesaria la hospitalización, que no suele prolongarse más allá del logro de una aceptable compensación, quizá transitoria, de sus males.

En tercer lugar, figura el anciano enfermo psíquico, generalmente debido a una demencia senil. Éste tal vez sea el mayor problema con que se puede encontrar una familia porque en este caso la asistencia requerida ya no sólo debe ir encaminada a paliar lo que el anciano no es capaz de hacer sino también a lo que es capaz de «deshacer». Su conducta alterada y frecuentemente disparatada puede llegar a hacerse insoportable. En este caso no quedará más remedio que el internamiento y la asistencia psicogeriátrica continuada, a no ser que un adecuado tratamiento modere su actitud, logro que es muy difícil de conseguir y sobre todo de mantener por la frecuencia con que el cuadro presenta un carácter irreversible.

— *Situación familiar.* Primordialmente, hay que analizar la situación económica. Desgraciadamente la oferta estatal, debido a los bajos presupuestos y la masificación en la demanda, en muchos lugares es bastante precaria. Por ello, cuando es factible, es necesario recurrir a la alternativa privada.

En otras ocasiones, el internamiento en residencia se hace imperioso por la incapacidad de la familia para dar al anciano la asistencia que precisa, generalmente esto obedece a motivos laborales (los familiares trabajan fuera de casa) o bien está provocada por otros factores que desvían la atención necesaria hacia otros menesteres.

— *Situación del centro de asilo.* Aunque una dificultad que tiene el anciano es su inadaptación a los cambios de ambiente, si por necesidad ha de ser recluido en un centro, puede atenuarse considerablemente esta circunstancia si está dotado de unas instalaciones dignas y adecuadas.

Pensemos que, salvando el período de «aterrizaje» en la residencia, con un buen apoyo familiar que evite la idea del abandono, tal vez el anciano se encuentre mejor atendido. Mantiene una convivencia con personas de su edad que van a comprender mejor sus conversaciones obsesivamente evocativas y puede hacer amigos. J. M. U.

IX. Enfermedades psíquicas

LA CONCIENCIA DE ENFERMEDAD. NEGACIÓN DE ENFERMEDAD

J. A. Vallejo-Nágera

Hay muchas frases hechas, de uso común, plagadas de errores sobre los enfermos mentales. Una muy frecuente afirma: «si un loco sabe que está loco, es que no está loco». Es falso. Con frecuencia los psicóticos graves perciben su enfermedad, saben que son enfermos mentales y esto constituye uno de sus mayores motivos de angustia y sufrimiento.

Otros psicóticos, por ejemplo los paranoicos, creen que no están enfermos pero se percatan de que las demás personas los consideran enfermos, y actúan con astucia, disimulando sus síntomas o negándolos.

Durante el curso de una misma enfermedad, la esquizofrenia por ejemplo, hay períodos en los que el paciente tiene conciencia de enfermedad, de «desintegración del yo», de pérdida de control de su psiquismo, con la lógica alarma; y en una fase posterior puede aceptar como reales sus alucinaciones e ideas delirantes y perder la conciencia de enfermedad, y como consecuencia negarse a seguir el tratamiento que podría curarle. Otros están desproporcionadamente alarmados porque creen padecer una dolencia mucho más grave que la que realmente tienen. Este último rasgo enlaza con la llamada hipocondría.

Entre las personas normales las hay aprensivas y otras despreocupadas de su salud. La exageración de estas variantes del comportamiento «normal» llega a ser claramente patológica (enfermiza).

Al aprensivo patológico se le denomina hipocondríaco. El despreocupado patológico olvida el riesgo que corren su salud o vida, pero también existe el llamado «síndrome de negación de enfermedad» o «anosognosia», que consiste en que personas psíquicamente normales (excepto en este punto) niegan contra toda evidencia estar enfermos. Un caso muy llamativo de anosognosia es el denominado «síndrome de Anton» (por el nombre del médico que lo identificó a fines del siglo pasado), que se da en ciegos que se comportan como si pudiesen ver, y hacen a sus amigos comentarios del color de sus corbatas, etc.

Algunas víctimas de enfermedades muy graves, como un cáncer, «no quieren enterarse», y pese a habérselo explicado con suficiente claridad reaccionan como si no sufriesen nada alarmante. Es una forma frecuente de la «negación de enfermedad».

Tanto las actitudes de hipocondría como de anosognosia pueden aplicarse a sí mismos o proyectarse a los seres queridos. Por ejemplo, los padres de un subnormal grave «no se enteran» de que lo es (negación de enfermedad proyectada a un ser querido), y en cambio los de uno leve hipervaloran el problema, no dejan de ocuparse y preocuparse constantemente por él, consultan a un especialista detrás de otro, etc.

La «negación de enfermedad» es un mecanismo de defensa, no «podrían soportar enterarse»; por tanto, el médico y la familia deben tenerlo en cuenta e informarle de su gravedad con suficiente claridad para que se pueda enterar, pero sin acorralarlo.

¿CUÁNDO HAY QUE ACUDIR AL PSIQUIATRA?

J. A. Vallejo-Nágera

En un tratado de hace unos lustros nos responderían que se debe acudir al psiquiatra cuando se padece una enfermedad mental. En realidad, la psiquiatría contemporánea se ocupa también de problemas que no son «enfermedades mentales» en sentido estricto. Además acuden a los servicios psiquiátricos personas desorientadas que no precisan para nada este tipo de asistencia y estorban en una consulta, en la que lógicamente se las rechaza. España es un país de extremos, y en pocos años se ha pasado de no llevar al enfermo al psiquiatra más que en casos de suma gravedad, cuando tenerlo en casa era insoportable (y en muchas ocasiones se había perdido ya la posibilidad de curación), a tener una esperanza desmedida en las posibilidades de la psiquiatría.

Además de los pacientes que sufren trastornos de las funciones psíquicas, debidos a alteraciones orgánicas del cerebro, como ocurre en las demencias seniles, en los subnormales congénitos o en los traumatizados craneales, existen otros que son víctimas de enfermedades, como la esquizofrenia, en las que aún no se ha descubierto con claridad la lesión orgánica que altera el psiquismo, pero hay motivos para suponer que existe. Todas estas dolencias se llaman *psicosis y* son las auténticas «enfermedades mentales».

El sector más numeroso de la clientela psiquiátrica lo forman personas víctimas de «reacciones vivenciales anormales», o *neurosis.* En esencia son formas inadecuadas de reacción que se han hecho crónicas. Los síntomas neuróticos se pueden basar en reacciones que son normales en determinadas circunstancias; lo patológico es su intensidad y su fijación, que las hacen aparecer reiteradamente, perturbando al enfermo, quien suele percatarse del carácter anormal de sus síntomas y desea suprimirlos. Es una de las diferencias con el *psicótico* que puede estar convencido de que él tiene razón y que son los demás quienes están equivocados.

También acuden a la consulta psiquiátrica personas con problemas de conducta no estrictamente psicopatológicos, como matrimonios con conflictos que se percatan de que reaccionan con una hostilidad mutua desproporcionada, que desean corregir. Parte de la clientela padece modificaciones de la respuesta a los estímulos instintivos, como la frigidez o el masoquismo en el terreno del instinto sexual, o la anorexia mental o la bulimia en el del instinto de la alimentación.

La enorme variedad de problemas ha obligado a los psiquiatras a subespecializarse, y hay expertos en «terapia de pareja», otros lo son en terapia de adolescentes, o en psiquiatría infantil, en «técnicas conductistas» o de «modificación de la conducta», en psicoanálisis, en «dinámica de grupo», en «rehabilitación de drogadictos», en «descondicionamiento de la angustia», en tratamientos psicofarmacológicos, etc.

La respuesta a ¿cuándo hay que acudir al psiquiatra? está en dos claves: una es la intensidad de los síntomas. Cuando son perturbadores para el bienestar del paciente o para su pleno rendimiento personal, familiar o social se debe buscar ayuda técnica. La otra clave está en que esos síntomas, aún no perturbadores, sean indicio del comienzo de una enfermedad que va a cursar con gravedad progresiva si no se corta a tiempo. El interesado se percata de la primera clave (la perturbación de su bienestar) pero no puede adivinar la segunda (el indicio de gravedad futura). Ante la sospecha de cualquier variación del psiquismo, de la estabilidad emocional o de la conducta, lo prudente es exponer el caso al médico de cabecera y él asesorará sobre la necesidad de consultar con el psiquiatra, o con el experto en alguna de las modalidades de subespecialización que hemos mencionado.

¿QUÉ ES LA ENFERMEDAD PSÍQUICA? LO NORMAL Y LO ANORMAL EN PSIQUIATRÍA

J. A. Vallejo-Nágera

No existe ninguna definición totalmente satisfactoria de enfermedad orgánica. Tradicionalmente se considera enfermedad a cualquier alteración de la estructura o de la función del organismo, con un deterioro de funciones, un descenso de las capacidades o del bienestar. No siempre resulta fácil la distinción, ¿una persona con dolor de cabeza está enferma o sólo sufre una molestia pasajera?, ¿a partir de cuántos centímetros de estatura ya no se es una persona baja sino que se padecen rasgos de enanismo? El criterio de sufrimiento tampoco es infalible; existen enfermedades muy graves que cursan sin dolor. En psiquiatría el problema es aún más complejo, pues existen serias dolencias que producen al paciente una sensación de bienestar y felicidad e incluso un aumento real de sus capacidades normales (por ejemplo, una fase maníaca, en la que están más alegres, más activos y con mejor memoria, etc.), pese a lo cual están enfermos.

La gradación entre «normal y anormal» se desliza por una pendiente continua en la que es muy difícil marcar el límite, tal como sucede, por ejemplo, entre los niveles de inteligencia. Al criterio de «enfermedad» hay que emparejar el de «variantes de la normalidad», por ejemplo, un tímido o un aprensivo. En el momento en que esta variante, por su intensidad, es perturbadora para la vida personal, familiar o social del individuo podemos de nuevo hablar de «enfermedad». El sentido común lleva a aceptar la definición más práctica: enfermedad psíquica es todo lo que provoca una alteración o anomalía del pensamiento, de sus sentimientos, de las emociones, de la conducta de las relaciones interpersonales y de la adaptación social y profesional, sobrevenida patológicamente.

La definición de *psíquicamente normal* es tan difícil y arbitraria como la de «anormal». Hay tres criterios.

a) Normalidad, como salud: sería «normal» todo el que esté «sano», o sea que no presente síntomas de anormalidad. Con este criterio se delimita, mejor o peor, lo que puede considerarse como «razonablemente normal», pero no aclara cuál es el estado óptimo, la meta ideal.

b) Normalidad, como utopía: a su delimitación tienden especialmente las escuelas de psiquiatría dinámica, pues con su técnica no pretenden sólo la desaparición de los síntomas que preocupan al enfermo, sino una reestructuración de toda la personalidad. La «salud mental» es para ellos una situación ideal que describen como «la combinación armoniosa de las diversas estructuras mentales, que culmina en un funcionamiento óptimo».

c) Normalidad, como proceso: es el criterio de las ciencias sociales y de conducta; más que un análisis de las capacidades o *déficits* que presenta el sujeto en un momento determinado, valoran la capacidad de adaptación y la madurez de los esquemas de respuesta y de adecuación de la conducta a largo plazo.

La psiquiatría clásica considera auténticas «enfermedades» mentales sólo a las que son consecuencia de malformaciones o enfermedades somáticas. Suelen tener diferencias cualitativas con el psiquismo normal, no sólo un aumento anómalo de algo que todos tienen. Por ejemplo, el pensamiento sonoro, las alucinaciones visuales o las ideas delirantes no existen en la persona normal, quien las tiene presenta diferencias «cualitativas»; estas enfermedades se denominan *psicosis*. Todas las restantes entidades clínicas psiquiátricas son «variantes del modo de ser psíquico», y comprenden las neurosis, las psicopatías y las disposiciones anormales de la inteligencia.

¿DE DÓNDE VIENEN LOS TRASTORNOS MENTALES? ¿QUÉ SIGNIFICA «ENDÓGENO», «EXÓGENO» Y «REACTIVO»?

Fernando Claramunt

Lo endógeno. Todo el mundo sabe que en muchos enfermos mentales graves suele haber, en su árbol genealógico, alguien con síntomas parecidos. *Endógeno* significa originado *dentro,* no producido por ningún agente exterior físico ni psicológico. No hay motivos en el medio ambiente. La observación popular coincide con la investigación científica. En las depresiones endógenas no falta otro pariente con algo similar, quizá en forma atenuada (o más grave). En la esquizofrenia, el papel de la herencia también ha sido demostrado aunque no en modo tan abrumador. El sujeto hereda la predisposición. Algo así como si estuviera «programado» para tener síntomas. Pero el ambiente, si es favorable, puede ayudar mucho para que la enfermedad no se desarrolle.

Son endógenas muchas depresiones, no todas, ni mucho menos, y las esquizofrenias. Cada día se sabe más sobre las alteraciones bioquímicas del sistema nervioso en estos enfermos. También se estudia con mayor finura la acción de los psicofármacos sobre el estado mental correspondiente.

Las familias de los deprimidos endógenos insisten en que no comprenden el origen de la tristeza: «Todos lo queremos, va muy bien en el trabajo, no tiene problemas económicos ni sentimentales, no hay motivo para que esté así.»

Es verdad, no hay motivo. Nada en el ambiente social. Pero como no existen efectos sin causas, los trastornos «no motivados» psicológicamente ni socialmente tienen causas bioquímicas. Por eso son poco eficaces los consuelos ingenuos de los parientes y amigos, cuando no son contraproducentes. El enfermo tiene razón cuando dice que «no lo comprenden».

En los trastornos endógenos los psicofármacos han demostrado su utilidad cuando se emplean a su debido tiempo y adecuadamente. En cambio los consuelos y los intentos de ayuda psicoterápica logran muy poco en las etapas de máxima actividad de la enfermedad.

Lo exógeno. Originado fuera. A diferencia de lo endógeno, aquí la herencia y la predisposición tienen muy poco papel y lo fundamental es una causa física o química bien identificada; ésta puede ser aguda, de breve duración, como la fiebre que hace delirar o provoca alucinaciones, o crónica, como la hipertensión arterial, que da lugar a estado de ansiedad, o la arteriosclerosis (causa de enfermedades de la memoria, atención, modificaciones del carácter); o como el hipertiroidismo, que además de dar un brillo especial a la mirada, con ojos algo saltones, «acelera» el lenguaje, el pensamiento y las emociones del sujeto y tiene en vilo a sus familiares.

Claro que la predisposición individual y familiar no debe ser del todo descartada. La obesidad, por ejemplo, es «exógena» cuando el obeso come demasiado y hace poco ejercicio. Pero hay familias delgadas y otras con sobrepeso, en las que la alimentación no parece variar tanto como para justificar el trastorno. La diabetes es una enfermedad del metabolismo, que produce algunas veces alteraciones nerviosas y psicológicas, en parte endógenas y en parte exógenas. Un accidente de tráfico con lesión cerebral no puede ser más «exógeno». Y, sin embargo, hay individuos que se accidentan mucho en la carretera, en el trabajo o en su casa y otros que no.

Lo reactivo. Un médico, que debía ser muy buen diplomático, inventó el término *depresión endo-reactiva.* Supo ver el papel desencadenante de los disgustos: problemas laborales, jubilación, muerte de un familiar, desengaño amoroso, etc., en casos en que la predisposición era mínima o prácticamente nula. Pero, por si acaso, la tenía en cuenta.

Lo reactivo es ante todo una respuesta de la personalidad individual ante un estímulo procedente de la sociedad en que vive.

En nuestro tiempo son cada vez más frecuentes síndromes angustiosos después de un atraco, pérdida o inestabilidad del puesto de trabajo, disminución del prestigio personal, revés económico, calumnia. Una amenaza de muerte, una violación, un cese administrativo, son ejemplos de situaciones desestabilizadoras del equilibrio personal. ¿Cuándo es *patológica* la reacción? Cuando la intensidad y duración de los síntomas sobrepasan claramente la proporción estímulo-reacción. Suelen ser más intensas las reacciones en los casos en que sorprenden al sujeto sin darle tiempo a elaborar «defensas» psicológicas. La jubilación «se ve venir». La muerte súbita de un familiar, un secuestro, una mala noticia, suelen ser inesperadas.

Lo reactivo no siempre es leve ni de mejor pronóstico que lo endógeno o lo exógeno. En cada trastorno hay que valorar el papel de cada uno de estos factores porque, lejos de excluirse, se complementan y justifican el alcance y la importancia de los síntomas.

¿CÓMO VIVIR CON UN DESEQUILIBRADO?

J. A. Vallejo-Nágera

La convivencia con un enfermo grave tiene siempre un tinte dramático. A los sentimientos de cariño y compasión se añaden los deseos conscientes de ayuda y de no dañarlo ni físicamente ni en su sensibilidad. Con un enfermo mental la situación es mucho más compleja y difícil. Con frecuencia, no se deja ayudar, en lugar de gratitud mantiene una actitud hostil y es él quien puede herir físicamente o en su sensibilidad a las personas con quienes habita.

La misión de quienes lo quieren es doble: protegerle todo lo posible de las consecuencias de su enfermedad, y procurar que el paciente no los dañe a ellos.

El paciente precisa protección en muchos terrenos: para que no se haga daño físicamente, pues existen enfermedades con tendencia al suicidio (en la depresión) o a las automutilaciones (en ciertas formas de esquizofrenia), otras en que abandona su alimentación o cuidado personal, o dilapida absurdamente sus ahorros (en la fase maníaca), está indefenso ante cualquier abuso por parte de desaprensivos (oligofrenias y demencias seniles), e incluso puede cometer crímenes impulsado por las ideas delirantes (paranoia).

La tarea más importante y delicada es la de no perder el cariño que se tenía a esa persona antes de enfermar mentalmente. Con un paciente «normal» es automático; ahora está enfermo o inválido, pero sigue siendo la misma persona y provoca idénticos sentimientos. En muchos enfermos mentales hay tal transformación de la personalidad que no se lo identifica con el ser querido: las reacciones son diferentes, ha cambiado la expresión, el modo de pensar, de vestir, de portarse. «No es la misma persona» suele comentar la familia, «ahora dice que no es hijo nuestro, nos mira con odio, insulta, rompe las cosas de sus hermanos sólo por hacer daño...», «nuestra madre no nos reconoce, ha olvidado nuestros nombres...».

Una reflexión que debe repetirse constantemente la familia es que el paciente no elige libremente realizar estos actos. Aunque sea él quien los realiza no son «suyos», son de la enfermedad. Son síntomas típicos de esa dolencia, que ningún enfermo que la padece puede evitar repetir. Sería injusto acusar de maldad a un enfermo del estómago porque vomita y mancha, y a quien padece una enfermedad febril porque le sube la temperatura y suda. Sin embargo, en las consultas psiquiátricas escuchamos continuamente: «es mala, lo hace a propósito».

La protección en el terreno económico, en el del daño físico, en la alimentación, etc., es de sentido común, pero si la familia no logra mantener el cariño no podrá ayudar al enfermo, que, además, se le hará insoportable: «Tengo que sacar de casa a este hijo, destroza a sus hermanos y a toda la familia, así es imposible vivir en mi casa...»

Para no llegar a tan dramática situación es preciso no identificar al paciente con sus agresiones de todo tipo. Repetirse mentalmente cada vez: «no es él, es su enfermedad y él es la primera víctima, hay que ayudarlo». También conviene sufrir lo menos posible; para lo que en cada caso se toman ciertas medidas para eludir molestias: no discutir con el enfermo (nunca se le va a «convencer», por eso está enfermo), no estar constantemente encima, aceptar sus excentricidades, esquivar los malos momentos.

En los períodos de acentuación de los síntomas puede ser imprescindible la hospitalización temporal, para reintegrarlo al hogar una vez mejorado, aunque sólo sea parcialmente. «Yo no meto a mi mujer (o hijo) en un hospital psiquiátrico.» Esta buena intención puede llevar a que se les haga de verdad insoportable y en un período posterior se desprendan definitivamente de él y lo abandonen en un asilo, mientras que con breves hospitalizaciones periódicas en las peores fases de la enfermedad, lo habrían podido mantener en el hogar y en su cariño.

La óptima ayuda al enfermo consiste en proporcionarle el tratamiento médico adecuado. El médico debe orientar a la familia en los matices de convivencia con ese enfermo.

Existe una «terapia de familia», orientada precisamente hacia la ayuda al paciente a través de su familia, y a la familia para que pueda soportar la convivencia con el enfermo.

¿SE HEREDAN LAS ENFERMEDADES MENTALES?

J. A. Vallejo-Nágera

Multitud de investigaciones muestran como evidente la transmisión hereditaria de ciertas enfermedades mentales, en cambio resulta confuso el mecanismo de esa transmisión. La enfermedad es consecuencia de la interacción entre la constitución y el medio, «lo que se hereda no es la enfermedad, sino la disposición a padecerla».

La aparición de la enfermedad en un sujeto, aun en los casos de herencia de carácter dominante, dependerá de muchos factores. Puede que transcurra toda su vida sin que manifieste la enfermedad si no concurren factores y desencadenantes. No es posible predecir si el hijo de un enfermo mental manifestará la misma enfermedad, en cambio sí que se puede predecir que ésta aparecerá con más frecuencia entre los hijos de ese enfermo que entre la población en general; y si el padre y la madre padecen la misma enfermedad, la probabilidad aumenta.

En las esquizofrenias hay un 1 por ciento de esquizofrénicos en la población. Entre los descendientes de padre y madre esquizofrénicos un 40 por ciento manifestará la enfermedad (cuarenta veces más), y otro 15 por ciento tendrá anomalías psíquicas, aunque no esa misma enfermedad. Entre los gemelos bivitelinos se da la misma proporción que entre los hermanos en general, mientras que entre los univitelinos la concordancia es del 80 por ciento. Se considera que se trata de una herencia de tipo recesivo, con penetración incompleta del gen o genes portadores.

La psicosis maniacodepresiva, o depresión mayor, la presenta el 0,4 por ciento de la población y el riesgo de que se manifieste en las familias de maniacodepresivos es treinta veces superior. Entre los gemelos univitelinos la concordancia es del 95 por ciento. Parece tratarse de una herencia de tipo dominante, con penetración incompleta del gen.

En las oligofrenias (subnormales o retrasados mentales), la mayoría de las oligofrenias profundas (80 por ciento) se debe a causas exógenas (accidentes o enfermedades en la vida intrauterina, o en la primera infancia) y por tanto no son hereditarias. En las oligofrenias leves o de mediana intensidad, el 80 por ciento están vinculadas a la herencia. Son hijos de personas de muy bajo cociente intelectual. Cuando el padre y la madre son oligofrénicos, un 80 por ciento de los hijos presenta retraso mental, y sólo el 40 por ciento cuando únicamente el padre o la madre son oligofrénicos. Un factor negativo es que muy frecuentemente los oligofrénicos se unen entre ellos, porque les suele ser difícil encontrar un candidato a cónyuge con inteligencia superior y que le acepte. El modo de transmisión es de tipo recesivo.

Las neurosis son reacciones vivenciales anormales, fruto de las circunstancias y, por tanto, no vinculadas a la masa genética. La sobrecarga de neurosis en un mismo árbol genealógico (existen antecedentes hereditarios en el 70 por ciento de las neurosis) se intenta explicar por «falsa herencia», espejismo producido como consecuencia del «contagio emocional» en el ambiente familiar patógeno. Sin embargo, las concordancias con gemelos univitelinos, 83 por ciento, según Eysenk, y de sólo el 23 por ciento en los bivitelinos, quedan lejos de estar explicadas totalmente por el «contagio emocional». Dentro de la indiscutible psicogenia de las neurosis parece haber un fondo constitucional de predisposición a reaccionar neuróticamente ante las vivencias patógenas.

FOBIAS, NEUROSIS FÓBICAS

J. A. Vallejo-Nágera

La fobia es un miedo irrazonable y desproporcionado que el sujeto experimenta ante ciertos objetos o situaciones. El miedo se desencadena siempre ante el mismo estímulo específico que lo provoca, pese a los esfuerzos del enfermo para vencerlo, pues comprende que su miedo es absurdo y patológico. Se denomina *neurosis fóbica* a aquella en que el síntoma dominante es la aparición de este miedo irrazonable ante un estímulo.

Los contenidos de las fobias son variadísimos, y en los antiguos tratados de psiquiatría se incluían listas interminables de las posibles fobias y sus nombres «técnicos» derivados del griego y del latín (agorafobias, claustrofobias, pirofobias, ofidiofobias, nictofobias, cinefobias, etc.). No tiene ningún interés aprender tales nombres. Hoy en la descripción del cuadro clínico se indica: «Fobia a las flores, a los mosquitos, a los espacios cerrados, etc.», según sea el objeto manifiesto de la fobia.

La reacción fóbica, como los demás mecanismos neuróticos, aparece en cierta medida en los individuos normales. Durante la infancia son frecuentes las reacciones de pánico ante la oscuridad, la soledad, los perros, etc., que llegan a fijarse si el ambiente familiar es patógeno, formando estos miedos infantiles la base de una neurosis fóbica en la vida adulta.

La relación entre neurosis de angustia y neurosis fóbica es evidente. La diferencia estriba en que en la neurosis de angustia la reacción de temor aparece espontáneamente, y en cambio en la fóbica la angustia brota ante un determinado estímulo, siempre el mismo.

El estímulo ante el cual surge la angustia es sólo su causa aparente; en realidad no es más que un sustituto, al que el sujeto ha desplazado inconscientemente la angustia derivada del estímulo «latente», reprimido en el subconsciente y por tanto olvidado.

Así pues, en la fobia hay una causa aparente (el estímulo que provoca la aparición de angustia) y una causa real (el acontecimiento traumático olvidado que se simboliza en la causa aparente). Por ejemplo, una fobia al color rojo (causa aparente) puede encubrir un acontecimiento dramático de la infancia de la víctima, que presenció el asesinato de sus padres y quedó salpicado de su sangre. Una vivencia de este tipo es tan traumática que el psiquismo se defiende en ocasiones relegándola al subconsciente; en estos casos el sujeto la olvida pero permanece en el fondo de su mente. Cuando un estímulo por asociación de ideas puede resucitar este recuerdo (en el ejemplo, el color rojo) el psiquismo se defiende poniendo en marcha la reacción fóbica, que lo obliga a apartar el pensamiento del estímulo y rompe así la cadena que podría revivir el recuerdo traumático insoportable.

Las fobias tienen un carácter defensivo. El neurótico obtiene un «beneficio» de su fobia (en el ejemplo anterior le libra de revivir la escena), pero paga un precio excesivo (la claustrofobia puede impedir viajar en avión, una agorafobia —fobia a los espacios abiertos— puede coaccionar al neurótico fóbico a no salir de su casa, con las graves limitaciones que se derivan, etcétera).

Los síntomas de la neurosis fóbica aparecen en cuanto el sujeto se pone en contacto con el objeto de la fobia. Las sensaciones subjetivas son idénticas a las de la neurosis de angustia: desazón, inquietud, temor.

Si el individuo intenta sobreponerse a la fobia, aparece una desazón creciente y la angustia adquiere tales proporciones que puede llegar a provocar una reacción tempestuosa de temblores, gritos y movimientos desordenados, o de pérdida de la conciencia. El tratamiento de las fobias es psicoterápico (los medicamentos tranquilizantes sólo alivian transitoriamente). La psicoterapia (tratamiento que no recurre a psicofármacos) de las neurosis fóbicas consiste en seguir a la inversa el camino que va desde el trauma de origen hasta el síndrome fóbico actual, pasando por las etapas intermedias de desplazamiento, represión, substitución, sensibilización y proyección. Hoy se emplea mucho por su sencillez y eficacia la técnica de descondicionamiento de la angustia, según el esquema de la teoría del aprendizaje.

¿QUÉ ES UNA NEUROSIS?

J. A. Vallejo-Nágera

Es el conjunto de síntomas psíquicos y emocionales producidos por un conflicto psicológico y que se han hecho crónicos. En las neurosis se conserva la capacidad de razonar coherentemente.

El término neurosis se mantiene por tradición. Lo utilizó por primera vez Cullen en el siglo XVIII, al suponer que el sistema nervioso era el causante de perturbaciones emocionales. Freud, por el contrario, pensó que conflictos psíquicos internos generan angustia, y que esa angustia y los mecanismos de defensa contra ella hacen aparecer los síntomas neuróticos.

En otros criterios de clasificación de las alteraciones psíquicas se contraponen las neurosis y las psicosis. Las psicosis son las auténticas enfermedades mentales, de causa orgánica (aunque en algunas no esté todavía descubierta), y que producen una alteración de la capacidad de juicio y raciocinio, de la percepción, y de la captación de la realidad. En las neurosis está presente la manifestación de síntomas psíquicos y emocionales molestos, penosos o entorpecedores de la normal actividad, sin que existan alteraciones importantes del pensamiento, de la percepción y del sentido de la realidad.

Para considerar a un sujeto *neurótico* es preciso que: *a)* Los síntomas sean intensos y reaparezcan con frecuencia. *b)* Se percate de que esos síntomas lo perturban y desee librarse de ellos. *c)* El comportamiento inducido por sus síntomas no sea antisocial (en ese caso el diagnóstico es diferente) aunque las manifestaciones de su neurosis además de hacerle sufrir a él molesten a otras personas. *d)* El trastorno no sea una reacción pasajera ante el estrés. *e)* No proceda tampoco de una lesión o alteración fundamental de base orgánica.

En su correspondiente apartado se describen las principales formas de neurosis: fóbicas, de angustia, crisis de pánico, obsesivo-compulsivas, sotéricas, histéricas o de conversión, hipocondríacas, neurastenia.

SOTERÍA, SUPERSTICIONES, NEURASTENIA

J. A. Vallejo-Nágera

Solería, neurosis sotéricas, supersticiones. La sotería es el síntoma opuesto a la fobia. Es una reacción ante un determinado estímulo, del que se obtiene una sensación de protección absurda, injustificada.

Como otros rasgos neuróticos es un mecanismo psíquico que se observa en personas normales. Los talismanes, amuletos, fetiches, mascotas, el tocar madera, colgar una herradura, etcétera, son elementos sotéricos. El sujeto sabe que no existe ninguna relación de causa-efecto entre el objeto o acto sotérico y la protección, suerte, etc., que se dice derivada de él. Muchas supersticiones tienen esta dinámica. Hay personas supersticiosas, familias que lo son y colectividades (regionales o nacionales, en España los andaluces son más supersticiosos que los castellanos, y los italianos más que los daneses), en las que se transmite por contagio emocional la tradición supersticiosa como un elemento sociocultural, y forma parte del inconsciente colectivo.

La exageración de los esquemas sotéricos, hasta el punto de interferir en la actividad normal del sujeto, forman un tipo de neurosis, que es poco frecuente.

CUADRO CLÍNICO. Es menos llamativo y más soportable que el de su opuesto, la fobia. Rara vez se acude al médico, puesto que los objetos sotéricos son, en apariencia, fuente de situaciones placenteras o de seguridad. Las manifestaciones sotéricas se limitan generalmente a la acumulación de los objetos sotéricos. Otras veces el sujeto no puede separarse de una persona o situación dada, con las consiguientes limitaciones. En ciertos casos el síntoma queda enmascarado y es difícil percibir su carácter sotérico, como en las formas de obesidad debidas a sobrealimentación, en la que la comida tiene carácter de «objeto que da seguridad», y el paciente se refugia en la ingestión de alimentos como respuesta a toda situación displacentera (al igual que en la infancia se refugiaba en la madre, que a la vez era quien le proporcionaba alimento, y de ahí la asociación y desplazamiento de uno a otro objeto). No es fácil la distinción con otras formas de bulimia (ingestión desordenada y accesional de alimentos, con fines distintos de la satisfacción del apetito y de la nutrición). Otra forma encubierta de sotería es la masturbación (como fuente de consuelo, no de satisfacción sexual) en algunos adolescentes.

PSICODINAMIA. Similar a la de la fobia, aquí el objeto sotérico suele simbolizar la fuente primaria de seguridad y de confort que es la madre. No la madre tal y como fue realmente, sino la madre idealizada, como la ve el niño en la primera infancia.

El tratamiento ha de ser psicoterápico. Para que la terapia resulte eficaz, hay que desentrañar la relación del acto sotérico con los mecanismos de proyección, transferencia y desplazamiento, hasta sus manifestaciones primarias en la fase oral.

NEURASTENIA. Es un diagnóstico antes muy común y hoy poco utilizado. Se refiere a un síndrome caracterizado por fatigabilidad, intolerancia emotiva, debilidad, sentimientos de incapacidad, irritabilidad y dificultad para concentrar la atención. Padece múltiples síntomas subjetivos y objetivos, como astenia, fatigabilidad selectiva para tareas que le desagradan, como su trabajo, mientras realiza sin cansancio esfuerzos mayores de otra índole; insomnio, delgadez, extremidades frías, estreñimiento, molestias gástricas. Es un enfermo descontento de sí mismo y de los demás. Lo domina una sensación de desagrado interno, suele autodescribirse como «aburrido» o «desilusionado». En la neurastenia intervienen factores constitucionales, además de los psicógenos. El tratamiento es psicoterápico.

NEUROSIS OBSESIVO-COMPULSIVA

J. A. Vallejo-Nágera

En el apartado «Obsesiones-compulsiones» se detalla su concepto y forma de manifestación. El enfermo vive tanto la obsesión (pensamiento que no se puede desechar) como la compulsión (acto que el sujeto se ve obligado a realizar) como órdenes que siente surgir dentro de sí mismo y que debe obedecer pese a que las considera absurdas, patológicas, anormales y perjudiciales; si se resiste nota una angustia creciente hasta que tiene que ceder.

Las obsesiones y las compulsiones se dan combinadas en la misma persona formando la «neurosis obsesivo-compulsiva», aunque en un enfermo determinado puedan dominar claramente síntomas de uno de los dos tipos.

¿TIENE EL INDIVIDUO NORMAL OBSESIONES Y COMPULSIONES? Igual que los restantes síntomas neuróticos, las obsesiones y las compulsiones aparecen, dentro de cierta medida, en casi todas las personas. Son más frecuentes en la infancia. Los niños tienen compulsiones a pisar las rayas del pavimento, a dar golpes a todos los postes, a canturrear durante horas el mismo estribillo, etc. En los adultos aparecen ocasionalmente en la mente frases o ideas que resisten durante horas o días todos los intentos del individuo de arrancarlas de su pensamiento, al igual que ocurre con trozos musicales, estribillos que reaparecen de modo obsesivo. Uno de los aspectos más frecuentes de las obsesiones y compulsiones es el carácter de duda patológica. En el siglo pasado se llamaba a la neurosis obsesivo-compulsiva «enfermedad de la duda» o «locura de la duda». En personas normales aparecen con distinta intensidad dudas obsesivas del tipo de los escrúpulos religiosos (duda de si ha pecado o no, si realizó bien la confesión, etcétera); dudas de si cerró los grifos, si apagó la luz, si lleva los billetes de avión, si perdió la cartera, etc., y lo comprueba una o varias veces aunque sabe que no hay motivo (es el mismo mecanismo de la enfermedad, pero en miniatura). Igualmente son frecuentes las compulsiones a dejar las cosas en un orden determinado: los cajones cerrados, los zapatos de modo similar a como se llevan en los pies y no con las puntas hacia fuera, etc.

CUADRO CLÍNICO DE LA NEUROSIS OBSESIVO-COMPULSIVA. Consiste simplemente en la exageración de estos fenómenos habituales. Los casos intensos suponen una verdadera tortura para el enfermo, que queda inutilizado para la vida normal. Ejemplo: un enfermo que tiene que lavarse las manos treinta veces; sin «duda», si lo ha hecho mal una sola vez, tiene que repetir el ciclo de treinta lavados. Precisa realizar un complejo ceremonial antes de ponerse cada prenda de ropa, que se quita y coloca siete veces antes de pasar a la prenda siguiente, y si se le interrumpe o se distrae ha de comenzar de nuevo, con lo que el acto de vestirse dura varias horas. Como consecuencia, acaba perdiendo su empleo al que llega tarde a diario, tiene una lesión de la piel de las manos por tanto lavado, etc. Acentúa su sufrimiento la clara conciencia de que todo es injustificado, absurdo, ridículo y enfermizo y sin embargo no puede sustraerse a la tiranía de la enfermedad.

PSICODINAMIA. Las neurosis obsesivo-compulsivas se elaboran sobre una forma especial del carácter: el carácter obsesivo. Este carácter es fruto de influencias ejercidas en la infancia por los padres del enfermo, de los que uno suele ser también obsesivo, pues la enfermedad no es hereditaria pero se transmite por «contagio emocional». Los padres del obsesivo-compulsivo suelen ser inseguros, rígidos, con severidad excesiva, despegados o, al menos, poco expresivos con el niño. En este ambiente el futuro enfermo se forma un «superego» (personalidad con niveles muy altos de autoexigencia) poderoso, una hostilidad hacia sus padres que le provoca grandes sentimientos de culpa y con ellos intensa carga de ansiedad y los mecanismos de rechazo, represión y luego desplazamiento y sustitución hacia los síntomas obsesivos, que en realidad sólo son símbolos de estos conflictos internos. El obsesivo es perfeccionista, para defenderse de los sentimientos de culpa que lo acosan. Suele ser también minucioso, detallista y con un agudo sentido de crítica, que para su desgracia suele ejercer también sobre sí mismo y sus actos. Muestra una notable indiferencia afectiva, que no es real sino una máscara que se ha impuesto, al temer las consecuencias de sus emociones.

El tratamiento es fundamentalmente psicoterápico, para buscar y neutralizar el impulso o temor reprimidos que se esconden bajo el disfraz de los síntomas obsesivo-compulsivos. Algunos obsesivo-compulsivos se alivian con tratamientos farmacológicos con timolépticos (medicaciones antidepresivas); hay casos en que los síntomas desaparecen por completo. En general, es una enfermedad muy resistente a todos los tratamientos. El enfermo suele preguntarse si no es el principio de una forma de «locura», ya que unos síntomas tan irrazonables le hacen temer perder la razón. Nunca evoluciona hacia una psicosis, el obsesivo conservará la razón, aunque no puede portarse «razonablemente».

CLEPTOMANÍA, PIROMANÍA, JUEGO PATOLÓGICO, HOMICIDIOS MÚLTIPLES IRRACIONALES, PERSONALIDAD EXPLOSIVA

J. A. Vallejo-Nágera

Existen varias formas de comportamiento irrazonables que se clasifican como trastornos del control de los impulsos. Aparte de las dependencias toxicofílicas y las parafilias sexuales que se estudian en otros apartados (véanse drogas y trastornos psicosexuales), los más frecuentes son la cleptomanía, la piromanía, el juego patológico y las crisis accesionales de violencia.

Todos poseen tres rasgos comunes: *a)* El acto es socialmente indeseable, el deseo o impulso es muy frecuente y fracasan los intentos de resistirlo. *b)* Ante la posibilidad de cometer el acto se presenta una desazón, inquietud e impaciencia creciente, con fuerte carga emocional. *c)* Al realizar el acto, siente placer, descarga, alivio; aunque luego tenga sentimientos de culpa o temor y prefiriese no haberlo realizado. La presencia de estos factores comunes da unidad a un grupo tan heterogéneo de trastornos de la conducta.

CLEPTOMANÍA o *manía de sustraer* (del verbo griego *clépto,* robar) es la tendencia patológica e irresistible a tomar clandestinamente pertenencias ajenas. El impulso deriva de necesidades neuróticas, no materiales. Una de las claves diferenciales con el simple ladrón es que el típico cleptómano no utiliza ni vende lo robado; nunca se ayuda de cómplices; acumula los objetos en su hogar o en un escondite sin usarlos, en ocasiones los devuelve clandestinamente, por tanto no se beneficia materialmente del hurto. Casi sin excepción tiene medios para comprar lo que roba.

El cleptómano sabe que lo es y las consecuencias que tiene. Lo han descubierto en varias ocasiones y, aparte del rechazo social puede encontrarse sabe que está más expuesto, pero una creciente impaciencia lo lleva de nuevo a las mismas situaciones.

Responde a un conflicto emocional, que se descarga simbólicamente con los hurtos. El cleptómano es consciente de sus actos en todo momento, por tanto se le considera responsable en los códigos de la mayoría de los países, a no ser que pueda demostrarse la imposibilidad de autocontrol. El tratamiento es psicoterápico, y difícil.

PIROMANÍA. De modo similar al cleptómano y al ladrón, aquí es preciso realizar el diagnóstico diferencial entre el pirómano y el incendiario. Los incendiarios actúan por motivos antisociales, terrorismo, fanatismo o irresponsabilidad. La mayoría de los incendios forestales que asolan España se provocan por estos individuos, no por los pirómanos. Tiene el pirómano un impulso vehemente a provocar incendios, y posteriormente a presenciar el fuego. Igual que en la cleptomanía hay una comezón y tensión previas, y descarga placentera al realizar el acto. El pirómano está muy interesado por los medios de producir fuego y los de extinguir incendios; se le suele descubrir porque los vecinos lo han observado reiteradamente ante los incendios. En los países en que hay cuerpos de bomberos voluntarios es frecuente que sea uno de los miembros más entusiastas del grupo, sus compañeros suelen quedar muy sorprendidos al descubrirse su identidad como pirómano.

EL JUEGO PATOLÓGICO. Es el tradicional «jugador vicioso» que se arruina en el juego y luego hace desfalcos para tapar las deudas, y destroza su vida familiar y profesional. Presenta rasgos comunes del grupo que describimos: deseo irrefrenable, tensión y excitación previas y descarga al realizar el acto. Las tendencias a regresar al juego aumentan en los períodos de sobrecarga emocional o de esfuerzo. El jugador atribuye siempre sus problemas a «una mala racha» que está convencido que va a superar la próxima vez. Obtiene el dinero de otras personas, lo sustrae o hace una estafa, fraude o desfalco, en general con el vago propósito de devolver luego lo adeudado. Es de modificación muy difícil.

HOMICIDIOS MÚLTIPLES IRRACIONALES. Son antecedentes previos de este tipo, un individuo que, repentinamente, y sin causa aparente, comienza a disparar o a asestar cuchilladas a los transeúntes o a los que están en un local. Continúa el arrebato homicida, con múltiples víctimas hasta que cae abatido por los disparos de la policía o se suicida con una de las últimas municiones. La saña y fría crueldad de la actuación no están explicadas por ningún incidente previo proporcionado. No ha tenido antes crisis explosivas. Se conoce poco el mundo interior de estos individuos, ya que raras veces sobreviven. Al contrario que en los apartados anteriores es frecuente que tengan antecedentes psiquiátricos, del grupo de la esquizofrenia paranoide. También se conoce con el nombre de trastorno explosivo aislado, para diferenciarlo del intermitente.

TRASTORNO EXPLOSIVO INTERMITENTE. Ocurre repetidamente en individuos aparentemente normales, que fuera de estos episodios no tienen conducta violenta en su vida cotidiana. Repentinamente, sin que se produzca una provocación importante, entran en un estado de arrebato y rompen muebles y objetos de cualquier tipo. Cede en pocos minutos y luego lamentan lo ocurrido. A sus amistades les sorprende si no presenciaron otro episodio. En alguno se aprecian síntomas vegetativos prodómicos que avisan que puede ocurrir. También se conoce como personalidad explosiva.

OBSESIONES-COMPULSIONES

J. A. Vallejo-Nágera

La obsesión es un pensamiento insistente que domina al sujeto, al menos intermitentemente, pese a que éste lo considere justificado, absurdo, e intente liberarse de él. Los temas son variadísimos, por ejemplo, puede sentir el temor obsesivo de tirar a su hijo por la ventana; le horroriza la idea, es lo último que haría, y sin embargo, no puede sustraerse a la constante angustia de este temor, que lo domina aunque sea consciente de su injustificación; por eso acude a las consultas a preguntar «si es posible que pierda la razón y cometa ese crimen» (no existe tal posibilidad, el niño no corre ningún peligro). Otro caso es el de un enfermo que cuando su automóvil marcha por la carretera y adelanta a un ciclista, sufre la obsesión de haberlo atropellado; aunque sabe que no es así, ha de mirar por el retrovisor para comprobarlo, y muchas veces no queda tranquilo y tiene que dar la vuelta para ver pasar de nuevo a la supuesta víctima, etc. En la neurosis obsesiva se explica el mecanismo de las obsesiones, que constituyen un martirio para quien las padece. La diferencia principal con las ideas delirantes es que el obsesivo «sabe» que sus ideas son absurdas, pero no puede sustraerse a su influjo; el delirante cree que sus ideas delirantes son ciertas.

Se llama compulsión al impulso patológico que lleva a realizar determinados actos o ceremoniales, en relación con ideas obsesivas; el paciente es, de nuevo, consciente de que estos actos son absurdos y desea liberarse de ellos, pero sufre tal angustia al no realizarlos que cede a sus impulsos compulsivos. Obsesiones y compulsiones suelen estar tan entrelazadas que se presentan unidas en la neurosis obsesivo-compulsiva, aunque existen casos con dominio de la faceta puramente intelectual (por ejemplo, obsesiones de tipo filosófico: «paso el día pensando en las dimensiones infinitas del Universo, hasta que me da vértigo. Es ridículo, pero no puedo evitarlo, consumo así el día, cada día... y mi vida, de este modo tan estúpido»). A estas formas «intelectuales» se las denomina neurosis obsesivas.

Las compulsiones adquieren frecuentemente la forma de «duda inmotivada» sobre algo que puede ser importante, como por ejemplo, si se han dejado bien cerrados los grifos o la llave del gas; el enfermo se tiene que levantar una y otra vez a comprobarlo, entrándole de nuevo a los pocos minutos la duda de si se habrá cerciorado bien, y tiene que levantarse nuevamente, indignado consigo mismo y desesperado por no lograr dominarse. Si aparecen los actos o ceremoniales compulsivos como muy dominantes se habla de neurosis compulsiva, pero, por la mera enunciación de la sintomatología, ya se comprende que la presentación habitual es mixta, de pensamientos e impulsos, o sea en forma de *neurosis obsesivo-compulsiva*.

Otro ejemplo de neurosis obsesivo-compulsiva —y en cierto modo similar a la anterior— es el de alguien que acude reiteradamente al confesionario, aunque sea para repetir los mismos pecados, porque nunca termina de sentirse con la «conciencia limpia». (Foto: EFE.)

HISTERIA, NEUROSIS DE CONVERSIÓN, ALTERACIONES SOMATOMÓRFICAS, TRASTORNOS DISOCIATIVOS

J. A. Vallejo-Nágera

Con el nombre de histeria se conoce desde la antigüedad la aparición de síntomas objetivos importantes sin lesión que los justifique, por ejemplo, una parálisis pero sin anomalía en los nervios ni músculos, una ceguera sin lesión del ojo ni de los componentes nerviosos del sistema óptico. En todos estos casos de aparente enfermedad orgánica se supone que la causa es un conflicto psicológico, que se transforma, o convierte, en un síntoma orgánico que lo simboliza, por eso también se denomina neurosis de conversión. Teniendo en cuenta que el conflicto psíquico se manifiesta a través de síntomas somáticos (orgánicos) otros prefieren hablar de alteraciones somatomórficas. En una forma de histeria el conflicto psicológico no se simboliza a través de la imitación de una enfermedad corporal sino de una enfermedad psíquica; en estos casos se habla de trastornos disociativos, pues la identidad está disociada; por ejemplo, una amnesia histérica con la que el sujeto olvida quién es, y en algunos casos alterna su propia identidad con la de nuevos personajes que va creando o que acepta; son los casos de múltiple personalidad.

La palabra *histeria* deriva del griego *hysterá,* que significa *matriz*: la etimología demuestra que los antiguos asociaron la enfermedad con el útero y, por tanto, con el sexo femenino, descuidándose la observación de fenómenos histéricos en el hombre, que existen igual que en la mujer; por eso se prefiere actualmente el nombre de neurosis de conversión.

CUADRO CLÍNICO. Los síntomas (grupos de síntomas que se presentan asociados) histéricos, o de conversión, pueden incluir cualquier síntoma; las variantes e incluso el pintoresquismo clínico son inagotables, y pueden dar lugar a confusiones con casi cualquier enfermedad, ya que las imita.

SÍNTOMAS SOMÁTICOS Y FUNCIONALES. Como ocurre en todas las neurosis, los síntomas histéricos son un intento de defensa en una situación que no se sabe cómo resolver. En los animales observamos que cuando la situación no es adecuada para su forma habitual de lucha (mordisco, aguijonazo, etc.), adoptan una de estas dos formas de defensa: reacción de hacerse el muerto o la tempestad de movimientos. En la reacción de inmovilidad o de hacerse el muerto, que, a veces, se acompaña de mimetismo, el animal trata de pasar inadvertido a su enemigo y así salvarse. En la de tempestad de movimientos, éstos no tienen el objeto específico de herir al adversario, sino de asustarle y que desista del ataque (bufidos, erizamiento del pelo, movimiento desordenado de las extremidades, etc.). En la neurosis de conversión se utilizan estos dos sistemas biológicos de defensa.

Entre las formas de neurosis de conversión que utilizan la tempestad de movimientos aparece como tipo el gran ataque histérico, de teatralidad suprema (el histérico tiende a ser teatral, hay relación entre histerismo e histrionismo). En el «gran ataque histérico» el paciente grita, se revuelca por el suelo, se desgarra las ropas, golpea o araña de modo incoordinado y no específicamente intencional a los que intentan sujetarle, alterna momentos de contracción tónica generalizada, en los que se tiende «en arco iris» sobre la nuca y los talones, con otros movimientos y espasmos desordenados e intermitentes que recuerdan un ataque epiléptico de gran mal, del que es un burdo remedo. El diagnóstico diferencial se hace por el electroencefalograma (el histérico lo tiene normal) y por una serie de rasgos clínicos; por ejemplo, el epiléptico tiene su ataque en cualquier momento («en el fuego o en el agua» según decían los antiguos) y el histérico lo sufre tras un disgusto o contrariedad («no podemos llevarle la contraria porque en seguida le da el ataque»), y ocurre cuando hay delante personas que le interesen.

Otras formas de tempestad de movimientos, o de síndromes motores hipercinéticos son: temblores, tics, espasmos musculares, movimientos atetoides o creiformes (como el del «baile de San Vito»). Todos suelen ser de gran amplitud y espectacularidad y no corresponden exactamente a las enfermedades que imitan (en eso se apoya el diagnóstico diferencial).

Los síndromes de conversión que utilizan la reacción de inmovilización, que es otro modo de llamar a la reacción de hacerse el muerto, o de sobrecogimiento, pueden ser motores y sensoriales.

Entre los motores dominan las parálisis histéricas, desde la paralización total sin respuesta a ningún estímulo (catalepsia), hasta las parálisis localizadas de medio lado del cuerpo, de una extremidad, de una mano, un dedo, etc. Las parálisis frecuentemente se combinan con síntomas hipercinéticos, como temblores, espasmos o tics, y dan lugar a cuadros tan pintorescos como la en otros tiempos famosa astasia abasia (en ella, el enfermo tumbado puede realizar normalmente los movimientos de las piernas, pero es incapaz de permanecer de pie o andar).

Entre los síndromes sensoriales los más frecuentes son los de anestesia histérica, para una sensibilidad (térmica, táctil, dolorosa) o varias a la vez, y pueden afectar a todo el cuerpo o a una parte. Las anestesias histéricas no siguen los esquemas anatómico-neurológicos, sino que son de distribución arbitraria como las anestesias «en calcetín», «en guante», etc.

El concepto de la ganancia por la enfermedad es fundamental en la histeria. El paciente obtiene una «ganancia» de tipo doble: *a)* Para resolver un conflicto actual. *b)* Simbólicamente apoya la represión de un conflicto al subconsciente (generalmente mantenido desde la fase edípica de la infancia, pueden ser deseos incestuosos con los correspondientes sentimientos de culpa y de necesidad de autopunición o de temor al castigo).

Los síntomas de conversión no sólo existen por algo, sino también para algo. En este «para», en su utilidad hacia el enfermo está la clave del desinterés del paciente por sus síntomas y curación (en el siglo pasado a este fenómeno se le llamaba «la bella indiferencia»). Si los síntomas desaparecen queda el paciente privado de su defensa psicógena y a merced de los sentimientos de culpa.

La «ganancia con la enfermedad» en el presente es tan importante para el enfermo, que se convierte en uno de los obstáculos para la curación.

El histérico no es un simulador. El simulador quiere parecer enfermo, hacerse pasar por enfermo. El histérico de modo inconsciente «quiere estar enfermo», y lo consigue.

PSICODINAMIA DE LA NEUROSIS DE CONVERSIÓN. En resumen es la transformación de un conflicto emocional en síntomas somáticos o psíquicos, y tiende a uno de estos fines: *a)* Expresión simbólica, y con ella la satisfacción del impulso reprimido. *b)* Negación de la existencia de la idea o impulso inadmisible para la conciencia. *c)* Crear un impedimento físico que proteja de la realización del acto simultáneamente temido y deseado. *d)* Autocastigo por sentir los deseos prohibidos o haberlos satisfecho anteriormente, en la realidad o con la fantasía. *e)* La obtención de un beneficio concreto (atención, cuidados) a través de los síntomas.

TRATAMIENTO. Charcot demostró en el siglo pasado que los síntomas histéricos se pueden provocar y suprimir por sugestión o hipnosis. Su discípulo Freud, que era mal hipnotizador, atribuyó el éxito terapéutico no a la hipnosis, sino a la catarsis (expresión del conflicto) que se produce durante ella. De sus esfuerzos para lograr la catarsis sin recurrir a la hipnosis deriva el psicoanálisis, que es una de las mejores técnicas para el tratamiento de la neurosis de conversión.

No hay que olvidar que el neurótico de conversión además de sus síntomas alarmantes tiene un carácter enfermizo, que es el que le ha provocado la aparición de los síntomas a través de su modo de reacción anómalo. Por tanto es precisa una reestructuración total del carácter y la conformación de nuevos modos de reacción. Es importante recordarlo, pues los síntomas de conversión desaparecen de modo teatral en una sola sesión de hipnosis o sugestión, pero el individuo sigue siendo histérico, aunque de momento no tenga síntomas y esté aparentemente curado, y recaerá con los mismos síntomas o con otros simbólicamente equivalentes si no se realiza una psicoterapia con reeducación del carácter.

NEUROSIS DE ANGUSTIA. CRISIS DE PÁNICO

J. A. Vallejo-Nágera

Clínicamente la angustia es el miedo sin saber a qué. El miedo normal es una reacción temerosa ante un peligro concreto que la justifica, reacción con sus componentes en los dos planos: el psíquico y el corporal. El miedo y la angustia forman parte de la respuesta total del individuo a una crisis; con reacciones normales necesarias para la supervivencia. En la infancia, la angustia ante determinadas situaciones (la oscuridad, soledad, lo desconocido) permite el apartamiento de fuentes de peligro.

Como en todas las neurosis, una reacción que originalmente es normal y útil (aquí la angustia) se desvirtúa al aumentar tanto en intensidad y frecuencia que, en lugar de ser un mecanismo defensivo provechoso, se convierte en una fuente de sufrimiento y de incapacidad. Si esta respuesta desproporcionada se hace crónica estamos ante una neurosis de ansiedad o neurosis de angustia.

Un ejemplo lo aclarará: un individuo en la oscuridad de su habitación se despierta porque oye un ruido; intenta encender la luz y no funciona, vuelve a escuchar, o así lo cree, un roce en la pared. Nota que se le eriza el pelo, siente los latidos acelerados del corazón, sudor frío, sequedad de boca, etc., toda la reacción psíquica y la reacción vegetativa del miedo normal, y se prepara para ocultarse o defenderse. Si se tranquiliza y no vuelve a tener otro episodio similar nada ha ocurrido, pero si, por el contrario, a cada estímulo insignificante, como un portazo, un frenazo, tener que saludar a una persona, o ya sin estímulo externo alguno siente de nuevo aquella reacción de pánico, lo que era normal se ha convertido en anormal por su presentación e intensidad injustificada y estamos ante una neurosis de angustia.

En otras neurosis existe también angustia, pero se expresa transformada, a veces en un síntoma corporal (parálisis, ceguera, etc., como en la histeria o neurosis de conversión), en otras ocasiones en un síntoma psíquico (como en las fobias y en las obsesiones); en la neurosis de angustia este síntoma primordial (la angustia) aparece como tal, como experiencia angustiosa intensa y repetida, sin revestimiento o disfraz.

CUADRO CLÍNICO. La angustia puede aparecer de dos formas: o en un estado permanente de ansiedad, «angustia libre flotante» que se actualiza al menor estímulo, o por el contrario «en ráfagas de angustia» accesionales, separadas por largos intervalos de aparente normalidad.

La crisis de angustia consiste en la aparición repentina de la angustia en su máxima intensidad, crisis que en el lenguaje coloquial se suelen llamar «acceso de angustia» o «ataque de angustia». La típica crisis se presenta generalmente de modo repentino, sin pródromos o síntomas de aviso que prevengan al enfermo. No es raro que se desencadene durante el sueño, despertándose el paciente con los síntomas en toda su intensidad.

La crisis de angustia se vive por el paciente como una señal de muerte inminente, «noto que me voy a morir, no creo que la sensación de muerte pueda ser más intensa ni más clara», nos dicen, y la intensidad de sufrimiento es equivalente a la de alguien que nota que lo van a matar, y por tanto se acompaña de los síntomas corporales, vegetativos, del pánico: taquicardia (latidos cardíacos acelerados e intensos), palpitaciones, hiperpnea (respiración acelerada), fenómenos vasomotores (de la circulación periférica) con palidez, manos y pies fríos, sensación de opresión precordial que en ocasiones llega a ser dolor precordial (que atribuye a un infarto o ángor), hiperhidrosis (sudoración) y otros cambios vegetativos.

Lo más impresionante para el paciente es el dolor precordial, con palpitaciones y sudor frío, pues queda convencido de que sufre un «ataque de corazón» o algo similar que es el preludio de una muerte inminente. La crisis suele durar unos minutos, pero puede persistir durante horas. Es tan viva la sensación de peligro para la vida durante la crisis (riesgo que no existe), que el paciente acude a varios médicos, no queda tranquilo al afirmarle el primero «que no tiene nada del corazón», y lo atribuye a incompetencia del médico, pues no le parece posible que síntomas tan alarmantes como los suyos no tengan causa orgánica grave, por lo que busca otro servicio de urgencia.

A pesar de la repetición de las crisis, y de la experiencia previa de que «no tenía nada grave», en cada nuevo episodio reaparece el pánico incontrolado, la convicción de riesgo para su vida, la búsqueda afanosa de un médico de urgencia, etc.

En algunos enfermos, especialmente cuando las crisis no son nocturnas interrumpiendo el sueño, sino diurnas y ya se repitieron muchas veces, se desplaza el temor de muerte al «temor de volverse loco»; el paciente razona su situación y se dice: «no es posible que yo tenga una pérdida tan absoluta de mí mismo, eso tiene que ser que estoy perdiendo la razón».

En ciertos pacientes no aparecen las crisis de angustia, sino manifestaciones permanentes, pero más leves, de ansiedad. Lo frecuente es que se combinen las dos formas y que el paciente entre sus crisis no esté normal, sino cargado con la «angustia libre flotante», que se manifiesta con mayor o menor intensidad ante cualquier estímulo (ir en metro, entrar en un almacén con mucha gente, alejarse de su casa, acudir a una entrevista, saludar a una persona del sexo opuesto, etc.). La angustia aparece en forma de una tensión displacentera y todo su desagradable cortejo vegetativo (latidos en las sienes, palpitaciones, dificultad para hablar e incluso para respirar, palidez, ganas de orinar, diarrea, sudor de manos, temblor, dificultad para concentrarse, etc.), todo ello con una sensación de malestar muy penosa, pero sin la alarma de muerte ni crisis de pánico incontenible de la gran crisis de angustia.

La psicodinamia de la neurosis de angustia es menos compleja que la de otras neurosis. La angustia que experimenta el enfermo es un reflejo de la que sintió en la primera infancia ante el impacto de algún trauma afectivo.

El tratamiento ha de ser psicoterápico, como en todas las neurosis. Es frecuente (y por supuesto inoperante) que el método llamado en la «urgencia» de la crisis, se conforme con manifestar al enfermo que «no se preocupe». El paciente continuará sufriendo sus síntomas y no podrá «dejar de preocuparse» hasta que no se le cure con una psicoterapia adecuada. Provisionalmente, los medicamentos ansiolíticos (tranquilizantes) pueden proporcionarle un gran alivio.

HIPOCONDRÍA (EL ENFERMO IMAGINARIO)

J. A. Vallejo-Nágera

La medicina ha abandonado el concepto de la hipocondría como enfermedad, ya no se la considera entidad clínica independiente. La hipocondría es en esencia una actitud que se adopta ante la enfermedad, y cualquier enfermedad psíquica puede presentar añadido ese colorido hipocondríaco.

El hipocondríaco está constantemente sometido a introspección, minuciosamente preocupado por sus funciones fisiológicas (digestiones, estreñimientos, etc.) y con posibles síntomas de enfermedad.

Una persona que está realmente enferma puede ser además hipocondríaca, y quizá sus preocupaciones no se centren en los síntomas importantes (existen enfermedades graves que cursan sin apenas molestias), sino en los imaginarios, o los leves a los que él da gran importancia (meteorismo, dolor de cabeza, «mareo», etc.). Asimismo, el hipocondríaco, al centrar su atención en determinada función y cargarla emocionalmente, puede provocar alteraciones psicógenas (por la fuerza del impacto psicológico) de esta función y crear síntomas reales, funcionales u orgánicos.

El síntoma capital de la hipocondría es la preocupación que siente él por su salud. El hipocondríaco medita constantemente sobre sus síntomas, reales o imaginarios, llega a percatarse de signos funcionales que escapan habitualmente a la conciencia (intensidad de los latidos cardíacos, estado del pulso, funciones digestivas, etc.). Desarrolla una sorprendente sutileza en la captación de sensaciones cenestésicas (del interior del cuerpo). Es prolijo en la descripción de su cuadro clínico, aclara repetidas veces el alcance de cada una de sus descripciones; además de hacerlo ante el médico, es su tema predilecto de conversación. La atención del hipocondríaco se centra no sólo en el estudio de sí mismo (se toma el pulso y la temperatura y el número de respiraciones por minuto varias veces al día, son los primeros en comprarse un aparato para medir la tensión arterial), sino también la cantidad y composición de los alimentos. Sabe con qué aguas minerales hace mejor la digestión, qué grados de ventilación o de temperatura le convienen, etc.

La sintomatología más típicamente hipocondríaca es la sugestiva, que experimenta acompañada de una especial distimia (alteración negativa del estado del ánimo), sumamente desagradable, que le hace colocarse en actitud fóbica frente a sus molestias, de las que siempre cree que son el comienzo de enfermedades graves. El hipocondríaco acaba renunciando a casi todo para consagrarse a cuidar su «enfermedad».

En psiquiatría, la actitud hipocondríaca aparece como un síntoma añadido en: 1) Algunas formas de depresión endógena, especialmente en la melancolía involutiva (depresión de los ancianos). 2) Adquiere en ciertos casos los rasgos de un desarrollo delirante, de contenido hipocondríaco, en la llamada *paranoia hipocondríaca.* 3) En algunas esquizofrenias aparece un tono hipocondríaco. 4) Multitud de neuróticos, tanto histéricos, neurasténicos, como organoneuróticos y pacientes con psicosomatosis, destacan en su cuadro clínico general la actitud hipocondríaca; si se hace muy dominante se describe a los portadores como *neuróticos hipocondríacos.*

TRASTORNOS DE LA PERSONALIDAD

J. A. Vallejo-Nágera

En personas psíquicamente normales, que razonan bien y con un sentido claro de la realidad, encontramos formas de conductas anómalas o extrañas. Tienen en común la tendencia a percibir el ambiente y responder a él de una forma tan inadecuada que entorpece su adaptación, sin que exista enfermedad mental. Si las consecuencias no son perturbadoras ni para él ni para los demás se habla de rasgos de la personalidad, si el sufrimiento subjetivo o la inadecuación social son serios y persistentes estamos ante trastornos de la personalidad.

TRASTORNO ANTISOCIAL DE LA PERSONALIDAD. PSICOPATÍAS. SOCIOPATÍAS. NEUROSIS DEL CARÁCTER. Los trastornos antisociales de la personalidad forman un grupo aparte de los restantes trastornos de la personalidad, engloban a personas con alteraciones importantes de la convivencia. Los que muestran otros trastornos de la personalidad los sufren y pueden también hacer sufrir a otros, en cambio el grupo que describimos hace padecer a los demás pero ellos no acusan sufrimiento ni sentimientos de culpa. En la literatura técnica también se les conoce como psicópatas, término que se presta a confusiones, pues en el lenguaje científico se tiende a aplicar «psicópata» al enfermo psíquico y sabemos que por definición el psicópata no es enfermo mental. Por el matiz de anomalía de adaptación social también se conocen como sociopatías, y en la literatura analítica como neurosis del carácter.

Con cualquier denominación los síntomas son los mismos. Comienza antes de los quince años con hurtos en casa, mentiras reiteradas, falsificación de las notas en la escuela, actos de vandalismo, vagabundeo, fugas de casa, contacto con el alcohol y las drogas, pendencias, expulsión de la escuela, actividad sexual promiscua, precoz y violenta y cualquier forma de delincuencia infantil. En general, violación de las normas de conducta en el hogar y frente a la sociedad.

Del mismo modo que los expulsan de la escuela y colegios ocurre después en los empleos, o los abandonan sin tener previsto otro. Uno de los rasgos típicos es «actuar por las apetencias en el momento presente sin tener en cuenta las consecuencias». Otra característica fundamental es la ausencia de conciencia ni de sentido de la personalidad, y una tercera la pobreza sentimental (carecen de la capacidad de sentir, o de mantener el tiempo habitual, sentimientos de amor, pena, arrepentimiento, vergüenza —es el tradicional «sinvergüenza»—, alegría o desesperación, y especialmente el de culpa). Serán incapaces de mantener una relación de pareja o vida familiar o profesional satisfactoria y estable. Gran parte de los delincuentes (proxenetas, estafadores, desertores, etc.) pertenecen a este grupo; que no hay que confundir con los delincuentes «normales», que no actúan impulsados por rasgos patológicos del carácter, sino por libre elección. La distinción no siempre es fácil.

En la etiología influyen factores ambientales, de privación afectiva y también factores genéticos con anomalía de la función del sistema límbico. Tiene mal pronóstico.

TRASTORNO PARANOIDE DE LA PERSONALIDAD. PARANOIDE. Recuerda al paranoico, sin llegar a tener ideas delirantes. Los rasgos más llamativos son: desconfianza, suspicacia, susceptibilidad, no aceptan las críticas, creen tener siempre razón y que la culpa es de los demás. Tienden a los celos. Son orgullosos, fríos, con escaso sentido del humor y de las manifestaciones de ternura.

EL TRASTORNO ESQUIZOIDE Y EL ESQUIZOTÍPICO DE LA PERSONALIDAD. Son formas emparentadas con la esquizofrenia. El esquizoide es frío, distante sentimentalmente, indiferente a lo que opinen de él, solitario, con pocas amistades. El esquizotípico tiene los rasgos del esquizoide, pero además trastornos del pensamiento, de la conducta, del lenguaje y de la percepción, que recuerdan más a la esquizofrenia, sin llegar a su gravedad. Algunos tienen una sensación de fuerza interna, de «presencia», de clarividencia, de telepatía, etcétera, que los lleva a actuar como médiums, adivinos, futurólogos, etc. Con frecuencia son extravagantes en el vestir, ambientación de su hogar y en el lenguaje.

TRASTORNO HISTRIÓNICO DE LA PERSONALIDAD. Al contrario que los anteriores, el histriónico está siempre pendiente de lo que opinen los demás, y los trata de impresionar con una conducta teatral, llamativa. Logran hacer amistades con facilidad, pero se convierten en posesivos, exigentes, egocéntricos, reclamando la atención, pretenden estar «en escena» de modo permanente. Son muy activos, inquietos, vanidosos y con reacciones desproporcionadas a los conflictos interpersonales.

TRASTORNO NARCISISTA DE LA PERSONALIDAD. El narcisista no busca atención como el histriónico (con el que le asocian rasgos comunes), sino preferentemente admiración. Tiene un concepto hipervalorado de sí mismo, fantasías de talentos de cualidades y de éxito, y el empeño de que los demás las acepten como reales. Exhibicionismo, tendencia a utilizar a los demás.

TRASTORNOS DE LA PERSONALIDAD POR EVITACIÓN. Padecen una actitud hipersensitiva. Sufren con cualquier crítica, rechazo, desaire, ridículo o vergüenza, son incapaces de actuaciones, como hablar en público, salir a bailar de los primeros, interpelar en una reunión, iniciar amistades, etc. Como consecuencia pierden oportunidades de sobresalir, y de relacionarse, pero al contrario que el esquizoide (al que no le importa) anhelan desesperadamente estos logros perdidos. Excesiva autocrítica. Sólo aceptan de buen grado el trato con personas de las que saben que les son incondicionales.

Trastorno de la personalidad por dependencia. Están inseguros de sí mismos, y aceptan depender de los demás, y que éstos (cónyuge, familia, amigos) tomen todas las decisiones importantes y en suma les manejen su vida. Soportan abusos de los demás, con tal de lograr este apoyo.

DEPRESIÓN Y MANÍA. DEPRESIÓN UNIPOLAR. DEPRESIÓN BIPOLAR. PSICOSIS MANÍACO-DEPRESIVA. REACCIÓN DEPRESIVA

J. A. Vallejo-Nágera

Con todos estos nombres se denomina a un grupo de enfermedades en las que destaca o una tristeza profunda, desproporcionada a la situación (depresiones) o una alegría y euforia inmotivadas (manía).

La depresión y la manía no son enfermedades mentales en sentido estricto, son enfermedades del estado del ánimo, de la afectividad.

La depresión es de dos tipos en cuanto a su origen. La depresión exógena o reactiva (reacción depresiva) y la endógena.

La exógena o reactiva es la respuesta anormal en intensidad o duración a conflictos, disgustos o tragedias; es una reacción normal en su origen que se sale de su cauce y desarrollo normales (un duelo por una persona querida que dura diez años, sin que el sujeto salga de casa más que para ir al cementerio, no quiere ver la televisión, etc.). También (según el criterio clasificador) se denomina depresión neurótica, o depresión psicógena (en esencia dicen lo mismo, exógena = que viene de causa externa, neurótica y psicógena = generada por conflictos psicológicos) y puede sobrevenir a una persona que fue emocionalmente normal hasta ese momento, o sobre una disposición anómala del carácter, el carácter melancólico. La diferencia esencial con la endógena, además del origen, está en el tratamiento, que en esta forma ha de ser psicoterápico (terapia de conducta, cognitiva o analítica).

La depresión endógena se supone que no procede de la influencia de agentes exteriores (disgustos, conflictos), sino de una alteración en ciertos componentes del sistema nervioso central, neurotransmisores, y en ellos de las concentraciones de ciertas substancias (serotinina, norepinefrina). Este desajuste neuroquímico, cuando procede en sentido contrario, provoca síntomas opuestos a la depresión, la manía.

SÍNTOMAS DE LA DEPRESIÓN. El cuadro clínico de las distintas formas de depresión tiene rasgos comunes y es muy característico. Presentan cuatro grupos de síntomas. *a)* Del ánimo. El paciente está triste, llora o desea hacerlo, siente intensa angustia y desconsuelo. *b)* Del impulso. Ausencia de energía, de vitalidad, queda apático, desganado, cualquier tarea trivial (leer el periódico, vestirse) le parece abrumadora, dice que no tiene «ganas ni de pensar»; este freno a la actividad se denomina «inhibición psicomotriz». *c)* De la valoración de sí mismo y de sus circunstancias. Pesimismo, desesperanza, ideas de acusación o de indignación, de ruina, de negación. *d)* Síntomas somáticos. Insomnio, pérdida de peso, anorexia, estreñimiento.

MANÍA. CUADRO CLÍNICO. Es opuesto «en espejo» a la depresión, los mismos síntomas en sentido contrario. *a)* En lugar de tristeza tiene alegría contagiosa, euforia, ríe. *b)* En vez de inhibición psicomotriz, el paciente maníaco tiene una vitalidad desbordante, habla tanto que queda afónico, emprende mil asuntos, recuerda cosas olvidadas, hace visitas y llamadas telefónicas, compra y regala objetos inútiles. *c)* La autovaloración y juicio de sus circunstancias es optimista, sin crítica, con tendencia a la grandiosidad. Las ideas sobrevaloradas o delirantes, en lugar de ser de ruina, condenación, etc., son de ganar millones, estar en contacto con Dios, de que va a salvar el mundo, evitar guerras, etc. *d)* Los cambios corporales son menos acusados que en la depresión, su insomnio adquiere la característica de que «necesito menos sueño» y despierta en plena euforia; pide comida pero antes de terminarla emprende otras tareas.

DEPRESIÓN BIPOLAR. PSICOSIS MANIACODEPRESIVAS. Una misma persona puede sufrir alternativamente fases de euforia maníaca y otras de depresión. Se llamaba tradicionalmente «psicosis maniacodepresiva», y ahora «depresión bipolar» o «trastorno afectivo mayor». Los síntomas en la fase depresiva son idénticos a los que tiene una persona que sólo sufre depresiones (depresión unipolar), y los de la fase maníaca los mismos de un enfermo que sólo tiene fases maníacas.

PRESENTACIÓN Y CURSO. Existe una clara predisposición genética. Tanto en la unipolar como en la maniacodepresiva, el primer episodio suele aparecer antes de los treinta años. Remiten espontáneamente y de modo más rápido con la medicación. Una vez superado el episodio maníaco o depresivo hay intervalos de normalidad absoluta entre una y otra fase. Con la edad las fases patológicas se hacen más frecuentes y duraderas y, al mejorar de una puede iniciar la siguiente. Las depresiones son más frecuentes en las mujeres.

RIESGOS. Es una enfermedad sin deterioro, una vez superada «no deja residuo», hasta que aparece la próxima fase (puede tener sólo una en toda su vida). El peligro está para el maníaco en que durante su euforia se arruine o desprestigie; y en las depresiones hay que tener en cuenta el vehemente deseo de «no vivir», con tendencia al suicidio.

TRATAMIENTO. Las depresiones responden bien a los timolépticos tricíclicos y a los inhibidores de la monoaminooxidasa. Las fases maníacas se atenúan y abrevian con neurolépticos. En muchos casos de psicosis maniacodepresiva (el 80 por ciento) el tratamiento continuado con sales de litio evita la aparición de nuevas recaídas intensas. En los casos resistentes a otra terapéutica, y que presentan alto riesgo, se sigue empleando el ETC.

ESQUIZOFRENIA

J. A. Vallejo-Nágera

Entre la variedad de enfermos mentales, existe un grupo que corresponde en líneas generales a lo que las gentes entienden como «loco», «enajenado», «demente» o con «pérdida de la razón». El radical común está en la falta de lógica, en la «incomprensibilidad» de su conducta.

A finales del pasado siglo, Kraepelin dio a la enfermedad el nombre de «demencia precoz», pues aparece en edades tempranas (precoz), y lleva en muchos casos a un profundo deterioro intelectual (demencia). Posteriormente Bleuler acuñó el término «esquizofrenia», con el que hoy se conoce la enfermedad (que, se sospecha, engloba enfermedades distintas con aspecto común).

CARACTERÍSTICAS GENERALES DE LOS SÍNDROMES ESQUIZOFRÉNICOS. La escisión de la personalidad, que da nombre a la esquizofrenia, supone una escisión, una ruptura de los mecanismos psíquicos normales. La mente esquizofrénica se rige por leyes nuevas, diferentes de las de toda persona normal y de las de cualquier otro enfermo psíquico. Por ello el esquizofrénico resulta incomprensible psicológicamente; el espectador no «comprende» las vivencias del esquizofrénico. Ante un maniacodepresivo o un paranoico el observador se percata del sentido patológico de las vivencias del paciente, pero las comprende, se «imagina lo que siente el enfermo». Ante el esquizofrénico, por el contrario, el espectador se siente incapaz de imaginar de dónde le vienen al paciente sus extrañas ideas y conducta. Domina el cuadro clínico un colorido especial de absurdidad. Los síntomas esquizofrénicos tienen un sello indefinible de extrañeza.

Consecuencia de la escisión de la personalidad es la incongruencia de la conducta esquizofrénica. Se intercalan sucesivamente síntomas de perturbación mental gravísima (delirios, incoherencia, alucinaciones) con rasgos de comportamiento normal, y buen rendimiento en las tareas.

La extrañeza que siente el espectador también la padece el enfermo, especialmente en los primeros estadios de la enfermedad. No comprende lo que le pasa a él ni lo que ocurre en torno suyo, por lo que se establece una ruptura de contacto con la realidad. El esquizofrénico tiende a refugiarse más y más en su mundo interior aislándose del ambiente, fenómeno que se conoce como autismo esquizofrénico.

Los síntomas esquizofrénicos aparecen con plena claridad de la conciencia, se perciben con nitidez y no de modo confuso o embarullado, como en los estados de obnubilación.

Se han intentado delimitar los llamados «síntomas primarios», o síntomas «patognomónicos», cuya presencia decidiría el diagnóstico. No hay acuerdo total pero la mayoría acepta como fundamentales los siguientes: 1. Sonoridad del pensamiento (el enfermo «escucha» su pensamiento y cree que otros también lo oyen). 2. Voces dialogadas (alucinaciones auditivas de personas que hablan entre sí). 3. Voces que comentan la propia actividad (las alucinaciones auditivas «hablan de él»). 4. Vivencias de influencia corporal (siente que manipulan en el interior o exterior de su cuerpo, que éste se modifica en tamaño, composición, etc.). 5. Intervención del pensamiento («no me dejan pensar», o «me obligan a pensar en...», «cuentan lo que pienso», etc.). 6. Percepción delirante (atribución de significado absurdo a cualquier hecho u objeto). 7. Sentimientos y acciones interferidos (le impiden o imponen actos o emociones). 8. Conducta catatónica (alteraciones en el movimiento o posturas, negativismo, etc.) o gravemente desorganizada.

FORMAS CLÍNICAS. Según los síntomas dominantes se delimitan cuatro formas clínicas:

a) *Tipo desorganizado.* Domina la incoherencia, el carácter insípido, vacío, del psiquismo del paciente. Las ideas delirantes y las alucinaciones son también desflecadas. Conducta extraña, muecas, posturas extravagantes. Profundo aislamiento social y progresivo deterioro, sin períodos de clara mejoría.

b) *Tipo catatónico.* Los trastornos más llamativos son de los movimientos y de la expresión. Existe una modalidad llamada flexibilidad cérea en la que el paciente adopta pasivamente las posturas impuestas, como si fuese una estatua de cera moldeable. Mutismo, estereotipias (repetición amanerada de gestos o actos improcedentes), negativismo, estupor, agitación.

c) *Tipo paranoide.* En el que predominan las ideas delirantes sobre los restantes síntomas. Las ideas tienen contenidos parecidos a las de los paranoicos (grandeza, persecución, celos, etc.), pero sin la sistematización de la paranoia. En la esquizofrenia, las ideas delirantes son mucho más absurdas, extravagantes y sin argumentación coherente; surgen de la propia enfermedad y no de las vivencias del sujeto.

d) *Tipo indiferenciado*. Presenta síntomas psicóticos claros (de enfermedad mental) sin que encaje exactamente en una de las formas precedentes.

PRESENTACIÓN Y CURSO. En ciertas familias hay una clara predisposición. Es de aparición precoz, generalmente en la adolescencia o juventud. Cursa en períodos o «brotes», con períodos de mejoría parcial. Después de cada brote suele acentuarse el nivel de deterioro o defecto esquizofrénico. Es de mejor pronóstico cuando la personalidad era vigorosa y estaba bien adaptada socialmente antes de enfermar, y cuando hay un claro factor desencadenante.

TRATAMIENTO. Es mixto con medicaciones (neurolépticos), tratamientos biológicos y psicoterapia. Si el paciente mantiene la medicación es menos probable una recaída.

TRASTORNOS ALIMENTICIOS, ANOREXIA MENTAL, BULIMIA, BULIMOREXIA

J. A. Vallejo-Nágera

La anorexia mental o anorexia nerviosa es un síndrome psiquiátrico que se centra sobre la negativa de la enferma a comer, y una alarmante pérdida de peso. Aparece en mujeres jóvenes, solteras, entre la pubertad a la adolescencia. Hay casos tardíos y alguna excepción masculina. La frecuencia de la enfermedad va en aumento (una adolescente entre cada 200). No se trata de una verdadera anorexia (inapetencia), es ante todo un trastorno positivo de la conducta alimenticia. Las enfermas no quieren comer.

Al hacerse alarmante la delgadez, la familia suele obligarlas. Recurren entonces a toda clase de estratagemas para no alimentarse. Fingen haber comido o con habilidad de prestidigitador esconden la comida en la servilleta. Cuando se las obliga a ingerir alimentos, van inmediatamente al cuarto de baño a vomitar, etc. Seleccionan los pocos alimentos que aceptan entre los que tienen menos calorías. Aseguran que no toleran los demás. Toman laxantes y diuréticos. Las pacientes están muy activas (algunas caminan durante horas para «consumir calorías y adelgazar»), rinden bien en los estudios o profesión con una energía que sorprende en su estado. Pierden el interés por los temas sexuales.

Los síntomas somáticos alcanzan equivalencia con una caquexia orgánica. Las jóvenes anoréxicas parecen tener muchos años más, quedan esqueléticas, huesos y piel arrugada y deshidratada; el aspecto es de foto siniestra de campo de concentración. La paciente juzga con acierto el aspecto físico de las demás mujeres, pero no el suyo, que asegura que es «normal», y si engorda unos gramos cree haberse deformado por la obesidad. La negativa a alimentarse es tan tenaz que se provocan caquexias y hay una mortalidad que se calcula entre el 10 y el 20 por ciento de los casos.

No está claro el origen de esta anomalía. Los psicoanalistas lo atribuyen a un rechazo inconsciente a la feminidad o a fantasías de fecundación oral. Muchos casos se inician tras un período de obesidad y la preocupación de la familia o de la paciente por recuperar la línea. El conflicto con la familia, especialmente con la madre, es uno de los elementos constantes, que dominan el cuadro clínico. Los organicistas atribuyen la anorexia mental a un trastorno hormonal previo o un déficit hipotalámico. Los conductistas a que «no han aprendido» la sensación de hambre y sencillamente no comen. No está comprobada ninguna de estas interpretaciones.

Por la gravedad de la enfermedad y el mal pronóstico ambulatorio, el tratamiento suele ser hospitalario, para romper el círculo vicioso de hostilidad con la familia, y realizar alimentación controlada y tratamientos biológicos junto a psicoterapia.

Son pacientes que protestan de su ingreso, se consideran normales y creen injustificada cualquier terapéutica, que hacen todo lo posible por evitar.

BULIMIA. BULIMOREXIA. La bulimia se manifiesta por crisis de apetito voraz e incontrolado. Es frecuente que se combine con actitud anoréxica en la bulimorexia, y la paciente después de cada ingestión desordenada intente vomitar, tome laxantes, diuréticos, etc. Excepto la crisis de bulimia, la conducta global es parecida a la de una anorexia nerviosa, con la preocupación obsesiva por no engordar un gramo. La lucha entre la atracción accesional por la comida, y el rechazo posterior se vive con ansiedad, sentimientos de culpa y de autodesprecio.

La vida de la paciente se centra en la comida, comer o expulsar lo comido por medio de vómitos y laxantes, domina su campo de intereses.

Los atracones de comida los inician como compensación por un disgusto o fracaso, como «gratificación oral». Se convierte en hábito y ya responden a cada situación de estrés con la comida, de modo indiscriminado; pueden comer medio kilo de mantequilla o de tocino.

Una diferencia llamativa con las anoréxicas estriba en que éstas desde el principio rechazan su femineidad y no manifiestan interés erótico ni sexual. Las bulimoréxicas, por el contrario, hacen los sacrificios de no comer para estar más atractivas buscan el galanteo casi obsesivamente, manteniendo en secreto sus problemas de alimentación, que dominan su vida tanto como la de las anoréxicas.

El tratamiento es psicoterápico, difícil y prolongado. Responden mejor a la terapia de grupo que a la individual.

PARANOIA. TRASTORNOS PARANOIDES

J. A. Vallejo-Nágera

Dentro de los diferentes tipos de enfermos mentales a los que en el lenguaje coloquial se denomina «locos», existe un grupo caracterizado por presentar como único trastorno importante ideas delirantes (ideas falsas, sobrevenidas patológicamente e irreductibles por la argumentación lógica). En la historia de la psiquiatría se ha ido llamando de diferente modo a estos enfermos, desde las anacrónicas denominaciones de «locos razonadores», «monomaníacos», etc., hasta la de paranoicos, actualmente en uso. En los viejos tratados se solía poner como ejemplo a Don Quijote, que, fuera de su delirio de caballería andante, razonaba con gran discreción.

Esta alteración psíquica puede tener distintos niveles de gravedad; si es leve se habla de trastornos paranoides, o síndrome paranoide, y si es grave y crónico de paranoia.

La paranoia típica es de comienzo lento, insidioso sobre una *personalidad paranoide* (que luego describiremos) y forma un delirio crónico, sistematizado, no modificable por la argumentación lógica y que se relaciona con las vivencias del sujeto, conservando éste íntegras la inteligencia, la memoria, la lucidez y la capacidad de juicio y raciocinio; siempre que no se trate de su tema delirante.

Las ideas delirantes del paranoico tienen la característica de ser «sistematizadas», su delirio forma un todo coherente, compacto, intentando el enfermo, que conserva su capacidad de argumentación y aspecto normal, dar una apariencia lógica y una explicación racional de sus ideas delirantes más injustificadas. Como las ideas (de celos, grandeza o persecución) «pudieran ser verdad», si el observador no está informado, puede creer que lo que el paciente afirma corresponde a la realidad.

Los delirios paranoicos son de temas muy variados; los más frecuentes tratan de ideas de persecución o injusticia, celos o amores, y de grandeza.

En los delirios de persecución, el paciente se siente acosado por personas poderosas, sectas o parientes. Una forma atenuada es el delirio de referencia, en el que se supone espiado y cree que todos hablan de él, murmuran, etc.

Los *delirios de injusticia,* llamados también querulantes y *pleitistas,* hacen que el paciente se sienta tratado injustamente por un tribunal, superiores en la empresa, por la familia de su cónyuge, etc., y tienda a plantear constantemente pleitos y reclamaciones.

En los *delirios de grandeza* la convicción de la enorme importancia de su persona (se cree jefe de estado, rey, pontífice, profeta elegido, etc.).

Los *delirios de celos* son una fuente de amargura y riesgo para la pareja. Aunque la persona amada sea realmente infiel los celos pueden ser delirantes, y los motivos, para la convicción del enfermo, absurdos. Los *delirios eróticos* tienen su núcleo delirante en la falsa idea de ser amado por una persona notable a la que quizá sólo conocen de referencia.

Las emociones y la conducta del paranoico corresponden a sus ideas delirantes. Está asustado si el delirio es de persecución, prepotente si es de grandeza y hostil e incluso peligroso si es de celos o injusticia. La conducta está influida por los patrones socioculturales (por lo que creen que otras personas harían si fuesen ciertas esas circunstancias), y cambian con las costumbres. Por ejemplo, hasta hace pocos lustros, los maridos paranoicos con delirio de celos era frecuente que matasen a su mujer; era el «código calderoniano» vigente también para algunos «sanos»; en cambio ahora las persiguen con sus abogados, divorciándose y negándose a pasarles la mensualidad privándolas de los hijos, etc.

El tratamiento de la paranoia es inicialmente medicamentoso y responde bien a los neurolépticos. Sólo en una segunda etapa, cuando el paciente ha mejorado y es accesible, se complementa con psicoterapia.

Los trastornos paranoides tienen sólo una diferencia de grado con la paranoia. No son tan intensos, y en su desencadenamiento además de la personalidad previa paranoide han influido factores muy estresantes, como la emigración, pleitos, oposiciones, ocupaciones humillantes, etc.

Personalidad paranoide, carácter paranoide es la base de la predisposición a desarrollar un trastorno paranoide. En los niños, el carácter paranoide se manifiesta por una necesidad desmedida de alabanza, sufren con el menor reproche, no se consideran responsables de sus fallos y acusan a otros de sus faltas. En la edad adulta, el paranoico muestra cuatro rasgos caracterológicos fundamentales: orgullo, desconfianza, falsedad de juicio e inadaptabilidad.

El trastorno paranoide compartido, que antiguamente llamaban *folie à deux,* consiste en el contagio psíquico de las ideas de grandeza o persecución o mesianismo que tiene otro. En ocasiones un grupo numeroso participa de un líder fanático, como en el suicidio colectivo de Guyana.

ALCOHOLISMO

J. A. Vallejo-Nágera

El alcohol etílico se utiliza desde tiempo inmemorial como modificador del estado del ánimo, y también desde las épocas más remotas se conocen sus peligros. En general la ingestión de bebidas alcohólicas produce un optimismo transitorio, euforia, sensación subjetiva de bienestar y de cordialidad, una percepción atenuada de la fatiga, de los dolores y de las penas o preocupaciones. Cada bebedor, por iniciativa propia o por influencia de su grupo, busca alguno de tales efectos. Hay variaciones enormes en distintas culturas en cuanto a la aceptación de la bebida e incluso del etilismo; algunas sociedades como las musulmanas, rechazan tajantemente el alcohol, en otras se induce a beber desde la infancia.

Si todo quedase en los efectos de la bebida moderada y ocasional, el alcohol sería bienvenido, pero en una notable proporción de los consumidores habituales produce serios trastornos físicos y cambios de la conducta que resultan demoledores para las actividades personales, familiares, sociales y laborales del bebedor. En esos casos se habla de «abuso de alcohol», «uso patológico del alcohol», «etilismo» o «alcoholismo». El paso de la bebida moderada al etilismo no siempre está bajo las posibilidades de control del afectado.

Como ocurre con todas las drogas (y el alcohol es una droga), los signos de alarma se centran en: *a)* patrón patológico de uso; *b)* deterioro de la actividad, y *c)* dependencia.

El *patrón patológico de uso* viene definido por una o más de estas características: intoxicación prolongada y habitual, dificultad para dejar de beber con fracaso en los intentos esporádicos de abstinencia o de disminuir la bebida (consigue dejar de beber durante unas horas al día, por ejemplo, las horas de trabajo, o algunos días, ejemplo, los «bebedores de fin de semana», o en períodos de unas semanas; pero sigue bebiendo aunque sabe que empeora sus trastornos físicos y sus conflictos), y al mismo tiempo siente necesidad de beber para iniciar una actividad. En etapas avanzadas, la bebida le produce amnesia de lo ocurrido durante los períodos de embriaguez. Nota que el alcohol le provoca serios daños físicos y graves consecuencias y no deja de beber.

El *deterioro de la actividad* comienza en los propios episodios de intoxicación (por ejemplo, *embriaguez patológica* con irritación y agresividad en vez de euforia), y luego se manifiesta también en las horas en que no ha bebido (abandono de los deberes, celos paranoides, etc.).

La *dependencia* tiene dos aspectos, uno es el aumento de la *tolerancia* (necesita mucha más cantidad de alcohol para lograr los efectos que busca) y otro el *síndrome de abstinencia*; este último suele limitarse en el alcohol a la desazón con anhelo de beber y al temblor de manos, el malestar general y las pituitas matutinas que se calman con la primera copa de la mañana que reinicia la cadena de bebida de cada día en el alcohólico crónico. Ocasionalmente presentan en las abstinencias bruscas el cuadro clínico llamado *delirium tremens.*

El abuso y dependencia del alcohol suele iniciarse entre los veinte y los cuarenta años. Como en todo abuso y dependencias de sustancias en la evolución influye la personalidad previa. Están más dispuestos a pasar de bebedores a alcohólicos los portadores de trastorno antisocial de personalidad.

Hay dos tipos preferentes de personas predispuestas a hacerse alcohólicos: *a)* El tipo sensitivo, con sentimientos de inferioridad e insuficiencia. Son tímidos con dificultad para la relación interpersonal; están necesitados de afecto y aprecio de los demás, pero no saben obtenerlo. El alcohol les da confianza en sí mismos y, bajo sus efectos, se sienten capaces de vencer su timidez; beben «para atreverse». *b)* Es un tipo opuesto que llega al alcoholismo por caminos distintos. Son individuos campechanos y habladores, sociables, simpáticos y activos. Habitualmente eufóricos, y por tanto con cierta mengua de sus inhibiciones y autocrítica. Comienzan por hacerse bebedores excesivos habituales, convencidos de que «a ellos no les hace daño».

La intoxicación aguda, o embriaguez, tiene tres grados. En la *intoxicación leve* domina la euforia, extraversión, necesidad de contacto afectivo, locuacidad, disminución de las inhibiciones que lleva a cometer indiscreciones y errores. Tiene un cierto parecido a la hipomanía. En la *intoxicación de mediana intensidad,* a la intensificación de los síntomas de la leve, se añade el giro hacia la irritabilidad o depresión, con incontinencia emotiva (risotadas o llantos incontrolados de los borrachos). Aparecen disgregación (lenguaje confuso), e incoordinación de movimientos (torpeza y forma de caminar del embriagado), con cierta hipoestesia (disminución de la sensibilidad). En la *intoxicación aguda grave* se puede llegar al coma y a la muerte.

La dipsomanía es una forma singular de relación patológica con el alcohol, distinta a todas las demás. Se trata de individuos de edad media, aparentemente normales e incluso valiosos, que en realidad no son bebedores, no les gusta el alcohol ni beben habitualmente, pero tienen episodios accesionales en los que comienzan a beber y ya no dejan de hacerlo (generalmente sin cambiar de bebida), sin comer ni dormir, ni realizar otra actividad que no sea seguir bebiendo, hasta que al cabo de uno, dos o tres días cae rendido y se echa a dormir en cualquier sitio, con un sueño profundo y reparador del que se despierta con amnesia de todo lo ocurrido durante el episodio dipsómano. Al percatarse de que han «caído de nuevo», y enterarse de los errores cometidos (porque se los cuentan o los deducen, pues ya dijimos que no los recuerdan) entra el enfermo en una penosa situación de desconsuelo, arrepentimiento, dolor moral y desesperanza al comprobar que no es capaz de evitar la reaparición de estos episodios que detesta. Su amargura es intensa, pues no tiene ni el embotamiento afectivo ni la anestesia moral de los alcohólicos, y se percata de cómo la enfermedad le destroza la vida familiar y profesional. En la inmediata fase de abstinencia hace todo lo posible por recuperar su perdido prestigio... hasta que un día presenta la típica *disforia* (alteración del estado de ánimo premonitoria, siempre la misma para cada enfermo) que precede en unas horas a la primera copa, tras la que ya no deja de beber y repite casi fotográficamente los episodios anteriores. Es la forma más incomprensible e injusta de vinculación patológica al alcohol.

El *delirium tremens* es un cuadro clínico de abstinencia (aparece al dejar repentinamente de beber, por algún accidente o enfermedad) en alcohólicos crónicos graves, con insuficiencia hepática. Tras un *período prodrómico* de inquietud, angustia, incoordinación y pesadillas, se inicia el *período de estado* con agitación psicomotriz, temblor muy intenso, ansiedad y la aparición de las típicas ilusiones y alucinaciones. Las alucinaciones son escenográficas, coloreadas, muy vivas. Las alucinaciones son *zoopsicas* (ve animales) y *micrópsicas* (sobre el escenario en tamaño natural, ve las alucinaciones de tamaño reducido, animales y personas diminutas, por lo que se la ha llamado «liliputienses»). El contenido alucinatorio se modifica por sugestión, si el enfermo tiene un acompañante que le tranquiliza las alucinaciones adquieren contenido grato (ve «mariposas» o «animalillos muy bonitos y simpáticos») y se entretiene y juguetea con ellas; si por el contrario se le deja solo o se le asusta, el contenido se convierte en terrorífico (sigue «viendo» muchos animales pequeños, las alucinaciones conservan el carácter de zoopsicas y micrópsicas, pero son arañas, ratas, serpientes, etc.) que aumentan su angustia y agitación, el enfermo se sube a la cama, intentando huir, aterrorizado, del contenido de sus alucinaciones. Con los tratamientos actuales ha disminuido notablemente el índice de mortalidad, que daba una siniestra resonancia al *delirium tremens*.

El tratamiento eficaz de un alcoholismo crónico requiere hospitalización prolongada para deshabituación, medicación y psicoterapia individual y de grupo. Entre las diversas formas de psicoterapia de grupo, tiene especial relieve la concebida por un ex alcohólico y que se conoce como «Alcohólicos Anónimos».

TRASTORNOS PSICOLÓGICOS SECUNDARIOS DE CIERTAS MEDICACIONES

Existe una gran cantidad de sustancias que pueden producir efectos tóxicos sobre el sistema nervioso central y, en consecuencia, acarrear trastornos psicológicos que aparecen en forma aguda. Así actúan medicamentos con efecto directo sobre el sistema nervioso central (sedantes, hipnóticos, tranquilizantes, antidepresivos y estimulantes) y otros que, encaminados a tratar enfermedades generales, tienen efectos secundarios nocivos sobre el sistema nervioso central. Prácticamente el 3 por ciento de las personas bajo tratamiento farmacológico desarrollan trastornos psicológicos importantes.

El mecanismo de acción no está claro. Algunos, como los sedantes y los hipnóticos, generan una acción terapéutica excesiva.

Otros, que actúan sobre el sistema nervioso periférico, como los antihipertensivos, provocan efectos secundarios centrales. Si alteran el metabolismo general, secundariamente éste altera el sistema nervioso. Por último algunos provocan tolerancia y adicción y en su retirada aparecen los síntomas psicológicos.

El cuadro clínico depende del tipo de fármaco, la dosis, el tiempo de administración, la enfermedad que padece el sujeto, la edad y la personalidad previa. Influyen los factores sociales, culturales y ambientales en los que se mueve el sujeto y, sobre todo, las posibles combinaciones de fármacos.

BARBITÚRICOS. La intoxicación aguda deprime el sistema nervioso central, acompañándose de vértigos, trastornos en la marcha y el habla. Confusión, estupor y coma. Cuando la intoxicación es crónica, se desarrolla tolerancia a la medicación, el sujeto está somnoliento o confuso, a veces irritable, con labilidad emocional, querellante o eufórico, descuidado en su trabajo y en su aspecto personal. La retirada de los barbitúricos produce un grave síndrome de abstinencia que puede ser mortal, por lo que hay que hacerlo gradualmente.

ANSIOLÍTICOS. A dosis muy altas provoca desorientación y confusión. Los cuadros de intoxicación se manifiestan con ira, estallidos de agresividad o hiperactividad y sensación de despersonalización y alucinaciones. Como con los barbitúricos, pueden aparecer tolerancia y síntomas de abstinencia.

HIPNÓTICOS. Son más potentes que los ansiolíticos y pueden producir cuadros tóxicos muy semejantes a los barbitúricos. Provocan convulsiones, depresión respiratoria, edema pulmonar y coma y su retirada da lugar a *delirium tremens*.

ANFETAMINAS. Mucho se ha abusado de ellas, hasta el punto que el 50 por ciento de su utilización era por vía ilegal. Su uso produce una gran tolerancia y la retirada un ligero síndrome de abstinencia con cansancio, depresión y, a veces, ideas suicidas. Su efecto más grave es la aparición de la psicosis anfetamínica que es un cuadro muy semejante a la esquizofrenia paranoide con desorientación, ideas delirantes, alucinaciones y sensación de miedo y terror. Junto con esto, los efectos tóxicos se manifiestan con irritabilidad, inquietud, confusión, reflejos exaltados e insomnio; los cuadros graves pueden desembocar en convulsiones y producir un estado de coma.

NEUROLÉPTICOS. En dosis muy altas, producen somnolencia excesiva que puede llegar a estupor y coma. Una sobredosis aguda acarrea confusión, agitación, desorientación y una importante hipotensión postural.

ANTIDEPRESIVOS. En personas normales, todo lo más provoca sudación. Durante el tratamiento puede aparecer secundariamente fatiga, debilidad, inestabilidad, vértigo, dolor de cabeza, temblor y raramente convulsiones. La sobredosis aguda se acompaña de agitación, delirio, depresión general del sistema nervioso central con estupor y coma. En los enfermos esquizofrénicos puede desencadenar un cuadro psicótico con delirio, desorientación, confusión, paranoia y alucinaciones.

LITIO. Normalmente acarrea efectos secundarios generales como diarrea, náuseas, temblor o aumento de la eliminación urinaria. Si los niveles en sangre aumentan mucho, aparece confusión, agitación, debilidad, temblor, trastornos en el habla y la conciencia hasta llegar a convulsiones generalizadas, estupor y coma.

L-DOPA. Un 20-30 por ciento de los pacientes pueden presentar síntomas psiquiátricos, como confusión, desorientación y delirio que se acompañan de discinesia. A veces aparecen cuadros depresivos o hipomaníacos. Los efectos secundarios van a depender del estado general previo y se reducen si la administración del fármaco va en aumento progresivamente poco a poco.

AGENTES CARDIOVASCULARES. Es un grupo amplio de fármacos usados con bastante frecuencia que engloba los utilizados para tratar las descompensaciones cardíacas, arritmias cardíacas, hipertensión y cefaleas vasculares.

Los efectos psicológicos tóxicos de la digitalina aparecen a dosis relativamente bajas comenzando por inquietud, pesadillas, apatía, dificultades en la concentración y pasan luego a ser florido con deterioro de la conciencia, alucinaciones y pensamiento delirante. Se observa más en los ancianos y en los enfermos que han sido apartados de su ambiente habitual.

Los antiarrítmicos en general provocan cuadros depresivos. Los Beta bloqueantes originan somnolencia, dolor de cabeza y a dosis altas no sólo depresión, sino también cuadros psicóticos con alucinaciones visuales.

Entre los antihipertensivos está demostrado que la reserpina provoca cuadros depresivos muy semejantes a la depresión endógena y la metildopa tiene un efecto semejante, pero menos intenso. Los tiocinatos, cuyo uso ha disminuido, pueden acumularse en el organismo y en un momento dado generar sueño, debilidad, alucinaciones, confusión y delirio.

Los diuréticos raramente acarrean efectos psicológicos, pero sí producen descompensaciones metabólicas graves, aparece debilidad, desorientación, confusión y delirio.

ANESTÉSICOS. Los anestésicos volátiles excepcionalmente acarrean trastornos psicológicos y cuando lo hacen es consecuencia de una anoxia cerebral en el transcurso de la anestesia. Los anestésicos locales administrados por vía intramuscular son absorbidos por la sangre y actúan como estimulantes del sistema nervioso central originando inquietud, temblores y convulsiones. Esta reacción puede seguirse rápidamente de depresión de las funciones vitales y muerte por fallo respiratorio.

HORMONAS. Las hormonas alteran el funcionamiento metabólico y secundariamente el del sistema nervioso central, aunque el mecanismo no es del todo conocido. En cualquier caso, la respuesta es individual y difícil de predecir.

Los tratamientos con glucocorticoides pueden generar una elevación del estado de ánimo y algunos pacientes se ponen eufóricos con insomnio, agitación e inquietud. A dosis altas provocan cuadros psicóticos graves.

Una sobredosis de hormona tiroidea produce los síntomas típicos del hipertiroidismo con fatiga, debilidad, temblores, taquicardia, cefalea, ansiedad, agitación, insomnio e intolerancia al calor. Los antitiroideos pueden precipitar un cuadro cerebral orgánico con confusión, desorientación, delirio y alucinaciones.

El uso de hipoglucemiantes se puede acompañar de irritabilidad, deterioro intelectual, confusión, dolor de cabeza, letargia que puede avanzar a delirio más o menos florido con convulsiones y coma. La hipoglucemia crónica acarrea cambios de personalidad y hasta lesiones cerebrales generalmente en forma de demencia, epilepsia y síntomas neurológicos focales.

ANALGÉSICOS Y ANTIPIRÉTICOS NO NARCÓTICOS. Las dosis muy altas de salicilatos pueden producir confusión, agitación, delirio y alucinaciones. La fenacetina puede generar depresión del estado de ánimo, somnolencia, deterioro de la concentración y psicosis tóxica con alucinaciones.

La carbamacepina puede producir cuadros tóxicos muy semejantes a los antidepresivos.

ANTIINFLAMATORIOS. La fenilbutazona a grandes dosis puede producir un estado delirante con alucinaciones, coma y convulsiones, incluso a dosis bajas (sobre todo si se administran en forma de inyección), puede generar cefaleas, reacciones psicóticas y depresión.

La indometacina provoca cefalea en el 50 por ciento de los pacientes que la utilizan y llega a generar otros efectos graves, como sensaciones de despersonalización, confusión, pesadillas, alucinaciones, delirio y convulsiones con coma.

AGENTES ANTIINFECCIOSOS. Es frecuente encontrar delirio acompañando a una infección por el proceso tóxico y la hipertermia. Sin embargo, es posible que muchos fármacos antiinfecciosos produzcan un síndrome cerebral orgánico y cambios en el estado de ánimo que pueden llegar a reacciones psicóticas agudas. Puede aparecer con antibióticos, agentes antituberculosos, antivirales y fármacos antiparasitarios y antifúngicos, pero su presentación, en cualquier caso, no es muy frecuente.

AGENTES ANTINEOPLÁSICOS. Tienen pocos efectos sobre el sistema nervioso central ya que atraviesan con lentitud la barrera hematoencefálica. Con los derivados de la vinca (vincristina y vimblastina) se han descrito efectos tóxicos en forma de estupor, alucinaciones y coma, en dosis extremadamente altas. Alrededor del segundo o tercer día de tratamiento aparece somnolencia y depresión mental que son transitorias. El metotrexato reduce los niveles de ácido fólico que altera el funcionamiento cerebral, esto parece ser el origen de los efectos que aparecen como confusión, somnolencia, irritabilidad, ataxia y delirio, a menudo con convulsiones y coma.

DISULFIRAM. La ingestión conjunta de disulfiram y alcohol produce una reacción desagradable por la producción de acetaldehído. Los efectos secundarios menores son fatiga y descenso de la libido y la potencia sexual. A dosis muy altas produce psicosis tóxicas con debilidad, dificultad en la concentración, trastornos de memoria, desorientación, confusión y somnolencia. M. D.

DROGAS

José Miguel López-Ibor

El consumo de sustancias químicas es tan antiguo como la humanidad, lo que es moderno es su uso, en occidente, casi de forma universal, por gente fundamentalmente adolescente. Las cifras de su consumo oscilan más o menos en la siguiente medida:

— 450 millones de adictos al opio y derivados (morfina, heroína).
— 300 millones de consumidores de hachís y marihuana.
— 300 millones de masticadores de coca, base, etc.

Sólo estas tres cifras nos dan una aproximación al problema de las drogas. No estamos incluyendo el alcohol, la inhalación de pegamentos, etc.

La Organización Mundial de la Salud define las drogas como sigue: «fármaco o droga es toda sustancia que introducida en el organismo vivo, puede modificar una o más de las funciones de éste». La definición es demasiado amplia, es más adecuado decir que una droga es aquella sustancia que produce una modificación del estado psíquico y conducta del individuo y que le lleva a querer repetir su consumo.

No solamente la raza humana es toxicómana. Los animales también tienen este tipo de conductas, el escarabajo, ciervo, las larvas del gusano, etc., son ejemplos, sin olvidar a caballos, búfalos, etc.

Habitualmente se hace una distinción entre drogas legales e ilegales. Realmente las ilegales son pocas —heroína, LSD y alguna otra—, lo que ocurre es que drogas que están legalizadas se emplean o se usan con fines distintos, por ejemplo, los medicamentos (barbitúricos, hipnóticos, etc.). Dejando de lado el tabaco y el alcohol, las principales sustancias que crean hábito en mayor o menor grado son:

— Medicamentos sedantes: barbitúricos, ansiolíticos, hipnóticos, analgésicos no narcóticos y narcóticos, etc.
— Medicamentos euforizantes: anfetaminas, dexanfetaminas, etc.
— Cannabis: marihuana, hachís.
— Cocaína.
— Alucinógenos: LSD, mescalina.
— Opio y derivados: heroína, etc.
— Inhalantes: toluenos, acetona empleada en pinturas y pegamentos.

En España es conocido, cómo dentro de la Seguridad Social, los medicamentos sedantes están a la cabeza de los más prescritos. Se calcula que hay alrededor de 80.000 consumidores de cocaína, más de 150.000 de heroína, cerca de 450.000 de anfetaminas, aunque este número está decreciendo, y entre 19.000 y 21.000 personas habituadas a los inhalantes, más de millón y medio de consumidores de cannabis y 20.000 de alucinógenos. Volviendo a los medicamentos, un millón y medio de personas toman hipnóticos, un millón tranquilizantes, y 60.000, derivados de la morfina.

Lo que caracteriza el consumo de drogas es la edad y el sexo. Los inhalantes son consumidos actualmente por adolescentes varones, como el cannabis y la heroína. Las anfetaminas las consumen las mujeres y el inicio se hace pasada la adolescencia. Los analgésicos y tranquilizantes, también son consumidos por mujeres, ya pasados los treinta años. Los hipnóticos son consumidos por varones y mujeres, iniciándose el hábito a partir de los cuarenta años.

Por razones que resultan evidentes, es necesario hacer dos grandes grupos, el de los adolescentes y el de los adultos, para poder comprender un poco por qué estamos viviendo en una sociedad tan adictiva. Además, los padres adictos a cualquiera de estas sustancias, tienen más probabilidades de tener hijos adictos. Es bien conocido que los adolescentes consumidores de inhalantes o cannabis son en mayor proporción hijos de consumidores de tranquilizantes, alcohol o tabaco.

Las razones de consumir en los adultos analgésicos y tranquilizantes se atribuyen a la falta de mecanismos psicológicos y sociales normales para superar el estrés, la facilidad de acceso a ellos, a veces el poco conocimiento por parte de las familias de las consecuencias de su uso y su rápido pasar al abuso, etc.

En cierto sentido, la sociedad occidental, sólo encuentra un camino para resolver el dolor y el sufrimiento, el químico. El estudio de la familia y su relación con el mundo de las drogas, es hoy de suma importancia. Cuando hay un adicto grave en la familia, ésta se desestructura, se rompen los lazos habituales, una parte tiende a proteger y culpabilizar a la otra, unos encuentran excusa, otros son partidarios de la dureza. El adicto utiliza a la familia, cerrándose unos círculos muy difíciles de romper.

¿Cómo se canaliza en las familias el consumo de estas sustancias? Habitualmente se ve cómo son familias en las cuales no se da importancia a los medicamentos, son personas que ante cualquier molestia consumen un fármaco y transmiten a los menos formados que el problema salud-enfermedad no es un problema médico, sino un problema del bienestar.

Si hay que dar importancia al consumo de medicamentos en el seno de la familia... Si hay que dar importancia al consumo de tabaco en el seno de la familia..., ¿por qué no darlos a otros consumos como el de la marihuana, etc.? Es pues una falacia la distinción entre drogas duras y blandas, entre drogas legales e ilegales. Falacia fomentada desde sectores sociales interesados en su propagación, entendiendo que el principio de la libertad está por encima de otros como son el de la salud.

Las drogas son hoy uno de los principios más importantes de destrucción social, y el camino se empieza por los adultos que transmiten a los adolescentes la poca importancia del campo de sustancias químicas. Reflexione el lector de estas líneas: un alcohólico tarda un promedio de diez años en hacerse; un heroinómano, cuatro horas; los heroinómanos son, en una enorme proporción, hijos de consumidores de drogas más o menos permitidas.

Las encuestas serias nos dicen que iniciarse en la droga, ya no se hace por «la curiosidad» o por las «ansias de libertad». Cuando el individuo pierde el miedo al mundo químico y cree que lo maneja, al final es atrapado por él. Y la felicidad no está en la química.

LA DEPENDENCIA FARMACOLÓGICA

J. A. Vallejo-Nágera

Algunos medicamentos pueden provocar con su uso farmacológico una dependencia que en los casos graves llega a ser similar a una toxicomanía.

En la habituación o dependencia intervienen dos tipos de factores: *a)* del fármaco, y *b)* de la persona.

La clasificación de las sustancias farmacológicas desde el punto de vista de su peligrosidad en cuanto a provocar dependencia tiene tres grupos.

1. Fármacos que por su estructura química producen siempre, en cualquier sujeto si se los administra un cierto tiempo, una dependencia grave, con la necesidad imperiosa de seguírsela administrando. Aquí el efecto farmacológico es primordial, y la constitución del individuo secundaria, los afecta a todos. Provocan una tendencia a usar cada vez dosis mayores, y la interrupción brusca va seguida de intensos síntomas de abstinencia físicos o

psíquicos. A este grupo pertenecen los opiáceos y sus sustitutos (metadona, etc.). En principio, todo medicamento capaz de sustituir a la morfina, será también productor de toxicomanías.

2. Los menos peligrosos entre los que pueden producir habituación, son los que no provocan síntomas de abstinencia, ni necesidad imperiosa de administración, pero su efecto es considerado deseable y la supresión molesta, por lo que ciertos sujetos pueden adquirir hábito. En estos medicamentos lo primordial es la reacción psíquica, la toxicofilia del sujeto, y es secundario el efecto farmacológico. En este grupo están los «tranquilizantes menores» (valium, etc.).

3. Un grupo de peligrosidad intermedia. La necesidad imperiosa, la dependencia grave no aparece en todos los sujetos, pero sí en los predispuestos, que caen en una drogodependencia. Aquí juegan un papel importante el psiquismo del sujeto y el efecto farmacológico. En este grupo están los barbitúricos y otros hipnóticos (por lo que es preciso tener gran prudencia con los medicamentos para el insomnio), y las aminas estimulantes. Muchas personas han caído inconscientemente en una dependencia por los medicamentos «para quitar el apetito y adelgazar» que contenían anfetaminas, y que hasta hace poco se despachaban sin receta. También muchos estudiantes que las utilizaban para superar la fatiga en la preparación de los exámenes.

CLASIFICACIÓN DE LAS PERSONAS DE ACUERDO CON SU RIESGO. TOXICOFILIA, CONSTITUCIÓN TOXICOFÍLICA. Hemos visto que no es la droga el único elemento a considerar en las génesis de las dependencias, sino que éstas surgen de la puesta en contacto del fármaco con una personalidad especial, predispuesta a padecer toxicomanía. A esta predisposición se le denomina toxicofilia y es de dos tipos. Toxicofilia orgánica y toxicofilia psíquica.

La toxicofilia orgánica, vinculada a la constitución somática del sujeto, con una apetencia «física» acusada por determinadas drogas, que se manifiesta en síntomas somáticos de abstinencia desde las primeras tomas ocasionales del fármaco, y es origen de las llamadas «toxicomanías accidentales».

La toxicofilia psíquica es más frecuente. Consiste en una especial estructura del carácter en la que intervienen los siguientes rasgos: *a)* Disforia (estado anormal del ánimo con la vivencia subjetiva de desagradable), con oscilaciones frecuentes del humor. *b)* Intolerancia a los estímulos displacenteros, tanto físicos (dolores, insomnio, fatiga, etc.) como psíquicos (disgustos, preocupaciones, responsabilidades, etc.). *c)* Egocentrismo. *d)* Reacciones «en corto circuito». Todos estos factores conducen a una «búsqueda del placer en el momento presente sin reflexionar en las consecuencias», y huida del displacer «por cualquier medio». El «toxicofílico psíquico» tiene una personalidad inmadura, neurótica del carácter, y previamente a la aparición de la farmacodependencia ya se apreciaban en él rasgos anómalos de conducta.

ABUSO DE MEDICAMENTOS. RECHAZO DE MEDICACIONES

J. A. Vallejo-Nágera

Los médicos saben que muchos pacientes no siguen con rigor los tratamientos que les han prescrito. Se calcula que sólo se administra un 50 por ciento de las medicaciones recetadas. En cambio se consume un volumen igual de medicamentos sin estar indicados.

Existen dos tipos de actitud equivocada frente a los medicamentos: *a)* Utilización indiscriminada. *b)* Rechazo *a priori.*

Una parte importante de los medicamentos que se toman fueron recetados a ese enfermo en otro episodio de su dolencia (que pese a una apariencia semejante puede ahora ser distinta) o aconsejados por el dependiente de la farmacia, o por un amigo que «tiene lo mismo que yo y le sienta bien». En las consultas, es frecuente que la familia reproche: «no ha mejorado, pero es que toma las medicinas cuando quiere y como quiere», significa que las abandona en cuanto cree estar mejor, o toma una cantidad excesiva a la menor molestia.

Interviene la toxicofilia psicológica de algunas personas, que a la menor molestia (dolor de cabeza, insomnio, ardor de estómago) exigen alivio inmediato. Crean así un hábito de tomar medicación, y con algunas (en especial analgésicos, hipnóticos o tranquilizantes) pueden provocar una dependencia. Otros lo hacen por una actitud hipocondríaca, están permanentemente alertos a evitar síntomas; en cada comida sacan la cajita con varias píldoras multicolores, «para la digestión, para el estreñimiento, vitaminas, para prevenir la coagulación, etc.», no por suprimir molestias como el anterior grupo, sino por miedo a la enfermedad. Un tercer grupo toma el exceso de medicación por pura irresponsabilidad.

En principio, no existe ninguna medicación totalmente inofensiva, no pueden tomarse ni como una costumbre, ni sin asesoramiento técnico.

En los últimos lustros, en especial en las tragedias con la talidomida y otros fármacos, y de la divulgación de los riesgos farmacológicos, existe una creciente corriente de opinión alarmista contra las medicaciones y sus efectos secundarios. Muchos pacientes acuden a las consultas médicas con la advertencia: «soy enemigo de las medicaciones». En especial en el campo de la psiquiatría es muy frecuente la afirmación: «vengo a que me haga psicoterapia, pero no quiero medicación». Esta postura preconcebida tiene, en los casos extremos e irreductibles, el inconveniente de privar a muchos enfermos del óptimo tratamiento, y quizá de su salud o vida.

LA AUTOMEDICACIÓN
J. A. Vallejo-Nágera

En todos los hogares hay un cajón lleno de medicamentos. Algunos los recetó el médico, y para la adquisición de otros se preguntó al farmacéutico o a un amigo que decía padecer algo similar. Muchos son inofensivos, otros no, y la combinación de dos medicamentos, ambos inocuos, puede resultar nociva.

No se puede acudir a una consulta cada vez que se sufre un dolor de cabeza, ardor de estómago, una noche de insomnio, lumbago o un catarro. Tampoco correr riesgos innecesarios.

«Todos los medicamentos que tengo en casa son inofensivos.» No es tan seguro. De vez en cuando publican los medios de difusión una lista de medicamentos suprimidos por las autoridades sanitarias. Los acaban de prohibir, porque su uso entraña demasiados riesgos incluso bajo supervisión médica; y fueron utilizados masivamente durante años en forma de automedicación. Entre ellos están antirreumáticos y antiinflamatorios que poco antes se vendían sin receta y eran de uso general; hoy se sabe que provocan graves lesiones hepáticas. Igualmente con algunos compuestos para cortar el resfriado común que rodaban dentro de un cajón en casi todos los hogares y se eliminaron del mercado, pues pueden desencadenar hemorragias gástricas peligrosas. Igualmente se han prohibido algunos medicamentos antidepresivos, precisamente los que producen menos efectos secundarios perceptibles por el enfermo.

Se argumentará, con motivo, que todos estos fármacos los seguían recetando los médicos, un número importante de médicos, hasta poco antes de su supresión. ¿Cómo es posible? Los efectos negativos de algunos fármacos son insidiosos, aparecen en pocas personas y tardan en detectarse; en ocasiones ha sido muy difícil adivinar la relación de causa-efecto. Quienes antes se enteran son los médicos.

Pese a tales reflexiones negativas, no puede descartarse la automedicación hecha con sensatez, por razones de orden práctico. Un paciente con molestias recidivantes que sabe que desaparecen con un tratamiento, puede volver a utilizarlo mientras llega la ocasión de consultar.

Muchos pacientes psiquiátricos llevan vida normal gracias a la automedicación. El médico se la propone: «en cuanto note usted estos síntomas comience a tomar...». Existen enfermedades, como la depresión, en las que, una vez bien establecida la pauta terapéutica que le conviene, el paciente bien instruido por su médico la adapta a las continuas variaciones de intensidad de su dolencia. Es más sorprendente que algunos esquizofrénicos también sean capaces de este autocontrol: «Doctor, noté otra vez las voces, por si eran alucinaciones tomé la medicina y se me han quitado.»

Nada tiene que ver esta «automedicación sensata», siempre orientada periódicamente por el médico, con la irreflexiva toma de medicaciones. La familia del paciente suele lamentarse en la consulta tras una agravación: «Es que toma las medicinas a su modo, cuando quiere y como quiere.»

Aun los enfoques «sensatos» no están exentos de riesgo, por lo que sólo hay que automedicarse cuando no es posible consultar y por breves períodos. Síntomas parecidos, que el paciente interpreta como un nuevo episodio «de lo mismo», son manifestación de una forma distinta de la enfermedad, en la que el tratamiento anterior está contraindicado. También ocurre que dos tratamientos útiles en la misma enfermedad (que el paciente puede haber usado con éxito en ocasiones anteriores), combinados son tóxicos, así, por ejemplo, con los antidepresivos inhibidores de la monoaminooxidasa y la mayoría de los restantes antidepresivos.

En resumen, la automedicación debe realizarse con mesura, transitoriamente y con supervisión periódica.

EL SUICIDIO Y LAS TENTATIVAS DE SUICIDIO

Llamamos suicidio a todo acto mediante el cual una persona se quita a sí misma la vida voluntariamente. Cuando la agresión no llega a tener consecuencias mortales —es decir, el suicida fracasa en su intento y no muere— se habla de tentativa de suicidio. Algunos también utilizan el término suicidio frustrado para aquellos casos en que, con toda seguridad, se hubiese producido la muerte de no haber intervenido circunstancias totalmente imprevistas e insospechables para aquel que intentaba suicidarse, como es, por ejemplo, que, estando ya inconsciente, reciba la visita inesperada de un amigo que lo traslada urgentemente a un centro hospitalario. Hay muchos tipos de suicidios. La gran mayoría se llevan a cabo de forma individual, pero, a veces, es una pareja la que se suicida (suicidios por amor); también puede ocurrir que alguien, antes de quitarse la vida, mate a sus seres más queridos (suicidio ampliado), tal como ha sucedido en el seno de algunas familias. En otras ocasiones, los suicidios se realizan en grupo, en la historia encontramos numerosos ejemplos de suicidios colectivos, como los casos de Numancia y Sagunto, o el más reciente de la Guyana. También se pueden incluir dentro de las conductas suicidas, aquellos comportamientos que, indirectamente, conducen a la muerte, como es el caso de quienes adoptan una forma de vida intencionadamente repleta de riesgo, consumen drogas, o se niegan a comer o a tratarse una enfermedad grave.

Aproximadamente mil personas mueren cada día por suicidio en todo el mundo. En grandes ciudades, como Madrid o Barcelona, se produce un suicidio diario. ¿Cuál es el motivo que hace que sean tantos los que deciden quitarse la vida? En realidad, no se puede hablar de un motivo, sino de un conjunto de motivos. En un principio, se consideró la posibilidad de que las tendencias suicidas tuviesen relación con la herencia genética, ya que los casos de suicidios eran más frecuentes en unas familias que en otras; sin embargo, no se comprobó la existencia de factores hereditarios, los motivos radicaban en un aprendizaje familiar del suicidio como posible solución a una situación conflictiva determinada (camino aprendido), y en la transmisión hereditaria, no de la tendencia suicida, sino de enfermedades que pueden conducir al suicidio, como la depresión. La depresión, como en general cualquier tipo de trastorno psíquico —incluidos el alcoholismo y las toxicomanías— es, de hecho, el motivo último de la mayoría de los suicidios. Existen también otros muchos factores que favorecen el suicidio, como la soledad, los conflictos amorosos y familiares, el padecimiento de enfermedades dolorosas, crónicas o terminales, el desempleo, problemas de tipo económico o judicial y, en general, cualquier situación marcada de una intensa desesperanza.

No todos los suicidios obedecen a un auténtico deseo de quitarse la vida. Muchas tentativas de suicidio no responden sino a un último y desesperado deseo de expresar y comunicar un drama interior y solicitar ayuda a los demás. Si no se logra este objetivo, en un futuro intento sí puede desearse realmente la muerte. No es prudente minimizar estas autoagresiones leves diciendo: «sólo quería llamar la atención», «es para manipular la situación», etc. En la actualidad, se viene observando un incremento de los casos de suicidio, una auténtica escala suicida, similar al caso de las drogas. Las tentativas de suicidio se repiten, revistiendo cada vez mayor gravedad, hasta que se produce la muerte. La OMS ya puso de relieve hace años que las tentativas de suicidio aumentan el riesgo de muerte por suicidio. Hay que desterrar por completo la idea de que «el que avisa no se suicida», ya que la realidad es que cuando alguien nos alerta acerca de que existe esa posibilidad lo más frecuente es que llegue a consumar el intento, sobre todo si no se toman las medidas terapéuticas oportunas.

La posibilidad de suicidarse no depende del valor de la persona. Los actos suicidas están más en relación con el estado de ánimo, y se suelen llevar a cabo de tres modos fundamentales: reflexivamente (todo ha sido minuciosamente premeditado); impulsivamente (con escasa participación del componente racional, en un acto casi reflejo), y por último, en un estado de confusión o de bajo nivel de conciencia, en que la persona no sabe muy bien lo que hace. El proceso se divide en tres fases: en la primera se considera la posibilidad de suicidarse; luego, se pasa a una fase de ambivalencia, durante la cual influyen notablemente todo tipo de acontecimientos externos, y, finalmente, se toma la decisión; esta última fase se acompaña de una cierta sensación de tranquilidad y bienestar: a fin de cuentas ya se ha encontrado un modo para salir de una situación angustiosa. Estas fases clásicas de los suicidios de tipo reflexivo se ven notablemente reducidas en las de tipo impulsivo.

¿Quiénes son los que más se suicidan? Como es natural, aquellas personas pertenecientes a los grupos de población más afectados por todas las causas enunciadas como favorecedoras del suicidio, pero dentro de éstos, los varones y las personas de edad avanzada son los que aparecen con más frecuencia en las listas de fallecidos por suicidio. Los jóvenes y las mujeres, por el contrario, realizan más tentativas de suicidio, pero estadísticamente mueren menos a causa de las mismas. En los suicidios el método más utilizado suele ser el ahorcamiento, arrojarse desde ventanas o puentes y dispararse con un arma de fuego. Entre las tentativas de suicidio, las técnicas más usuales son la intoxicación con medicamentos y, en menor medida, cortarse las venas.

La asistencia médica especializada es imprescindible tras una tentativa de suicidio; en muchas ocasiones se hace necesario un internamiento psiquiátrico, aunque sólo sea durante un par de días. Los diversos tratamientos se basan en la aplicación de fármacos para solucionar un frecuente trastorno psiquiátrico de fondo, en la psicoterapia individual dirigida a estimular los deseos de vivir, la proyección de futuro, la integración familiar y social, para lo que se pueden utilizar técnicas de terapia de familia, psicoterapia de grupo y asistencia social. J. H.

TRASTORNOS DEL SUEÑO

J. A. Vallejo-Nágera

SONAMBULISMO. Significa deumbular dormido. Es frecuente en niños sin ninguna anomalía. La persistencia en la edad adulta tiene generalmente un significado de rasgo disociativo, tal como ocurre en la neurosis de conversión.

Presentan algunos adultos unos episodios que suelen confundirse con el sonambulismo. Consisten en un cierto automatismo, si los despierta por la noche el teléfono o la necesidad de ir al baño; lo resuelven semiinconscientes y no lo recuerdan con claridad al día siguiente.

El episodio típico de sonambulismo (hay varios tipos) pasa por una fase inicial en la que se levanta con los ojos abiertos, estupuroso, y realiza algunos actos automáticos simples. En la fase siguiente es capaz de contestar preguntas, aunque no siempre de forma coherente, y realizar actos más complejos, con una finalidad, como sacar algo de un armario y esconderlo en otro sitio. Generalmente tienen amnesia total del episodio de sonambulismo.

Los estudios electroencefalográficos recientes demuestran que los episodios de sonambulismo no ocurren, como parece lógico, durante la actividad cerebral REM, en que se sueña, sino en los períodos de NREM (véase «Trastornos del sueño. Soñar y dormir») en los dos niveles más profundos (III y IV).

PESADILLAS. Las pesadillas forman una experiencia desagradable que carece de significado patológico si no son muy intensas y repetitivas.

Durante el sueño aparecen contenidos oníricos terroríficos o amargos, de persecución, calamidades, tortura o muerte propia o de seres queridos que quizá no ha padecido en la vida real. El sujeto puede moverse o gritar dormido, en una tempestad vegetativa de sudor y palpitaciones.

Personas que han sido víctimas de una violación, secuestro, terremoto o alguna otra vivencia muy traumática, tienden a revivirlas en sueños, con el mismo contenido o su expresión simbólica, con elevada carga de ansiedad.

Las pesadillas son frecuentes en la infancia y con la edad decrece su aparición. Ante la aparición reiterada de pesadillas de contenido variable, debe investigarse la existencia de daño cerebral, del tipo que precede al *delirium tremens* de los alcohólicos. En cambio, las pesadillas con el mismo tema que se repiten con frecuencia o tras largos intervalos, indican un conflicto intrapsíquico no resuelto. Pueden llegar a ser tan intensas y frecuentes que el sujeto crea un insomnio psicógeno por miedo a quedar dormido y sufrir las pesadillas. La mayoría se alivian con hipnóticos suaves o tranquilizantes, pero a otras personas estas medicaciones les aumentan la propensión a sufrir pesadillas.

TERRORES NOCTURNOS. Los terrores nocturnos aparecen en muchos niños completamente normales y son más raros en la edad adulta. En su forma más característica, el sujeto da un grito de terror, se sienta en la cama con los ojos abiertos, realiza movimientos tempestuosos de defensa mientras continúa quejándose, pidiendo auxilio o gritando. Permanece así unos minutos, sin responder a la ayuda que se le presta, cede al pánico y vuelve a quedar dormido. Al despertar no recuerda nada, ni el contenido de su terror ni el auxilio que se le intentó prestar.

Por su aparatosidad los padres del niño se alarman en las primeras ocasiones, y consultan. No hay motivo de preocupación, es un proceso benigno que en general desaparece con la edad. En adultos, la administración de dosis suaves de antidepresivos o neurolépticos puede provocar la aparición de terrores nocturnos, que en cambio desaparecen con el uso de tranquilizantes al acostarse.

HIPERSOMNIO. La necesidad de horas de sueño en ciertas personas supera en dos o tres a las siete u ocho habituales. Sólo se considera anomalía si existe alteración en la calidad del sueño, o persiste somnolencia durante las horas de vigilia. La somnolencia en esas horas de vigilia puede ser un mecanismo neurótico de rechazo, se «refugian» en permanecer más horas dormidos para no encarar sus problemas. Hay formas de somnolencia accesional, como la picnolepsia con «ataques de sueño» en los que el enfermo se queda de repente dormido durante unos minutos sin poderlo evitar, en medio de cualquier actividad, como conducir una moto, con los consiguientes accidentes.

INSOMNIO. Los adultos duermen entre seis y nueve horas al día, los niños precisan más horas de sueño y los ancianos duermen menos. El insomnio es una disminución llamativa de la duración del sueño.

Muchas enfermedades físicas y mentales se acompañan de insomnio del que hay diversos tipos: ligereza del sueño, tardar en dormirse o despertar temprano, etc. El significado clínico es distinto, y también la repercusión en el sujeto según éste acepte su insomnio o lo convierta en un problema que lo obsesiona. Algunas personas temen sus períodos de insomnio porque despiertos en la cama tienden al pesimismo y a la ansiedad; más que a no dormir temen los estados de ansiedad concomitantes.

Para la valoración subjetiva del insomnio tiene importancia que tras un sueño breve se sientan descansadas y alertas, o por el contrario con sopor y embotamiento que atribuyen a no haber dormido.

El tipo de vida influye en el insomnio, que es mucho más frecuente en el hombre de ciudad con trabajo sedentario que en el campesino. La tensión emocional por altercados, disgustos o preocupaciones es causa común de insomnio transitorio. Si la tensión emocional se prolonga (ruina, enfermedad de un ser querido, pérdida de empleo, etc.) el insomnio puede cronificarse independizándose de la crisis emocional que lo origina, y persiste cuando ésta ya ha cesado.

Los trastornos psíquicos o emocionales con un nivel de tensión o ansiedad similar al de las circunstancias que hemos mencionado provocan el mismo tipo de insomnio, por ejemplo, en las neurosis de ansiedad, en las depresiones, en ciertas formas clínicas de esquizofrenia, en síndromes postraumáticos cerebrales, etc. La mayoría de los insomnios se acompañan de ansiedad, nerviosismo, colorido depresivo del ánimo, apatía y astenia (cansancio). Una excepción es el insomnio de los maníacos, que despiertan de madrugada optimistas y desbordantes de vitalidad.

El insomnio debido a trastornos respiratorios de vías altas e hipoventilación alveolar se acompaña de somnolencia durante el día. Un tipo de insomnio pertinaz y de difícil tratamiento es el provocado tras la administración prolongada de hipnóticos a los que el sujeto se habitúa y sin los que ya no puede dormir, y precisa dosis cada vez mayores. Hay hipnóticos de acción rápida y breve indicados en los insomnios con retardo en quedar dormido, y los de acción lenta son más apropiados en los insomnios de despertar temprano. Con ambos deben extremarse las precauciones para no caer en una habituación.

Los tranquilizantes tienen menos riesgo de producir dependencia, y en las formas de insomnio debidas a un alto nivel de ansiedad pueden resultar eficaces. En ningún caso se deben administrar hipnóticos a insomnes que toman excesiva cantidad de café, té, o cualquier otro estimulante.

LAS OLIGOFRENIAS

Elena F. L. Ochoa

La oligofrenia, retraso mental o también llamada debilidad mental es un trastorno permanente que altera a la persona en toda su globalidad. Consiste en una anulación o disminución de aquellas manifestaciones, funciones y actitudes necesarias para una maduración normal. Éstas se podrían resumir en las siguientes:

a) *Déficit intelectual,* consistente en una dificultad y, en ocasiones, imposibilidad para conseguir fines, resolver situaciones nuevas, utilizar las experiencias y acontecimientos anteriores, asociar adecuadamente las ideas y elaborar pensamientos.

b) *Trastorno orgánico* de tipo morfológico, neurológico, motor o endocrino, que acompaña, casi siempre, al déficit intelectual antes señalado.

c) *Alteración de las conductas primarias o instintivas,* con una disminución de unas e hipertrofia de otras.

d) *Trastornos afectivos,* con una emocionabilidad lábil y superficial.

e) *Problemas de aprendizaje* que repercuten no sólo en la adaptación al medio familiar o micro-contexto, sino que plantean graves problemas a la hora de llevar a cabo una vida social y/o laboral.

La oligofrenia podríamos, pues, definirla como un trastorno permanente del individuo, producido en los momentos iniciales de la maduración psicosomática, que se traduce por un déficit de todas o algunas de las funciones intelectuales, por una alteración de las estructuras orgánicas, y por una perturbación de la vida instintiva, volutiva y afectiva que provocan una conducta actitudinal problemática en su adaptación a la vida, que la dificultan en el rendimiento en un trabajo útil y en una adecuación familiar y social.

Las causas de la debilidad mental u oligofrenia pueden ser:

1. Hereditarias, por transmisión de un gen degenerativo.
2. Genéticas, por alteración cromosómica del digote.
3. Blastofóricas, por una alteración cornológica, tióficas, infecciosa, tóxica o física del gameto masculino o femenino.
4. Embiopáticas o fenopáticas, por alteración del desarrollo debida a enfermedades infecciosas, tóxicas o metabólicas de la madre.
5. Cerebropáticas por: *a)* Perturbaciones bioquímicas, anóxicas, infecciosas, parasitarias que han actuado sobre el encéfalo durante la gestación. *b)* Anoxias y traumatismos que han actuado sobre el encéfalo en el momento del parto. *c)* Factores hemolíticos que han actuado inmediatamente después del parto. *d)* Procesos meningoencefalíticos durante los primeros años de la vida.

El lector tiene que tener en cuenta que, en ocasiones, en estas causas nombradas no es posible su observación directa y sólo son presumibles por deducción.

Una oligofrenia o debilidad mental puede ser profunda, menos profunda y poco profunda. El que sea una u otra dependerá de la magnitud de los trastornos funcionales, de adaptación y de su rendimiento afectivo, social y laboral. Se ofrece a continuación al lector un esquema que puede aclarar las características de cada tipo de debilidad mental:

Debilidad o retraso mental profundo:

a) Conciencia:

a-l: El individuo no tiene conciencia de sus necesidades y de lo que las satisface.
a-2: El individuo no tiene conciencia de su existencia ni de las personas que lo rodean.

b) Su déficit intelectual se manifiesta en:

b-l: Ausencia de respuestas específicas.
b-2: No conoce las cosas ni distingue a la mayor parte de las personas.
b-3: Ausencia de juicio y razonamiento.
b-4: Incapacidad absoluta para todo aprendizaje.

c) El trastorno afectivo consiste en:

c-1: Risa y llanto inmotivados.
c-2: Emociones groseras.
c-3: No siente cariño ni aparente necesidad de cariño.
c-4: No manifiesta ilusiones ni sonríe.

d) Otras alteraciones importantes son: deseos primarios sin dirección, movimientos iteractivos, no anda o lo hace con gran dificultad, inhabilidad manual, no habla, oposicionismo, y presenta una incapacidad total para el trabajo.

Con respecto a la oligofrenia menos profunda, el sujeto que la padece manifiesta:

a) Una conciencia restringida de su persona, de sus impulsos, de las personas que lo rodean y cierto conocimiento de su diferencia (no de su oligofrenia).
b) Su alteración cognitiva se manifiesta en su lentitud para dar respuestas específicas y conocer las cosas y/o personas, en su desorientación en el tiempo y en el espacio, en su pensamiento restringido y en su capacidad limitada de aprendizaje.
c) Su trastorno emocional presenta una alta ambivalencia, superficialidad y versatilidad afectivas, su egocentrismo, sus emociones burdas y su tendencia a los estados eufóricos.

d) Su lenguaje presenta un balbuceo frecuente, un vocabulario reducido y rudimentario y un abuso del infinitivo. Sus movimientos son lentos y tarda en adquirir coordinación, no sabe abotonarse ni comer solo. Juega solo y da a los juguetes destinos inapropiados.

e) Aunque vive aislado, es capaz de una relación con los demás. Puede llegar a realizar trabajos sencillos o trabajos industriales despersonalizados.

Finalmente, la debilidad mental o retraso leve se caracteriza por:

a) Una conciencia de su persona y de las personas allegadas, con un auto-conocimiento de su retraso.

b) Su capacidad intelectiva presenta una lentitud en conocer las cosas, tarda en distinguir a las personas, falta de atención, memoria y comprensión, dificultad para la lectura, la escritura y el cálculo, le cuesta utilizar la experiencia presentando una relativa capacidad de aprendizaje.

c) Su afectividad es superficial y «pegajosa» con tendencia al egocentrismo.

d) Es capaz de establecer una relativa colaboración y relación social con los demás siempre en función de conseguir algo inmediato. No sabe jugar y estropea los juguetes. Acepta las reglas pero le cuesta someterse.

e) Su movimiento es inestable y lento. Tarda en sentarse en la cuna y en andar.

Su lenguaje es logorreico y sin contenido. Suele balbucear con inversión de letras y sílabas y supresión de partes de la oración.

Puede llegar a aprender un trabajo útil para sí mismo y para los demás, aunque deberá ser simple y relativamente repetitivo.

Existe, además de estas clases de retrasos por sintomatología clínica y psíquica, diferentes tipos somáticos de oligofrenias, como el síndrome de Turner, la esclerosis tuberosa, la oligofrenia toxoplasmósica, el hipotiroidismo, el cretinismo, la oligofrenia mongoloide, entre otros.

TRASTORNOS PSICOSEXUALES

J. A. Vallejo-Nágera

Se clasifican en «desórdenes sexuales» (inadecuada elección de objeto), «disfunciones sexuales» (déficit del deseo sexual o del orgasmo) y «trastornos de la identidad sexual» (rechazo de los caracteres anatómicos propios, masculinos o femeninos).

DESÓRDENES SEXUALES O PARAFILIAS

Zoofilia. Desviación de la fuente de atracción sexual en la que la excitación se obtiene de forma preferente o exclusiva con animales, que pueden ser utilizados para el coito o entrenados para que tengan una participación activa.

Fetichismo. Sólo consigue la excitación sexual a través del estímulo de un objeto (fetiche). Los objetos fetichistas más frecuentes son ropa interior o zapatos, botas o adornos de mujer (el fetichismo, como la mayoría de las parafilias, se observa casi exclusivamente en hombres). En la mayoría de los casos se recoge el antecedente de relación con ese objeto femenino (perteneciente a la madre u otra mujer del hogar) en las primeras excitaciones sexuales de la infancia. El papel del fetiche se refuerza después al utilizarlo, en la realidad o en la fantasía de la masturbación. Puede ser en la vida adulta el único partícipe en la actividad sexual, o utilizarlo en presencia de la pareja, pues sin el fetiche no tiene erección. Provoca sentimientos de humillación y culpa, y decepción o resentimiento en la pareja.

Travestismo. En el travestismo hay una satisfacción sexual específica por vestirse con ropas del sexo opuesto (es mucho más frecuente en hombres). Si se le priva de esta apetencia, el travestido se siente desgraciado. Al inicio, el varón suele ser heterosexual y realiza el travestismo con alguna prenda femenina ocasionalmente y en privado. El curso suele ser progresivo, viste ya preferentemente, se mueve, habla y se porta como el otro sexo y las relaciones tienden a ser homosexuales. Se inicia en la infancia. Algunos travestidos evolucionan hacia el transexualismo.

Pedofilia. Tendencia a realizar actos o fantasías sexuales exclusivamente con niños, o al menos de modo preferente. Hay dos tipos de comportamiento: los inclinados a niños y los que orientan su pedofilia hacia niñas. Los segundos son dos veces más frecuentes, prefieren niñas de corta edad, suelen limitarse a mirarlas, desvestirlas o tocarlas. Casi siempre son hombres casados y conocen a la niña y a su familia. Los del otro grupo (preferencia por niños) son homosexuales o solterones, eligen a niños algo mayores. La pedofilia suele iniciarse en la edad media y sigue en la vejez.

Voyerismo. El voyerista obtiene la excitación y el placer sexual observando clandestinamente a personas que se desvisten, están desnudas o a parejas en actos sexuales. Suele masturbarse durante sus espionajes y utiliza este recuerdo como estímulo para otras masturbaciones. No hace intentos de relación con las personas observadas. Presenciar desnudos o actos sexuales es un estímulo excitante para personas normales, hombres y mujeres, y el estímulo visual precede y acompaña a la relación sexual. En cambio, el *voyeur* extremo sólo obtiene excitación por este procedimiento. No se consideran enfermos, por lo que no acuden a las consultas, y sólo se conocen cuando son detenidos (una décima parte son mujeres, el dato es poco orientativo, pues puede haber notables diferencias psicológicas con los voyeristas que consiguen pasar inadvertidos). El *voyeur* suele ser una persona tímida, hijo único o el menor de la familia.

Exhibicionismo. Al igual que el *voyeur,* el exhibicionista no intenta mantener contacto directo con la persona elegida, se limita a exhibir repentinamente sus genitales a un extraño y frecuentemente se masturba en ese acto. La sorpresa o sobresalto del espectador parece jugar un papel importante en su excitación. Algunos individuos repiten esta misma conducta, pero sin erección ni masturbación. El trastorno se manifiesta externamente a partir de los veinte años. La tendencia al exhibicionismo decrece después de los cuarenta años.

Sadismo sexual. El individuo consigue placer sexual humillando o provocando sufrimiento físico a la pareja, que puede ser partícipe obligado o voluntario. Los casos graves tienden a una progresiva intensificación del sufrimiento provocado, y llega a estar en peligro la integridad física e incluso la vida de la pareja. El trastorno comienza en la infancia con fantasías sádicas. Puede seguir toda la vida en el plano de la fantasía acompañando imaginariamente relaciones normales en apariencia o evolucionar a su materialización. Es de muy difícil tratamiento.

Masoquismo sexual. En este caso, la excitación sexual proviene del propio daño físico o humillación, que el sujeto solicita o acepta de su pareja, y algunos casos graves, en los que ha sufrido mutilaciones, tienden a repetirse. Igual que en el sadismo sexual puede suponer la muerte.

Disfunciones sexuales

En ellas no hay desviación del objeto sexual, sino una inhibición del deseo, de la capacidad de excitación, de la erección, del orgasmo o de la satisfacción final.

Deseo sexual inhibido. Es difícil valorar si una persona tiene un nivel «normal» de deseos sexuales, pues hay grandes variaciones. Sólo se considera patológico si esta limitación es fuente de sufrimiento o malestar para la persona o su pareja.

Excitación sexual inhibida. Impotencia. Frigidez. Fracaso en la obtención de la respuesta fisiológica normal durante el acto sexual. En los hombres falta el reflejo de erección y en las mujeres no se produce o no se mantiene la lubricación y tumefacción genital.

Orgasmo femenino inhibido. Tras una fase de excitación normal no se logra el orgasmo, o sólo se produce tras una excitación clitorídea manual, no coital.

Orgasmo masculino inhibido. Puede haber o no excitación y erección, pero no se produce el orgasmo o se retrasa de un modo indeseado por el sujeto.

El travestismo es una de las formas de trastorno psicosexual a las que últimamente más se está teniendo que «acostumbrar» la sociedad, admitiéndola casi como «normal». (Foto: EFE.)

Eyaculación precoz. La eyaculación se produce antes del momento razonablemente deseado por el afectado.

Dispareunia funcional. El coito se acompaña de sensaciones dolorosas, que sustituyen o anulan las placenteras.

Vaginismo funcional. Una contractura de la musculatura del tercio inferior de la vagina impide o perturba sistemáticamente el coito.

Trastornos de la identidad sexual

Transexualismo. El transexual es una persona que repudia su sexo anatómico y «oficial» y ha decidido cambiarlo. Es un hombre que se siente mujer injustamente envuelta en un cuerpo de hombre y desea eliminar sus órganos genitales para convertirse en mujer; o es una mujer que desea adquirir genitales masculinos y vivir como hombre.

Solicitan cambiar su aspecto de identidad sexual mediante intervenciones quirúrgicas o administración de hormonas. Le repugnan sus propios órganos sexuales, prefieren vestir y portarse como el otro sexo. Pueden tener relación preferente heterosexual, de acuerdo con su sexo originario, pero es más frecuente la elección homosexual aunque ellos no se consideran homosexuales, pues afirman y sienten que su sexo es el opuesto. Las tendencias transexuales comienzan en la infancia pero se manifiestan externamente en la adolescencia o juventud. Hay más hombres que mujeres en proporción de cinco a uno.

X. Tratamiento de las enfermedades psíquicas

LA ENTREVISTA CLÍNICA

José M.ª Poveda Ariño

La *entrevista* es el medio habitual de reconocimiento del enfermo psíquico. No pocas veces el único. La observación directa es indispensable para establecer el diagnóstico, el pronóstico y el tratamiento. Sólo excepcionalmente —por imposibilidad física o moral— se prescindirá de ella; en tal caso y de no disponer de otros medios de exploración convincentes, el dictamen del facultativo será meramente indicativo y abierto.

En la entrevista, en cualquier entrevista, médica o no médica, alguien demanda algo (información sobre un suceso, la opinión sobre tal o cual obra literaria o artística, etc.) a quien se supone que puede corresponder. A veces se solicitan datos concretos o incluso se ofrecen los datos o criterios alternativos para su verificación con la más simple de las respuestas: sí o no. La entrevista se transforma de este modo en encuesta, que puede llegar a realizarse sin que los interesados se encuentren personalmente: se recibe un papel, se rellena y se devuelve. Pues bien, aun en esta forma de buscar información u obtener datos y opiniones, el proceso, con independencia de la materia en cuestión, implica unas disposiciones previas que podrían resumirse en dos palabras: confianza mutua.

La entrevista clínica en psicopatología requiere como ninguna otra esa relación de confianza que no siempre, a pesar de la buena disposición formal de los interlocutores, se obtiene en un primer momento y que aun mantenida, puede naufragar en cualquier otro. Esta relación se denomina *rapport* y su naturaleza, aunque no exclusivamente, es radicalmente afectiva.

Hay dos modalidades de entrevista: *abierta* y *dirigida*. Conviene distinguirlas aun cuando en la práctica diaria se realicen de manera combinada, sucesiva o alternativa.

En la entrevista abierta se invita al paciente a exponer los motivos de la consulta, procurando no interrumpir el relato al menos durante un tiempo prudencial. De este modo puede obtenerse un diseño suficiente del campo de intereses y, a menudo, queda definida de manera concreta la demanda. El paciente acude a la consulta a buscar la ayuda de un experto. Si tiene preguntas que hacer ha de contestarse a ellas con sinceridad y de acuerdo con su capacidad de comprensión. Por el contrario, la técnica de preguntas y respuestas de entrada hace que éstas resulten breves y estériles. Cuando se producen pausas, el entrevistador puede, por ejemplo, repetir las últimas palabras del paciente o preguntar sobre un dato de filiación no consignado y que, en apariencia, al menos, resulte neutral.

La cuantía de los intereses se relaciona con los estados del ánimo y los sentimientos, mientras que la forma de exponer remite a los procesos intelectuales. Ha de prestarse atención a lo que dice el enfermo, cómo lo dice y a lo que omite.

La entrevista dirigida tiene por objeto precisar el diagnóstico y fijar la pauta terapéutica. Las preguntas han de ser mínimas, orientadoras y con tacto, de suerte que el encuentro se convierta en una conversación.

El momento de su realización depende de los resultados obtenidos en la entrevista abierta. En ocasiones, basta la introducción de manera aleatoria en la primera de *items* o preguntas orientadas para verificar funciones o aptitudes específicas. Puede requerir una segunda sesión. Normalmente una exploración dialógica no debe durar más de una hora; a lo sumo hora y media.

El psiquiatra ha de evitar tanto la total pasividad —inductora de sentimientos de desamparo—, como una actitud autoritaria que interfiera o limite la capacidad del enfermo de hablar libremente; también las prisas. El psiquiatra no puede olvidar nunca que, cualquiera que sea la terapéutica, el objeto será siempre eliminar o paliar las trabas que condicionan la libertad responsable del paciente. Entrevistar, explorar con unas u otras técnicas, componer una historia clínica, llegar a un diagnóstico, son tareas cuya delicadeza y eficacia son inseparables de una realidad incuestionable: una persona demanda ayuda y otra se ha comprometido, desde el momento de convenir la cita, a ofrecérsela.

LA EXPLORACIÓN CLÍNICA

J. A. Vallejo-Nágera

La evaluación del estado del psiquismo se realiza indirectamente, a través de las apreciaciones subjetivas del interesado y de las observaciones, mediciones y tests. En los antiguos tratados de exploración psiquiátrica lo resumían así: «al enfermo mental se le diagnostica por lo que dice y por lo que hace». Hoy al análisis de la conducta espontánea se añade el del comportamiento ante una serie de pruebas estandarizadas o tests.

La *historia clínica,* relato del origen y evolución de la enfermedad, se configura con los datos aportados por el paciente y por sus acompañantes. Una buena historia clínica es difícil en cualquier rama de la medicina; para comprender las dificultades añadidas en psiquiatría basta recordar que el propio paciente puede intentar engañar al médico por ser un simulador, porque ha sido forzado a ir a la consulta, porque sus ideas delirantes le impulsan a proporcionar datos erróneos o a mentir, etc., y los datos suministrados por otras personas pueden estar también deformados por incapacidad de ser objetivos o por falseamiento deliberado. Una vez realizada la historia clínica, en sus tres apartados de antecedentes familiares, biografía del paciente o antecedentes personales, y descripción del comienzo y evolución de la enfermedad, se pasa a la exploración del estado actual.

Las anotaciones de la exploración se inician con datos sobre las circunstancias en que se realiza (si se hace en el hospital con el paciente en cama, si en consulta ambulatoria, si viene solo o acompañado, etc.). Sigue la descripción del modo de presentarse, aspecto, atuendo, modales, etc., hábito y constitución, conducta durante la prueba (colaboración, reticencia, hostilidad), y la actitud hacia su propia enfermedad (conciencia de enfermedad, exageración, indiferencia, etc.).

Lenguaje, abordabilidad, coherencia, capacidad de verbalizar, voluntad de hacerlo, locuacidad o laconismo, musitaciones, verborrea, disgregación, incoherencia, amaneramiento, neologismos —palabras inventadas por el paciente—, pararrespuestas —contestaciones sin relación con la pregunta—. Alteraciones del curso del pensamiento y de la ideación (taquipsiquia —rapidez y facilidad inusuales—, bradipsiquia —lentitud—, perseveración —tendencia a reiterar sobre un tema—, fuga de ideas —pasa de una idea a otra saltándose en su exposición los enlaces intermedios dando la sensación de una incoherencia que no existe). La capacidad de juicio y raciocinio se evalúa en el diálogo o con preguntas deliberadamente intercaladas.

Pensamiento patológico (ideas delirantes —convicciones sobrevenidas patológicamente e irreductibles por la argumentación lógica—, interpretaciones delirantes, fantasías y fabulaciones, delirios —conjunto organizado de ideas delirantes).

Alteraciones de la psicomotricidad, de la mímica y de la motórica (gestos y movimientos de expresión, faciales y corporales), inquietud psicomotora, inhibición de la psicomotricidad, bloqueo, alteraciones cualitativas de la psicomotricidad (inadecuación al estado del ánimo, estereotipias, tics, disociación entre motilidad voluntaria y automática, catatonia, catalepsia).

Lucidez y trastornos de la conciencia. Lucidez (grados de claridad de la conciencia, somnolencia, sopor). Trastornos de la conciencia: obnubilación o anublamiento (percepción confusa del mundo externo y de sí mismo), onirismo (estado parecido al sueño en que se mezclan percepciones reales con las producciones fantásticas, pero aún las diferencia), estado confusional (no es capaz de distinguir entre lo real y la fantasía patológica), estados crepusculares (estrechamiento del campo de la conciencia con automatismos).

Trastornos de la orientación y de la vivencia del tiempo. Ordenación cronológica, desorientación en el tiempo, desorientación en el espacio.

Trastornos de la orientación autopsíquica (la orientación del yo): trastornos de la identificación del yo, personalidad alternante. Trastornos del gobierno del yo, desgobierno de la actividad psíquica. Despersonalización o vivencia de la disolución del yo, extrañeza del yo, extrañeza del mundo. Alteraciones del esquema corporal. Miembro fantasma, pérdida de elementos, desplazamiento, alteraciones de las fronteras corporales.

Afectividad, sentimientos e impulsos. Distimias (alteraciones del estado de ánimo), depresión, angustia, beatitud, éxtasis, alteraciones de la sintonización y de la irradiación afectiva. Incontinencia emotiva.

Memoria y atención. Amnesias de evocación (recuerdos remotos) y de fijación (incapacidad de fijar nuevos recuerdos). Amnesia lacunar (de un período de tiempo limitado, «laguna»). Paramnesia (recuerdos falseados). La exploración de la memoria y de la atención se completa con unos tests bastante sencillos.

Trastornos de la sensopercepción. Ilusiones —percepciones deformadas—. Alucinaciones —percepciones sin objeto, que pueden afectar a cualquiera de los sentidos: visuales, acústicas, táctiles, etc.

Trastornos de la vida instintiva y voluntaria: alteraciones del instinto de conservación, automutilaciones e intentos de suicidio. Alteraciones del instinto del hambre. Alteraciones del instinto sexual.

Alteraciones de la vida voluntaria. Abulia, negativismo, estupor, automatismo al mandato, actos impulsivos.

LOS TESTS DE PERSONALIDAD; CUESTIONARIOS Y ESCALAS DE SÍNTOMAS

Fernando Claramunt

Test significa *prueba*. La personalidad es ese conjunto de aspectos de cada ser humano individual tan rico e inabarcable que no hay prueba ni procedimiento de medición que valga para captarla en toda su complejidad, ni en lo más íntimo de su esencia. Pero nada arredra a los científicos que aplican dos tipos fundamentales de tests de personalidad: *subjetivos,* basados en *técnicas proyectivas,* y *objetivos*. Los primeros tienden a ser de índole más bien «privada» en la relación interpersonal entre el paciente y el investigador; utilizan mucho la noción psicoanalítica de *proyección de sentimientos inconscientes*. Para ello el test actúa como un «estímulo ambiguo», impreciso. El ejemplo más conocido es el de presentar manchas de tinta o pedir que alguien interprete lo que significan los desconchados de una pared o lo que «representa» en un momento dado el contorno de una nube. Un psiquiatra suizo llamado Hermann Rorschach publicó, en 1920, un conjunto de diez láminas con manchas simétricas, las tres últimas coloreadas. La segunda y tercera llevan alguna parte en rojo; el sujeto debe dar varias respuestas por lámina. Según su personalidad —y según, también, los trastornos de su mente— el tipo de respuestas se verá influido por el estado de ánimo y la disposición correspondiente. Los suspicaces dirán pocas cosas y con muchas precauciones; los dicharacheros no darán abasto ni permitirán apenas que sean recogidos sus inagotables comentarios; los deprimidos hablarán poco y sólo «verán» manchas negras y siniestras. Los «reprimidos» encontrarán todo aquello sospechosamente erótico. Los violentos describirán explosiones, sangre, cohetes espaciales. Los enfermos de esquizofrenia dan respuestas sorprendentes o chocantes por su extravagancia. Rorschach propuso un análisis «formal» de los tipos de respuesta («Global», «Detalle», «Espacio Blanco», «Forma», «Color», «Claroscuro», «Movimiento»), así como la situación, posición y número de las cosas «vistas». Los contenidos, por su parte, son de considerable importancia: personas completas o caras, manos, respuestas «anatómicas», animales, objetos, paisajes, etc. El comportamiento del sujeto durante la prueba, sus comentarios y gestos ayudan, junto al análisis pormenorizado de las respuestas de cada una de las diez láminas, a elaborar un *psicodiagnóstico* que no es sino una evaluación de los rasgos y «estilo» de la personalidad, análisis de sus preocupaciones y motivaciones más profundas e inconscientes (deseos y temores) unido a un estudio de los indicios de posible trastorno mental. Rorschach describió con sagacidad la forma de comportarse ante su test en los enfermos neuróticos deprimidos, esquizofrénicos, epilépticos, en casos de deterioro orgánico cerebral, etc.

El *Test de Apercepción Temática de Murray* (T.A.T.) consiste en imaginar historias ante la presentación de una serie de láminas con escenas susceptibles de diversas interpretaciones. Para los niños existe una variedad (C.A.T.) en la que las láminas muestran escenas familiares con animales, como en las películas de Disney. Con niños y adultos el *Dibujo de la figura humana* (método de Machover) y el del *Dibujo de la familia* suministran rica información a las personas especializadas en este tipo de pruebas.

El *Test de Frustración de Rosenzweig*, la *Prueba de Szondi y* la técnica de Asociación de Palabras (*Test de Bleuler-Jung*, base del «Detector de Mentiras») son otras modalidades de pruebas proyectivas.

CUESTIONARIOS DE PERSONALIDAD. Llamados también *inventarios*, aspiran a la máxima objetividad posible mediante preguntas cuidadosamente formuladas (algunas exploran la sinceridad ante el test) que luego se elaboran estadísticamente. El M.M.P.I. (*Minnessota Multiphasic Inventory Test*) es la prueba más usada en esta dirección para el diagnóstico psiquiátrico (algunos han dicho que es un buen test para malos psiquiatras). El *Cuestionario de Personalidad de Cattell* explora, por su parte, rasgos de personalidad tales como dominancia, suspicacia, radicalismo, ternura, etc. Su objetividad es incomparablemente mayor que la de las pruebas proyectivas y proporcionan otro tipo de información, eso sí, menos sutil.

ESCALAS DE EVALUACIÓN DE SÍNTOMAS. Exploran y evalúan la presencia y grado de intensidad de síntomas depresivos (Beck, Hamilton, Zung), ansiedad (Hamilton, Taylor), síntomas psiquiátricos en conjunto, etc. Las hay auto y heteroaplicadas, según que el propio paciente señale la respuesta más apropiada a su caso o lo haga otra persona especializada. Aspiran a *cuantificar* (decirlo con números) las experiencias personales e íntimas de los síntomas propios de cada enfermedad mental.

PSICOTERAPIA INDIVIDUAL. PSICOTERAPIA DE GRUPO, DE FAMILIA Y DE PAREJA

Fernando Claramunt

La psicoterapia individual es una técnica sistemática encaminada al alivio de síntomas, tales como la ansiedad, angustia, depresión, estados de agotamiento nervioso o estrés, neurastenia, etc. Algunos pacientes y psicoterapeutas se enzarzan en una tarea más ambiciosa y no se conforman con reducir la intensidad de los síntomas más perturbadores, sino que aspiran a promover cambios profundos y duraderos en la manera de ser, en el estilo de la persona.

El modelo original de la psicoterapia que puso de moda Freud se popularizó a través del cine y de la prensa: varias sesiones por semana, no inferiores a cincuenta minutos. El sofá para tumbarse el paciente, con el psicoanalista tomando notas detrás de su cabeza, se considera hoy fundamental. La psicoterapia se ha hecho más breve y las sesiones tienden a ser menos frecuentes por razones prácticas. Una hora semanal, bien aprovechada, durante unos meses y luego entrevistas más espaciadas, permiten ayudar a un número muy elevado de personas. La técnica original de Freud (psicoanálisis) era aplicable a un número reducido de pacientes.

Nuevas técnicas de psicoterapia individual se han diseñado para alcanzar objetivos concretos y a corto plazo (*psicoterapias breves*). La búsqueda de un *trauma psicológico* único, de un determinado complejo agazapado en los recovecos del subconsciente, ya no es la tarea principal. No se cree que haya un motivo único, sino múltiples «traumas» y conflictos o situaciones que desestabilizan el equilibrio psicológico. El médico no investiga principalmente los recuerdos infantiles a la caza de una supuesta experiencia origen de la actual perturbación. Hoy se procura analizar la situación concreta y presente en la que el sujeto vive atrapado (puesto de trabajo, relación de pareja, aspiraciones y problemas de realización personal, etc.). El paciente puede ser ayudado gracias no sólo a conceptos nacidos del psicoanálisis de Freud, sino también de los estudios sobre el aprendizaje y técnicas de modificación de la conducta humana. En toda psicoterapia hay algo también de pedagogía y de experiencia existencial compartida, cada «caso» es único, nuevo y distinto. Por eso cada psicoterapia individual es para el paciente y su médico una experiencia humana de profundo significado en el camino de la autorrealización. Bien llevada, «deja huella», en el buen sentido. Se aprenden y se experimentan nuevos puntos de vista y cambios en el modo de enfocar los problemas de la vida. Así como el «trauma psíquico» marca al paciente y lo empuja hacia abajo, la psicoterapia favorablemente encauzada lo lleva hacia arriba. No se es igual antes y después. La naturaleza y sentido del «cambio» interior y de los cambios en la conducta externa no pueden ser abordados a la ligera. De ahí que la especialización y entrenamiento de psicoterapeutas sea tarea larga y difícil.

TERAPIA DE GRUPO. Nació en hospitales para tuberculosos que deseaban combatir su aislamiento y aprensiones. En los viejos asilos para pacientes crónicos —de cualquier enfermedad, incluidas las mentales— se vieron notables mejorías con la introducción de técnicas de psicoterapia de grupo. Un médico o enfermera hacía de «tutor» o coordinador. Los pacientes se ayudan unos a otros. Se llegan a constituir grupos de «autoayuda» en los que apenas se necesitan médicos ni enfermeras, salvo en determinados momentos (alcohólicos anónimos). Con el nombre de psicoterapia de grupo quedan englobadas técnicas muy diversas; en conjunto comparten cierto aire de «escuela» o «sitio donde se aprende algo». Desde el ámbito de la medicina, los grupos han evolucionado y ampliado sus miras. A menudo no se dirigen a enfermos propiamente dichos, sino a personas con dificultades normales de la vida y a gentes que aspiran a desarrollar mejor su personalidad o a ser más eficientes en su trabajo y relaciones humanas. No hay que olvidar, sin embargo, que las sesiones de grupo movilizan siempre resortes importantes de la vida afectiva de cada individuo. Para algunos pueden ser contraproducentes. La selección previa de pacientes o candidatos es tan importante o más que para la psicoterapia individual.

LA PSICOTERAPIA DE FAMILIA, DE MATRIMONIOS O DE PAREJAS responde a la demanda creciente en la sociedad de consumo, masificada, en que nos movemos. El desajuste no es sólo un problema individual. Influye en la pareja y en los hijos. Las técnicas consisten en entrevistas realizadas a los miembros o bien juntos o por separado. No siempre la finalidad de uno, ni los motivos para el tratamiento son compatibles con los objetivos y razones de los demás miembros. Tampoco en estos casos los terapeutas tienen necesariamente como meta el mantenimiento de una familia o de una pareja a todo trance, sobre todo, si la salud mental de los individuos y de la pareja o familia está deteriorada más allá del punto de «no retorno».

En las parejas y en las familias varía mucho el grado de cooperación sincera en cada miembro, pues depende de lo que, en el fondo, busca cada uno en la experiencia de la psicoterapia. Para algunos puede ser un pretexto, un «empujón» para llevar a cabo algo que están pensando hace tiempo sin decidirse.

Con los adolescentes y jóvenes la psicoterapia individual suele —y debería en muchos casos— combinarse con técnicas de grupo y de familia. Nunca falta un miembro que se complace en obstaculizar la psicoterapia (a veces por celos o por no sentirse incluido) ni hay técnicas de grupo ni de pareja que puedan resolver todas las situaciones. Como en la psicoterapia individual, en ocasiones es preciso limitarse a realizar «psicoterapias mínimas». De todos modos, en la actualidad el auge de la psicoterapia de grupo y el ensayo de nuevas técnicas y estrategias ponen de manifiesto que parecen lograrse buenos resultados. Las investigaciones se dirigen hoy día, entre otras cosas, a lograr buenos criterios de selección para predecir a quiénes puede beneficiar —y a quiénes no— la experiencia de la psicoterapia.

TRATAMIENTOS PSICOFARMACOLÓGICOS

Fernando Claramunt

Existen tres familias de medicamentos, principalmente en este campo: tranquilizantes, antidepresivos y antipsicóticos, cuya aplicación respectiva corresponde a las neurosis, depresiones y psicosis, dicho en términos generales (las indicaciones de los psicofármacos son más sutiles y matizadas que esta división tripartita).

TRANQUILIZANTES También llamados *ansiolíticos,* actúan como reductores de la ansiedad o angustia. A diferencia de los antiguos «sedantes» no producen sueño tomados en dosis normales. Son útiles no sólo en las neurosis propiamente dichas, sino en todos los estados influidos por la ansiedad. En medicina general y en las distintas especialidades, aparato digestivo y circulatorio, sobre todo, son muy empleados. En psiquiatría pueden completar el tratamiento de los enfermos depresivos en los cuales es muy frecuente la ansiedad asociada a la depresión.

En los años cincuenta de nuestro siglo aparecieron los primeros tranquilizantes eficaces (*meprobamatos*) seguidos al poco tiempo por las *benzodiazepinas, clordiazepóxido, diacepan,* etc., conocidos por sus nombres comerciales (*Valium, Transilium, Librium,* etc.). Algunos de estos fármacos tranquilizan y ayudan a conciliar el sueño («inductores del sueño»: *oxacepam, flunitrazepam* o *nitrazepam,* cuyos nombres comerciales son *Adumbrán, Rohipnol, Mogadón*).

No sólo se han puesto de moda estos productos y sus derivados, sino que mucha gente los utiliza sin control médico, a manera de «píldoras de la felicidad» o con intención de suprimir todas las preocupaciones. Algunas personas pueden habituarse, otras muchas los toman por rutina, los mezclan con alcohol («potenciación» o aumento de sus efectos) y olvidan que pueden perturbar los reflejos, con los peligros que esto implica para los conductores o las personas que manipulan máquinas peligrosas. Hay quien, en el ámbito de las neurosis, cree ver una oposición tajante: «o tranquilizantes o psicoterapia», como si una y otra cosa no pudieran combinarse de forma razonable y sin excesos partidistas.

ANTIDEPRESIVOS. Actúan sobre el estado de ánimo deprimido. En muy poco tiempo el paciente se siente mejor, recupera el humor y la iniciativa, duerme mejor, desaparecen las ideas pesimistas y la más grave de ellas, la obsesión de suicidio. A este respecto se ha señalado la importancia de no interrumpir el tratamiento bruscamente, ni reducirlo sin estrecho contacto con el médico especialista. Los síntomas pueden reaparecer si se corta el antidepresivo antes de tiempo. La *Imipramina* o *Tofranil* fue el primero de los antidepresivos tricíclicos (estructura química en tres ciclos) verdaderamente eficaz sobre el ánimo abatido, la melancolía, los pensamientos sombríos, la indecisión, la pérdida de los intereses normales en la vida. Luego vinieron otros antidepresivos como la *Amitryptilina* (*Tryptizol, Nobitrol*) con efecto a la vez antidepresivo y tranquilizante. Y los tetracíclicos, como la *Maprotilina* (*Ludiomil*) y *Mianserina* (*Kan-*

tanón). La búsqueda de un regulador del ánimo cambiante-«fásico» de los enfermos maniacodepresivos, con sus episodios alternantes de euforia patológica y tristeza morbosa, condujo al empleo de las sales de Litio. El Carbonato de Litio (*Plenur*) y otros medicamentos, como la *Dipropilacetamida* (*Depamido*) aspiran a ser «normotímicos», «eutímicos», es decir, reguladores y preventivos de las alteraciones tanto depresivas como eufóricas. El litio, por su parte, requiere análisis de sangre especiales (*litemia*) para que su nivel en sangre oscile entre los límites aconsejados (entre 0,7 y 1,5 miliequivalentes litro).

Otra importante familia de antidepresivos son los *M. A. O. inhibidores* (de las mono-amino-oxidasas); estos últimos tienen contraindicaciones y riesgos que deben ser conocidos por los pacientes (evitar quesos fermentados, habas, vinos, cerveza). La gama tan variada de antidepresivos y de sus indicaciones precisas requiere muy estrecha colaboración del paciente y sus familiares con el psiquiatra.

ANTIPSICÓTICOS. En 1952, quedó demostrado el efecto del 4560 R. P., *Largactil,* sobre los enfermos mentales delirantes y alucinados. El pensamiento absurdo, disparatado, desaparecía y el sujeto volvía a ser razonable y a criticar sus síntomas como producto de alguna perturbación. Poco después se encontraron nuevos antipsicóticos conocidos con los nombres comerciales de *Meleril, Sinogan, Eskazine, Nemactil,* etc., de la familia química de las *Fenotiazinas.* Algunos de ellos tienen empleo en forma retardada, bastando un comprimido al día o una ampolla intramuscular cada quince días e incluso con intervalos de un mes. Otra familia química la constituyen las *Butirofenonas* (*Haloperidol, Orap, Triperidol*) de notable eficacia sobre la agitación y las alucinaciones, tanto en los psicóticos (esquizofrénicos) como en los dementes seniles y en general en todos los estados de agitación.

Los pacientes y familiares deben estar al tanto de los efectos secundarios que no son graves a dosis normales, pero sí muy llamativos en algunos casos. Consisten en el *Síndrome Extrapiramidal,* también llamado *parkinsonismo medicamentoso*: temblor, rigidez muscular, rostro inexpresivo, contracturas, dificultad para cerrar la boca (molestias con la saliva), tics, tortícolis, etc. Generalmente, con dosis moderadas, bien soportado. A dosis altas se debe añadir algún medicamento antiparkinsoniano para controlar los efectos secundarios.

Cuando los antipsicóticos se usan de forma prolongada con dosis elevadas, se produce aumento de peso y otros efectos hormonales. Más raras son las complicaciones hepáticas o de la médula ósea; de todos modos, todo tratamiento crónico requiere evaluación periódica del estado de los distintos órganos, aparatos y sistemas corporales.

Cuando existe buena cooperación entre el paciente, la familia y los equipos terapéuticos, las dosis de los psicofármacos se pueden ajustar con mayor exactitud y reducir paulatina y prudentemente. La psicofarmacología no se opone de ninguna manera a la psicoterapia, socioterapia o terapia ocupacional. Un equilibrio ponderado de cada técnica permitiría una mejor utilización, tanto de los tranquilizantes como de los antidepresivos y antipsicóticos.

«CURAR HABLANDO.» ¿CURAN LAS PALABRAS? ¿QUÉ ES «CATARSIS»?

Fernando Claramunt

«Curar hablando» (*talking cure*) es una expresión que usaba una inteligente paciente de Freud. Mucha gente se pregunta cómo es posible «curar» trastornos de la mente humana mediante conversaciones. Mientras muchos dudan y algunos lo creen absurdo e imposible, otros ven en ello el único modo de salir de sus problemas.

Las palabras que curan pueden ser las del médico tanto como las del paciente. En realidad no es la palabra en sí, sino la carga emotiva y el significado que acompaña a lo que se dice y se comunica. Lo que cura es ante todo la *comunicación* establecida. Entre algunos pacientes y terapeutas no se llega a establecer nunca, debido a las prisas o al ambiente «antiterapéutico» de ciertas consultas masificadas en las que los enfermos y sus médicos apenas se conocen.

«Curar hablando» es un ejemplo de relación humana. Todos dependemos de nuestros semejantes. Nuestro bienestar físico y mental varía con las modificaciones del medio ambiente social. El aislamiento social extremo, «el ostracismo», conduce al desequilibrio psíquico y a la pérdida del interés por la vida. La soledad del hombre en las modernas ciudades, aislado a pesar de vivir en verdaderas colmenas humanas, es un fenómeno bien conocido de los psiquiatras. La soledad, el desengaño sentimental, la incomunicación, no se curan con medicamentos, o al menos éstos no bastan para resolver los problemas de las relaciones humanas perturbadas.

Los jóvenes y los ancianos se quejan a menudo de no tener con quién hablar de sus problemas. El ama de casa de clase media también sabe lo que es eso. Rara es la persona que no haya sentido alguna vez la necesidad de desahogar a fondo sus tensiones psicológicas. Cuando esto se logra y hallamos, más que «una oreja», una persona que nos escucha y comprende, nos sentimos más aliviados.

Catarsis es una vieja palabra griega que significa *purificación.* En su origen implicaba tanto aspectos físicos como psicológicos. En este segundo sentido la usa el psicoanálisis aludiendo a la descarga (*abreacción*) de afectos reprimidos. La liberación de estos contenidos de la mente produce un gran alivio, sobre todo de sentimientos de culpabilidad y ansiedad. En la confesión de la religión católica se da un fenómeno psicológico análogo, además de otros en el plano del espíritu.

La *catarsis* se producía, antes del psicoanálisis, en los métodos basados en la hipnosis y en la sugestión. El psicoanálisis organiza y sistematiza las vías de descarga emocional, estudia y «analiza psicológicamente» el modo y características de esa descarga catártica, que, a veces, puede ser muy dramática. Lo que se cuenta y el *cómo* se cuenta, tiene su importancia. El material que aparece en las entrevistas es considerado luego por el médico y el paciente en el marco de una relación humana de respeto y comprensión recíproca. Los beneficios son indudables. Entre ambos se desarrolla un «clima psicológico terapéutico», una relación en la que los pensamientos y las emociones que acompañan a las palabras juegan un papel fundamental. Después de la catarsis (liberación) sigue la experiencia de «aprender» y «sentir» la experiencia nueva de ponerle nombre a cada una de las emociones y afectos reprimidos anteriormente y estudiar, de acuerdo con el médico, las posibilidades más sensatas y razonables de reorganizar el material hallado en las entrevistas. Los conflictos deben ser «interpretados» y su análisis servirá para que el paciente procure modificar pautas y estilos «conflictivos» que le volverían a llevar a situaciones parecidas.

«Curar hablando» y «catarsis» de las emociones no son exclusivas del psicoanálisis en sentido estricto. Son cosas que ocurren en toda buena entrevista psiquiátrica, en mayor o menor grado. Cuando se hace en grupo (psicoterapia de grupo, psicodrama de Moreno), los efectos son más dramáticos y a veces imprevisibles y menos controlables.

Otro uso de «palabras que sanan» fue el de los ensalmos y conjuros de la cultura de la Antigüedad. Más que confianza recíproca, el clima llegaba a ser de fe irracional y magia, algo que el hombre sigue buscando todavía hoy inconscientemente, un mago que le resuelva todo, que lo libere, sin más. Contra esa tentación deben luchar siempre los terapeutas y los pacientes.

LA PSICOTERAPIA SEGÚN LAS DISTINTAS ESCUELAS

Fernando Claramunt

No le faltaba razón al alcalde de cierto pueblo baturro que desconfiaba un tantico al mandar su hijo al colegio «porque cada maestrico tiene su librico». Las psicoterapias tienen una teoría que les sirve de soporte y quizá de escudo y amparo. Tres son las teorías o esquemas fundamentales, cada una de ellas con una técnica o conjunto de técnicas afines, sus términos o palabrejas que los especialistas usan con un sentido preciso pero que el público poco a poco va generalizando hasta convertirlas en palabras gastadas por el uso común. «Trauma» y «complejo» son ahora voces tan aguadas que casi no significan nada, pero dijeron mucho en su tiempo dentro del marco del psicoanálisis. «Reflejos», «gratificación», «refuerzo», forman parte de la nomenclatura empleada por los conductistas y también se van diluyendo en la jerga de cada día. «Realizarse a sí mismo» es la tarea fundamental en la Psicoterapia Fenomenológica y

Existencial o Humanística. ¿Quién no dice hoy en tono ligero «me estoy realizando» cuando estrena coche o vestido nuevo o cuando se libera de la tutela de un jefe?

El *psicoanálisis* es la primera, históricamente, de las escuelas de psicoterapia con una teoría comprensiva de la naturaleza humana y con esquemas y pautas sistemáticos para la curación de los trastornos psíquicos. Freud, Adler y Jung son sus primeros líderes en la Europa Central hasta la guerra mundial de 1939-1945. Los norteamericanos toman la antorcha del psicoanálisis a partir de ese momento y lo desarrollan añadiéndole más sentido común, mayor afán de resultados prácticos para hacerlo accesible a más gente. En esencia los métodos del psicoanálisis consisten en dejar hablar el lenguaje del subconsciente, que se expresa en los sueños, en la charla espontánea (libre asociación de ideas), en la investigación sobre los años de nuestra infancia y de la vida pasada, etcétera, que el psicoanalista interpreta. Se busca de ese modo la biografía en conjunto y de los síntomas en particular. Todo es sistemáticamente escuchado e interpretado. Se trata de introducir el pensamiento racional allí donde hasta ese momento se actuaba «sin pensar», instintivamente, de modo espontáneo e irreflexivo. Junto a la *interpretación* tiene un papel terapéutico la *catarsis* (expulsión, eliminación, «purga») de los contenidos morbosos del subconsciente que permanecían disimulados por múltiples *mecanismos psicodinámicos de defensa,* que a su vez requieren minucioso análisis (la reserva excesiva, bromear continuamente, «proyectar» la culpa en otros, son ejemplos de esos «mecanismos»). A la interpretación y a la catarsis se une el análisis de la *transferencia afectiva,* es decir, el estudio de los sentimientos que el paciente deposita o vincula en la persona del terapeuta. También se estudia la *contratransferencia* (actitud afectiva del terapeuta hacia su paciente). Todo ello puede llevar varios años e incluso ser prácticamente interminable, por lo cual se han ideado técnicas de *Psicoterapia Analítica Breve* en las que paciente y terapeuta tienen papeles más activos que en la cura tradicional.

La Terapia de Conducta (Behavior Therapy), Modificación de Conducta, Técnicas de Intervención y otras modalidades de esta segunda escuela niegan el papel del subconsciente en el origen de los trastornos psíquicos, que atribuyen a un *aprendizaje inadecuado* de pautas no deseables. La teoría en que se apoyan va cambiando rápidamente en los últimos años y sus prácticas también; las nociones de *estímulo, respuesta, gratificación, castigo, refuerzo, extinción,* etc., aluden a los procesos de aprender y «desaprender» ciertas conductas bajo la dirección del terapeuta, que asume un papel más activo y autoritario que en el psicoanálisis. No siempre es fácil delimitar las diferencias de estos métodos con los de la pedagogía y de las técnicas de sugestión (no es un reproche y si lo fuera podría decirse lo mismo del psicoanálisis).

PSICOTERAPIA FENOMENOLÓGICA, EXISTENCIAL O HUMANÍSTICA. También llamada «la tercera vía» de la psicoterapia, apela a los aspectos más sanos de la personalidad y a los valores humanos comunes entre el paciente y su terapeuta. Usa métodos de las otras escuelas con mayor «transparencia» en la relación médico-enfermo. Uno y otro se ven como «compañeros de viaje» en la tarea común de dar sentido a sus vidas. Es menos sitemática. Más que teorías, tiene detrás la sabiduría milenaria de Occidente y de Oriente. De ahí el atractivo que frecuentemente suscita y su aparente sencillez.

USOS Y ABUSOS DE LA PSICOTERAPIA, O «CURAR HABLANDO»

Fernando Claramunt

A falta de una buena definición, aceptada por todos, de qué es la psicoterapia, la tarea de precisar los usos y abusos de ella es, en sentido estricto, imposible. Pero a la vez es urgente, inaplazable, la necesidad de orientar al público general. En pocos asuntos es tan patente el desamparo, la falta de criterio sólido. ¿Tratamiento médico? ¿Consejo? ¿«Lavado de cerebro»?

Psicoterapia no es una sola cosa, no es un método único, bien codificado, con reglas precisas, con efectos claramente previsibles de antemano. Es más correcto hablar de «las psicoterapias», puesto que los métodos son casi tantos como los psicoterapeutas y no hay exageración en ello. Es uno de los campos en que mayor papel juega la personalidad del médico y la del paciente. Aunque el método, la técnica, la frecuencia de sesiones y la duración fuesen iguales «desde fuera», un mismo enfermo que pasara por dos especialistas sucesivos tendría dos experiencias muy distintas debido a eso que se llama «la ecuación personal». Emprender una relación psicoterápica sistemática lo compara algún paciente con un viaje en barco. Depende del barco, del mar y sobre todo de la compañía que tengamos. Realmente es un modo de «embarcarse» en algo. A menudo se hace bajo la presión de un amigo «que también tenía una depresión igual y le fue muy bien»; otras veces hay cierto grado de coacción familiar, se acude por dar gusto a los padres, a la esposa, que esperan lograr «la curación», que para ellos sería, ante todo, un cambio de carácter favorable: en vez de un marido gruñón o un hijo irritable, un ser encantador y cariñoso a todas horas.

¿Se acude alguna vez «libremente» a las psicoterapias? Cuando nadie nos lo recomienda ni, menos aún, nos presiona, lo hacen nuestras propias ansiedades. Muchas veces la decisión tarda meses o años en producirse. ¿Quiénes son los clientes de los psicoterapeutas?

Hay que pensar que son «pacientes», es decir, portadores de alguna forma de trastorno psíquico. De otro modo estaría justificado el reproche de que se trata de «pseudotratamientos para pseudoenfermos».

La gran mayoría de pacientes en psicoterapia pertenecen al ámbito de las neurosis. Tienen un estilo de vivir y una estructura de personalidad que los hace sufrir ante conflictos y problemas que la mayoría de los no neuróticos o «menos neuróticos» resuelven por sí solos. La psicoterapia los ayuda a compensar algunos fallos de su proceso de maduración y a superar etapas difíciles. En los casos favorables aprenden a manejar las situaciones con mayor acierto. Restaurar o desarrollar en ellos la capacidad de amar y trabajar era la tarea que se proponía Freud, aunque lo decía sin hacerse muchas ilusiones: «Reemplazar el sufrimiento neurótico por las miserias normales de la vida.»

Otro conjunto, cada vez más numeroso, que acude a las psicoterapias lo forman las personas no excesivamente neuróticas pero sí muy vulnerables a las distintas posibilidades de estrés o tensión ambiental (trabajo, familia, relaciones humanas insatisfactorias);

se trata de personas que se benefician mucho con cualquier tipo de ayuda psicológica.

Los psicóticos crónicos, por su parte, no suelen recibir tratamiento psicoterápico adecuado, quizá por falta de especialistas motivados para dedicarles los esfuerzos necesarios que, combinados adecuadamente con la medicación indispensable, podría lograr remisiones más completas y grados más altos de recuperación. Por «psicoterapia» hay que entender aquí medidas socioterápicas, ocupacionales, terapia familiar, reinserción laboral, etc., puesto que la psicoterapia individual por sí sola puede ser muy poco eficaz.

En los brotes agudos de las psicosis esquizofrénicas, así como en la excitación de la manía o en el estupor de la melancolía o la depresión endógena los intentos de psicoterapia son —en general— superfluos, están contraindicados y son peligrosos para el paciente. Una actitud serena y comprensiva es necesaria en los familiares para mantener toda la comunicación y colaboración posible con el equipo terapéutico.

Los psicópatas (personas con trastornos del carácter, a menudo violento y antisocial) no son buenos pacientes por lo general en psicoterapia individual, pero se benefician de las modalidades de grupo, hogares y talleres protegidos, colonias, terapia ocupacional, etc. Con ellos los esfuerzos de los equipos terapéuticos deben mantenerse bastante tiempo para lograr resultados. Algo semejante sucede en muchos casos de drogadicción o de alcoholismo que se desarrollan sobre un fondo de personalidad desajustada, frustrada y con un sistema muy defectuoso de relaciones familiares.

A diferencia de los neuróticos, que buscan mucha ayuda, los psicópatas y drogadictos suelen rechazarla o bien pretenden soluciones a corto plazo sobre algún problema legal concreto, sin estar motivados para tratamientos que exijan sacrificios de tiempo y paciencia.

En la tercera edad, con la psicoterapia de grupo y la socioterapia se obtienen resultados muy brillantes. No siempre los ancianos encuentran terapeutas dispuestos a dedicarles horas y energías.

El *uso* de las psicoterapias es insuficiente en buen número de enfermos que podrían beneficiarse de alguno de los métodos existentes, bien elegido y adecuado a su caso particular.

El *abuso* puede presentarse en varias modalidades. Las más frecuentes son: el «tratamiento» prolongado (*overtreatment*), con más tiempo y más intensidad o frecuencia de lo necesario y conveniente para el paciente. La dependencia excesiva hacia el psicoterapeuta es la consecuencia lógica; el paciente se infantiliza y no sabe o no quiere «volar por sí mismo». La otra modalidad es aplicar tratamientos a quien no lo necesita. Gente atrapada por una moda cree estar «realizándose». Otra cuestión espinosa es la de quienes piden una baja laboral prolongada para «estar en terapia» y cada vez tienen menos motivación para volver al trabajo.

El abuso puede darse en cualquiera de las formas y enfoques de las psicoterapias. En este punto —como en el asunto de los resultados a largo plazo—, las diferencias son escasas entre las distintas escuelas, modalidades o tendencias de las psicoterapias.

TRANSFERENCIA, CONTRATRANSFERENCIA, *RAPPORT*

J. A. Vallejo-Nágera

En la mente y conducta humanas intervienen dos grupos de factores: conscientes e inconscientes. Los primeros son aquellos de los que el propio individuo se percata si reflexiona sobre ellos. Los segundos los desconoce el sujeto, no están en el campo de la conciencia, no es capaz de identificarlos, pero lo influyen y en ocasiones con más fuerza que los factores conscientes. A la zona de la mente donde permanecen y desde donde actúan se la llama *inconsciente*.

En el acto de la consulta médica operan ambos grupos de factores, conscientes e inconscientes, y tanto sobre el médico como sobre el enfermo.

Los elementos conscientes los imagina perfectamente el lector, pues derivan de la situación real en que se verifica la consulta y la lógica (miedo a que no lo atiendan bien, a que se equivoque el médico, a que le diagnostiquen algo grave, etcétera). En cambio los elementos inconscientes, y a veces totalmente irracionales, que experimenta el enfermo derivan de la identificación inconsciente que hace del médico con personajes significativos o situaciones claves de su propia infancia (los padres y hermanos del paciente, las primeras figuras protectoras o autoritarias, las primeras nociones sociales, etc.) y sin darse cuenta el paciente actúa hacia su médico tal como lo hizo en la infancia con esos personajes y situaciones (confianza ciega en su «omnipotencia», cariño, hostilidad, desconfianza, miedo, aversión, masoquismo, sadismo, etc.). En resumen, transfiere a la situación médico-enfermo la dinámica psicológica de sus primeros conflictos infantiles, que han marcado de forma perdurable su modo de reacción inconsciente a situaciones tipo. La reacción es frecuentemente inadecuada o absurda, pues no corresponde a la situación actual, aparente, sino a otras del pretérito que el propio interesado no recuerda. Por este «transferir» de cargas afectivas, se denomina al fenómeno transferencia. La transferencia depende en gran medida de la actitud, aspecto físico, modo de vestir, gestos, tono de voz, etcétera, del médico.

Él no es inmune a la dinámica del inconsciente, y se llama contratransferencia al grupo de fenómenos de proyección sobre el enfermo de su propia estructura inconsciente, creándole sentimientos de simpatía, hostilidad, aversión, necesidad de recibir afecto o admiración, etc., injustificados, inadecuados y que entorpecen la buena relación profesional, pues adopta actitudes coherentes con la situación primitiva inconsciente con la que asocia la actual, consciente, de la consulta. En la educación profesional de los médicos, especialmente de los psicoterapeutas se incluye el entrenamiento para controlar el fenómeno de la contratransferencia.

La palabra *rapport* significa relación armoniosa, y se acepta el uso de este extranjerismo porque se usa internacionalmente con el mismo significado, refiriéndose en Medicina a la relación cordial, afectuosa, de confianza, aprecio y respeto mutuo, que deber unir al médico con su enfermo.

EL INGRESO HOSPITALARIO. LA HOSPITALIZACIÓN FORZADA

J. A. Vallejo-Nágera

La mayoría de los tratamientos psiquiátricos actuales pueden realizarse en régimen ambulatorio.

Uno de los momentos más amargos para el enfermo psíquico y para su familia es el de la hospitalización, que en algunos casos sigue resultando indispensable. La mayoría de los establecimientos psiquiátricos, especialmente los públicos, representan el lugar donde uno preferiría no permanecer de ninguna manera. Por tanto, no se debe recurrir más que cuando está absolutamente justificado.

Existen dos posibilidades de ingreso en un hospital psiquiátrico: A) El paciente se ha convencido de la conveniencia del ingreso, o ha cedido a las presiones del médico y de su familia; es el *ingreso voluntario.* B) El enfermo no se considera enfermo, rechaza la hospitalización, y como consecuencia hay que recurrir al engaño o a la fuerza, pues se considera que tiene graves riesgos que justifican doblegar su voluntad; estamos ante un «ingreso forzoso» o «ingreso forzado».

El «ingreso forzoso» añade a los problemas humanos responsabilidades de tipo legal. Es lógico que los legisladores pongan trabas a una privación tan seria de la libertad; también deben tener cuidado en no entorpecer la curación de enfermos graves. La actual norma española ofrece dos posibilidades: A) Ingreso directo, de urgencia, en un sanatorio, pues por la gravedad no hay tiempo para otros trámites. En ese caso el establecimiento tiene la obligación de informar por escrito e inmediatamente al juzgado, explicando las circunstancias del ingreso, diagnóstico provisional, pronóstico, tiempo calculado de hospitalización. El juzgado suele enviar un psiquiatra forense a entrevistar al paciente y estudiar la necesidad del internamiento. B) Se puede preparar previamente el ingreso, llevando al juez un certificado médico en el que conste la precisión de hospitalización y la petición por escrito de los parientes responsables (de modo preferente de quien tenga la patria potestad); el juzgado da la orden de ingreso. Transcurrido cierto tiempo enviará la inspección del forense.

La decisión es terrible para la familia del enfermo: «ya nunca va a confiar en mí, si ve que ahora le engaño y le encierro», «cómo le voy a dejar entre locos, se va a poner peor, mi hijo no está como ésos», etc. Los parientes están asutados por las consecuencias de los síntomas de la enfermedad (suicidio, agresiones, destrozos, etc.) y por otra parte sienten recelos contra el hospital. La primera vez que un médico les aconseja hospitalizar al enfermo suelen rechazar la idea. En ocasiones este retraso es fatal.

En realidad sólo debe aconsejarse una hospitalización forzosa cuando rechazarla «puede ser fatal» para el destino del paciente o de otras personas.

¿QUÉ ES EL PSICOANÁLISIS?

Fernando Claramunt

En su origen es un tratamiento para trastornos nerviosos que a finales del siglo XIX ensaya en Viena el médico Sigmund Freud. Los pacientes son casi siempre mujeres jóvenes de clase media que sufren lo que hoy llamamos «histeria».

En aquellos tiempos no se conocían medicamentos eficaces para los «nervios» (hoy se dice «ansiedad» o «estrés»; entonces se hablaba mucho de «histeria» y «neurastenia» como enfermedades de moda). Los médicos, como el doctor Freud, que comprendían que los pacientes sufrían por conflictos, más que por lesiones del cerebro, procuraban curar por medios psicológicos. Cuando Freud era joven sus maestros le enseñaron la técnica de la hipnosis. Pero él no era buen hipnotizador, le faltaba esa personalidad con «carisma» para sugestionar a la gente y quiso ensayar otros métodos.

Un día, el doctor Breuer, colega de Freud, observó que una joven enferma de nervios se mostraba demasiado tierna bajo el tratamiento de la hipnosis; se asustó y dejó el campo a Freud. El motivo de la conducta supuestamente amorosa de la enferma era un fenómeno subconsciente que Freud identificó y definió como *transferencia afectiva*. Significa esto que algunos afectos antiguos en relación con los padres y otras personas de nuestra infancia los proyectamos, sin darnos cuenta, en quienes nos dan apoyo y comprensión. No era un verdadero enamoramiento el de la paciente hacia el doctor Breuer, sino la manifestación de ciertos «complejos» y «traumas» infantiles expresados en forma de necesidad de dar y recibir afecto.

Aunque la idea no era nueva, nadie a fines del siglo XIX hablaba con tanta seguridad del subconsciente y de los motivos ocultos de la conducta humana. Freud se convirtió en explorador y conquistador de esos dominios (hasta entonces ignorados por los científicos o despreciados como asunto poco serio). Por ejemplo, la interpretación de los sueños y de los errores o distracciones, los accidentes domésticos y muchos «lapsus» de la vida de cada día, que a nadie se le ocurría relacionar con motivos psicológicos, fueron aclarados por Freud. Resultó que a través de su interpretación y análisis detenido todo tenía relación. Si una novia llamaba Juan al novio en vez de Pedro, si olvidaba una cita, si un ama de casa tiene muchos accidentes abriendo latas de conservas, si soñamos repetidamente que la suegra se va de viaje a Australia, nada de ello es casual. Todo responde a unos motivos, a una intención, a una «personalidad subconsciente» que todos llevamos dentro y nos obliga a comportarnos de modo impulsivo o poco razonable en ocasiones.

El psicoanálisis, además de un método psicológico para ayudar a las histéricas, se convirtió gracias a Freud y a sus discípulos en una importante teoría para explicar las relaciones humanas y comportamientos sociales como los prejuicios, entusiasmos colectivos y hasta las guerras, debidas a complejos de superioridad, inferioridad, odio subconsciente y en las necesidades de la humanidad de creer, amar o aborrecer determinadas imágenes.

El arte, pintura, poesía, novela, entre otras manifestaciones culturales, fueron objeto de interpretaciones psicoanalíticas. Algunos héroes, personajes de novela y hasta los cuentos de hadas se nos hacen más comprensibles y nos muestran aspectos nuevos y sorprendentes a la luz del psicoanálisis.

La civilización contemporánea tiene en Freud y en Marx, judíos centroeuropeos que vivieron en la misma época, dos intérpretes excepcionales. Muchas teorías de uno y otro han sido desechadas; otras permanecen y han sido confirmadas por la experiencia de distintos investigadores. Así como Marx subrayó la importancia de los factores económicos, Freud aportó el interés por la vida mental subconsciente, que tomaría —según él— la energía y la fuerza en el instinto sexual (la *libido*) y en el instinto de agresión. «Domesticar» la propia sexualidad y la agresividad son tareas fundamentales en la sociedad contemporánea; tan malo puede ser el exceso como el defecto en este terreno. El psicoanálisis ayuda a conocer las emociones que sirven de estímulo a nuestra reacción de amor o de odio, de simpatía o de rechazo. ¿Por qué algunos secuestrados se identifican con sus secuestradores? A veces hay una identificación subconsciente con el agresor por parte de la víctima. Enamoramientos aparentemente absurdos o inapropiados, relaciones de pareja o de familia tormentosas o complicadas, se entienden mejor a través del psicoanálisis.

En el campo de la medicina y de la ayuda psicológica, se han hecho notables progresos gracias a Freud y a sus discípulos, aunque no todas las teorías iniciales se acepten hoy por parte de los científicos especializados. Como «tratamiento» de ciertos trastornos, las enfermedades nerviosas sin lesiones del cerebro (las neurosis), sigue mostrándose útil en manos de terapeutas sensatos, aplicado a pacientes en los cuales esté verdaderamente indicado.

Lamentablemente, se ha divulgado una imagen algo teatral y exagerada de los poderes de esta técnica de tratamiento. Como reacción se ha producido una corriente de signo contrario al psicoanálisis: descrédito, burlas, chistes, opiniones personales de científicos hostiles, que descalifican en bloque todo lo que huela a Freud y a psicoanálisis. Más daño que los adversarios han producido los «fans» más freudianos que Freud. Se trata de gentes que sin preparación suficiente se lanzan a «psicoanalizar» a quien sea y como sea. El propio Freud advirtió de los riesgos del «psicoanálisis silvestre», pero los hechos han ido más lejos que sus previsiones iniciales.

No siempre es fácil distinguir a los expertos, sensatos, responsables, de otros que a sí mismos se llaman «psicoanalistas» y en realidad pertenecen a la variedad selvática. A veces, antiguos «psicoanalizados» contribuyen a la confusión, luchando con celo y pasión a favor de una escuela o grupo y en contra de otro. Al ciudadano medio le pasa como al espectador de una película del Oeste, quiere saber quiénes son los buenos y los malos. Una buena regla para estos casos suele ser fijarse en el grado de fanatismo que ponen. Los fanáticos buscan prosélitos, como si se tratase de fundar una religión o un partido. Eso ya no es científico ni es terapia razonable.

En resumen: psicoanálisis es un tratamiento para ciertos trastornos nerviosos (no para todos ellos) y es también un método para comprender la conducta de individuos y sociedades. Se ha aplicado —con éxito— a la interpretación de obras de arte, sobre todo, en el ámbito de la literatura.

TÉCNICAS DE MODIFICACIÓN DE CONDUCTA

J. A. Vallejo-Nágera

Las teorías en que se basan estas técnicas de tratamiento conciben ciertas formas de neurosis, o al menos sus síntomas, como «conductas aprendidas», y basan el tratamiento en aprender una modificación de estos patrones de comportamiento. En lugar del intento de averiguar la causa escondida de la enfermedad, como hacen las técnicas psicoanalíticas, las formas de tratamiento conductista se dirigen directamente a eliminar ciertos síntomas. Entre las técnicas conductistas más difundidas están:

DESENSIBILIZACIÓN SISTEMÁTICA. Se utiliza en pacientes con ansiedad, especialmente fóbicos y algunos obsesivo-compulsivos, y consiste en neutralizar el efecto del estímulo que provoca la crisis de angustia, presentándoselo gradualmente en circunstancias de relajación o acompañado de estímulos positivos. Por ejemplo, si tiene una fobia a las arañas, se le relaja en la consulta y entonces se le dice sólo la palabra «araña»; como no se puede estar simultáneamente relajado y con angustia, si se le relaja adecuadamente baja su ansiedad ante el estímulo leve, cuando ha dominado la ansiedad se pasa al escalón siguiente, por ejemplo, enseñarle una foto de una araña, y en una etapa final será capaz de soportar, en el consultorio y en relajación, una araña viva en su mano. Lo que aprende en la consulta puede luego repetirlo en su ambiente cotidiano.

INUNDACIÓN. Es una técnica opuesta a la anterior. En lugar de minimizar el estímulo se le induce a soportarlo en saturación; por ejemplo, a un paciente con fobia a las aglomeraciones se le anima a permanecer en un estadio abarrotado; al principio en compañía del terapeuta, en otra ocasión con éste separados unos asientos, luego solo. Con la exposición reiterada disminuye la intensidad de la respuesta y llega a normalizarla.

REFORZAMIENTO POSITIVO Y EXTINCIÓN, AVERSIÓN. Son aplicaciones del condicionamiento instrumental u operante. En realidad es la técnica ancestral de la doma de animales y de dominio de la conducta de las personas. Un tipo de comportamiento, si recibe sistemáticamente un castigo (estímulo aversivo) o ninguna respuesta (extinción), tiende a disminuir su presentación en las mismas circunstancias ambientales. Si por el contrario recibe una recompensa (refuerzo positivo, que puede consistir en comida, pago, alabanza, supresión de un dolor, etc.), este tipo de respuesta o de conducta tiende a aumentar su frecuencia. Se utiliza en muchos trastornos neuróticos o de hábitos indeseados (alcoholismo, onicofagia —comerse las uñas—, desviaciones indeseadas del instinto sexual, etc.).

IMITACIÓN. Se utiliza en trastornos de conducta e inhibiciones del tipo de la timidez. Se hace al paciente observar a un modelo que supera una situación de las que a él le inhiben y la recompensa que recibe el modelo (en halago, etc.), luego se le anima a imitar exactamente lo que ha hecho el modelo. Con la reiteración y perfeccionamiento de las imitaciones llega a superar su problema.

UNIDADES DE DÍA, HOSPITAL DE DÍA, HOSPITAL DE NOCHE, HOSPITAL DE FIN DE SEMANA

J. A. Vallejo-Nágera

La hospitalización permanente e indefinida es un recurso extremo y por principio indeseable para cualquier tipo de enfermo. Sin embargo es la situación en que se encuentran muchos pacientes mentales crónicos. Por distintos motivos, humanitarios y de tipo práctico, se intenta que las hospitalizaciones sean lo más breves posibles y sustituirlas por *hospitalizaciones parciales*.

El concepto de *hospitalización parcial* acepta que un paciente mental, incluso grave, precisa la ayuda técnica y asistencia del hospital «pero no todo el tiempo». Conviene que mantenga un contacto diario con su familia, y ambiente social y laboral para que no se le quiebren los reflejos condicionados y los mecanismos de adaptación social.

En los últimos decenios han ocurrido, entre otros, dos cambios importantes, en los hogares y en la eficacia de los tratamientos psiquiátricos.

En los hogares, antes trabajaba tradicionalmente parte de la familia y el resto, ancianos, mujeres y niños, seguían en la casa y podían atender al enfermo mental o al inválido. Hoy la mayoría de los hogares permanecen vacíos durante la jornada laboral; padre y madre trabajan, los niños desde muy corta edad están en el colegio y los ancianos no viven con la familia nuclear. Nadie podría atender al paciente durante esas horas.

Por otra parte con los nuevos tratamientos psicofarmacológicos (los neurolépticos se difundieron en los años cincuenta), una gran mayoría de los enfermos psíquicos agudos graves, mejora de modo tajante en los primeros días, atenúa sus trastornos de conducta y, bien atendidos, pueden seguir el tratamiento en el hogar.

La *hospitalización parcial* pretende conjugar los beneficios asistenciales y terapéuticos del hospital (medicación, psicoterapia, apoyo, etc.), con las ventajas para la libertad y bienestar del paciente que supone seguir, al menos en parte, en su ambiente natural.

En relación con las necesidades de la familia y del enfermo se establecieron tres tipos de servicios: hospital de día, hospital de noche y hospital de fin de semana.

Para la hospitalización parcial son necesarias las dos condiciones antes mencionadas: mejoría con la medicación para que no sea ya peligrosa o muy perturbadora su presencia fuera del hospital, y que esté «bien atendido» en su ambiente extrahospitalario. Es indispensable contar con la colaboración de la familia del enfermo, y que ésta no sea patógena (con una influencia negativa en la enfermedad, como ocurre con cierto porcentaje de la parentela de los enfermos psíquicos).

El *hospital de día* acoge al enfermo durante la jornada laboral de la familia. Desayuna en su casa, le dejan en el hospital camino del trabajo de alguno de los parientes y lo recogen al fin de la jornada para seguir durante unas horas la vida de familia y al dormir en casa no tener la sensación de estar «encerrado en un hospital». Se beneficia de todas las ventajas terapéuticas que disfrutan los hospitalizados, sin parte de las desventajas. Recibe el control y estudio médico, tratamiento medicamentoso adecuado y vigilancia clínica y analítica (de intolerancias y efectos secundarios), psicoterapia individual y de grupo, terapia de ocupación, ludoterapia, etc.

El hospital de día puede establecerse dentro de un hospital convencional o en un establecimiento independiente que sólo funciona durante esas horas.

El *hospital de noche* trata de cumplir las mismas funciones para enfermos que por haber mejorado más intensamente pueden asistir a su trabajo, y para no perderlo acuden al hospital a cenar y pasan allí la noche (por ejemplo, en casos con familia de influencia desfavorable, que no debe soportar el enfermo hasta estabilizar la mejoría).

El *hospital de fin de semana* se reserva para los pacientes que trabajan y por la noche están bien atendidos por su familia, pero ésta se ausenta los fines de semana o por otro motivo no atiende al enfermo en esos días.

De las tres modalidades, la única que ha tenido difusión importante es la de hospital de día. No debe consistir en un mero club, o lugar de entretenimiento, o donde esté apartado para no estorbar (como ocurre en algunas instituciones), sino en una variante eficaz de tratamiento, con medios y personal especializados en este tipo de función.

RELAJACIÓN

J. A. Vallejo-Nágera

La angustia, síntoma de fondo en muchas neurosis, provoca de modo reflejo tensión muscular e incluso contracturas; impide la relajación. El antagonismo entre ansiedad y relajación se intenta usar de modo inverso para fines terapéuticos: logrando una profunda relajación muscular disminuye también de forma refleja la tensión psíquica y la ansiedad.

La persona angustiada, en especial el neurótico con ansiedad subcrónica, tiene dificultad para relajarse, algunos son incapaces, necesitan aprender, y un adiestramiento progresivo en la situación terapéutica para luego, ellos por sí solos, en los momentos en que los acucia la ansiedad, lograr relajarse y así tener un alivio de su sintomatología.

Hasta este siglo, las técnicas de relajación estaban mucho más desarrolladas en las culturas orientales que en la occidental. Métodos tradicionales, como el yoga, logran muy buen nivel de relajación y pueden ayudar a neuróticos con ansiedad; tienen el inconveniente de mezclar con las maniobras útiles elementos religiosos, ceremoniales, folclóricos, etc., que en realidad estorban o hacen perder el tiempo. Schultz, en la primera mitad de este siglo, desarrolló su método del *entrenamiento autógeno,* que pretende despojar a las técnicas orientales de esos elementos innecesarios, potenciarlas al máximo y encauzarlas con rigor científico. En los grados profundos de relajación y entrenamiento autógeno, o con otras técnicas de relajación, se logra control de funciones vegetativas normalmente inasequibles a la voluntad, como la vasodilatación periférica, frecuencia de latidos cardíacos, tensión arterial, etcétera.

En su aplicación más intensa tiene relación con las técnicas hipnóticas. El uso actual se centra en las terapias de conducta, en la técnica del parto sin dolor, en la desensitización sistemática, etc. Puede combinarse inicialmente con fármacos relajantes para luego operar aislada. Es una útil herramienta terapéutica.

HIPNOSIS. SOFROLOGÍA

J. A. Vallejo-Nágera

La palabra *hipnosis* viene del griego *hypnos,* sueño. La hipnosis no es un sueño inducido, se trata de un fenómeno más complejo de intensa concentración. Una diferencia esencial es que en el sueño la atención focal es casi nula, en cambio está muy potenciada en el estado hipnótico; tanto en el sueño como en la hipnosis disminuye la vigilancia periférica. Es fundamental esta disociación entre vigilancia focal y vigilancia periférica. Durante la hipnosis opera muy intensamente el fenómeno de la transferencia con el terapeuta, por tanto ocurren dos clases de hechos simultáneos; por una parte, el estado de disociación de la concentración o trance, y por otra la estrecha dependencia, de sumisión irracional, que el paciente tiene del hipnotizador.

Desde tiempo inmemorial se conocen descripciones de fenómenos hipnóticos, pero su empleo sistemático con fines curativos arranca de fines del siglo XVIII con Mesmer, quien les dio el nombre de *magnetismo animal*. Tras una fase de descrédito, fue utilizada a fines del XIX por médicos tan importantes como Charcot y Janet. El fracaso de Freud como hipnotizador le hizo buscar otro sistema de lograr los mismos efectos terapéuticos, así nació el psicoanálisis, y simultáneamente se demostró que todo lo que en clínica se puede obtener por medio de hipnosis se logra también por otras vías; la ventaja de la hipnosis en ciertos casos es su rapidez de acción.

El empleo de la hipnosis por curanderos y en exhibiciones circenses desacreditó de nuevo el método, que reinicia un camino científico desde los años treinta de este siglo, de la mano de Erikson. En España un grupo de médicos que utilizan esta técnica acuñó la palabra sofrología, para deslindar la aplicación estrictamente médica de la hipnosis de sus otros usos.

La capacidad para ser hipnotizado depende de la habilidad que tiene esa persona para elevar la concentración, y la de abandonarse para que pueda ser manejada por el terapeuta. Lo que realiza el hipnotizador es provocar las circunstancias más favorables para que el paciente se induzca este estado de disociación-concentración; suele utilizar ciertas maniobras o ceremoniales, como fijación de los ojos, levitación del brazo o inducción del sueño. En clínica se usa como prueba rápida y fiable de quien es capaz de ser hipnotizado el test de la rotación de los ojos. Al dirigir la mirada hacia arriba y simultáneamente bajar el párpado superior queda visible un fragmento de la esclerótica debajo del borde inferior de la córnea. La amplitud de esta zona predice con bastante nitidez la hipnotizabilidad del sujeto.

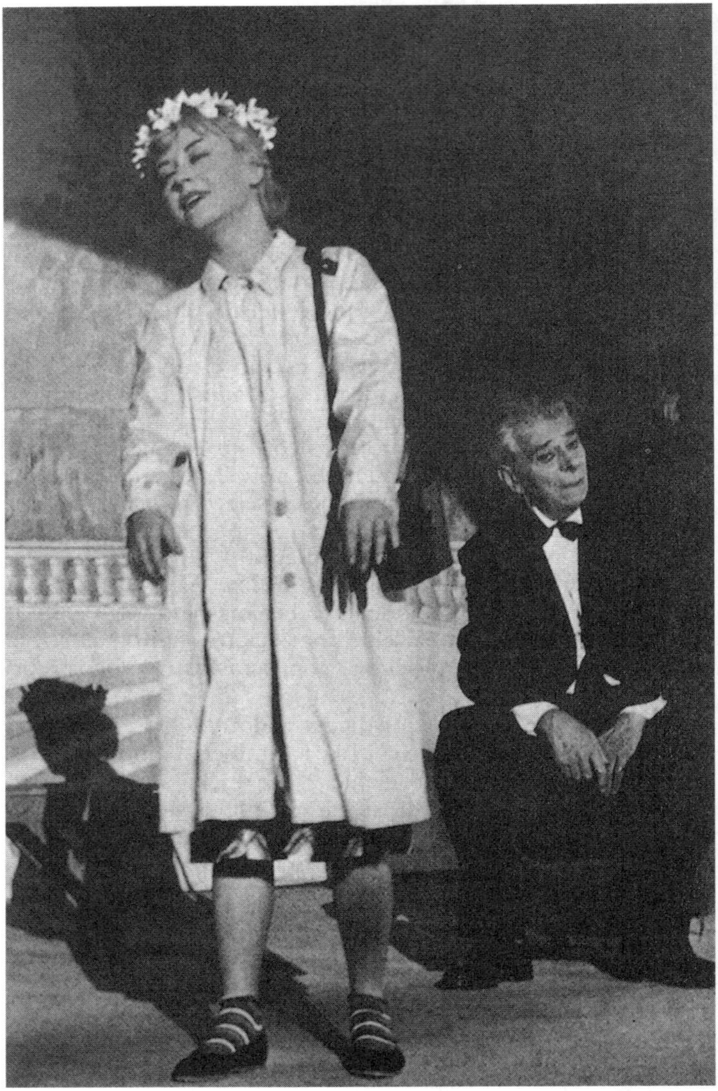

La literatura y el cine nos tienen muy acostumbrados a presenciar supuestos casos de *trance hipnótico,* como éste, tomado de la película *Las noches de Cabiria.* (Foto: Filmoteca Nacional.)

El llamado *trance hipnótico* tiene tres fases, que se superponen. La primera o de *percepción del aura* es la anticipación expectante del sujeto, ante la figura del hipnotizador, y los pasos iniciales de transferencia. La segunda presenta las variantes psicofisiológicas inducidas, en el momento en que el paciente realiza las maniobras que se le indican. En la tercera fase o de *inmersión,* el paciente abandona su autocontrol y se entrega a una obediencia ciega en estado disociado.

El trance completo tiene distintos grados de profundidad, y en los más hondos se logran obediencia posthipnótica, anestesias, alucinaciones sensoriales con sus respuestas vegetativas correspondientes (por ejemplo, ante la sugerencia de que hace calor, el paciente suda), amnesia selectiva o hipermnesia (recuerda hechos que tiene olvidados, por ejemplo, la lista completa de sus compañeros de colegio).

En psiquiatría, la hipnosis se utiliza para abreviar las psicoterapias, lograr una transferencia más intensa y rápida, aumentar el control del paciente sobre ciertos síntomas, lograr un cambio de actitud y descubrir conflictos psicológicos reprimidos.

En otras ramas de la medicina (odontología, obstetricia, cirugía, etc.) la hipnosis se utiliza también como un eficaz medio para anestesiar al paciente.

En la actualidad, y pese al interés que sigue suscitando el tema, no están totalmente aclaradas las relaciones entre la hipnosis inconsciente y la acupuntura o el parto sin dolor.

PSICOCIRUGÍA

J. A. Vallejo-Nágera

La psicocirugía, intervenciones quirúrgicas en el cerebro para modificar estados psíquicos, ha disminuido sus indicaciones desde el advenimiento de los psicofármacos (en los años cincuenta), pero tuvo gran predicamento desde su iniciación por los portugueses Egas Moniz (que recibió el Premio Nobel) y Almeida Lima, en 1936.

En aquellos años, sin ningún tratamiento eficaz (el electrochoque se descubrió así simultáneamente y no resolvía todos los casos) los enfermos mentales crónicamente agitados constituían en sus raptos de furia y violencia un gravísimo problema.

Observaciones clínicas en traumatizados craneales accidentales, y las que se hicieron experimentalmente en monos, mostraron que las lesiones de los lóbulos frontales disminuían drásticamente las conductas violentas sin afectar a la inteligencia. Las primeras intervenciones de psicocirugía, denominadas *lobectomías* o *leucotomías*, producían cortes en la sustancia blanca de los lóbulos frontales, y se utilizaron preferentemente en esquizofrénicos con agitación incoercible y en otros enfermos violentos.

Aunque se comprobó que, en efecto, no había una disminución de la inteligencia, los enfermos mostraron modificaciones no deseadas de la personalidad: indiferencia, desconsideración, desinhibición, etc.

A la vez se llegó a la conclusión de que el efecto principal no era la desaparición de los síntomas, que en realidad continuaban (por ejemplo, un paranoico con delirio de celos, seguía creyendo en la realidad de sus sospechas), sino en la menor resonancia sentimental y en el menor sufrimiento (al paciente le «importaban menos» sus ideas).

Se investigó en dos direcciones: A) Nuevas intervenciones quirúrgicas menos traumatizantes, que con el mismo efecto terapéutico no tuviesen las consecuencias indeseables mencionadas. B) Nuevas indicaciones distintas de la agitación, en esencia formas de sufrimiento crónico incurable, que pudiesen aliviarse con «la indiferencia del enfermo a sus síntomas».

Con el desarrollo de las nuevas técnicas quirúrgicas sofisticadas: lesiones mínimas subcorticales, topectomías, cirugía estereotáctica, cingulectomías anteriores, intervención en puntos aislados del sistema límbico, etc., aparecieron en los mismos años los tratamientos farmacológicos que hicieron innecesarias las intervenciones quirúrgicas en las esquizofrenias con agitación y en las fases maníacas cronificadas. Dejaron por tanto de realizarse cuando se habían perfeccionado, pues un tratamiento farmacológico de resultados desafortunados puede interrumpirse y el paciente vuelve a su situación anterior, pero la lesión quirúrgica es irreversible.

Hoy día la psicocirugía no constituye un tratamiento específico indicado para determinada enfermedad; se usa como tratamiento sintomático para disminuir el sufrimiento o el peligro en tres tipos de pacientes: A) En esquizofrenias paranoides irreductibles por los psicofármacos y con alto nivel de riesgo o ansiedad. En esquizofrénicos con delirios somáticos de tipo hipocondríaco, crónicos, y muy intensa ansiedad. B) En algunas depresiones cronificadas en los ancianos, con máximo nivel de angustia. C) En casos de neurosis obsesivo-compulsiva, con síntomas tan intensos y persistentes que les impiden hacer vida normal y les invalidan laboralmente. En estos obsesivos el alivio del sufrimiento es tan claro, que aunque persistan los síntomas obsesivo-compulsivos están descargados de ansiedad, y el paciente puede reanudar una vida que ya no es un tormento permanente y sin esperanza. Es la principal indicación actual de la psicocirugía.

EL ELECTROCHOQUE. NUEVA IMAGEN DEL TRATAMIENTO PSIQUIÁTRICO MÁS CONTROVERTIDO

J. A. Vallejo-Nágera

El profano no suele discutir los tratamientos médicos, al menos no lo hace con apasionamiento. El electrochoque es una excepción. La «información» que llega al público procede de películas o libros, en donde se utiliza el electrochoque de un modo brutal o injustificado; a los autores les conviene dramatizar, y a ser posible que el electrochoque sea administrado como una forma de castigo o de tortura. A la literatura se unen los rumores de países en que «el electrochoque se usa para aniquilar mentalmente a los disidentes políticos». Los pacientes curados por este tratamiento casi siempre prefieren no mencionar que estuvieron sometidos a él, tampoco lo hacen sus parientes y amigos; en cambio los allegados a un caso de evolución desgraciada tratado con electro la comentan, y atribuyen al tratamiento lo que en muchos casos es debido a la marcha inexorable de la enfermedad. Por tanto la terapia electroconvulsivante está impregnada de una leyenda negra que ha creado pánico colectivo.

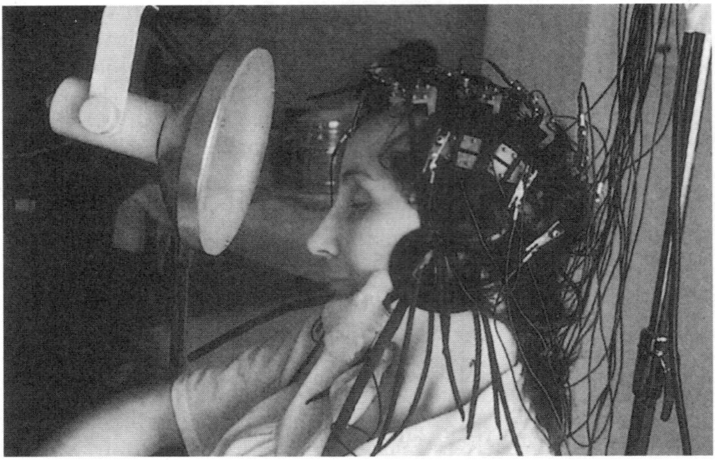

El electrochoque es uno de los sistemas curativos más controvertidos que existen: a pesar de la leyenda negra que lo rodea, en algunos casos no hay más remedio que aplicarlo.

Nadie está exento de su influencia, ni siquiera los médicos. Algunos psiquiatras, en general de formación psicoanalítica, afirman enfáticamente: «yo jamás he admitido ni toleraré poner un electrochoque», y otros consideran que para un enfermo determinado sería el tratamiento más eficaz y con menos inconvenientes, no se atreven a prescribirlo para no cargar con la hostilidad ni el descrédito frente a ciertos círculos. Sacrifican el bien del paciente por un prejuicio propio, o por no atreverse a afrontar la confusión de ideas existente; prefieren proponer otro tratamiento antes que embarcarse en explicaciones prolongadas en defensa de una causa impopular. Pero la obligación del médico no es complacer, su misión es curar.

Una reciente encuesta (1987) realizada en 160 centros de prestigio científico en Europa y Estados Unidos muestra que la absoluta mayoría opina que: «...la electroconvulsoterapia ocupa un lugar terapéutico importante en psicosis agudas y en depresiones mayores; y ejecutado adecuadamente puede utilizarse con seguridad en pacientes de cualquier edad».

Por la inercia de la burocracia sanitaria, en muchos países se implantan con retraso normas legales que restringen la aplicación del electro, ahora que en los medios científicos resurge el interés en este tratamiento. Otro de los obstáculos estriba en que, por el desuso en los últimos años, hay pocos equipos preparados para su óptima utilización.

¿En qué consiste el electrochoque? En esencia es una crisis convulsiva tónico-clónica generalizada, que se provoca mediante el paso de una corriente eléctrica entre dos electrodos colocados uno a cada lado del cráneo en la zona fronto-temporal. Para que sea eficaz, debe durar la crisis un mínimo de treinta segundos.

El tratamiento realizado de esta forma (que fue la utilizada desde 1934, en que Cerletti lo aplicó por primera vez, hasta 1952) tiene serios inconvenientes: pánico del paciente, lesiones óseo-musculares por la intensidad de las convulsiones, aspiración pulmonar, etc. Desde 1952 se establecieron modificaciones tendentes a: 1) evitar las contracciones musculares y las convulsiones, por medio de curarizantes de acción rápida (succinilcolina) que las impiden; 2) anestesia muy breve, para que todo el proceso ocurra sin sufrimiento por parte del paciente (desde 1965 se emplea como anestésico el methoexital), y 3) respiración controlada con oxígeno para eliminar el riesgo de hipooxia.

Con las modificaciones actuales del tratamiento los accidentes letales han disminuido del 0,1 por ciento anterior a un 0,03 por ciento, y también ha bajado mucho la morbilidad. De las complicaciones del electro que persisten la más frecuente e importante es la pérdida de memoria.

¿Cuál es el mecanismo de acción? Pese a cincuenta años de uso no se sabe con exactitud, parece deberse a los cambios bioquímicos producidos en el cerebro durante la crisis.

Empleo actual de la terapia electroconvulsivante: se limita a los casos resistentes a otros tratamientos y a urgencias en psicosis agudas con graves riesgos, por agitación o deseos de suicidio o actitudes destructivas severas; y episodios maníacos o de depresión mayor que no responden a los psicofármacos o que no los toleran.

Normas y precauciones que se deben exigir: permiso previo del paciente o (en ciertos casos) de la familia. Preparación y estudio previo cardiovascular, pulmonar, analítico, etc. Siempre realizado bajo relajación y anestesia, con la presencia de un anestesista especializado en este tratamiento entre los miembros del equipo que lo aplica, y con el material de anestesia, relajación y reanimación.

TERAPIA OCUPACIONAL

J. A. Vallejo-Nágera

Hasta el advenimiento de la convulsoterapia y de los psicofármacos, todo hospital psiquiátrico era un caótico micromundo de conductas extravagantes y desorganizadas. Ya en esta etapa algunos directores de manicomio, inteligentes, generosos y con iniciativa, descubrieron que el trabajo era un elemento terapéutico importante.

Si en uno de estos terribles centros de confinamiento de enfermos, con el edificio en amenaza de ruina por olvido de la administración que no enviaba fondos para restaurarlo, se ponía a trabajar a los enfermos mentales crónicos y graves, en tareas de albañiles, pintores, carpinteros, etc., además de cambiar el aspecto del edificio, la conducta de los enfermos mejoraba notablemente. Fue el descubrimiento del trabajo como medicación.

Simón decidió estudiar el fenómeno sistemáticamente, y observó que si colocaba a un esquizofrénico autista con deterioro en una cadena de transporte de ladrillos para la construcción de un muro, el paciente se relacionaba mejor, estaba más tranquilo, etc., en conjunto mejoraba; pero si se le empleaba en llevar ladrillos de un montón a otro para luego llevarlos al primero, aunque el esfuerzo muscular fuese idéntico, el enfermo empeoraba y dejaba la tarea. Dedujo que un elemento esencial del trabajo es la conciencia de su utilidad, eso es lo que eleva la autoestima y la socialización del paciente. El trabajo es en esencia una actividad remunerada; debe proporcionar recompensa (una mejor cosecha, dinero, etc.) y este esquema sigue activo en la mente del enfermo psicótico. Si el trabajo en el hospital iba acompañado de un cierto «pago» (el dinero estaba prohibido dentro del hospital) en forma de bocadillo, ropa, etc., el avance en la resocialización del paciente era mayor.

Sobre estas pautas elementales se ha desarrollado la terapia de ocupación, y también sobre la conciencia del hospitalismo (el deterioro específico que produce en un enfermo mental el hecho de su reclusión prolongada e inactividad). Se comenzó a tener conciencia del fenómeno de «las otras veintitrés horas»: en un hospital el paciente puede recibir atención médica —entrevistas, exploraciones clínicas, medicación, etc.— durante una hora al día, pero permanece prácticamente abandonado a sí mismo y a la relación con los otros enfermos durante las restantes veintitrés horas. La terapia de ocupación trata de llenar positivamente parte de esas horas para el aprovechamiento del valor específico del trabajo y la ocupación, como resocializadores, y para el logro de recuperación de funciones y autoestima.

Las modalidades de terapéutica de ocupación son muy variadas, desde talleres de trabajo industrial hasta manualidades, meloterapia (la música como ayuda terapéutica), danza, pintura, deportes, etc. No conviene que el trabajo o la ocupación sean monótonos ni repetitivos, deben estar específicamente orientados a la terapia.

¿CUÁNTO DEBE DURAR UN TRATAMIENTO?

J. A. Vallejo-Nágera

En las psicoterapias no existe problema en valorar el momento adecuado para interrumpir el tratamiento, pues el contacto entre el paciente y el médico es constante, y éste advertirá al primero.

En los tratamientos medicamentosos en régimen ambulatorio la situación es distinta. El paciente suele dejar de acudir a las consultas al mejorar y cesar la alarma inicial, y en una etapa posterior abandona el tratamiento o lo disminuye por su cuenta a dosis ineficaces.

Muchas recaídas se deben a esta supresión precoz del tratamiento. También es frecuente, y perjudicial, que se prolonguen los tratamientos sin necesidad. Las instrucciones del facultativo pueden haber sido vagas: «tome usted esto una temporada». El paciente no debe aceptar esta imprecisión; tiene que conocer siempre con claridad el momento adecuado para interrumpir la medicación y los signos o síntomas de alarma que indican la precisión de reanudarla.

No existen normas generales, por tanto cada paciente debe guiarse por su terapeuta, pues en un caso determinado existirán contraindicaciones que aconsejen interrumpir un tratamiento que en otros casos similares debería continuarse.

Hay tres tipos de tratamientos psiquiátricos: episódicos, de sostenimiento y preventivos.

Los tratamientos episódicos buscan la curación o el alivio del síndrome actual, agudo o crónico. Algunas enfermedades cursan *en fases,* o sea períodos de aparición de síntomas con otros intervalos en los que se encuentra libre de manifestaciones patológicas aparentes. En estas enfermedades (por ejemplo, las depresiones) es suficiente el tratamiento episódico, que se puede abandonar al desaparecer los síntomas, ya que no está comprobado que se obtenga beneficio por prolongarlo durante las remisiones. Si al cesar el tratamiento recae el paciente, debe reanudarlo hasta la nueva remisión. En estos casos la fase no había concluido, los síntomas estaban sólo «tapados» por la medicación y hay que volver a probar a suprimirla al mejorar de nuevo, hasta que persista la remisión sin medicamentos.

En cambio en otras enfermedades, como la esquizofrenia, se considera que la aparición de sintomatología intensa no representa una fase, sino la emergencia episódica («brote esquizofrénico») de un «proceso» subyacente. En estos casos el proceso continúa aunque desaparezcan los síntomas por efecto de la medicación en el episodio agudo, y debe mantenerse el tratamiento en «dosis de sostenimiento», de forma muy prolongada para evitar recaídas. Por desgracia los tratamientos actuales suelen producir efectos secundarios, por lo que el paciente, que se encuentra bien, tiende a abandonarlos. De momento le desaparecen las molestias de los síntomas secundarios y tarda en recaer, por lo que transitoriamente se encuentra mejor y se dice a sí mismo y afirma a su familia: «¿os convencéis de que no tenía que seguir con ese tratamiento que me sentaba mal?» La frecuencia de recaídas es mucho mayor sin el tratamiento prolongado en dosis de sostenimiento, y en cada nuevo «brote» es más difícil lograr la remisión, por lo que es muy importante evitarlos.

Los tratamientos preventivos evitan la aparición de nuevas fases; se administran precisamente cuando el paciente se encuentra bien. Un ejemplo es el de las sales de litio en la psicosis maniaco-depresiva. Si deja de tomarlo no recae en ese momento, sino cuando le corresponda la nueva fase. Como con los medios actuales no se puede predecir tal momento la única defensa contra la enfermedad es la administración permanente del tratamiento preventivo. «¿Y si no voy a recaer nunca, y estoy tomando un tratamiento molesto sin necesidad?» Es posible, y debe evaluar esta contingencia con su médico, ya que no existe necesariamente una agravación en cada nuevo episodio, como ocurre en la esquizofrenia.

HIGIENE MENTAL Y PREVENCIÓN DE TRASTORNOS PSÍQUICOS

Fernando Claramunt

Higiene, en general, es el conjunto de conocimientos acerca de la salud y de los medios para su conservación y desarrollo.

Prácticamente la higiene mental se confunde con la noción de psiquiatría preventiva. Existen tres niveles de acción:

Prevención primaria. Consiste en evitar la aparición de trastornos psíquicos en los individuos y las colectividades. ¿Cómo? Ante todo mediante la identificación de personas y grupos de alto riesgo, gentes cuya personalidad o situación los hace *vulnerables psíquicamente,* es decir, más frágiles, con menos apoyo y relativamente indefensos ante el medio ambiente: familias disociadas, marginados, bebedores-problema, drogadictos, desplazados, extranjeros que no conocen el idioma, solitarios, viudos, separados, jubilados, personas en paro, con inseguridad o conflictividad laboral, problemas de pareja con trastornos de la identidad sexual, inadaptación escolar, social, etcétera.

La promoción de la salud mental directamente es la etapa siguiente; mientras las investigaciones no den resultados más positivos y demostrables de cómo «robustecer mentalmente» a la gente, se «hace» salud mental atendiendo los casos de personas y situaciones de riesgo, como en los ejemplos antes mencionados (que podían ampliarse de disponer de mayor espacio).

Prevención secundaria. Es, ni más ni menos, atender correctamente, con prontitud, eficacia técnica y calidad humana en la relación con el enfermo, los casos de reciente aparición. Evitar que por falta de asistencia rápida y adecuada a cada problema, el enfermo se convierta en caso crónico. Para ello se propone, ante todo, la asistencia ambulatoria, un equipo de psiquiatras, psicólogos y asistentes sociales. Sólo cuando las circunstancias no permitan el tratamiento extra-hospitalario (riesgo grande de suicidio, peligrosidad real para el paciente y para otros o problemas psicosociales, como vivir solo, pobreza extrema, marginación, falta total de colaboración en el paciente, indicación judicial, etc.) se considera el tratamiento en centro psiquiátrico. Los viejos manicomios han cedido el paso a modernos establecimientos abiertos en los que excepcionalmente y por muy poco tiempo y a muy contados pacientes se les priva de libertad de movimientos.

El abuso del período de internamiento conduce al *hospitalismo,* que es un conjunto de inconvenientes sobreañadidos a la enfermedad original: abandono, desaseo, indiferencia, falta de interés por volver a la sociedad y al trabajo, etc. Incluso en centros modernos, bien equipados técnicamente, se produce «hospitalismo» si el enfermo recibe pocas visitas o carece de estímulos psicológicos y sociales.

En la asistencia ambulatoria también se cronifican indebidamente muchas personas por falta de comprensión familiar, conflictos laborales, escasa motivación para trabajar (petición de baja y prolongación artificiosa de la misma con «absentismo» más o menos encubierto), búsqueda del llamado «beneficio secundario del papel de enfermo» (ventajas supuestas de lograr más atención, dinero, sentirse importante, etc.).

Prevención terciaria. Consiste en el cuidado correcto de los casos que ya han pasado a la cronicidad. Para esta fase se utiliza el término «rehabilitación». Las reuniones de grupos de pacientes y enfermeras rehabilitadoras, la psicoterapia de grupo, la terapia ocupacional, los «talleres protegidos», las «casas a mitad de camino» (albergues o apartamentos para ex pacientes que aún no pueden ser dados de alta completamente), la labor de asistentes sociales, son ejemplos de posibilidades para la reinserción de enfermos psíquicos, curados o semicurados en condiciones de valerse por sí mismos con cierta ayuda especializada. Otra modalidad que se desarrolla rápidamente son los «grupos de autoayuda», cuyo ejemplo clásico está en «Alcohólicos anónimos».

ASPECTOS MÉDICO-LEGALES

José M.ª Poveda Ariño

El sentido de la justicia es innato, pero su actuación —dar a cada uno lo suyo, sea lo suyo individual, lo suyo de la sociedad o lo suyo de los demás como miembros de la sociedad— requiere esfuerzo. No basta *conocer* algo rectamente, ni menos *sentir.* Ser justos exige obrar.

La justicia se vincula con lo concreto: lo que debe hacerse según derecho o razón. El derecho es elemento social de primer orden. La persona humana es sujeto de derechos y deberes. En sentido propio las relaciones de justicia son siempre bilaterales. Junto a la facultad natural de pensar y hacer lo que provee o conduce a los fines propios de la persona —derechos humanos—, se encuentra la obligación ineludible de reconocer y respetar esos derechos en los demás. Cualquier enfermedad, en tanto quiebra de la salud y amenaza de la vida o la integridad corporal, muestra la exigencia, experimentada a veces con notable intensidad, de establecer de manera adecuada esa correlación.

Desde las más arcaicas manifestaciones culturales, la ética, como expresión de la moral y las obligaciones entre los hombres, ha sido siempre inseparable del arte de curar. En el enfermo psíquico dicha condición se acrecienta y complica, y aun cuando los principios sean claros, la necesaria regulación jurídica de su desarrollo y aplicaciones concretas, incluso en los países cuya administración se proclama inspirada en el Estado de Derecho, continúa siendo insuficiente; el hecho gravita de manera inevitable sobre la conciencia del profesional, aunque en rigor la superación del mismo no sea de su incumbencia exclusiva.

Los aspectos médico-legales que plantea el enfermo psíquico pueden agruparse básicamente en dos capítulos:

a) La asistencia.

b) La particular consideración jurídica que ha de otorgarse a estos enfermos.

He aquí, en extracto, las normas éticas de la Declaración de Hawai aprobada por la Asamblea General de la Asociación Mundial de Psiquiatría (1977).

«A todo paciente le debe ser facilitada la mejor terapéutica disponible y ser tratado con la solicitud y el respeto debidos a la dignidad de todo ser humano y a su autonomía, poniendo por encima de todo su propia vida y salud.»

«Ningún procedimiento será llevado a cabo, ni aplicado tratamiento alguno, en contra o con independencia del propio deseo del paciente, a menos que carezca de la capacidad de expresar sus propios deseos, que debido a la enfermedad no pueda percibir lo que le conviene más, o que por la misma razón sea una gran amenaza para terceros. En estos casos, puede y debe ser aplicado un tratamiento coactivo, siempre que se pruebe... el mejor beneficio... durante un período de tiempo razonable, y... obtenido el consentimiento de alguien próximo al paciente.»

Cuestión particularmente delicada es la que plantea las indicaciones de internamiento.

Lo preferible es que el enfermo ingrese de manera voluntaria: la razón será habitualmente, bien por exigencias del método terapéutico, bien por la conveniencia de una separación temporal del medio donde el paciente desarrolla sus actividades ordinarias, o las dos.

Los problemas surgen cuando esta indicación no es aceptada por el enfermo. El ingreso involuntario está legalmente previsto y regulado, pero las deficiencias antes aludidas dificultan la fluidez de los trámites precisamente cuando su diligencia es más necesaria.

En España, la primera disposición legal relativa a la asistencia psiquiátrica fue el Decreto de 3-VII-31 (modificado por el de fecha 27-V-32). En su artículo 4.º b), decía: «Se entiende por *servicio cerrado* el dedicado a la asistencia de los enfermos ingresados contra su voluntad por *indicación médica* o de *orden gubernativa o judicial,* en *estado de peligrosidad* o con *manifestaciones antisociales.*»

La Ley 13/83 que reforma el Código Civil, derogaba las disposiciones anteriores, transfiriendo al juez la garantía de los derechos ciudadanos para evitar la posibilidad de abuso a la hora de los internamientos. Pero al circunscribir la actuación judicial a una providencia o autorización de internamiento civil fundada siempre en la presunción de incapacidad, *silencia* las indicaciones específicamente clínicas. Por otra parte, el hecho de vincular dicha indicación a una presunción de incapacidad generadora del correspondiente procedimiento judicial de tutela, limita de manera considerable la praxis terapéutica.

Afortunadamente, el positivo cambio de las actitudes sociales frente al enfermo psíquico y el considerable progreso en el conocimiento de la etiopatogenia de los trastornos y los remedios terapéuticos están contribuyendo de manera decisiva a la aplicación de alternativas asistenciales reductoras de tales indicaciones.

El segundo capítulo comprende las cuestiones derivadas de la particular condición jurídica requerida por ciertos enfermos. Son de dos órdenes: civiles y penales. En ambas, salvo muy precisos casos, justamente los relativos a la responsabilidad criminal cuya estimación, aparte del alcance civil, exige de oficio el informe del médico forense, se precisa el dictamen del especialista.

El psiquiatra, como cualquier médico, puede emitir a petición del interesado, de su tutor o representante legal, o del tribunal correspondiente en su caso, informe sobre el estado de determinado paciente en función de las aptitudes cognitivo-volitivas del mismo en un momento o situación concretos.

El facultativo que *certifica* simplemente, o que es llamado a declarar ante un tribunal, debe estar enterado de sus limitaciones en el sentido de que no puede (ni debe solicitarse de él que lo haga) informar en términos de juicio moral.

Es, ciertamente, un testigo calificado porque va a dictaminar, si científicamente puede, sobre supuestos condicionantes de la conducta de alguien. Su informe ha de contener, junto a las respuestas fijadas de ordinario por el magistrado, los datos de observación personal, o de verificación indirecta si procede (otros informes, por ejemplo), y las consideraciones necesarias.

El orden, la claridad, el apoyo en la propia experiencia (leal saber y entender) y el ordenado sentido en la obtención de las conclusiones, son normas imprescindibles a la hora de emitir el juicio.

CAPÍTULO - ANEXO

Auto-diagnóstico: cómo evaluar mi personalidad, mis emociones, mis aptitudes intelectuales, mis conflictos y mis posibles problemas psicológicos.

Elena F. Ochoa

1. CONCEPTO DE DIAGNÓSTICO. QUÉ FACTORES TENEMOS QUE CONSIDERAR. FUENTES DE DIAGNÓSTICO PSICOLÓGICO. LOS DIFERENTES TIPOS DE DIAGNÓSTICO

Dos grandes objetivos de los seres humanos, a lo largo de toda la historia, han sido el autoconocimiento y el autocontrol, como se demuestra, desde la inscripción que se leía en el santuario del oráculo de Delfos «Conócete a ti mismo», hasta los cientos de publicaciones, cursos y anuncios que nos bombardean con fórmulas tipo: «cómo liberarse de las dependencias», «cómo hacer amigos», «cómo descubrir nuestras zonas erróneas»... El saber por qué pensamos lo que pensamos, cómo sentimos y reaccionamos, si podemos o no desarrollar más y más nuestra inteligencia, si el complejo de inferioridad o la timidez son superables, son temas cuyo conocimiento y comprensión nos ayudarán a estar más seguros de nosotros mismos y, sobre todo, a tener un mayor control sobre nuestra persona.

Si un científico quiere comprender el comportamiento de las avispas, de los lagartos o los seres humanos, es esencial que, en alguna fase de su estudio, los observe. Si queremos comprender y además cambiar nuestra propia conducta, nuestras emociones o nuestra capacidad intelectual, deberemos observarnos a nosotros mismos de una forma sistemática. Esta actividad se llama «autoobservación» y es el primer paso para la realización de una autoevaluación o *auto-diagnóstico*. Uno de los propósitos de este anexo-capítulo consiste en ofrecer formas prácticas de observación y de comprensión de los propios hábitos, emociones y aptitudes que nos conduzcan a una evaluación personal (diagnóstico) junto a métodos efectivos para introducir cambios en el comportamiento y conseguir un autocontrol con la consiguiente prevención de problemas psicológicos y/o enfermedades.

Antes de comenzar un diagnóstico, nos tenemos que preguntar *qué es lo que queremos evaluar*. Es decir, qué rasgos, qué factor o variable de nuestra personalidad o inteligencia queremos conocer; qué edad, situación vital, formación o nivel social o material tenemos; si, simplemente, queremos saber un poco más de nosotros o si pretendemos descubrir si padecemos una enfermedad psíquica o si tendemos a ella. Así pues, dependiendo de los factores que consideremos y de los motivos que subyacen a la evaluación psicológica, se deberá acudir a diferentes fuentes de diagnóstico psicológico:

a) Pruebas psicométricas.
b) Pruebas proyectivas.
c) Pruebas cognitivas.
d) Pruebas psicofisiológicas, etc.

En algunos casos, podremos utilizarlas y conseguir un diagnóstico por nosotros mismos, y en otros, es imprescindible acudir a un profesional de la salud. Una fuente fiable de auto-evaluación son los cuestionarios, las escalas y los autorregistros. Hemos elegido aquellos que consideramos le pueden ayudar a conocerse mejor y que, tanto por su aplicación, como por su corrección, los puede realizar usted mismo con cierta rapidez y facilidad. Sus resultados lo orientarán sobre su estado psíquico actual y si es necesario, o no, que tome medidas para auto-controlarse mejor o mejorar su calidad de vida.

En las siguientes páginas le ofrecemos las técnicas para realizar un diagnóstico de su personalidad, de su estado emocional y de su inteligencia.

2. CÓMO AUTO-EVALUARNOS: MÉTODOS Y FORMAS FIABLES QUE PODEMOS UTILIZAR. CUÁNDO DEBEMOS O NO ACUDIR A UN PROFESIONAL DE LA SALUD PARA QUE NOS ASESORE Y/O NOS AYUDE

No existe un paquete fijo de procedimientos de auto-evaluación que funcionen para todos los individuos y en todos los casos. Cada uno de nosotros se comporta de forma particular, por más que existan parecidos en las conductas de diferentes grupos de personas. Sin embargo, la Psicología y, en concreto, el Psicodiagnóstico cuentan en la actualidad con sistemas de auto-evaluación que ofrecen la posibilidad de auto-conocernos.

Enseñan a identificar aquellos factores de nuestra experiencia diaria que refuerzan nuestras motivaciones y los métodos mediante los cuales podemos evitar o modificar las influencias y hábitos negativos. Las técnicas que podemos utilizar son las siguientes:

1. *Métodos de auto-observación y auto-registro.* Consisten en registrar diariamente cuántas veces hacemos un acto determinado y lo que ha pasado antes (antecedentes) y lo que ha ocurrido después (consecuentes). La persona debe estar alerta y observar toda la secuencia de acontecimientos. El mejor método consiste en anotar con detalle cuatro aspectos particulares de las condiciones que pueden haber «disparado» el comportamiento: el ambiente general o situación, el número de personas presentes, las sensaciones experimentadas y las ideas que le han pasado por la cabeza en el momento. Debe tenerse cuidado en observar objetivamente, sin intentar juicios o buscar razones a lo que ocurrió. *Los antecedentes y las consecuencias son las razones. No se precisa otra explicación para modificar con éxito el comportamiento.* La pregunta importante en la auto-observación no es «por qué», sino *«qué», «cuándo», «cómo» y «bajo qué circunstancias».*

TABLA DE «MUESTRAS DE COMPORTAMIENTOS CLAVE PARA LA AUTO-OBSERVACIÓN»

Problema	*Comportamiento clave*
Abuso del alcohol	Número de copas al día Cantidad de alcohol al día Tipos de bebidas al día
Tabaco	Número de cigarrillos al día Número de chupadas por cigarro Cantidad de nicotina consumida
Abusos de drogas	Miligramos de droga al día Tipo de droga al día Número de pastillas o inyecciones al día
Desviaciones sexuales	Número de episodios Número de impulsos
Compulsiones	Número de episodios de comprobación Número de sensaciones de contaminación
Sobrepeso	Número de calorías al día Número de comidas o tentempiés Duración y tipo de ejercicio
Juego	Número de apuestas Número de dinero apostado Tiempo invertido en el casino o casa de juego
Trabajo compulsivo	Tiempo invertido en trabajar Tiempo dedicado a actividades recreativas

Los diarios de comportamientos deben ser concretos, si se quiere que proporcionen una información útil. Deben estar estructurados de manera que provean de una información clara sobre los antecedentes que ponen en marcha el comportamiento habitual. He aquí un ejemplo:

DIARIO DE BEBIDAS

Hora	*Antecedentes*	*Consecuencias*	*Comportamientos*
10:00	Bar de la oficina. Sensación de cansancio, tensión con el jefe.	4 cervezas	Me siento más relajado.
14:00	Comida con compañeros.	2 cervezas	Sin sensaciones. Creo que puedo controlar la bebida.
18:00	Paso por bar favorito de camino a casa. Irritado aún con el jefe.	4 whiskies	Relajado me divierto con los amigos. Me animan a tomar otra copa.
18:40	Llego tarde a casa. Mi mujer me riñe por la bebida. Siento angustia pero apenas hablo.	2 whiskies	Más comunicativo expreso mi angustia en exceso, grito a mi mujer y a los chicos.
20:30	Angustia y culpabilidad por mi carácter. Pienso: «¿qué importancia tiene? Me sentiré mejor si bebo algo. Ella se enterará de quién manda aquí.»	3 whiskies	Me siento somnoliento; me quedo dormido en el sofá.

(Extraído por Hodgson y Miller, 1984.)

2. *Cuestionarios y Escalas de Valoración.* Este tipo de forma diagnóstica presenta listados de diferentes conductas, reacciones, formas de adaptarnos a situaciones, acontecimientos que nos pueden o no afectar y estados emocionales y afectivos que, mediante respuestas afirmativas o negativas a las mismas, expertos en salud mental han valorado una determinada presencia o ausencia de psicopatología, predicciones sobre el comportamiento o un determinado estilo de estar en el mundo. A la luz de los resultados y de la posición de éstos dentro de un baremo establecido de «normalidad-anormalidad», obtendremos información sobre nuestro estado mental, psíquico e intelectual.

Existen otras formas de evaluación diagnóstica como son las pruebas proyectivas, pruebas psicofisiológicas, psicométricas y comportamentales, pero el conocimiento sobre el manejo y corrección, e interpretación de las mismas, exigirían al lector un entrenamiento profundo y continuado que escapa del objetivo de este anexo.

Consideramos, sin embargo, que las pruebas que a continuación le ofrecemos le darán una pauta y una orientación fiable para auto-conocerse mejor y, entonces, controlar su conducta y, en general, su persona.

3. *Cómo evaluar mi personalidad. Variable y/o rasgos que conviene tener en cuenta.* La personalidad está formada por un conjunto de rasgos que imponen una cierta regularidad en la forma en que la persona percibe lo que le rodea, a sí misma y la forma en que se comporta en su ambiente. Se puede afirmar que existe un problema de personalidad cuando alguno/s de estos rasgos está dificultando la adaptación social o laboral o produce algún tipo de sufrimiento.

Los estados emocionales no dependen por completo, como se cree vulgarmente, de lo que sucede en torno a una persona, sino de la forma en que dicha persona *percibe* lo que sucede en relación consigo misma. Por tanto, la personalidad está íntimamente relacionada con los distintos afectos, sentimientos y emociones que la persona experimenta a lo largo de su vida. No todos respondemos igual ante la misma situación y esto es debido a los distintos tipos de personalidad que poseemos, que nos hacen percibir un acontecimiento de formas muy diferentes.

Hemos seleccionado los Perfiles de Personalidad más frecuentes, que pueden generar una menor o mayor patología. Aparecerá una breve explicación de los mismos acompañada de un procedimiento de auto-evaluación que permitirá al lector detectar rasgos de su persona, y en ocasiones, su vulnerabilidad al padecimiento, en mayor o menor intensidad, de algún problema.

No hemos pretendido ser exhaustivos, ya que incluir todos los tipos de personalidad y estados emocionales en mayor detalle nos llevaría un gran tiempo y espacio.

PERFIL DE PERSONALIDAD TIPO A

Breve explicación

Las personas que poseen un *patrón A de conducta* necesitan afirmarse permanentemente a través de logros personales para alcanzar la percepción de auto-control. Experimentan una constante urgencia de tiempo que les hace intolerable el reposo y la inactividad. Estas personas también presentan una percepción de amenazas casi continuas a su autoestima, eligen la acción como estrategia de enfrentamiento a sus problemas, tienen tendencia a la dominación, una profunda inclinación a competir y una elevada agresividad que les induce a vivir en un constante estado de lucha. Las enfermedades más frecuentes en estos sujetos son las de tipo coronario, problemas psicosomáticos y los síndromes de ansiedad generalizada. El patrón de conducta A se adquiere a través de aprendizajes sociales y se puede detectar ya en la adolescencia, y es dependiente de la cultura. El lector tiene que tener claro que el poseer un patrón de Personalidad A no significa estar enfermo, todo lo contrario, ya que generalmente, estas personas activas y con muchas motivaciones suelen ser buenos profesionales y alcanzan éxitos sociales.

Cuestionario de Personalidad A

POR FAVOR, REFLEXIONE ANTES DE CONTESTAR A LAS SIGUIENTES PREGUNTAS. Es importante que la respuesta sea lo más sincera posible. Puede usted consultar con su cónyuge o sus amigos cómo debe responder a cada pregunta. Algunas de las cuestiones planteadas, como el modo de andar, pueden no ser perceptibles para usted, pero deben serlo para quienes lo conocen bien.

1. ¿Cree que el día no tiene bastantes horas para todas las cosas que debería usted hacer? ☐ Sí ☐ No
2. ¿Siempre se mueve, camina o come con rapidez? ☐ Sí ☐ No
3. ¿Se siente impaciente por el ritmo al que se desarrollan los acontecimientos? ☐ Sí ☐ No

4. ¿Acostumbra decir: «Ah, ajá» o «sí, sí, sí», «bien, bien», cuando le habla una persona apremiándola inconscientemente a «desembuchar de una vez» o apresurando su ritmo de alocución? ¿Tiene la tendencia a terminar las frases de otras personas en su lugar? ☐ Sí ☐ No
5. ¿Se siente exageradamente irritado incluso rabioso cuando el coche que le precede en una carretera rueda a una marcha que usted considera demasiado lenta? ¿Considera angustioso tener que hacer cola o esperar turno para conseguir una mesa en un restaurante? ☐ Sí ☐ No
6. ¿Encuentra intolerable observar cómo otras personas realizan tareas que usted sabe que puede hacer más deprisa? ☐ Sí ☐ No
7. ¿Se impacienta consigo mismo si se ve obligado a realizar tareas repetitivas (rellenar resguardos de depósitos bancarios, firmar talones, lavar platos, etc.), que son necesarias pero le impiden hacer las cosas que a usted le interesan realmente? ☐ Sí ☐ No
8. ¿Es usted de esas personas que leen a toda prisa o intentan siempre conseguir condensaciones o sumarios de obras literarias realmente interesantes y valiosas? ☐ Sí ☐ No
9. ¿Se esfuerza por pensar o hacer dos o más cosas simultáneamente? Por ejemplo, ¿al tiempo que intenta escuchar la charla de otra persona, sigue usted dando vueltas a otro tema sin ninguna relación con lo que escucha? ☐ Sí ☐ No
10. ¿Mientras disfruta de un descanso, continúa pensando en sus problemas laborales, domésticos o profesionales? ☐ Sí ☐ No
11. ¿Tiene usted: a) el hábito de acentuar excesivamente varias palabras que usted considera clave en su conversación ordinaria, incluso cuando no hay ninguna necesidad especial para dicha acentuación, y b) la tendencia a articular las últimas palabras de sus frases mucho más rápidamente que las palabras iniciales? ☐ Sí ☐ No
12. ¿Encuentra difícil abstenerse de llevar cualquier conversación hacia los temas que le interesan y lo intrigan especialmente a usted, y cuando no consigue realizar esa maniobra, pretende usted escu- ☐ Sí ☐ No

char pero en realidad sigue ocupado en sus propios pensamientos?

13. ¿Se siente vagamente culpable, cuando descansa y no hace nada durante varias horas o varios días? ☐ Sí ☐ No
14. ¿Intenta siempre programar más y más cosas en menos tiempo, y al hacerlo así deja cada vez menos margen a los imprevistos? ☐ Sí ☐ No
15. Al conversar, ¿da con frecuencia puñetazos o palmadas en la mesa, o golpea con un puño la palma de la otra mano para dar énfasis a un punto particular de la discusión? ☐ Sí ☐ No
16. ¿Se somete a ciertos plazos en su trabajo que con frecuencia son difíciles de cumplir? ☐ Sí ☐ No
17. ¿Aprieta con frecuencia las mandíbulas, hasta el punto que le rechinan los dientes? ☐ Sí ☐ No
18. ¿Lleva con frecuencia trabajo o material de estudio (relacionado con su empleo, no con el colegio o universidad) a su casa por la noche? ☐ Sí ☐ No
19. ¿Acostumbra usted a evaluar en términos numéricos no sólo su propio trabajo, sino también las actividades de los demás? ☐ Sí ☐ No
20. ¿Se siente usted insatisfecho con su actual trabajo? ☐ Sí ☐ No

Sume un punto por cada respuesta Sí, y 0 puntos por cada respuesta No. La puntuación final corresponderá a una de las siguientes categorías: 4 + (14 o más puntos), 3 + (9-13 puntos), 2 + (4-8 puntos) y 1 + (3 o menos puntos). Las categorías 2 + y 3 + se consideran relativamente neutrales. Las personas que puntúen 4 + deben considerarse significativamente más expuestas al riesgo del padecimiento de enfermedades coronarias, problemas psicosomáticos y estados de ansiedad que quienes puntúen 2 + y 3 +. Las personas 1 + son las menos vulnerables a estos problemas aunque sí pueden llegar a presentar un patrón A de conducta.

PERFIL DE PERSONALIDAD OBSESIVO-COMPULSIVA

Breve explicación

Hay algunas personas que tienden a preocuparse demasiado por los problemas de cada día y a «dar vueltas y vueltas» a situaciones, conversaciones o imágenes sin poder controlar y parar en un momento determinado este torbellino de representaciones. Además, llega un momento en el que su estado de ánimo se ve afectado negativamente por ello y, posteriormente, su conducta. Otras personas presentan unas altas tendencias al perfeccionismo, el orden, la limpieza..., a las «manías» que traen por la calle de la amargura no sólo a las personas que las padecen ya que puede llegar un momento en que se hagan esclavas de las mismas, sino también a los que conviven con ellas. Por ejemplo, el lector puede comprobar en qué medida su hábito de jugar al bingo, a las cartas u otro juego, es ya una compulsión con la siguiente prueba.

Test de tendencia compulsiva al juego

Responda al siguiente test para comprobar si el juego es para usted nada más que un *hobby* inocente o bien una compulsión grave que precisa atención y ayuda:

1. ¿Se han visto rotos su familia o su matrimonio a consecuencia del juego?	☐ Sí	☐ No
2. ¿En alguna ocasión, ha incumplido una deuda u otra obligación financiera, como resultado del juego?	☐ Sí	☐ No
3. ¿Ha empleado usted alguna vez tiempo de su trabajo en actividades relacionadas con el juego?	☐ Sí	☐ No
4. ¿Ha pedido prestado dinero para jugar o para pagar deudas de juego?	☐ Sí	☐ No
5. ¿Ha cometido algún delito con el objeto de conseguir dinero para jugar?	☐ Sí	☐ No
6. ¿En alguna ocasión, ha sido capaz de justificar determinadas pérdidas de dinero?	☐ Sí	☐ No
7. ¿Ha tenido que ser avalado alguna vez por otras personas para pagar deudas de juego?	☐ Sí	☐ No

Si ha contestado «Sí» al menos a tres de las preguntas, el juego constituye para usted un problema que precisa la adopción de técnicas de Auto-observación o, quizás, de un tratamiento. Pero para que usted tenga un conocimiento más completo de su personalidad, y conozca si posee rasgos obsesivos y/o compulsivos, conteste el cuestionario que aparece en las líneas que siguen.

Cuestionario de Personalidad con tendencia Obsesivo-Compulsiva

Por favor, responda a cada pregunta rodeando con un círculo la palabra «VERDADERO» o «FALSO» que siguen a cada pregunta. No hay respuestas correctas o erróneas, ni preguntas con trampa. Responda con rapidez, y no se detenga demasiado a pensar en el significado exacto de la pregunta.

1.	Evito utilizar teléfonos públicos por la posibilidad de contaminación.	VERDADERO	FALSO
2.	Con frecuencia me asaltan pensamientos sucios y me resulta difícil expulsarlos.	VERDADERO	FALSO
3.	La honestidad me preocupa más que a la mayoría de las personas.	VERDADERO	FALSO
4.	Me retraso con frecuencia porque no consigo arreglar todas mis cosas a tiempo.	VERDADERO	FALSO
5.	Cuando toco a un animal, no me preocupa más de lo normal la posibilidad de contaminación.	VERDADERO	FALSO
6.	Con frecuencia tengo que comprobar cosas (por ejemplo, la llave del gas, grifos, puertas, etc.), varias veces.	VERDADERO	FALSO
7.	Tengo una conciencia muy estricta.	VERDADERO	FALSO
8.	Casi todos los días me molestan ideas desagradables que me vienen al pensamiento sin yo quererlo.	VERDADERO	FALSO
9.	No me preocupo demasiado si tropiezo accidentalmente con otra persona.	VERDADERO	FALSO
10.	Por lo general, las cosas sencillas que debo hacer todos los días me plantean serias dudas.	VERDADERO	FALSO
11.	Ni mi padre ni mi madre fueron muy estrictos conmigo en mi niñez.	VERDADERO	FALSO
12.	Tiendo a retrasarme en mi trabajo porque repito las cosas una y otra vez.	VERDADERO	FALSO
13.	Utilizo una cantidad de jabón moderada, que no sobrepasa la media.	VERDADERO	FALSO
14.	Algunos números traen muy mala suerte.	VERDADERO	FALSO
15.	No compruebo las direcciones de las cartas una y otra vez antes de enviarlas.	VERDADERO	FALSO

16. No me lleva mucho tiempo vestirme por las mañanas.	VERDADERO	FALSO
17. La limpieza no me preocupa demasiado.	VERDADERO	FALSO
18. Uno de mis principales problemas consiste en que presto una atención excesiva a los detalles.	VERDADERO	FALSO
19. Puedo utilizar lavabos limpios sin dudar un momento.	VERDADERO	FALSO
20. Mi principal problema consiste en la comprobación repetitiva.	VERDADERO	FALSO
21. No me preocupan excesivamente los gérmenes y las enfermedades.	VERDADERO	FALSO
22. No tiendo a comprobar las cosas más de una vez.	VERDADERO	FALSO
23. No me sujeto a una rutina muy estricta cuando hago cosas corrientes.	VERDADERO	FALSO
24. No noto sucias mis manos después de tocar dinero.	VERDADERO	FALSO
25. Cuando estoy cumpliendo un trabajo rutinario, normalmente no recuento las fases del proceso.	VERDADERO	FALSO
26. El aseo de las mañanas me lleva mucho tiempo.	VERDADERO	FALSO
27. No utilizo masivamente los antisépticos.	VERDADERO	FALSO
28. Invierto mucho tiempo todos los días en comprobar cosas una y otra vez.	VERDADERO	FALSO
29. Doblar y colgar mis ropas por la noche no me exige mucho esfuerzo.	VERDADERO	FALSO
30. A pesar de que ponga toda mi atención en hacer algo, suelo tener la sensación de que no está del todo correcto.	VERDADERO	FALSO

Si ha contestado al menos 8 de las anteriores afirmaciones como verdaderas tiene usted una tendencia considerable a las ideas obsesivas o a las compulsiones. Procure construirse un programa de auto-observación que lo lleve a un mayor autocontrol de sus pensamientos y de sus impulsos. Si no lo lograra y éstos le causasen sufrimiento, considere la posibilidad de un asesoramiento por parte de un profesional.

PERFIL DE PERSONALIDAD CON TENDENCIA A LOS MIEDOS Y FOBIAS

Debido a situaciones traumáticas (accidentes, muertes de seres queridos, o compañeros, discusiones violentas, etc.), a veces explicables y otras inexplicables, creamos reacciones emocionales de miedo desproporcionadas ante estímulos (por ejemplo, el avión), personas (por ejemplo, jefes o personas que simbolicen poder o autoridad) o situaciones (por ejemplo, cines, reuniones en sitios cerrados, ascensores herméticamente cerrados...).

Tales reacciones emocionales incontrolables y a la vez irracionales nos conducen a vivir momentos desagradables o a un deseo impulsivo de evitar la situación, como ocurre en la llamada fobia social, en la cual la persona se ve expuesta a la posible observación de los demás.

Con la escala que a continuación le ofrecemos, usted podrá observar su tendencia a desarrollar estados fóbicos y/o la existencia de fobias o temores que en la actualidad posee. El hecho de tener dicha tendencia o fobia no significa que su sistema nervioso esté alterado o distorsionado; lo que ocurre es que ha aprendido a reaccionar de esta forma.

Escala de Miedos y Tendencias Fóbicas

En la presente escala seleccione el número que mejor indique el grado en que evita (a causa de temores u otras sensaciones desagradables) cada una de las situaciones que se señalan. Escriba después ese número en el espacio que hay frente a cada situación.

0	1	2	3	4	5	6	7	8
No la evito		La evito ligeramente		La evito claramente		La evito bastante		La evito siempre

1. Miedo principal que poseo (describa en sus propias palabras) ....
2. Inyecciones o cirugía menor. ....
3. Comer o beber con gente. ....

4. Hospitales ....
5. Viajar solo en autobús. ....
6. Andar solo en calles llenas de gente. ....
7. Que te miren o te claven la mirada. ....
8. Entrar en tiendas llenas de gente. ....
9. Hablar a personas de autoridad. ....
10. Ver sangre. ....
11. Que te critiquen. ....
12. Ir solo lejos de casa. ....
13. Pensamientos de heridas o enfermedades. ....
14. Hablar o actuar en público. ....
15. Grandes espacios abiertos. ....
16. Ir al dentista. ....

Si usted ha puntuado con 4 o más, al menos tres de las situaciones expuestas líneas arriba, puede usted considerarse una persona con una relativa tendencia fóbica y que, en algún momento y/o situación estresante en su vida, desencadene un síndrome fóbico. No le vendría mal ponerse en manos de un especialista que en cuatro o cinco sesiones le ayudase a superar estos miedos y, sobre todo, que no fueran a más.

A continuación elija el número de la escala que indique lo preocupado que está por cada uno de los problemas que figuran más abajo y escriba ese número en la casilla de enfrente:

0	1	2	3	4	5	6	7	8
Nada en absoluto		Ligeramente		Claramente		Mucho		Muchísimo

17. Quedarse sin tabaco. ....
18. Sentirme desgraciado o deprimido. ....
19. Sentirme irritable o enfadado. ....
20. Sensación de tensión o de pánico. ....
21. Pensamientos negativos que me vienen a la cabeza. ....
22. Sentirme a mí mismo, o a lo que me rodea, extraño o irreal. ....
23. Otros (describa). ....

Si ha puntuado con 4 o más, al menos dos de los problemas planteados, se encuentra con un nivel de ansiedad relativamente elevado.

¿Cómo describiría su estado actual ante los miedos y sensaciones que ha manifestado tener en este cuestionario?

0	1	2	3	4	5	6	7	8
Sin miedos		Algo preocupantes		Claramente preocupantes		Muy preocupantes		Gravemente preocupantes

La valoración que *usted mismo* se ha dado *es la que cuenta.* Si tales miedos lo incapacitan para llevar a cabo su vida cotidiana o le producen sufrimiento de algún tipo no dude en asesorarse por un especialista en la materia. A partir de la puntuación 4 se puede considerar una persona vulnerable al padecimiento de un síndrome fóbico. Como antes le decíamos, la Psicología Clínica cuenta con técnicas de entrenamiento y tratamiento que, en breve tiempo, dedicación y coste, extinguirán tales problemas. Un consejo: no los deje avanzar y que condicionen su vida.

PERSONALIDAD CON TENDENCIA A ESTADOS DE ANSIEDAD

Breve explicación

Está comprobado que es necesario un cierto grado de alerta de nuestro organismo y de nuestras facultades psíquicas para llevar a cabo nuestras actividades, trabajo y relaciones sociales. Sin embargo, si dichas actividades, trabajo y relaciones crecen día a día sin mesura, puede llegar un momento en el que nos sintamos agobiados, llenos de preocupaciones y responsabilidades y comencemos a manifestar reacciones físicas molestas, aprensiones y, en ocasiones, ideas que lejos de favorecer nuestro rendimiento, lo bloquean o interfieren. Es éste el momento en el que la ansiedad, que previamente nos había servido para ser más eficaces y producir más y mejor en nuestro trabajo, se transforma en una sombra que oscurece todo lo que intentamos emprender. Esta sombra se manifiesta en nosotros en forma de tensión, tics, inquietud, intranquilidad constante, fatigabilidad y una incapacidad para relajarnos; otras veces, aparece a través de una hiperactividad vegetativa como por ejemplo sudoración, taquicardia, malestar en el estómago, diarrea, pulso y respiración, que dan lugar a una distractibilidad, a dificultades para concentrarse y, en el peor de los casos sensación de estar «al límite», irritabilidad e impaciencia.

Con la presente escala pretendemos que usted obtenga la información necesaria sobre su estado de ansiedad y el nivel de activación físico, cognitivo y motor.

Escala de Ansiedad Hamilton

Por favor, señale con una cruz la casilla que mejor caracterice su estado actual respecto a cada uno de los siguientes aspectos.

	Ausente	*Ligero o trivial*	*Mediano o moderado*	*Grave o severo*	*Muy grave*
ANSIEDAD (preocupaciones, temores, aprensión, irritabilidad)	0	1	2	3	4
TENSIÓN (sensación de tensión, fatigabilidad, incapacidad de relajarse, tendencia a sobresaltarse o al lloro, trémulo, tembloroso, inquietud)	0	1	2	3	4
TEMORES (de oscuridad, desconocidos, la soledad, animales grandes u otros, al tráfico de automóviles, multitudes)	0	1	2	3	4
TRASTORNOS DEL SUEÑO (dificultad en conciliar el sueño, interrupción del sueño, sueño insatisfactorio, cansancio al despertarse, ensueños, pesadillas, temores nocturnos)	0	1	2	3	4

	Ausente	*Ligero o trivial*	*Mediano o moderado*	*Grave o severo*	*Muy grave*
TRASTORNOS INTELECTUALES (dificultad de concentración o memoria)	0	1	2	3	4
DEPRESIÓN (falta de interés, insatisfacción en las diversiones, deprimido, despertar prematuro, humor diurno oscilante)	0	1	2	3	4
SÍNTOMAS SOMÁTICOS GENERALES (SENSORIALES) (zumbido de oídos, visión borrosa, oleadas de calor y frío, sensación de debilidad, hormigueos)	0	1	2	3	4
SÍNTOMAS CARDIOVASCULARES (taquicardia, palpitaciones, dolores torácicos, latidos vasculares, sensaciones de paro cardíaco)	0	1	2	3	4
SÍNTOMAS RESPIRATORIOS (opresión o constricción torácica, sensación de ahogo, suspiros, respiración entrecortada)	0	1	2	3	4
SÍNTOMAS GASTROINTESTINALES (dificultad para tragar, ventosidades, dolor antes y después de comer, quemazón en el estómago sensación de estar lleno, vómitos, náuseas, ruidos de tripas, movimientos intestinales, diarrea, pérdida de peso, estreñimiento)	0	1	2	3	4
SÍNTOMAS GENITOURINARIOS (micción frecuente o imperiosa, ausencia de menstruación, excesiva frigidez, eyaculación precoz, trastornos de la erección, impotencia)	0	1	2	3	4

	Ausente	Ligero o trivial	Mediano o moderado	Grave o severo	Muy grave
SÍNTOMAS VEGETATIVOS (sequedad de boca, tendencia a ruborizarse, palidez, tendencia a sudar, vértigos, dolores de cabeza, pelos de punta)	0	1	2	3	4

Sume usted los números que ha señalado y si obtiene una cantidad mayor a 17 puede auto-diagnosticarse con un nivel de ansiedad elevado y sería conveniente que lo controlase; o bien por usted mismo o bien asesorado por un especialista; si usted obtiene una puntuación entre 9 y 17 manifiesta un nivel de ansiedad moderado. Si obtiene menos de 9 tiene usted un nivel de ansiedad bajo o ninguno.

PERSONALIDAD CON TENDENCIA AL ESTRÉS

Saber el nivel de estrés que una persona está soportando durante un determinado período de tiempo equivale a averiguar el número y la importancia de los cambios que se han producido durante ese período en su ambiente próximo. Casarse, mudarse de vivienda, discutir con algún familiar, etc., son acontecimientos que obligan a la persona a adaptarse a nuevas circunstancias. Para realizar estas nuevas adaptaciones se ve obligada a activarse y alertizarse. Si el estrés es prolongado, esto puede conducir al establecimiento de problemas psíquicos y orgánicos. La forma en que la persona responde al estrés, su estilo de vida, su personalidad, son aspectos muy importantes para determinar el efecto que el estrés va a producir. Una de las variables más importantes que pueden contrarrestar los efectos nocivos del estrés es el apoyo social que la persona recibe. El apoyo social tiene como fundamento la comunicación entre individuos y la comprensión por parte de las personas que rodean a aquellos que están soportando estrés. Comunicar los problemas y sentirse comprendido es una de las fórmulas capaces de reducir el riesgo de enfermedad cuando el estrés hace su aparición.

Escala Auto-Aplicada para la Evaluación del Estrés. Apoyo Social de D.M.H. de California, 1981. (Considere estas preguntas en relación a los últimos 12 meses.) Conteste *Sí* o *No* a las preguntas que se le formulan a continuación:

A. ÁREA PERSONAL

1. ¿Ha sufrido heridas serias, traumatismos graves o padecido alguna enfermedad? ☐ Sí ☐ No
2. ¿Ha tenido problemas emocionales con las drogas o el alcohol? ☐ Sí ☐ No
3. ¿Se ha casado? ☐ Sí ☐ No
4. ¿Ha sentido la muerte de algún familiar o amigo íntimo? ☐ Sí ☐ No
5. ¿Ha tenido problemas con sus amigos, vecinos o compañeros? ☐ Sí ☐ No
6. ¿Ha empezado o terminado su estancia en la universidad, instituto o un programa de formación profesional? ☐ Sí ☐ No

B. ÁREA DE TRABAJO Y ECONOMÍA

1. ¿Ha sufrido la pérdida de trabajo? ¿Se ha jubilado? ¿Está en paro? ☐ Sí ☐ No
2. ¿Ha comprado o vendido alguna casa o piso? ☐ Sí ☐ No
3. ¿Ha cambiado de trabajo? ¿Ha ascendido en su puesto de trabajo? ☐ Sí ☐ No
4. ¿Ha tenido problemas con su jefe? ☐ Sí ☐ No

C. ÁREA FAMILIAR

1. ¿Ha sufrido la muerte de su esposo/a o miembro de familia directo? ☐ Sí ☐ No
2. ¿Se ha divorciado? ☐ Sí ☐ No
3. ¿Se ha separado o reconciliado? ☐ Sí ☐ No

4. ¿Ha sufrido alguna enfermedad seria, traumatismo o herida algún miembro de la familia? ☐ Sí ☐ No
5. ¿Ha habido embarazo o nacimiento en la familia? ☐ Sí ☐ No
6. ¿Ha habido discusiones familiares o problemas con la familia política? ☐ Sí ☐ No
7. ¿Se ha ido o vuelto a casa alguno de sus miembros (niños)? ☐ Sí ☐ No
8. ¿Ha habido parientes que se han trasladado a su hogar? ☐ Sí ☐ No
9. ¿Se ha trasladado a una nueva residencia? ☐ Sí ☐ No

D. NIVEL DE APOYO SOCIAL
(Subraye la respuesta que proceda)

1. ¿A cuántas personas cuenta la riña o el problema que ha tenido en su trabajo?
Ninguna (0) / Una o dos (3) / Dos o tres (4) / Cuatro o más (5).
2. ¿A cuántos vecinos hace favores: prestar alimentos, herramientas o utensilios de la casa, les lleva en coche, les cuida los bebés, etc.? Ninguno (0) / Uno (1) / Dos o tres (2) / Cuatro o más (3).
3. ¿Tiene un esposo/a o compañero/a?
No (0) / Varios compañeros distintos (2) / Un compañero permanente (6) / Casado o vive con alguien (8)
4. ¿Con qué frecuencia los amigos o miembros de la familia allegados le visitan en su casa?
Raramente (0) / Una vez al mes (1) / Varias veces al mes (4) / Una vez a la semana o más (8).
5. ¿A cuántos amigos o miembros de la familia habla usted sobre sus problemas personales?
Ninguno (0) / Uno o dos (6) Tres o cinco (8) / Seis o más (10).
6. ¿Con qué frecuencia participa en grupos sociales, de comunidad o de deporte?
Una vez a la semana o más (4).

PUNTUACIÓN TOTAL ....

Corrección

Si en la escala Auto-Aplicada de D.M.H. de California ha contestado afirmativamente en el *Área Personal* a más de 3 preguntas, en el *Área de Trabajo y Economía* a más de 2 y en el *Área Familiar* a más de 4, puede considerarse una persona sometida a un alto nivel de estrés. Sin embargo, hay personas a las que uno solo de estos acontecimientos puede resultarle altamente estresante. En el apartado Nivel y Apoyo Social se puede considerar:

Bajo Apoyo Social	0-12
Apoyo Social Medio	13-26
Alto Apoyo Social	Más de 26

PERSONALIDAD TENDENTE A PROBLEMAS PSICOSOMÁTICOS

Una de las formas en las que el organismo puede reaccionar frente a los comportamientos y las emociones que se producen en la interacción con su ambiente es el trastorno orgánico. Cuando el curso o el inicio de una enfermedad orgánica está influido por factores psicológicos nos encontramos ante un trastorno psicosomático. El diagnóstico de un trastorno psicosomático se realiza, pues, sobre la conjunción de dos criterios:

a) Existen sucesos psicológicamente significativos que preceden al inicio o al empeoramiento del trastorno.
b) Se detecta la presencia de patología orgánica conocida relacionada con dichos sucesos.

Estos dos criterios nos permiten realizar un diagnóstico diferencial de otro tipo de trastornos que son los somatoformes, en los que no se puede detectar una patología orgánica ligada al trastorno. La hipertensión esencial (sin causa orgánica conocida), el asma, determinados tipos de dolor, úlcera péptica, son, entre otros, algunos de los problemas incluibles dentro de este grupo de trastornos psicosomáticos. En la actualidad, todavía no existe evidencia de que determinados tipos de sucesos psicológicamente significativos afecten selectivamente a determinados tipos de órganos. Lo que sí parece estar más apoyado por la evidencia clínica es que determinados tipos de sujetos presentan una especial vulnerabilidad de un sistema orgánico concreto a enfermar ante diversas fuentes de conflictividad psicológica. Si usted ha obtenido una puntuación alta en el Cuestionario de Personalidad tipo A y en la Escala de Estrés y Apoyo Social, debe usted prestar atención a su salud. De todas maneras, la actitud que tengamos hacia nuestra salud nos hace desarrollar, día a día, hábitos de comportamiento que ayudarán a mantenerla en buen estado o, por el contrario, a destruirla. Pero ocurre en muchas ocasiones que, en teoría, conocemos aquello que es perjudicial y aquello que es beneficioso, pero sin embargo no sabemos hacerlo realidad en nosotros mismos. Sabemos el daño que el tabaco o el alcohol hacen a nuestro organismo, y seguimos fumando o bebiendo; nos repetimos o comentamos con los amigos lo importante que es hacer ejercicio diario, pero pasa el día y no hemos encontrado un momento para jugar un partido de tenis, o correr varios kilómetros; el descansar y encontrar un rato para nuestras aficiones es esencial para «desconectar» de las pesadas responsabilidades de nuestro trabajo... y, sin embargo, no encontramos cómo encajar un tiempo para ello.

Por otra parte, la actitud opuesta de estar excesivamente preocupados por nuestra salud y pendientes de nuestro propio cuerpo puede tener también efectos muy negativos, dando lugar a cuadros hipocondríacos.

Con el siguiente cuestionario le ofrecemos una relación de hábitos que usted debe examinar y que, en mayor o menor medida, pueden perjudicar o favorecer su salud.

Por otra parte, le presentamos una lista de hábitos que usted debiera pensar en desarrollar ya que producirían un efecto beneficioso a corto y largo plazo sobre su organismo.

Cuestionario Hábitos de Salud Psicofísica

Conteste Sí o No a las preguntas que se le formulan a continuación:

1. ¿Duerme usted bien? (de un tirón) ☐ Sí ☐ No
2. ¿Se levanta por las mañanas descansado y como nuevo? ☐ Sí ☐ No
3. ¿Duerme el número de horas suficiente? ☐ Sí ☐ No
4. ¿Hace usted ejercicio de manera constante y sostenida? ☐ Sí ☐ No
5. ¿Dedica al menos una hora al día a hacer ejercicio físico? ☐ Sí ☐ No
6. ¿Fuma? ☐ Sí ☐ No
7. ¿Suele beber diariamente? ☐ Sí ☐ No
8. ¿Suele usted establecer períodos de vacaciones para romper su ritmo de trabajo? ☐ Sí ☐ No
9. ¿Se encuentra bien en su casa en su tiempo libre? ☐ Sí ☐ No
10. ¿Se divierte los fines de semana? ¿Olvida entonces sus obligaciones laborales? ☐ Sí ☐ No
11. ¿Utiliza sustancias tóxicas con frecuencia (cocaína, alcohol, etc.)? ☐ Sí ☐ No
12. ¿Tiene usted la sensación de hacer las digestiones pesadas? ☐ Sí ☐ No
13. ¿Mantiene su peso con regularidad? ☐ Sí ☐ No
14. ¿Come a menudo frutas y verduras? ☐ Sí ☐ No
15. ¿Tiene la sensación a menudo de comer en exceso? ☐ Sí ☐ No
16. ¿Prescinde con frecuencia de llevar a cabo almuerzos ricos en proteínas y vitaminas y de una alimentación equilibrada y regular? ☐ Sí ☐ No
17. ¿Se encuentra satisfecho con su nivel de ingresos actual? ☐ Sí ☐ No
18. ¿Acumula tensión durante su trabajo y no realiza nada por eliminarla? ☐ Sí ☐ No
19. ¿Es usted impaciente en situaciones que le producen tensión? (por ejemplo, una espera, una negociación difícil, una petición suya en curso...) ☐ Sí ☐ No
20. ¿Trasnocha muy a menudo? ☐ Sí ☐ No
21. ¿Descansa y disfruta usted de los cortos períodos de descanso que dispone entre sus diversas actividades? ☐ Sí ☐ No
22. ¿Se ve usted obligado a conducir mucho? ☐ Sí ☐ No

Corrección

Hábitos de Salud Recomendables:
Respuesta afirmativa a las preguntas:
1-2-4-8-9-13-14-17-21

Respuesta negativa a las preguntas:
6-7-11-12-15-16-18-19-20-22

¿Ha padecido o padece alguno de los problemas que se exponen a continuación como resultado de una intensificación del estrés o de una pérdida o algún cambio importante en su vida?

1. Dolor en la zona precordial.	☐ Sí	☐ No
2. Hipertensión arterial.	☐ Sí	☐ No
3. Asma bronquial.	☐ Sí	☐ No
4. Tos.	☐ Sí	☐ No
5. Vómitos.	☐ Sí	☐ No
6. Náuseas.	☐ Sí	☐ No
7. Ardor de estómago.	☐ Sí	☐ No
8. Úlcera péptica (del estómago o duodeno).	☐ Sí	☐ No
9. Estreñimiento.	☐ Sí	☐ No
10. Dolores abdominales, meteorismos.	☐ Sí	☐ No
11. Dolores dorsales o lumbares.	☐ Sí	☐ No
12. Dolor en las articulaciones.	☐ Sí	☐ No
13. Diarreas.	☐ Sí	☐ No
14. Enrojecimiento de la piel.	☐ Sí	☐ No
15. Picores en la piel.	☐ Sí	☐ No
16. Incremento en la ingesta de comida.	☐ Sí	☐ No
17. Reducción en la ingesta de comida.	☐ Sí	☐ No
18. Tics.	☐ Sí	☐ No
19. Temblores.	☐ Sí	☐ No
20. Problemas en el área de la sexualidad.	☐ Sí	☐ No
21. Problemas ginecológicos.	☐ Sí	☐ No
¿Hay algún otro problema que no esté reflejado en este cuestionario de tipo orgánico que usted asocie a estrés, ansiedad o a la existencia de otros problemas emocionales?	☐ Sí	☐ No

En caso afirmativo especifique ....
....
....
....
....

Si contesta afirmativamente a más de 5 síntomas usted es una persona vulnerable a generar problemas psicosomáticos, si se expone o está expuesta a estímulos estresantes durante un tiempo más o menos prolongado.

PERSONALIDAD TENDENTE A LA DEPRESIÓN

Breve explicación

Hay personas que tienden a ver siempre, o casi siempre, la botella medio vacía en vez de medio llena. Hay personas que recuerdan, la mayor parte de las ocasiones, los detalles negativos o desagradables, que se lamentan con gran frecuencia de la vida, de lo que las rodea, de sí mismas. Puede que llegue un punto en el que tales pensamientos negativos, ya bien sean realistas o, más o menos, distorsionados, generen una forma de «sentir», de «emocionarse» negativa, triste, melancólica. Y que esos afectos, sentimientos, emociones le lleven a un comportamiento negativo, «depresivo». Es decir, que el esquema:

Pensamiento	*Sentimiento*	*Conducta*
«Pienso que estoy triste»	«Me siento triste»	«Me comporto de forma triste»

llega un momento en el que puede «automatizarse», de tal manera que se conforma un nivel de estado depresivo o depresión más o menos intensa. Usted puede comprobar la ausencia o presencia de niveles de depresión con la siguiente escala:

Cuestionario de BECK sobre la depresión

Debe usted seleccionar, en cada uno de los 21 apartados, la frase, de entre las cuatro que se ofrecen, que mejor describa sus propios sentimientos en los 7-14 días anteriores. Las frases puntúan 0, 1, 2, 3, según la indicación colocada junto a cada una. Al finalizar el cuestionario deben sumarse las puntuaciones. El total posible va desde 0 hasta 63: un resultado de 0 a 9 es *normal*; de 10 a 18, *leve*; de 19 a 25, *moderado*; de 26 a 35, entre *moderado* y *grave*, *y* por encima de 36 indica una depresión *grave*.

En este cuestionario se ofrecen grupos de frases. Por favor, lea cada grupo de frases cuidadosamente. Elija a continuación la frase de cada grupo que mejor describa su forma de sentir en LA ÚLTIMA SEMANA, INCLUIDO EL DÍA DE HOY. Rodee con un círculo el número colocado junto a la frase elegido. Si varias frases del grupo le parecen igualmente acertadas señálelas todas. Asegúrese de leer todas las frases de cada grupo antes de elegir.

1. 0. No me siento triste.
   1. Me siento triste.
   2. Estoy triste todo el tiempo y no sé cómo evitarlo.
   3. Me siento tan triste e infeliz que no puedo soportarlo.
2. 0. No me asusta el futuro de forma particular.
   1. Me asusta el futuro.
   2. No me parece tener ninguna perspectiva de futuro ante mí.
   3. Creo que el futuro no me ofrece ninguna esperanza y que las cosas no pueden mejorar.
3. 0. No tengo la sensación de haber fracasado.
   1. Creo que mis fracasos superan a los de una persona normal.
   2. Mi vida ha sido una serie de fracasos.
   3. Creo que soy un completo fracaso como persona.
4. 0. Obtengo la misma satisfacción de siempre con las cosas que hago.
   1. No me divierten las cosas como antes.
   2. Ya nunca obtengo ninguna satisfacción con nada.
   3. Todas las cosas me aburren o me dejan insatisfecho.
5. 0. No me siento especialmente culpable.
   1. Me siento culpable en muchas ocasiones.
   2. Me siento culpable la mayor parte de las veces.
   3. Siempre me siento culpable.

6. 0. No me parece que vaya a ser castigado.
   1. Me parece que puedo recibir un castigo.
   2. Espero ser castigado.
   3. Siento que ya estoy siendo castigado.

7. 0. No me siento decepcionado conmigo mismo.
   1. Me siento decepcionado conmigo mismo.
   2. Me siento disgustado conmigo mismo.
   3. Me odio a mí mismo.

8. 0. No me parece que yo sea peor que los demás.
   1. Me critico a menudo mis debilidades o mis fallos.
   2. Me reprocho continuamente mis faltas.
   3. Me reprocho todas las cosas malas que me ocurren.

9. 0. Nunca se me ha ocurrido la idea de matarme.
   1. Me vienen ideas de matarme pero nunca lo haría.
   2. Me gustaría matarme.
   3. Me mataría si tuviera la ocasión.

10. 0. No lloro más de lo corriente.
    1. Lloro más de lo que solía.
    2. Lloro continuamente.
    3. Antes solía llorar, pero ahora no puedo hacerlo, ni siquiera cuando lo necesito.

11. 0. No me irrito ahora más de lo habitual.
    1. Me molesto o me irrito más a menudo de lo que solía.
    2. Me siento irritado todo el tiempo.
    3. Han dejado de irritarme las cosas que antes me molestaban.

12. 0. No he perdido mi interés por los demás.
    1. Me interesan menos las demás personas que en otra época.
    2. He perdido casi todo interés por las demás personas.
    3. He perdido todo interés en las demás personas.

13. 0. Tomo decisiones con la misma facilidad de siempre.
    1. Pospongo la toma de decisiones más que en otra época.
    2. Me resulta más difícil tomar decisiones que antes.
    3. No puedo tomar decisiones de ninguna clase.

14. 0. No me parece que mi aspecto sea peor de lo habitual.
    1. Me preocupa mi aspecto envejecido o poco atractivo.
    2. Siento que se han producido cambios permanentes en mi aspecto que me afean.
    3. Creo que mi aspecto es horroroso.

15. 0. Puedo trabajar aproximadamente tan bien como antes.
    1. Me cuesta más esfuerzo empezar a hacer cualquier tarea.
    2. Tengo que forzarme al máximo para hacer cualquier cosa.
    3. No consigo trabajar de ninguna forma.

16. 0. Duermo tan bien como de costumbre.
    1. No duermo tan bien como solía.
    2. Me despierto una o dos horas antes de lo habitual y me cuesta mucho volver a dormirme.
    3. Me despierto varias horas antes de lo que solía, y no consigo volver a conciliar el sueño.

17. 0. No me siento más cansado que de costumbre.
    1. Me canso más fácilmente de lo que solía.
    2. Me cansa hacer casi cualquier cosa.
    3. Estoy demasiado cansado para hacer cualquier cosa.

18. 0. Mi apetito no es peor de lo usual.
    1. Mi apetito no es tan bueno como solía.
    2. Mi apetito ha empeorado notablemente.
    3. No tengo apetito nunca.

19. 0. No he perdido mucho peso, si he perdido algo, últimamente.
    1. He perdido más de 2 kilos.
    2. He perdido más de 4 kilos.
    3. He perdido más de 6 kilos.

    Estoy intentando perder peso conscientemente, comiendo menos.
    Sí .... No ....

20. 0. No estoy más preocupado por mi salud que de costumbre.
    1. Me preocupan problemas físicos, tales como dolores, jaquecas, digestiones pesadas o estreñimiento.
    2. Estoy muy preocupado por problemas físicos, hasta el punto de que me resulta difícil pensar en otras cosas.
    3. Estoy tan preocupado por mis problemas físicos que no puedo pensar en nada más.

21. 0. No he experimentado ningún cambio reciente en mi interés por el sexo.
    1. Me interesa menos el sexo de lo que solía.
    2. Estoy mucho menos interesado en el sexo ahora.
    3. He perdido todo interés por el sexo.

4. ¿SOY UNA PERSONA CON AUTO-CONTROL? ¿POSEO LA SUFICIENTE AUTO-AFIRMACIÓN PARA ENCONTRARME BIEN Y LOGRAR LO QUE QUIERO?

Como hemos comentado al comienzo de este anexo, la auto-afirmación, el auto-control es indispensable para mantenerse equilibrado, encontrarse bien y prevenir desarreglos psicológicos. Un concepto que tenemos que tener claro para desarrollar y presentar una mayor auto-estima y auto-control es la asertividad.

La asertividad es la capacidad para expresar opiniones, sentimientos y emociones sin ansiedad y sin agresividad. En otras palabras, para expresar lo que la persona siente y piensa sin temor y/o agresividad. Las habilidades sociales son un grupo de recursos aprendidos para desenvolverse en ambientes sociales o interpersonales que pueden o no ser familiares, sin manifestar síntoma alguno de incomodidad. Sin embargo, hay que tener en cuenta que las situaciones depresivas o muy estresantes afectan en gran medida al concepto que uno tenga de sí mismo y la apertura social, y por tanto su desempeño en el trato social. Por otra parte, la capacidad de manejo de situaciones sociales constituye un factor de invulnerabilidad a padecer problemas en el estado de ánimo.

Ofrecemos a continuación un test de *Auto-Afirmación* y *Cuestionario de Auto-Control.* Con las respuestas que usted dé, podrá valorar hasta qué punto debe mejorar o no su Auto-Afirmación y Auto-Control.

Test de Auto-Afirmación

¿Hasta qué punto se afirma usted en la discusión con otras personas? ¿Es usted directo, abierto y expresivo o se deja avasallar por los demás?

Responda Sí o No a las preguntas.

Luego analice cada cuestión por separado para buscar cómo podría haber sido más afirmativo. (Un Sí en las preguntas 1, 4, 5, 6, 9,12,13,14,15,16,17,18,19, 20, 21, 22, 23, 24, 25, 27, 28, 29, 30 y un No en las preguntas 2, 3, 7, 8, 10, 11, 22, 26 indican un comportamiento afirmativo.) La autoafirmación no constituye un rasgo global del carácter, sino que parece depender de la situación y de la persona a la que usted se enfrenta.

Cuestionario de Auto-Afirmación

Sí o No

1. Cuando una persona se comporta con una grosería ostentosa, ¿normalmente, le hace alguna observación al respecto?
2. ¿Evita siempre cuidadosamente el problema con otras personas?
3. ¿Evita a menudo el contacto social, por miedo a hacer o decir algo equivocado?
4. Si un amigo traiciona su confianza en él, ¿le dice lo que piensa realmente?
5. Si comparte apartamento con otra persona, ¿insiste en que el otro se encargue de la mitad efectiva de la limpieza?
6. Cuando el dependiente de una tienda atiende a alguien que ha llegado después que usted, ¿le llama la atención al respecto?
7. ¿Son muy pocas las personas con las que se siente relajado y puede pasar un buen rato?
8. ¿Tendría muchos reparos en pedir prestada a un buen amigo una pequeña suma de dinero?
9. Si una persona a la que usted ha prestado una pequeña suma de dinero parece haberlo olvidado, ¿se lo recordará?
10. Si una persona lo molesta insistentemente, ¿tiene dificultades para hacerle notar su fastidio o su disgusto?
11. ¿Permanecerá de pie al fondo de una sala abarrotada o buscará un asiento libre en la parte delantera?
12. Si alguien da golpecitos en el respaldo de su butaca en un cine, ¿le pide usted que deje de hacerlo?
13. Si un amigo tiene la costumbre de telefonear todas las noches a una hora muy avanzada, ¿le pedirá que no llame después de determinada hora?
14. Si su interlocutor se pone a hablar con otra persona a mitad de su conversación, ¿le expresa usted su irritación?
15. En un restaurante de lujo, si usted ha pedido un filete hecho y lo encuentra crudo, ¿pide al camarero que lo pasen un poco más?
16. Si el propietario de su apartamento olvida efectuar algunas reparaciones necesarias después de prometerle hacerlo, ¿insiste usted en el tema?

17. ¿Devuelve usted un artículo defectuoso que compró varios días antes?
18. Si alguien a quien usted respeta expresa unos puntos de vista de los que usted discrepa profundamente, ¿se arriesga a exponer su propia opinión?
19. ¿Usualmente, es usted capaz de decir «no», si la gente le hace peticiones poco razonables?
20. ¿Piensa que la gente debe luchar por sus derechos?
21. ¿Protesta, cuando alguien pretende pasar delante de usted en una cola?
22. ¿Tiende usted a excusarse hasta un punto excesivo?
23. Un amigo lo critica sin razón. ¿Le expresará abiertamente su reacción?
24. ¿Es usted capaz de contradecir a una persona dominante?
25. Si se entera de que una persona está haciendo correr falsos rumores sobre usted, ¿acudirá a ella para corregir la situación?
26. ¿Se guarda habitualmente sus opiniones para sí mismo?
27. ¿Es usted capaz de expresar abiertamente el amor y el afecto que siente por las personas?
28. ¿Les dice a sus amigos que está preocupado por ellos?
29. ¿Toma la iniciativa de cortar llamadas telefónicas, cuando está muy ocupado?
30. Si después de salir de una tienda se da cuenta de que le han dado menos cambio del que correspondía, ¿vuelve, para corregir el error?

Puesto que las demás personas tienen una influencia considerable en una autoobservación eficaz, he aquí algunos consejos sobre cómo estimular a los amigos y conocidos a prestar el apoyo adecuado:

1. Pídales que tomen en serio sus esfuerzos; que no bromeen sobre ellos ni los critiquen.
2. Dígales que no le den consejos constantemente sobre lo que ha de hacer para cambiar su comportamiento.
3. Pídales que eviten controlar sus progresos o ponerlos a prueba.
4. Pídales que reconozcan y alaben sus esfuerzos para cambiar.
5. Anímelos a que ignoren sus recaídas temporales y a que nunca critiquen momentáneos «deslices» en su control.
6. Explíqueles exactamente lo que deben decir o hacer para ayudarlo.
7. Recuérdeles que es usted quien debe tener la responsabilidad sobre su propia vida.
8. Pídales una actitud positiva y de estímulo.

Cuestionario de Auto-Control, de Rosenbaum

Cada apartado puntúa en una escala simple que va desde +3 hasta –3, según el sistema descrito en el propio cuestionario. Este sistema de puntuación varía desde «muy característica de mí, extremadamente descriptiva» hasta «muy poco característica, nada descriptiva». Los apartados señalados con un asterisco contienen una formulación negativa, de modo que el valor + o – debe invertirse. Indicaciones: señale hasta qué punto es característica o descriptiva de su forma de ser cada una de las afirmaciones siguientes, utilizando la clave que se indica a continuación.

+ 3 característica de mí, extremadamente descriptiva.
+ 2 bastante característica de mí, se ajusta bastante.
+ 1 característica, en algún aspecto, ligeramente descriptiva.
– 1 menos característica en algún aspecto, se ajusta mal a mi descripción.
– 2 improbable en mí, no se ajusta a mi descripción.
– 3 muy poco característica de mí, nada descriptiva.

1. Cuando realizo un trabajo aburrido, pienso en sus partes menos aburridas y en el alivio que sentiré cuando lo termine.
2. Cuando tengo que hacer algo que me supone una gran tensión y ansiedad, intento imaginar cómo superaré esa ansiedad en el momento de hacerlo.
3. A menudo, consigo, cambiando de punto de vista y pensando en las cosas de otra manera, cambiar también de sentimientos respecto a casi todo.
4. Suelo encontrar dificultades para superar mis sentimientos de nerviosismo y de tensión sin ayuda exterior*.
5. Cuando me siento deprimido, intento pensar en cosas agradables.
6. No puedo evitar pensar en los errores que he cometido en el pasado *.
7. Cuando me enfrento a un problema intento abordar su solución de una manera sistemática.
8. Normalmente realizo mi trabajo más deprisa si alguien me urge a acabar pronto *.
9. Cuando me enfrento a una decisión difícil, prefiero posponer mi decisión aunque tenga todos los datos a mi disposición.
10. Cuando encuentro dificultad en concentrarme en la lectura, busco formas de aumentar mi concentración.
11. Cuando me dispongo a trabajar, retiro todas las cosas irrelevantes para el trabajo que voy a efectuar.

12. Cuando intento liberarme de un hábito nocivo, lo primero que hago es intentar descubrir todos los factores que mantienen ese hábito.
13. Cuando me asalta una idea desagradable, intento pensar en algo agradable para contrarrestarla.
14. Si fumase dos paquetes de cigarrillos diarios, probablemente necesitaría ayuda externa para dejar de fumar *.
15. Cuando me siento deprimido, intento parecer alegre ante los demás para que mi estado de ánimo cambie realmente.
16. Si tuviese tranquilizantes siempre a mano, los tomaría cada vez que me sintiese nervioso o en tensión *.
17. Cuando me siento deprimido, intento ocuparme en cosas que me gustan.
18. Tiendo a aplazar los trabajos desagradables, incluso cuando puedo realizarlos inmediatamente *.
19. Necesito ayuda externa para erradicar algunos de mis malos hábitos.
20. Cuando encuentro difícil estarme quieto para hacer algún trabajo, busco procedimientos que me ayuden a concentrarme.
21. Por más que ello me deprima, no puedo evitar pensar en toda clase de catástrofes posibles que pueden sobrevenirme en el futuro *.
22. Prefiero terminar primero el trabajo que tengo que hacer, y empezar después a dedicarme a las cosas que realmente me gustan.
23. Cuando me duele alguna zona del cuerpo, procuro no pensar en ello.
24. Mi autoestima aumenta cada vez que consigo superar un mal hábito.
25. Con el fin de superar los sentimientos de decepción que acompañan a un fracaso, me digo a menudo a mí mismo que la situación no es tan catastrófica y que podré hacer algo para remediarla.
26. Cuando me parece que estoy actuando de una forma excesivamente impulsiva, me digo a mí mismo: «párate y piensa, antes de hacer nada».
27. Incluso cuando estoy muy irritado con alguien, reflexiono con mucho cuidado sobre lo que voy a hacer y decir.
28. Ante la necesidad de tomar una decisión, normalmente busco todas las alternativas posibles en lugar de decidirme rápidamente y de forma espontánea.
29. Por lo general, hago primero las cosas que realmente me gustan, incluso cuando hay pendientes otras más urgentes *.
30. Cuando me doy cuenta de que llegaré tarde sin remedio a una cita importante, me digo a mí mismo que debo mantener la calma.
31. Cuando algo me duele, trato de pensar en cosas diferentes.
32. Si tengo varias cosas diferentes que hacer, procuro normalmente planificar mi trabajo.
33. Cuando ando escaso de dinero, anoto todos mis gastos para administrar cuidadosamente mis fondos en el futuro.

34. Si encuentro difícil concentrarme en un trabajo determinado, divido ese trabajo en porciones más pequeñas.
35. A menudo, no soy capaz de superar los pensamientos sombríos que me asaltan.
36. Cuando tengo hambre y no puedo comer, intento pensar en cosas que no tengan nada que ver con mi estómago o me imagino que estoy harto de comida.

El reconocimiento y control de las pautas de pensamiento que inducen a la pérdida del control resulta crucial en la lucha contra los hábitos, compulsiones y adicciones. Las ideas negativas, las dudas y las autoexcusas deben identificarse como saboteadores, y afrontarse con un tipo de pensamientos más adecuados orientados hacia un objetivo. Si escucha cuidadosamente lo que se dice a sí mismo, o lo que piensa sin expresarlo al enfrentarse a la tentación, estará a tiempo para intentar una reprogramación de su mente. Las frases siguientes corresponden a la charla consigo mismo de un jugador que tiene problemas para ser consecuente con sus propósitos. Si llega a ser consciente de esa charla «no controlada», no podrá contrarrestarla utilizando los argumentos «controlados» que aparecen en la segunda columna.

Argumentos «incontrolados»	*Argumentos «controlados»*
1. Sencillamente, no tengo bastante fuerza de voluntad para dejar el juego.	1. No existe la fuerza de voluntad, es cuestión de planificarse mejor o peor. Si utilizo las técnicas de autoobservación que he aprendido, tendré éxito.
2. La vida me da tan pocas satisfacciones, que me merezco un rato de distracción, jugando.	2. A largo plazo, el juego no proporciona ningún placer. Acabo endeudado y tengo problemas con mi familia.
3. Una pequeña apuesta no puede perjudicarme.	3. Sí que lo haré. He dicho lo mismo cientos de veces y nunca he sido capaz de parar después de la primera apuesta. Soy un jugador compulsivo y debo dejar el juego totalmente.

4. Si no fuera por la tensión que me acarrea mi trabajo, podría controlar mis hábitos con mucha más facilidad.	4. Mucha gente padece una tensión similar a la mía. Además, puedo aprender a relajarme por mí mismo y afrontar mejor mi trabajo.

5. TÉCNICAS RÁPIDAS, RECOMENDABLES PARA EVITAR EL MALESTAR FÍSICO Y PSÍQUICO: LAS TÉCNICAS DE AUTO-CONTROL A TRAVÉS DE LA RELAJACIÓN

El objetivo fundamental de los métodos de relajación consiste en la producción bajo el control del propio sujeto, de estados de baja activación del sistema nervioso autónomo. Estos estados de baja activación se logran como una consecuencia del establecimiento de determinadas actitudes y actividades cognitivas. Su logro repercutirá en un mayor autocontrol de sus conductas emocionales, comportamentales e intelectuales. Usted *no* debe intentar esforzarse en lograr directamente la relajación. Toda actitud de esfuerzo o de mantenimiento de una expectativa de logro de «relajación» va a ser contraproducente ya que contribuirá a producir un estado exactamente opuesto a lo que se pretende.

La actitud básica debe consistir en la eliminación de toda expectativa de «tener que hacer» o «tener que lograr». Debe centrarse en las tareas que a continuación se describen poniendo toda la atención posible en su realización y consecuentemente tratando de evitar cualquier tipo de representación ajena a la tarea.

Se debe confiar en que la relajación se producirá como un efecto colateral a la realización de la tarea.

Un ejercicio de relajación es preferible hacerlo en una habitación con poco ruido y poca luz, preferiblemente en una postura de decúbito supino sobre una cama. Sin embargo, algunos de ellos pueden hacerse sentado y en condiciones de ruido y luminosidad variables.

a) *Método de Representaciones Numéricas*

Representar mentalmente el número 10.000 preferiblemente de forma que quede dibujado como en una pizarra en el campo de conciencia. Restar dos unidades del número anterior, y representar el número resultante, esto es el 9.998. Restar otras dos unidades y representar el número resultante siguiente. Realizar esta actividad reiterativamente durante 15 minutos.

b) El doctor Herbert Benson, uno de los científicos que iniciaron el estudio de la meditación trascendental, ha intentado desmitificarlo proporcionando las siguientes instrucciones sencillas para conseguir la relajación. Ofrecemos a continuación su método:

1. Sentarse en silencio en una postura cómoda.
2. Cerrar los ojos.
3. Relajar a fondo los músculos, empezando por los pies y progresando hasta los músculos de la cara. Mantenerlos relajados.
4. Respirar por la nariz. Tomar conciencia de la respiración. Al aspirar, decirse a sí mismo la palabra «UNO», etc. Respirar con naturalidad, no profundamente.
5. Continuar durante diez a veinte minutos. Pueden abrirse los ojos, para comprobar el tiempo, pero no utilizar un despertador u otro sistema de alarma. Al terminar, permanecer sentado durante algunos minutos más, primero con los ojos cerrados y después, abiertos. No levantarse hasta que hayan pasado algunos minutos.
6. No preocuparse por conseguir un nivel de relajación profunda. Mantener una actitud pasiva y dejar que la relajación se presente según su propio ritmo. Si aparecen pensamientos perturbadores, debe intentar ignorarlos no ocupándose de ellos y volviendo a repetir «UNO». Con la práctica, la respuesta sobrevendrá sin apenas esfuerzo. Debe practicarse esta técnica una o dos veces al día, pero no durante las dos horas siguientes a una comida, porque los procesos digestivos interfieren en el surgimiento de la respuesta relajante.

c) *Método de Relajación Muscular*

Esta técnica de relajación comprende unos ejercicios muy sencillos y precisa en total unos veinte minutos de desarrollo. Muchas personas la han encontrado útil para afrontar de modo específico sentimientos de ansiedad y nerviosismo, pero también constituye una forma eficaz de relajarse después de un día agotador. Para conseguir mejores resultados, debería escoger un lugar en el que pueda estar tendido. Es importante completar los ejercicios sin quedarse dormido, aunque probablemente deseará dormir al terminar el período de relajación.

Para empezar, afloje cualquier tipo de ropa que lo apriete, y quítese los zapatos. Ahora tiéndase. A lo largo de los ejercicios relajará progresivamente cada parte de su cuerpo, empezando por los pies y acabando por los músculos de la cara.

Por todas las partes del cuerpo se aplican las mismas instrucciones. Son:

Ponga en tensión la parte de su cuerpo. Mantenga la tensión hasta contar 5. Mientras cuenta, procure aumentar la tensión: 1, 2, 3 —más fuerte—, 4 —un poco más fuerte—, 5.

Inspire profundamente, y al espirar libere la tensión. Repítase: relájate, relájate, relájate.

Ahora cierre los ojos y concéntrese sucesivamente en cada parte de su cuerpo. En cada fase, tense y relaje los músculos según las instrucciones.

Pies. Engarfie los pies y ténselos vigorosamente. Relájelos.

Tobillos. Dirija las puntas de los pies hacia su cuerpo y tense los músculos de las pantorrillas. Relájese.

Nalgas. Empuje las nalgas contra la silla, sofá, cama o suelo. Relájese.

Abdomen. Tense el abdomen como si esperara encajar un puñetazo en el estómago. Relájese.

Pecho. Tense los hombros apretando las palmas de las manos una contra otra. Relájese.

Hombros. Tense los hombros encogiéndolos tan altos como pueda. Relájese.

Garganta. Tense la garganta hundiendo la barbilla en el pecho. Relájese.

Nuca y cabeza. Presione con la nuca y la cabeza contra la parte posterior de los hombros. Relájese.

Cara. Estire los músculos de la cara hacia arriba con toda la fuerza que pueda. Relájese.

Ahora, con los ojos todavía cerrados, experimente la energía que su cuerpo le está proporcionando: un sentimiento de potencia y calor, tal vez incluso un leve hormigueo. Finalmente, vuelva a cada parte de su cuerpo. Dígale sencillamente que se relaje, cinco veces. No tense los músculos. Intente conseguir una relajación más profunda. A medida que repite la palabra «relájate», deje que su mente se vacíe por sí misma de pensamientos.

6. ¿QUÉ ES LA INTELIGENCIA? ¿POR QUÉ SOMOS INTELIGENTES? FACTORES QUE CONTRIBUYEN

La inteligencia de una persona la constituye un conjunto de variables (atención, capacidad de observación, de asociación, memoria, aprendizaje, información, habilidades sociales, etcétera), que le permiten enfrentarse al mundo, cualquiera que sea el contexto y solucionar los problemas con eficacia y productividad.

La aptitud que presenta la persona para actualizar sus posibilidades y obtener el máximo fruto de sus capacidades depende en gran medida de dónde se encuentre focalizada su atención y de su grado de concentración en el procesamiento de la información. La claridad y adecuada selección en dicho procesamiento conducirá a una mayor exactitud y objetividad en la puesta en práctica de lo procesado. En otras palabras, el rendimiento que obtengamos en nuestras actividades diarias dependerá en gran medida de *la atención* que le prestemos y de la *capacidad de concentración* que manifestemos. Pero hay que tener en cuenta que, para presentar un rendimiento adecuado, *intervienen muchas otras funciones* como, por ejemplo, un estado emocional estable, una buena salud psico-física, un nivel de activación normal, etc., que han sido ya analizados a lo largo de esta enciclopedia y en este mismo anexo.

La inteligencia y las aptitudes se miden con la ayuda de tests mentales que tienen un valor predictivo para las situaciones en la vida corriente en las que aquéllas entren en acción.

Los principales tests de inteligencia son:

Test de inteligencia para niños

Los tests de inteligencia para niños son muy numerosos. Unos exploran la inteligencia de diferentes edades, otros se limitan a niños de una edad determinada. Los más usados en la práctica son:

— El test de Binet-Simon y sus revisiones. Test individual que comprende preguntas de naturaleza muy diversa, la notación es en edad mental. Sus revisiones, en particular la Revisión Stanford de TERMAN, y la Nueva Revisión Stanford de TERMAN y MERRILL, que casi lo han reemplazado, permiten calcular el cociente intelectual.

— El test de Wechsler para niños (WISD). Prueba individual, constituida por una serie de tests paralelos; la media de los resultados permite apreciar la inteligencia general. El resultado se anota en unidades equivalentes a la desviación típica, y se relaciona con la edad cronológica del niño.

— Los tests de Gesell. Están destinados a la medida de inteligencia de los niños en edad preescolar, desde el nacimiento. Implican pruebas muy variadas, con frecuencia motrices, y permiten la determinación de la edad mental y del cociente de desarrollo. Son muy empleados en pediatría.

Test de inteligencia para adultos

Pueden ser de aplicación individual o colectiva. Por lo demás, pueden consistir en una prueba única, fuertemente saturada en factor general, o bien en una batería de pruebas diversas, siendo proporcionada la medida de la inteligencia general por la media de los resultados.

— La escala de inteligencia de Wechsler-Bellevue está constituida por una batería de diez pruebas individuales. La nota se expresa en desviación típica (aunque impropiamente se la denomine cociente intelectual). Es el test de inteligencia más empleado en clínica. Hoy día tiende a ser reemplazado por una revisión conocida por WAIS, basada en el mismo principio.

— Los tests de factor g son pruebas por lo general aplicables colectivamente, en las que el sujeto debe descubrir relaciones de educación de distinta dificultad. Estas relaciones son presentadas casi siempre en forma no verbal (cifras, dibujos). Los más conocidos son el de las *Matrices progresivas 38*, y el test *D 48*, entre otros.

Tests de aptitudes

La mayor parte de los tests modernos están basados en los resultados del análisis factorial y, por tanto, tienden a medir un factor en estado tan puro como sea posible. Han sido aislados gran número de factores y existe uno o varios tests para cada uno de ellos. Las «Baterías» (conjunto de tests) de pruebas permiten medir, simultáneamente, varios factores en el mismo individuo, y de esta forma poder establecer un perfil de sus aptitudes.

El empleo de tests mentales permite poner en evidencia la evolución de la inteligencia y de las aptitudes en función de la edad. Si se consideran los resultados medios de grupos de diferentes edades, se comprueba un aumento de los resultados desde el nacimiento hasta los 20-25 años y, después un descenso lento en el adulto. Este descenso del adulto ha sido llamado deterioro fisiológico. Un examen más atento muestra que la edad a la que se alcanza el máximo rendimiento y la rapidez del descenso varían según el test considerado. De una forma general, puede decirse que las pruebas que utilizan tareas no verbales, recurriendo a la rapidez o a factores perceptivos, alcanzan su máximo antes y decrecen rápidamente. Las pruebas que utilizan un material verbal muestran, por el contrario, una gran resistencia, y los tests de vocabulario no acusan una baja de resultados, al menos, para los niveles elevados, más que a partir de los sesenta años. La existencia del deterioro fisiológico obliga a tomar muestras para los tests de inteligencia y de aptitudes destinados a los adultos sobre grupos de edad idéntica a la del sujeto estudiado, del mismo modo que se hacía en los niños durante el período de crecimiento.

Además de la diferencia en el decrecimiento de las aptitudes, su estructura se va modificando con la edad. El interés del problema aumenta a causa del desarrollo experimentado por la gerontología y la geriatría. Por otra parte, la «rapidez de descenso» varía no sólo según la aptitud considerada, sino también para una misma aptitud, según el nivel inicial. Generalmente hablando, el descenso es tanto más reducido cuanto mayor es el nivel inicial. Así, se observa que la desviación típica de la distribución para una aptitud aumenta cuando se consideran grupos de edad progresivamente creciente.

En las líneas que siguen, le ofrecemos una serie de ejercicios de activación y mejora de la atención, concentración, memoria, razonamiento, y abstracción numérica, variables esenciales para el desarrollo de su inteligencia. Estos ejercicios son simples directrices que le servirán de punto de referencia para que usted mismo pueda preparar otros análogos para incrementar el rendimiento de dichas variables cognitivas. Recuerde que con la inteligencia no se nace, se hace. *Depende de usted* el que su capacidad intelectiva sea cada vez mayor y más potente.

1. Ejercicios para la activación del razonamiento

¿Qué número debe estar en la cuarta fila, y dónde? Escríbalo.

		2	
	4		
	7		

2. Ejercicio para la recuperación del razonamiento

- Deduzca la figura geométrica que debe ir en el cuadro en blanco y dibújela:

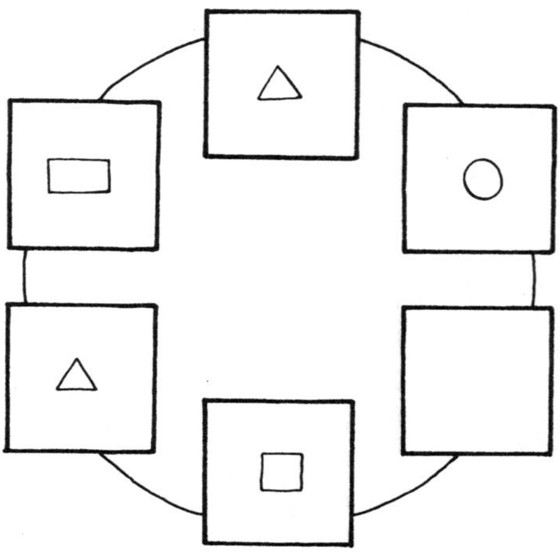

1. Ejercicios para la activación de la atención

A) Mire atentamente la ilustración durante un minuto.
B) Ocúltela.
C) Trate de representar en un dibujo todo lo que en ella aparecía:

D) Compruebe, con la ilustración, si lo ha representado todo.
E) Escriba lo que olvidó:

....

....

....

Si usted ha olvidado más de 5 objetos del dibujo le recomendamos que haga ejercicios de atención observando los objetos que tiene a su alrededor (casa, cuarto, escaparates), tratando luego de reproducirlos mentalmente o por escrito.

2. Ejercicios para la activación de la atención

Coloque dentro de las figuras
del primer grupo el número
de la figura del segundo grupo
que encaje.

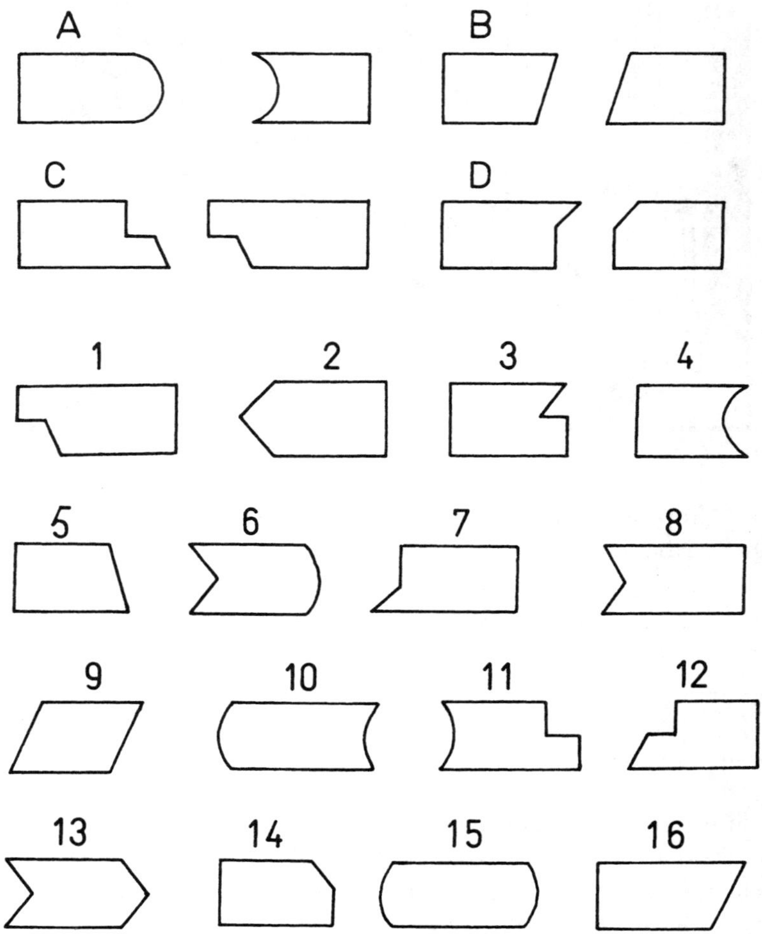

3. Ejercicios para la activación de la atención

A) Busque las figuras que sean iguales.
B) Anote las veces que se repite cada figura.
C) Tiene de tiempo tres minutos para este ejercicio.

4. Ejercicios para la activación de la atención

A) Busque los símbolos que hay de cada tipo.
B) Anote el total de elementos de cada símbolo.
C) Tiene cuatro minutos para este ejercicio.

5. Ejercicios para la activación de la atención

Este ejercicio es parecido al anterior; lo que varía son las letras y los símbolos.
Tiene tres minutos para hacer este ejercicio.

A	B	C	D	E	F	G	H	I
⋔	△	V	⊘	□	⊙	⊔	÷	≲

D	G	F	E	A	B	D	H	C	I	A

H	E	B	G	F	H	C	I	E	A	D

C	B	I	D	E	F	A	E	G	H	B

F	D	H	B	G	H	D	A	C	I	E

En el caso de que haya realizado este ejercicio en menos de tres minutos, puede considerar que tiene una atención visual y una coordinación visomotora adecuada.

6. Ejercicios para la activación de la atención

Sitúese en una habitación o sala; si le es desconocida, mejor. Ponga a prueba sus dotes de observación. Hay que fijarse en el mayor número de detalles de esta habitación o sala, durante cinco minutos.
Salga fuera de la habitación o sala, trate de recordar todos los detalles que pueda.

Anótelos.
Compruebe si se ha equivocado en alguno.

1. ....
2. ....
3. ....
4. ....
5. ....
6. ....
7. ....
8. ....
9. ....
10. ....
11. ....
12. ....
13. ....
14. ....
15. ....

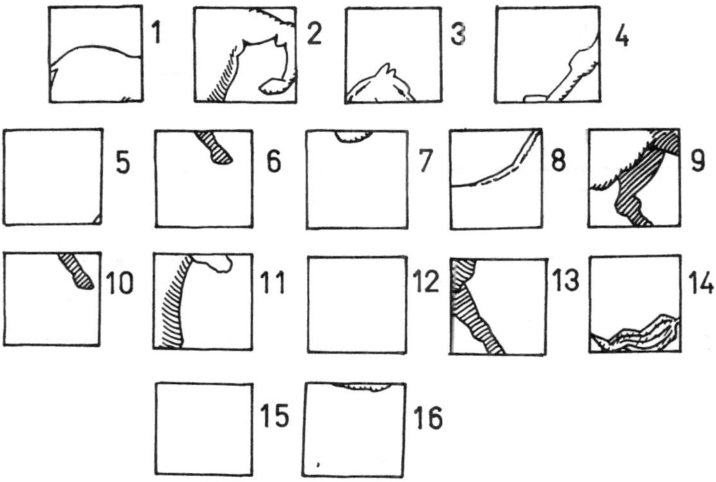

Trate ahora de reproducir la figura gráficamente:

Sitúe en el gráfico inferior derecho el número de cada uno de estos fragmentos, de forma que la resultante sea una figura.

8. Ejercicios para la activación de la atención

A) Busque los cuadros que tengan las figuras iguales y en la misma posición. Señálelas con letras.

B) Coloree las figuras que son iguales del mismo color. Trate de reproducirlas gráficamente.

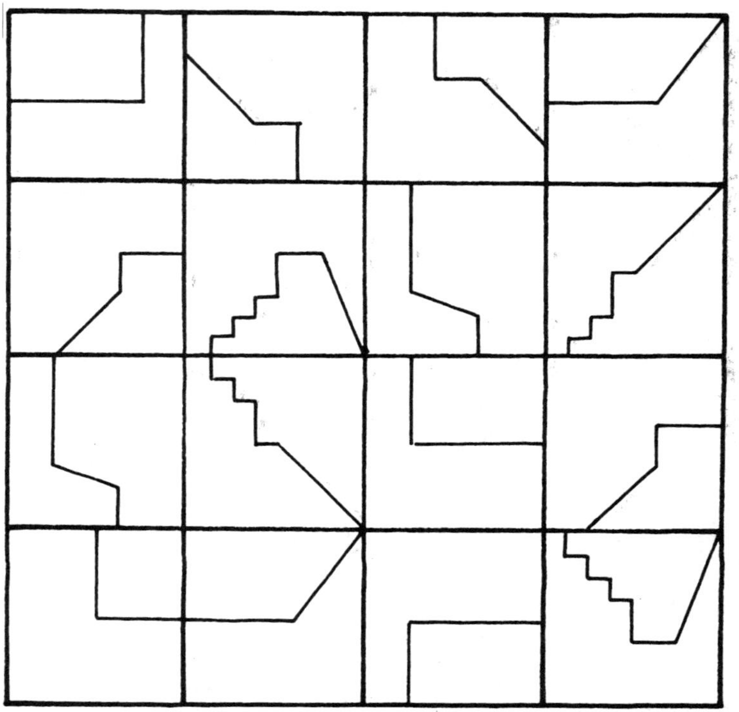

C) Reproduzca aquí las figuras que son iguales, sólo una de cada clase:

9. Ejercicios para la activación de la atención

Fíjese en la serie:

1	3	5	3	1

— Vaya sustituyendo 1 por A, 3 por B y 5 por C.

A	3	5	3	A
A	B	5	B	A
A	B	C	B	A

— Ahora hágalo en:

1	3	5	3	1
A	B	5	B	A
A	3	C	3	A
A	B	C	B	A

— Y ahora sustituya las letras por números.

1	B	C	B	1
1	3	C	3	1
1	3	5	3	1

En el caso de que quiera usted activar la atención, prepare ejercicios análogos a éste, y cronometre su tiempo. Verá que con la práctica su atención se va activando positivamente.

1. Ejercicios para la activación de la función mnemónica

- Memorice la relación *dibujo-palabra* en dos minutos:

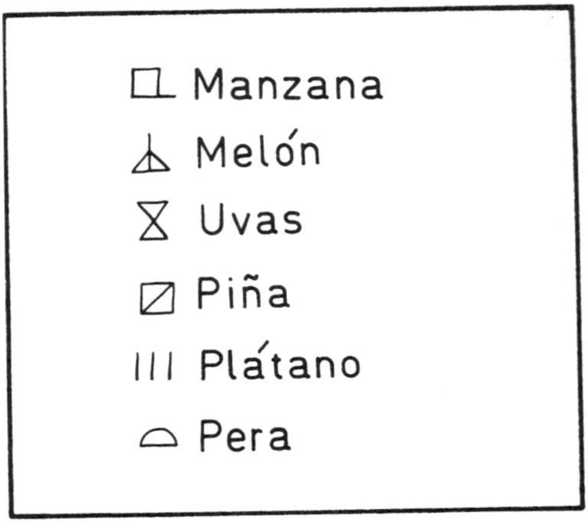

a) Cubra con una cartulina los dibujos y palabras anteriores.
b) Dibuje junto a cada palabra la figura que corresponda en la columna de 1.ª vez.
c) Al terminar el ejercicio la 1.ª vez, coloque en la columna de 2.ª vez las figuras que no haya recordado.

	1.ª vez	2.ª vez
Pera	....	....
Piña	....	....
Melón	....	....
Plátano	....	....
Manzana	....	....
Uvas	....	....

2. Ejercicios para la activación de la función mnemónica

- Cuente las consonantes que hay en total en las palabras siguientes (1 minuto).

Pájaro
Abeto
Trucha
Orangután
Selvático
Abedul
Cacatúa
Álamo
Salmón
Elefante
Encina

a) Número de consonantes:
b) Cubra con una cartulina las palabras y escriba todas las que recuerde:

....

....

- Contabilice los aciertos de a y b (1 punto por palabra acertada).

Aciertos:

3. Ejercicios para la activación de la función mnemónica

- Cubra con una cartulina el cuadro que está en la parte inferior de la página.

  — Lea detenidamente los pares de palabras que figuran a continuación, precedidos de una letra.
  — Dispondrá de dos minutos para tratar de fijarlas en la memoria.
  — Después, cuando se le pida, deberá relacionar cada palabra con su pareja y su letra.

A	Forma	Imagen
B	Éxito	Memoria
C	Fantasía	Globo
D	Creatividad	Idea
E	Color	Alma
F	Conducta	Pensamiento
G	Perspectiva	Tacto

- Cubra con la cartulina el cuadro anterior.
- Escriba la palabra que falta en cada par en un minuto.

D		Idea
F	Conducta	
B		Memoria
A	Forma	
G		Tacto
E	Color	
C		Globo

- Contabilice sus aciertos, comprobando en el cuadro superior.

Aciertos:

1. Ejercicios para la activación de la concentración

a) Haga una lista de las ideas que más frecuentemente lo distraen, indicando en qué momento del día le provocan mayor distracción.
b) Ahora, empiece por la última idea que anotó (la 5.ª). Concéntrese en ella y decida olvidarla cuando llegue el momento del día en que más le distraiga.
c) Relájese, sin pensar en nada. Olvide esta idea.
Se relajará bien, manteniendo:
— la cabeza recostada;
— los brazos caídos naturalmente;
— las manos abiertas y sin fuerza;
— las piernas semiestiradas con la planta de los pies en el suelo;
— las cejas naturalmente caídas;
— la frente sin tensión ni arrugas;
— las mandíbulas flojas y sin presión;
— los labios distendidos y sin tensión.
Descanse, relajado, cada vez más relajado, durante dos minutos.

2. Ejercicios para la activación de la concentración

a) Contabilice, al final, las distracciones que haya tenido:
b) ¿Ha sido capaz de rechazar las ideas que lo distrajeron?
c) ¿Mantiene el control de sus actos durante el día? Es decir, ¿procura pensar sólo y dedicarse por entero a lo que debe hacer en cada momento?
d) Indique las estrategias que más le han concentrado:
....
....
....
e) Mañana realizará, de estos ejercicios, el que prefiera.
f) Cuando le venga un pensamiento que lo distraiga, piense en algo concreto.

1. Ejercicios para la activación de la abstracción numérica

- En los ejercicios que va a realizar, debe trabajar por filas, realizando las multiplicaciones (x) y divisiones (:) que se indican en la primera fila.
  - — El número total de cada fila es el primer factor de la siguiente.
  - — En cada ejercicio la primera fila va de izquierda a derecha, la segunda de derecha a izquierda y la tercera de izquierda a derecha.

A)

		×	×	:	×	:	×	:
	3	4	6	9	3	8	4	=
=	1	3	2	5	4	8	6	
	2	1	6	3	5	9		= 27

B)

		×	×	:	×	:	×	:
	7	4	2	3	7	3	9	=
=	3	2	9	6	2	6	1	
	1	2	8	4	6	3		= 6

2. Ejercicios para la activación de la abstracción numérica

- Deduzca los valores que deben tener **A, B, C** y **D** para que la operación pueda efectuarse y dé el resultado que se indica:

	A	B	B
+	A	A	C
B	C	D	B

A =
B =
C =
D =

Comprobación:

	...	...	...
=	...	...	...
...	...	...	...

3. Ejercicios para la activación de la abstracción numérica

- Haga los siguientes ejercicios con la matriz de cálculo en diagonal:

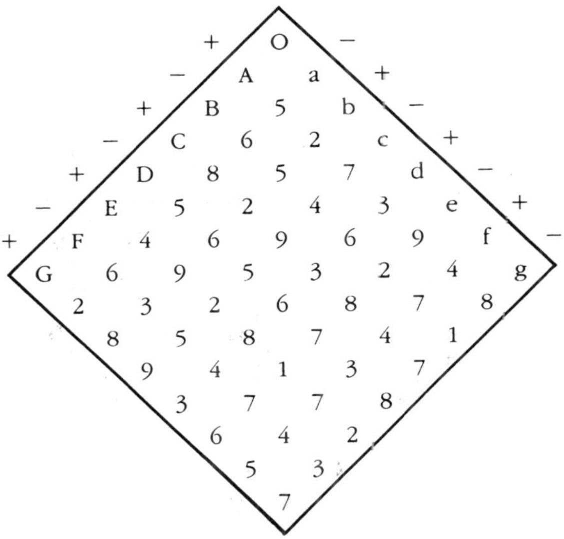

a) Ac / Bd / Ef / Gd / cD =
b) Bc / De / Gf / Ac / Ag / Gb =
c) Dc / Ba / Ec / Gg / Fb =

RESPUESTAS A LOS EJERCICIOS

EJERCICIOS PARA LA ACTIVACIÓN DEL RAZONAMIENTO

Ejercicio n.° 1, pág. 764.
RESPUESTA:

		2	
	4		
	7		
		11	

EJERCICIOS PARA LA ACTIVACIÓN DEL RAZONAMIENTO

Ejercicio n.° 2, pág. 764.
RESPUESTA:

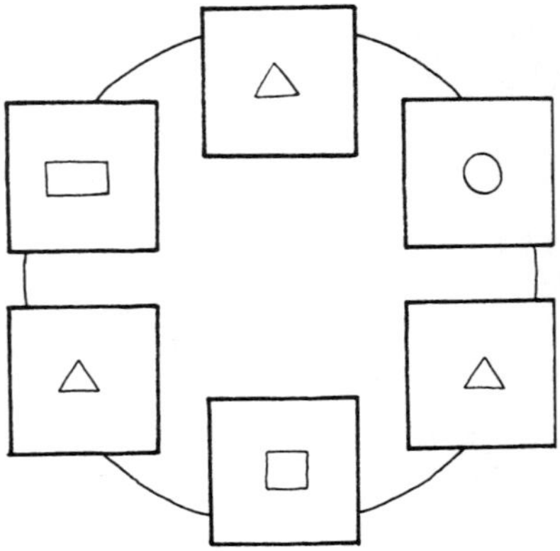

Ejercicio n.° 2, pág. 766.
RESPUESTA:

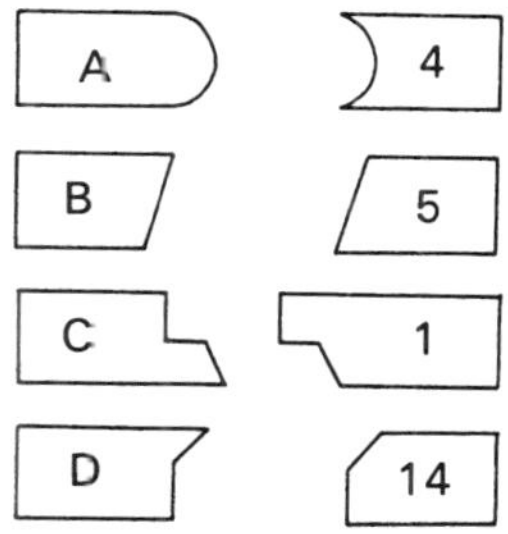

Ejercicio n.° 3, pág. 767.
RESPUESTA:

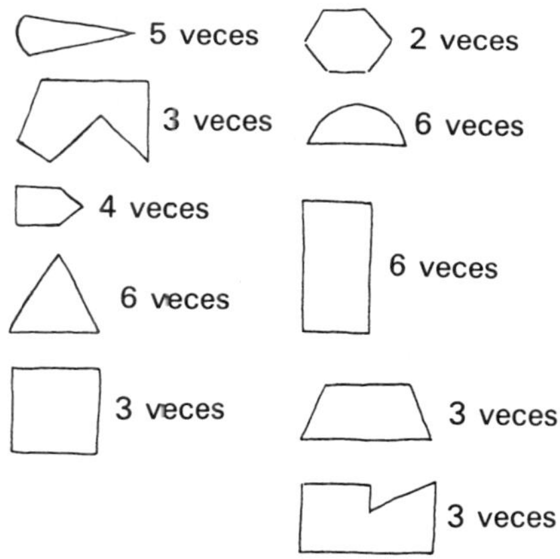

Ejercicio n.° 4, pág. 768.
RESPUESTA:

Ejercicio n.° 7, pág. 771.
RESPUESTA:

12	15	5	3
14	1	8	11
4	2	9	13
7	16	10	6

Ejercicio n.° 8, pág. 772.
RESPUESTA:

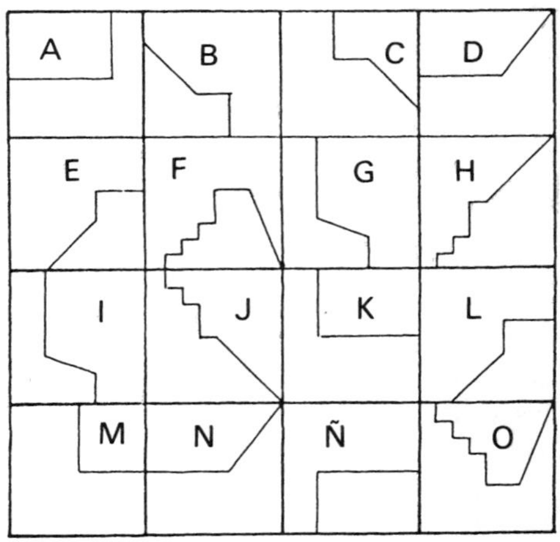

A = K = Ñ
B = C = E = L
D = N
F = O
H = J
G = I
M

Activación función mnemónica

Ejercicio n.° 2, pág. 775.
Respuesta:

Total de consonantes: 38

Activación de la abstracción numérica

Ejercicio n.° 1, pág. 778.
Respuesta:

A)

	×	×	:	×	:	×	:	
	3	4	6	9	3	8	4	= 12
30 =	1	3	2	5	4	8	6	
	2	1	6	3	5	9	3	= 15

B)

	×	×	:	×	:	×	:	
	7	4	2	3	7	3	9	= 2
12 =	3	2	9	6	2	6	1	
	1	2	8	4	6	3	1	= 6

Ejercicio n.° 2, pág. 778.
Respuesta:

A = 5   5 1 1
B = 1
C = 0
D = 6   5 5 0
1 0 6 1

Ejercicio n.° 3, pág. 779.
Respuesta:

Ac / Bd / Ef / Gd / cD / =
–7 / –6 / –7 / =3 / –9 / = –26

Bc / De / Gf / Ac / Ag / Gb /
=4 / =7 / =5 / –7 / –8 / +8 / =9

Dc / Ba / / Ec / Gg / Fb / =
+5 / +6 / –2 / –7 / –3 / = –1

GLOSARIO*

A

Abstinencia, síndrome de. Conjunto de molestias que aparecen en sujetos habituados al consumo de un determinado tóxico, al cesar bruscamente su empleo.

Abulia. Perturbación de la fuerza de voluntad caracterizada por la *apatía* y la incapacidad para tomar iniciativas.

Aburrimiento. Estado emocional de insatisfacción dentro de una existencia que, durante ese período, se percibe como insulsa y sin sentido.

Acrofobia. Fobia a los lugares altos.

Actitud. Tendencia a reaccionar frente a un estímulo tras evaluarlo positiva o negativamente.

Adaptación. Estado en el que el sujeto establece una relación de equilibrio o carente de conflictos con su ambiente social.

Adaptación, síndrome general de. Conjunto de síntomas físicos y psíquicos de carácter negativo que aparecen cuando el sujeto debe enfrentarse a una novedad.

Adrenalina. Hormona cristalizable y levórica segregada por las glándulas suprarrenales, que hace que aumente la presión arterial y la frecuencia del ritmo cardíaco.

Afasia. Perturbación del lenguaje, producida por lesiones cerebrales. No implica deterioro de la inteligencia.

Afectividad. Conjunto de emociones y sentimientos que un individuo puede experimentar a través de las distintas situaciones que vive.

Afectivo, bloqueo. Incapacidad para expresar afectos o emociones, caracterizada a veces por un *estado de estupor.*

Afecto. En líneas generales, sentimiento de especial intensidad, no controlable por la voluntad.

* Los términos en cursiva remiten a otras entradas del Glosario.

Afonía. Incapacidad para hablar, producida por lesiones orgánicas o por una reacción histérica.
Agitación. Estado de inquietud o de actividad continua no enfocada hacia objetivo alguno. Índice de tensión nerviosa.
Agorafobia. *Fobia* a los lugares abiertos o muy concurridos.
Agresividad. Conjunto de reacciones individuales tendentes a la destrucción. Según la psicología positivista y la materialista-dialéctica su génesis se situaría en la *frustración.* Puede canalizarse hacia el afán de triunfo, el deseo de destacar entre los demás y a un incremento de la producción personal y colectiva.
Alcoholismo. Conjunto de trastornos físicos y psíquicos ocasionados por el consumo excesivo y continuado de bebidas alcohólicas.
Alfa, ondas. Ondas del *electroencefalograma,* altas y lentas, que aparecen cuando el sujeto está en reposo, sentado y con los ojos cerrados.
Altruismo. Actitud específicamente humana en la que el interés primordial se centra en lograr el bien ajeno antes que el propio.
Alucinación. Percepción en la que el sujeto tiene conciencia total y plena de una realidad visual o auditiva sin que exista estímulo exterior alguno. Típica de numerosos delirios (*delirium tremens,* por ej.) tóxicos o infecciosos, y de enfermedades psíquicas como la *esquizofrenia.*
Alucinógenos. Sustancias que provocan graves alteraciones de la percepción. También: **estados alucinógenos** de carácter patológico.
Ambiental, Psicología. Parte de la *Psicología aplicada* que estudia los efectos producidos por el hombre sobre el ambiente y viceversa.
Ambiente. *Espacio vital* en el que se desarrolla el sujeto. Conjunto de estímulos que condicionan al individuo desde el momento mismo de su concepción.
Ambivalencia. Presencia simultánea de sentimientos afectos e ideas diametralmente opuestos en un sujeto o una situación.
Amnesia. Pérdida parcial o total de la *memoria.* Se observa en el curso de la mayor parte de afecciones psiquiátricas (histeria, *esquizofrenia,* demencia senil, etc.).
Amor. En líneas generales, sentimiento afectivo intenso que se experimenta hacia otra persona, generalmente del sexo contrario.
Anal, fase. Según Freud, período comprendido entre el segundo y tercer año de edad en el que el niño centra su interés en el control de los esfínteres.
Analítica, Psicología. Escuela psicológica fundada por C. G. Jung, quien introdujo conceptos como el *inconsciente colectivo* o el *arquetipo* en el conocimiento psicológico.
Andropausia. Cese o disminución, a veces sólo temporal, de la actividad sexual en el hombre.
Anfetamina. Fármaco que estimula el *sistema nervioso central.*

Angustia. Clínicamente se define como una reacción de miedo ante un peligro inconcreto y desconocido. Se emplea también como sinónimo de *ansiedad* o para referirse a la expresión más extrema de ésta. En el caso de que se desvirtúe, aumentando en frecuencia e intensidad y se haga crónica, estamos ante una *neurosis de angustia*, o neurosis de ansiedad.

Anorexia nerviosa. Pérdida parcial o total del apetito debida a causas de orden psicológico.

Ansiedad. Estado de inquietud o temor originado como reacción ante un peligro inminente e indeterminado.

Ansiógeno. Factor que genera *ansiedad.*

Ansiolítico. Fármaco que hace desaparecer la *ansiedad.*

Antidepresivo. Fármaco que eleva el tono del ánimo; se usa para combatir la *depresión.*

Apatía. Impasibilidad del ánimo. Estado en el que el sujeto permanece indiferente, y presenta una incapacidad para reaccionar ante situaciones que deberían suscitar emociones o intereses.

Aplicada, Psicología. Rama de la Psicología que se centra en el estudio de los conflictos y problemas de tipo práctico, ocupándose de diversos ámbitos de la actividad, en conexión con otras ciencias como la pedagogía o la lingüística (psicolingüística).

Aprendizaje. Modificación de la *conducta* consiguiente a cualquier tipo de experiencia.

Aprendizaje cognitivo. Proceso activo por el que el sujeto modifica su *conducta*, dándole un carácter personal a lo aprendido.

Aprendizaje de evitación. Conducta por la que se intenta, mediante una acción preventiva, que cese un estímulo desagradable o doloroso, anunciado por una señal.

Aprendizaje de huida. *Conducta* por la que un sujeto intenta, a través de una acción, que cese un estímulo desagradable o doloroso.

Aprendizaje latente. Modificación de la *conducta* que se produce sin que exista motivo aparente. No se manifiesta en el acto, sino que se deduce por conductas posteriores.

Aprendizaje observativo. *Conducta* que se adquiere tras analizar sistemáticamente un fenómeno. (*Imitación.*)

Arquetipo. Según la *Psicología analítica*, imagen primordial de determinadas experiencias humanas que existen en el *inconsciente colectivo* y que se manifiestan en la conciencia a través de símbolos.

Asociación. Proceso mental por el que una idea se asocia espontáneamente a otra.

Aspiración, nivel de. Meta que el sujeto se establece a sí mismo al realizar una tarea determinada.

Astenia. Ausencia de energía; debilidad orgánica.

Asténico, tipo. Según E. Kretschmer, tipo constitucional caracterizado por la delgadez, la altura elevada y la delicadeza. Uno de los *biotipos* fundamentales.

Atención. Capacidad mental para fijarse en uno o varios aspectos de la realidad y prescindir de los restantes.

Atlético, tipo. Según E. Kretschmer, tipo constitucional robusto.

Autismo. Trastorno mental que afecta especialmente a los niños. El sujeto se aísla del entorno, encerrándose en sí mismo y concediéndole una atención cada vez menor a la realidad que lo rodea.

Automatismo. Disociación entre la *conducta* y la *consciencia*. Conjunto de movimientos que se realizan con carácter inconsciente, fruto del *hábito* o la asociación refleja.

Autosugestión. Proceso generalmente inconsciente, por el que el sujeto se convence a sí mismo de algo.

B

Balbuceo. Perturbación del lenguaje caracterizada por habla vacilante y confusa.

Barbitúrico. Nombre genérico de los fármacos derivados del ácido barbitúrico, de fuerte acción hipnótica.

Batería de test. Conjunto de tests que sirven para medir determinados aspectos de la psicología de un sujeto.

Bella indiferencia. Nombre traducido del francés «Belle indifférence» para designar la indiferencia o ausencia de reacciones emotivas en pacientes con síntomas de *conversión histérica*.

Beneficio primario, secundario. Ventaja o provecho que el sujeto puede sacar de un estado patológico. El primero consiste en la disminución de una tensión interna o en la recuperación de la ternura o la atención del otro. El secundario es más completo; una vez alertado el síntoma, el enfermo no ve el interés que supondría curarse: la curación le plantearía problemas más angustiosos que su enfermedad.

Biotipo. Tipo biológico caracterizado por la constancia de ciertos caracteres físicos y psíquicos.

Bulimia. Sensación anormalmente intensa y a veces irrefrenable de ansia de ingerir alimentos.

C

Cafeína. Tónico estimulante del *sistema nervioso central* y del corazón; intensifica la actividad cerebral, pero su abuso produce arritmia cardíaca, insomnio y cefaleas.

Carácter. Conjunto de características que distinguen a una persona de otra. Usado a veces como sinónimo de *personalidad*.

Carácter, neurosis de. Exageración de determinados rasgos de la personalidad, que provocan trastornos de la conducta.

Caracterología. Término introducido por Wundt para designar parte de la Psicología que clasifica y estudia los diversos caracteres.

Castigo. Pena que impone el padre o educador a un menor para corregir acciones llevadas a cabo por el pequeño y que se consideran incorrectas.

Catalepsia. Trastorno neurológico caracterizado por la pérdida completa de la facultad de modificar voluntariamente el tono muscular, permaneciendo el enfermo en la misma postura en que se le haya colocado.

Catarsis. Liberación, a través de la palabra, de las ideas relegadas al inconsciente por un mecanismo de defensa.

Catatonia. Síndrome psicomotor caracterizado por la pérdida de la iniciativa motriz, tensión muscular cataléptica, presencia de fenómenos paracinéticos (amaneramiento, estereotipia, impulsiones) y un estado mental negativista y de estupor.

Catecolamina. Hormona que activa el *sistema nervioso central*.

Censura. Según Freud, parte de la *psique* que bloquea o enmascara las *pulsiones* prohibidas por el *superyó*.

Central, sistema nervioso. Ver *sistema nervioso central*.

Cerebro, lavado de. Desorganización provocada por el intelecto y las emociones que conduce a la revelación de secretos y falsas confesiones por parte del sujeto, así como a un cambio de sus ideales políticos y morales.

Ciclotimia. Alternancia periódica de fases de *depresión* con fases de manía.

Claustrofobia. *Fobia* a los lugares cerrados.

Cleptomanía. Trastorno en el control de los impulsos, caracterizado por la tendencia patológica a robar objetos que, posteriormente, no se usan para ningún fin práctico o crematístico.

Climaterio. Fase del proceso de envejecimiento sexual en la que la mujer pierde su capacidad reproductora.

Clínica, Psicología. Estudio de las conductas anormales o patológicas.

Cocaína. Alcaloide obtenido de las hojas de la coca. Se emplea como anestésico local. Da lugar a fenómenos tóxicos y a una grave forma de toxicomanía.

Cociente de inteligencia. (c. I.) Es el resultado de la división entre la *edad mental* medida por diferentes *tests* y la edad cronológica.

Colaboración. Tendencia a actuar conjuntamente con los otros, manteniendo un espíritu de solidaridad. Contrario a *competición*.

Compensación. Mecanismo psicológico inconsciente mediante el cual el sujeto intenta contrarrestar su inferioridad real o imaginaria.

Competición. Tendencia a sobresalir entre los demás. Contrario de *colaboración.*

Complejo. Núcleo central de una problemática de tipo neurótico.

Complejo de Edipo. Según Freud, el conjunto de relaciones que se establecen entre el niño y sus padres entre los dos y cinco años, durante la *fase fálica.* El niño se identifica a sí mismo como un ser sexual, y dirige sus deseos amorosos hacia el progenitor de sexo contrario, estableciendo con el otro una conflictiva relación de celos, miedo y sentimientos de culpa. (Del mito griego de Edipo.)

Complejo de Electra. Según Freud, el equivalente en la niña al *complejo de Edipo.* (Del mito griego de Electra.)

Complejo de inferioridad. *Complejo* por el que un sujeto se siente constantemente inferior a los demás, aunque no exista causa alguna que justifique este sentimiento continuo.

Compulsión. Repetición innecesaria de actos, derivada de un sentimiento de necesidad no sometible al control de la voluntad. Se diferencia de las ideas delirantes en que el sujeto que la padece es consciente de lo absurdo de su conducta. En caso de derivar hacia lo patológico da lugar a una neurosis compulsiva.

Conciencia. Ver *consciencia.*

Condensación. Fusión de dos o más personas o conceptos en una sola imagen.

Conducta. Reacción global del sujeto frente a las diferentes situaciones.

Conflicto. Presencia contemporánea, en la misma persona, de dos *motivaciones* de carácter opuesto pero de igual intensidad.

Confusión mental. Disminución de la actividad de la *consciencia,* desde una leve obnubilación hasta el *estado de estupor.*

Consciencia. Estructura de la personalidad en que los fenómenos psíquicos son plenamente percibidos y comprendidos por la persona.

Constitución. Conformación general del cuerpo. Según determinadas corrientes está relacionada con la *personalidad.*

Contratransferencia. Proyección inconsciente de sentimientos del médico hacia el paciente.

Conversión. Transformación de un conflicto inconsciente en manifestaciones somáticas, sensoriales o motoras. Fenómeno típico de la histeria o neurosis de conversión.

Convulsión. Contracción o espasmo muscular involuntario generalizado.

Cortisona. Hormona segregada por la corteza de las glándulas suprarrenales.

Creatividad. Proceso intelectual caracterizado por la originalidad, el espíritu de adaptación y la posibilidad de hacer realizaciones concretas.

Cretinismo. Grave debilidad mental, asociada a un retraso en el desarrollo óseo y debida a un funcionamiento defectuoso de la glándula tiroidea.

Cromosoma. Estructura situada en el interior del núcleo celular. Transmite el código genético, del que dependen los caracteres hereditarios.

Cuestionario. Conjunto de preguntas a las que el sujeto puede responder oralmente o por escrito, cuyo fin es poner en evidencia determinados aspectos psíquicos.

Culpa, sentimiento de. Experiencia dolorosa que deriva de la sensación más o menos consciente de haber transgredido las normas éticas personales o sociales.

D

Daltonismo. Ver *Discromatopsia.*

Debilidad mental. Defecto de la inteligencia debido a un desarrollo retardado o insuficiente de las capacidades intelectuales, motivado por diversas causas prenatales, natales y postnatales.

Defensa, mecanismo de. Método por el que el yo se defiende del ansia, en términos psicoanalíticos. El mecanismo actúa sin que la persona lo perciba.

Delirio. Construcción patológica de un conjunto de ideas que, sin tener relación con la realidad, se acompaña de una firme convicción de su existencia.

Demencia. Pérdida global, progresiva e irreversible de las facultades mentales, debida a alteraciones orgánicas cerebrales.

Dependencia. Aumento, cada vez más intenso, del deseo de consumir una droga.

Dependencia social. Condición del individuo que necesita apoyarse emotivamente en otros. Relación del niño con sus padres.

Depresión. Estado que implica pensamientos dolorosos y pesimistas, una cierta *inhibición* psicomotriz y signos físicos (fatiga, *anorexia*). Se diferencia de la tristeza en que su fuente se encuentra en el psiquismo mismo.

Desdoblamiento de la personalidad. Reacción disociativa por la que el sujeto puede llevar dos o más vidas diferentes sin que la una tenga *conciencia* de la existencia de la otra.

Desorientación. Alteración de la *consciencia,* con pérdida de la orientación de tipo espacial, temporal y de identidad.

Despersonalización. Sensación de no ser uno mismo. Modificaciones en la identidad del yo.

Desplazamiento. Mecanismo de defensa que consiste en desviar la energía que produce un afecto o una emoción de un objeto a otro.
Desviación sexual. Anomalía en la elección del estímulo adecuado para la excitación sexual.
Deterioro mental. Pérdida de algunas de las capacidades intelectuales de la persona.
Dinámica, Psicología. Corriente de la *Psicología* que sostiene que cualquier fenómeno psíquico es puesto en movimiento por fuerzas surgidas desde el interior del individuo.
Discromatopsia. Nombre genérico que agrupa a todas las enfermedades caracterizadas por un trastorno de la visión de los colores.
Dismenorrea. Trastorno en la menstruación, de tipo doloroso.
Disociación. Fenómeno que se produce cuando ciertos comportamientos o pensamientos pierden la relación normal con el resto de la personalidad y actúan de una manera autónoma.
Dispareunia. Coito doloroso.
Distonía vegetativa. Deficiente coordinación de las funciones de las dos grandes vertientes del sistema nervioso vegetativo: simpático y parasimpático. Provoca alteraciones en el funcionamiento orgánico como palpitaciones, sudores, etc.
Droga. Sustancia sintética o natural que modifica temporalmente el estado de *conciencia.*

E

Ectomorfo, tipo. Según W. Sheldon, tipo morfológico alto y delgado.
Edad mental (EM). Nivel de desarrollo intelectual global correspondiente a una determinada edad.
Edipo, complejo de. Ver *Complejo de Edipo.*
Efecto, ley del. Principio por el cual se adquieren sólo las respuestas inmediatamente seguidas de un *refuerzo.*
Efecto placebo. Ver *Placebo, efecto.*
Ego. Ver *Yo.*
Egocentrismo. Exaltación de la propia personalidad, hasta considerarla como centro de la atención y actividad generales. Es frecuente en los niños y adultos inmaduros.
Egoísmo. Afecto excesivo de alguien para consigo mismo, anteponiendo su propia conveniencia a la de los demás.
Electra, complejo de. Ver *Complejo de Electra.*
Electroencefalograma. Registro gráfico de las diferencias de potencial producidas en las células cerebrales.
Ello. Según Freud, zona donde residen los procesos psíquicos más primarios y los impulsos instintivos.

Emoción. Estado afectivo que transforma de un modo momentáneo, pero brusco, el equilibrio psicofísico del individuo.

Empatía. Estado mental en el que un sujeto se identifica con otro grupo o persona, compartiendo el mismo estado de ánimo.

Endomorfo, tipo. Según W. Sheldon, es el tipo corpóreo fláccido y de líneas redondas.

Enuresis. Emisión involuntaria e inconsciente de orina.

Erógena, zona. Parte del cuerpo particularmente sensible a la excitación sexual.

Eros. Dios griego del amor.

Erótico. Relativo a Eros, o sea al amor y el deseo.

ESP. Siglas de las palabras inglesas «Extra-Sensory Perception». Ver *Percepción extrasensorial.*

Espacio vital. Espacio físico y psíquico que todo ser vivo precisa para su normal desarrollo.

Esquema corporal. *Conciencia* global del propio cuerpo.

Esquizofrenia. Grave enfermedad mental, caracterizada por la escisión de la personalidad y por una ruptura de los mecanismos psíquicos normales, lo que provoca una conducta incomprensible y una pérdida del contacto con la realidad.

Estimulante. Fármaco que aumenta la actividad motriz y psíquica.

Estímulo condicionado. Señal neutra que provoca una respuesta adquirida.

Estímulo incondicionado. Señal que provoca una respuesta innata.

Estímulo-respuesta. Teoría que explica los comportamientos globales como un conjunto de reacciones a estímulos precedentes.

Estrés. Estado de tensión del organismo. Efecto de la sobrecarga física y emocional.

Estupor, estado de. Estado particular que se caracteriza por la lentitud psicomotriz y por un comportamiento inerte que se acompaña de un torpor de la conciencia.

Etilismo. Ver *Alcoholismo.*

Etología. Ciencia que estudia el comportamiento animal.

Euforia. Estado de excitación psíquica que se acompaña de un alto tono afectivo.

Exaltación. Modificación del tono afectivo que se caracteriza por sentimientos de euforia.

Exhibicionismo. Tendencia patológica a mostrar en público los órganos genitales.

Experimental, Psicología. Rama de la Psicología que emplea los experimentos controlados y la observación para el estudio del comportamiento.

Éxtasis. Estado particular en el que se modifica la *conciencia* del *yo*, presentándose una intensa sensación de alegría y bienestar.

Extraversión. Según C. G. Jung, característica del individuo «de naturaleza conciliadora», aparentemente abierta y disponible, que se adapta fácilmente a cualquier situación, se relaciona sin problemas y se aventura sin dificultades y con confianza a situaciones desconocidas.
Eyaculación precoz. En el hombre, incapacidad de controlar la excitación sexual, produciéndose una expulsión precoz de semen.

F

Fálica, fase. En esta fase el interés sexual del niño se centra en los órganos genitales. Es cuando surge el *complejo de Edipo.*
Familiar, terapia. Método psicoterapéutico para el tratamiento de familias.
Fantasía. Libre actividad del pensamiento por la cual premisas y conclusiones pueden ignorar la realidad. También mecanismo de defensa por el que las imágenes mentales inventadas producen satisfacciones sustitutivas irreales.
Farmacoterapia psiquiátrica. Tratamiento de las enfermedades y perturbaciones psíquicas a través de *psicofármacos.*
Fase anal. Ver *Anal, fase.*
Fase fálica. Ver *Fálica, fase.*
Fase de latencia. Ver *Latencia, fase de.*
Fase oral. Ver *Oral, fase.*
Fenómeno paranormal. Ver *Paranormal, fenómeno.*
Fetichismo. Trastorno psicosexual consistente en conseguir la excitación sexual a través de un objeto.
Fijación. Vinculación de la *libido* a determinados objetos propios de uno de sus estados evolutivos.
Fobia. Temor angustioso y obsesionante, generalmente de carácter patológico, a algún tipo de estímulo o situación determinados, siempre iguales para el mismo enfermo.
Formación reactiva. Ver *Reactiva, formación.*
Frigidez. Incapacidad femenina de lograr el orgasmo.
Frustración. Situación en la que se halla el sujeto cuando encuentra un obstáculo que no le permite satisfacer un deseo o alcanzar una meta.

G

Gen. Unidad básica de la herencia.
Generalización. En el aprendizaje, fenómeno por el que se obtiene una respuesta a un estímulo, también en presencia de estímulos similares.
Glándulas suprarrenales. Ver *Suprarrenales, glándulas.*

Grupo. Conjunto de personas influidas entre sí y que persiguen un fin común: por ejemplo la familia, un partido político o un equipo de baloncesto.

Grupo, estructura. Las diferentes funciones en un grupo y las relaciones entre ellas.

Grupo, formación del. Proceso mediante el cual de un conjunto desorganizado de personas se obtiene un grupo.

Grupo, terapia de. Tratamiento contemporáneo de numerosos pacientes (de 6 a 12) a cargo de uno o más psicoterapeutas.

H

Habilidad. Capacidad de actuar que se desarrolla gracias al aprendizaje, al ejercicio y a la experiencia.

Hábito. Tendencia a actuar de una manera mecánica, especialmente cuando el hábito se ha adquirido por ejercicio o experiencia. Ver también *Toxicomanía.*

Hachís. Estupefaciente extraído de la *Cannabis sativa.* Provoca euforia y en grandes dosis excitación y alucinaciones.

Heroína. Éter diacético de la *morfina*; posee propiedades sedantes. Se usa como droga provocando graves *toxicomanías.*

Heterosexual. Individuo atraído sexualmente por personas del sexo contrario.

Hipersensibilidad, teoría de la. Teoría que sostiene que cualquiera que sea el efecto de una droga, la abstinencia producirá efectos contrarios. Por ejemplo si es excitante, la abstinencia producirá depresión.

Hipnosis. Estado de alteración de la conciencia inducido en un sujeto cooperante.

Hipnótico. Fármaco que produce un sueño similar al natural. También somnífero.

Hipocondría. Estado caracterizado por una preocupación desmesurada por la salud o por una enfermedad.

Homeostasis. Término que designa la regulación del equilibrio del medio interno y en general de toda la actividad del organismo.

Homosexual. Sujeto cuya afectividad y deseos eróticos se dirigen hacia individuos de su propio sexo.

I

Idea. Producto del pensamiento de muy difícil definición. Puede entenderse como «punto de vista», «opinión», «representación mental de un hecho» e incluso como *arquetipo.*

Identidad. Concepto claro y nítido de uno mismo.
Identificación. Mecanismo psíquico inconsciente que induce a un sujeto a comportarse, pensar y sentir como otro que actúa como su modelo.
Idiocia. Grave forma de insuficiencia mental, congénita o adquirida, tras una lesión cerebral en la primera infancia.
Ilusión. Distorsión del pensamiento, por el que la realidad se percibe de una forma distinta a como es.
Imagen. Representación mental de un objeto, una persona o un acontecimiento.
Imaginación. Facultad de representarse mentalmente objetos, personas, situaciones no presentes en la realidad.
Imbecilidad. Forma de insuficiencia mental, menos grave que la idiocia, pero que impide vivir de un modo autónomo. Oligofrenia de grado medio.
Imitación. Adquisición voluntaria de una conducta observada en otras personas. Elemento fundamental del *aprendizaje*.
Impotencia. Imposibilidad para conseguir o mantener la erección del pene. Con frecuencia está motivada por factores psicológicos.
Impresión. Visión u opinión general de un hecho cualquiera de otro sujeto, que surge de modo inmediato.
Impulso. Tendencia a actuar sin una deliberación previa. Fenómeno contrario a un acto de voluntad.
Inadaptación social. Estado en el que el sujeto establece unas relaciones conflictivas con su entorno social.
Inconsciencia. Estado en el que la capacidad de percepción y de actuar conscientemente están anuladas. El estado más profundo de inconsciencia es el estado de coma.
Inconsciente. Zona «sumergida» de nuestra personalidad, de la que el sujeto no es directamente consciente. Sus contenidos son de naturaleza pulsional (*pulsión*) y su organización está regida por la condensación y el desplazamiento. Sus intentos de acceder a la conciencia son frenados por la *represión* y sólo obtienen éxito en la medida en que, a través de las deformaciones de la *censura*, se producen formaciones de compromiso (sueños, actos fallidos, etcétera). Se compone básicamente de material psicológico procedente de los deseos infantiles.
Inconsciente colectivo. Según Jung, el conjunto de ideas y recuerdos que pertenecen a toda la humanidad y que son fruto de los recuerdos acumulados tras las experiencias de innumerables generaciones.
Infantil, Psicología. Rama de la Psicología que estudia los procesos de desarrollo del niño y su conducta.
Infantilismo. Actitud. Presencia de una conducta infantil en el adulto.
Inhibición. Carencia o disminución de determinados tipos de *conducta*, especialmente de los agresivos.

Inmadurez. Insuficiente grado de desarrollo afectivo que puede darse en personas cronológica e intelectualmente adultas.

Insomnio. Trastorno del sueño caracterizado por la incapacidad para dormir el número de horas suficientes.

Instinto. Impulso o conducta innato que conduce a determinadas acciones según un estímulo dado.

Inteligencia. En líneas generales, capacidad mental para entender, recordar y emplear de un modo práctico y constructivo, los conocimientos en situaciones nuevas.

Introspección. Proceso mental a través del cual el sujeto observa atentamente sus propias experiencias.

Introversión. Según Jung, característica del sujeto de naturaleza lenta, reflexiva y cerrada, que evita el contacto con los otros y se pone fácilmente a la defensiva.

Introyección. *Mecanismo de defensa* por el que se hacen propios rasgos de la personalidad de un sujeto.

Intuición. Forma de conocimiento directo caracterizada por la inmediatez y la contemporaneidad.

L

Labilidad. Estado emotivo caracterizado por una alteración del control consciente de las reacciones emotivas.

Latencia, fase de. Según Freud, fase del desarrollo del niño en el que la sexualidad permanece más o menos adormecida. Se extiende desde los siete años hasta la adolescencia.

Latente, contenido. La parte oculta de un sueño, una fantasía, de los pensamientos y las emociones. Se expresa de forma enmascarada en el *contenido manifiesto.*

Lenguaje del cuerpo. Forma de comunicación no verbal efectuada a través de gestos, movimientos, etc.

Libido. Según Freud, forma de la energía vital que dirige y origina las manifestaciones del instinto sexual.

Logorrea. Locuacidad excesiva.

LSD 25. Dietilamida del ácido lisérgico. Sustancia alucinógena que provoca importantes modificaciones en el estado de *conciencia.*

M

Manía. Enfermedad del estado de ánimo caracterizada por una hiperactividad psíquica y un fondo de alegría, de euforia y actividad frenética, que no tienen motivación real alguna.

Maniaco-depresiva, psicosis. Enfermedad mental caracterizada por la alternancia de fases maniacas y depresivas. (*Manía. Depresión.*)

Manifiesto, contenido. Cuanto el sujeto recuerda y/o relata conscientemente de un sueño, una fantasía o de sus pensamientos y emociones.

Marihuana. Denominación popular del extracto de la *Cannabis indica*.

Masoquismo. Trastorno psicosexual en el que la excitación sexual se consigue a través del dolor físico o la humillación infringida y/o solicitada por un miembro de la pareja a otro.

Masturbación. Autoexcitación de las zonas erógenas, hasta el clímax.

Meditación. Proceso mental a través del cual el sujeto alcanza su yo más profundo.

Megalomanía. Sentimiento de potencia y superioridad que no tiene fundamentos reales.

Memoria. Capacidad mental de conservar y evocar cuanto se ha vivido. Fenómeno psíquico muy complejo en el que entran en juego el psiquismo elemental (rastros que las sensaciones dejan en el tejido nervioso), la actividad nerviosa superior (creación de nuevas conexiones nerviosas por repetición, es decir, reflejos condicionados) y el sistema conceptual o *inteligencia* propiamente dicha. Actividad específicamente humana en cuanto comporta el reconocimiento de la imagen pasada como pasada.

Menarquía. Aparición de la primera *menstruación*.

Menopausia. Cese de las menstruaciones.

Menstruación. Hemorragia cíclica que se produce en la mujer sexualmente madura.

Mesamorfo. Según W. Sheldon, el tipo corpóreo activo y enérgico.

Mescalina. Alcaloide derivado del cactus peyotl o peyote, capaz de producir trastornos tóxicos importantes, en especial de tipo alucinatorio.

Miedo. Reacción emotiva frente a un peligro reconocido como tal en estado de *consciencia*.

Morfina. Principal alcaloide extraído del opio; tiene propiedades terapéuticas, sobre todo como analgésico y espasmolítico. Es también una droga.

Motivación. Conjunto de motivos que intervienen en un acto electivo, según su origen los motivos pueden ser de carácter fisiológico e innatos (hambre, sueño) o sociales; estos últimos se adquieren durante la *socialización*, formándose en función de las relaciones interpersonales, los valores, las normas y las instituciones sociales.

Mutismo. Incapacidad para hablar no provocada por lesiones en las cuerdas bucales.

N

Narcolepsia. Tendencia irresistible al sueño.

Narcótico. Sustancias que provocan la aparición del sueño.

Necrofilia. Trastorno psicosexual en el que se observa una inclinación sexual hacia los cadáveres.

Negación. *Mecanismo de defensa* por el que se rechazan aquellos aspectos de la realidad que se consideran desagradables.

Nerviosismo. Nombre con que se designa, con poca precisión, un estado de desequilibrio leve del sistema nervioso, con trastornos psíquicos de cierta intensidad (irritabilidad, poca atención, etc.) y orgánicos (intranquilidad motora, etc.).

Neurastenia. Término acuñado por Béard para designar un conjunto de alteraciones de la excitabilidad del sistema nervioso, caracterizado por el aumento de la fatigabilidad, con sensación de agotamiento somático y psíquico.

Neuroléptico. Psicofármaco con efectos sedativos, ansiolíticos y antipsicóticos.

Neurología. Disciplina médica que estudia los aspectos patológicos del *sistema nervioso periférico.*

Neurosis. Conjunto de síntomas psíquicos y emocionales producidos por un conflicto psicológico que se han hecho crónicos. Se conserva la capacidad para razonar coherentemente.

Nido vacío, síndrome del. Sensación de vacío emotivo que experimentan los padres cuando los hijos se independizan, abandonando el hogar paterno.

Ninfomanía. Trastorno psicosexual femenino caracterizado por la desinhibición absoluta de los instintos sexuales.

O

Obesidad. Exceso de peso.

Objeto sotérico. Ver *Sotérico, objeto.*

Obsesión. Irrupción en el pensamiento de una idea, un sentimiento o una tendencia, que aparece en el enfermo en desacuerdo con su pensamiento consciente, pero que persiste a pesar de todos los esfuerzos que hace el sujeto por deshacerse de él.

Obsesivo-compulsiva, neurosis. Neurosis en las que las obsesiones y compulsiones se han hecho crónicas, perturbando la vida normal del sujeto.

Odio. Emoción reactiva frente a una persona o una vivencia que hiere o amenaza.

Oligofrenia. Ver *Debilidad mental.*
Ondas alfa. Ver *Alfa, ondas.*
Onicofagia. Hábito de morderse las uñas.
Onírico. Relativo al mundo de los sueños.
Opio. Estupefaciente extraído de las cápsulas del *Papaverum album.*
Oral, fase. Período que abarca el primer año de vida. Según Freud, durante esta fase las necesidades, percepciones y modos de expresión del niño se centran en la boca, a través de la cual obtiene todas sus gratificaciones inmediatas.
Orgánico. Relativo al organismo. (*Somático.*)

P

Pánico. Episodio agudo de los estados de *ansiedad.*
Paranoia. Delirio interpretativo que evoluciona de forma progresiva, con una lógica aparentemente perfecta y sin deterioro intelectual. La paranoia es raro que se establezca de forma pura, por eso es más conveniente hablar de personalidad paranoica, cuyos rasgos esenciales son una exagerada susceptibilidad, una hipervaloración del *yo*, desconfianza y una construcción mental peculiar.
Patología. Ciencia que estudia las enfermedades.
Pedagogía. Ciencia de la educación.
Pedofilia. Trastorno psicosexual caracterizado por el interés erótico hacia los niños.
Pensamiento. Término genérico que indica un conjunto de actividades mentales tales como el razonamiento, la abstracción, la generalización, etc.
Percepción. Función psíquica que permite al organismo, a través de los sentidos, recibir y elaborar las informaciones provenientes del exterior.
Perfil. Representación gráfica de los resultados de un *test* o *batería de tests.*
Perseveración. Repetición persistente y sin objetivo alguno de actividades, palabras o frases.
Persona. El individuo entendido como ser vivo dotado de *consciencia.*
Personalidad. Estructura psíquica de cada individuo en concreto, tal y como se revela por su modo de pensar y expresarse, en sus actitudes e intereses y en sus actos.
Pesadilla. Sueños con carácter terrorífico y angustioso, que carecen de significado patológico si no son muy intensos o repetitivos.
Pícnico, tipo. Según E. Kretschmer, el tipo constitucional bajo y grueso.
Piromanía. Necesidad no sometible al control de la voluntad de provocar incendios y presenciarlos.

Placebo. Preparado farmacológico sin ningún efecto pero que proporciona alivio por un fenómeno de persuasión.

Placebo, efecto. Efecto que causa una medicina más por la sugestión que por su real eficacia farmacológica.

Premenstrual, síndrome. Conjunto de síntomas fisiológicos y psíquicos que aparecen unos días antes de la menstruación.

Privación afectiva. Carencia de una relación satisfactoria y duradera con una o más personas. Es muy negativa para el desarrollo normal emotivo e intelectual del niño.

Proyección. *Mecanismo de defensa* que consiste en proyectar cualidades, deseos o sentimientos que producen ansiedad fuera de sí mismo, dirigiéndolos hacia algo o alguien a quien se atribuyen totalmente.

Psicoanálisis. Método psicoterapéutico destinado principalmente a la curación de los estados neuróticos y basado en el estudio de los estratos más profundos de la personalidad.

Psicofármaco. Sustancia química capaz de modificar el psiquismo normal o patológico.

Psicofisiología. Tendencia de la Psicología experimental que considera las funciones psíquicas desde el punto de vista fisiológico.

Psicógeno. Referido a manifestaciones en general patológicas, cuyo origen no reside en una lesión orgánica sino en un trastorno psíquico.

Psicología. Ciencia que estudia la actividad psíquica.

Psiconeurosis. Ver *Neurosis.*

Psicopatía. Nombre genérico de un trastorno mental que se caracteriza por un comportamiento asocial.

Psique. Conjunto de las funciones sensitivas, afectivas y mentales de un individuo.

Psiquiatría. Rama de la Medicina que estudia las enfermedades de la *psique.*

Psíquico. Referente a la psique. Opuesto: *somático.*

Psicosis. Trastorno psíquico grave que afecta de un modo total a la *personalidad* y *conducta* del sujeto, con perturbación del juicio, de la voluntad y de la afectividad.

Psicosomático. Relativo, al mismo tiempo, tanto al componente psíquico o mental de la personalidad como al orgánico.

Psicoterapeuta. Especialista en Psicoterapia.

Psicoterapia. Conjunto de medios terapéuticos basados en la relación interpersonal; a través del diálogo, y las intervenciones del terapeuta, se posibilita la superación del conflicto psíquico.

Pubertad. Etapa de la vida en que se realizan un conjunto de transformaciones morfológicas y fisiológicas que posibilitan el inicio de las funciones sexuales; marca el paso de la infancia a la adolescencia.

Pulsión. Tendencia instintiva que empuja a realizar o rehuir ciertos actos.

R

Racionalización. Mecanismo de defensa por el que se tiende a dar una explicación lógica a los sentimientos, pensamientos o conductas que de otro modo provocarían *ansiedad* o sentimientos de inferioridad o de culpa.

Rasgo. Elemento característico de la personalidad relativamente estable.

Reactiva, formación. Mecanismo de defensa por el que todo aquello que no puede ser satisfecho se sustituye por el contrario: por ejemplo el amor hacia una persona que no nos corresponde se transforma en odio, etc.

Recompensa. Ver *Refuerzo.*

Reconocimiento. Capacidad para identificar un cierto número de elementos de un conjunto aprendido anteriormente.

Reconstrucción. Fenómeno por el que los *recuerdos* vuelven a la memoria por estímulos conectados a acontecimientos del pasado.

Recuerdo. Reproducción de algo vivido o aprendido anteriormente.

Reevocación. Recuerdo.

Reflejo. Respuesta orgánica espontánea y no aprendida.

Refuerzo. Acto que contribuye a aumentar las posibilidades de que en el futuro se dé una conducta conectada a éste.

Regresión. Mecanismo de defensa que consiste en regresar a períodos anteriores del desarrollo o a comportamientos antiguos, que eran más satisfactorios.

Represión. Mecanismo de defensa que consiste en rechazar fuera de la *conciencia* todo aquello que resulta doloroso o inaceptable para el sujeto.

Resistencia. Oposición inconsciente o quizá consciente a llevar al nivel de la conciencia experiencias, ideas, afectos, etc., pasados, que provocarían *ansiedad.*

Retraso mental. Desarrollo incompleto o insuficiente del desarrollo intelectual.

Ritual. Conjunto de actos realizados de modo repetitivo. Típico de las conductas obsesivas.

S

Sadismo. Trastorno psicosexual en el que el sujeto debe producir una humillación o dolor físico a su pareja para satisfacer sus deseos sexuales.

Sedante. Sustancia que atenúa los estados de excitación emotiva o motriz.

Simbolización. Mecanismo de defensa por el que se usa una imagen mental o un pensamiento consciente como símbolo para disfrazar un pensamiento inconsciente que nos produce un estado de ansiedad.

Síndrome. Conjunto de síntomas que se presentan agrupados y que son característicos de una determinada enfermedad.
Síntoma. Fenómeno revelador de una enfermedad.
Sistema nervioso autónomo. Ver *Sistema nervioso vegetativo.*
Sistema nervioso central. Parte del sistema nervioso formado por el cerebro y la médula espinal.
Sistema nervioso parasimpático. Parte del sistema nervioso vegetativo que tiene acción inhibidora predominante.
Sistema nervioso periférico. Parte del sistema nervioso formado por las raíces que emergen del sistema nervioso central y que van a formar los nervios. Según la función pueden ser sensitivos, motores y mixtos.
Sistema nervioso simpático. Parte del sistema nervioso vegetativo que tiene acción estimulante.
Sistema nervioso vegetativo. Conjunto de las fibras nerviosas no controladas por la voluntad. Tiene la función de coordinar y guiar la actividad de los órganos internos. Se subdivide en sistema simpático y parasimpático.
Social, Psicología. Estudio de las relaciones entre individuo y sociedad.
Socialización. Proceso por el que un individuo desarrolla aquellas cualidades esenciales para su plena afirmación en la sociedad en la que vive.
Sociograma. Representación de las relaciones positivas y negativas o de la cantidad de intercambios entre los miembros de un grupo.
Somático. Referido al cuerpo.
Somatización. Proceso por el cual se transforman o convierten problemas emotivos en síntomas somáticos.
Soteria. Reacción ante un determinado estímulo, del que se obtiene una sensación de protección y seguridad absurda e injustificada.
Sotérico, objeto. Objeto que proporciona una sensación de seguridad infundada.
Subconsciente. Los fenómenos englobados bajo el término de *subconsciente* constituyen un conjunto de procesos psíquicos o un estrato de la personalidad cuya actividad se mantiene por debajo de los niveles conscientes. Sus manifestaciones están dotadas a menudo de mayor carga y tensión que las plenamente conscientes y afloran a este nivel por medio de complejos mecanismos de desplazamiento, proyección, etc., o en forma de *sueños*.
Sublimación. Forma de desplazamiento en el que la energía se desvía hacia un objeto que tiene unos valores ideales.
Sueño. Importante experiencia psíquica que se produce mientras dormimos. Interrupción fisiológica espontánea y periódica de la actividad de la conciencia, acompañada por cambios funcionales en algunos órganos.
Sueño No-REM. Período del sueño en el que no se aprecian movimientos oculares rápidos.

Sueño REM. Período del sueño en el que se aprecian movimientos oculares rápidos.

Sugestión. Posibilidad de influir en el comportamiento de una persona.

Superstición. Creencia en la existencia y eficacia de algunos fenómenos que no tienen una explicación racional.

Superyó. Según Freud, una de las partes de la personalidad que tiene la función de formar la conciencia moral, los ideales. Se formaría en una edad temprana asumiendo el modelo de un personaje importante con el que el niño se identifica.

Suprarrenales. Glándulas de secreción interna que segregan, entre otras hormonas, adrenalina y cortisona.

T

Telepatía. Forma de percepción extrasensorial que permite leer en el pensamiento de otra persona.

Temperamento. Aspecto psicosomático fundamental del individuo, diferente del carácter, del cual es un elemento constitutivo.

Terapia. Toda acción, ya sea física, química o psicológica, destinada a tratar una afección.

Test. Método científico para el análisis y medida de uno o más aspectos psicológicos.

Tic. Movimiento repetitivo, automático e involuntario.

Timidez. Incapacidad para participar en la vida social, aunque se desee hacerlo y se sepa cómo.

Tipo. Ver *asténico, tipo; atlético, tipo; ectomorfo, tipo; endomorfo, tipo; pícnico, tipo.*

Tono muscular. Estado de tensión de la musculatura y de excitación, más elevado en el estado de vigilia y reducido durante el sueño.

Toxicomanía. Uso habitual y dañino de tóxicos, drogas o estupefacientes. Se acompaña generalmente de una dependencia psíquica y a veces también física.

Trance. Estado psíquico particular en el que la *conciencia* queda limitada y son frecuentes los estados de amnesia.

Transexualismo. Fenómeno por el que una persona repudia su sexo anatómico y decide cambiarlo.

Transferencia. Proyección por parte del paciente de una serie de afectos y emociones inconscientes en la figura del médico.

Trauma psíquico. Choque emocional que deja huella en el *subconsciente.*

Travestismo. Trastorno psicosexual en el que el sujeto experimenta una satisfacción erótica por vestirse con ropas del sexo opuesto.

V

Vaginismo funcional. Contractura de la musculatura del tercio inferior de la vagina que impide o perturba sistemáticamente el coito.

Vegetativo, sistema nervioso. Ver *Sistema nervioso vegetativo.*

Voluntad. Capacidad que tiene el individuo para elegir entre realizar o no un determinado acto. Depende directamente del deseo y la intención de realizar un acto en concreto.

Voyerismo. Trastorno psicosexual en el que el sujeto obtiene la excitación y el placer erótico observando clandestinamente a personas que se desvisten o están desnudas, o a parejas en actos sexuales.

X

Xenofobia. *Fobia* a las personas desconocidas.

Y

Yo. Según Freud, está situado en un estrato superior al *ello* y aporta una organización a sus instintos. Su tarea es la autoconservación y utiliza todos los mecanismos psicológicos de defensa.

Z

Zoofilia. Desviación de la fuente de atracción sexual, en la que la excitación se obtiene con animales.